·申报要素权威释义版本·

中华人民共和国海关
进出口商品涉税规范申报
目录及释义

进出口商品涉税规范申报目录编委会 ◎ 编

2025

中国海关出版社有限公司
中国·北京

图书在版编目（CIP）数据

中华人民共和国海关进出口商品涉税规范申报目录及释义. 2025 / 进出口商品涉税规范申报目录编委会编. -- 北京：中国海关出版社有限公司, 2025.1. -- ISBN 978-7-5175-0854-0

Ⅰ. F752.65-63

中国国家版本馆CIP数据核字第2024J2X513号

中华人民共和国海关进出口商品涉税规范申报目录及释义（2025）
ZHONGHUA RENMIN GONGHEGUO HAIGUAN JINCHUKOU SHANGPIN SHESHUI GUIFAN SHENBAO MULU JI SHIYI（2025）

作　　者：	进出口商品涉税规范申报目录编委会
责任编辑：	景小卫　刘　婧　文珍妮　朱　言　王文静
责任印制：	王怡莎
出版发行：	中国海关出版社有限公司
社　　址：	北京市朝阳区东四环南路甲1号　　邮政编码：100023
网　　址：	www.hgcbs.com.cn
编 辑 部：	01065194242-7527（电话）
发 行 部：	01065194221/4238/4246/5127/7543（电话）
社办书店：	01065195616（电话）
	https://weidian.com/?userid=319526934（网址）
印　　刷：	北京联兴盛业印刷股份有限公司　　经　销：新华书店
开　　本：	889mm×1194mm　1/16
印　　张：	53　　　　　　　　　　　　　　　字　数：3000千字
版　　次：	2025年1月第1版
印　　次：	2025年1月第1次印刷
书　　号：	ISBN 978-7-5175-0854-0
定　　价：	360.00元

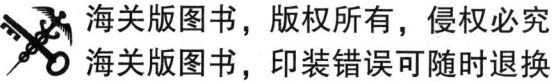

海关版图书，版权所有，侵权必究
海关版图书，印装错误可随时退换

《中华人民共和国海关进出口商品涉税规范申报目录及释义》移动版查询系统

权威准确　实时更新　移动便捷

一、功能简介

为满足读者移动办公及掌握商品实时更新信息的需求，我社开发了针对本书内容的移动版查询系统——"海关数库"微信公众号，免费向本书读者开放，开放时限为2025年全年。该系统具备本书主体内容全文检索查询功能，且将与海关监管库数据同步更新，以便读者实时掌握更新动态，提高通关效率。

二、开通流程

1. 轻刮图书封面防伪标涂层，打开手机微信，扫描二维码。

注：每个二维码只能被扫描一次并开通权限，不能重复扫描。如不慎将二维码刮破，可拍照后使用微信"识别图中二维码"功能进行尝试。

4. 手机号验证成功后，系统自动弹出认证成功提示框。

2. 扫描成功后，系统自动弹出"中国海关出版社申请获得以下权限"对话框。

注："中国海关出版社"为我社微信统一认证平台，认证结果将作用于"海关数库"微信公众号。

5. 点选"进入'海关数库'公众号"后，即可开通"海关数库"微信公众号下方的"税则申报"增值服务权限，点击"税则申报"按钮，进入右侧图示查询界面。

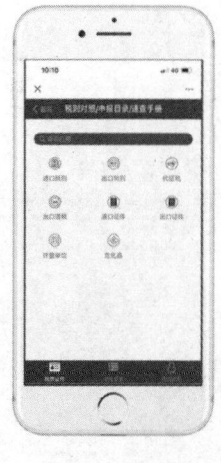

3. 点选"允许"后，首次微信扫码用户，还须进行手机号验证，并设置用户密码，以保证增值服务权益不受损。

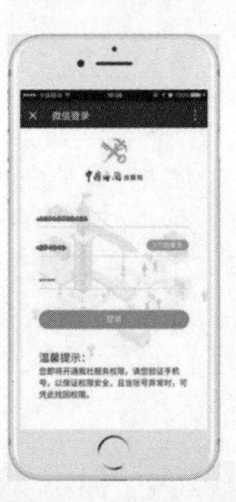

使 用 说 明

为促进贸易便利化，中国海关出版社有限公司组织专家按照《中华人民共和国海关法》和《中华人民共和国海关进出口货物报关单填制规范》相关要求，根据海关总署发布的2025年版《中华人民共和国海关进出口商品涉税规范申报目录》（以下简称《目录》），编制了《中华人民共和国海关进出口商品涉税规范申报目录及释义》（以下简称《目录及释义》）。

进出口货物收发货人或其代理人在填报海关进出口货物报关单的"商品名称""规格型号"栏目时，应当按照《目录》中税则号列对应的申报要素内容进行填报。为方便读者使用《目录及释义》，特作如下说明：

一、《目录及释义》采用了与《中华人民共和国进出口税则》（以下简称《税则》）一致的结构，所列商品按照类、章层次排列。除了《税则》中已有的类注释、章注释外，在《目录及释义》相关章节中增加"要素释义"，对该章的申报要素加以说明，辅助企业理解申报要素设置含义。在使用《目录》时，可参考《目录及释义》中对应的要素释义，结合商品实际进行填报。

二、《目录及释义》正文由"税则号列""商品名称""申报要素""说明"栏组成。

三、《目录及释义》的"税则号列"栏及对应的"商品名称"栏所列内容分别与《税则》的"税则号列"栏所列相应编码及"商品名称"栏所列相应内容相同。

四、《目录及释义》与《目录》保持一致，对不同商品设置了特定的申报要素内容。报关单中的"规格型号"栏可参照《目录》或《目录及释义》中相应商品所列"申报要素"一栏的各项内容填写。

五、《目录及释义》属于结构性目录，其中所列商品按照不同位数编码所代表的层次进行排列。当某一层次编码商品所要求的申报要素与上一层次编码商品的申报要素相同时，则该商品的"申报要素"栏为空白，此时应使用上一层次编码商品的申报要素内容。例如，税则号列0101.2100所列商品对应的"申报要素"栏为空白，说明其申报要素与上一层次税目01.01所列商品申报要素相同，故应使用税目01.01商品所列的申报要素内容。

六、进出口货物收发货人或其代理人在填制报关单时，首先应根据商品归类原则对进出口商品进行正确归类，确定应归入的税则号列，然后可参照《目录及释义》相应编码对应的"申报要素"栏所列要素和"要素释义"说明填写报关单相应栏目。

编　者
2024年12月

目　　录

第一类　活动物；动物产品 …………………………………………………………………………………… 1
　　第 一 章　活动物 ……………………………………………………………………………………… 1
　　第 二 章　肉及食用杂碎 ……………………………………………………………………………… 5
　　第 三 章　鱼、甲壳动物、软体动物及其他水生无脊椎动物 …………………………………… 13
　　第 四 章　乳品；蛋品；天然蜂蜜；其他食用动物产品 ………………………………………… 35
　　第 五 章　其他动物产品 ……………………………………………………………………………… 40

第二类　植物产品 ……………………………………………………………………………………………… 44
　　第 六 章　活树及其他活植物；鳞茎、根及类似品；插花及装饰用簇叶 ……………………… 44
　　第 七 章　食用蔬菜、根及块茎 ……………………………………………………………………… 47
　　第 八 章　食用水果及坚果；柑橘属水果或甜瓜的果皮 ………………………………………… 54
　　第 九 章　咖啡、茶、马黛茶及调味香料 …………………………………………………………… 63
　　第 十 章　谷物 ………………………………………………………………………………………… 67
　　第十一章　制粉工业产品；麦芽；淀粉；菊粉；面筋 …………………………………………… 71
　　第十二章　含油子仁及果实；杂项子仁及果实；工业用或药用植物；稻草、秸秆及饲料 …… 76
　　第十三章　虫胶；树胶、树脂及其他植物液、汁 ………………………………………………… 88
　　第十四章　编结用植物材料；其他植物产品 ……………………………………………………… 92

第三类　动、植物或微生物油、脂及其分解产品；精制的食用油脂；动、植物蜡 ……………………… 94
　　第十五章　动、植物或微生物油、脂及其分解产品；精制的食用油脂；动、植物蜡 ………… 94

第四类　食品；饮料、酒及醋；烟草、烟草及烟草代用品的制品；非经燃烧吸用的产品，不论是否
　　　　　含有尼古丁；其他供人体摄入尼古丁的含尼古丁的产品 ………………………………… 102
　　第十六章　肉、鱼、甲壳动物、软体动物及其他水生无脊椎动物、以及昆虫的制品 ………… 102
　　第十七章　糖及糖食 …………………………………………………………………………………… 108
　　第十八章　可可及可可制品 …………………………………………………………………………… 111
　　第十九章　谷物、粮食粉、淀粉或乳的制品；糕饼点心 ………………………………………… 113
　　第 二 十 章　蔬菜、水果、坚果或植物其他部分的制品 ………………………………………… 116
　　第二十一章　杂项食品 ………………………………………………………………………………… 124
　　第二十二章　饮料、酒及醋 …………………………………………………………………………… 129
　　第二十三章　食品工业的残渣及废料；配制的动物饲料 ………………………………………… 136
　　第二十四章　烟草、烟草及烟草代用品的制品；非经燃烧吸用的产品，不论是否含有尼古丁；
　　　　　　　　其他供人体摄入尼古丁的含尼古丁的产品 ………………………………………… 139

第五类　矿产品 ………………………………………………………………………………………………… 141
　　第二十五章　盐；硫磺；泥土及石料；石膏料、石灰及水泥 …………………………………… 141
　　第二十六章　矿砂、矿渣及矿灰 ……………………………………………………………………… 153
　　第二十七章　矿物燃料、矿物油及其蒸馏产品；沥青物质；矿物蜡 …………………………… 160

第六类　化学工业及其相关工业的产品 ……………………………………………………………………… 177

第二十八章	无机化学品；贵金属、稀土金属、放射性元素及其同位素的有机及无机化合物	177
第二十九章	有机化学品	196
第 三 十 章	药品	226
第三十一章	肥料	233
第三十二章	鞣料浸膏及染料浸膏；鞣酸及其衍生物；染料、颜料及其他着色料；油漆及清漆；油灰及其他类似胶粘剂；墨水、油墨	237
第三十三章	精油及香膏；芳香料制品及化妆盥洗品	244
第三十四章	肥皂、有机表面活性剂、洗涤剂、润滑剂、人造蜡、调制蜡、光洁剂、蜡烛及类似品、塑型用膏、"牙科用蜡"及牙科用熟石膏制剂	248
第三十五章	蛋白类物质；改性淀粉；胶；酶	252
第三十六章	炸药；烟火制品；火柴；引火合金；易燃材料制品	255
第三十七章	照相及电影用品	257
第三十八章	杂项化学产品	261

第七类	塑料及其制品；橡胶及其制品	271
第三十九章	塑料及其制品	271
第 四 十 章	橡胶及其制品	297

第八类	生皮、皮革、毛皮及其制品；鞍具及挽具；旅行用品、手提包及类似容器；动物肠线（蚕胶丝除外）制品	307
第四十一章	生皮（毛皮除外）及皮革	307
第四十二章	皮革制品；鞍具及挽具；旅行用品、手提包及类似容器；动物肠线（蚕胶丝除外）制品	318
第四十三章	毛皮、人造毛皮及其制品	322

第九类	木及木制品；木炭；软木及软木制品；稻草、秸秆、针茅或其他编结材料制品；篮筐及柳条编结品	326
第四十四章	木及木制品；木炭	326
第四十五章	软木及软木制品	344
第四十六章	稻草、秸秆、针茅或其他编结材料制品；篮筐及柳条编结品	346

第十类	木浆及其他纤维状纤维素浆；回收（废碎）纸或纸板；纸、纸板及其制品	348
第四十七章	木浆及其他纤维状纤维素浆；回收（废碎）纸或纸板	348
第四十八章	纸及纸板；纸浆、纸或纸板制品	352
第四十九章	书籍、报纸、印刷图画及其他印刷品；手稿、打字稿及设计图纸	369

第十一类	纺织原料及纺织制品	373
第 五 十 章	蚕丝	376
第五十一章	羊毛、动物细毛或粗毛；马毛纱线及其机织物	379
第五十二章	棉花	384
第五十三章	其他植物纺织纤维；纸纱线及其机织物	393
第五十四章	化学纤维长丝；化学纤维纺织材料制扁条及类似品	397
第五十五章	化学纤维短纤	407
第五十六章	絮胎、毡呢及无纺织物；特种纱线；线、绳、索、缆及其制品	415
第五十七章	地毯及纺织材料的其他铺地制品	422

第五十八章	特种机织物；簇绒织物；花边；装饰毯；装饰带；刺绣品	424
第五十九章	浸渍、涂布、包覆或层压的纺织物；工业用纺织制品	429
第 六 十 章	针织物及钩编织物	435
第六十一章	针织或钩编的服装及衣着附件	439
第六十二章	非针织或非钩编的服装及衣着附件	449
第六十三章	其他纺织制成品；成套物品；旧衣着及旧纺织品；碎织物	460

第十二类 鞋、帽、伞、杖、鞭及其零件；已加工的羽毛及其制品；人造花；人发制品 …………… 466

第六十四章	鞋靴、护腿和类似品及其零件	466
第六十五章	帽类及其零件	470
第六十六章	雨伞、阳伞、手杖、鞭子、马鞭及其零件	472
第六十七章	已加工羽毛、羽绒及其制品；人造花；人发制品	473

第十三类 石料、石膏、水泥、石棉、云母及类似材料的制品；陶瓷产品；玻璃及其制品 …………… 475

第六十八章	石料、石膏、水泥、石棉、云母及类似材料的制品	475
第六十九章	陶瓷产品	482
第 七 十 章	玻璃及其制品	486

第十四类 天然或养殖珍珠、宝石或半宝石、贵金属、包贵金属及其制品；仿首饰；硬币 …………… 499

第七十一章	天然或养殖珍珠、宝石或半宝石、贵金属、包贵金属及其制品；仿首饰；硬币	499

第十五类 贱金属及其制品 ……………………………………………………………………………………… 509

第七十二章	钢铁	510
第七十三章	钢铁制品	541
第七十四章	铜及其制品	555
第七十五章	镍及其制品	565
第七十六章	铝及其制品	569
第七十八章	铅及其制品	576
第七十九章	锌及其制品	578
第 八 十 章	锡及其制品	581
第八十一章	其他贱金属、金属陶瓷及其制品	583
第八十二章	贱金属工具、器具、利口器、餐匙、餐叉及其零件	591
第八十三章	贱金属杂项制品	598

第十六类 机器、机械器具、电气设备及其零件；录音机及放声机、电视图像、声音的录制和重放设备及其零件、附件 …………………………………………………………………………… 603

第八十四章	核反应堆、锅炉、机器、机械器具及其零件	604
第八十五章	电机、电气设备及其零件；录音机及放声机、电视图像、声音的录制和重放设备及其零件、附件	682

第十七类 车辆、航空器、船舶及有关运输设备 ……………………………………………………… 734

第八十六章	铁道及电车道机车、车辆及其零件；铁道及电车道轨道固定装置及其零件、附件；各种机械（包括电动机械）交通信号设备	734
第八十七章	车辆及其零件、附件，但铁道及电车道车辆除外	738
第八十八章	航空器、航天器及其零件	771

第八十九章　船舶及浮动结构体 ……………………………………………………………………… 775

**第十八类　光学、照相、电影、计量、检验、医疗或外科用仪器及设备、精密仪器及设备；
　　　　　　钟表；乐器；上述物品的零件、附件** …………………………………………………… 780
　　第 九 十 章　光学、照相、电影、计量、检验、医疗或外科用仪器及设备、精密仪器及设备；
　　　　　　　　上述物品的零件、附件 ……………………………………………………………… 780
　　第九十一章　钟表及其零件 ………………………………………………………………………… 805
　　第九十二章　乐器及其零件、附件 ………………………………………………………………… 810

第十九类　武器、弹药及其零件、附件 ……………………………………………………………… 813
　　第九十三章　武器、弹药及其零件、附件 ………………………………………………………… 813

第二十类　杂项制品 …………………………………………………………………………………… 815
　　第九十四章　家具；寝具、褥垫、弹簧床垫、软坐垫及类似的填充制品；未列名灯具及照明装置；
　　　　　　　　发光标志、发光铭牌及类似品；活动房屋 ……………………………………… 815
　　第九十五章　玩具、游戏品、运动用品及其零件、附件 ………………………………………… 822
　　第九十六章　杂项制品 ……………………………………………………………………………… 828

第二十一类　艺术品、收藏品及古物 ………………………………………………………………… 835
　　第九十七章　艺术品、收藏品及古物 ……………………………………………………………… 835

第一类　活动物；动物产品

注释：
  一、本类所称的各属种动物，除条文另有规定的以外，均包括其幼仔在内。
  二、除条文另有规定的以外，本协调制度所称干的产品，均包括经脱水、蒸发或冷冻干燥的产品。

第一章　活动物

注释：
  本章包括所有活动物，但下列各项除外：
  一、税目03.01、03.06、03.07或03.08的鱼、甲壳动物、软体动物及其他水生无脊椎动物；
  二、税目30.02的培养微生物及其他产品；以及
  三、税目95.08的动物。

【要素释义】
  一、归类要素
    1. 改良种用：仅包括由主管部门认定为"纯种"的种用动物。
    2. 个体重量：指每一只（头）动物的重量。例如，"60千克/头"。
    3. 用途：指商品应用的方面、范围。例如，税则号列0106.2020项下商品可填报"食用"。
  二、价格要素
    品种：指在一定的生态和经济条件下，经自然或人工选择形成的动物群体。例如，子目0101.21项下马的"品种"填报"夸特马""汗血马"等。

税则号列	商品名称	申报要素			说明
		归类要素	价格要素	其他要素	
01.01	马、驴、骡：	1. 是否改良种用	2. 品种		
	-马：				
0101.2100	--改良种用				
0101.2900	--其他				
	-驴：				
0101.3010	---改良种用				
0101.3090	---其他				
0101.9000	-其他				
01.02	牛：	1. 是否改良种用			
	-家牛：				
0102.2100	--改良种用				
0102.2900	--其他				
	-水牛：				
0102.3100	--改良种用				
0102.3900	--其他				
	-其他：				
0102.9010	---改良种用				
0102.9090	---其他				
01.03	猪：				
0103.1000	-改良种用	1. 是否改良种用			
	-其他：	1. 个体重量			
	--重量在50千克以下：				

税则号列	商品名称	申报要素			说明
		归类要素	价格要素	其他要素	
0103.9110	---重量在10千克以下				
0103.9120	---重量在10千克及以上，但在50千克以下				
0103.9200	--重量在50千克及以上				
01.04	**绵羊、山羊：**	1. 是否改良种用			
	-绵羊：				
0104.1010	---改良种用				
0104.1090	---其他				
	-山羊：				
0104.2010	---改良种用				
0104.2090	---其他				
01.05	**家禽，即鸡、鸭、鹅、火鸡及珍珠鸡：**	1. 是否改良种用； 2. 个体重量			不包括其他活禽（如鹧鸪、野鸡、鸽、野鸭、大雁）（税目01.06）
	-重量不超过185克：				
	--鸡：				
0105.1110	---改良种用				
0105.1190	---其他				
	--火鸡：				
0105.1210	---改良种用				
0105.1290	---其他				
	--鸭：				
0105.1310	---改良种用				
0105.1390	---其他				
	--鹅：				
0105.1410	---改良种用				
0105.1490	---其他				
	--珍珠鸡：				
0105.1510	---改良种用				
0105.1590	---其他				
	-其他：				
	--鸡：				
0105.9410	---改良种用				
0105.9490	---其他				
	--其他：				
0105.9910	---改良种用				
	---其他				
0105.9991	----鸭				
0105.9992	----鹅				
0105.9993	----珍珠鸡				
0105.9994	----火鸡				
01.06	**其他活动物：**	1. 是否改良种用			
	-哺乳动物：				
	--灵长目：				

税则号列	商品名称	申报要素			说明
		归类要素	价格要素	其他要素	
0106.1110	---改良种用				
0106.1190	---其他				
	--鲸、海豚及鼠海豚（鲸目哺乳动物）；海牛及儒艮（海牛目哺乳动物）；海豹、海狮及海象（鳍足亚目哺乳动物）：				
	---鲸、海豚及鼠海豚（鲸目哺乳动物）；海牛及儒艮（海牛目哺乳动物）：				
0106.1211	----改良种用				
0106.1219	----其他				
	---海豹、海狮及海象（鳍足亚目哺乳动物）：				
0106.1221	----改良种用				
0106.1229	----其他				
	--骆驼及其他骆驼科动物：				
0106.1310	---改良种用				
0106.1390	---其他				
	--家兔及野兔：				
0106.1410	---改良种用				
0106.1490	---其他				
	--其他：				
0106.1910	---改良种用				
0106.1990	---其他				
	-爬行动物（包括蛇及龟鳖）：				
	---改良种用：	1. 是否改良种用			
0106.2011	----鳄鱼苗				
0106.2019	----其他				
0106.2020	---食用	1. 用途（食用）			
0106.2090	---其他				
	-鸟：				
	--猛禽：	1. 是否改良种用			
0106.3110	---改良种用				
0106.3190	---其他				
	--鹦形目（包括普通鹦鹉、长尾鹦鹉、金刚鹦鹉及美冠鹦鹉）：	1. 是否改良种用			
0106.3210	---改良种用				
0106.3290	---其他				
	--鸵鸟；鸸鹋：	1. 是否改良种用			
0106.3310	---改良种用				
0106.3390	---其他				
	--其他：				
0106.3910	---改良种用	1. 是否改良种用		2. 如为信鸽请注明足环号	
	---食用：	1. 用途（食用）			

税则号列	商品名称	申报要素			说明
		归类要素	价格要素	其他要素	
0106.3921	----乳鸽				
0106.3923	----野鸭				
0106.3929	----其他				
0106.3990	---其他		1.如为信鸽请注明足环号		
	-昆虫：	1.是否改良种用			
	--蜂：				
0106.4110	---改良种用				
0106.4190	---其他				
	--其他：				
0106.4910	---改良种用				
0106.4990	---其他				
	-其他：	1.是否改良种用			
	---改良种用：				
0106.9011	----蛙苗				
0106.9019	----其他				
0106.9090	---其他				

第二章 肉及食用杂碎

注释：
本章不包括：
一、税目02.01至02.08或02.10的不适合供人食用的产品；
二、可食用的死昆虫（税目04.10）；
三、动物的肠、膀胱、胃（税目05.04）或动物血（税目05.11、30.02）；或
四、税目02.09所列产品以外的动物脂肪（第十五章）。

【要素释义】
一、归类要素
1. 制作或保存方法：指商品具体的制作方法或保存方法，根据各税目的要求不同有所区别。例如，税目02.03项下商品可填报"鲜""冷""冻"；税目02.09项下商品应填报"未炼制，冻""未炼制，鲜""未炼制，干""未炼制，冷""未炼制，熏""未炼制，盐腌""未炼制，盐渍"等；税目02.10项下商品应填报"干""熏""盐腌""盐渍"等。
2. 加工方法：指具体切割处理方法，根据各税目的要求不同有所区别。例如，税目02.01~02.04项下商品应填报"带骨"或"去骨"；子目0207.11项下商品应填报"整只；带骨"等；子目0207.44项下商品应填报"带骨""去骨"等；子目0210.1项下商品应填报"带骨"。
3. 种类：指食用杂碎的具体部位。例如，税目02.06项下商品可填报"舌""肝""心管""板筋"等。

二、价格要素
1. 牛肉部位：指牛身上部位的称谓。例如，"眼肉""腱子肉""腹部""肩部"等。
2. 包装规格：指商品的个体包装方式和规格。例如，"11.5千克/箱"。
3. 厂号：指境外企业通过国外官方审核的注册号。申报进口的企业和商品须获得我国准入资质，列入海关总署发布的《符合评估审查要求的国家或地区输华肉类产品名单》。
4. 品牌（中文或外文名称）：指制造商或经销商加在商品上的品牌标志，实际需要申报中文或外文品牌名称。例如，"品牌Tyson（泰森）"。
5. 级别：指牛肉的等级。例如，"A级""B级"等。
6. 饲养方式：指以草料或谷物为饲料的喂养方式。例如，"草饲""谷饲"等。
7. 加工程度：指牛肉从牛身上切割后的修整。例如，"粗修""精修"等。
8. 个体重量：指单个商品的重量或者每重量单位的商品数量。例如，税则号列0207.1422项下"鸡爪"，可填报"14~17只/磅"。

税则号列	商品名称	申报要素			说明
		归类要素	价格要素	其他要素	
02.01 0201.1000	鲜、冷牛肉： -整头及半头	1. 制作或保存方法（鲜、冷）；2. 状态（整头、半头）	3. 牛肉部位（如眼肉、腱子肉等）；4. 包装规格；5. 英文品名；6. 品牌（中文或外文名称）；7. 厂号；8. 级别（A级、B级等）；9. 饲养方式（草饲、谷饲等）；10. 签约日期；11. 加工程度（精修、粗修等）		

税则号列	商 品 名 称	申 报 要 素			说 明
		归类要素	价格要素	其他要素	
0201.2000	-带骨肉	1.制作或保存方法（鲜、冷）；2.加工方法（带骨、去骨）	3.牛肉部位（如眼肉、腱子肉等）；4.包装规格；5.英文品名；6.品牌（中文或外文名称）；7.厂号；8.级别（A级、B级等）；9.饲养方式（草饲、谷饲等）；10.签约日期；11.加工程度（精修、粗修等）		
0201.3000	-去骨肉	1.制作或保存方法（鲜、冷）；2.加工方法（带骨、去骨）	3.牛肉部位（如眼肉、腱子肉等）；4.包装规格；5.英文品名；6.品牌（中文或外文名称）；7.厂号；8.级别（A级、B级等）；9.饲养方式（草饲、谷饲等）；10.签约日期；11.加工程度（精修、粗修等）		
02.02 0202.1000	冻牛肉： -整头及半头	1.制作或保存方法（冻）；2.状态（整头、半头）	3.牛肉部位（如眼肉、腱子肉等）；4.包装规格；5.英文品名；6.品牌（中文或外文名称）；7.厂号；8.级别（A级、B级等）；9.饲养方式（草饲、谷饲等）；10.签约日期；11.加工程度（精修、粗修等）		

税则号列	商品名称	申报要素			说明
		归类要素	价格要素	其他要素	
0202.2000	-带骨肉	1. 制作或保存方法（冻）；2. 加工方法（带骨、去骨）		3. 牛肉部位（如眼肉、腱子肉等）；4. 包装规格；5. 英文品名；6. 品牌（中文或外文名称）；7. 厂号；8. 级别（A级、B级等）；9. 饲养方式（草饲、谷饲等）；10. 签约日期；11. 加工程度（精修、粗修等）	
0202.3000	-去骨肉	1. 制作或保存方法（冻）；2. 加工方法（带骨、去骨）		3. 牛肉部位（如眼肉、腱子肉等）；4. 包装规格；5. 英文品名；6. 品牌（中文或外文名称）；7. 厂号；8. 级别（A级、B级等）；9. 饲养方式（草饲、谷饲等）；10. 签约日期；11. 加工程度（精修、粗修等）	
02.03	鲜、冷、冻猪肉： -鲜或冷的： --整头及半头：	1. 制作或保存方法（鲜、冷、冻）；2. 状态（整头、半头）		3. 包装规格；4. 厂号	
0203.1110 0203.1190	---乳猪 ---其他				
0203.1200	--带骨的前腿、后腿及其肉块	1. 制作或保存方法（鲜、冷、冻）；2. 加工方法（带骨、去骨）		3. 包装规格；4. 厂号	
0203.1900	--其他	1. 制作或保存方法（鲜、冷、冻）；2. 加工方法（带骨、去骨）		3. 包装规格；4. 厂号	
	-冻的： --整头及半头：	1. 制作或保存方法（鲜、冷、冻）；2. 状态（整头、半头）		3. 包装规格；4. 厂号	
0203.2110 0203.2190	---乳猪 ---其他				
0203.2200	--带骨的前腿、后腿及其肉块	1. 制作或保存方法（鲜、冷、冻）；2. 加工方法（带骨、去骨）		3. 包装规格；4. 厂号	

税则号列	商品名称	申报要素			说明
		归类要素	价格要素	其他要素	
0203.2900	--其他	1. 制作或保存方法（鲜、冷、冻）；2. 加工方法（带骨、去骨）	3. 包装规格；4. 厂号		
02.04	**鲜、冷、冻绵羊肉或山羊肉：**				
0204.1000	-鲜或冷的整头及半头羔羊	1. 制作或保存方法（鲜、冷、冻）；2. 状态（整头、半头）	3. 包装规格；4. 厂号		
	-其他鲜或冷的绵羊肉：				
0204.2100	--整头及半头	1. 制作或保存方法（鲜、冷、冻）；2. 状态（整头、半头）	3. 包装规格；4. 厂号		
0204.2200	--带骨肉	1. 制作或保存方法（鲜、冷、冻）；2. 加工方法（带骨、去骨）	3. 包装规格；4. 厂号		
0204.2300	--去骨肉	1. 制作或保存方法（鲜、冷、冻）；2. 加工方法（带骨、去骨）	3. 包装规格；4. 厂号		
0204.3000	-冻的整头及半头羔羊	1. 制作或保存方法（鲜、冷、冻）；2. 状态（整头、半头）	3. 包装规格；4. 厂号		
	-其他冻的绵羊肉：				
0204.4100	--整头及半头	1. 制作或保存方法（鲜、冷、冻）；2. 状态（整头、半头）	3. 包装规格；4. 厂号		
0204.4200	--带骨肉	1. 制作或保存方法（鲜、冷、冻）；2. 加工方法（带骨、去骨）	3. 包装规格；4. 厂号		
0204.4300	--去骨肉	1. 制作或保存方法（鲜、冷、冻）；2. 加工方法（带骨、去骨）	3. 包装规格；4. 厂号		
0204.5000	-山羊肉	1. 制作或保存方法（鲜、冷、冻）	2. 包装规格；3. 厂号		
02.05	**鲜、冷、冻马、驴、骡肉：**	1. 制作或保存方法（鲜、冷、冻）	2. 包装规格；3. 厂号		
0205.0000	鲜、冷、冻马、驴、骡肉				
02.06	**鲜、冷、冻牛、猪、绵羊、山羊、马、驴、骡的食用杂碎：**	1. 制作或保存方法（鲜、冷、冻）；2. 种类（舌、肝、心管、板筋等）	3. 包装规格；4. 厂号		
0206.1000	-鲜、冷牛杂碎				
	-冻牛杂碎：				
0206.2100	--舌				
0206.2200	--肝				
0206.2900	--其他				
0206.3000	-鲜、冷猪杂碎				
	-冻猪杂碎：				
0206.4100	--肝				
0206.4900	--其他				
0206.8000	-其他鲜或冷杂碎				
0206.9000	-其他冻杂碎				
02.07	**税目01.05所列家禽的鲜、冷、冻肉及食用杂碎：**				
	-鸡：				

税则号列	商品名称	申报要素			说明
		归类要素	价格要素	其他要素	
0207.1100	--整只，鲜或冷的	1. 制作或保存方法（鲜、冷）；2. 加工方法（整只、带骨或去骨等）	3. 厂号；4. 品牌（中文或外文名称）		
0207.1200	--整只，冻的	1. 制作或保存方法（冻）；2. 加工方法（整只、带骨或去骨等）	3. 厂号；4. 品牌（中文或外文名称）		
	--块及杂碎，鲜或冷的：	1. 制作或保存方法（鲜、冷）；2. 加工方法（带骨、去骨）	3. 厂号；4. 品牌（中文或外文名称）		
	---块：				
0207.1311	----带骨的				
0207.1319	----其他				
	---杂碎：				
0207.1321	----翼（不包括翼尖）				
0207.1329	----其他				
	--块及杂碎，冻的：				
	---块：	1. 制作或保存方法（冻）；2. 加工方法（带骨、去骨）	3. 厂号；4. 品牌（中文或外文名称）		
0207.1411	----带骨的				
0207.1419	----其他				
	---杂碎：				
0207.1421	----翼（不包括翼尖）	1. 制作或保存方法（冻）	2. 加工方法（带骨、去骨）；3. 厂号；4. 品牌（中文或外文名称）		
0207.1422	----鸡爪	1. 制作或保存方法（冻）	2. 加工方法（带骨、去骨）；3. 厂号；4. 品牌（中文或外文名称）；5. 规格（个体重量）		
0207.1429	----其他	1. 制作或保存方法（冻）	2. 加工方法（带骨、去骨）；3. 种类（心、肝等）；4. 厂号；5. 品牌（中文或外文名称）		
	-火鸡：				
0207.2400	--整只，鲜或冷的	1. 制作或保存方法（鲜、冷）	2. 加工方法（整只、带骨或去骨等）		
0207.2500	--整只，冻的	1. 制作或保存方法（冻）	2. 加工方法（整只、带骨或去骨等）		

税则号列	商品名称	申报要素			说明
		归类要素	价格要素	其他要素	
0207.2600	--块及杂碎，鲜或冷的	1.制作或保存方法（鲜、冷）	2.加工方法（带骨、去骨）；3.杂碎请列明具体种类		
0207.2700	--块及杂碎，冻的	1.制作或保存方法（冻）	2.加工方法（带骨、去骨）；3.杂碎请列明具体种类；4.厂号；5.品牌（中文或外文名称）；6.英文品名		
	-鸭：				
0207.4100	--整只，鲜或冷的	1.制作或保存方法（鲜、冷）；2.加工方法（整只）	3.厂号		
0207.4200	--整只，冻的	1.制作或保存方法（冻）；2.加工方法（整只）	3.厂号		
0207.4300	--肥肝，鲜或冷的	1.制作或保存方法（鲜、冷）	2.厂号		
0207.4400	--其他，鲜或冷的	1.制作或保存方法（鲜、冷）	2.加工方法（带骨或去骨等）；3.杂碎请列明具体种类；4.厂号		
0207.4500	--其他，冻的	1.制作或保存方法（冻）	2.加工方法（带骨或去骨等）；3.杂碎请列明具体种类；4.厂号		
	-鹅：				
0207.5100	--整只，鲜或冷的	1.制作或保存方法（鲜、冷）；2.加工方法（整只）	3.厂号		
0207.5200	--整只，冻的	1.制作或保存方法（冻）；2.加工方法（整只）	3.厂号		
0207.5300	--肥肝，鲜或冷的	1.制作或保存方法（鲜、冷）	2.厂号		
0207.5400	--其他，鲜或冷的	1.制作或保存方法（鲜、冷）	2.加工方法（带骨或去骨等）；3.杂碎请列明具体种类；4.厂号		
0207.5500	--其他，冻的	1.制作或保存方法（冻）	2.加工方法（带骨或去骨等）；3.杂碎请列明具体种类；4.厂号		

税则号列	商品名称	申报要素 归类要素	申报要素 价格要素	申报要素 其他要素	说明
0207.6000	-珍珠鸡			1. 制作或保存方法（鲜、冷、冻）；2. 加工方法（整只、带骨或去骨等）；3. 杂碎请列明具体种类；4. 厂号	
02.08	其他鲜、冷、冻肉及食用杂碎： -家兔或野兔的：				
0208.1010	---鲜、冷兔肉，兔头除外	1. 制作或保存方法（鲜、冷）	2. 包装规格；3. 厂号		
0208.1020	---冻兔肉，兔头除外	1. 制作或保存方法（冻）	2. 包装规格；3. 厂号		
0208.1090	---其他	1. 制作或保存方法（鲜、冷、冻）；2. 用途（食用）	3. 杂碎请列明具体种类；4. 包装规格；5. 厂号		
0208.3000	-灵长目的	1. 制作或保存方法（鲜、冷、冻）；2. 用途（食用）	3. 杂碎请列明具体种类；4. 包装规格；5. 厂号		
0208.4000	-鲸、海豚及鼠海豚（鲸目哺乳动物）的；海牛及儒艮（海牛目哺乳动物）的；海豹、海狮及海象（鳍足亚目哺乳动物）的	1. 制作或保存方法（鲜、冷、冻）；2. 用途（食用）	3. 杂碎请列明具体种类；4. 包装规格；5. 厂号		
0208.5000	-爬行动物（包括蛇及龟鳖）的	1. 制作或保存方法（鲜、冷、冻）；2. 用途（食用）	3. 杂碎请列明具体种类；4. 包装规格；5. 厂号		
0208.6000	-骆驼及其他骆驼科动物的	1. 制作或保存方法（鲜、冷、冻）；2. 用途（食用）	3. 杂碎请列明具体种类；4. 包装规格；5. 厂号		
	-其他				
0208.9010	---乳鸽的	1. 制作或保存方法（鲜、冷、冻）；2. 用途（食用）	3. 杂碎请列明具体种类；4. 包装规格；5. 厂号		
0208.9090	---其他	1. 制作或保存方法（鲜、冷、冻）；2. 用途（食用）	3. 杂碎请列明具体种类；4. 包装规格；5. 厂号		
02.09	未炼制或用其他方法提取的不带瘦肉的肥猪肉、猪脂肪及家禽脂肪，鲜、冷、冻、干、熏、盐腌或盐渍的：	1. 制作或保存方法（未炼制、未提取脂肪，干、熏、盐腌、盐渍等）	2. 厂号		不包括经炼制或用其他方法提取的脂肪（税目15.01）；不包括海生哺乳动物的脂肪（第十五章）
0209.1000	-猪的				
0209.9000	-其他				

税则号列	商品名称	申报要素			说明
		归类要素	价格要素	其他要素	
02.10	肉及食用杂碎，干、熏、盐腌或盐渍的；可供食用的肉或杂碎的细粉、粗粉：				不包括未炼制或用其他方法提取的不带瘦肉的肥猪肉、猪脂肪或家禽脂肪（税目02.09）；不包括不适合供人食用的肉或杂碎的粗粉或细粉（税目23.01）
	-猪肉：	1. 部位（腿肉、腹肉等），是否带骨；2. 制作或保存方法（干、熏、盐腌、盐渍等）；3. 加工方法（带骨、去骨）		4. 厂号	
	--带骨的前腿、后腿及其肉块：				
0210.1110	---带骨的腿				
0210.1190	---其他				
0210.1200	--腹肉（五花肉）				
0210.1900	--其他				
0210.2000	-牛肉	1. 制作或保存方法（干、熏、盐腌、盐渍等）		2. 厂号	
	-其他，包括可供食用的肉或杂碎的细粉、粗粉：				
0210.9100	--灵长目的	1. 用途；2. 制作或保存方法（干、熏、盐腌、盐渍等）		3. 杂碎请列明具体种类；4. 厂号	
0210.9200	--鲸、海豚及鼠海豚（鲸目哺乳动物）的；海牛及儒艮（海牛目哺乳动物）的；海豹、海狮及海象（鳍足亚目哺乳动物）的	1. 用途；2. 制作或保存方法（干、熏、盐腌、盐渍等）		3. 杂碎请列明具体种类；4. 厂号	
0210.9300	--爬行动物（包括蛇及龟鳖）的	1. 用途；2. 制作或保存方法（干、熏、盐腌、盐渍等）		3. 杂碎请列明具体种类；4. 厂号	
0210.9900	--其他	1. 用途；2. 制作或保存方法（干、熏、盐腌、盐渍等）		3. 杂碎请列明具体种类；4. 厂号	

第三章 鱼、甲壳动物、软体动物及其他水生无脊椎动物

注释：
一、本章不包括：
(一) 税目 01.06 的哺乳动物；
(二) 税目 01.06 的哺乳动物的肉（税目 02.08 或 02.10）；
(三) 因品种或鲜度不适合供人食用的死鱼（包括鱼肝、鱼卵及鱼精等）、死甲壳动物、死软体动物及其他死水生无脊椎动物（第五章）；不适合供人食用的鱼、甲壳动物、软体动物、其他水生无脊椎动物的粉、粒（税目 23.01）；或
(四) 鲟鱼子酱及用鱼卵制成的鲟鱼子酱代用品（税目 16.04）。
二、本章所称"团粒"，是指直接挤压或加入少量黏合剂制成的粒状产品。
三、税目 03.05 至 03.08 不包括适合供人食用的细粉、粗粉及团粒（税目 03.09）。

【要素释义】
一、归类要素
1. 用途：指商品应用的方面、范围。例如，子目 0301.1 项下商品填报"观赏用"；子目 0305.7 项下商品填报"食用"。
2. 状态：指商品所表现出来的形态。例如，税目 03.01 项下商品填报"活"；税则号列 0306.1100 项下商品填报"带壳""去壳"。
3. 拉丁学名：物种国际通用的唯一名称，可避免一物多名或同物异名的现象，包括属名和种名两部分。例如，税则号列 0303.6300 项下大西洋鳕鱼拉丁学名填报"*Gadus morhua*"。
4. 制作或保存方法：指商品具体的制作方法或保存方法，根据各税目的要求不同有所区别。例如，子目 0302.1 项下商品填报"鲜""冷"；子目 0303.1 项下商品填报"冻"；税则号列 0305.2000 项下商品填报"干""熏""盐腌""盐渍"；税则号列 0307.6090 项下商品填报"活""鲜""冷""冻""干""盐腌""盐渍"等。
5. 鱼苗：指孵化不久的幼鱼，一般体长很小，分为人工繁殖的鱼苗和来自江河湖海的天然鱼苗。
6. 种苗：指用于育苗的母体和用于培育的幼体。

二、价格要素
1. 个体重量：指单个商品的重量或者每重量单位的商品数量。例如，子目 0304.71 项下冻鳕鱼片可填报"500 克/片"；税则号列 0306.1790 项下冻小虾规格可填报"41~50 个/磅"；对虾可填报"8~12 个/千克"。
2. 包装规格：指商品的个体包装方式和规格。例如，"4.454 千克/箱"。
3. 品牌（中文或外文名称）：指制造商或经销商加在商品上的品牌标志，实际需要申报中文或外文品牌名称。例如，"品牌 Gillardeau（吉拉多）"。
4. 捕捞方式：指鱼类捕捞至作业船只的手段。例如，"网带"或"钓带"等。

税则号列	商品名称	申报要素			说明
		归类要素	价格要素	其他要素	
03.01	活鱼： -观赏鱼：	1. 用途（观赏用）； 2. 状态（活）；3. 拉丁学名			
0301.1100	--淡水鱼				
0301.1900	--其他 -其他活鱼： --鳟鱼（河鳟、虹鳟、克拉克大麻哈鱼、阿瓜大麻哈鱼、吉雨大麻哈鱼、亚利桑那大麻哈鱼、金腹大麻哈鱼）：				

税则号列	商品名称	申报要素			说明
		归类要素	价格要素	其他要素	
0301.9110	---鱼苗	1. 状态（活）；2. 是否为鱼苗；3. 拉丁学名			
0301.9190	---其他	1. 状态（活）；2. 拉丁学名			
	--鳗鱼（鳗鲡属）：				
0301.9210	---鱼苗	1. 状态（活）；2. 是否为鱼苗；3. 拉丁学名			
0301.9290	---其他	1. 状态（活）；2. 拉丁学名			
	--鲤科鱼（鲤属、鲫属、草鱼、鲢属、鳙属、青鱼、卡特拉鲃、野鲮属、哈氏纹唇鱼、何氏细须鲃、鲂属）：				
0301.9310	---鱼苗	1. 状态（活）；2. 是否为鱼苗；3. 拉丁学名			
0301.9390	---其他	1. 状态（活）；2. 拉丁学名			
	--大西洋及太平洋蓝鳍金枪鱼：				
0301.9410	---鱼苗	1. 状态（活）；2. 是否为鱼苗；3. 拉丁学名			
	---其他：	1. 状态（活）；2. 拉丁学名			
0301.9491	----大西洋蓝鳍金枪鱼				
0301.9492	----太平洋蓝鳍金枪鱼				
	--南方蓝鳍金枪鱼：				
0301.9510	---鱼苗	1. 状态（活）；2. 是否为鱼苗；3. 拉丁学名			
0301.9590	---其他	1. 状态（活）；2. 拉丁学名			
	--其他：				
	---鱼苗：	1. 状态（活）；2. 是否为鱼苗；3. 拉丁学名			
0301.9911	----鲈鱼				
0301.9912	----鲟鱼				
0301.9919	----其他				
	---其他：	1. 状态（活）；2. 拉丁学名			
0301.9991	----罗非鱼				
0301.9992	----鲀				
0301.9993	----其他鲤科鱼				
0301.9999	----其他				

税则号列	商品名称	申报要素			说明
		归类要素	价格要素	其他要素	
03.02	鲜、冷鱼，但税目03.04的鱼片及其他鱼肉除外：				不包括鱼片及其他鱼肉（税目03.04）
	-鲑科鱼，但子目0302.91至0302.99的可食用鱼杂碎除外：	1.制作或保存方法（鲜、冷）；2.拉丁学名	3.个体重量［如1000～2000克/条（块）等］		
0302.1100	--鳟鱼（河鳟、虹鳟、克拉克大麻哈鱼、阿瓜大麻哈鱼、吉雨大麻哈鱼、亚利桑那大麻哈鱼、金腹大麻哈鱼）				
0302.1300	--大麻哈鱼［红大麻哈鱼、细鳞大麻哈鱼、大麻哈鱼（种）、大鳞大麻哈鱼、银大麻哈鱼、马苏大麻哈鱼、玫瑰大麻哈鱼］				
	--大西洋鲑鱼及多瑙哲罗鱼：				
0302.1410	---大西洋鲑鱼				
0302.1420	---多瑙哲罗鱼				
0302.1900	--其他				
	-比目鱼（鲽科、鲆科、舌鳎科、鳎科、菱鲆科、刺鲆科），但子目0302.91至0302.99的可食用鱼杂碎除外：	1.制作或保存方法（鲜、冷）；2.拉丁学名	3.个体重量［如1000～2000克/条（块）等］		
0302.2100	--庸鲽鱼（马舌鲽、庸鲽、狭鳞庸鲽）				
0302.2200	--鲽鱼（鲽）				
0302.2300	--鳎鱼（鳎属）				
0302.2400	--大菱鲆（瘤棘鲆）				
0302.2900	--其他				
	-金枪鱼（金枪鱼属）、鲣，但子目0302.91至0302.99的可食用鱼杂碎除外：	1.制作或保存方法（鲜、冷）；2.拉丁学名	3.个体重量［如1000～2000克/条（块）等］		
0302.3100	--长鳍金枪鱼				
0302.3200	--黄鳍金枪鱼				
0302.3300	--鲣				
0302.3400	--大眼金枪鱼				
	--大西洋及太平洋蓝鳍金枪鱼：				
0302.3510	---大西洋蓝鳍金枪鱼				
0302.3520	---太平洋蓝鳍金枪鱼				
0302.3600	--南方蓝鳍金枪鱼				
0302.3900	--其他				

税则号列	商品名称	申报要素			说明
		归类要素	价格要素	其他要素	
	-鲱鱼（大西洋鲱鱼、太平洋鲱鱼）、鳀鱼（鳀属）、沙丁鱼（沙丁鱼、沙瑙鱼属）、小沙丁鱼属、黍鲱或西鲱、鲭鱼［大西洋鲭、澳洲鲭（鲐）、日本鲭（鲐）］、印度鲭（羽鳃鲐属）、马鲛鱼（马鲛属）、对称竹䇲鱼、新西兰竹䇲鱼及竹䇲鱼（竹䇲鱼属）、鲹鱼（鲹属）、军曹鱼、银鲳（鲳属）、秋刀鱼、圆鲹（圆鲹属）、多春鱼（毛鳞鱼）、剑鱼、鲔鱼、狐鲣（狐鲣属）、枪鱼、旗鱼、四鳍旗鱼（旗鱼科），但子目0302.91至0302.99的可食用鱼杂碎除外：	1. 制作或保存方法（鲜、冷）；2. 拉丁学名	3. 个体重量［如1000~2000克/条（块）等］		
0302.4100	--鲱鱼（大西洋鲱鱼、太平洋鲱鱼）				
0302.4200	--鳀鱼（鳀属）				
0302.4300	--沙丁鱼（沙丁鱼、沙瑙鱼属）、小沙丁鱼属、黍鲱或西鲱				
0302.4400	--鲭鱼［大西洋鲭、澳洲鲭（鲐）、日本鲭（鲐）］				
0302.4500	--对称竹䇲鱼、新西兰竹䇲鱼及竹䇲鱼（竹䇲鱼属）				
0302.4600	--军曹鱼				
0302.4700	--剑鱼				
	--其他				
0302.4910	---银鲳（鲳属）				
0302.4990	---其他				
	-犀鳕科、多丝真鳕科、鳕科、长尾鳕科、黑鳕科、无须鳕科、深海鳕科及南极鳕科鱼，但子目0302.91至0302.99的可食用鱼杂碎除外：	1. 制作或保存方法（鲜、冷）；2. 拉丁学名	3. 个体重量［如1000~2000克/条（块）等］		
0302.5100	--鳕鱼（大西洋鳕鱼、格陵兰鳕鱼、太平洋鳕鱼）				
0302.5200	--黑线鳕鱼（黑线鳕）				
0302.5300	--绿青鳕鱼				
0302.5400	--狗鳕鱼（无须鳕属、长鳍鳕属）				
0302.5500	--阿拉斯加狭鳕鱼				
0302.5600	--蓝鳕鱼（小鳍鳕、南蓝鳕）				
0302.5900	--其他				
	-罗非鱼（口孵非鲫属）、鲶鱼（鮰鲶属、鲶属、胡鲶属、真鮰属）、鲤科鱼（鲤属、鲫属、草鱼、鲢属、鳙属、青鱼、卡特拉鲃、野鲮属、哈氏纹唇鱼、何氏细须鲃、鲂属）、鳗鱼（鳗鲡属）、尼罗河鲈鱼（尼罗尖吻鲈）及黑鱼（鳢属），但子目0302.91至0302.99的可食用鱼杂碎除外：	1. 制作或保存方法（鲜、冷）；2. 拉丁学名	3. 个体重量［如1000~2000克/条（块）等］		

税则号列	商品名称	申报要素			说明
		归类要素	价格要素	其他要素	
0302.7100	--罗非鱼（口孵非鲫属）				
0302.7200	--鲶鱼（鲶鲶属、鲶属、胡鲶属、真鮰属）				
0302.7300	--鲤科鱼（鲤属、鲫属、草鱼、鲢属、鳙属、青鱼、卡特拉鲃、野鲮属、哈氏纹唇鱼、何氏细须鲃、鲂属）				
0302.7400	--鳗鱼（鳗鲡属）				
0302.7900	--其他				
	-其他鱼，但子目0302.91至0302.99的可食用鱼杂碎除外：	1. 制作或保存方法（鲜、冷）；2. 拉丁学名		3. 个体重量[如1000~2000克/条（块）等]	
0302.8100	--角鲨及其他鲨鱼				
0302.8200	--𫚉鱼及鳐鱼（鳐科）				
0302.8300	--南极犬牙鱼（南极犬牙鱼属）				
0302.8400	--尖吻鲈鱼（舌齿鲈属）				
0302.8500	--菱羊鲷（鲷科）				
	--其他：				
0302.8910	---带鱼				
0302.8920	---黄鱼				
0302.8930	---鲳鱼（银鲳除外）				
0302.8940	---鲀				
0302.8990	---其他				
	-鱼肝、鱼卵、鱼精、鱼鳍、鱼头、鱼尾、鱼鳔及其他可食用鱼杂碎：	1. 制作或保存方法（鲜、冷）；2. 拉丁学名			
0302.9100	--鱼肝、鱼卵及鱼精				
0302.9200	--鲨鱼翅				
0302.9900	--其他				
03.03	**冻鱼，但税目03.04的鱼片及其他鱼肉除外：**				不包括鱼片及其他鱼肉（税目03.04）
	-鲑科鱼，但子目0303.91至0303.99的可食用鱼杂碎除外：	1. 制作或保存方法（冻）；2. 拉丁学名		3. 个体重量[如1000~2000克/条（块）等]	
0303.1100	--红大麻哈鱼				
0303.1200	--其他大麻哈鱼［细鳞大麻哈鱼、大麻哈鱼（种）、大鳞大麻哈鱼、银大麻哈鱼、马苏大麻哈鱼、玫瑰大麻哈鱼］				
	--大西洋鲑鱼及多瑙哲罗鱼：				
0303.1310	---大西洋鲑鱼				
0303.1320	---多瑙哲罗鱼				

税则号列	商品名称	申报要素			说明
		归类要素	价格要素	其他要素	
0303.1400	--鳟鱼（河鳟、虹鳟、克拉克大麻哈鱼、阿瓜大麻哈鱼、吉雨大麻哈鱼、亚利桑那大麻哈鱼、金腹大麻哈鱼）				
0303.1900	--其他				
	-罗非鱼（口孵非鲫属）、鲶鱼（鲶鲶属、鲶属、胡鲶属、真鮰属）、鲤科鱼（鲤属、鲫属、草鱼、鲢属、鳑属、青鱼、卡特拉鲃、野鲮属、哈氏纹唇鱼、何氏细须鲃、鲂属）、鳗鱼（鳗鲡属）、尼罗河鲈鱼（尼罗尖吻鲈）及黑鱼（鳢属），但子目0303.91至0303.99的可食用鱼杂碎除外：	1. 制作或保存方法（冻）；2. 拉丁学名	3. 个体重量[如1000～2000克/条（块）等]		
0303.2300	--罗非鱼（口孵非鲫属）				
0303.2400	--鲶鱼（鲶鲶属、鲶属、胡鲶属、真鮰属）				
0303.2500	--鲤科鱼（鲤属、鲫属、草鱼、鲢属、鳑属、青鱼、卡特拉鲃、野鲮属、哈氏纹唇鱼、何氏细须鲃、鲂属）				
0303.2600	--鳗鱼（鳗鲡属）				
0303.2900	--其他				
	-比目鱼（鲽科、鲆科、舌鳎科、鳎科、菱鲆科、刺鲆科），但子目0303.91至0303.99的可食用鱼杂碎除外：	1. 制作或保存方法（冻）；2. 拉丁学名	3. 个体重量[如1000～2000克/条（块）等]		
	--庸鲽鱼（马舌鲽、庸鲽、狭鳞庸鲽）：				
0303.3110	---马舌鲽（格陵兰庸鲽鱼）				
0303.3190	---其他				
0303.3200	--鲽鱼（鲽）				
0303.3300	--鳎鱼（鳎属）				
0303.3400	--大菱鲆（瘤棘鲆）				
0303.3900	--其他				
	-金枪鱼（金枪鱼属）、鲣鱼或狐鲣（鲣），但子目0303.91至0303.99的可食用鱼杂碎除外：	1. 制作或保存方法（冻）；2. 拉丁学名	3. 个体重量[如1000～2000克/条（块）等]		
0303.4100	--长鳍金枪鱼				
0303.4200	--黄鳍金枪鱼				
0303.4300	--鲣				
0303.4400	--大眼金枪鱼				
	--大西洋及太平洋蓝鳍金枪鱼：				
0303.4510	---大西洋蓝鳍金枪鱼				
0303.4520	---太平洋蓝鳍金枪鱼				
0303.4600	--南方蓝鳍金枪鱼				
0303.4900	--其他				

税则号列	商品名称	申报要素			说明
		归类要素	价格要素	其他要素	
	-鲱鱼（大西洋鲱鱼、太平洋鲱鱼）、鳀鱼（鳀属）、沙丁鱼（沙丁鱼、沙瑙鱼属）、小沙丁鱼属、黍鲱或西鲱、鲭鱼〔大西洋鲭、澳洲鲭（鲐）、日本鲭（鲐）〕、印度鲭（羽鳃鲐属）、马鲛鱼（马鲛属）、对称竹荚鱼、新西兰竹荚鱼及竹荚鱼（竹荚鱼属）、鲹鱼（鲹属）、军曹鱼、银鲳（鲳属）、秋刀鱼、圆鲹（圆鲹属）、多春鱼（毛鳞鱼）、剑鱼、鲔鱼、狐鲣（狐鲣属）、枪鱼、旗鱼、四鳍旗鱼（旗鱼科），但子目0303.91至0303.99的可食用鱼杂碎除外：	1. 制作或保存方法（冻）；2. 拉丁学名	3. 个体重量〔如1000～2000克/条（块）等〕		
0303.5100	--鲱鱼（大西洋鲱鱼、太平洋鲱鱼）				
0303.5300	--沙丁鱼（沙丁鱼、沙瑙鱼属）、小沙丁鱼属、黍鲱或西鲱				
0303.5400	--鲭鱼〔大西洋鲭、澳洲鲭（鲐）、日本鲭（鲐）〕				
0303.5500	--对称竹荚鱼、新西兰竹荚鱼及竹荚鱼（竹荚鱼属）				
0303.5600	--军曹鱼				
0303.5700	--剑鱼				
	--其他：				
0303.5910	---银鲳（鲳属）				
0303.5990	---其他				
	-犀鳕科、多丝真鳕科、鳕科、长尾鳕科、黑鳕科、无须鳕科、深海鳕科及南极鳕科鱼，但子目0303.91至0303.99的可食用鱼杂碎除外：	1. 制作或保存方法（冻）；2. 拉丁学名	3. 个体重量〔如1000～2000克/条（块）等〕		
0303.6300	--鳕鱼（大西洋鳕鱼、格陵兰鳕鱼、太平洋鳕鱼）				
0303.6400	--黑线鳕鱼（黑线鳕）				
0303.6500	--绿青鳕鱼				
0303.6600	--狗鳕鱼（无须鳕属、长鳍鳕属）				
0303.6700	--阿拉斯加狭鳕鱼				
0303.6800	--蓝鳕鱼（小鳍鳕、南蓝鳕）				
0303.6900	--其他				
	-其他鱼，但子目0303.91至0303.99的可食用鱼杂碎除外：				
0303.8100	--角鲨及其他鲨鱼	1. 制作或保存方法（冻）；2. 拉丁学名	3. 个体重量〔如1000～2000克/条（块）等〕		

税则号列	商 品 名 称	申 报 要 素			说 明
		归类要素	价格要素	其他要素	
0303.8200	--魟鱼及鳐鱼（鳐科）	1. 制作或保存方法（冻）；2. 拉丁学名	3. 个体重量［如1000～2000克/条（块）等］		
0303.8300	--南极犬牙鱼（南极犬牙鱼属）	1. 制作或保存方法（冻）；2. 拉丁学名	3. 个体重量［如1000～2000克/条（块）等］		
0303.8400	--尖吻鲈鱼（舌齿鲈属）	1. 制作或保存方法（冻）；2. 拉丁学名	3. 个体重量［如1000～2000克/条（块）等］		
	--其他：				
0303.8910	---带鱼	1. 制作或保存方法（冻）；2. 拉丁学名	3. 个体重量［如1000～2000克/条（块）等］；4. 捕捞方式（网带、钓带等）		
0303.8920	---黄鱼	1. 制作或保存方法（冻）；2. 拉丁学名	3. 个体重量［如1000～2000克/条（块）等］		
0303.8930	---鲳鱼（银鲳除外）	1. 制作或保存方法（冻）；2. 拉丁学名	3. 个体重量［如1000～2000克/条（块）等］		
0303.8990	---其他	1. 制作或保存方法（冻）；2. 拉丁学名	3. 个体重量［如1000～2000克/条（块）等］		
	-鱼肝、鱼卵、鱼精、鱼鳍、鱼头、鱼尾、鱼鳔及其他可食用杂碎：	1. 制作或保存方法（冻）；2. 拉丁学名			
0303.9100	--鱼肝、鱼卵及鱼精				
0303.9200	--鲨鱼翅				
0303.9900	--其他				
03.04	鲜、冷、冻鱼片及其他鱼肉（不论是否绞碎）：				
	-鲜或冷的罗非鱼（口孵非鲫属）、（鲶鲶属、鲶属、胡鲶属、真鲴属）鲤科鱼（鲤属、鲫属、草鱼、鲢属、鳙属、青鱼、卡特拉鲃、野鲮属、哈氏纹唇鱼、何氏细须鲃、魴属）、鳗鱼（鳗鲡属）、尼罗河鲈鱼（尼罗尖吻鲈）及黑鱼（鳢属）的鱼片：	1. 制作或保存方法（鲜、冷）；2. 拉丁学名	3. 个体重量［如1000～2000克/片（块）等］		

税则号列	商品名称	申报要素			说明
		归类要素	价格要素	其他要素	
0304.3100	--罗非鱼（口孵非鲫属）				
0304.3200	--鲶鱼（鲿鲶属、鲶属、胡鲶属、真鮰属）				
0304.3300	--尼罗河鲈鱼（尼罗尖吻鲈）				
0304.3900	--其他				
	-鲜或冷的其他鱼片：	1. 制作或保存方法（鲜、冷）；2. 拉丁学名	3. 个体重量［如 1000～2000 克/片（块）等］		
0304.4100	--大麻哈鱼［红大麻哈鱼、细鳞大麻哈鱼、大麻哈鱼（种）、大鳞大麻哈鱼、银大麻哈鱼、马苏大麻哈鱼、玫瑰大麻哈鱼］、大西洋鲑鱼及多瑙哲罗鱼				
0304.4200	--鳟鱼（河鳟、虹鳟、克拉克大麻哈鱼、阿瓜大麻哈鱼、吉雨大麻哈鱼、亚利桑那大麻哈鱼、金腹大麻哈鱼）				
0304.4300	--比目鱼（鲽科、鲆科、舌鳎科、鳎科、菱鲆科、刺鲆科）				
0304.4400	--犀鳕科、多丝真鳕科、鳕科、长尾鳕科、黑鳕科、无须鳕科、深海鳕科及南极鳕科鱼				
0304.4500	--剑鱼				
0304.4600	--南极犬牙鱼（南极犬牙鱼属）				
0304.4700	--角鲨及其他鲨鱼				
0304.4800	--𫚈鱼及鳐鱼（鳐科）				
0304.4900	--其他				
	-其他，鲜或冷的：	1. 制作或保存方法（鲜、冷）；2. 拉丁学名	3. 个体重量［如 1000～2000 克/片（块）等］		
0304.5100	--罗非鱼（口孵非鲫属）、鲶鱼（鲿鲶属、鲶属、胡鲶属、真鮰属）、鲤科鱼（鲤属、鲫属、草鱼、鲢属、鳙属、青鱼、卡特拉鲃、野鲮属、哈氏纹唇鱼、何氏细须鲃、鲂）、鳗鱼（鳗鲡属）、尼罗河鲈鱼（尼罗尖吻鲈）及黑鱼（鳢属）				
0304.5200	--鲑科鱼				
0304.5300	--犀鳕科、多丝真鳕科、鳕科、长尾鳕科、黑鳕科、无须鳕科、深海鳕科及南极鳕科鱼				
0304.5400	--剑鱼				
0304.5500	--南极犬牙鱼（南极犬牙鱼属）				
0304.5600	--角鲨及其他鲨鱼				
0304.5700	--𫚈鱼及鳐鱼（鳐科）				
0304.5900	--其他				

税则号列	商品名称	申报要素			说明
		归类要素	价格要素	其他要素	
	-冻的罗非鱼（口孵非鲫属）、鲶鱼（鲴鲶属、鲶属、胡鲶属、真鮰属）、鲤科鱼（鲤属、鲫属、草鱼、鲢属、鳑属、青鱼、卡特拉鲃、野鲮属、哈氏纹唇鱼、何氏细须鲃、魟属）、鳗鱼（鳗鲡属）、尼罗河鲈鱼（尼罗尖吻鲈）及黑鱼（鳢属）的鱼片：				
0304.6100	--罗非鱼（口孵非鲫属）	1.制作或保存方法（冻）；2.拉丁学名	3.个体重量［如1000～2000克/片（块）等］		
	--鲶鱼（鲴鲶属、鲶属、胡鲶属、真鮰属）：				
	---叉尾鮰鱼（真鮰属）：	1.制作或保存方法（冻）；2.拉丁学名	3.个体重量［如1000～2000克/片（块）等］		
0304.6211	----斑点叉尾鮰鱼				
0304.6219	----其他				
0304.6290	---其他	1.制作或保存方法（冻）；2.拉丁学名	3.个体重量［如1000～2000克/片（块）等］；4.是否带皮、刺、鳞、鳍		
0304.6300	--尼罗河鲈鱼（尼罗尖吻鲈）	1.制作或保存方法（冻）；2.拉丁学名	3.个体重量［如1000～2000克/片（块）等］；4.是否带皮、刺、鳞、鳍		
0304.6900	--其他	1.制作或保存方法（冻）；2.拉丁学名	3.个体重量［如1000～2000克/片（块）等］；4.是否带皮、刺、鳞、鳍		
	-冻的犀鳕科、多丝真鳕科、鳕科、长尾鳕科、黑鳕科、无须鳕科、深海鳕科及南极鳕科鱼的鱼片：	1.制作或保存方法（冻）；2.拉丁学名	3.个体重量［如1000～2000克/片（块）等］；4.是否带皮、刺、鳞、鳍		
0304.7100	--鳕鱼（大西洋鳕鱼、格陵兰鳕鱼、太平洋鳕鱼）				
0304.7200	--黑线鳕鱼（黑线鳕）				

税则号列	商品名称	申报要素			说明
		归类要素	价格要素	其他要素	
0304.7300	--绿青鳕鱼				
0304.7400	--狗鳕鱼（无须鳕属、长鳍鳕属）				
0304.7500	--阿拉斯加狭鳕鱼				
0304.7900	--其他				
	-其他冻鱼片：				
0304.8100	--大麻哈鱼［红大麻哈鱼、细鳞大麻哈鱼、大麻哈鱼（种）、大鳞大麻哈鱼、银大麻哈鱼、马苏大麻哈鱼、玫瑰大麻哈鱼］、大西洋鲑鱼及多瑙哲罗鱼	1. 制作或保存方法（冻）；2. 拉丁学名	3. 个体重量［如1000～2000克/片（块）等］；4. 是否带皮、刺、鳞、鳍		
0304.8200	--鳟鱼（河鳟、虹鳟、克拉克大麻哈鱼、阿瓜大麻哈鱼、吉雨大麻哈鱼、亚利桑那大麻哈鱼、金腹大麻哈鱼）	1. 制作或保存方法（冻）；2. 拉丁学名	3. 个体重量［如1000～2000克/片（块）等］；4. 是否带皮、刺、鳞、鳍		
0304.8300	--比目鱼（鲽科、鲆科、舌鳎科、鳎科、菱鲆科、刺鲆科）	1. 制作或保存方法（冻）；2. 拉丁学名	3. 个体重量［如1000～2000克/片（块）等］；4. 是否带皮、刺、鳞、鳍		
0304.8400	--剑鱼	1. 制作或保存方法（冻）；2. 拉丁学名	3. 个体重量［如1000～2000克/片（块）等］		
0304.8500	--南极犬牙鱼（南极犬牙鱼属）	1. 制作或保存方法（冻）；2. 拉丁学名	3. 个体重量［如1000～2000克/片（块）等］		
0304.8600	--鲱鱼（大西洋鲱鱼、太平洋鲱鱼）	1. 制作或保存方法（冻）；2. 拉丁学名	3. 个体重量［如1000～2000克/片（块）等］；4. 是否带皮、刺、鳞、鳍		
0304.8700	--金枪鱼（金枪鱼属）、鲣	1. 制作或保存方法（冻）；2. 拉丁学名	3. 个体重量［如1000～2000克/片（块）等］；4. 是否带皮、刺、鳞、鳍		

税则号列	商品名称	申报要素			说明
		归类要素	价格要素	其他要素	
0304.8800	--角鲨、其他鲨鱼、魟鱼及鳐鱼（鳐科）	1.制作或保存方法（冻）；2.拉丁学名	3.个体重量[如1000~2000克/片（块）等]		
0304.8900	--其他	1.制作或保存方法（冻）；2.拉丁学名	3.个体重量[如1000~2000克/片（块）等]；4.是否带皮、刺、鳞、鳍		
	-其他，冻的：	1.制作或保存方法（冻）；2.拉丁学名	3.个体重量[如1000~2000克/片（块）等]		
0304.9100	--剑鱼				
0304.9200	--南极犬牙鱼（南极犬牙鱼属）				
0304.9300	--罗非鱼（口孵非鲫属）、鲶鱼（鲴鲶属、鲶属、胡鲶属、真鮰属）、鲤科鱼（鲤属、鲫属、草鱼、鲢属、鳙属、青鱼、卡特拉鲃、野鲮属、哈氏纹唇鱼、何氏细须鲃、鲂）、鳗鱼（鳗鲡属）、尼罗河鲈鱼（尼罗尖吻鲈）及黑鱼（鳢属）				
0304.9400	--阿拉斯加狭鳕鱼				
0304.9500	--犀鳕科、多丝真鳕科、鳕科、长尾鳕科、黑鳕科、无须鳕科、深海鳕科及南极鳕科鱼，阿拉斯加狭鳕鱼除外				
0304.9600	--角鲨及其他鲨鱼				
0304.9700	--魟鱼及鳐鱼（鳐科）				
0304.9900	--其他				
03.05	**干、盐腌或盐渍的鱼；熏鱼，不论在熏制前或熏制过程中是否烹煮：**				
0305.2000	-干、熏、盐腌或盐渍的鱼肝、鱼卵及鱼精	1.制作或保存方法（干、熏、盐腌、盐渍）；2.拉丁学名			
	-干、盐腌或盐渍的鱼片，但熏制的除外：	1.制作或保存方法（干、盐腌、盐渍）；2.拉丁学名			
0305.3100	--罗非鱼（口孵非鲫属）、鲶鱼（鲴鲶属、鲶属、胡鲶属、真鮰属）、鲤科鱼（鲤属、鲫属、草鱼、鲢属、鳙属、青鱼、卡特拉鲃、野鲮属、哈氏纹唇鱼、何氏细须鲃、鲂）、鳗鱼（鳗鲡属）、尼罗河鲈鱼（尼罗尖吻鲈）及黑鱼（鳢属）				

税则号列	商品名称	申报要素 归类要素	申报要素 价格要素	申报要素 其他要素	说明
0305.3200	--犀鳕科、多丝真鳕科、鳕科、长尾鳕科、黑鳕科、无须鳕科、深海鳕科及南极鳕科鱼				
0305.3900	--其他 -熏鱼,包括鱼片,但食用杂碎除外: --大麻哈鱼〔红大麻哈鱼、细鳞大麻哈鱼、大麻哈鱼(种)、大鳞大麻哈鱼、银大麻哈鱼、马苏大麻哈鱼、玫瑰大麻哈鱼〕、大西洋鲑鱼及多瑙哲罗鱼:	1. 制作或保存方法(熏);2. 拉丁学名			
0305.4110	---大西洋鲑鱼				
0305.4120	---大麻哈鱼及多瑙哲罗鱼				
0305.4200	--鲱鱼(大西洋鲱鱼、太平洋鲱鱼)				
0305.4300	--鳟鱼(河鳟、虹鳟、克拉克大麻哈鱼、阿瓜大麻哈鱼、吉雨大麻哈鱼、亚利桑那大麻哈鱼、金腹大麻哈鱼)				
0305.4400	--罗非鱼(口孵非鲫属)、鲶鱼(鿓鲶属、鲶属、胡鲶属、真鮰属)、鲤科鱼(鲤属、鲫属、草鱼、鲢属、鳙属、青鱼、卡特拉鲃、野鲮属、哈氏纹唇鱼、何氏细须鲃、鲂属)、鳗鱼(鳗鲡属)、尼罗河鲈鱼(尼罗尖吻鲈)及黑鱼(鳢属)				
0305.4900	--其他 -干鱼(不包括食用杂碎),不论是否盐腌,但熏制的除外:	1. 制作或保存方法(干);2. 拉丁学名			
0305.5100	--鳕鱼(大西洋鳕鱼、格陵兰鳕鱼、太平洋鳕鱼)				
0305.5200	--罗非鱼(口孵非鲫属)、鲶鱼(鿓鲶属、鲶属、胡鲶属、真鮰属)、鲤科鱼(鲤属、鲫属、草鱼、鲢属、鳙属、青鱼、卡特拉鲃、野鲮属、哈氏纹唇鱼、何氏细须鲃、鲂属)、鳗鱼(鳗鲡属)、尼罗河鲈鱼(尼罗尖吻鲈)及黑鱼(鳢属)				
0305.5300	--犀鳕科、多丝真鳕科、鳕科、长尾鳕科、黑鳕科、无须鳕科、深海鳕科及南极鳕科鱼,鳕鱼(大西洋鳕鱼、格陵兰鳕鱼、太平洋鳕鱼)除外				

税则号列	商品名称	申报要素			说明
		归类要素	价格要素	其他要素	
	--鲱鱼（大西洋鲱鱼、太平洋鲱鱼）、鳀鱼（鳀属）、沙丁鱼（沙丁鱼、沙瑙鱼属）、小沙丁鱼属、黍鲱或西鲱、鲭鱼［大西洋鲭、澳洲鲭（鲐）、日本鲭（鲐）］、印度鲭（羽鳃鲐属）、马鲛鱼（马鲛属）、对称竹荚鱼、新西兰竹荚鱼及竹荚鱼（竹荚鱼属）、鲹鱼（鲹属）、军曹鱼、银鲳（鲳属）、秋刀鱼、圆鲹（圆鲹属）、多春鱼（毛鳞鱼）、剑鱼、鲔鱼、狐鲣（狐鲣属）、枪鱼、旗鱼、四鳍旗鱼（旗鱼科）				
0305.5410	---银鲳（鲳属）				
0305.5490	---其他				
	--其他：				
0305.5910	---海龙、海马				
0305.5990	---其他				
	-盐腌及盐渍的鱼（不包括食用杂碎），但干或熏制的除外：	1.制作或保存方法（盐腌、盐渍）；2.拉丁学名			
0305.6100	--鲱鱼（大西洋鲱鱼、太平洋鲱鱼）				
0305.6200	--鳕鱼（大西洋鳕鱼、格陵兰鳕鱼、太平洋鳕鱼）				
0305.6300	--鳀鱼（鳀属）				
0305.6400	--罗非鱼（口孵非鲫属）、鲶鱼（鲢鲶属、鲶属、胡鲶属、真鮰属）、鲤科鱼（鲤属、鲫属、草鱼、鲢属、鳙属、青鱼、卡特拉鲃、野鲮属、哈氏纹唇鱼、何氏细须鲃、鲂属）、鳗鱼（鳗鲡属）、尼罗河鲈鱼（尼罗尖吻鲈）及黑鱼（鳢属）				
	--其他：				
0305.6910	---带鱼				
0305.6920	---黄鱼				
0305.6930	---鲳鱼（银鲳除外）				
0305.6990	---其他				
	-鱼鳍、鱼头、鱼尾、鱼鳔及其他可食用杂碎：	1.用途；2.拉丁学名			
0305.7100	--鲨鱼翅				
0305.7200	--鱼头、鱼尾、鱼鳔				
0305.7900	--其他				

税则号列	商品名称	申报要素			说明
		归类要素	价格要素	其他要素	
03.06	带壳或去壳的甲壳动物，活、鲜、冷、冻、干、盐腌或盐渍的；熏制的带壳或去壳甲壳动物，不论在熏制前或熏制过程中是否烹煮；蒸过或用水煮过的带壳甲壳动物，不论是否冷、冻、干、盐腌或盐渍的： -冻的：				
0306.1100	--岩礁虾和其他龙虾（真龙虾属、龙虾属、岩龙虾属）	1.制作或保存方法（冻）；2.状态（带壳、去壳）；3.拉丁学名	4.个体重量；5.包装规格		
0306.1200	--螯龙虾（螯龙虾属）	1.制作或保存方法（冻）；2.状态（带壳、去壳）；3.拉丁学名	4.个体重量；5.包装规格		
	--蟹：	1.制作或保存方法（冻）；2.状态（带壳、去壳）；3.拉丁学名	4.个体重量；5.包装规格		
0306.1410	---梭子蟹				
0306.1490	---其他				
0306.1500	--挪威海螯虾	1.制作或保存方法（冻）；2.状态（带壳、去壳）；3.拉丁学名	4.个体重量；5.包装规格		
	--冷水小虾及对虾（长额虾属、褐虾）：	1.制作或保存方法（冻）；2.状态（带壳、去壳）；3.拉丁学名	4.规格（如41~50个/磅）；5.包装规格		
	---冷水小虾：				
0306.1630	---虾仁				
0306.1640	---其他，北方长额虾				
0306.1690	---其他				
	--其他小虾及对虾：	1.制作或保存方法（冻）；2.状态（带壳、去壳）；3.拉丁学名	4.规格（如41~50个/磅）；5.包装规格；6.品牌（中文或外文名称）		
0306.1730	---虾仁				
0306.1790	---其他				
	--其他：	1.制作或保存方法（冻）			
	---淡水小龙虾：				
0306.1911	----虾仁				
0306.1919	----其他				

税则号列	商品名称	申报要素 归类要素	价格要素	其他要素	说明
0306.1990	---其他				
	-活、鲜或冷的：				
	--岩礁虾及其他龙虾（真龙虾属、龙虾属、岩龙虾属）：				
0306.3110	---种苗	1. 是否为种苗；2. 拉丁学名			
0306.3190	---其他	1. 制作或保存方法（活、鲜、冷等）；2. 状态（带壳、去壳）；3. 拉丁学名	4. 个体重量；5. 包装规格		
	--鳌龙虾（鳌龙虾属）：				
0306.3210	---种苗	1. 是否为种苗；2. 拉丁学名			
0306.3290	---其他	1. 制作或保存方法（活、鲜、冷等）；2. 状态（带壳、去壳）；3. 拉丁学名	4. 个体重量；5. 包装规格；6. 品牌（中文或外文名称）		
	--蟹：				
0306.3310	---种苗	1. 是否为种苗；2. 拉丁学名			
	---其他：	1. 制作或保存方法（活、鲜、冷等）；2. 状态（带壳、去壳）；3. 拉丁学名	4. 个体重量；5. 包装规格		
0306.3391	----中华绒鳌蟹				
0306.3392	----梭子蟹				
0306.3399	----其他				
	--挪威海鳌虾：				
0306.3410	---种苗	1. 是否为种苗；2. 拉丁学名			
0306.3490	---其他	1. 制作或保存方法（活、鲜、冷等）；2. 状态（带壳、去壳）；3. 拉丁学名	4. 个体重量；5. 包装规格		
	--冷水小虾及对虾（长额虾属、褐虾）：				
0306.3510	---种苗	1. 是否为种苗；2. 拉丁学名			
0306.3590	---其他	1. 制作或保存方法（活、鲜、冷等）；2. 状态（带壳、去壳）；3. 拉丁学名	4. 个体重量；5. 包装规格		
	--其他小虾及对虾：				
0306.3610	---种苗	1. 是否为种苗；2. 拉丁学名			

税则号列	商品名称	申报要素			说明
		归类要素	价格要素	其他要素	
0306.3690	---其他	1. 制作或保存方法（活、鲜、冷等）；2. 拉丁学名	3. 状态（是否全虾、去头、去肠线、去尾、带壳、去壳、裹面粉等）；4. 个体重量；5. 包装规格		
	--其他：				
0306.3910	---种苗	1. 是否为种苗；2. 拉丁学名			
0306.3990	---其他	1. 制作或保存方法（活、鲜、冷等）；2. 拉丁学名			
	-其他：				
0306.9100	--岩礁虾及其他龙虾（真龙虾属、龙虾属、岩龙虾属)	1. 制作或保存方法（干、盐腌、盐渍等）；2. 状态（带壳、去壳）；3. 拉丁学名	4. 个体重量；5. 包装规格		
0306.9200	--鳌龙虾（鳌龙虾属）	1. 制作或保存方法（干、盐腌、盐渍等）；2. 状态（带壳、去壳）；3. 拉丁学名			
	--蟹：	1. 制作或保存方法（干、盐腌、盐渍等）；2. 状态（带壳、去壳）；3. 拉丁学名	4. 个体重量；5. 包装规格		
0306.9310	---中华绒鳌蟹				
0306.9320	---梭子蟹				
0306.9390	---其他				
0306.9400	--挪威海鳌虾	1. 制作或保存方法（干、盐腌、盐渍等）；2. 状态（带壳、去壳）；3. 拉丁学名	4. 个体重量；5. 包装规格		
	--小虾及对虾：	1. 制作或保存方法（干、盐腌、盐渍等）；2. 状态（带壳、去壳）；3. 拉丁学名	4. 个体重量；5. 包装规格		
0306.9510	---冷水小虾及对虾（长额虾属、褐虾）				
0306.9590	---其他小虾及对虾				
0306.9900	--其他	1. 制作或保存方法（干、盐腌、盐渍等）；2. 拉丁学名			

税则号列	商品名称	申报要素 归类要素	申报要素 价格要素	申报要素 其他要素	说明
03.07	带壳或去壳的软体动物,活、鲜、冷、冻、干、盐腌或盐渍的;熏制的带壳或去壳软体动物,不论在熏制前或熏制过程中是否烹煮:				
	-牡蛎（蚝）:				
	--活、鲜或冷的:				
0307.1110	---种苗	1.是否为种苗;2.拉丁学名			
0307.1190	---其他	1.制作或保存方法（活、鲜、冷）;2.拉丁学名	3.状态（带壳、去壳）;4.个体重量;5.包装规格;6.品牌（中文或外文名称）		
0307.1200	--冻的	1.制作或保存方法（冻）;2.拉丁学名	3.状态（带壳、去壳）;4.个体重量;5.包装规格		
0307.1900	--其他	1.制作或保存方法（干、盐腌、盐渍等）;2.拉丁学名	3.状态（带壳、去壳）;4.个体重量;5.包装规格		
	-扇贝及其他扇贝科的软体动物:				
	--活、鲜或冷的:				
0307.2110	---种苗	1.是否为种苗;2.拉丁学名			
	---其他:	1.制作或保存方法（活、鲜、冷）;2.拉丁学名	3.状态（带壳、去壳）;4.个体重量;5.包装规格		
0307.2191	----扇贝（扇贝属、栉孔扇贝属、巨扇贝属）				
0307.2199	----其他				
	--冻的:	1.制作或保存方法（冻）;2.拉丁学名	3.状态（带壳、去壳）;4.个体重量;5.包装规格		
0307.2210	---扇贝（扇贝属、栉孔扇贝属、巨扇贝属）				
0307.2290	---其他				
	--其他:	1.制作或保存方法（干、盐腌、盐渍等）;2.拉丁学名	3.状态（带壳、去壳）;4.个体重量;5.包装规格		

税则号列	商品名称	申报要素			说明
		归类要素	价格要素	其他要素	
0307.2910	---扇贝（扇贝属、栉孔扇贝属、巨扇贝属）				
0307.2990	---其他				
	-贻贝：				
	--活、鲜或冷的：				
0307.3110	---种苗	1. 是否为种苗；2. 拉丁学名			
0307.3190	---其他	1. 制作或保存方法（活、鲜、冷）；2. 拉丁学名		3. 状态（带壳、去壳）；4. 个体重量；5. 包装规格	
0307.3200	--冻的	1. 制作或保存方法（冻）；2. 拉丁学名		3. 状态（带壳、去壳）；4. 个体重量；5. 包装规格	
0307.3900	--其他	1. 制作或保存方法（干、盐腌、盐渍等）；2. 拉丁学名		3. 状态（带壳、去壳）；4. 个体重量；5. 包装规格	
	-墨鱼及鱿鱼：				
	--活、鲜或冷的：				
0307.4210	---种苗	1. 是否为种苗；2. 拉丁学名			
	---其他：				
0307.4291	----墨鱼（乌贼属、巨粒僧头乌贼、耳乌贼属）及鱿鱼（柔鱼属、枪乌贼属、双柔鱼属、拟乌贼属）	1. 制作或保存方法（活、鲜、冷）；2. 拉丁学名		3. 个体重量；4. 包装规格	
0307.4299	----其他	1. 制作或保存方法（活、鲜、冷）；2. 拉丁学名			
	--冻的：				
0307.4310	---墨鱼（乌贼属、巨粒僧头乌贼、耳乌贼属）及鱿鱼（柔鱼属、枪乌贼属、双柔鱼属、拟乌贼属）	1. 制作或保存方法（冻）；2. 拉丁学名（规范到属）		3. 个体重量；4. 包装规格	
0307.4390	---其他	1. 制作或保存方法（冻）；2. 拉丁学名			
	--其他：				
0307.4910	---墨鱼（乌贼属、巨粒僧头乌贼、耳乌贼属）及鱿鱼（柔鱼属、枪乌贼属、双柔鱼属、拟乌贼属）	1. 制作或保存方法（干、盐腌、盐渍等）；2. 拉丁学名		3. 个体重量；4. 包装规格	
0307.4990	---其他	1. 制作或保存方法（干、盐腌、盐渍等）；2. 拉丁学名			
	-章鱼：				

税则号列	商品名称	申报要素 归类要素	申报要素 价格要素	申报要素 其他要素	说明
0307.5100	--活、鲜或冷的	1. 制作或保存方法（活、鲜、冷）；2. 拉丁学名	3. 个体重量；4. 包装规格		
0307.5200	--冻的	1. 制作或保存方法（冻）；2. 拉丁学名	3. 个体重量；4. 包装规格		
0307.5900	--其他	1. 制作或保存方法（干、盐腌、盐渍等）；2. 拉丁学名	3. 个体重量；4. 包装规格		
	-蜗牛及螺，海螺除外：				
0307.6010	---种苗	1. 是否为种苗；2. 拉丁学名			
0307.6090	---其他	1. 制作或保存方法（活、鲜、冷、冻、干、盐腌、盐渍等）；2. 拉丁学名	3. 个体重量；4. 包装规格		
	-蛤、鸟蛤及舟贝（蚶科、北极蛤科、鸟蛤科、斧蛤科、缝栖蛤科、蛤蜊科、中带蛤科、海螂科、双带蛤科、截蛏科、竹蛏科、砗磲科、帘蛤科）： --活、鲜或冷的：				
0307.7110	---种苗	1. 是否为种苗；2. 拉丁学名			
	---其他：	1. 制作或保存方法（活、鲜、冷）；2. 拉丁学名			
0307.7191	----蛤				
0307.7199	----其他				
0307.7200	--冻的	1. 制作或保存方法（冻）；2. 拉丁学名			
0307.7900	--其他	1. 制作或保存方法（干、盐腌、盐渍等）；2. 拉丁学名			
	-鲍鱼（鲍属）及凤螺（凤螺属）： --活、鲜或冷的鲍鱼（鲍属）：				
0307.8110	---种苗	1. 是否为种苗；2. 拉丁学名			
0307.8190	---其他	1. 制作或保存方法（活、鲜、冷）；2. 拉丁学名			
	--活、鲜或冷的凤螺（凤螺属）：				
0307.8210	---种苗	1. 是否为种苗；2. 拉丁学名			
0307.8290	---其他	1. 制作或保存方法（活、鲜、冷）；2. 拉丁学名			

税则号列	商品名称	申报要素			说明
		归类要素	价格要素	其他要素	
0307.8300	--冻的鲍鱼（鲍属）	1. 制作或保存方法（冻）；2. 拉丁学名			
0307.8400	--冻的凤螺（凤螺属）	1. 制作或保存方法（冻）；2. 拉丁学名			
0307.8700	--其他鲍鱼（鲍属）	1. 制作或保存方法（干、盐腌、盐渍等）；2. 拉丁学名			
0307.8800	--其他凤螺（凤螺属）	1. 制作或保存方法（干、盐腌、盐渍等）；2. 拉丁学名			
	-其他：				
	--活、鲜或冷的：				
0307.9110	---种苗	1. 是否为种苗；2. 拉丁学名			
0307.9190	---其他	1. 制作或保存方法（活、鲜、冷）；2. 拉丁学名			
0307.9200	--冻的	1. 制作或保存方法（冻）；2. 拉丁学名			
0307.9900	--其他	1. 制作或保存方法（干、盐腌、盐渍等）；2. 拉丁学名			
03.08	不属于甲壳动物及软体动物的水生无脊椎动物，活、鲜、冷、冻、干、盐腌或盐渍的；熏制的不属于甲壳动物及软体动物的水生无脊椎动物，不论在熏制前或熏制过程中是否烹煮：				
	-海参（仿刺参、海参纲）：				
	--活、鲜或冷的：				
0308.1110	---种苗	1. 拉丁学名		2. 种苗请注明个体长度、尾数/千克等	
0308.1190	---其他	1. 制作或保存方法（活、鲜、冷）；2. 拉丁学名			
0308.1200	--冻的	1. 制作或保存方法（冻）；2. 是否经水煮；3. 拉丁学名		4. 包装规格	
0308.1900	--其他	1. 制作或保存方法（干、盐腌、盐渍等）；2. 是否经水煮；3. 拉丁学名		4. 包装规格	
	-海胆（球海胆属、拟球海胆、智利海胆、食用正海胆）：				
	--活、鲜或冷的：				

税则号列	商品名称	申报要素			说明
		归类要素	价格要素	其他要素	
0308.2110	---种苗	1. 拉丁学名	2. 种苗请注明个体长度、尾数/千克等		
0308.2190	---其他	1. 制作或保存方法（活、鲜、冷）；2. 拉丁学名			
0308.2200	--冻的	1. 制作或保存方法（冻）；2. 拉丁学名	3. 包装规格		
0308.2900	--其他	1. 制作或保存方法（干、盐腌、盐渍等）；2. 拉丁学名	3. 包装规格		
	-海蜇（海蜇属）： ---活、鲜或冷的：				
0308.3011	----种苗	1. 拉丁学名	2. 种苗请注明个体长度、尾数/千克等		
0308.3019	----其他	1. 制作或保存方法（活、鲜、冷）；2. 拉丁学名			
0308.3090	---其他	1. 制作或保存方法（冻、干、盐腌、盐渍等）；2. 拉丁学名	3. 包装规格		
	-其他： ---活、鲜或冷的：				
0308.9011	----种苗	1. 拉丁学名	2. 种苗请注明个体长度、尾数/千克等		
0308.9012	----沙蚕，种苗除外	1. 制作或保存方法（活、鲜、冷）；2. 拉丁学名			
0308.9019	----其他	1. 制作或保存方法（活、鲜、冷）；2. 拉丁学名			
0308.9090	---其他	1. 制作或保存方法（冻、干、盐腌、盐渍等）；2. 拉丁学名	3. 包装规格		
03.09	**适合供人食用的鱼、甲壳动物、软体动物和其他水生无脊椎动物的细粉、粗粉及团粒：**				
0309.1000	-鱼的	1. 用途			
0309.9000	-其他	1. 用途			

第四章 乳品；蛋品；天然蜂蜜；其他食用动物产品

注释：

一、所称"乳"，是指全脂乳及半脱脂或全脱脂的乳。

二、税目04.03所称"酸乳"可以浓缩或调味，可以含糖或其他甜味物质、水果、坚果、可可、巧克力、调味香料、咖啡或咖啡提取物、其他植物或植物的部分、谷物或面包制品，但添加的任何物质不能用于全部或部分取代任何乳成分，而且产品需保留酸乳的基本特征。

三、税目04.05所称：

（一）"黄油"，仅指从乳中提取的天然黄油、乳清黄油及调制黄油（新鲜、加盐或酸败的，包括罐装黄油），按重量计乳脂含量在80%及以上，但不超过95%，乳的无脂固形物最大含量不超过2%，以及水的最大含量不超过16%。黄油中不含添加的乳化剂，但可含有氯化钠、食用色素、中和盐及无害乳酸菌的培养物。

（二）"乳酱"是一种油包水型可涂抹的乳状物，乳脂是该制品所含的唯一脂肪，按重量计其含量在39%及以上，但小于80%。

四、乳清经浓缩并加入乳或乳脂制成的产品，若同时具有下列三种特性，则视为乳酪归入税目04.06：

（一）按干重计乳脂含量在5%及以上的；

（二）按重量计干质成分至少为70%，但不超过85%的；以及

（三）已成型或可以成型的。

五、本章不包括：

（一）不适宜供人食用的死昆虫（税目05.11）；

（二）按重量计乳糖含量（以干燥无水乳糖计）超过95%的乳清制品（税目17.02）；

（三）以一种物质（例如，油酸酯）代替乳中一种或多种天然成分（例如，丁酸酯）而制得的产品（税目19.01或21.06）；或

（四）白蛋白（包括按重量计干质成分的乳清蛋白含量超过80%的两种或两种以上的乳清蛋白浓缩物）（税目35.02）及球蛋白（税目35.04）。

六、税目04.10所称"昆虫"是指全部或部分食用的死昆虫，新鲜的、冷藏的、冷冻的、干燥的、烟熏的、盐腌或盐渍的，以及适合供人食用的昆虫的细粉和粗粉。但本税目不包括用其他方法制作或保藏的食用的死昆虫（第四类）。

子目注释：

一、子目0404.10所称"改性乳清"，是指由乳清成分构成的制品，即全部或部分去除乳糖、蛋白或矿物质的乳清，加入天然乳清成分的乳清及由混入天然乳清成分制成的产品。

二、子目0405.10所称"黄油"，不包括脱水黄油及印度酥油（子目0405.90）。

【要素释义】

一、归类要素

1. 制作或保存方法：指商品具体的制作方法或保存方法，根据各税目的要求不同有所区别。例如，税目04.01项下商品填报"未浓缩及未加糖或其他甜物质"；税目04.02项下商品填报"浓缩、加糖或其他甜物质"；税目04.03项下商品填报"发酵""酸化""浓缩""加糖及其他甜物质、香料"等；税则号列0404.1000项下商品填报"浓缩、加糖及其他甜物质"；税则号列0406.4000项下商品填报"熟化""固化""磨碎或粉化"等；税目04.08项下商品填报"鲜""冻""干""去壳""蒸""水煮""制成型"等。

2. 外观：指商品的外在表现形态。例如，税目04.02项下商品可填报"粉状""粒状"等。

3. 用途：指商品应用的方面、范围。例如，子目0410.901项下商品应填报"食用"。

4. 成分含量：指商品中所含物质的种类及按重量计各物质种类的百分比含量，包括商品的成分和含量。

5. 脂肪含量：指商品中按重量计脂肪的含量。例如，子目0401.20项下商品可填报"脂肪含量3.2%"。

6. 乳脂含量：指商品中按重量计乳脂的含量。例如，子目0406.20项下商品可填报"乳脂含量20%"。

7. 是否带蓝纹或娄地青霉生产的带有纹理：该要素为子目0406.40项下商品专有归类要素，如果为子目所述商品应填报"带蓝纹"或"娄地青霉生产的带有纹理"。

8. 是否孵化用受精禽蛋：指是否属于孵化禽类幼子的受精禽蛋。例如，子目0407.10项下受精禽蛋应填报"是孵化用受精禽蛋"。

9. 来源：指蜂蜜是蜜蜂或其他昆虫所产的天然蜂蜜还是人造蜂蜜。是否含天然蜂蜜以外的物质须注明。例如，税目04.09项下商品应填报"天然，不含天然蜂蜜以外物质"。

10. 发酵菌种：指接种的菌种。例如，税则号列0403.1000项下商品可填报"嗜热链球菌""保加利亚乳杆菌"等。

二、价格要素

1. 包装规格：指商品的个体包装方式和规格。例如，税目04.01项下商品可填报"1升/盒"；税目04.02项下商品可填报"25千克/包"。
2. 品牌（中文或外文名称）：指制造商或经销商加在商品上的品牌标志，实际需要申报中文或外文品牌名称。例如，子目0404.1项下乳清粉，可填报"品牌 Land O'Lake（美女）"。
3. 品种：子目0410.901项下燕窝的价格要素，指产生燕窝的燕子的品种。例如，"楼燕""岩燕"等。
4. 外形：子目0410.901项下燕窝的价格要素，指加工生产后的燕窝的外形，要求申报燕窝的形状。例如，"燕盏""燕碎"等。
5. 含水量：子目0410.901项下燕窝的价格要素，指燕窝产品的含水量，用"%"表示。例如，"含水量5%"。

税则号列	商品名称	申报要素 归类要素	申报要素 价格要素	申报要素 其他要素	说明
04.01	未浓缩及未加糖或其他甜物质的乳及稀奶油：	1. 制作或保存方法（未浓缩及未加糖或其他甜物质）；2. 脂肪含量（按重量计）；3. 成分含量	4. 包装规格（如1升/盒）；5. 品牌（中文或外文名称）		
0401.1000	-按重量计脂肪含量不超过1%				
0401.2000	-按重量计脂肪含量超过1%，但不超过6%				
0401.4000	-按重量计脂肪含量超过6%，但不超过10%				
0401.5000	-按重量计脂肪含量超过10%				
04.02	浓缩、加糖或其他甜物质的乳及稀奶油：	1. 制作或保存方法（浓缩、加糖或其他甜物质）；2. 外观（粉状、粒状等）；3. 脂肪含量（按重量计）；4. 成分含量	5. 包装规格（如25千克/包）；6. 品牌（中文或外文名称）		
0402.1000	-粉状、粒状或其他固体形状，按重量计脂肪含量不超过1.5%				
	-粉状、粒状或其他固体形状，按重量计脂肪含量超过1.5%：				
0402.2100	--未加糖或其他甜物质				
0402.2900	--其他				
	-其他：				
0402.9100	--未加糖或其他甜物质				
0402.9900	--其他				
04.03	酸乳；酪乳、结块的乳及稀奶油、酸乳酒及其他发酵或酸化的乳和稀奶油，不论是否浓缩、加糖、加其他甜物质、加香料、加水果、加坚果或加可可：				

税则号列	商 品 名 称	申 报 要 素			说 明
		归类要素	价格要素	其他要素	
	-酸乳：	1. 加工方法（发酵、酸化、浓缩、加糖及其他甜物质、香料等）；2. 保存方法（常温、冷藏等）；3. 成分含量；4. 发酵菌种	5. 包装规格；6. 品牌（中文或外文名称）		
0403.2010	---不论是否浓缩，除允许添加的添加剂外，仅可含糖或其他甜味物质、香料、水果、坚果、可可				
0403.2090	---其他				
0403.9000	-其他	1. 加工方法（发酵、酸化、浓缩、加糖及其他甜物质、香料等）；2. 保存方法（常温、冷藏等）；3. 成分含量	4. 包装规格；5. 品牌（中文或外文名称）		
04.04	乳清，不论是否浓缩、加糖或其他甜物质；其他税目未列名的含天然乳的产品，不论是否加糖或其他甜物质：				
0404.1000	-乳清及改性乳清，不论是否浓缩、加糖或其他甜物质	1. 制作或保存方法（浓缩、加糖及其他甜物质）；2. 成分含量	3. 品牌（中文或外文名称）		
0404.9000	-其他	1. 成分含量			仅指其他税目未列名的含天然乳的产品
04.05	黄油及其他从乳中提取的脂和油；乳酱：				
0405.1000	-黄油	1. 成分含量（乳脂、乳的无脂固形物、水及其他成分含量）	2. 包装规格；3. 品牌（中文或外文名称）		
0405.2000	-乳酱	1. 成分含量	2. 包装规格；3. 品牌（中文或外文名称）		
0405.9000	-其他	1. 成分含量	2. 包装规格；3. 品牌（中文或外文名称）		
04.06	乳酪及凝乳：				
0406.1000	-鲜乳酪（未熟化或未固化的），包括乳清乳酪；凝乳	1. 制作或保存方法（未熟化、未固化等）；2. 成分含量	3. 包装规格；4. 品牌（中文或外文名称）		

税则号列	商品名称	申报要素			说明
		归类要素	价格要素	其他要素	
0406.2000	-各种磨碎或粉化的乳酪	1.制作方法（磨碎、粉化等）；2.乳脂含量	3.包装规格；4.品牌（中文或外文名称）		
0406.3000	-经加工的乳酪，但磨碎或粉化的除外	1.制作或保存方法（未熟化、未固化等）；2.成分含量	3.包装规格；4.品牌（中文或外文名称）		
0406.4000	-蓝纹乳酪和娄地青霉生产的带有纹理的其他乳酪	1.制作或保存方法（熟化、固化、磨碎或粉化等）；2.成分含量；3.是否带蓝纹或娄地青霉生产的带有纹理	4.包装规格；5.品牌（中文或外文名称）		
0406.9000	-其他乳酪	1.制作或保存方法（熟化、固化、磨碎或粉化等）；2.成分含量	3.包装规格；4.品牌（中文或外文名称）		
04.07	带壳禽蛋，鲜、腌制或煮过的：				
	-孵化用受精禽蛋：	1.是否孵化用受精禽蛋			
0407.1100	--鸡的				
0407.1900	--其他				
	-其他鲜蛋：	1.制作或保存方法（鲜、带壳）			
0407.2100	--鸡的				
0407.2900	--其他				
	-其他：	1.制作或保存方法（鲜、带壳、腌制、煮过等）			
0407.9010	---咸蛋				
0407.9020	---皮蛋				
0407.9090	---其他				
04.08	去壳禽蛋及蛋黄，鲜、干、冻、蒸过或水煮、制成型或用其他方法保藏的，不论是否加糖或其他甜物质：	1.制作或保存方法（鲜、冻、干、去壳、蒸、水煮、制成型等）			
	-蛋黄：				
0408.1100	--干的				
0408.1900	--其他				
	-其他：				
0408.9100	--干的				
0408.9900	--其他				

税则号列	商品名称	申报要素			说明
		归类要素	价格要素	其他要素	
04.09	天然蜂蜜：	1. 来源（天然）	2. 品牌（中文或外文名称）；3. 包装规格		不包括人造蜜及天然蜜和人造蜜的混合制品（税目17.02）
0409.0000	天然蜂蜜				
04.10	其他税目未列名的昆虫及其他食用动物产品：				不包括海龟蛋油（税目15.06）；不包括液态或干制的动物血，不论是否可供食用（税目05.11或税目30.02）
0410.1000	-昆虫	1. 用途（食用）			
	-其他：				
0410.9010	---燕窝		1. 品种（燕子的品种）；2. 外形（燕盏或燕碎，燕条等）；3. 含水量		
	---蜂产品：				
0410.9021	----鲜蜂王浆	1. 制作或保存方法（鲜）	2. 品牌（中文或外文名称）		
0410.9022	----鲜蜂王浆粉	1. 制作或保存方法（鲜）；2. 外观（粉）	3. 品牌（中文或外文名称）		
0410.9023	----蜂花粉	1. 外观（粉）	2. 品牌（中文或外文名称）		
0410.9029	----其他		1. 品牌（中文或外文名称）		
0410.9090	---其他	1. 用途（食用）			

第五章 其他动物产品

注释：
一、本章不包括：
（一）食用产品（整个或切块的动物肠、膀胱和胃以及液态或干制的动物血除外）；
（二）生皮或毛皮（第四十一章、第四十三章），但税目05.05的货品及税目05.11的生皮或毛皮的边角废料仍归入本章；
（三）马毛及废马毛以外的动物纺织原料（第十一类）；或
（四）供制帚、制刷用的成束、成簇的材料（税目96.03）。
二、仅按长度而未按发根和发梢整理的人发，视为未加工品，归入税目05.01。
三、本协调制度所称"兽牙"，是指象、河马、海象、一角鲸和野猪的长牙、犀角及其他动物的牙齿。
四、本协调制度所称"马毛"，是指马科、牛科动物的鬃毛和尾毛。税目05.11主要包括马毛及废马毛，不论是否制成带衬垫或不带衬垫的毛片。

【要素释义】
一、归类要素
1. 是否经加工：指是否经简单洗涤以外的加工。例如，税目05.01项下商品可填报"未加工仅简单洗涤"等。
2. 用途：指商品应用的方面、范围。例如，子目0502.9项下商品填报"制刷用"；税则号列0505.1000项下商品填报"填充用"；税则号列0511.9119项下商品填报"鱼饵用"等。
3. 处理方法：指商品是否经过加工或简单整理的具体方法。例如，税目05.07项下商品填报"未经加工或经脱脂"等。税则号列0506.9090项下商品可填报"未经加工、经脱脂、脱胶"等。
4. 成分：指商品中所含物质的种类。例如，税则号列0506.9011项下商品可填报"含牛成分""含羊成分""含牛羊成分"。
5. 外观：指商品的外在表现形态。例如，税则号列0506.9011项下商品填报"粉末"。
6. 废料：指在制造某种产品过程中剩下的而对本生产过程没有用的材料。例如，税则号列0506.9011项下商品可填报"废料"。

二、价格要素
1. 品牌（中文或外文名称）：指制造商或经销商加在商品上的品牌标志，实际需要申报中文或外文品牌名称。例如，"品牌TYSON（泰森）"等。
2. 含绒量：子目0505.1项下商品的价格要素，即绒分，是羽毛或羽绒的主要价格指标，用"%"表示。例如，"含绒量10%~11%"。
3. 羽毛长度：子目0505.1项下商品的价格要素，指羽绒的羽毛长度，用"厘米"或者"毫米"表示。例如，"羽毛长度3~5毫米"。
4. 羽毛来源（鸭、鹅等）：指羽毛、羽绒产自的动物。例如，税则号列0505.1000项下商品可填报"鸭""鹅"。

税则号列	商品名称	申报要素			说明
		归类要素	价格要素	其他要素	
05.01	未经加工的人发，不论是否洗涤；废人发：	1. 是否经加工			不包括经过简单洗涤以外加工（如稀疏、染色、漂白、卷曲或为制作假发进行加工）的人发及已按发根和发梢整理的人发（税目67.03）

税则号列	商品名称	申报要素			说明
		归类要素	价格要素	其他要素	
0501.0000	未经加工的人发,不论是否洗涤;废人发				
05.02	**猪鬃、猪毛;獾毛及其他制刷用兽毛;上述鬃毛的废料:**				不包括成束或成簇的鬃毛(税目96.03)
	-猪鬃、猪毛及其废料:				
0502.1010	---猪鬃				
0502.1020	---猪毛				
0502.1030	---废料				
	-其他:	1. 用途(制刷用)			
	---獾毛及其他制刷用兽毛:				
0502.9011	----山羊毛				
0502.9012	----黄鼠狼尾毛				
0502.9019	----其他				
0502.9020	---废料				
05.04	**整个或切块的动物(鱼除外)的肠、膀胱及胃,鲜、冷、冻、干、熏、盐腌或盐渍的:**				
	---肠衣:	1. 制作或保存方法(鲜、冷、冻、干、熏、盐腌、盐渍)			
0504.0011	----盐渍猪肠衣(猪大肠头除外)				
0504.0012	----盐渍绵羊肠衣				
0504.0013	----盐渍山羊肠衣				
0504.0014	----盐渍猪大肠头				
0504.0019	----其他				
	---胃:				
0504.0021	----冷、冻的鸡肫	1. 制作或保存方法(冷、冻)		2. 品牌(中文或外文名称)	
0504.0029	----其他	1. 制作或保存方法(鲜、冷、冻、干、熏、盐腌、盐渍)			
0504.0090	---其他	1. 制作或保存方法(鲜、冷、冻、干、熏、盐腌、盐渍)			
05.05	**带有羽毛或羽绒的鸟皮及鸟体其他部分;羽毛及不完整羽毛(不论是否修边)、羽绒,仅经洗涤、消毒或为了保藏而做过处理,但未经进一步加工;羽毛或不完整羽毛的粉末及废料:**				

税则号列	商品名称	申报要素			说明
		归类要素	价格要素	其他要素	
0505.1000	-填充用羽毛；羽绒	1.用途；2.制作或保存方法（仅经洗涤、消毒或为了保藏而做过处理）	3.含绒量（包含绒子和绒丝含量）；4.羽毛长度；5.羽毛来源（鸭、鹅等）		
	-其他：	1.用途；2.制作或保存方法（仅经洗涤、消毒或为了保藏而做过处理）			
0505.9010	---羽毛或不完整羽毛的粉末及废料				
0505.9090	---其他				
05.06	骨及角柱，未经加工或经脱脂、简单整理（但未切割成形）、酸处理或脱胶；上述产品的粉末及废料：				
0506.1000	-经酸处理的骨胶原及骨	1.处理方法（经酸处理等）			
	-其他：				
	---骨粉、骨废料：				
0506.9011	----含牛羊成分的	1.成分；2.处理方法（未经加工或经脱脂等）；3.外观（粉末）；4.是否废料			
0506.9019	----其他	1.处理方法（未经加工或经脱脂等）			
0506.9090	---其他	1.处理方法（未经加工、经脱脂、脱胶等）			
05.07	兽牙、龟壳、鲸须、鲸须毛、角、鹿角、蹄、甲、爪及喙，未经加工或仅简单整理但未切割成形；上述产品的粉末及废料：				
0507.1000	-兽牙；兽牙粉末及废料	1.处理方法（未经加工或经脱脂等）；2.是否为粉末及废料			
	-其他：	1.处理方法（未经加工或经脱脂等）；2.是否为粉末及废料			
0507.9010	---羚羊角及其粉末和废料				
0507.9020	---鹿茸及其粉末				
0507.9090	---其他				
05.08	珊瑚及类似品，未经加工或仅简单整理但未经进一步加工；软体动物壳、甲壳动物壳、棘皮动物壳、墨鱼骨，未经加工或仅简单整理但未切割成形，上述壳、骨的粉末及废料：				

税则号列	商品名称	申报要素			说明
		归类要素	价格要素	其他要素	
0508.0010	---粉末及废料	1. 处理方法（未经加工或经脱脂等）；2. 是否为粉末及废料			
0508.0090	---其他	1. 处理方法（未经加工或经脱脂等）；2. 是否为粉末及废料			
05.10	龙涎香、海狸香、灵猫香及麝香；斑蝥；胆汁，不论是否干制；供配制药用的腺体及其他动物产品，鲜、冷、冻或用其他方法暂时保藏的：	1. 制作或保存方法（鲜、冷、冻、干或用其他方法暂时保藏）			不包括胆汁精及制成干片后用安瓿封装的蛇或蜂的毒液（税目30.01）
0510.0010	---黄药				
0510.0020	---龙涎香、海狸香、灵猫香				
0510.0030	---麝香				
0510.0040	---斑蝥				
0510.0090	---其他				
05.11	其他税目未列名的动物产品；不适合供人食用的第一章或第三章的死动物：				不包括食用鱼卵及食用鱼肝（第三章）；不包括虫胶片、原胶、梗胶及其他虫胶（税目13.01）
0511.1000	-牛的精液				
	-其他：				
	--鱼、甲壳动物、软体动物、其他水生无脊椎动物的产品；第三章的死动物：				
	---鱼的：				
0511.9111	----受精鱼卵				
0511.9119	----其他	1. 用途			
0511.9190	---其他	1. 用途			
	--其他：				
0511.9910	---动物精液（牛的精液除外）				
0511.9920	---动物胚胎				
0511.9930	---蚕种				
0511.9940	---马毛及废马毛，不论是否制成有或无衬垫的毛片				
0511.9990	---其他	1. 用途			

第二类　植物产品

注释：
本类所称"团粒"，是指直接挤压或加入按重量计比例不超过3%的黏合剂制成的粒状产品。

第六章　活树及其他活植物；鳞茎、根及类似品；插花及装饰用簇叶

注释：
一、除税目06.01的菊苣植物及其根以外，本章只包括通常由苗圃或花店供应为种植或装饰用的活树及其他货品（包括植物秧苗）；但不包括马铃薯、洋葱、青葱、大蒜及其他第七章的产品。
二、税目06.03、06.04的各种货品，包括全部或部分用这些货品制成的花束、花篮、花圈及类似品，不论是否有其他材料制成的附件。但这些货品不包括税目97.01的拼贴画或类似的装饰板。

【要素释义】
一、归类要素
1. 状态：指商品所表现出来的形态。例如，税目06.01项下商品可填报"休眠""生长""开花"。
2. 种类：指商品根据事物本身的性质或特点而分成的类别。例如，税目06.01项下商品可填报"球茎""块茎""鳞茎""块根"等。
3. 是否种用：按商品的实际报验状态，可填报"种用"或"非种用"。
4. 栽培方法：按商品的实际报验状态，可填报"无根插枝""接穗"等。
5. 用途：指商品应用的方面、范围。例如，税目06.03项下商品可填报"制花束用"或"装饰用"。
6. 制作或保存方法：指商品具体的制作方法或保存方法，根据各税目的要求不同有所区别。例如，税目06.04项下商品填报"鲜""干""染色""漂白""浸渍"等。
7. 是否带花及花蕾：指植物的枝叶等是否带有花和花蕾。例如，税目06.04项下商品应填报"不带花及花蕾"。

二、价格要素
暂无特指价格要素。

税则号列	商品名称	申报要素			说明
		归类要素	价格要素	其他要素	
06.01	鳞茎、块茎、块根、球茎、根颈及根茎，休眠、生长或开花的；菊苣植物及其根，但税目12.12的根除外：	1. 状态（休眠、生长、开花）；2. 种类（球茎、块茎、鳞茎、块根等）；3. 是否种用			不包括第七章的某些鳞茎、块茎、块根、球茎、根茎及根颈（如洋葱、青葱、大蒜、马铃薯、洋蓟）；不包括生姜（税目09.10）
	-休眠的鳞茎、块茎、块根、球茎、根颈及根茎：				
0601.1010	---番红花球茎				
	---百合球茎：				
0601.1021	----种用				
0601.1029	----其他				
	---其他：				

税则号列	商品名称	申报要素			说明
		归类要素	价格要素	其他要素	
0601.1091	----种用				
0601.1099	----其他				
0601.2000	-生长或开花的鳞茎、块茎、块根、球茎、根颈及根茎；菊苣植物及其根				
06.02	**其他活植物（包括其根）、插枝及接穗；蘑菇菌丝：**				
0602.1000	-无根插枝及接穗	1.栽培方法（无根插枝、接穗等）			
	-食用水果或食用坚果的树、灌木，不论是否嫁接：				
0602.2010	---种用苗木	1.是否种用			
0602.2090	---其他				
	-杜鹃，不论是否嫁接：				
0602.3010	---种用	1.是否种用			
0602.3090	---其他				
	-玫瑰，不论是否嫁接：				
0602.4010	---种用	1.是否种用			
0602.4090	---其他				
	-其他：				
0602.9010	---蘑菇菌丝				
	---其他				
0602.9091	----种用苗木	1.是否种用			
0602.9092	----兰花				
0602.9093	----菊花				
0602.9094	----百合				
0602.9095	----康乃馨				
0602.9099	----其他			1.直径、高度（整株植物从根部到树杈顶部的高度范围）	
06.03	制花束或装饰用的插花及花蕾，鲜、干、染色、漂白、浸渍或用其他方法处理的：	1.用途（制花束或装饰用）；2.制作或保存方法（鲜、干、染色、漂白、浸渍等）			不包括主要用作香料、药料、杀虫、杀菌或类似用途的花、花瓣及花蕾，如果其报验时的状态已不适合制花束或作装饰用（税目12.11）；不包括税目97.01的拼贴画及类似的装饰板
	-鲜的：				

税则号列	商品名称	申报要素			说明
		归类要素	价格要素	其他要素	
0603.1100	--玫瑰				
0603.1200	--康乃馨				
0603.1300	--兰花				
0603.1400	--菊花				
0603.1500	--百合花（百合属）				
0603.1900	--其他				
0603.9000	-其他				
06.04	制花束或装饰用的不带花及花蕾的植物枝、叶或其他部分、草、苔藓及地衣，鲜、干、染色、漂白、浸渍或用其他方法处理的：	1. 用途（制花束或装饰用）；2. 是否带花及花蕾；3. 制作或保存方法（鲜、干、染色、漂白、浸渍等）			不包括主要用作香料、药料、杀虫、杀菌或类似用途的植物及其部分品（包括草、苔藓及地衣）或供编结用的植物及其部分品，如果其报验时的状态已不适合制花束或作装饰用（税目12.11或14.01）；不包括税目97.01的拼贴画及类似的装饰板
	-鲜的：				
0604.2010	---苔藓及地衣				
0604.2090	---其他				
	-其他：				
0604.9010	---苔藓及地衣				
0604.9090	---其他				

第七章　食用蔬菜、根及块茎

注释：
一、本章不包括税目12.14的草料。
二、税目07.09、07.10、07.11及07.12所称"蔬菜"，包括食用的蘑菇、块菌、油橄榄、刺山柑、菜葫芦、南瓜、茄子、甜玉米、辣椒、茴香菜、欧芹、细叶芹、龙蒿、水芹、甜菜乔奕那。
三、税目07.12包括干制的归入税目07.01至07.11的各种蔬菜，但下列各项除外：
（一）做蔬菜用的脱荚干豆（税目07.13）；
（二）税目11.02至11.04所列形状的甜玉米；
（三）马铃薯细粉、粗粉、粉末、粉片、颗粒及团粒（税目11.05）；
（四）用税目07.13的干豆制成的细粉、粗粉及粉末（税目11.06）。
四、本章不包括辣椒干及辣椒粉（税目09.04）。
五、税目07.11适用于使用前在运输或贮存时仅为暂时保藏而进行处理（例如，使用二氧化硫气体、盐水、亚硫酸水或其他防腐液）的蔬菜，但不适于直接食用。

【要素释义】
一、归类要素
1. 制作或保存方法：指商品具体的制作方法或保存方法，根据各税目的要求不同有所区别。例如，税目07.14项下商品填报"鲜""冷""冻""干"；税目07.11项下商品填报"用盐水、二氧化硫气体、亚硫酸或其他防腐液暂时保藏"中的具体方法；税目07.12项下商品填报"干制，脱水""干制，蒸干"或"干制，冻干"。
2. 是否种用：按商品的实际报验状态，可填报"种用"或"非种用"。
3. 是否适于直接食用：根据商品实际情况填报。
二、价格要素
品种：子目0713.109项下非种类豌豆的种类。例如，"黄豌豆""青豌豆""白豌豆""褐豌豆""紫豌豆"等。

| 税则号列 | 商品名称 | 申报要素 ||| 说明 |
		归类要素	价格要素	其他要素	
07.01	鲜或冷藏的马铃薯：	1.制作或保存方法（鲜、冷）；2.是否种用			
0701.1000	-种用				
0701.9000	-其他				
07.02	鲜或冷藏的番茄：	1.制作或保存方法（鲜、冷）			
0702.0000	鲜或冷藏的番茄				
07.03	鲜或冷藏的洋葱、青葱、大蒜、韭葱及其他葱属蔬菜：				
	-洋葱及青葱：	1.制作或保存方法（鲜、冷）			仅包括葱属蔬菜
0703.1010	---洋葱				
0703.1020	---青葱				
	-大蒜：				
0703.2010	---蒜头	1.制作或保存方法（鲜、冷）			仅包括葱属蔬菜
0703.2020	---蒜薹及蒜苗（青蒜）	1.制作或保存方法（鲜、冷）			仅包括葱属蔬菜

税则号列	商 品 名 称	申 报 要 素 归类要素	价格要素	其他要素	说 明
0703.2090	---其他	1. 制作或保存方法（鲜、冷）			仅包括葱属蔬菜
	-韭葱及其他葱属蔬菜：	1. 制作或保存方法（鲜、冷）			仅包括葱属蔬菜
0703.9010	---韭葱				
0703.9020	---大葱				
0703.9090	---其他				
07.04	鲜或冷藏的卷心菜、菜花、球茎甘蓝、羽衣甘蓝及类似的食用芥菜类蔬菜：	1. 制作或保存方法（鲜、冷）			
	-菜花及西兰花：				
0704.1010	---菜花				
0704.1090	---其他				
0704.2000	-抱子甘蓝				
	-其他：				
0704.9010	---卷心菜				
0704.9090	---其他				
07.05	鲜或冷藏的莴苣及菊苣：	1. 制作或保存方法（鲜、冷）			不包括菊苣植物及菊苣根（税目06.01或12.12）
	-莴苣：				
0705.1100	--结球莴苣（包心生菜）				
0705.1900	--其他				
	-菊苣：				
0705.2100	--维特罗夫菊苣				
0705.2900	--其他				
07.06	鲜或冷藏的胡萝卜、芜菁、色拉甜菜根、婆罗门参、块根芹、萝卜及类似的食用根茎：	1. 制作或保存方法（鲜、冷）			
0706.1000	-胡萝卜及萝卜				
0706.9000	-其他				
07.07	鲜或冷藏的黄瓜及小黄瓜：	1. 制作或保存方法（鲜、冷）			
0707.0000	鲜或冷藏的黄瓜及小黄瓜				
07.08	鲜或冷藏的豆类蔬菜，不论是否脱荚：	1. 制作或保存方法（鲜、冷）			不包括大豆（税目12.01）
0708.1000	-豌豆				
0708.2000	-豇豆及菜豆				
0708.9000	-其他豆类蔬菜				
07.09	鲜或冷藏的其他蔬菜：	1. 制作或保存方法（鲜、冷）			不包括荸荠属植物的可食用球茎（税目07.14）
0709.2000	-芦笋				
0709.3000	-茄子				
0709.4000	-芹菜，但块根芹除外				

税则号列	商品名称	申报要素 归类要素	申报要素 价格要素	申报要素 其他要素	说明
	-蘑菇及块菌：				
0709.5100	--伞菌属蘑菇				
0709.5200	--牛肝菌属蘑菇				
0709.5300	--鸡油菌属蘑菇				
0709.5400	--香菇				
0709.5500	--松茸（松口蘑、美洲松口蘑、雪松口蘑、甜味松口蘑、欧洲松口蘑）				
0709.5600	--块菌（松露属）				
	--其他：				
0709.5910	---其他松茸				
0709.5930	---金针菇				
0709.5940	---草菇				
0709.5950	---口蘑				
0709.5960	---其他块菌				
0709.5990	---其他				
0709.6000	-辣椒属及多香果属的果实				
0709.7000	-菠菜				
	-其他：				
0709.9100	--洋蓟				
0709.9200	--油橄榄				
0709.9300	--南瓜、笋瓜及瓠瓜（南瓜属）				
	--其他：				
0709.9910	---竹笋				
0709.9990	---其他				
07.10	**冷冻蔬菜（不论是否蒸煮）：**				
0710.1000	-马铃薯	1.制作或保存方法（冻）			
	-豆类蔬菜，不论是否脱荚：	1.制作或保存方法（冻）			
0710.2100	--豌豆				
	--豇豆及菜豆：				
0710.2210	---红小豆（赤豆）				
0710.2290	---其他				
0710.2900	--其他				
0710.3000	-菠菜	1.制作或保存方法（冻）			
0710.4000	-甜玉米	1.制作或保存方法（冻）			
	-其他蔬菜：	1.制作或保存方法（冻）			
0710.8010	---松茸				
0710.8020	---蒜薹及蒜苗（青蒜）				
0710.8030	---蒜头				
0710.8040	---牛肝菌				
0710.8090	---其他				

税则号列	商品名称	申报要素			说明
		归类要素	价格要素	其他要素	
0710.9000	-什锦蔬菜	1.制作或保存方法（冻）			
07.11	暂时保藏的蔬菜，但不适于直接食用的：	1.用途（是否适于直接食用）；2.制作或保存方法（用盐水、二氧化硫气体、亚硫酸水或其他防腐液）			
0711.2000	-油橄榄				
0711.4000	-黄瓜及小黄瓜				
	-蘑菇及块菌：				
	--伞菌属蘑菇：				
	---盐水的：				
0711.5112	----白蘑菇				
0711.5119	----其他				
0711.5190	---其他				
	--其他：				
	---盐水的：				
0711.5911	----松茸				
0711.5919	----其他				
0711.5990	---其他				
	-其他蔬菜；什锦蔬菜：				
	---盐水的：				
0711.9031	----竹笋				
0711.9034	----大蒜				
0711.9039	----其他				
0711.9090	---其他				
07.12	干蔬菜，整个、切块、切片、破碎或制成粉状，但未经进一步加工的：	1.制作或保存方法（干制，包括脱水、蒸干或冻干）			
0712.2000	-洋葱				
	-蘑菇、木耳、银耳及块菌：				
0712.3100	--伞菌属蘑菇				
0712.3200	--木耳				
0712.3300	--银耳				
0712.3400	-香菇				
	--其他：				
0712.3920	---金针菇				
0712.3950	---牛肝菌				
	---其他：				
0712.3991	----羊肚菌				
0712.3999	----其他				
	-其他蔬菜；什锦蔬菜：				
0712.9010	---笋干丝				
0712.9020	---紫萁（薇菜干）				
0712.9030	---金针菜（黄花菜）				
0712.9040	---蕨菜				

税则号列	商品名称	申报要素			说明
		归类要素	价格要素	其他要素	
0712.9050	---大蒜				
	---其他：				
0712.9091	----辣根				
0712.9099	----其他				
07.13	脱荚的干豆，不论是否去皮或分瓣：				
	-豌豆：				
0713.1010	---种用	1.制作或保存方法（干制且脱荚）；2.是否种用			
0713.1090	---其他	1.制作或保存方法（干制且脱荚）		2.品种（黄豌豆、青豌豆、白豌豆等）	
	-鹰嘴豆：				
0713.2010	---种用	1.制作或保存方法（干制且脱荚）；2.是否种用			
0713.2090	---其他	1.制作或保存方法（干制且脱荚）；2.是否种用			
	-豇豆属及菜豆属：				
	--绿豆：				
0713.3110	---种用	1.制作或保存方法（干制且脱荚）；2.是否种用			
0713.3190	---其他	1.制作或保存方法（干制且脱荚）；2.是否种用			
	--红小豆（赤豆）：				
0713.3210	---种用	1.制作或保存方法（干制且脱荚）；2.是否种用			
0713.3290	---其他	1.制作或保存方法（干制且脱荚）；2.是否种用			
	--芸豆：				
0713.3310	---种用	1.制作或保存方法（干制且脱荚）；2.是否种用			
0713.3390	---其他	1.制作或保存方法（干制且脱荚）；2.是否种用			
0713.3400	--巴姆巴拉豆	1.制作或保存方法（干制且脱荚）；2.是否种用			

税则号列	商品名称	申报要素 归类要素	价格要素	其他要素	说明
0713.3500	--牛豆（豇豆）	1.制作或保存方法（干制且脱荚）；2.是否种用			
0713.3900	--其他	1.制作或保存方法（干制且脱荚）；2.是否种用			
	-扁豆：				
0713.4010	---种用	1.制作或保存方法（干制且脱荚）；2.是否种用			
0713.4090	---其他	1.制作或保存方法（干制且脱荚）；2.是否种用			
	-蚕豆：				
0713.5010	---种用	1.制作或保存方法（干制且脱荚）；2.是否种用			
0713.5090	---其他	1.制作或保存方法（干制且脱荚）；2.是否种用			
	-木豆（木豆属）：				
0713.6010	---种用	1.制作或保存方法（干制且脱荚）；2.是否种用			
0713.6090	---其他	1.制作或保存方法（干制且脱荚）；2.是否种用			
	-其他：				
0713.9010	---种用干豆	1.制作或保存方法（干制且脱荚）；2.是否种用			
0713.9090	---其他	1.制作或保存方法（干制且脱荚）；2.是否种用			
07.14	鲜、冷、冻或干的木薯、竹芋、兰科植物块茎、菊芋、甘薯及含有高淀粉或菊粉的类似根茎，不论是否切片或制成团粒；西谷茎髓：				
	-木薯：				
0714.1010	---鲜的	1.制作或保存方法（鲜）；2.是否种用			
0714.1020	---干的	1.制作或保存方法（干）；2.是否种用			
0714.1030	---冷或冻的	1.制作或保存方法（冷、冻）；2.是否种用			

税则号列	商品名称	申报要素 归类要素	价格要素	其他要素	说明
	-甘薯：				
	---鲜的：				
0714.2011	----种用	1. 制作或保存方法（鲜）；2. 是否种用			
0714.2019	----其他	1. 制作或保存方法（鲜）；2. 是否种用			
0714.2020	---干的	1. 制作或保存方法（干）；2. 是否种用			
0714.2030	---冷或冻的	1. 制作或保存方法（冷、冻）；2. 是否种用			
0714.3000	-山药	1. 制作或保存方法（鲜、冷、冻、干）；2. 是否种用			
0714.4000	-芋头（芋属）	1. 制作或保存方法（鲜、冷、冻、干）；2. 是否种用			
0714.5000	-箭叶黄体芋（黄肉芋属）	1. 制作或保存方法（鲜、冷、冻、干）；2. 是否种用			
	-其他：				
0714.9010	---荸荠	1. 制作或保存方法（鲜、冷、冻、干）；2. 是否种用			
	---藕：				
0714.9021	----种用	1. 制作或保存方法（鲜、冷、冻、干）；2. 是否种用			
0714.9029	----其他	1. 制作或保存方法（鲜、冷、冻、干）；2. 是否种用			
0714.9090	---其他	1. 制作或保存方法（鲜、冷、冻、干）；2. 是否种用			

第八章 食用水果及坚果；柑橘属水果或甜瓜的果皮

注释：

一、本章不包括非供食用的坚果或水果。

二、冷藏的水果和坚果应按相应的鲜果税目归类。

三、本章的干果可以部分复水或为下列目的进行其他处理：

（一）为保藏或保持其稳定性（例如，经适度热处理或硫化处理、添加山梨酸或山梨酸钾）；

（二）为改进或保持其外观（例如，添加植物油或少量葡萄糖浆）。

但必须保持干果的特征。

四、税目08.12适用于使用前在运输或贮存时仅为暂时保藏而进行处理（例如，使用二氧化硫气体、盐水、亚硫酸水或其他防腐液）的水果及坚果，但不适于直接食用。

【要素释义】

一、归类要素

1. 制作或保存方法：指商品具体的制作方法或保存方法，根据各税目的要求不同有所区别。例如，税目08.04项下商品填报"鲜""干"；税目08.12项下商品填报"用二氧化硫气体暂时保藏""用盐水暂时保藏""用亚硫酸水暂时保藏"等。

2. 加工方法：指坚果商品是否去壳。例如，子目0801.2项下商品填报"未去壳""去壳"。

3. 是否种用：按商品的实际报验状态，可填报"种用"或"非种用"。

4. 是否适于直接食用：税目08.12项下商品是暂时保藏的水果及坚果，应填报"不适于直接食用"。

5. 种类：指坚果、干果的具体种类。例如，税则号列0813.5000项下商品可填报"腰果""松子""核桃"等；子目0805.2项下商品可填报"小蜜橘""韦尔金橘"和"克里曼丁橘"等。

二、价格要素

1. 等级：不同国家、产区、品牌的等级分类方法不同，须按商品具体情况完整填报。

2. 签约日期：指供求双方企业合同签订的日期，申报具体日期即可。例如，"20200701"。

3. 种类：榛子、核桃橙、苹果、猕猴桃和菠萝的价格要素。例如，子目0802.21项下未去壳榛子美国产的品种是"*Ennis*"或者"*Barcelona*"；子目0802.31项下未去壳核桃美国产的品种是"*Stuart*（斯道脱）"；税则号列0804.5030项下山竹果的品种是"油竹、花竹和沙竹等"。子目0805.1项下橙可填报"夏橙"；子目0804.3项下菠萝可填报"青菠萝""金菠萝"。

4. 注册厂商：指种植商或加工企业的名称。例如，税目08.03项下香蕉可填报"sunrise厂"。

5. 品牌（中文或外文名称）：指制造商或经销商加在商品上的品牌标志，实际需要申报中文或外文品牌名称。

6. 干制方法：税目08.03项下商品的价格要素，按商品的实际报验状态可填报"脱水""蒸干"或"冻干"。

7. 加工程度：指荔枝干是否去壳。应根据实际的报验状态填报"去壳"或"未去壳"。

8. 去除果冠请注明：去除果冠指税则号列0804.3000项下菠萝果冠切除。根据商品实际情况填报。

9. 尺寸：指果实的大小规格，按果径最大处以毫米为单位计算。

10. 包装规格：指商品的个体包装方式和规格。例如，税目08.03项下香蕉可填报"9把/箱"；税目08.05橙子可填报"30个/箱"。

税则号列	商 品 名 称	申 报 要 素			说 明
		归类要素	价格要素	其他要素	
08.01	鲜或干的椰子、巴西果及腰果，不论是否去壳或去皮： -椰子：				不包括用于榨取椰子油而不适合供人食用的干椰肉（税目12.03）

税则号列	商品名称	申报要素			说明
		归类要素	价格要素	其他要素	
0801.1100	--干的	1. 制作或保存方法；2. 加工方法（未去壳）；3. 是否种用	4. 种类		
0801.1200	--未去内壳（内果皮）	1. 制作或保存方法；2. 加工方法（未去内壳）；3. 是否种用	4. 种类		
	--其他：	1. 制作或保存方法；2. 加工方法（去内壳或未去内壳）；3. 是否种用	4. 种类		
0801.1910	---种用				
0801.1990	---其他				
	-巴西果：				
0801.2100	--未去壳	1. 制作或保存方法；2. 加工方法（未去壳）			
0801.2200	--去壳	1. 制作或保存方法；2. 加工方法（去壳）			
	-腰果：				
0801.3100	--未去壳	1. 制作或保存方法；2. 加工方法（未去壳）			
0801.3200	--去壳	1. 制作或保存方法；2. 加工方法（去壳）	3. 等级		
08.02	鲜或干的其他坚果，不论是否去壳或去皮：				不包括花生（税目12.02）；不包括焙炒的花生或花生酱（税目20.08）；不包括核桃壳及杏仁壳（税目14.04）
	-扁桃核及仁：				
0802.1100	--未去壳	1. 制作或保存方法；2. 加工方法（未去壳）			
0802.1200	--去壳	1. 制作或保存方法；2. 加工方法（去壳）			
	-榛子：				
0802.2100	--未去壳	1. 制作或保存方法；2. 加工方法（未去壳）	3. 种类		
0802.2200	--去壳	1. 制作或保存方法；2. 加工方法（去壳）	3. 种类		
	-核桃：				

税则号列	商品名称	申报要素 归类要素	申报要素 价格要素	申报要素 其他要素	说明
0802.3100	--未去壳	1. 制作或保存方法；2. 加工方法（未去壳）	3. 种类		
0802.3200	--去壳	1. 制作或保存方法；2. 加工方法（去壳）	3. 种类		
	-栗子： --未去壳：	1. 制作或保存方法；2. 加工方法（未去壳）			
0802.4110 0802.4190	---板栗 ---其他 --去壳：	1. 制作或保存方法；2. 加工方法（去壳）			
0802.4210 0802.4290	---板栗 ---其他 -阿月浑子果（开心果）：				
0802.5100	--未去壳	1. 制作或保存方法；2. 加工方法（未去壳）			
0802.5200	--去壳	1. 制作或保存方法；2. 加工方法（去壳）			
	-马卡达姆坚果（夏威夷果）： --未去壳：	1. 制作或保存方法；2. 加工方法（未去壳）；3. 是否种用	4. 签约日期		
0802.6110 0802.6190	---种用 ---其他				
0802.6200	--去壳	1. 制作或保存方法；2. 加工方法（去壳）；3. 是否种用	4. 签约日期		
0802.7000	-可乐果（可乐果属）	1. 制作或保存方法；2. 加工方法（去壳或未去壳）			
0802.8000	-槟榔果	1. 制作或保存方法；2. 加工方法（去壳或未去壳）			
	-其他：				
0802.9100	--未去壳松子	1. 制作或保存方法；2. 加工方法（未去壳）			
0802.9200	--去壳松子	1. 制作或保存方法；2. 加工方法（去壳）			
	--其他：	1. 制作或保存方法；2. 加工方法（去壳或未去壳）			
0802.9910	---白果				

税则号列	商品名称	申报要素			说明
		归类要素	价格要素	其他要素	
0802.9990	---其他				
08.03	鲜或干的香蕉，包括芭蕉：	1. 制作或保存方法（鲜、干）	2. 干制方法（脱水、蒸干或冻干）；3. 种类（大香蕉、蕉仔、皇帝蕉等）；4. 等级（A级、B级、C级等）；5. 品牌（中文或外文名称）；6. 注册厂商；7. 每箱把数（如9把/箱）		
0803.1000	-芭蕉				
0803.9000	-其他				
08.04	鲜或干的椰枣、无花果、菠萝、鳄梨、番石榴、芒果及山竹果：				
0804.1000	-椰枣	1. 制作或保存方法（鲜、干）	2. 等级		
0804.2000	-无花果	1. 制作或保存方法（鲜、干）	2. 等级		
0804.3000	-菠萝	1. 制作或保存方法（鲜、干）	2. 种类（如青菠萝、金菠萝等）；3. 等级；4. 去除果冠请注明		
0804.4000	-鳄梨	1. 制作或保存方法（鲜、干）	2. 等级		
	-番石榴、芒果及山竹果：				
0804.5010	---番石榴	1. 制作或保存方法（鲜、干）	2. 等级		
0804.5020	---芒果	1. 制作或保存方法（鲜、干）	2. 等级		
0804.5030	---山竹果	1. 制作或保存方法（鲜、干）	2. 等级（如4A、5A、统级等）；3. 种类（如油竹、花竹和沙竹等）；4. 品牌（中文或外文名称）；5. 注册厂商		

税则号列	商品名称	申报要素			说明
		归类要素	价格要素	其他要素	
08.05	鲜或干的柑橘属水果：				不包括柑橘皮（税目08.14）
0805.1000	-橙	1.制作或保存方法（鲜、干）	2.种类（脐橙、夏橙等）；3.等级（如一级、二级等）；4.品牌（中文或外文名称）；5.注册厂商；6.每箱个数（如30个/箱）		
	-柑橘（包括小蜜橘及萨摩蜜柑橘）；克里曼丁橘、韦尔金橘及类似的杂交柑橘：	1.制作或保存方法（鲜、干）；2.种类（中文或拉丁学名）	3.等级		
	--柑橘（包括小蜜橘及萨摩蜜柑橘）：				
0805.2110	---蕉柑				
0805.2190	---其他				
0805.2200	--克里曼丁橘				
0805.2900	--其他				
0805.4000	-葡萄柚及柚	1.制作或保存方法（鲜、干）	2.等级		
0805.5000	-柠檬及酸橙	1.制作或保存方法（鲜、干）	2.等级；3.品牌（中文或外文名称）		
0805.9000	-其他	1.制作或保存方法（鲜、干）	2.等级		
08.06	鲜或干的葡萄：				
0806.1000	-鲜的	1.制作或保存方法（鲜）	2.种类；3.品牌（中文或外文名称）		
0806.2000	-干的	1.制作或保存方法（干）	2.等级；3.品牌（中文或外文名称）		
08.07	鲜的甜瓜（包括西瓜）及番木瓜：				
	-甜瓜，包括西瓜：				
0807.1100	--西瓜	1.制作或保存方法（鲜）	2.等级；3.品牌（中文或外文名称）		
	--其他：	1.制作或保存方法（鲜）	2.等级		
0807.1910	---哈密瓜				
0807.1920	---罗马甜瓜及加勒比甜瓜				

税则号列	商品名称	申报要素			说明
		归类要素	价格要素	其他要素	
0807.1990	---其他				
0807.2000	-番木瓜	1. 制作或保存方法（鲜）	2. 等级；3. 品牌（中文或外文名称）		
08.08	**鲜的苹果、梨及榅桲：**				
0808.1000	-苹果	1. 制作或保存方法（鲜）	2. 种类（蛇果、加纳果、青苹果、富士等）；3. 等级；4. 品牌（中文或外文名称）		
	-梨：	1. 制作或保存方法（鲜）	2. 等级		
0808.3010	---鸭梨及雪梨				
0808.3020	---香梨				
0808.3090	---其他				
0808.4000	-榅桲	1. 制作或保存方法（鲜）	2. 等级		
08.09	**鲜的杏、樱桃、桃（包括油桃）、李及黑刺李：**				
0809.1000	-杏	1. 制作或保存方法（鲜）	2. 等级		
	-樱桃：				
0809.2100	--欧洲酸樱桃	1. 制作或保存方法（鲜）	2. 等级		
0809.2900	--其他	1. 制作或保存方法（鲜）	2. 等级；3. 种类（如 Bing, Lambert, Van, Tulare, Chelan, Tieton, Skeena 等）；4. 品牌（中文或外文名称）；5. 注册厂商；6. 尺寸（按果径最大处以毫米为单位计算）		
0809.3000	-桃，包括油桃	1. 制作或保存方法（鲜）	2. 等级		

税则号列	商品名称	申报要素 归类要素	申报要素 价格要素	申报要素 其他要素	说明
0809.4000	-李及黑刺李	1. 制作或保存方法（鲜）	2. 等级；3. 种类（如Candy red，Bright pearl 等）；4. 品牌（中文或外文名称）；5. 尺寸（按果径最大处以毫米为单位计算）		
08.10	其他鲜果：				
0810.1000	-草莓	1. 制作或保存方法（鲜）	2. 等级		
0810.2000	-木莓、黑莓、桑葚及罗甘莓	1. 制作或保存方法（鲜）	2. 等级		
0810.3000	-黑、白或红的穗醋栗（加仑子）及醋栗	1. 制作或保存方法（鲜）	2. 等级		
0810.4000	-蔓越橘、越橘及其他越橘属植物果实	1. 制作或保存方法（鲜）	2. 等级；3. 品牌（中文或外文名称）		
0810.5000	-猕猴桃	1. 制作或保存方法（鲜）	2. 种类（如Hayward，Hort16A，SunGold，Jintao，Sorelli，kiwiberry 等）；3. 等级		
0810.6000	-榴莲	1. 制作或保存方法（鲜）	2. 等级（如一级等）；3. 种类（如金枕、干尧、青尼等）；4. 品牌（中文或外文名称）；5. 注册厂商		
0810.7000	-柿子	1. 制作或保存方法（鲜）	2. 等级		
	-其他：				
0810.9010	---荔枝	1. 制作或保存方法（鲜）	2. 等级		
0810.9030	---龙眼	1. 制作或保存方法（鲜）	2. 等级		

税则号列	商品名称	申报要素			说明
		归类要素	价格要素	其他要素	
0810.9040	---红毛丹	1. 制作或保存方法（鲜）	2. 等级		
0810.9050	---番荔枝	1. 制作或保存方法（鲜）	2. 等级		
0810.9060	---杨桃	1. 制作或保存方法（鲜）	2. 等级		
0810.9070	---莲雾	1. 制作或保存方法（鲜）	2. 等级		
0810.9080	---火龙果	1. 制作或保存方法（鲜）	2. 等级；3. 种类		
0810.9090	---其他	1. 制作或保存方法（鲜）	2. 等级		
08.11	冷冻水果及坚果，不论是否蒸煮、加糖或其他甜物质：				
0811.1000	-草莓	1. 制作或保存方法（冻）			
0811.2000	-木莓，黑莓，桑葚，罗甘莓，黑、白或红的穗醋栗（加仑子）及醋栗	1. 制作或保存方法（冻）			
	-其他：				
0811.9010	---栗子，未去壳	1. 制作或保存方法（冻、未去壳）			
0811.9090	---其他	1. 制作或保存方法（冻）	2. 等级；3. 种类		
08.12	暂时保藏的水果及坚果，但不适于直接食用的：	1. 是否适于直接食用；2. 制作或保存方法（用盐水、二氧化硫气体、亚硫酸水或其他防腐液）			
0812.1000	-樱桃				
0812.9000	-其他				
08.13	税目08.01至08.06以外的干果；本章的什锦坚果或干果：				本税目仅包括税目08.01至08.06以外的干果
0813.1000	-杏	1. 制作或保存方法（干）			
0813.2000	-梅及李	1. 制作或保存方法（干）			
0813.3000	-苹果	1. 制作或保存方法（干）			
	-其他干果：				
0813.4010	---龙眼干、肉	1. 制作或保存方法（干）	2. 等级		

税则号列	商品名称	申报要素			说明
		归类要素	价格要素	其他要素	
0813.4020	---柿饼	1. 制作或保存方法（干）			
0813.4030	---红枣	1. 制作或保存方法（干）			
0813.4040	---荔枝干	1. 制作或保存方法（干）	2. 加工程度（去壳、未去壳）		
0813.4090	---其他	1. 制作或保存方法（干）			
0813.5000	-本章的什锦坚果或干果	1. 制作或保存方法（干）	2. 所含坚果或干果的具体种类		
08.14	柑橘属水果或甜瓜（包括西瓜）的果皮，鲜、冻、干或用盐水、亚硫酸水或其他防腐液暂时保藏的：	1. 制作或保存方法（鲜、冻、干，用盐水、亚硫酸水或其他防腐液暂时保藏的）			不包括果皮粉（税目11.06）；不包括蜜饯果皮（税目20.06）
0814.0000	柑橘属水果或甜瓜（包括西瓜）的果皮，鲜、冻、干或用盐水、亚硫酸水或其他防腐液暂时保藏的				

第九章 咖啡、茶、马黛茶及调味香料

注释：
一、税目09.04至09.10所列产品的混合物，应按下列规定归类：
（一）同一税目的两种或两种以上产品的混合物仍应归入该税目；
（二）不同税目的两种或两种以上产品的混合物应归入税目09.10。
税目09.04至09.10的产品［或上述（一）或（二）项的混合物］如添加了其他物质，只要所得的混合物保持了原产品的基本特性，其归类应不受影响。基本特性已经改变的，则不应归入本章；构成混合调味品的，应归入税目21.03。
二、本章不包括荜澄茄椒或税目12.11的其他产品。

【要素释义】
一、归类要素
1. 制作或保存方法：指商品具体的制作方法或保存方法，根据各税目的要求不同有所区别。例如，税则号列0901.1100项下商品应填报"豆，未焙炒且未浸除咖啡碱"；税则号列0901.1200项下商品应填报"豆，未焙炒且已浸除咖啡碱"；税目09.02项下商品可填报"未发酵""半发酵""发酵"。
2. 种类：根据商品的实际报验状态填报"咖啡豆荚"或"豆皮"。
3. 成分：指商品中所含物质的种类。
4. 内包装每件净重：指内包装每件商品本身的重量，即除去包装物后的商品实际重量。例如，税目09.02项下茶叶，1纸盒内装10小袋茶叶，每袋去除包装袋重量的茶叶为30克，应填报"30克/小袋"。
5. 加工方法：指具体的加工方法。例如，税目09.05项下商品填报"未磨"或"已磨"。
6. 成分含量：指商品中所含物质的种类及按重量计各物质种类的百分比含量，包括商品的成分和含量。

二、价格要素
1. 品种：指咖啡、调味香料的细分品种。例如，咖啡品种"阿拉比卡"、辣椒品种"S17"等。
2. 产区：指种植咖啡的地区。例如，"产区：苏门答腊Sumatra"。
3. 品牌（中文或外文名称）：指制造商或经销商加在商品上的品牌标志，实际需要申报中文或外文品牌名称。例如，子目0902.109项下绿茶填报"品牌Awastea（阿华师）"。

税则号列	商品名称	申报要素			说明
		归类要素	价格要素	其他要素	
09.01	咖啡，不论是否焙炒或浸除咖啡碱；咖啡豆荚及咖啡豆皮；含咖啡的咖啡代用品：				不包括不含咖啡的焙炒咖啡代用品（税目21.01）；不包括咖啡蜡（税目15.21）；不包括咖啡碱，即咖啡中的生物碱（税目29.39）
	-未焙炒的咖啡：				
0901.1100	--未浸除咖啡碱	1. 制作或保存方法（豆、粉等，未焙炒且未浸除咖啡碱）	2. 品种；3. 产区		
0901.1200	--已浸除咖啡碱	1. 制作或保存方法（豆、粉等，未焙炒且已浸除咖啡碱）	2. 品种；3. 产区		
	-已焙炒的咖啡：				

税则号列	商品名称	申报要素			说明
		归类要素	价格要素	其他要素	
0901.2100	--未浸除咖啡碱	1.制作或保存方法（豆、粉等，已焙炒且未浸除咖啡碱）	2.品种；3.产区		
0901.2200	--已浸除咖啡碱	1.制作或保存方法（豆、粉等，已焙炒且已浸除咖啡碱）	2.品种；3.产区		
	-其他：				
0901.9010	---咖啡豆荚及咖啡豆皮	1.种类（咖啡豆荚或豆皮）	2.品种；3.产区		
0901.9020	---含咖啡的咖啡代用品	1.成分	2.品种；3.产区		
09.02	茶，不论是否加香料：	1.制作或保存方法（未发酵、半发酵、发酵）；2.内包装每件净重		3.品牌（中文或外文名称）	
	-绿茶（未发酵），内包装每件净重不超过3千克：				
	---花茶				
0902.1011	----茉莉花茶				
0902.1019	----其他				
0902.1020	---白茶				
0902.1090	---其他				
	-其他绿茶（未发酵）：				
	---花茶：				
0902.2011	----茉莉花茶				
0902.2019	----其他				
0902.2020	---白茶				
0902.2090	---其他				
	-红茶（已发酵）及半发酵茶，内包装每件净重不超过3千克：				
0902.3010	---乌龙茶				
	---黑茶				
0902.3031	----普洱茶（熟茶）				
0902.3039	----其他				
0902.3090	---其他				
	-其他红茶（已发酵）及部分发酵茶：				
0902.4010	---乌龙茶				
	---黑茶				
0902.4031	----普洱茶（熟茶）				
0902.4039	----其他				
0902.4090	---其他				
09.03	马黛茶：				
0903.0000	马黛茶				
09.04	胡椒；辣椒干及辣椒粉：				
	-胡椒：				
0904.1100	--未磨				

税则号列	商品名称	申报要素			说明
		归类要素	价格要素	其他要素	
0904.1200	--已磨				
	-辣椒：				
0904.2100	--干，未磨	1. 品种			
0904.2200	--已磨				
09.05	香子兰豆：				不包括香草油树脂（人们有时误称为香草香膏或香草浸膏）（税目13.02）；不包括香草糖（税目17.01或17.02）；不包括香草醛（香草的香素）（税目29.12）
0905.1000	-未磨				
0905.2000	-已磨				
09.06	肉桂及肉桂花：				
	-未磨：				
0906.1100	--锡兰肉桂				
0906.1900	--其他				
0906.2000	-已磨				
09.07	丁香（母丁香、公丁香及丁香梗）：				不包括丁香树皮及树叶（税目12.11）
0907.1000	-未磨				
0907.2000	-已磨				
09.08	肉豆蔻、肉豆蔻衣及豆蔻：				
	-肉豆蔻：				
0908.1100	--未磨				
0908.1200	--已磨				
	-肉豆蔻衣：				
0908.2100	--未磨				
0908.2200	--已磨				
	-豆蔻：				
0908.3100	--未磨				
0908.3200	--已磨				
09.09	茴芹子、八角茴香、小茴香子、芫荽子、枯茗子及䕞蒿子；杜松果：				
	-芫荽子：				
0909.2100	--未磨				
0909.2200	--已磨				
	-枯茗子：				
0909.3100	--未磨				

税则号列	商品名称	申报要素			说明
		归类要素	价格要素	其他要素	
0909.3200	--已磨				
	-茴芹子或八角茴香、葛蒿子或小茴香子；杜松果：				
	--未磨：				
0909.6110	---八角茴香				
0909.6190	---其他				
	--已磨：				
0909.6210	---八角茴香				
0909.6290	---其他				
09.10	**姜、番红花、姜黄、麝香草、月桂叶、咖喱及其他调味香料：**				
	-姜：				
0910.1100	--未磨				
0910.1200	--已磨				
0910.2000	-番红花				
0910.3000	-姜黄				
	-其他调味香料：				
0910.9100	--本章注释一（二）所述的混合物	1. 成分含量			
	--其他：	1. 成分含量			
0910.9910	---花椒、竹叶花椒和青花椒				
0910.9990	---其他				

第十章 谷 物

注释：
一、（一）本章各税目所列产品必须带有谷粒，不论是否成穗或带秆。
（二）本章不包括已去壳或经其他加工的谷物。但去壳、碾磨、磨光、上光、半熟或破碎的稻米仍应归入税目10.06。同样，已全部或部分去皮以分离皂苷，但没有经过任何其他加工的昆诺阿藜仍应归入税目10.08。
二、税目10.05不包括甜玉米（第七章）。

子目注释：
所称"硬粒小麦"，是指硬粒小麦属的小麦及以该属具有相同染色体数目（28）的小麦种间杂交所得的小麦。

【要素释义】
一、归类要素
1. 是否种用：按商品的实际报验状态填报"种用"或"非种用"。
2. 是否硬粒：本章子目注释规定，"所称'硬粒小麦'，是指硬粒小麦属的小麦及以该属具有相同染色体数目（28）的小麦种间杂交所得的小麦"。符合上述规定的填报"硬粒小麦"。
3. 加工方法：指商品是否去壳。按实际报验状态填报"未去壳"或"去壳"。
4. 粒长：指单粒稻谷或大米的长度，可以表示为一个数值，也可以表示为一个范围。例如，税则号列1006.1081项下长粒米可填报"粒长：6~7毫米"。
5. 长宽比：指单粒稻谷或大米的长度与宽度之比。例如，税则号列1006.1081项下长粒米可填报"长宽比：3"。
6. 整精米含量：根据《中华人民共和国粮食行业标准（碎米）》（LS/T 3246-2017）的检验方法确定的整精米含量。例如，整精米含量5%。

二、价格要素
1. 包装规格：指商品的个体包装方式和规格。例如，"8千克/包"。
2. 种类：小麦、稻谷、大米的具体品种。例如，"白麦""红麦""冬麦""春麦"等。
3. 用途：指商品应用的方面、范围。例如，子目1003.9项下大麦可填报"酿酒大麦""饲料大麦"。
4. 蛋白含量：指税目10.03项下大麦的蛋白质按重量百分比计算的含量，也可以表示为一个范围。

税则号列	商品名称	申报要素 归类要素	申报要素 价格要素	申报要素 其他要素	说明
10.01	小麦及混合麦：	1. 是否种用；2. 是否硬粒	3. 种类（白麦、红麦、冬麦、春麦）		
	-硬粒小麦：				
1001.1100	--种用				
1001.1900	--其他				
	-其他：				
1001.9100	--种用				
1001.9900	--其他				
10.02	黑麦：				
1002.1000	-种用	1. 是否种用			不包括有麦角寄生的黑麦（税目12.11）
1002.9000	-其他	1. 是否种用			不包括有麦角寄生的黑麦（税目12.11）

税则号列	商 品 名 称	申 报 要 素			说 明
		归类要素	价格要素	其他要素	
10.03	大麦：	1. 是否种用	2. 蛋白含量； 3. 用途（酿酒、饲料等）		不包括烘焙大麦（咖啡代用品）（税目21.01）；不包括在烘焙过程中从发芽麦粒分出来的麦芽新芽及其他酿造废料（粮食、啤酒花等的渣滓）（税目23.03）
1003.1000	-种用				
1003.9000	-其他				
10.04	燕麦：				
1004.1000	-种用	1. 是否种用			
1004.9000	-其他	1. 是否种用			
10.05	玉米：	1. 是否种用	2. 转（非转）基因请注明		本税目所称"种用"，仅包括由本国主管部门认可作为播种用的玉米
1005.1000	-种用				
1005.9000	-其他				
10.06	稻谷、大米：				
	-稻谷：				
	--种用：				
1006.1021	----长粒米	1. 种类；2. 加工方法（去壳、未去壳）；3. 粒长；4. 长宽比		5. 包装规格	
1006.1029	----其他	1. 种类；2. 加工方法（去壳、未去壳）；3. 粒长；4. 长宽比		5. 包装规格	
	---其他：				
1006.1081	----长粒米	1. 种类；2. 加工方法（去壳、未去壳）；3. 粒长；4. 长宽比		5. 包装规格	
1006.1089	----其他	1. 种类；2. 加工方法（去壳、未去壳）；3. 粒长；4. 长宽比		5. 包装规格	
	-糙米：				
1006.2020	---长粒米	1. 种类；2. 加工方法（去壳、未去壳）；3. 粒长；4. 长宽比		5. 包装规格	

税则号列	商品名称	申报要素			说明
		归类要素	价格要素	其他要素	
1006.2080	---其他	1. 种类；2. 加工方法（去壳、未去壳）；3. 粒长；4. 长宽比	5. 包装规格		
	-精米，不论是否磨光或上光：				
1006.3020	---长粒米	1. 种类；2. 加工方法（去壳、未去壳）；3. 粒长；4. 长宽比	5. 包装规格		
1006.3080	---其他	1. 种类；2. 加工方法（去壳、未去壳）；3. 粒长；4. 长宽比	5. 包装规格		
	-碎米：				
1006.4020	---长粒米	1. 种类；2. 加工方法（去壳、未去壳）；3. 整精米含量	4. 包装规格		
1006.4080	---其他	1. 种类；2. 加工方法（去壳、未去壳）；3. 整精米含量	4. 包装规格		
10.07	食用高粱：				
1007.1000	-种用	1 是否种用	2. 拉丁学名；3. 包装规格		不包括饲料高粱及草高粱（税目12.14）、甜高粱（税目12.12）、帚用高粱（税目14.03）
1007.9000	-其他	1 是否种用	2. 拉丁学名；3. 包装规格		不包括饲料高粱及草高粱（税目12.14）、甜高粱（税目12.12）、帚用高粱（税目14.03）
10.08	荞麦、谷子及加那利草子；其他谷物：				
1008.1000	-荞麦	1. 是否种用	2. 包装规格		
	-谷子：				
1008.2100	--种用	1. 是否种用	2. 包装规格		
1008.2900	--其他	1. 是否种用	2. 包装规格		
1008.3000	-加那利草子	1. 是否种用	2. 包装规格		
	-直长马唐（马唐属）：				
1008.4010	---种用	1. 是否种用	2. 包装规格		
1008.4090	---其他	1. 是否种用	2. 包装规格		
	-昆诺阿藜：				
1008.5010	---种用	1. 是否种用	2. 包装规格		
1008.5090	---其他	1. 是否种用	2. 包装规格		
	-黑小麦：				
1008.6010	---种用	1. 是否种用	2. 包装规格		

税则号列	商品名称	申报要素 归类要素	申报要素 价格要素	申报要素 其他要素	说明
1008.6090	---其他	1.是否种用	2.包装规格		
	-其他谷物：				
1008.9010	---种用	1.是否种用	2.包装规格		
1008.9090	---其他	1.是否种用	2.包装规格		

第十一章 制粉工业产品；麦芽；淀粉；菊粉；面筋

注释：

一、本章不包括：

(一) 作为咖啡代用品的焙制麦芽（税目09.01或21.01）；

(二) 税目19.01的经制作的细粉、粗粒、粗粉或淀粉；

(三) 税目19.04的玉米片及其他产品；

(四) 税目20.01、20.04或20.05的经制作或保藏的蔬菜；

(五) 药品（第三十章）；或

(六) 具有芳香料制品或化妆盥洗品性质的淀粉（第三十三章）。

二、(一) 下表所列谷物碾磨产品按干制品重量计如果同时符合以下两个条件，应归入本章；但是，整粒、滚压、制片或磨碎的谷物胚芽均归入税目11.04：

1. 淀粉含量（按修订的尤艾斯旋光法测定）超过表列第（2）栏的比例；以及

2. 灰分含量（除去任何添加的矿物质）不超过表列第（3）栏的比例。

否则，应归入税目23.02。

(二) 符合上述规定归入本章的产品，如果用表列第（4）或第（5）栏规定孔径的金属丝网筛过筛，其通过率按重量计不低于表列比例的，应归入税目11.01或11.02。

否则，应归入税目11.03或11.04。

谷 物 (1)	淀粉含量 (2)	灰分含量 (3)	通过下列孔径筛子的比率	
			315微米 (4)	500微米 (5)
小麦及黑麦	45%	2.5%	80%	—
大麦	45%	3%	80%	—
燕麦	45%	5%	80%	—
玉米及高粱	45%	2%	—	90%
大米	45%	1.6%	80%	—
荞麦	45%	4%	80%	—

三、税目11.03所称"粗粒"及"粗粉"，是指谷物经碾碎所得的下列产品：

(一) 玉米产品，用2毫米孔径的金属丝网筛过筛，通过率按重量计不低于95%的；

(二) 其他谷物产品，用1.25毫米孔径的金属丝网筛过筛，通过率按重量计不低于95%的。

【要素释义】

一、归类要素

1. 状态：指商品实际报验时的形态。例如，税目11.01项下商品填报"细粉"；税目11.03商品填报"粗粒""粗粉""团粒"等；税目11.05项下商品填报"细粉""粗粉""粉末""粉片""颗粒"及"团粒"。

2. 种类：指在一定的生态和经济条件下，经自然或人工选择形成的植物群体。例如，税目11.02项下商品可填报"玉米""长粒米"等；税目11.03项下商品可填报"小麦""玉米""燕麦"等；税目11.04项下商品可填报"燕麦""大麦""小麦"等；税目11.06项下商品可填报"豌豆""鹰嘴豆"等；税目11.08项下商品可填报"小麦淀粉""玉米淀粉""马铃薯淀粉""木薯淀粉""大米淀粉""竹芋淀粉"等。

3. 制作或保存方法：指商品具体的制作方法或保存方法，根据各税目的要求不同有所区别。例如，税目11.04项下商品可填报"去壳""滚压""制片"等；税目11.07项下商品可填报"未焙制""已焙制"。

二、价格要素

暂无特指价格要素。

税则号列	商品名称	申报要素			说明
		归类要素	价格要素	其他要素	
11.01	**小麦或混合麦的细粉：**	1. 状态（细粉）			不包括掺有可可的细粉〔按重量计全脱脂可可含量在40%及以上的（税目18.06），低于40%的（税目19.01）〕
1101.0000	小麦或混合麦的细粉				
11.02	**其他谷物细粉，但小麦或混合麦的细粉除外：**	1. 种类（玉米、长粒米等）；2. 状态（细粉）			不包括掺有可可的细粉〔按重量计全脱脂可可含量在40%及以上的（税目18.06），低于40%的（税目19.02）〕
1102.2000	-玉米细粉				
	-其他：				
	---大米细粉：				
1102.9021	----长粒米的				
1102.9029	----其他				
1102.9090	---其他				
11.03	**谷物的粗粒、粗粉及团粒：**	1. 种类（小麦、玉米、燕麦等）；2. 状态（粗粒、粗粉、团粒等）			
	-粗粒及粗粉：				
1103.1100	--小麦的				
1103.1300	--玉米的				
	--其他：				
1103.1910	---燕麦的				
	---大米的：				
1103.1931	----长粒米				
1103.1939	----其他				
1103.1990	---其他				
	-团粒：				
1103.2010	---小麦的				
1103.2090	---其他				
11.04	**经其他加工的谷物（例如，去壳、滚压、制片、制成粒状、切片或粗磨），但税目10.06的稻谷、大米除外；谷物胚芽，整粒、滚压、制片或磨碎的：**	1. 种类（燕麦、大麦、小麦等）；2. 制作或保存方法（去壳、滚压、制片等）			
	-滚压或制片的谷物：				

税则号列	商品名称	申报要素			说明
		归类要素	价格要素	其他要素	
1104.1200	--燕麦的				
	--其他：				
1104.1910	---大麦的				
1104.1990	---其他				
	-经其他加工的谷物（例如，去壳、制成粒状、切片或粗磨）：				
1104.2200	--燕麦的				
1104.2300	--玉米的				
	--其他：				
1104.2910	---大麦的				
1104.2990	---其他				
1104.3000	-谷物胚芽，整粒、滚压、制片或磨碎的				不包括谷物胚芽提取油类后的残渣（税目23.06）
11.05	马铃薯的细粉、粗粉、粉末、粉片、颗粒及团粒：	1.状态（细粉、粗粉、粉末、粉片、颗粒及团粒）			不包括马铃薯淀粉（税目11.08）；不包括仅简单干燥、脱水或蒸干但未进一步加工的马铃薯（税目07.12）；不包括马铃薯淀粉制得的珍粉代用品（税目19.03）
1105.1000	-细粉、粗粉及粉末				
1105.2000	-粉片、颗粒及团粒				
11.06	用税目07.13的干豆或税目07.14的西谷茎髓及植物根茎、块茎制成的细粉、粗粉及粉末；用第八章的产品制成的细粉、粗粉及粉末：				
1106.1000	-用税目07.13的干豆制成的	1.种类（豌豆、鹰嘴豆等）；2.状态（细粉、粗粉、粉末）			仅用税目07.13的干豆制成；不包括未脱脂大豆细粉（税目12.08）；不包括以蔬菜细粉或粗粉为基料的汤料（不论液状、固体或粉状）（税目21.04）

税则号列	商品名称	申报要素			说明
		归类要素	价格要素	其他要素	
1106.2000	-用税目07.14的西谷茎髓及植物根茎、块茎制成的	1. 种类（豌豆、鹰嘴豆等）；2. 状态（细粉、粗粉、粉末）			仅用税目07.14所列产品制成
1106.3000	-用第八章的产品制成的	1. 种类（豌豆、鹰嘴豆等）；2. 状态（细粉、粗粉、粉末）			仅用第八章的产品制成；不包括西谷茎髓（税目07.14）；不包括名为珍粉的食品（税目19.03）
11.07	麦芽，不论是否焙制：	1. 制作或保存方法（未焙制、已焙制）			
1107.1000	-未焙制				
1107.2000	-已焙制				
11.08	淀粉；菊粉：				不包括制成香粉及盥洗用品的淀粉（第三十三章）；不包括以淀粉为基料的胶（税目35.05或35.06）；不包括用淀粉制成的上光料或浆料（税目38.09）；不包括分离淀粉所得的离析支链淀粉及离析直链淀粉（税目39.13）
	-淀粉：				
1108.1100	--小麦淀粉	1. 种类（小麦淀粉）			
1108.1200	--玉米淀粉	1. 种类（玉米淀粉）			
1108.1300	--马铃薯淀粉	1. 种类（马铃薯淀粉）			
1108.1400	--木薯淀粉	1. 种类（木薯淀粉）			
1108.1900	--其他	1. 种类（大米淀粉、竹芋淀粉等）			
1108.2000	-菊粉				

税则号列	商品名称	申报要素			说明
		归类要素	价格要素	其他要素	
11.09	面筋，不论是否干制：				不包括加有面筋的营养面粉（税目11.01）；不包括作胶用或作纺织工业上光料或浆料用的面筋（税目35.06或38.09）
1109.0000	面筋，不论是否干制				

第十二章 含油子仁及果实；杂项子仁及果实；工业用或药用植物；稻草、秸秆及饲料

注释：

一、税目12.07主要包括棕榈果及棕榈仁、棉子、蓖麻子、芝麻、芥子、红花子、罂粟子、牛油树果，但不包括税目08.01或08.02的产品及油橄榄（第七章或第二十章）。

二、税目12.08不仅包括未脱脂的细粉和粗粉，而且包括部分或全部脱脂以及用其本身的油料全部或部分复脂的细粉和粗粉。但不包括税目23.04至23.06的残渣。

三、甜菜子、草子及其他草本植物种子、观赏用花的种子、蔬菜种子、林木种子、果树种子、巢菜子（蚕豆除外）、羽扇豆属植物种子，可一律视为种植用种子，归入税目12.09。

但下列各项即使作种子用，也不归入税目12.09：

（一）豆类蔬菜或甜玉米（第七章）；

（二）第九章的调味香料及其他产品；

（三）谷物（第十章）；或

（四）税目12.01至12.07或12.11的产品。

四、税目12.11主要包括下列植物或这些植物的某部分：罗勒、琉璃苣、人参、海索草、甘草、薄荷、迷迭香、芸香、鼠尾草及苦艾。

但税目12.11不包括：

（一）第三十章的药品；

（二）第三十三章的芳香料制品及化妆盥洗品；或

（三）税目38.08的杀虫剂、杀菌剂、除草剂、消毒剂及类似产品。

五、税目12.12的"海草及其他藻类"不包括：

（一）税目21.02的已死的单细胞微生物；

（二）税目30.02的培养微生物；或

（三）税目31.01或31.05的肥料。

子目注释：

子目1205.10所称"低芥子酸油菜子"，是指所榨取的固定油中芥子酸含量按重量计低于2%，以及所得的固体成分每克葡萄糖苷酸（酯）含量低于30微摩尔的油菜子。

【要素释义】

一、归类要素

1. 种类：指大豆的具体种类。例如，税目12.01项下商品可填报"黄大豆""黑大豆""青大豆"等。

2. 是否种用：按商品的实际报验状态填报"种用"或"非种用"。

3. 制作或保存方法：指商品具体的制作方法或保存方法，根据各税目的要求不同有所区别。例如，税目12.02项下商品可填报"未去壳""去壳""未焙炒""未烹煮"；税目12.10项下商品可填报"鲜""干""未研磨""研磨""未制成团粒"等；税则号列1212.9100项下商品可填报"鲜""冷""冻"等；税目12.13项下商品填报"切碎""碾磨""挤压"等。

4. 用途：指商品应用的方面、范围。例如，税目12.03项下商品可填报"榨油用"；税目12.09项下商品可填报"种植用"；税目12.11项下商品可填报"作香料""药料""杀虫""杀菌"等类似用途；子目1212.99项下商品可填报"主要供人食用"。

5. 状态：指商品报验时的形态。例如，税目12.08项下商品可填报"细粉""粗粉"；税则号列1214.1000项下商品可填报"粗粉及团粒"等。

6. 拉丁学名：物种国际通用的唯一名称，可避免一物多名或同物异名的现象，包括属名和种名两部分。例如，子目1212.21项下裙带菜填报"*Undaria pinnatifida*"。

7. 加工程度：指谷类植物的茎、秆及谷壳。例如，"未经处理"。

二、价格要素

1. 蛋白含量：指黄大豆中的蛋白质按重量百分比计算的含量，也可以表示为一个范围。例如，税则号列1201.9010项下黄大豆可填报"蛋白含量：33%~35%"。

2. 油含量：指黄大豆中的油脂按重量百分比计算的含量，也可以表示为一个范围。例如，税则号列1201.9010项下黄大豆可填报"油含量：19%~20%"。

3. 芥子酸含量及所得固体成分每克葡萄糖苷酸（酯）含量：指油菜子榨取所得菜子油中的芥子酸含量及所得

固体成分每克葡萄糖苷酸（酯）的含量，其中葡萄糖苷酸（酯）含量用"微摩尔"表示。例如，子目1205.10项下商品可填报"芥子酸含量：1.8%，葡萄糖苷酸（酯）含量：28微摩尔"。

4. 有无滞期费（无滞期费、滞期费未确定、滞期费已申报）：滞期费指当船舶装货或卸货延期超过装卸货时间时，由租船人向船东所支付的约定款项。按实际情况填写"无滞期费""滞期费未确定""滞期费已申报"。

5. 签约日期：指供求双方企业合同签订的日期。只需申报具体日期即可。例如，"20200701"。

6. 原产于美国的苜蓿草请申报相对饲喂价格（RFV）：相对饲喂价格（Relative Feed Value）是由美国饲草和草原理事会下属的干草市场特别工作组提出，是美国唯一广泛使用的粗饲料质量评定数，其定义为相对一特定标准牧草可消化干物质的采食量。

税则号列	商品名称	申报要素			说明
		归类要素	价格要素	其他要素	
12.01	大豆，不论是否破碎：				不包括作为咖啡代用品的烘焙大豆（税目21.01）
1201.1000	-种用	1. 种类（黄大豆、黑大豆、青大豆等）；2. 是否种用			
	-其他： ---黄大豆	1. 种类（黄大豆）；	2. 蛋白含量； 3. 油含量； 4. 签约日期； 5. 有无滞期费（无滞期费、滞期费未确定、滞期费已申报）		
1201.9011	----非转基因				
1201.9019	----其他				
1201.9020	---黑大豆	1. 种类（黑大豆）			
1201.9030	---青大豆	1. 种类（青大豆）			
1201.9090	---其他	1. 种类			
12.02	未焙炒或未烹煮的花生，不论是否去壳或破碎：	1. 制作或保存方法（未去壳、去壳、未焙炒、未烹煮）；2. 是否种用			本税目仅指未焙炒或未烹煮的
1202.3000	-种用				
	-其他：				
1202.4100	--未去壳				
1202.4200	--去壳，不论是否破碎				
12.03	干椰子肉：	1. 用途（榨油用）			不包括供人食用的干椰丝（税目08.01）
1203.0000	干椰子肉				
12.04	亚麻子，不论是否破碎：				
1204.0000	亚麻子，不论是否破碎				
12.05	油菜子，不论是否破碎：				
	-低芥子酸油菜子				

税则号列	商品名称	申报要素			说明
		归类要素	价格要素	其他要素	
1205.1010	---种用	1. 是否种用	2. 芥子酸含量及所得固体成分每克葡萄糖苷酸（酯）含量；3. 转（非转）基因请注明		
1205.1090	---其他	1. 是否种用	2. 芥子酸含量及所得固体成分每克葡萄糖苷酸（酯）含量；3. 转（非转）基因请注明		
	-其他：	1. 是否种用	2. 转（非转）基因请注明		
1205.9010	---种用				
1205.9090	---其他				
12.06	葵花子，不论是否破碎：				
1206.0010	---种用	1. 是否种用			
1206.0090	---其他			1. 种类（食用型、油用型）；2. 油含量	
12.07	其他含油子仁及果实，不论是否破碎：				
	-棕榈果及棕榈仁：	1. 是否种用			
1207.1010	---种用				
1207.1090	---其他				
	-棉子：				
1207.2100	--种用	1. 是否种用			
1207.2900	--其他	1. 是否种用			
	-蓖麻子：				
1207.3010	---种用	1. 是否种用			
1207.3090	---其他	1. 是否种用			
	-芝麻：				
1207.4010	---种用	1. 是否种用			
1207.4090	---其他	1. 是否种用			
	-芥子：				
1207.5010	---种用	1. 是否种用			
1207.5090	---其他	1. 是否种用			
	-红花子：				
1207.6010	---种用	1. 是否种用			

税则号列	商品名称	申报要素			说明
		归类要素	价格要素	其他要素	
1207.6090	---其他		1. 种类（食用型、油用型）；2. 油含量		
	-甜瓜的子：				
1207.7010	---种用				
	---其他：				
1207.7091	----黑瓜子				
1207.7092	----红瓜子				
1207.7099	----其他				
	-其他：				
1207.9100	--罂粟子	1. 是否种用			
	--其他：	1. 是否种用			
1207.9910	---种用				
	---其他：				
1207.9991	----牛油树果				
1207.9999	----其他				
12.08	含油子仁或果实的细粉及粗粉，但芥子粉除外：	1. 状态（细粉、粗粉）			不包括花生酱（税目20.08）；不包括芥子细粉及粗粉，不论是否脱脂、调制（税目21.03）
1208.1000	-大豆粉				
1208.9000	-其他				
12.09	种植用的种子、果实及孢子：				
1209.1000	-糖甜菜子	1. 用途（种植用）		2. 转（非转）基因请注明	
	-饲料植物种子：				
1209.2100	--紫苜蓿子	1. 用途（种植用）			
1209.2200	--三叶草子	1. 用途（种植用）			
1209.2300	--羊茅子	1. 用途（种植用）			
1209.2400	--草地早熟禾子	1. 用途（种植用）			
1209.2500	--黑麦草种子	1. 用途（种植用）			
	--其他：				
1209.2910	---甜菜子，糖甜菜子除外	1. 用途（种植用）		2. 转（非转）基因请注明	
1209.2990	---其他	1. 用途（种植用）；2. 拉丁文属名和拉丁文种名			

税则号列	商品名称	申报要素			说明
		归类要素	价格要素	其他要素	
1209.3000	-草本花卉植物种子	1. 用途（种植用）； 2. 拉丁文属名和拉丁文种名			
	-其他： --蔬菜种子：				
1209.9110	---胡萝卜种子	1. 用途（种植用）			
1209.9120	---西兰花种子	1. 用途（种植用）			
1209.9130	---番茄种子	1. 用途（种植用）			
1209.9140	---洋葱种子	1. 用途（种植用）			
1209.9150	---菠菜种子	1. 用途（种植用）			
1209.9190	---其他	1. 用途（种植用）； 2. 拉丁文属名和拉丁文种名			
1209.9900	--其他	1. 用途（种植用）； 2. 拉丁文属名和拉丁文种名			
12.10	鲜或干的啤酒花，不论是否研磨或制成团粒；蛇麻腺：	1. 制作或保存方法（鲜、干、未研磨、研磨、未制成团粒等）			不包括啤酒花浸膏（税目13.02）；不包括废啤酒花（税目23.03）；不包括蛇麻精油（税目33.01）
1210.1000	-啤酒花，未经研磨也未制成团粒				
1210.2000	-啤酒花，经研磨或制成团粒；蛇麻腺				
12.11	主要用作香料、药料、杀虫、杀菌或类似用途的植物或这些植物的某部分（包括子仁及果实），鲜、冷、冻或干的，不论是否切割、压碎或研磨成粉：				
	-人参： ---西洋参	1. 用途（作香料、药料、杀虫、杀菌等类似用途）；2. 制作或保存方法（鲜、干等）；3. 拉丁文属名和拉丁文种名			不包括制成一定剂量或零售包装的
1211.2011	----鲜的或干的				
1211.2019	----其他				

税则号列	商品名称	申报要素			说明
		归类要素	价格要素	其他要素	
	---野山参（西洋参除外）	1.用途（作香料、药料、杀虫、杀菌等类似用途）；2.制作或保存方法（鲜、干等）；3.拉丁文属名和拉丁文种名			不包括制成一定剂量或零售包装的
1211.2021	----鲜的或干的				
1211.2029	----其他				
	---其他：				
1211.2091	----鲜的	1.用途（作香料、药料、杀虫、杀菌等类似用途）；2.制作或保存方法（鲜）；3.拉丁文属名和拉丁文种名			不包括制成一定剂量或零售包装的
1211.2092	----干的	1.用途（作香料、药料、杀虫、杀菌等类似用途）；2.制作或保存方法（干）；3.拉丁文属名和拉丁文种名			不包括制成一定剂量或零售包装的
1211.2099	----其他	1.用途（作香料、药料、杀虫、杀菌等类似用途）；2.制作或保存方法；3.拉丁文属名和拉丁文种名			不包括制成一定剂量或零售包装的
1211.3000	-古柯叶	1.用途（作香料、药料、杀虫、杀菌等类似用途）；2.制作或保存方法（鲜、干等）			不包括制成一定剂量或零售包装的
1211.4000	-罂粟秆	1.用途（作香料、药料、杀虫、杀菌等类似用途）；2.制作或保存方法（鲜、干等）			不包括制成一定剂量或零售包装的
1211.5000	-麻黄	1.用途（作香料、药料、杀虫、杀菌等类似用途）；2.制作或保存方法（鲜、干等）			不包括制成一定剂量或零售包装的
1211.6000	-非洲李的树皮	1.用途（作香料、药料、杀虫、杀菌等类似用途）；2.制作或保存方法（鲜、干等）			不包括制成一定剂量或零售包装的
	-其他：				
	---主要用作药料的植物及其某部分：				

税则号列	商品名称	申报要素			说明
		归类要素	价格要素	其他要素	
1211.9011	----当归	1. 用途（作香料、药料、杀虫、杀菌等类似用途）；2. 制作或保存方法（鲜、干等）			不包括制成一定剂量或零售包装的
1211.9012	----三七（田七）	1. 用途（作香料、药料、杀虫、杀菌等类似用途）；2. 制作或保存方法（鲜、干等）			不包括制成一定剂量或零售包装的
1211.9013	----党参	1. 用途（作香料、药料、杀虫、杀菌等类似用途）；2. 制作或保存方法（鲜、干等）			不包括制成一定剂量或零售包装的
1211.9014	----黄连	1. 用途（作香料、药料、杀虫、杀菌等类似用途）；2. 制作或保存方法（鲜、干等）			不包括制成一定剂量或零售包装的
1211.9015	----菊花	1. 用途（作香料、药料、杀虫、杀菌等类似用途）；2. 制作或保存方法（鲜、干等）			不包括制成一定剂量或零售包装的
1211.9016	----冬虫夏草	1. 用途（作香料、药料、杀虫、杀菌等类似用途）；2. 制作或保存方法（鲜、干等）			不包括制成一定剂量或零售包装的
1211.9017	----贝母	1. 用途（作香料、药料、杀虫、杀菌等类似用途）；2. 制作或保存方法（鲜、干等）			不包括制成一定剂量或零售包装的
1211.9018	----川芎	1. 用途（作香料、药料、杀虫、杀菌等类似用途）；2. 制作或保存方法（鲜、干等）			不包括制成一定剂量或零售包装的
1211.9019	----半夏	1. 用途（作香料、药料、杀虫、杀菌等类似用途）；2. 制作或保存方法（鲜、干等）			不包括制成一定剂量或零售包装的
1211.9021	----白芍	1. 用途（作香料、药料、杀虫、杀菌等类似用途）；2. 制作或保存方法（鲜、干等）			不包括制成一定剂量或零售包装的
1211.9022	----天麻	1. 用途（作香料、药料、杀虫、杀菌等类似用途）；2. 制作或保存方法（鲜、干等）			不包括制成一定剂量或零售包装的

税则号列	商品名称	申报要素 归类要素	申报要素 价格要素	申报要素 其他要素	说明
1211.9023	----黄芪	1. 用途（作香料、药料、杀虫、杀菌等类似用途）；2. 制作或保存方法（鲜、干等）			不包括制成一定剂量或零售包装的
1211.9024	----大黄、籽黄	1. 用途（作香料、药料、杀虫、杀菌等类似用途）；2. 制作或保存方法（鲜、干等）			不包括制成一定剂量或零售包装的
1211.9025	----白术	1. 用途（作香料、药料、杀虫、杀菌等类似用途）；2. 制作或保存方法（鲜、干等）			不包括制成一定剂量或零售包装的
1211.9026	----地黄	1. 用途（作香料、药料、杀虫、杀菌等类似用途）；2. 制作或保存方法（鲜、干等）			不包括制成一定剂量或零售包装的
1211.9027	----槐米	1. 用途（作香料、药料、杀虫、杀菌等类似用途）；2. 制作或保存方法（鲜、干等）			不包括制成一定剂量或零售包装的
1211.9028	----杜仲	1. 用途（作香料、药料、杀虫、杀菌等类似用途）；2. 制作或保存方法（鲜、干等）			不包括制成一定剂量或零售包装的
1211.9029	----茯苓	1. 用途（作香料、药料、杀虫、杀菌等类似用途）；2. 制作或保存方法（鲜、干等）			不包括制成一定剂量或零售包装的
1211.9031	----枸杞	1. 用途（作香料、药料、杀虫、杀菌等类似用途）；2. 制作或保存方法（鲜、干等）			不包括制成一定剂量或零售包装的
1211.9032	----大海子	1. 用途（作香料、药料、杀虫、杀菌等类似用途）；2. 制作或保存方法（鲜、干等）			不包括制成一定剂量或零售包装的
1211.9033	----沉香	1. 用途（作香料、药料、杀虫、杀菌等类似用途）；2. 制作或保存方法（鲜、干等）；3. 拉丁文属名和拉丁文种名			不包括制成一定剂量或零售包装的

税则号列	商品名称	申报要素			说明
		归类要素	价格要素	其他要素	
1211.9034	----沙参	1. 用途（作香料、药料、杀虫、杀菌等类似用途）；2. 制作或保存方法（鲜、干等）			不包括制成一定剂量或零售包装的
1211.9035	----青蒿	1. 用途（作香料、药料、杀虫、杀菌等类似用途）；2. 制作或保存方法（鲜、干等）			不包括制成一定剂量或零售包装的
1211.9036	----甘草	1. 用途（作香料、药料、杀虫、杀菌等类似用途）；2. 制作或保存方法（鲜、干等）			不包括制成一定剂量或零售包装的
1211.9037	----黄芩	1. 用途（作香料、药料、杀虫、杀菌等类似用途）；2. 制作或保存方法（鲜、干等）			不包括制成一定剂量或零售包装的
1211.9038	----椴树（欧椴）花及叶	1. 用途（作香料、药料、杀虫、杀菌等类似用途）；2. 制作或保存方法（鲜、干等）			不包括制成一定剂量或零售包装的
1211.9039	----其他	1. 用途（作香料、药料、杀虫、杀菌等类似用途）；2. 制作或保存方法（鲜、干等）；3. 拉丁文属名和拉丁文种名			不包括制成一定剂量或零售包装的
1211.9050	---主要用作香料的植物及其某部分	1. 用途（作香料、药料、杀虫、杀菌等类似用途）；2. 制作或保存方法（鲜、干等）；3. 拉丁文属名和拉丁文种名			不包括制成一定剂量或零售包装的
	---其他：				不包括制成一定剂量或零售包装的
1211.9091	----鱼藤根、除虫菊	1. 用途（作香料、药料、杀虫、杀菌等类似用途）；2. 制作或保存方法（鲜、干等）			
1211.9099	----其他	1. 用途（作香料、药料、杀虫、杀菌等类似用途）；2. 制作或保存方法（鲜、干等）；3. 拉丁文属名和拉丁文种名			

税则号列	商 品 名 称	申 报 要 素			说 明
		归类要素	价格要素	其他要素	
12.12	鲜、冷、冻或干的刺槐豆、海草及其他藻类、甜菜及甘蔗,不论是否碾磨;主要供人食用的其他税目未列名的果核、果仁及植物产品(包括未焙制的菊苣根):				不包括作为胶粘剂或增稠剂的刺槐豆胚乳粉(税目13.02);不包括琼脂及角叉藻胶(税目13.02);不包括已死的单细胞藻类(税目21.02);不包括蔗渣,即甘蔗榨汁后剩下的纤维部分(税目23.03);不包括作为咖啡代用品的烘焙菊苣根(税目21.01),不包括其他未烘焙菊苣根(税目06.01);不包括雕刻用的果核(例如,椰枣核)(税目14.04)及烘焙果仁(一般作为咖啡代用品)(税目21.01)
	-海草及其他藻类:				
	--适合供人食用的:	1. 制作或保存方法(鲜、冷、冻、干等);2. 拉丁学名;3. 是否适合供人食用			
1212.2110	---海带				
1212.2120	---发菜				
	---裙带菜:				
1212.2131	----干的				
1212.2132	----鲜的				
1212.2139	----其他				
	---紫菜:				
1212.2141	----干的				
1212.2142	----鲜的				
1212.2149	----其他				

税则号列	商品名称	申报要素			说明
		归类要素	价格要素	其他要素	
	---麒麟菜：				
1212.2161	----干的				
1212.2169	----其他				
	---江蓠：				
1212.2171	----干的				
1212.2179	----其他				
1212.2190	---其他				
	--其他：	1. 制作或保存方法（鲜、冷、冻、干等）；2. 拉丁学名；3. 是否适合供人食用			
1212.2910	---马尾藻				
1212.2990	---其他				
	-其他：				
1212.9100	--甜菜	1. 制作或保存方法（鲜、冷、冻等）			
1212.9200	--刺槐豆	1. 制作或保存方法（鲜、冷、冻等）			
1212.9300	--甘蔗	1. 制作或保存方法（鲜、冷、冻等）			
1212.9400	--菊苣根	1. 制作或保存方法（鲜、冷、冻等）			
	--其他：				
	---杏、桃（包括油桃）、梅或李的核及核仁：				
1212.9911	----苦杏仁	1. 用途（主要供人食用）			
1212.9912	----甜杏仁	1. 用途（主要供人食用）			
1212.9919	----其他	1. 用途（主要供人食用）；2. 拉丁文属名和拉丁文种名			
	---其他：				
1212.9993	----白瓜子	1. 用途（主要供人食用）			
1212.9994	----莲子	1. 用途（主要供人食用）			
1212.9996	----甜叶菊叶	1. 用途（主要供人食用）			
1212.9999	----其他	1. 用途（主要供人食用）；2. 拉丁文属名和拉丁文种名			

税则号列	商品名称	申报要素			说明
		归类要素	价格要素	其他要素	
12.13	未经处理的谷类植物的茎、秆及谷壳,不论是否切碎、碾磨、挤压或制成团粒:	1. 制作或保存方法（切碎、碾磨、挤压等）；2. 加工程度（未经处理）			不包括已净、漂白或染色的谷粒植物草、秆（税目14.01）
1213.0000	未经处理的谷类植物的茎、秆及谷壳,不论是否切碎、碾磨、挤压或制成团粒				
12.14	芜菁甘蓝、饲料甜菜、饲料用根、干草、紫苜蓿、三叶草、驴喜豆、饲料羽衣甘蓝、羽扇豆、巢菜及类似饲料,不论是否制成团粒:				不包括谷类植物的草、秆及壳（税目12.03）；不包括虽然用作动物饲料,但并非专为饲养动物而种植的植物产品（如甜菜、胡萝卜叶及玉米叶）（税目23.08）；不包括配制的动物饲料（如甜饲料）（税目23.09）
1214.1000	-紫苜蓿粗粉及团粒	1. 状态（粗粉及团粒等）			
1214.9000	-其他	1. 拉丁文属名和拉丁文种名		2. 原产于美国的苜蓿草请申报相对饲喂价值（RFV）	

第十三章 虫胶；树胶、树脂及其他植物液、汁

注释：

税目 13.02 主要包括甘草、除虫菊、啤酒花、芦荟的浸膏及鸦片，但不包括：

一、按重量计蔗糖含量在 10% 以上或制成糖食的甘草浸膏（税目 17.04）；

二、麦芽膏（税目 19.01）；

三、咖啡精、茶精、马黛茶精（税目 21.01）；

四、构成含酒精饮料的植物汁、液（第二十二章）；

五、樟脑、甘草甜及税目 29.14 或 29.38 的其他产品；

六、罂粟秆浓缩物，按重量计生物碱含量不低于 50%（税目 29.39）；

七、税目 30.03 或 30.04 的药品及税目 38.22 的血型试剂；

八、鞣料或染料的浸膏（税目 32.01 或 32.03）；

九、精油、浸膏、净油、香膏、提取的油树脂或精油的水馏液及水溶液；饮料制造业用的以芳香物质为基料的制剂（第三十三章）；或

十、天然橡胶、巴拉塔胶、古塔波胶、银胶菊胶、糖胶树胶或类似的天然树胶（税目 40.01）。

【要素释义】

一、归类要素

1. 制作或保存方法：指商品具体的制作方法或保存方法，根据各税目的要求不同有所区别。例如，税则号列 1302.1100 项下商品填报"液汁""浸膏""粉末"。

2. 有效成分含量：指按商品的实际报验状态填报"α酸等有效成分及含量"。

3. 来源：指植物胶液及增稠剂具体由何种植物制得。例如，税则号列 1302.3200 项下商品可填报"从刺槐豆制得"或"从瓜尔豆制得"。

二、价格要素

1. 种类：税则号列 1302.3911 项下卡拉胶的细分种类，可填报为"卡帕胶""阿欧塔胶""莱姆达胶"等。

2. 用途：指商品应用的方面、范围。例如，税则号列 1302.3911 项下卡拉胶，可填报"果冻"等；税则号列 1302.3912 项下褐藻胶，可填报"纺织助剂"；子目 1301.2 项下阿拉伯胶可填报"食品""饮料""制药"等。

3. 等级：指税则号列 1302.3100 项下琼脂的等级，与这些商品的用途有关。例如，可填报"食品级""医药级"等。

4. 级别：指税则号列 1302.3200 项下胶液及增稠剂的级别，与这些商品的用途有关。例如，可填报"食用级""工业级"。

5. 黏度：是衡量流体内部阻碍其相对流动的一种特性，是刺槐豆胶、瓜尔胶等树胶的重要质量指标之一。计量单位为帕斯卡/秒（PA.S）或泊（P）、厘泊（cP）等。

税则号列	商品名称	申报要素			说明
		归类要素	价格要素	其他要素	
13.01	虫胶；天然树胶、树脂、树胶脂及油树脂（例如，香树脂）：				不包括接触空气即硬化成为一种抗性薄膜的某些东方树木的树液（名为"日本漆""中国漆"等）（税目13.02）；不包括琥珀（税目25.30）；不包括虫胶染料，即从虫胶提取的色料（税目32.03）；不包括香膏（从本税目物质中提取的）及提取的油树脂（税目33.01）；不包括妥尔油（有时称为"液体松香"）（税目38.03）；不包括松节油（税目38.05）
1301.2000	-阿拉伯胶		1.用途（食品、饮料、制药等）		
	-其他：				
1301.9010	---胶黄蓍树胶（卡喇杆胶）				
1301.9020	---乳香、没药及血竭				
1301.9030	---阿魏				
1301.9040	---松脂				
1301.9090	---其他				

税则号列	商品名称	申报要素 归类要素	申报要素 价格要素	申报要素 其他要素	说明
13.02	植物液汁及浸膏；果胶、果胶酸盐及果胶酸酯；从植物产品制得的琼脂、其他胶液及增稠剂，不论是否改性：				不包括麦精（税目19.01）；不包括烟草精（税目24.03）；不包括樟脑（税目29.14）；不包括甘草甜及甘草酸（税目29.38）；不包括作血型试剂用的浸膏（税目30.06）；不包括鞣料膏（税目32.01）；不包括染料膏（税目32.03）；不包括天然橡胶、巴拉塔胶、古塔波胶、银胶菊胶，糖胶树胶及类似天然树胶（税目40.01）；不包括藻酸及藻酸盐（税目39.13）
	-植物液汁及浸膏：				
1302.1100	--鸦片	1. 制作或保存方法（液汁、浸膏、粉末）			
1302.1200	--甘草的	1. 制作或保存方法（液汁、浸膏、粉末）			
1302.1300	--啤酒花的	1. 制作或保存方法（液汁、浸膏、粉末）；2. 有效成分含量（α酸等）			
1302.1400	--麻黄的	1. 制作或保存方法（液汁、浸膏、粉末）			
	--其他：	1. 制作或保存方法（液汁、浸膏、粉末）			
1302.1910	---生漆				
1302.1920	---印楝素				
1302.1930	---除虫菊的或含鱼藤酮植物根茎的				
1302.1940	---银杏的				
1302.1990	---其他				

税则号列	商品名称	申报要素			说明
		归类要素	价格要素	其他要素	
1302.2000	-果胶、果胶酸盐及果胶酸酯		1. 用途（食品用、医药用）		
	-从植物产品制得的胶液及增稠剂，不论是否改性：				
1302.3100	--琼脂		1. 等级（食品级、医药级等）		
1302.3200	--从刺槐豆、刺槐豆子或瓜尔豆制得的胶液及增稠剂，不论是否改性	1. 来源	2. 黏度；3. 级别（食用级、工业级）		
	--其他：				
	---海草及其他藻类制品：				
1302.3911	----卡拉胶		1. 种类（卡帕胶、阿欧塔胶、莱姆达胶等）；2. 用途（乳品、肉类、水、糖果、果冻、甜品）		
1302.3912	----褐藻胶		1. 用途		
1302.3919	----其他		1. 用途		
1302.3990	---其他	1. 来源	2. 用途		

第十四章　编结用植物材料；其他植物产品

注释：

一、本章不包括归入第十一类的下列产品：主要供纺织用的植物材料或植物纤维，不论其加工程度如何；或经过处理使其只能作为纺织原料用的其他植物材料。

二、税目14.01主要包括竹（不论是否劈开、纵锯、切段、圆端、漂白、磨光、染色或进行不燃处理）、劈开的柳条、芦苇及类似品和藤心、藤丝、藤片。但不包括木片条（税目44.04）。

三、税目14.04不包括木丝（税目44.05）及供制帚、制刷用成束、成簇的材料（税目96.03）。

【要素释义】

一、归类要素

1. 用途：指商品应用的方面、范围。例如，税目14.01项下商品填报"主要作编结用"；子目1404.901项下商品填报"主要供染料或鞣料用"。

2. 纤维长度：按实际报验状态填报棉短绒的纤维长度。

二、价格要素

1. 加工程度：子目1401.2项下藤的价格要素，可填报"去皮的藤条"或者"藤皮"。

2. 直径：子目1401.2项下藤的价格要素，可填报"直径9~16毫米"。

3. 长度：子目1401.2项下藤的价格要素，可填报"长度5~6米"。

4. 种类：子目1401.2项下藤的价格要素，可填报"巴丹藤"。

税则号列	商品名称	申报要素			说明
		归类要素	价格要素	其他要素	
14.01	主要作编结用的植物材料（例如，竹、藤、芦苇、灯芯草、柳条、酒椰叶，已净、漂白或染色的谷类植物的茎秆，椴树皮）：				不包括木片条（税目44.04）
1401.1000	-竹	1. 用途（主要作编结用）			
1401.2000	-藤	1. 用途（主要作编结用）	2. 种类；3. 加工程度（去皮或未去皮）；4. 直径；5. 长度		
	-其他：	1. 用途（主要作编结用）			
1401.9010	---谷类植物的茎秆（麦秸除外）				
1401.9020	---芦苇				
	---灯芯草属：				
1401.9031	----蔺草				
1401.9039	----其他				
1401.9090	---其他				
14.04	其他税目未列名的植物产品：				

税则号列	商品名称	申报要素			说明
		归类要素	价格要素	其他要素	
1404.2000	-棉短绒	1.纤维长度			不包括棉絮,药用的或医疗、外科、牙科或兽医用零售包装的(税目30.05);不包括其他棉絮胎(税目56.01)
1404.9010	-其他: ---主要供染料、鞣料用的植物原料	1.用途			不包括植物鞣料膏及鞣酸,包括水萃没食子酸(税目32.01);不包括染料木及其他染料植物浸膏(税目32.03)
1404.9090	---其他				

第三类 动、植物或微生物油、脂及其分解产品；精制的食用油脂；动、植物蜡

第十五章 动、植物或微生物油、脂及其分解产品；精制的食用油脂；动、植物蜡

注释：

一、本章不包括：

(一) 税目 02.09 的猪脂肪及家禽脂肪；

(二) 可可脂、可可油 (税目 18.04)；

(三) 按重量计税目 04.05 所列产品的含量超过 15% 的食品（通常归入第二十一章）；

(四) 税目 23.01 的油渣或税目 23.04 至 23.06 的残渣；

(五) 第六类的脂肪酸、精制蜡、药品、油漆、清漆、肥皂、芳香料制品、化妆盥洗品、磺化油及其他货品；或

(六) 从油类提取的油膏（税目 40.02）。

二、税目 15.09 不包括用溶剂提取的橄榄油（税目 15.10）。

三、税目 15.18 不包括变性的油、脂及其分离品，这些货品应归入其相应的未变性油、脂及其分离品的税目。

四、皂料、油脚、硬脂沥青、甘油沥青及羊毛脂残渣，归入税目 15.22。

子目注释：

一、子目 1509.30 所称"初榨油橄榄油"，游离酸度（以油酸计）不超过 2.0 克/100 克，可根据《食品法典标准》(33-1981) 与其他初榨油橄榄油类别加以区分。

二、子目 1514.11 及 1514.19 所称"低芥子酸菜子油"，是指按重量计芥子酸含量低于 2% 的固定油。

【要素释义】

一、归类要素

1. 加工方法：指商品在加工过程中所用的具体方法。例如，税目 15.07 项下商品可填报"初榨、非初榨"；税目 15.16 项下商品可填报"全部或部分氢化""相互酯化""再酯化"或"反油酸化"；税目 15.18 项下商品可填报"经熟炼""氧化""脱水""硫化""吹制"等。

2. 加工程度：指商品在加工过程中是否经过某些特定的加工工艺。例如，税目 15.03 项下商品可填报"未经乳化制作""未经混合制作"等；税目 15.04 项下商品可填报"未经化学改性"。

3. 用途：指商品应用的方面、范围。例如，子目 1515.9 项下商品可填报"食用"等。

4. 成分：指商品中所含物质的种类。

5. 成分含量：指商品中所含物质的种类及其按重量计的百分比含量，包括商品的成分和含量。例如，税则号列 1515.9090 项下商品可填报"成分含量：藻油 63%、明胶 20%、甘油 13.3%、水 3.7%"；税则号列 1517.9090 项下商品可填报"成分含量：鱼油 50%、豆油 30.1%、橄榄油 9.9%、水 5.51%、甘油 4.49%"；税目 15.20 项下商品可填报"成分含量：甘油 80%、水 15%、杂质 5%"（可保留 2 位小数）。遇成分含量难以精确量化时，各成分相加可不必须为 100%。

6. 来源：指商品取得的途径。按实际来源填报"天然"或"人造回收废脂"等。

二、价格要素

1. 是否含瘦肉：税目 15.02 项下牛、羊脂肪的价格要素。例如，"含瘦肉"或"不含瘦肉"。

2. 是否精炼：子目 1504.1 项下和子目 1504.2 项下鱼油、脂及其分离品的价格要素。例如，"精炼"或"非精炼"。

3. DHA+EPA 浓度：子目 1504.1 项下和子目 1504.2 项下鱼油、脂及其分离品的价格要素，指鱼油的营养指标，用"毫克"表示。例如，"DHA 为 120 毫克，EPA 为 180 毫克"。

4. 包装规格：指商品的个体包装方式和规格。例如，"500 毫升/瓶"。

5. 品牌（中文或外文名称）：制造商或经销商加在商品上的品牌标志，实际需要申报中文或外文品牌名称。

6. 酸度：橄榄油的质量指标，用"%"表示。国际市场橄榄油的酸度标准为 0.3%~0.8%，应申报实际的酸度百分比。

7. 产区：指生产橄榄油原产国家的地区。例如，"西班牙安达卢西亚"。

8. 芥子酸含量：指油菜子榨取所得菜子油中的芥子酸含量，用"%"表示。例如，"芥子酸含量：1.8%"。

9. 葡萄糖苷酸（酯）含量：指榨取菜子油所得固体成分每克葡萄糖苷酸（酯）的含量，用"微摩尔"表示。例如，"葡萄糖苷酸（酯）含量：28 微摩尔"。

10. 加工原料：指人造黄油由一种或者多种动植物油脂或微生物油脂制成，应申报动物油脂品种、植物油脂品种或微生物油脂品种。例如，"牛油脂""大豆油""棉籽油""玉米油"或"藻油"等。

11. 包装规格：包装规格指商品的个体包装方式和规格。如，340 克/罐。

税则号列	商品名称	申报要素			说明
		归类要素	价格要素	其他要素	
15.01	猪脂肪（包括已炼制的猪油）及家禽脂肪，但税目02.09及15.03的货品除外：				不包括未炼制或用其他方法提取的不带瘦肉的肥猪肉、猪脂肪及家禽脂肪（税目02.09）；不包括猪油硬脂及液体猪油（税目15.03）；不包括人造猪油（税目15.17）
1501.1000	-猪油				
1501.2000	-其他猪脂肪				
1501.9000	-其他				
15.02	牛、羊脂肪，但税目15.03的货品除外：	1. 加工方法	2. 是否含瘦肉		不包括税目15.03的货品，例：油硬脂、食用或非食用脂油（税目15.03）；不包括马脂（税目15.06）
1502.1000	-牛、羊油脂				
1502.9000	-其他				
15.03	猪油硬脂、液体猪油、油硬脂、食用或非食用脂油，未经乳化、混合或其他方法制作：	1. 加工程度（未经乳化、混合或其他方法制作）			
1503.0000	猪油硬脂、液体猪油、油硬脂、食用或非食用脂油，未经乳化、混合或其他方法制作				
15.04	鱼或海生哺乳动物的油、脂及其分离品，不论是否精制，但未经化学改性：				
1504.1000	-鱼肝油及其分离品	1. 成分含量；2. 加工程度（未经化学改性）		3. 饲料用的鱼油、脂及其分离品请注明是否精炼；4. 保健用鱼油请注明DHA+EPA浓度；5. 品牌（中文或外文名称，无品牌请申报厂商）	

税则号列	商品名称	申报要素 归类要素	申报要素 价格要素	申报要素 其他要素	说明
1504.2000	-除鱼肝油以外的鱼油、脂及其分离品	1.成分含量；2.加工程度（未经化学改性）		3.饲料用的鱼油、脂及其分离品请注明是否精炼；4.保健用鱼油请注明DHA+EPA浓度；5.品牌（中文或外文名称，无品牌请申报厂商）	
1504.3000	-海生哺乳动物的油、脂及其分离品	1.成分含量；2.加工程度（未经化学改性）		3.品牌（中文或外文名称，无品牌请申报厂商）	
15.05	羊毛脂及从羊毛脂制得的脂肪物质（包括纯净的羊毛脂）：				不包括羊毛脂残渣（税目15.22）
1505.0000	羊毛脂及从羊毛脂制得的脂肪物质（包括纯净的羊毛脂）				
15.06	其他动物油、脂及其分离品，不论是否精制，但未经化学改性：	1.加工程度（未经化学改性）；2.成分			不包括猪脂肪及家禽脂肪（税目02.09或15.01）；不包括牛、绵羊或山羊脂肪（税目15.02）；不包括鱼或海生哺乳动物的油、脂及其分离品（税目15.04）；不包括主要同吡啶基组成的产品（通称为骨焦油，有时也称骨油）（税目38.24）
1506.0000	其他动物油、脂及其分离品，不论是否精制，但未经化学改性				
15.07	豆油及其分离品，不论是否精制，但未经化学改性：	1.加工方法（初榨、非初榨）；2.加工程度（未经化学改性）			
1507.1000	-初榨的，不论是否脱胶				
1507.9000	-其他				

税则号列	商品名称	申报要素 归类要素	申报要素 价格要素	申报要素 其他要素	说明
15.08	花生油及其分离品，不论是否精制，但未经化学改性：	1. 加工方法（初榨、非初榨）；2. 加工程度（未经化学改性）			
1508.1000	-初榨的				
1508.9000	-其他				
15.09	油橄榄油及其分离品，不论是否精制，但未经化学改性：	1. 加工方法（初榨、非初榨）；2. 加工程度（未经化学改性）；3. 用途	4. 包装规格；5. 品牌（中文或外文名称）；6. 游离酸度（以油酸计）；7. 产区		不包括橄榄渣油及油橄榄油与橄榄渣油的混合油（税目15.10）；不包括从橄榄油中制取的再酯化油（税目15.16）
1509.2000	-特级初榨油橄榄油				
1509.3000	-初榨油橄榄油				
1509.4000	-其他初榨油橄榄油				
1509.9000	-其他				
15.10	其他橄榄油及其分离品，不论是否精制，但未经化学改性，包括掺有税目15.09的油或分离品的混合物：	1. 加工程度（未经化学改性）；2. 加工方法（初榨、非初榨）	3. 包装规格；4. 品牌（中文或外文名称）		包括掺有税目15.09的油或分离品的混合物；橄榄油（未经化学改性）
1510.1000	-粗提油橄榄果渣油				
1510.9000	-其他				
15.11	棕榈油及其分离品，不论是否精制，但未经化学改性：				
1511.1000	-初榨的	1. 加工方法（初榨）；2. 加工程度（未经化学改性）			
	-其他：	1. 加工方法（精制等）；2. 加工程度（未经化学改性）	3. 包装规格；4. 品牌（中文或外文名称，无品牌请申报厂商）；5. 熔点		
1511.9010	---棕榈液油（熔点19℃~24℃）				
1511.9020	---棕榈硬脂（熔点44℃~56℃）				
1511.9090	---其他				
15.12	葵花油、红花油或棉子油及其分离品，不论是否精制，但未经化学改性：	1. 加工方法（初榨、非初榨）；2. 加工程度（未经化学改性）			
	-葵花油或红花油及其分离品：				
1512.1100	--初榨的				
1512.1900	--其他				

税则号列	商品名称	申报要素			说明
		归类要素	价格要素	其他要素	
	-棉子油及其分离品:				
1512.2100	--初榨的,不论是否去除棉子酚				
1512.2900	--其他				
15.13	**椰子油、棕榈仁油或巴巴苏棕榈果油及其分离品,不论是否精制,但未经化学改性:**	1. 加工方法（初榨、非初榨）; 2. 加工程度（未经化学改性）			
	-椰子油及其分离品:				
1513.1100	--初榨的				
1513.1900	--其他				
	-棕榈仁油或巴巴苏棕榈果油及其分离品:				
1513.2100	--初榨的				
1513.2900	--其他				
15.14	**菜子油或芥子油及其分离品,不论是否精制,但未经化学改性:**				
	-低芥子酸菜子油及其分离品:				
1514.1100	--初榨的	1. 加工方法（初榨）; 2. 加工程度（未经化学改性）		3. 芥子酸含量	
1514.1900	--其他	1. 加工方法（非初榨）; 2. 加工程度（未经化学改性）		3. 芥子酸含量及所得固体成分每克葡萄糖苷酸（酯）含量	
	-其他:	1. 加工方法（初榨、非初榨）; 2. 加工程度（未经化学改性）			
	--初榨的:				
1514.9110	---菜子油				
1514.9190	---芥子油				
1514.9900	--其他				
15.15	**其他固定植物或微生物油、脂（包括希蒙得木油）及其分离品,不论是否精制,但未经化学改性:**				
	-亚麻子油及其分离品:	1. 加工方法（初榨、非初榨）; 2. 加工程度（未经化学改性）			
1515.1100	--初榨的				
1515.1900	--其他				
	-玉米油及其分离品:	1. 加工方法（初榨、非初榨）; 2. 加工程度（未经化学改性）			
1515.2100	--初榨的				
1515.2900	--其他				

税则号列	商品名称	申报要素			说明
		归类要素	价格要素	其他要素	
1515.3000	-蓖麻油及其分离品	1. 加工方法（初榨、非初榨）；2. 加工程度（未经化学改性）			
1515.5000	-芝麻油及其分离品	1. 加工方法（初榨、非初榨）；2. 加工程度（未经化学改性）	3. 包装规格；4. 品牌（中文或外文名称，无品牌请申报厂商）		
1515.6000	-微生物油、脂及其分离品	1. 加工方法（初榨、非初榨）；2. 加工程度（未经化学改性）；3. 用途；4. 成分含量	5. 品牌（中文或外文名称，无品牌请申报厂商）；6. 包装规格		
	-其他：				
1515.9010	---希蒙得木油及其分离品	1. 加工方法（初榨、非初榨）；2. 加工程度（未经化学改性）；3. 用途			
1515.9020	---印楝油及其分离品	1. 加工方法（初榨、非初榨）；2. 加工程度（未经化学改性）；3. 用途			
1515.9030	---桐油及其分离品	1. 加工方法（初榨、非初榨）；2. 加工程度（未经化学改性）；3. 用途			
1515.9040	---茶籽油及其分离品	1. 加工方法（初榨、非初榨）；2. 加工程度（未经化学改性）；3. 用途			
1515.9090	---其他	1. 加工方法（初榨、非初榨）；2. 加工程度（未经化学改性）；3. 用途；4. 成分含量	5. 品牌（中文或外文名称，无品牌请申报厂商）		
15.16	动、植物或微生物油、脂及其分离品，全部或部分氢化、相互酯化、再酯化或反油酸化，不论是否精制，但未经进一步加工：	1. 加工方法（全部或部分氢化、相互酯化、再酯化或反油酸化）			
1516.1000	-动物油、脂及其分离品				
1516.2000	-植物油、脂及其分离品				
1516.3000	-微生物油、脂及其分离品				
15.17	人造黄油；本章各种动、植物或微生物油、脂及其分离品混合制成的食用油、脂或制品，但税目15.16的食用油、脂及其分离品除外：				

税则号列	商品名称	申报要素			说明
		归类要素	价格要素	其他要素	
1517.1000	-人造黄油，但不包括液态的	1. 加工方法	2. 加工原料（动物油脂、植物油脂、微生物油脂）；3. 品牌（中文或外文名称）		
	-其他：				
1517.9010	---起酥油	1. 成分含量	2. 加工原料（豆油、菜子油、棕榈油、微生物油脂）；3. 品牌（中文或外文名称）		
1517.9090	---其他	1. 成分含量	2. 加工原料（动物油脂、植物油脂、微生物油脂）；3. 品牌（中文或外文名称）；4. 包装规格		
15.18	动、植物或微生物油、脂及其分离品，经过熟炼、氧化、脱水、硫化、吹制或在真空、惰性气体中加热聚合及用其他化学方法改性的，但税目15.16的产品除外；本章各种油、脂及其分离品混合制成的其他税目未列名的非食用油、脂或制品：	1. 成分含量；2. 加工方法（经熟炼、氧化、脱水、硫化、吹制等）			不包括氢化、相互酯化、再酯化或反油酸化的油、脂（税目15.16）；不包括配制的动物饲料（税目23.09）；不包括磺化油（用硫酸处理过的油）（税目34.02）
1518.0000	动、植物或微生物油、脂及其分离品，经过熟炼、氧化、脱水、硫化、吹制或在真空、惰性气体中加热聚合及用其他化学方法改性的，但税目15.16的产品除外；本章各种油、脂及其分离品混合制成的其他税号未列名的非食用油、脂或制品：				

税则号列	商品名称	申报要素			说明
		归类要素	价格要素	其他要素	
15.20	粗甘油；甘油水及甘油碱液：	1. 成分含量			纯度在95%及以上（以干燥产品的重量计）的甘油归入税目29.05；制成药品或加有药料的甘油归入税目30.03或30.04
1520.0000	粗甘油；甘油水及甘油碱液				
15.21	植物蜡（甘油三酯除外）、蜂蜡、其他虫蜡及鲸蜡，不论是否精制或着色：				不包括蜂箱用的人造蜡蜂房（税目96.02）；不包括鲸蜡油，不论是天然的或是通过分离鲸蜡精制的（税目15.04）不包括植物蜡的混合物；不包括与动物蜡、矿物蜡或人造蜡混合的植物蜡；不包括与脂肪、树脂、矿物或其他材料（颜料除外）混合的植物蜡
1521.1000	-植物蜡	1. 成分			
1521.9010	-其他： ---蜂蜡				
1521.9090	---其他				
15.22	油鞣回收脂；加工处理油脂物质及动、植物蜡所剩的残渣：	1. 来源			不包括仅经氧化或聚合的鱼油（税目15.18）；不包括磺化油（税目34.02）；不包括脂化皮革用的制剂（税目34.03）；不包括从已炼制的猪脂肪或其他动物脂肪中所得的脂渣及膜渣（税目23.01）
1522.0000	油鞣回收脂；加工处理油脂物质及动、植物蜡所剩的残渣				

第四类 食品；饮料、酒及醋；烟草、烟草及烟草代用品的制品；非经燃烧吸用的产品，不论是否含有尼古丁；其他供人体摄入尼古丁的含尼古丁的产品

注释：
本类所称"团粒"，是指直接挤压或加入按重量计比例不超过3%的黏合剂制成的粒状产品。

第十六章 肉、鱼、甲壳动物、软体动物及其他水生无脊椎动物、以及昆虫的制品

注释：
一、本章不包括用第二章、第三章、第四章注释六及税目05.04所列方法制作或保藏的肉、食用杂碎、鱼、甲壳动物、软体动物或其他水生无脊椎动物及昆虫。
二、本章的食品按重量计必须含有20%以上的香肠、肉、食用杂碎、动物血、昆虫、鱼、甲壳动物、软体动物或其他水生无脊椎动物及其混合物。对于含有两种或两种以上前述产品的食品，则应按其中重量最大的产品归入第十六章的相应税目。但本条规定不适用于税目19.02的包馅食品和税目21.03及21.04的食品。

子目注释：
一、子目1602.10的"均化食品"，是指用肉、食用杂碎、动物血或昆虫经精细均化制成适合供婴幼儿食用或营养用的零售包装食品（每件净重不超过250克）。为了调味、保藏或其他目的，均化食品中可以加入少量其他配料，还可以含有少量可见的肉粒、食用杂碎粒或昆虫碎粒。归类时该子目优先于税目16.02的其他子目。
二、税目16.04或16.05项下各子目所列的是鱼、甲壳动物、软体动物及其他水生无脊椎动物的俗名，它们与第三章中相同名称的鱼、甲壳动物、软体动物及其他水生无脊椎动物种类范围相同。

【要素释义】
一、归类要素
1. 是否用天然肠衣做外包装：按商品实际报验状态填报"用天然肠衣做外包装"。
2. 加工方法：指商品在加工过程中具体的加工方法。例如，子目1602.2项下商品可填报"煮""蒸""烤""煎""炸""炒"等；税目16.03项下商品可填报"精""汁"；税目16.04项下商品可填报"烤""煎""炸"等。
3. 成分含量：指商品中所含物质的种类及其按重量计的百分比含量，包括商品的成分和含量。例如，税目16.02项下商品可填报"牛肉80.1%、豆油9.9%、盐5.51%、糖4.49%"（可保留2位小数）。若成分含量难以精确量化，各成分相加可不必为100%。
4. 是否非密封包装：按商品的实际报验状态填报"非密封包装"或"是密封包装"。
二、价格要素
1. 包装规格：指商品的个体包装方式和规格。例如，"340克/罐"。
2. 品牌（中文或外文名称）：指制造商或经销商加在商品上的品牌标志，实际需要申报中文或外文品牌名称。例如，"欧格尼牌"牛肉午餐肉罐头。

税则号列	商品名称	申报要素			说明
		归类要素	价格要素	其他要素	
16.01	肉、食用杂碎、动物血或昆虫制成的香肠及类似产品；用香肠制成的食品：				
1601.0010	---用天然肠衣做外包装的香肠及类似产品	1. 是否用天然肠衣做外包装；2. 成分含量	3. 包装规格；4. 品牌（中文或外文名称）		

税则号列	商品名称	申报要素			说明
		归类要素	价格要素	其他要素	
1601.0020	----其他香肠及类似产品	1. 成分含量	2. 包装规格；3. 品牌（中文或外文名称）		
1601.0030	----用香肠制成的食品	1. 成分含量	2. 包装规格；3. 品牌（中文或外文名称）		
16.02	其他方法制作或保藏的肉、食用杂碎、动物血或昆虫：				
1602.1000	-均化食品	1. 成分含量	2. 包装规格；3. 品牌（中文或外文名称）		
1602.2000	-动物肝	1. 加工方法（煮、蒸、烤、煎、炸、炒等）；2. 成分含量	3. 包装规格；4. 品牌（中文或外文名称）		不包括包馅面食（饺子等），以肉或食用杂碎做馅的（税目19.02）；不包括调味汁及其制品、混合调味品（税目21.03）；不包括汤料及其制品、均化混合食品（税目21.04）
	-税目01.05的家禽的：				不包括包馅面食（饺子等），以肉或食用杂碎做馅的（税目19.02）；不包括调味汁及其制品、混合调味品（税目21.03）；不包括汤料及其制品、均化混合食品（税目21.04）
1602.3100	--火鸡的	1. 加工方法（煮、蒸、烤、煎、炸、炒等）；2. 成分含量	3. 包装规格；4. 品牌（中文或外文名称）		
	--鸡的：				

税则号列	商品名称	申报要素			说明
		归类要素	价格要素	其他要素	
1602.3210	---罐头	1. 加工方法（煮、蒸、烤、煎、炸、炒等）；2. 成分含量	3. 包装规格；4. 品牌（中文或外文名称）		
	---其他：	1. 加工方法（煮、蒸、烤、煎、炸、炒等）；2. 成分含量	3. 包装规格；4. 品牌（中文或外文名称）		
1602.3291	----鸡胸肉				不包括包馅面食（饺子等），以肉或食用杂碎做馅的（税目19.02）；不包括调味汁及其制品、混合调味品（税目21.03）；不包括汤料及其制品、均化混合食品（税目21.04）
1602.3292	----鸡腿肉				
1602.3299	----其他				
	--其他：				
1602.3910	---罐头	1. 加工方法（煮、蒸、烤、煎、炸、炒等）；2. 成分含量	3. 包装规格；4. 品牌（中文或外文名称）		
	---其他：	1. 加工方法（煮、蒸、烤、煎、炸、炒等）；2. 成分含量	3. 包装规格；4. 品牌（中文或外文名称）		
1602.3991	----鸭的				
1602.3999	----其他				
	-猪的：				
1602.4100	--后腿及其肉块	1. 加工方法（煮、蒸、烤、煎、炸、炒等）；2. 成分含量	3. 包装规格；4. 品牌（中文或外文名称）		
1602.4200	--前腿及其肉块	1. 加工方法（煮、蒸、烤、煎、炸、炒等）；2. 成分含量	3. 包装规格；4. 品牌（中文或外文名称）		
	--其他，包括混合的肉：				

税则号列	商品名称	申报要素			说明
		归类要素	价格要素	其他要素	
1602.4910	---罐头	1. 加工方法（煮、蒸、烤、煎、炸、炒等）；2. 成分含量	3. 包装规格；4. 品牌（中文或外文名称）		
1602.4990	---其他	1. 加工方法（煮、蒸、烤、煎、炸、炒等）；2. 成分含量	3. 包装规格；4. 品牌（中文或外文名称）		
	-牛的：				
1602.5010	---罐头	1. 加工方法（煮、蒸、烤、煎、炸、炒等）；2. 成分含量	3. 包装规格；4. 品牌（中文或外文名称）		
1602.5090	---其他	1. 加工方法（煮、蒸、烤、煎、炸、炒等）；2. 成分含量	3. 包装规格；4. 品牌（中文或外文名称）		
	-其他，包括动物血的食品：				
1602.9010	---罐头	1. 加工方法（煮、蒸、烤、煎、炸、炒等）；2. 成分含量	3. 包装规格；4. 品牌（中文或外文名称）		
1602.9090	---其他	1. 加工方法（煮、蒸、烤、煎、炸、炒等）；2. 成分含量	3. 包装规格；4. 品牌（中文或外文名称）		
16.03	肉、鱼、甲壳动物、软体动物或其他水生无脊椎动物的精及汁：	1. 加工方法（精、汁）	2. 包装规格		不包括陈及陈化品（税目35.04）
1603.0000	肉、鱼、甲壳动物、软体动物或其他水生无脊椎动物的精及汁				
16.04	制作或保藏的鱼；鲟鱼子酱及鱼卵制的鲟鱼子酱代用品：	1. 状态（整条、切块、绞碎等）；2. 加工方法（烤、煎、炸等）	3. 包装规格；4. 品牌（中文或外文名称）		
	-鱼，整条或切块，但未绞碎：				
	--鲑鱼：				
1604.1110	---大西洋鲑鱼				
1604.1190	---其他				
1604.1200	--鲱鱼				
1604.1300	--沙丁鱼、小沙丁鱼属、黍鲱或西鲱				
1604.1400	--金枪鱼、鲣及狐鲣（狐鲣属）				
1604.1500	--鲭鱼				
1604.1600	--鳀鱼				
1604.1700	--鳗鱼				
1604.1800	--鲨鱼翅				

税则号列	商品名称	申报要素			说明
		归类要素	价格要素	其他要素	
	--其他：				
1604.1920	---罗非鱼				
	---叉尾鮰鱼：				
1604.1931	----斑点叉尾鮰鱼				
1604.1939	----其他				
1604.1990	---其他				
	-其他制作或保藏的鱼：				
	---罐头：				
1604.2011	----鱼翅				
1604.2019	----其他				
	---其他：				
1604.2091	----鱼翅				
1604.2099	----其他				
	-鲟鱼子酱及鲟鱼子酱代用品：				
1604.3100	--鲟鱼子酱				
1604.3200	--鲟鱼子酱代用品				
16.05	**制作或保藏的甲壳动物、软体动物及其他水生无脊椎动物：**				
1605.1000	-蟹	1.加工方法（烤、煎、炸等）；2.状态（带壳、去壳）	3.包装规格		
	-小虾及对虾：	1.加工方法（烤、煎、炸等）；2.状态（带壳、去壳）；3.是否非密封包装	4.包装规格		
1605.2100	--非密封包装				
1605.2900	--其他				
1605.3000	-龙虾	1.加工方法（烤、煎、炸等）；2.状态（带壳、去壳）	3.包装规格		
	-其他甲壳动物：	1.加工方法（烤、煎、炸等）；2.状态（带壳、去壳）	3.包装规格		
	---淡水小龙虾：				
1605.4011	----虾仁				
1605.4019	----其他				
1605.4090	---其他				
	-软体动物：	1.加工方法（烤、煎、炸等）	2.包装规格		
1605.5100	--牡蛎（蚝）				
1605.5200	--扇贝，包括海扇				
1605.5300	--贻贝				
1605.5400	--墨鱼及鱿鱼				
1605.5500	--章鱼				
	--蛤、鸟蛤及舟贝：				
1605.5610	---蛤				

税则号列	商品名称	申报要素			说明
		归类要素	价格要素	其他要素	
1605.5620	---鸟蛤及舟贝				
1605.5700	--鲍鱼				
1605.5800	--蜗牛及螺，海螺除外				
1605.5900	--其他				
	-其他水生无脊椎动物：	1. 加工方法（烤、煎、炸等）	2. 包装规格		
1605.6100	--海参				
1605.6200	--海胆				
1605.6300	--海蜇				
1605.6900	--其他				

第十七章 糖及糖食

注释：

本章不包括：

一、含有可可的糖食（税目18.06）；

二、税目29.40的化学纯糖（蔗糖、乳糖、麦芽糖、葡萄糖及果糖除外）及其他产品；或

三、第三十章的药品及其他产品。

子目注释：

一、子目1701.12、1701.13及1701.14所称"原糖"，是指按重量计干燥状态的蔗糖含量对应的旋光读数低于99.5度的糖。

二、子目1701.13仅包括非离心甘蔗糖，其按重量计干燥状态的蔗糖含量对应的旋光读数不低于69度但低于93度。该产品仅含肉眼不可见的不规则形状天然他形微晶，外被糖蜜残余及其他甘蔗成分。

【要素释义】

一、归类要素

1. 加工方法：指商品在加工过程中具体的加工方法。例如，税目17.01项下商品填报"未加香料或着色剂""加香料""加着色剂"。

2. 按重量计干燥无水乳糖的含量：指商品中所含干燥无水乳糖按重量计的百分比含量。

3. 按重量计干燥状态的果糖含量：指商品中按重量计干燥状态蔗糖的百分比含量。

4. 成分含量：指商品中所含物质的种类及其按重量计的百分比含量，包括商品的成分和含量。

5. 原料：指糖蜜的来源。例如，税目17.03项下商品应填报"甘蔗制糖后所剩"或"甜菜制糖后所剩"等。

二、价格要素

1. 按重量计干燥状态的糖含量对应的旋光度：税目17.01项下原糖的价格要素，指按重量计干燥状态的糖含量，用"旋光度"读数来表示。可申报按重量计干燥状态的糖含量对应的旋光读数，如"旋光度96~97度"。

2. 用途：子目1702.3和子目1702.6项下葡萄糖等的价格要素，指葡萄糖的用途。例如，"食用""医用"。

3. 包装规格：指商品的个体包装方式和规格。例如，"56克/罐""10片/包"。

4. 品牌（中文或外文名称）：指制造商或经销商加在商品上的品牌标志，实际需要申报中文或外文品牌名称。例如，"DOUBLEMINT（绿箭）牌"口香糖。

税则号列	商品名称	申报要素			说明
		归类要素	价格要素	其他要素	
17.01	固体甘蔗糖、甜菜糖及化学纯蔗糖： -未加香料或着色剂的原糖：	1. 加工方法（未加香料或着色剂）	2. 按重量计干燥状态的糖含量对应的旋光度； 3. 品牌（中文或外文名称，无品牌请申报厂商）		
1701.1200	--甜菜糖				
1701.1300	--本章子目注释二所述的甘蔗糖				
1701.1400	--其他甘蔗糖				
	-其他：				
1701.9100	--加有香料或着色剂	1. 加工方法（加香料或着色剂）；2. 成分含量		3. 品牌（中文或外文名称，无品牌请申报厂商）	

税则号列	商品名称	申报要素			说明
		归类要素	价格要素	其他要素	
	--其他:	1. 成分含量	2. 品牌（中文或外文名称，无品牌请申报厂商）		
1701.9910	---砂糖				
1701.9920	---绵白糖				
1701.9990	---其他				
17.02	其他固体糖，包括化学纯乳糖、麦芽糖、葡萄糖及果糖；未加香料或着色剂的糖浆；人造蜜，不论是否掺有天然蜂蜜；焦糖：				不包括加香料或着色剂的糖浆（税目21.06）
	-乳糖及乳糖浆：	1. 按重量计干燥无水乳糖的含量	2. 品牌（中文或外文名称，无品牌请申报厂商）		
1702.1100	--按重量计干燥无水乳糖含量在99%及以上				
1702.1900	--其他				
1702.2000	-槭糖及槭糖浆		1. 品牌（中文或外文名称，无品牌请申报厂商）		
1702.3000	-葡萄糖及葡萄糖浆，不含果糖或按重量计干燥状态的果糖含量在20%以下	1. 按重量计干燥状态的果糖含量	2. 用途（食用、医用）；3. 品牌（中文或外文名称，无品牌请申报厂商）		
1702.4000	-葡萄糖及葡萄糖浆，按重量计干燥状态的果糖含量在20%及以上，但在50%以下	1. 按重量计干燥状态的果糖含量	2. 品牌（中文或外文名称，无品牌请申报厂商）		
1702.5000	-化学纯果糖	1. 按重量计干燥状态的果糖含量	2. 品牌（中文或外文名称，无品牌请申报厂商）		
1702.6000	-其他果糖及果糖浆，按重量计干燥状态的果糖含量在50%以上	1. 种类（高果糖浆、高果糖晶体、低聚酯果糖等）；2. 按重量计干燥状态的果糖含量	3. 用途（食用、医用）；4. 品牌（中文或外文名称，无品牌请申报厂商）		
	-其他，包括转化糖及其他按重量计干燥状态的果糖含量为50%的糖及糖浆混合物：	1. 成分含量	2. 品牌（中文或外文名称，无品牌请申报厂商）		

税则号列	商品名称	申报要素			说明
		归类要素	价格要素	其他要素	
	---甘蔗糖或甜菜糖水溶液；蔗糖含量超过50%的甘蔗糖、甜菜糖与其他糖的简单固体混合物：				
1702.9011	----甘蔗糖或甜菜糖水溶液				
1702.9012	----蔗糖含量超过50%的甘蔗糖、甜菜糖与其他糖的简单固体混合物				
1702.9090	---其他				
17.03	制糖后所剩的糖蜜：	1. 原料；2. 成分含量	3. 品牌（中文或外文名称，无品牌请申报厂商）		
1703.1000	-甘蔗糖蜜				
1703.9000	-其他				
17.04	不含可可的糖食（包括白巧克力）：	1. 成分含量	2. 包装规格；3. 品牌（中文或外文名称，无品牌请申报厂商）		不包括含蔗糖重量在10%及以下的甘草精（未制成糖果的）（税目13.02）；不包括含可可糖食（可可脂在此不视为可可）（税目18.06）；不包括糖渍蔬菜、果实、果皮等的糖食（税目20.06）；不包括果酱、果子冻等（税目20.07）；不包括含替代糖的合成甜味剂（例如，山梨醇）的糖果、口香糖及类似品（主要供糖尿病患者用），加有大量脂肪，有时还加有乳、果仁的糖膏，不适合供直接制糖食的（税目21.06）
1704.1000	-口香糖，不论是否裹糖				
1704.9000	-其他				

第十八章 可可及可可制品

注释：

一、本章不包括：

（一）按重量计含香肠、肉、食用杂碎、动物血、昆虫、鱼、甲壳动物、软体动物或其他水生无脊椎动物及其混合物超过20%的食品（第十六章）；

（二）税目04.03、19.01、19.02、19.04、19.05、21.05、22.02、22.08、30.03、30.04的制品。

二、税目18.06包括含有可可的糖食及注释一以外的其他含可可的食品。

【要素释义】

一、归类要素

1. 加工方法：指商品在加工过程中所用的具体方法。例如，税目18.01项下商品填报"整颗或破碎的、生的或焙炒的"；税目18.05项下商品填报"粉末状、未加糖或其他甜物质"；税则号列1806.1000项下商品填报"粉末状、加糖或其他甜物质"。

2. 是否脱脂：指税目18.03项下的可可膏是否经过脱脂加工。根据实际报验状态可填报"未脱脂""半脱脂"或"全脱脂"。

3. 可可脂含量：指商品中所含可可脂按重量计的百分比含量。

4. 容器包装或内包装每件净重：指容器包装或内包装每件商品本身的重量，即商品除去外包装的重量。例如，税则号列1806.3100项下商品可填报"300克/盒"。

5. 成分含量：指商品中所含物质的种类及其按重量计的百分比含量，包括商品的成分和含量。例如，税目18.06项下商品可填报"白砂糖50%、葡萄糖30.1%、麦芽糊精9.9%、香兰素5.51%、可可粉4.49%"（可保留2位小数）。若成分含量难以精确量化，各成分相加可不必须为100%。

6. 形状：指商品的形态。例如，税则号列1806.2000项下商品可填报"条状""块状"等。

7. 是否夹心：按商品实际报验状态填报"夹心"或"不夹心"。

二、价格要素

1. 包装规格：税目18.05项下"未加糖或其他甜物质的可可粉"的价格要素，指商品的个体包装方式和规格。例如，"8盎司（或226克）/罐"。

2. 品牌（中文或外文名称）：指制造商或经销商加在商品上的品牌标志，实际需要申报中文或外文品牌名称。例如，"SWISS CLASSIC（瑞士莲）牌"巧克力。

税则号列	商品名称	申报要素 归类要素	申报要素 价格要素	申报要素 其他要素	说明
18.01	整颗或破碎的可可豆，生的或焙炒的：	1. 加工方法（整颗或破碎的、生的或焙炒的）			
1801.0000	整颗或破碎的可可豆，生的或焙炒的				
18.02	可可荚、壳、皮及废料：				
1802.0000	可可荚、壳、皮及废料				
18.03	可可膏，不论是否脱脂：	1. 是否脱脂（未脱脂、全部脱脂或部分脱脂）			
1803.1000	-未脱脂				
1803.2000	-全脱脂或部分脱脂				
18.04	可可脂、可可油：				
1804.0000	可可脂、可可油				

税则号列	商 品 名 称	申 报 要 素			说 明
		归类要素	价格要素	其他要素	
18.05	未加糖或其他甜物质的可可粉：	1. 加工方法（粉末状、未加糖或其他甜物质）；2. 可可脂含量	3. 包装规格		不包括含有仅作为药物赋形剂或载体可可粉的药品（税目30.03或30.04） 不包括白巧克力（由可可脂、糖及奶粉组成）（税目17.04）；不包括裹巧克力的饼干及其他烘焙糕饼（税目19.05）
1805.0000	未加糖或其他甜物质的可可粉				
18.06	巧克力及其他含可可的食品：				
1806.1000	-加糖或其他甜物质的可可粉	1. 加工方法（粉末状、加糖或其他甜物质）；2. 容器包装或内包装每件净重；3. 成分含量		4. 品牌（中文或外文名称）	
1806.2000	-其他重量超过2千克的块状或条状含可可食品，或液状、膏状、粉状、粒状或其他散装形状的含可可食品，容器包装或内包装每件净重超过2千克的	1. 成分含量；2. 形状（条状、块状等）；3. 容器包装或内包装每件净重		4. 品牌（中文或外文名称）	
	-其他块状或条状的含可可食品：	1. 成分含量；2. 形状（条状、块状）；3. 容器包装或内包装每件净重；4. 是否夹心		5. 品牌（中文或外文名称）	
1806.3100	--夹心				
1806.3200	--不夹心				
1806.9000	-其他	1. 成分含量；2. 容器包装或内包装每件净重		3. 品牌（中文或外文名称）	

第十九章　谷物、粮食粉、淀粉或乳的制品；糕饼点心

注释：

一、本章不包括：

(一) 按重量计含香肠、肉、食用杂碎、动物血、昆虫、鱼、甲壳动物、软体动物、其他水生无脊椎动物及其混合物超过20%的食品（第十六章），但税目19.02的包馅食品除外；

(二) 用粮食粉或淀粉制的专作动物饲料用的饼干及其他制品（税目23.09）；或

(三) 第三十章的药品及其他产品。

二、税目19.01所称：

(一) "粗粒"是指第十一章的谷物粗粒。

(二) "细粉"及"粗粉"，是指：

1. 第十一章的谷物细粉及粗粉；以及

2. 其他章植物的细粉、粗粉及粉末，但不包括干蔬菜、马铃薯和干豆类的细粉、粗粉及粉末（应分别归入税目07.12、11.05和11.06）。

三、税目19.04不包括按重量计全脱脂可可含量超过6%或用巧克力完全包裹的食品以及其他含可可食品（税目18.06）。

四、税目19.04所称"其他方法制作的"，是指制作或加工程度超过第十章或第十一章各税目或注释所规定范围的。

【要素释义】

一、归类要素

1. 成分含量：指商品中所含物质的种类及其按重量计的百分比含量，包括商品的成分和含量。例如，税目19.02项下商品可填报"小麦粉50%、牛肉30.1%、胡萝卜9.9%、食用油5.51%、蔬菜4.49%"（可保留2位小数）。若成分含量难以精确量化，各成分相加可不必须为100%。

2. 用途：指商品应用的方面、范围。例如，税则号列1901.1000项下商品可填报"供婴幼儿食用；适用0~1岁年龄段"等；税则号列1901.2000项下商品可填报"供烘焙面包、糕饼等用"。

3. 加工方法：指商品在加工过程中所用的具体方法。例如，子目1902.1项下商品填报"生的""未包馅"或"未经其他方法加工"；税则号列1902.2000项下商品填报"包馅"或"经其他方法加工"；税则号列1904.1000项下商品填报"膨化"或"烘炒"；税则号列1904.2000项下商品填报"未烘炒""未烘炒与烘炒混合"或"未烘炒与膨化混合"；税则号列1904.3000项下商品填报"干""碾碎"；税则号列1904.9000商品填报"经过预煮"或"经其他方法制作"。

4. 种类：指商品的类别。例如，税则号列1902.3030项下商品可填报"即食面条""快熟面条"。

二、价格要素

1. 包装规格：指商品的个体包装方式和规格。例如，"70克×5包/袋"。

2. 品牌（中文或外文名称）：指制造商或经销商加在商品上的品牌标志，实际需要申报中文或外文品牌名称。例如，"NISSIN（出前一丁）牌"即食面。

税则号列	商品名称	申报要素			说明
		归类要素	价格要素	其他要素	
19.01	麦精；细粉、粗粒、粗粉、淀粉或麦精制的其他税目未列名的食品，不含可可或按重量计全脱脂可可含量低于40%；税目04.01至04.04所列货品制的其他税目未列名的食品，不含可可或按重量计全脱脂可可含量低于5%： -供婴幼儿食用的零售包装食品：	1. 成分含量；2. 用途（供婴幼儿食用；适用的年龄阶段）	3. 包装规格；4. 品牌（中文或外文名称）		

税则号列	商品名称	申报要素			说明
		归类要素	价格要素	其他要素	
1901.1010	---配方奶粉				
1901.1090	---其他				
1901.2000	-供烘焙税目19.05所列面包、糕饼用的调制品及面团	1.成分含量；2.用途（供烘焙面包、糕饼等用）	3.包装规格		
1901.9000	-其他	1.成分含量	2.包装规格；3.品牌（中文或外文名称）		不包括用牛奶做基料的冰淇淋及其他冰制食品（税目21.05）不包括带面食的汤料及其制品（税目21.04）
19.02	面食，不论是否煮熟、包馅（肉馅或其他馅）或其他方法制作，例如，通心粉、面条、汤团、馄饨、饺子、奶油面卷；古斯古斯面食，不论是否制作：				
	-生的面食，未包馅或未经其他方法制作：	1.成分含量；2.加工方法（生的、未包馅或未经其他方法加工）；3.是否速冻请注明			
1902.1100	--含蛋				
1902.1900	--其他				
1902.2000	-包馅面食，不论是否烹煮或经其他方法制作	1.成分含量；2.加工方法（包馅或经其他方法加工）			
	-其他面食：				
1902.3010	---米粉干	1.成分含量			
1902.3020	---粉丝	1.成分含量			
1902.3030	---即食或快熟面条	1.种类（即食面条、快熟面条）；2.成分含量	3.包装规格；4.品牌（中文或外文名称）；		
1902.3090	---其他	1.成分含量	2.包装规格；3.品牌（中文或外文名称）；		
1902.4000	-古斯古斯面食	1.成分含量			
19.03	珍粉及淀粉制成的珍粉代用品，片、粒、珠、粉或类似形状的：	1.成分含量	2.包装规格		
1903.0000	珍粉及淀粉制成的珍粉代用品，片、粒、珠、粉或类似形状的				
19.04	谷物或谷物产品经膨化或烘炒制成的食品（例如，玉米片）；其他税目未列名的预煮或经其他方法制作的谷粒（玉米除外）、谷物片或经其他加工的谷粒（细粉、粗粒及粗粉除外）：				

税则号列	商品名称	申报要素			说明
		归类要素	价格要素	其他要素	
1904.1000	-谷物或谷物产品经膨化或烘炒制成的食品	1. 加工方法（膨化或烘炒）；2. 成分含量	3. 包装规格；4. 品牌（中文或外文名称）		
1904.2000	-未烘炒谷物片制成的食品及未烘炒的谷物片与烘炒的谷物片或膨化的谷物混合制成的食品	1. 加工方法；2. 成分含量	3. 包装规格；4. 品牌（中文或外文名称）		
1904.3000	-碾碎的干小麦	1. 加工方法（干、碾碎）；2. 成分含量	3. 包装规格；4. 品牌（中文或外文名称）		
1904.9000	-其他	1. 加工方法（经过预煮或经其他方法制作）；2. 成分含量	3. 包装规格；4. 品牌（中文或外文名称）		
19.05	面包、糕点、饼干及其他烘焙糕饼，不论是否含可可；圣餐饼、装药空囊、封缄、糯米纸及类似制品：				
1905.1000	-黑麦脆面包片	1. 成分含量	2. 包装规格；3. 品牌（中文或外文名称）		
1905.2000	-姜饼及类似品	1. 成分含量	2. 包装规格；3. 品牌（中文或外文名称）		
	-甜饼干、华夫饼干及圣餐饼：	1. 成分含量	2. 包装规格；3. 品牌（中文或外文名称）		
1905.3100	--甜饼干				
1905.3200	--华夫饼及圣餐饼				
1905.4000	-面包干、吐司及类似的烤面包	1. 成分含量	2. 包装规格；3. 品牌（中文或外文名称）		
1905.9000	-其他	1. 成分含量；2. 加工方法（烘焙等）	3. 包装规格；4. 品牌（中文或外文名称）		

第二十章　蔬菜、水果、坚果或植物其他部分的制品

注释：
一、本章不包括：
　　（一）用第七章、第八章或第十一章所列方法制作或保藏的蔬菜、水果或坚果；
　　（二）植物油、脂（第十五章）；
　　（三）按重量计含香肠、肉、食用杂碎、动物血、昆虫、鱼、甲壳动物、软体动物、其他水生无脊椎动物及其混合物超过20%的食品（第十六章）；
　　（四）税目19.05的烘焙糕饼及其他制品；或
　　（五）税目21.04的均化混合食品。
二、税目20.07及20.08不包括制成糖食的果冻、果膏、糖衣杏仁或类似品（税目17.04）及巧克力糖食（税目18.06）。
三、税目20.01、20.04及20.05仅酌情包括用本章注释一（一）以外的方法制作或保藏的第七章或税目11.05、11.06的产品（第八章产品的细粉、粗粉除外）。
四、干重量在7%及以上的番茄汁归入税目20.02。
五、税目20.07所称"烹煮制成的"，是指在常压或减压状态下，通过减少产品中的水分或其他方法增加产品黏稠度的热处理制得的。
六、税目20.09所称"未发酵及未加酒精的水果汁"，是指按容量计酒精浓度（标准见第二十二章注释二）不超过0.5%的水果汁。

子目注释：
一、子目2005.10所称"均化蔬菜"，是指蔬菜经精细均化制成适合供婴幼儿食用或营养用的零售包装食品（每件净重不超过250克）。为了调味、保藏或其他目的，均化蔬菜中可以加入少量其他配料，还可以含有少量可见的蔬菜粒。归类时，子目2005.10优先于税目20.05的其他子目。
二、子目2007.10所称"均化食品"，是指果实经精细均化制成适合供婴幼儿食用或营养用的零售包装食品（每件净重不超过250克）。为了调味、保藏或其他目的，均化食品中可以加入少量其他配料，还可以含有少量可见的果粒。归类时，子目2007.10优先于税目20.07的其他子目。
三、子目2009.12、2009.21、2009.31、2009.41、2009.61及2009.71所称"白利糖度值"，是指直接从白利糖度计读取的度数或在20摄氏度时从折射计读取的以蔗糖百分比含量计的折射率，在其他温度下读取的数值应折算为20摄氏度时的折射率。

【要素释义】
一、归类要素
1. 加工方法：指商品在加工过程中所用的具体方法。例如，税目20.01项下商品填报"用醋制作或保藏"或"用醋酸制作或保藏"；税则号列2002.1010项下商品填报"整个""切片"等；税则号列2005.1000项下商品填报"均化"等；税目20.06项下商品填报"沥干""糖渍""裹糖"；税目20.07项下商品填报"烹煮"；税目20.09项下商品填报是否发酵、是否加酒精，以及"冷冻""非冷冻""混合"等。
2. 包装规格：指商品的个体包装方式和规格。例如，"425克×12罐/箱"或"425克/罐"。
3. 是否脱荚：按商品的实际报验状态填报"脱荚"或"非脱荚"。
4. 成分含量：指商品中所含物质的种类及其按重量计的百分比含量，包括商品的成分和含量。例如，子目2009.7项下商品可填报"浓缩苹果汁50%、浓缩橙汁30.1%、梨汁9.9%、葡萄汁5.51%、水4.49%"（可保留2位小数）。若遇成分含量难以精确量化，各成分相加可不必为100%。
5. 白利糖度值：指100克水溶液中溶解的蔗糖克数。
6. 浓缩倍数：指浓缩前的果汁与浓缩果汁的容积比。
7. 保存方法：指商品具体的保存方法。例如，税目20.04商项下品应填报"冷冻"；税目20.05项下商品应填报"未冷冻"。税目20.09项下果汁应填报储藏的温度，如"保存方法：-18℃"。
二、价格要素
品牌（中文或外文名称）：指制造商或经销商加在商品上的品牌标志，实际需要申报中文或外文品牌名称。例如，"HEINZ（亨氏）牌"番茄酱。

税则号列	商品名称	申报要素			说明
		归类要素	价格要素	其他要素	
20.01	蔬菜、水果、坚果及植物的其他食用部分，用醋或醋酸制作或保藏的：	1. 加工方法（用醋或醋酸制作或保藏）	2. 包装规格；3. 品牌（中文或外文名称）		不包括用面粉制的糕点；例：果馅饼（税目19.05）
2001.1000	-黄瓜及小黄瓜				
	-其他：				
2001.9010	---大蒜				
2001.9090	---其他				
20.02	番茄，用醋或醋酸以外的其他方法制作或保藏的：				不包括番茄沙司及其他番茄调味汁（税目21.03）；不包括番茄汤料及其制品（税目21.04）
	-番茄，整个或切片：				
2002.1010	---罐头	1. 加工方法（整个、切片等）；2. 成分含量	3. 包装规格；4. 品牌（中文或外文名称）		
2002.1090	---其他	1. 加工方法（整个、切片等）；2. 成分含量	3. 包装规格；4. 品牌（中文或外文名称）		
	-其他：				
	---番茄酱罐头：	1. 包装规格（重量/罐）；2. 成分含量	3. 品牌（中文或外文名称）		
2002.9011	----重量不超过5千克的				
2002.9019	----重量超过5千克的				
2002.9090	---其他	1. 加工方法（绞碎等）；2. 成分含量	3. 包装规格		
20.03	蘑菇及块菌，用醋或醋酸以外的其他方法制作或保藏的：	1. 加工方法；2. 成分含量	3. 包装规格；4. 品牌（中文或外文名称）		
	-伞菌属蘑菇：				
	---罐头：				
2003.1011	----小白蘑菇				
2003.1019	----其他				
2003.1090	---其他				
	-其他：				
	---罐头：				
2003.9011	----杏鲍菇				
2003.9019	----其他				
2003.9090	---其他				

税则号列	商品名称	申报要素			说明
		归类要素	价格要素	其他要素	
20.04	其他冷冻蔬菜，用醋或醋酸以外的其他方法制作或保藏的，但税目20.06的产品除外：				
2004.1000	-马铃薯	1.加工方法；2.保存方法（冻等）；3.成分含量	4.包装规格；5.品牌（中文或外文名称）		税目20.06的产品除外
2004.9000	-其他蔬菜及什锦蔬菜	1.加工方法；2.保存方法（冻等）；3.成分含量	4.包装规格；5.品牌（中文或外文名称）		税目20.06的产品除外
20.05	其他未冷冻蔬菜，用醋或醋酸以外的其他方法制作或保藏的，但税目20.06的产品除外：				
2005.1000	-均化蔬菜	1.加工方法（均化）；2.保存方法（未冷冻等）；3.成分含量	4.包装规格；5.品牌（中文或外文名称）		
2005.2000	-马铃薯	1.加工方法；2.保存方法（未冷冻等）；3.成分含量	4.包装规格；5.品牌（中文或外文名称）		
2005.4000	-豌豆	1.加工方法；2.保存方法（未冷冻等）；3.成分含量	4.包装规格；5.品牌（中文或外文名称）		
	-豇豆及菜豆：				
	--脱荚的：	1.加工方法；2.保存方法（未冷冻等）；3.成分含量；4.是否脱荚	5.包装规格；6.品牌（中文或外文名称）		
	---罐头：				
2005.5111	----赤豆馅				
2005.5119	----其他				
	---其他：				
2005.5191	----赤豆馅				
2005.5199	----其他				
	--其他：	1.加工方法；2.保存方法（未冷冻等）；3.成分含量	4.包装规格；5.品牌（中文或外文名称）		
2005.5910	---罐头				
2005.5990	---其他				

税则号列	商品名称	申报要素			说明
		归类要素	价格要素	其他要素	
	-芦笋：	1. 加工方法；2. 保存方法（未冷冻等）；3. 成分含量	4. 包装规格；5. 品牌（中文或外文名称）		
2005.6010	---罐头				
2005.6090	---其他				
2005.7000	-油橄榄	1. 加工方法；2. 保存方法（未冷冻等）；3. 成分含量	4. 包装规格；5. 品牌（中文或外文名称）		
2005.8000	-甜玉米	1. 加工方法；2. 保存方法（未冷冻等）；3. 成分含量	4. 包装规格；5. 品牌（中文或外文名称）		
	-其他蔬菜及什锦蔬菜：--竹笋：				
2005.9110	---竹笋罐头	1. 加工方法；2. 保存方法（未冷冻等）；3. 成分含量	4. 包装规格；5. 品牌（中文或外文名称）		
2005.9190	---其他	1. 加工方法；2. 保存方法（未冷冻等）；3. 成分含量	4. 包装规格；5. 品牌（中文或外文名称）		
	--其他：				
2005.9920	---蚕豆罐头	1. 加工方法；2. 保存方法（未冷冻等）；3. 成分含量	4. 包装规格；5. 品牌（中文或外文名称）		
2005.9940	---榨菜	1. 加工方法；2. 保存方法（未冷冻等）；3. 成分含量	4. 包装规格；5. 品牌（中文或外文名称）		
2005.9950	---咸蕨菜	1. 加工方法；2. 保存方法（未冷冻等）；3. 成分含量	4. 包装规格；5. 品牌（中文或外文名称）		
2005.9960	---咸藠头	1. 加工方法；2. 保存方法（未冷冻等）；3. 成分含量	4. 包装规格；5. 品牌（中文或外文名称）		
2005.9970	---蒜制品	1. 加工方法；2. 保存方法（未冷冻等）；3. 成分含量	4. 包装规格；5. 品牌（中文或外文名称）		

税则号列	商品名称	申报要素			说明
		归类要素	价格要素	其他要素	
	---其他：	1.加工方法；2.保存方法（未冷冻等）；3.成分含量	4.包装规格；5.品牌（中文或外文名称）		
2005.9991	----罐头				
2005.9999	----其他				
20.06	糖渍蔬菜、水果、坚果、果皮及植物的其他部分（沥干、糖渍或裹糖的）：	1.加工方法（沥干、糖渍、裹糖）；2.成分含量	3.包装规格；4.品牌（中文或外文名称）		
2006.0010	---蜜枣				
2006.0020	---橄榄				
2006.0090	---其他				
20.07	烹煮的果酱、果冻、柑橘酱、果泥及果膏，不论是否加糖或其他甜物质：	1.加工方法（烹煮）；2.成分含量	3.包装规格；4.品牌（中文或外文名称）		
2007.1000	-均化食品 -其他：				不包括用明胶、糖及果汁或人造果精制成的餐用果冻（税目21.06）
2007.9100	--柑橘属水果的 --其他：				
2007.9910	---罐头				
2007.9990	---其他				
20.08	用其他方法制作或保藏的其他税目未列名水果、坚果及植物的其他食用部分，不论是否加酒、加糖或其他甜物质：				
	-坚果、花生及其他子仁，不论是否混合：	1.加工方法（烹煮、炒、炸、糖泡、浸渍、渗透等）；2.成分含量	3.包装规格；4.品牌（中文或外文名称）		
	--花生：				
2008.1110	---花生米罐头				
2008.1120	---烘焙花生				
2008.1130	---花生酱				
2008.1190	---其他				
	--其他，包括什锦坚果及其他子仁：				
2008.1910	---核桃仁罐头				
2008.1920	---其他果仁罐头				
	---其他：				
2008.1991	----栗仁				
2008.1992	----芝麻				

税则号列	商品名称	申报要素			说明
		归类要素	价格要素	其他要素	
2008.1999	----其他				
	-菠萝:	1. 加工方法（烹煮、炒、炸、糖泡、浸渍、渗透等）；2. 成分含量	3. 包装规格；4. 品牌（中文或外文名称）		
2008.2010	---罐头				
2008.2090	---其他				
	-柑橘属水果:	1. 加工方法（烹煮、炒、炸、糖泡、浸渍、渗透等）；2. 成分含量	3. 包装规格；4. 品牌（中文或外文名称）		
2008.3010	---罐头				
2008.3090	---其他				
	-梨:	1. 加工方法（烹煮、炒、炸、糖泡、浸渍、渗透等）；2. 成分含量	3. 包装规格；4. 品牌（中文或外文名称）		
2008.4010	---罐头				
2008.4090	---其他				
2008.5000	-杏	1. 加工方法（烹煮、炒、炸、糖泡、浸渍、渗透等）；2. 成分含量	3. 包装规格；4. 品牌（中文或外文名称）		
	-樱桃:	1. 加工方法（烹煮、炒、炸、糖泡、浸渍、渗透等）；2. 成分含量	3. 包装规格；4. 品牌（中文或外文名称）		
2008.6010	---罐头				
2008.6090	---其他				
	-桃，包括油桃:	1. 加工方法（烹煮、炒、炸、糖泡、浸渍、渗透等）；2. 成分含量	3. 包装规格；4. 品牌（中文或外文名称）		
2008.7010	---罐头				
2008.7090	---其他				
2008.8000	-草莓	1. 加工方法（烹煮、炒、炸、糖泡、浸渍、渗透等）；2. 成分含量	3. 包装规格；4. 品牌（中文或外文名称）		
	-其他，包括子目2008.19以外的什锦果实:				
2008.9100	--棕榈芯	1. 加工方法（烹煮、炒、炸、糖泡、浸渍、渗透等）；2. 成分含量	3. 包装规格；4. 品牌（中文或外文名称）		

税则号列	商品名称	申报要素			说明
		归类要素	价格要素	其他要素	
2008.9300	--蔓越橘（大果蔓越橘、小果蔓越橘）、越橘	1. 加工方法（烹煮、炒、炸、糖泡、浸渍、渗透等）；2. 成分含量	3. 包装规格；4. 品牌（中文或外文名称）		
2008.9700	--什锦果实	1. 加工方法（烹煮、炒、炸、糖泡、浸渍、渗透等）；2. 成分含量	3. 包装规格；4. 品牌（中文或外文名称）		
	--其他：				
2008.9910	---荔枝罐头	1. 加工方法（烹煮、炒、炸、糖泡、浸渍、渗透等）；2. 成分含量	3. 包装规格；4. 品牌（中文或外文名称）		
2008.9920	---龙眼罐头	1. 加工方法（烹煮、炒、炸、糖泡、浸渍、渗透等）；2. 成分含量	3. 包装规格；4. 品牌（中文或外文名称）		
	---海草及其他藻类制品：	1. 加工方法（烹煮、炒、炸、糖泡、浸渍、渗透等）；2. 成分含量	3. 包装规格；4. 品牌（中文或外文名称）		
2008.9931	----调味紫菜				
2008.9932	----盐腌海带				
2008.9933	----盐腌裙带菜				
2008.9934	----烤紫菜				
2008.9939	----其他				
2008.9940	---清水荸荠（马蹄）罐头	1. 加工方法（烹煮、炒、炸、糖泡、浸渍、渗透等）；2. 成分含量	3. 包装规格；4. 品牌（中文或外文名称）		
2008.9950	---姜制品	1. 加工方法（烹煮、炒、炸、糖泡、浸渍、渗透等）；2. 成分含量	3. 包装规格；4. 品牌（中文或外文名称）		
2008.9990	---其他	1. 加工方法（烹煮、炒、炸、糖泡、浸渍、渗透等）；2. 成分含量	3. 包装规格；4. 品牌（中文或外文名称）		
20.09	未发酵及未加酒精的水果汁或坚果（包括酿酒葡萄汁及椰子水）、蔬菜汁，不论是否加糖或其他甜物质：	1. 成分含量；2. 白利糖度值；3. 浓缩果汁请注明浓缩倍数；4. 加工方法（是否发酵、加酒精、冷冻、混合等）；5. 保存方法（储藏温度）	6. 包装规格；7. 品牌（中文或外文名称）		不包括半发酵的酿酒葡萄汁，不论其发酵是否已经中止，以及加酒精的未发酵酿酒葡萄汁，如果按容量计酒精浓度已超过0.5%的（税目22.04）

税则号列	商品名称	申报要素			说明
		归类要素	价格要素	其他要素	
2009.1100	-橙汁： --冷冻的				包括保存温度在-18℃及以下的未冻结浓缩橙汁
2009.1200	--非冷冻的，白利糖度值不超过20				
2009.1900	--其他				
	-葡萄柚汁；柚汁：				
2009.2100	--白利糖度值不超过20的				
2009.2900	--其他				
	-其他未混合的柑橘属水果汁：				
	--白利糖度值不超过20的：				
2009.3110	---柠檬汁				
2009.3190	---其他				
	--其他：				
2009.3910	---柠檬汁				
2009.3990	---其他				
	-菠萝汁：				
2009.4100	--白利糖度值不超过20的				
2009.4900	--其他				
2009.5000	-番茄汁				
	-葡萄汁，包括酿酒葡萄汁：				
2009.6100	--白利糖度值不超过30的				
2009.6900	--其他				
	-苹果汁：				
2009.7100	--白利糖度值不超过20的				
2009.7900	--其他				
	-其他未混合的水果汁、坚果汁或蔬菜汁：				
2009.8100	--蔓越橘汁（大果蔓越橘、小果蔓越橘）、越橘汁				
	--其他：				
	---水果汁或坚果汁：				
2009.8912	----芒果汁				
2009.8913	----西番莲果汁				
2009.8914	----番石榴果汁				
2009.8915	----梨汁				
2009.8916	----沙棘汁				
2009.8919	----其他				
2009.8920	---蔬菜汁				
	-混合汁：				
2009.9010	---水果汁				
2009.9090	---其他				

第二十一章 杂项食品

注释：

一、本章不包括：

（一）税目 07.12 的什锦蔬菜；

（二）含咖啡的焙炒咖啡代用品（税目 09.01）；

（三）加香料的茶（税目 09.02）；

（四）税目 09.04 至 09.10 的调味香料或其他产品；

（五）按重量计含香肠、肉、食用杂碎、动物血、昆虫、鱼、甲壳动物、软体动物、其他水生无脊椎动物及其混合物超过 20% 的食品（第十六章），但税目 21.03 或 21.04 的产品除外；

（六）税目 24.04 的产品；

（七）税目 30.03 或 30.04 的药用酵母及其他产品；或

（八）税目 35.07 的酶制品。

二、上述注释一（二）所述咖啡代用品的精汁归入税目 21.01。

三、税目 21.04 所称"均化混合食品"，是指两种或两种以上的基本配料，例如，肉、鱼、蔬菜或果实等，经精细均化制成适合供婴幼儿食用或营养用的零售包装食品（每件净重不超过 250 克）。为了调味、保藏或其他目的，可以加入少量其他配料，还可以含有少量可见的小块配料。

【要素释义】

一、归类要素

1. 成分含量：指商品中所含物质的种类及其按重量计的百分比含量，包括商品的成分和含量。例如，税则号列 2103.9020 项下料理酒，可填报"水 65%、盐 2.1%、米和米麴 30.4%、酒精 0.3%、酸味料 0.2%、果汁 2%"（可保留 2 位小数）。若成分含量难以精确量化，各成分相加可不必须为 100%。

2. 是否活性酵母：按商品实际报验状态填报"活性酵母"或"非活性酵母"。

3. 是否已死的单细胞微生物：按商品的实际报验状态填报"已死的单细胞微生物"，否则填"非已死的单细胞微生物"。

4. 是否可直接饮用：按商品实际报验状态填报"不可直接饮用"或"可直接饮用"。

5. 加工工艺：指商品在加工过程中所用的方法。例如，税则号列 2101.1100 和 2101.3000 项下商品填报"浓缩"。

二、价格要素

1. 包装规格：指商品的个体包装方式和规格。例如，"220 升/桶"。

2. 品牌（中文或外文名称）：指制造商或经销商加在商品上的品牌标志，实际需要申报中文或外文品牌名称。例如，"SAF-INSTANT（燕）牌"干酵母面包发酵粉。

税则号列	商品名称	申报要素			说明
		归类要素	价格要素	其他要素	
21.01	咖啡、茶、马黛茶的浓缩精汁及以其为基本成分或以咖啡、茶、马黛茶为基本成分的制品；烘焙菊苣和其他烘焙咖啡代用品及其浓缩精汁：				不包括含任何比例咖啡的烘焙咖啡代用品（税目 09.01）；不包括加香料的茶（税目 09.02）；不包括焦糖（焦糖化的糖蜜及糖）（税目 17.02）

税则号列	商品名称	申报要素			说明
		归类要素	价格要素	其他要素	
2101.1100	-咖啡浓缩精汁及以其为基本成分或以咖啡为基本成分的制品： --浓缩精汁	1. 成分含量；2. 加工工艺（浓缩）	3. 包装规格；4. 品牌（中文或外文名称）		
2101.1200	--以浓缩精汁或咖啡为基本成分的制品	1. 成分含量	2. 包装规格；3. 品牌（中文或外文名称）		
2101.2000	-茶、马黛茶浓缩精汁及以其为基本成分或以茶、马黛茶为基本成分的制品	1. 成分含量	2. 包装规格；3. 品牌（中文或外文名称）		
2101.3000	-烘焙菊苣和其他烘焙咖啡代用品及其浓缩精汁	1. 成分含量；2. 加工工艺（浓缩）	3. 包装规格；4. 品牌（中文或外文名称）		
21.02	酵母（活性或非活性）；已死的其他单细胞微生物（不包括税目30.02的疫苗）；发酵粉：				不包括自发谷物细粉，例如，加有发酵粉的细粉（税目11.01或11.02）；不包括自溶酵母（税目21.06）；不包括培养微生物（酵母除外）及疫苗（税目30.02）；不包括酶（淀粉酶、胃朊酶、粗制凝乳酶等）（税目35.07）
2102.1000	-活性酵母	1. 是否活性酵母	2. 包装规格；3. 品牌（中文或外文名称）		
2102.2000	-非活性酵母；已死的其他单细胞微生物	1. 是否活性酵母；2. 是否已死的单细胞微生物	3. 包装规格；4. 品牌（中文或外文名称）		

税则号列	商品名称	申报要素			说明
		归类要素	价格要素	其他要素	
2102.3000	-发酵粉		1. 包装规格； 2. 品牌（中文或外文名称）		
21.03	调味汁及其制品；混合调味品；芥子粉及其调制品：				不包括芥子（税目12.07）；不包括固定芥子油（税目15.14）；不包括芥子油饼，即从芥子提取固定油后所剩的产品（税目23.06）；不包括芥子精油（税目33.01）
2103.1000	-酱油	1. 成分含量	2. 包装规格； 3. 品牌（中文或外文名称）		
2103.2000	-番茄沙司及其他番茄调味汁	1. 成分含量	2. 包装规格； 3. 品牌（中文或外文名称）		
2103.3000	-芥子粉及其调制品	1. 成分含量	2. 包装规格； 3. 品牌（中文或外文名称）		
	-其他：				
2103.9010	---味精	1. 成分含量	2. 包装规格； 3. 品牌（中文或外文名称）		
2103.9020	---别特酒（Aromaticbitters），按体积计酒精含量44.2%~49.2%，按重量计含1.5%~6%的香料、各种配料以及4%~10%的糖	1. 成分含量（酒精含量、香料和各种配料含量及糖含量等）	2. 包装规格； 3. 品牌（中文或外文名称）		
2103.9090	---其他	1. 成分含量	2. 包装规格； 3. 品牌（中文或外文名称）		
21.04	汤料及其制品；均化混合食品：	1. 成分含量	2. 包装规格； 3. 品牌（中文或外文名称）		

税则号列	商品名称	申报要素			说明
		归类要素	价格要素	其他要素	
2104.1000	-汤料及其制品				不包括干蔬菜的混合品,不论是否粉状(税目07.12);不包括干豆类的细粉、粗粉及粉末(税目11.06);不包括自溶酵母(税目21.06)
2104.2000	-均化混合食品				
21.05	**冰淇淋及其他冰制食品,不论是否含可可:**		1. 包装规格; 2. 品牌(中文或外文名称)		
2105.0000	冰淇淋及其他冰制食品,不论是否含可可				
21.06	**其他税目未列名的食品:**				不包括服(使)用一定剂量后对某种病痛具有防治作用的药剂(税目30.03或30.04)
2106.1000	-浓缩蛋白质及组织化蛋白质	1. 成分含量	2. 包装规格; 3. 品牌(中文或外文名称)		
	-其他:				
2106.9010	---制造碳酸饮料的浓缩物	1. 成分含量	2. 包装规格; 3. 品牌(中文或外文名称)		
2106.9020	---制造饮料用的复合酒精制品	1. 成分含量	2. 包装规格; 3. 品牌(中文或外文名称)		
2106.9030	---蜂王浆制剂	1. 成分含量	2. 包装规格; 3. 品牌(中文或外文名称)		
2106.9040	---椰浆	1. 成分含量;2. 是否可直接饮用	3. 包装规格; 4. 品牌(中文或外文名称)		

税则号列	商品名称	申报要素			说明
		归类要素	价格要素	其他要素	
2106.9050	---海豹油胶囊	1.成分含量	2.包装规格； 3.品牌（中文或外文名称）		
	---含香料或着色剂的甘蔗糖或甜菜糖水溶液；蔗糖含量超过50%的甘蔗糖、甜菜糖与其他食品原料的简单固体混合物：	1.成分含量	2.包装规格； 3.品牌（中文或外文名称）		
2106.9061	----含香料或着色剂的甘蔗糖或甜菜糖水溶液				
2106.9062	----蔗糖含量超过50%的甘蔗糖、甜菜糖与其他食品原料的简单固体混合物				
2106.9090	---其他	1.成分含量	2.包装规格； 3.品牌（中文或外文名称）		

第二十二章 饮料、酒及醋

注释：
一、本章不包括：
(一) 本章的产品（税目 22.09 的货品除外）经配制后，用于烹饪而不适于作为饮料的制品（通常归入税目 21.03）；
(二) 海水（税目 25.01）；
(三) 蒸馏水、导电水及类似的纯净水（税目 28.53）；
(四) 按重量计浓度超过 10% 的醋酸（税目 29.15）；
(五) 税目 30.03 或 30.04 的药品；或
(六) 芳香料制品及盥洗品（第三十三章）。
二、本章及第二十章和第二十一章所称"按容量计酒精浓度"，应是温度在 20 摄氏度时测得的浓度。
三、税目 22.02 所称"无酒精饮料"，是指按容量计酒精浓度不超过 0.5% 的饮料。含酒精饮料应分别归入税目 22.03 至 22.06 或税目 22.08。

子目注释：
子目 2204.10 所称"汽酒"，是指温度在 20 摄氏度时装在密封容器中超过大气压力 3 巴及以上的酒。

【要素释义】

一、归类要素

1. 加工方法：商品在加工过程中采用的具体加工方法。例如，税目 22.05 项下商品填报"鲜葡萄酿造、加植物或香料"；税目 22.06 项下商品填报"发酵、混合"；税目 22.07 项下商品填报"未改性、改性"；税目 22.01 项下商品填报"未加糖或其他甜物质及未加味"；税则号列 2202.1000 项下商品填报"加糖、加味或其他甜物质"。

2. 来源：子目 2201.9 项下商品应填报"天然"。

3. 进口方式（原液区内加工、原液区外加工、原瓶有品牌、国内贴品牌）：葡萄酒的进口方式包括用皮酿容器进口葡萄酒原液和已灌装在瓶中后进口原瓶葡萄酒两种方式。一是进口葡萄酒原液进行再加工的，由综合保税区内加工和出综合保税区后再加工两种再加工方式，即进口原液的，应填报"原液区内加工"或"原液区外加工"；二是原瓶进口的，有已经确定商标品牌和进口时未确定商标（小标进口且无固定商标品牌），需要在国内重新赋予商标品牌两种情况，即进口原瓶的，应填报"原瓶有品牌"或"国内贴品牌"。

4. 成分：指商品中所含物质的种类。

5. 成分含量：指商品中所含物质的种类及其按重量计的百分比含量，包括商品的成分和含量。

6. 是否麦芽酿造：税目 22.03 项下商品应填报"麦芽酿造"。

7. 种类：指商品根据事物本身的性质或特点而分成的类别。例如，税则号列 2204.1000 项下商品填报"汽酒"；税则号列 2204.3000 项下商品填报"酿酒葡萄汁"。

8. 酒精浓度：指商品按容量计的酒精浓度，用"%vol"表示。

9. 原料：指制酒所用的生产原料。例如，税则号列 2208.2000 项下商品填报"蒸馏葡萄酒制得"；税则号列 2208.4000 项下商品填报"蒸馏已发酵甘蔗产品制得"等。

10. 醋酸浓度：指商品按重量计醋酸的百分含量。

11. 发酵后若与其他物质混合，请列明混合物质种类：指在啤酒生产过程中，发酵完成后是否在酒液添加了其他物质混合，如有，需列明。例如，添加蔓越莓汁混合。

二、价格要素

1. 包装规格：指商品的个体包装方式和规格。例如，"750ml/瓶×12 瓶/箱""1000 升/桶"或"2000 升/集装箱灌"。

2. 品牌（中文或外文名称）：指制造商或经销商加在商品上的品牌标志，实际需要申报中文或外文品牌名称。进口时分为两种情况：一是已确定商标或商标权的，需填报中外文品牌名称，例如，波尔多拉菲古堡葡萄酒的品牌应填报"拉菲罗斯柴尔德 Lafite Rothschild"；二是未确定商标或商标权，需要在国内保税区重新赋予商标再贴牌的，应填报出区时实际贴牌的中文品牌名称。例如，西班牙葡萄酒入区时为小标酒，入区后，最终销售时确定为"小红帽"商标，并实际贴此商标的，品牌应填报"小红帽"。而在西班牙奥兰酒厂已贴好奥兰小红帽商标，或者在外贸合同或原产地证上已确定商标的，无论是否国内再贴中外文标签，都视为已确定商标或商标权，品牌应填报中外文名称"奥兰小红帽 ORIA"。

3. 麦芽浓度：表示麦芽酿造的啤酒的度数，用"°P"表示。例如，税目 22.03 项下啤酒可填报"12°P"。

4. 级别：酒类的等级划分，一般按质量和产区划分。例如，AOC 为法国葡萄酒的最高等级，AOC 级葡萄酒只能采用指定产区内种植的葡萄酿制，且使用的葡萄品种等都受到最严格的监控。例如，税则号列 2204.1000 项下意大利"Prosecco（普罗赛柯）牌"汽酒填报"DOCG"级；子目 2208.2 项下干邑白兰地可填报"VS""VSOP""XO""无级别"，雅文邑白兰地可填报"Blanche""Napoleon""Age indicated""vintages"等。

5. 年份：指用来酿造葡萄酒的葡萄收获年份，如果收获年份不清或者多个年份混酿的，应填写生产日期。例如，"20220101"。

6. 产区（中文及外文名称）：指酒标上标明的葡萄酒的产区，应填报酒标标明的最小产区的中外文名称。没有标明产区的最低级别葡萄酒，酒标标明了国家（地区），填报国家（地区）中外文名称，不可填报"无产区"。例如，Product of Chile 或 VCE（vin de la communite europeenne），产区应填报"智利 Chile"或"欧盟 EU"。酒标标明产区的，填报最小产区中英文名称。例如，澳大利亚维多利亚某酒厂干红葡萄酒，应填报酒标标明的大产区名称"维多利亚 Victoria"；法国隆河教皇新堡某酒庄干红葡萄酒，应填报酒标标明的子产区名称"教皇新堡 Chateauneuf du Pape"；法国波尔多梅多克区波亚克村某酒庄干红葡萄酒，应填报酒标标明的村庄及子产区名称"波亚克 Pauillac"。

7. 酒庄名（中文及外文名称）：指生产葡萄酒的酒庄或酒厂的中外文名称，如为生产厂商灌装而不是酒庄灌装，填报生产厂商的中外文名称。例如，拉菲罗斯柴尔德集团在拉菲酒庄灌装的葡萄酒，应填报"拉菲酒庄 Chateau Lafite Rothschild"；拉菲罗斯柴尔德集团在其下属酒厂灌装的拉菲传奇波尔多干红葡萄酒，应填报"拉菲集团 DBR"。

8. 葡萄品种：指酿制葡萄酒的主要葡萄品种中外文名称，如为多种葡萄品种混酿，填报两个主要葡萄品种。例如，法国香槟产区沙龙酒庄香槟酒，为单一葡萄品种酿制，应填报"霞多丽 Chardonnay"；波尔多大区某酒庄干白葡萄酒，为多种葡萄品种混酿，应填报"赛美蓉 Semillon 长相思 Sauvignon Blanc 混酿"。

9. 陈年年份：威士忌酒液需陈年贮藏后装瓶，酒标上会标注装瓶前的陈年时间，该年份不是生产年份，如酒标上未标注陈年时间，可填写"未标注"。例如，申报酒标显示"12"的芝华士苏格兰威士忌，应填报"12 年"。

10. 酒桶使用：威士忌酒液贮藏会使用木桶，酒标正面或背标上会标注使用了什么样的木桶陈年，或几种木桶陈年，酒标正标或背标上均未体现的，可填写"未标注"。例如，申报麦卡伦蓝钻威士忌，其使用了西班牙和美国橡木雪莉桶贮藏，应填报"双雪莉桶"。

11. 生产日期：按实际报验情况填报。例如，"20200701"。

三、其他要素

GTIN 码：即商品条码，是全球贸易项目代码（Global Trade Item Number）的缩写，由 8、12、13、14 位数字组成。应据实填报商品最小零售包装上的 GTIN 码；填报的商品条码应符合全球通用标准（ISO15459 或 GB12904）。如商品无 GTIN 码，则填报为"无 GTIN"。

税则号列	商 品 名 称	申 报 要 素			说 明
		归类要素	价格要素	其他要素	
22.01	未加糖或其他甜物质及未加味的水，包括天然或人造矿泉水及汽水；冰及雪：				不包括"碳酸雪"或"干冰"（固体二氧化碳）（税目 28.11）
	-矿泉水及汽水：		1. 包装规格；2. 品牌（中文或外文名称）；3. 生产日期		
2201.1010	---矿泉水				
2201.1020	---汽水				
	-其他：				

税则号列	商品名称	申报要素			说明
		归类要素	价格要素	其他要素	
	---天然水：	1. 加工方法（未加糖或其他甜物质及未加味）；2. 来源（天然）	3. 包装规格；4. 品牌（中文或外文名称）；5. 生产日期		
2201.9011	----已包装				
2201.9019	----其他				
2201.9090	---其他	1. 加工方法（未加糖或其他甜物质及未加味）	2. 包装规格；3. 品牌（中文或外文名称）；4. 生产日期		
22.02	加味、加糖或其他甜物质的水，包括矿泉水及汽水，其他无酒精饮料，但不包括税目20.09的水果汁、坚果汁或蔬菜汁：				不包括税目20.09的水果汁或蔬菜汁；不包括含可可、水果或香料的液状酸乳及其他发酵或酸化乳及奶油（税目04.03）；不包括水果汁及蔬菜汁，不论是否用作饮料（税目20.09）
2202.1000	-加味、加糖或其他甜物质的水，包括矿泉水及汽水	1. 加工方法（加味、加糖或其他甜物质）	2. 包装规格；3. 品牌（中文或外文名称）；4. 生产日期		
	-其他：				
2202.9100	--无醇啤酒	1. 成分含量（酒精浓度等）	2. 包装规格；3. 品牌（中文或外文名称）；4. 生产日期		
2202.9900	--其他	1. 成分含量	2. 包装规格；3. 品牌（中文或外文名称）；4. 生产日期		

税则号列	商品名称	申报要素			说明
		归类要素	价格要素	其他要素	
22.03	麦芽酿造的啤酒：	1. 品名（中文及外文名称）；2. 是否麦芽酿造；3. 酒精浓度；4. 发酵后若与其他物质混合，请列明混合物质种类	5. 麦芽浓度；6. 包装规格；7. 品牌（中文或外文名称）；8. 生产日期	9. GTIN码	
2203.0000	麦芽酿造的啤酒				
22.04	鲜葡萄酿造的酒，包括加酒精的；税目20.09以外的酿酒葡萄汁：				不包括未发酵或按容量计酒精浓度不超过0.5%的葡萄汁，不论其是否浓缩（税目20.09）
2204.1000	-汽酒	1. 品名（中文及外文名称）；2. 种类（汽酒）；3. 酒精浓度	4. 级别；5. 年份；6. 产区（中文及外文名称）；7. 酒庄名（中文及外文名称）；8. 葡萄品种（中文及外文名称）；9. 包装规格；10. 品牌（中文或外文名称）		
	-其他酒；加酒精抑制发酵的酿酒葡萄汁：	1. 品名（中文及外文名称）；2. 进口方式（原液区内加工、原液区外加工、原瓶有品牌、国内贴品牌等）；3. 酒精浓度	4. 级别；5. 年份；6. 产区（最小子产区中文及外文名称）；7. 酒庄名（中文及外文名称）；8. 葡萄品种（中文及外文名称）；9. 包装规格（包装规格×每项单位数、升/桶或升/集装箱罐）；10. 品牌（中文或外文名称）		
2204.2100	--装入2升及以下容器的				

税则号列	商品名称	申报要素			说明
		归类要素	价格要素	其他要素	
2204.2200	--装入2升以上但不超过10升容器的				
2204.2900	--其他				
2204.3000	-其他酿酒葡萄汁	1. 品名（中文及外文名称）；2. 种类（酿酒葡萄汁）	3. 包装规格；4. 品牌（中文或外文名称）		
22.05	**味美思酒及其他加植物或香料的用鲜葡萄酿造的酒：**	1. 品名（中文及外文名称）；2. 加工方法（鲜葡萄酿造、加植物或香料）；3. 酒精浓度	4. 包装规格；5. 品牌（中文或外文名称）		
2205.1000	-装入2升及以下容器的				
2205.9000	-其他				
22.06	**其他发酵饮料（例如，苹果酒、梨酒、蜂蜜酒、清酒）；其他税目未列名的发酵饮料的混合物及发酵饮料与无酒精饮料的混合物：**				
2206.0010	---黄酒	1. 品名（中文及外文名称）；2. 加工方法（发酵、混合）	3. 包装规格；4. 品牌（中文或外文名称）		
2206.0090	---其他发酵饮料	1. 品名（中文及外文名称）；2. 成分含量；3. 加工方法（发酵、混合）；4. 酒精浓度	5. 包装规格；6. 品牌（中文或外文名称）；7. 年份；8. 级别		
22.07	**未改性乙醇，按容量计酒精浓度在80%及以上；任何浓度的改性乙醇及其他酒精：**	1. 品名（中文及外文名称）；2. 加工方法（未改性、改性）；3. 酒精浓度	4. 品牌（中文或外文名称）		不包括以酒精为基料的固体或半固体燃料（通常作为"固体酒精"出售）（税目36.06）
2207.1000	-未改性乙醇，按容量计酒精浓度在80%及以上				
2207.2000	-任何浓度的改性乙醇及其他酒精				
22.08	**未改性乙醇，按容量计酒精浓度在80%以下；蒸馏酒、利口酒及其他酒精饮料：**				

税则号列	商品名称	申报要素			说明
		归类要素	价格要素	其他要素	
2208.2000	-蒸馏葡萄酒制得的烈性酒	1.品名（中文及外文名称）；2.原料；3.酒精浓度	4.进口方式（原液区内加工、原液区外加工、原瓶有品牌、国内贴品牌）；5.包装规格（包装规格×每箱单位数、升/桶或升/集装箱罐）；6.品牌（中文或外文名称）；7.级别；8.产区（最小子产区中文及外文名称）	9.GTIN码	
2208.3000	-威士忌酒	1.品名（中文及外文名称）；2.原料；3.酒精浓度	4.进口方式（原液区内加工、原液区外加工、原瓶有品牌、国内贴品牌）；5.包装规格（包装规格×每箱单位数、升/桶或升/集装箱罐）；6.品牌（中文或外文名称）；7.产区（最小子产区中文及外文名称）；8.陈年年份；9.酒桶使用	10.GTIN码	
2208.4000	-朗姆酒及蒸馏已发酵甘蔗产品制得的其他烈性酒	1.品名（中文及外文名称）；2.原料；3.酒精浓度	4.包装规格；5.品牌（中文或外文名称）	6.GTIN码	
2208.5000	-杜松子酒	1.品名（中文及外文名称）；2.原料；3.酒精浓度	4.包装规格；5.品牌（中文或外文名称）	6.GTIN码	

税则号列	商品名称	申报要素			说明
		归类要素	价格要素	其他要素	
2208.6000	-伏特加酒	1.品名（中文及外文名称）；2.原料；3.酒精浓度	4.包装规格；5.品牌（中文或外文名称）	6.GTIN码	
2208.7000	-利口酒及柯迪尔酒	1.品名（中文及外文名称）；2.原料；3.酒精浓度	4.进口方式（原液区内加工、原液区外加工、原瓶有品牌、国内贴品牌）；5.包装规格（包装规格×每项单位数、升/桶或升/集装箱罐）；6.品牌（中文或外文名称）	7.GTIN码	
	-其他：				
2208.9010	---龙舌兰酒	1.品名（中文及外文名称）；2.原料；3.酒精浓度	4.包装规格；5.品牌（中文或外文名称）	6.GTIN码	
2208.9020	---白酒	1.原料；2.酒精浓度	3.包装规格；4.品牌（中文或外文名称）	5.GTIN码	
2208.9090	---其他	1.品名（中文及外文名称）；2.原料；3.酒精浓度	4.包装规格；5.品牌（中文或外文名称）		
22.09	醋及用醋酸制得的醋代用品：	1.品名（中文及外文名称）；2.醋酸浓度	3.包装规格；4.品牌（中文或外文名称）		不包括盥洗用品（税目33.04）
2209.0000	醋及用醋酸制得的醋代用品				

第二十三章 食品工业的残渣及废料；配制的动物饲料

注释：
税目 23.09 包括其他税目未列名的配制动物饲料，这些饲料是由动、植物原料加工而成的，并且已改变了原料的基本特性，但加工过程中的植物废料、植物残渣及副产品除外。

子目注释：
子目 2306.41 所称的"低芥子酸油菜子"，是指第十二章子目注释一所定义的油菜子。

【要素释义】

一、归类要素

1. 成分含量：指商品中所含物质的种类及其按重量计的百分比含量，包括商品的成分和含量。例如，税目 23.09 项下商品可填报"鸡肉 50%、小麦粉 30.1%、豆粕 9.9%、玉米酒糟 5.51%、苜蓿草 4.49%"（可保留 2 位小数）。若成分含量难以精确量化，各成分相加可不必须为 100%。

2. 用途：指商品应用的方面、范围。例如，税目 23.01 项下商品应填报"不适合供人食用"；税目 23.08 商品应填报"饲料用"等；子目 2309.1 项下商品可填报"狗食""猫食"等。

3. 状态：指事物所表现出来的形态。例如，税目 23.01 项下商品可填报"渣粉""团粒"。

4. 种类：指糠、麸及其他残渣的具体种类。例如，税目 23.02 项下商品可填报"玉米的""小麦的"等。

5. 是否配制：按商品实际报验状态填报"经配制"或"未配制"。例如，税目 23.03 项下商品应填报"未配制"。

6. 原料：指油渣饼的生产原料。例如，税目 23.04 项下商品应填报"提炼豆油所得"；税目 23.05 项下商品应填报"提炼花生油所得"；税目 23.06 商品可填报"提炼亚麻子、葵花子等油所得"。

7. 加工方法：指商品在加工过程中具体的加工方法。例如，税目 23.09 项下商品应填报"配制的"。

8. 包装规格：指商品的最小包装重量或者数量，子目 2309.10 项下商品还需填报是否零售包装。例如，子目 2309.10 商品可填报"500 克/袋，是零售包装"。

二、价格要素

1. 品牌（中文或外文名称）：指制造商或经销商加在商品上的品牌标志，实际需要申报中文或外文品牌名称。例如，"Kaler（卡乐）牌"顶级牛肉犬粮。

2. 种类：指根据商品本身的性质或特点而分成的类别。例如，税则号列 2301.2010 项下商品可填报"红、白鱼粉"。

税则号列	商品名称	申报要素			说明
		归类要素	价格要素	其他要素	
23.01	不适于供人食用的肉、杂碎、鱼、甲壳动物、软体动物或其他水生无脊椎动物的渣粉及团粒；油渣： -肉、杂碎的渣粉及团粒；油渣： ---肉骨粉：	1. 用途（不适合供人食用）；2. 状态（渣粉、团粒）			包括供人食用的油渣
2301.1011	----含牛羊成分的				
2301.1019	----其他				
2301.1020	---油渣				
2301.1090	---其他				
	-鱼、甲壳动物、软体动物或其他水生无脊椎动物的渣粉及团粒：				

税则号列	商品名称	申报要素			说明
		归类要素	价格要素	其他要素	
2301.2010	---饲料用鱼粉	1.用途（不适合供人食用）；2.状态（渣粉、团粒）；3.成分含量（蛋白质含量等）		4.种类（红、白鱼粉）	
2301.2090	---其他	1.用途（不适合供人食用）；2.状态（渣粉、团粒）			
23.02	谷物或豆类植物在筛、碾或其他加工过程中所产生的糠、麸及其他残渣，不论是否制成团粒：	1.种类（玉米的、小麦的等）			不包括谷物脱粒时产生的谷壳（税目12.13）
2302.1000	-玉米的				
2302.3000	-小麦的				
2302.4000	-其他谷物的				
2302.5000	-豆类植物的				
23.03	制造淀粉过程中的残渣及类似的残渣，甜菜渣、甘蔗渣及制糖过程中的其他残渣，酿造及蒸馏过程中的糟粕及残渣，不论是否制成团粒：	1.种类；2.是否配制			不包括提取或精炼糖所剩的糖蜜（税目17.03）；不包括非活性酵母或废酵母（税目21.02）；不包括焚烧并洗涤甜菜糖蜜残渣所得的粗钾盐（税目26.21）；不包括蔗渣浆（税目47.06）
2303.1000	-制造淀粉过程中的残渣及类似的残渣				
2303.2000	-甜菜渣、甘蔗渣及制糖过程中的其他残渣				
2303.3000	-酿造及蒸馏过程中的糟粕及残渣				
23.04	提炼豆油所得的油渣饼及其他固体残渣，不论是否碾磨或制成团粒：	1.原料			不包括油脚（税目15.22）；不包括通过去除脱脂大豆粉的某些成分制得的浓缩蛋白质（用作食品添加剂）及改善了组织结构的大豆粉（税目21.06）
2304.0010	---油渣饼				
2304.0090	---其他				

税则号列	商品名称	申报要素			说明
		归类要素	价格要素	其他要素	
23.05	提炼花生油所得的油渣饼及其他固体残渣，不论是否碾磨或制成团粒：	1. 原料			
2305.0000	提炼花生油所得的油渣饼及其他固体残渣，不论是否碾磨或制成团粒				
23.06	税目23.04或23.05以外的提炼植物或微生物油脂所得的油渣饼及其他固体残渣，不论是否碾磨或制成团粒：				
2306.1000	-棉子的	1. 原料			
2306.2000	-亚麻子的	1. 原料			
2306.3000	-葵花子的	1. 原料			
	-油菜子的：				
2306.4100	--低芥子酸的	1. 原料；2. 转（非转）基因请注明			
2306.4900	--其他	1. 原料			
2306.5000	-椰子或干椰肉的	1. 原料			
2306.6000	-棕榈果或棕榈仁的	1. 原料			
2306.9000	-其他	1. 原料			
23.07	葡萄酒渣；粗酒石：				不包括酒石（税目29.18）
2307.0000	葡萄酒渣、粗酒石				
23.08	动物饲料用的其他税目未列名的植物原料、废料、残渣及副产品，不论是否制成团粒：	1. 用途（饲料用等）			
2308.0000	动物饲料用的其他税目未列名的植物原料、废料、残渣及副产品，不论是否制成团粒				
23.09	配制的动物饲料：				
	-零售包装的狗食或猫食：	1. 成分含量；2. 用途（狗食、猫食等）；3. 加工方法（配制的）；4. 包装规格		5. 品牌（中文或外文名称）	
2309.1010	---罐头				
2309.1090	---其他				
	-其他：				
2309.9010	---添加剂预混合饲料	1. 成分含量（须分别标明载体及活性物质）；2. 加工方法（配制的）；3. 包装规格		4. 品牌（中文或外文名称）	
2309.9090	---其他	1. 成分含量；2. 加工方法（配制的）；3. 包装规格		4. 品牌（中文或外文名称）	

第二十四章　烟草、烟草及烟草代用品的制品；非经燃烧吸用的产品，不论是否含有尼古丁；其他供人体摄入尼古丁的含尼古丁的产品

注释：
一、本章不包括药用卷烟（第三十章）。
二、既可归入税目 24.04 又可归入本章其他税目的产品，应归入税目 24.04。
三、税目 24.04 所称"非经燃烧吸用"，是指不通过燃烧，而是通过加热或其他方式吸用。

子目注释：
子目 2403.11 所称"水烟料"，是指由烟草和甘油混合而成用水烟筒吸用的烟草，不论是否含有芳香油及提取物、糖蜜或糖，也不论是否用水果调味，但供在水烟筒中吸用的非烟草产品除外。

【要素释义】
一、归类要素
1. 加工方法：指商品在加工过程中具体的加工方法。例如，子目 2401.1 项下商品应填报"未去梗"；子目 2401.2 项下商品可填报"去梗""部分去梗"；税则号列 2403.9100 项下商品可填报"均化""再造"。
2. 是否废料：指在收拣烟叶或制造烟草产品时所剩的废料（烟草的茎、柄、梗、切边、末等）。例如，税则号列 2401.3000 项下商品应填报"废料"。
3. 种类：指商品根据事物本身的性质或特点而分成的类别。例如，税目 24.02 项下商品可填报"卷烟""雪茄烟"。
4. 来源：指雪茄烟及卷烟的材料来源，可填报"烟草制"或"烟草代用品制"。
5. 用途：指商品应用的方面、范围。例如，子目 2403.1 项下商品填报"经燃烧吸用"。2404.9 项下商品可填报"经口腔摄入"或"经皮肤摄入"等。
6. 是否烟草精汁：烟草精汁是潮润烟叶通过压力或用水煮废烟所提取的液汁。税则号列 2403.9900 商品应填报"烟草精汁"。
7. 成分：指商品中所含物质的种类。例如，可填报"含烟草"或"再造烟草"或"尼古丁"或"烟草代用品"或"尼古丁代用品"等。

二、价格要素
1. 品牌（中文或外文名称）：指制造商或经销商加在商品上的品牌标志，实际需要申报中文或外文品牌名称。例如，"marlboro（万宝路）牌""ALFAKHER（阿尔法赫）牌""HALO 牌"。
2. 型号或系列名称：指税目 24.02、24.03、24.04 项下商品除了品牌之外，有时还会按照一定级别而标注的型号或系列名称。

税则号列	商品名称	申报要素			说明
		归类要素	价格要素	其他要素	
24.01	烟草；烟草废料： -未去梗的烟草：	1. 加工方法（未去梗）			包括烟草废料
2401.1010	---烤烟				
2401.1090	---其他				
	-部分或全部去梗的烟草：	1. 加工方法（去梗、部分去梗）			
2401.2010	---烤烟				
2401.2090	---其他				
2401.3000	-烟草废料	1. 是否废料			
24.02	**烟草或烟草代用品制成的雪茄烟及卷烟：**	1. 种类（卷烟、雪茄烟）；2. 来源（烟草制或烟草代用品制）		3. 品牌（中文或外文名称）；4. 型号或系列名称	

税则号列	商品名称	申报要素			说明
		归类要素	价格要素	其他要素	
2402.1000	-烟草制的雪茄烟				
2402.2000	-烟草制的卷烟				
2402.9000	-其他				
24.03	**其他烟草及烟草代用品的制品;"均化"或"再造"烟草;烟草精汁:**				
	-供吸用的烟草,不论是否含有任何比例的烟草代用品:	1. 用途（经燃烧吸用）；2. 成分（含烟草、再造烟草、尼古丁、烟草或尼古丁代用品等）	3. 品牌（中文或外文名称）；4. 型号或系列名称		
2403.1100	--本章子目注释所述的水烟料				
2403.1900	--其他				
	-其他:				
2403.9100	--"均化"或"再造"烟草	1. 加工方法（均化、再造）；2. 成分（含烟草、再造烟草、尼古丁、烟草或尼古丁代用品等）	3. 品牌（中文或外文名称）；4. 型号或系列名称		
2403.9900	--其他	1. 是否烟草精汁；2. 成分（含烟草、再造烟草、尼古丁、烟草或尼古丁代用品等）	3. 品牌（中文或外文名称）；4. 型号或系列名称		
24.04	**含烟草、再造烟草、尼古丁、或烟草或尼古丁代用品,非经燃烧吸用的产品；其他供人体摄入尼古丁的含尼古丁的产品:**				
	-非经燃烧吸用的产品:	1. 成分（含烟草、再造烟草、尼古丁、烟草或尼古丁代用品等）；2. 用途（非经燃烧吸用）	3. 品牌（中文或外文名称）；4. 型号或系列名称		
2404.1100	--含烟草或再造烟草的				
2404.1200	--其他,含尼古丁的				
	--其他:				
2404.1910	---其他,含烟草代用品的				
2404.1990	---其他				
	-其他:	1. 用途（经口腔摄入、经皮肤摄入等）；2. 成分（含烟草、再造烟草、尼古丁、烟草或尼古丁代用品等）	3. 品牌（中文或外文名称）；4. 型号或系列名称		
2404.9100	--经口腔摄入的				
2404.9200	--经皮肤摄入的				
2404.9900	--其他				

第五类 矿产品

第二十五章 盐；硫磺；泥土及石料；石膏料、石灰及水泥

注释：

一、除条文及注释四另有规定的以外，本章各税目只包括原产状态的矿产品，或只经过洗涤（包括用化学物质清除杂质而未改变产品结构的）、破碎、磨碎、研粉、淘洗、筛分以及用浮选、磁选和其他机械物理方法（不包括结晶法）精选过的货品，但不得经过焙烧、煅烧、混合或超过税目所列的加工范围。

本章产品可含有添加的抗尘剂，但所加剂料并不使原产品改变其一般用途而适合于某些特殊用途。

二、本章不包括：

(一) 升华硫磺、沉淀硫磺及胶态硫磺（税目 28.02）；

(二) 土色料，按重量计三氧化二铁含量在 70% 及以上（税目 28.21）；

(三) 第三十章的药品及其他产品；

(四) 芳香料制品及化妆盥洗品（第三十三章）；

(五) 夯混白云石（税目 38.16）；

(六) 长方砌石、路缘石、扁平石（税目 68.01）、镶嵌石或类似石料（税目 68.02）及铺屋顶、饰墙面或防潮用的板岩（税目 68.03）；

(七) 宝石或半宝石（税目 71.02 或 71.03）；

(八) 每颗重量不低于 2.5 克的氯化钠或氧化镁培养晶体（光学元件除外）（税目 38.24）；氯化钠或氧化镁制的光学元件（税目 90.01）；

(九) 台球用粉块（税目 95.04）；或

(十) 书写或绘画用粉笔及裁缝划粉（税目 96.09）。

三、既可归入税目 25.17 又可归入本章其他税目的产品，应归入税目 25.17。

四、税目 25.30 主要包括：未膨胀的蛭石、珍珠岩及绿泥石；不论是否煅烧或混合的土色料；天然云母氧化铁；海泡石（不论是否磨光成块）；琥珀；模制后未经进一步加工的片、条、杆或类似形状的黏聚海泡石及黏聚琥珀；黑玉；菱锶矿（不论是否煅烧），但不包括氧化锶；陶器、砖或混凝土的碎块。

【要素释义】

一、归类要素

1. 成分含量：指商品中所含物质的种类及其按重量计的百分比含量，包括商品的成分和含量。例如，税则号列 2501.0020 项下商品可填报"氯化钠 100%"。

2. 外观：指商品实际的外观状态，主要指商品的颜色和形状等表观性状。例如，税目 25.04 项下商品可填报"黑色；粉末""黑灰色；鳞片""黑色；块状"等；税目 25.06 项下商品可填报"白色；块状"等。

3. 包装规格：指商品的个体包装方式和规格。例如，"20 千克/袋"。

4. 加工方法：指商品在加工过程中采用的具体方法。例如，税目 25.02 项下商品可填报"未焙烧"；税目 25.06 项下商品可填报"天然状态""粗加修整""简单切割"等；税目 25.07 项下商品可填报"未煅烧""煅烧"；税目 25.10 项下商品可填报"未碾磨""碾磨"及其他进一步的加工方法；税目 25.11 项下商品可填报"天然原状"；税目 25.13 项下商品可填报"天然原状"等；税目 25.14、25.15、25.16 项下商品可填报"天然原状""粗加修整""锯切"等；税目 25.18 项下商品可填报"夯混""粗加修整""锯切"等；税目 25.19 项下商品可填报"熔化""煅烧"等；税目 25.26 项下商品可填报"天然原状""粗加修整""简单切割"等；税目 25.30 项下商品可填报"天然开采""简单破碎""磨粉"等。

5. 加工工艺：对某种商品进行加工或处理的方法与过程。例如，税目 25.03 项下硫磺用何种方式加工而得。

6. 用途：商品应用的方面、范围。例如，税目 25.20 项下商品可填报"牙科用"；税目 25.21 项下商品可填报"用于制造石灰"等。

7. 来源：一般指的是生产某种商品的原料由何而来（得）。例如，税目 25.04 项下商品填报是否为天然；税目 25.05 项下商品可填报"天然海砂""天然湖砂""天然河砂"等；税目 25.17 项下商品可填报是否矿渣、浮渣、残渣等。

8. 是否球化加工：指税目 25.04 项下商品需填报"球化加工"或"没有球化加工"。

9. 成分：指商品所构成的部分或要素，一般指所含物质的种类。

10. 是否活化：矿物质为使其适应于某些用途（例如，脱色、吸气或吸湿、催化、离子交换或过滤）而经适当处理（用热、化学品等方式进行处理），使其表面结构改变，即称为活性产品。例如，税目 25.07、25.08、25.12 项下商品可填报是否经过活化处理。

11. 种类：本章主要指矿物种类。例如，税目 25.10 项下商品可填报"磷灰石""天然磷酸钙""天然磷酸铝钙""磷酸盐白垩"；税目 25.13 项下商品可填报"刚玉岩""天然刚玉砂""天然石榴石""天然磨料"等。

12. 表观比重：指每 1000 立方厘米的实际千克数。

13. 是否青石棉：税则号列 2524.1000 项下石棉商品填报"青石棉"；子目 2524.90 项下商品填报"非青石棉"。

14. 是否长纤维：税目 25.24 项下石棉商品填报是否为长纤维。

15. 氟化钙含量：税目 25.29 项下萤石商品填报氟化钙的含量。

16. 是否破碎：税目 25.26 项下天然冻石、滑石填报"未破碎、未研粉""已破碎、未研粉""已破碎、已研粉"。

17. 形状：指物体外观或表现形态。例如，税目 25.15 项下商品可填报"矩形""正方形"等。

二、价格要素

1. 状态：指商品的外观存在状态。例如，税目 25.03 项下商品可填报"液态""固态""粉状"或"块状"。

2. 成分含量：指税目 25.03 项下硫磺所含各种物质及其按重量计的百分比含量。

3. 石墨含量：指天然石墨中固定碳的百分比含量，碳含量决定石墨的纯度和价格。例如，可填报"碳含量 95%"。

4. 细度指标（细度或鳞片大小）：指天然石墨和高岭土的鳞片直径或粒度的大小，用"微米（μm）"表示。

5. 用途：商品应用的方面、范围。例如，可填报"耐火材料""绝缘体"或"涂料"等。

6. 白度：高岭土及类似土的主要参数之一，纯度越高白度越高，用百分比表示，可用白度计测定。例如，白度值 90 即表示相当于标准样反射率的 90%。

7. 蒙脱石含量：子目 2508.1 项下膨润土中蒙脱石按重量计的百分比含量，一般在 0.2%~0.6%之间。

8. 氧化铝含量：子目 2508.3 项下耐火黏土中氧化铝按重量计的百分比含量。

9. 级别：子目 2508.30、2508.40 项下商品的具体等级；子目 2511.10 的级别指"用途"的级别，即"钻井级""化工级""涂料级"等。

10. 含有添加剂、未含有添加剂请注明：税则号列 2508.3000 和 2508.4000 项下商品无论是否含有添加剂，都应按实际情况填报。例如，填报"含有添加剂"或"未含有添加剂"。

11. 改性、未改性请注明：指税则号列 2508.3000 和 2508.4000 项下商品，如果经过改变了组成成分的改性处理的，应按实际情况填报。例如，填报"改性"或"未改性"。

12. 注明五氧化二磷含量：税目 25.10 项下天然磷酸钙、天然磷酸铝钙及磷酸盐白垩中五氧化二磷（P_2O_5）含量按重量计的百分比含量。

13. 品牌（中文或外文名称）：指制造商或经销商加在商品上的品牌标志，实际需要申报中文或外文品牌名称。例如，"Saliter（赛力特）牌"。

14. 种类：指硅质土属性。例如，"硅藻海绵岩"。

15. 二氧化硅含量：指税目 25.12 项下硅质化石粗粉及类似的硅质土中二氧化硅按重量计的百分比含量。

16. 体积或面积数量（立方米数或平方米数）：指税目 25.15、25.16 项下石材的计量单位。

17. 花色品种：指税目 25.15、25.16 项下石材的颜色种类，应当填报中英文名称。例如，"White Galaxy 印度白金""White Star 凯撒白"等。

18. 规格：指税目 25.15、25.16 项下石材的规格，需填报长×宽×厚，用"米"或"英尺"表示。

19. 矿区名称：指矿产产地所在矿区的中文或外文名称。

20. 粉状请注明细度，粒状请注明直径：指税目 25.19 项下天然碳酸镁（菱镁矿）等的粉粒细度或粒径。例如，子目 2519.1 天然碳酸镁可填报"颗粒（目）≥200"；子目 2519.902 项下烧结镁氧矿（重烧镁）可填写细度"600 目"。

21. 来源：子目 2520.1 项下生石膏、硬石膏的来源需申报"天然产"或者"人工加工合成"等；子目 2520.201 项下熟石膏的来源需申报"天然产"或者"磷酸盐工业的副产品"或者"××工业的副产品"等。

22. 用途：指商品应用的方面、范围。例如，"用于打磨牛仔布料衣物等"或"种植物用"。

23. 型号：指税目 25.24 项下石棉的价格要素，不同型号的石棉具有不同的外观和用途。例如，型号"A-5-70"指白色纤维状的短纤维石棉；型号"A-5-65"指灰白色絮状的短纤维石棉。

24. 计价日期：指商品价格所适用的指数或行情的时间，可以是某个时间点，也可以是某个时间段。

25. 厂家名称：指税目25.23项下的水泥需填报生产厂家名称。
26. 签约日期：指供求双方企业合同签订的日期，只需填报具体日期即可。如，20200701。
27. 有无滞期费（无滞期费、滞期费未确定、滞期费已申报）：指当船舶装货或卸货延期超过装卸货时间时，由租船人向船东所支付的约定款项。按实际情况填报"无滞期费""滞期费未确定""滞期费已申报"。

三、其他要素

稀土元素的重量百分比，以［A］表示：该要素为税目25.30专有要素，"稀土金属矿"需填报商品中稀土元素的重量百分比，填报时以"［A］"表示。A代表所含的稀土元素，若含有多种稀土元素，应填报重量之和百分比。例如，填报"［铽、镝］：10%"。

税则号列	商 品 名 称	申 报 要 素			说 明
		归类要素	价格要素	其他要素	
25.01	盐（包括精制盐及变性盐）及纯氯化钠，不论是否为水溶液，也不论是否添加抗结块剂或松散剂；海水： ---盐：				
2501.0011	----食用盐	1. 成分含量；2. 包装规格；			不包括加调料的盐（税目21.03）、氯化钠光学元件（税目90.01）、培养氯化钠晶体≥2.5克/颗（税目38.24）
2501.0019	----其他	1. 成分含量；2. 包装规格；3. 是否食用盐			不包括加调料的盐（税目21.03）、氯化钠光学元件（税目90.01）、培养氯化钠晶体≥2.5克/颗（税目38.24）
2501.0020	---纯氯化钠	1. 成分含量；2. 包装规格			不包括加调料的盐（税目21.03）、氯化钠光学元件（税目90.01）、培养氯化钠晶体≥2.5克/颗（税目38.24）
2501.0030	---海水	1. 成分含量；2. 包装规格			不包括加调料的盐（税目21.03）、氯化钠光学元件（税目90.01）、培养氯化钠晶体≥2.5克/颗（税目38.24）

税则号列	商品名称	申报要素 归类要素	申报要素 价格要素	申报要素 其他要素	说明
25.02	未焙烧的黄铁矿：	1. 成分含量；2. 加工方法（未焙烧、破碎、磨碎、磁选、重力分离、浮选、筛选等）	3. 矿区名称；4. 签约日期；5. 计价日期；6. 有无滞期费（无滞期费、滞期费未确定、滞期费已申报）。		
2502.0000	未焙烧的黄铁矿				
25.03	各种硫磺，但升华硫磺、沉淀硫磺及胶态硫磺除外：	1. 加工工艺	2. 状态（液态、固态、粉状、块状等）；3. 成分含量；4. 计价日期		不包括升华硫磺、沉淀硫磺、胶态硫磺（税目28.02）。例：硫磺（液体罐装）
2503.0000	各种硫磺，但升华硫磺、沉淀硫磺及胶态硫磺除外				
25.04	天然石墨：	1. 外观（粉末、鳞片、块等）；2. 来源（是否天然）；3. 是否球化加工	4. 石墨含量；5. 细度指标（细度或鳞片大小）		
	-粉末或粉片：				
2504.1010	---鳞片				
	---其他：				
2504.1091	----球化石墨				
2504.1099	----其他				
2504.9000	-其他				
25.05	各种天然砂，不论是否着色，但第二十六章的含金属矿砂除外：	1. 来源（如海砂、湖砂或河砂等）			不包括第二十六章的金属砂、焦油砂、沥青砂
2505.1000	-硅砂及石英砂				
2505.9000	-其他				
25.06	石英（天然砂除外）；石英岩，不论是否粗加修整或仅用锯或其他方法切割成矩形（包括正方形）的板、块：	1. 加工方法（天然状态、粗加修整、简单切割等）；2. 外观（颜色；形状）；3. 规格			不包括宝石半宝石及制品（第七十一章）
2506.1000	-石英				
2506.2000	-石英岩				

税则号列	商品名称	申报要素			说明
		归类要素	价格要素	其他要素	
25.07	高岭土及类似土，不论是否煅烧：	1. 成分含量；2. 是否活化	3. 用途；4. 颜色；5. 形状；6. 加工方法（煅烧、未煅烧）7. 白度；8. 细度指标（细度或鳞片大小）		不包括含高岭土的砂（税目25.05）
2507.0010	---高岭土				
2507.0090	---其他				
25.08	其他黏土（不包括税目68.06的膨胀黏土）、红柱石、蓝晶石及硅线石，不论是否煅烧；富铝红柱石；火泥及第纳斯土：				
2508.1000	-膨润土	1. 是否活化	2. 用途；3. 蒙脱石含量		
2508.3000	-耐火黏土	1. 是否活化	2. 氧化铝含量；3. 级别；4. 含有添加剂、未含有改性添加剂请注明；5. 改性、未改性请注明		如级别：耐火级或研磨级
2508.4000	-其他黏土	1. 是否活化	2. 氧化铝含量；3. 级别；4. 是否含有添加剂或改性		不包括税目25.30的颜料土、活性黏土（税目38.02）、膨胀黏土（税目68.06）
2508.5000	-红柱石、蓝晶石及硅线石	1. 种类；2. 是否活化	3. 用途		
2508.6000	-富铝红柱石	1. 种类；2. 是否活化	3. 用途		
2508.7000	-火泥及第纳斯土	1. 种类；2. 是否活化	3. 用途		
25.09	白垩				不包括磷酸白垩（税目25.10）、法国白垩或威尼斯白垩（税目25.26）
2509.0000	白垩				
25.10	天然磷酸钙、天然磷酸铝钙及磷酸盐白垩：	1. 加工方法（是否碾磨及其他进一步加工）；2. 种类（磷灰石、天然磷酸钙、天然磷酸铝钙及磷酸盐白垩等）	3. 注明五氧化二磷含量		不包括超出清除杂质范围的煅烧或进一步热处理的产品（第三十一章）

税则号列	商品名称	申报要素			说明
		归类要素	价格要素	其他要素	
	-未碾磨：				
2510.1010	---磷灰石				
2510.1090	---其他				
	-已碾磨：				
2510.2010	---磷灰石				
2510.2090	---其他				
25.11	天然硫酸钡（重晶石）；天然碳酸钡（毒重石），不论是否煅烧，但税目28.16的氧化钡除外：				
2511.1000	-天然硫酸钡（重晶石）	1. 加工方法	2. 级别（钻井级、化工级、涂料级等）；3. 细度（目数）		
2511.2000	-天然碳酸钡（毒重石）	1. 加工方法			
25.12	硅质化石粗粉（例如，各种硅藻土）及类似的硅质土，不论是否煅烧，其表观比重不超过1：	1. 是否活化；2. 表观比重	3. 品牌（中文或外文名称）；4. 种类；5. 是否改性；6. 二氧化硅含量		不包括活性硅藻土（税目38.02）
2512.0010	---硅藻土				
2512.0090	---其他				
25.13	浮石；刚玉岩；天然刚玉砂；天然石榴石及其他天然磨料，不论是否热处理：	1. 加工方法（如天然原状、破碎等）	2. 用途		
2513.1000	-浮石	1. 加工方法（如天然原状、破碎等）	2. 用途		
2513.2000	-刚玉岩、天然刚玉砂、天然石榴石及其他天然磨料	1. 种类（刚玉岩、天然刚玉砂、天然石榴石、天然磨料等）			不包括其他税目列名的磨料（税目25.17等）
25.14	板岩，不论是否粗加修整或仅用锯或其他方法切割成矩形（包括正方形）的板、块：	1. 用途；2. 加工方法（天然原状、粗加修整、锯、割等）；3. 形状			不包括铺屋顶、饰墙面及防潮用的板石（税目68.03）
2514.0000	板岩，不论是否粗加修整或仅用锯或其他方法切割成矩形（包括正方形）的板、块				
25.15	大理石、石灰华及其他石灰质碑用或建筑用石，表观比重为2.5及以上，蜡石，不论是否粗加修整或仅用锯或其他方法切割成矩形（包括正方形）的板、块：				

税则号列	商品名称	申报要素			说明
		归类要素	价格要素	其他要素	
	-大理石及石灰华：	1. 加工方法（天然原状、粗加修整、锯割等）；2. 外观（颜色；形状）；3. 表观比重	4. 体积或面积数量（立方米数或平方米数）；5. 花色品种的中文及英文名称；6. 规格（长宽高）；7. 矿区名称		
2515.1100	--原状或粗加修整				
2515.1200	--用锯或其他方法切割成矩形（包括正方形）的板、块				
2515.2000	-其他石灰质碑用或建筑用石；蜡石	1. 加工方法（天然原状、粗加修整、锯、割等）；2. 外观（颜色；形状）；3. 除蜡石外要注明表观比重			
25.16	花岗岩、斑岩、玄武岩、砂岩以及其他碑用或建筑用石，不论是否粗加修整或仅用锯或其他方法切割成矩形（包括正方形）的板、块：				
	-花岗岩：	1. 加工方法（天然原状、粗加修整、锯、割等）；2. 外观（颜色；形状）	3. 体积或面积数量（立方米数或平方米数）；4. 花色品种的中文及英文名称；5. 规格（长宽高）；6. 矿区名称		
2516.1100	--原状或粗加修整				
2516.1200	--仅用锯或其他方法切割成矩形（包括正方形）的板、块				
2516.2000	-砂岩	1. 加工方法（天然原状、粗加修整、锯、割等）；2. 形状	3. 体积或面积数量（立方米数或平方米数）；4. 花色品种的中文及英文名称；5. 规格（长宽高）		

税则号列	商品名称	申报要素			说明
		归类要素	价格要素	其他要素	
2516.9000	-其他碑用或建筑用石	1. 用途；2. 加工方法（天然原状、粗加修整、锯、割等）；3. 形状			不包括第七十一章的宝石及半宝石、用于印刷业的石灰石（通称为石印石，税目25.30）
25.17	通常作混凝土粒料、铺路、铁道路基或其他路基用的卵石、砾石及碎石，圆石子及燧石，不论是否热处理；矿渣、浮渣及类似的工业残渣，不论是否混有本税目第一部分所列的材料；沥青碎石，税目25.15、25.16所列各种石料的碎粒、碎屑及粉末，不论是否热处理：				
2517.1000	-通常作混凝土粒料、铺路、铁道路基或其他路基用的卵石、砾石及碎石，圆石子及燧石，不论是否热处理	1. 用途；2. 形状			不包括切成块的燧石、人工磨圆的卵石
2517.2000	-矿渣、浮渣及类似的工业残渣，不论是否混有子目2517.10所列的材料	1. 用途；2. 来源（是否矿渣、浮渣、残渣等）			
2517.3000	-沥青碎石	1. 用途			
	-税目25.15及25.16所列各种石料的碎粒、碎屑及粉末，不论是否热处理：				
2517.4100	--大理石的				
2517.4900	--其他				
25.18	白云石，不论是否煅烧或烧结、粗加修整或仅用锯或其他方法切割成矩形（包括正方形）的板、块：	1. 加工方法（夯混、是否煅烧或烧结、粗加修整、锯、割等）；2. 形状			
2518.1000	-未煅烧或未烧结的白云石				
2518.2000	-已煅烧或烧结的白云石				
25.19	天然碳酸镁（菱镁矿）；熔凝镁氧矿；烧结镁氧矿，不论烧结前是否加入少量其他氧化物；其他氧化镁，不论是否纯净	1. 加工方法；2. 成分含量		3. 粉状请注明细度，粒状请注明直径	
2519.1000	-天然碳酸镁（菱镁矿）				
	-其他：				
2519.9010	---熔凝镁氧矿				
2519.9020	---烧结镁氧矿（重烧镁）				
2519.9030	---碱烧镁（轻烧镁）				

税则号列	商品名称	申报要素			说明
		归类要素	价格要素	其他要素	
	---其他:				不包括氧化镁光学元件（税目90.01）、培养氧化镁晶体≥2.5克/颗（税目38.24）。例：化学纯氧化镁（MgO含量99.9%）
2519.9091	----化学纯氧化镁				
2519.9099	----其他				
25.20	生石膏；硬石膏；熟石膏（由煅烧的生石膏或硫酸钙构成），不论是否着色，也不论是否带有少量促凝剂或缓凝剂:				
2520.1000	-生石膏；硬石膏	1.用途（是否牙科用或其他用途）；2.成分含量		3.来源	
	-熟石膏:	1.用途（是否牙科用或其他用途）		2.来源	
2520.2010	---牙科用				
2520.2090	---其他				
25.21	石灰石助熔剂；通常用于制造石灰或水泥的石灰石及其他钙质石:	1.用途			
2521.0000	石灰石助熔剂；通常用于制造石灰或水泥的石灰石及其他钙质石				
25.22	生石灰、熟石灰及水硬石灰，但税目**28.25**的氧化钙及氢氧化钙除外:				
2522.1000	-生石灰				
2522.2000	-熟石灰				
2522.3000	-水硬石灰				
25.23	硅酸盐水泥、矾土水泥、矿渣水泥、富硫酸盐水泥及类似的水凝水泥，不论是否着色，包括水泥熟料:	1.用途	2.品牌（中文或外文名称）；3.厂家名称		不包括耐火水泥及灰泥（税目38.16）、非耐火的灰泥及混凝土（税目38.24）、英国水泥或干固水泥（税目25.20）等
2523.1000	-水泥熟料				
	-硅酸盐水泥:				
2523.2100	--白水泥，不论是否人工着色				
2523.2900	--其他				
2523.3000	-矾土水泥				
2523.9000	-其他水凝水泥				

税则号列	商品名称	申报要素			说 明
		归类要素	价格要素	其他要素	
25.24	石棉：	1. 是否青石棉；2. 是否长纤维	3. 型号		不包括人工染色、梳理等进一步加工的（税目68.12）。例：青石棉（长纤维）
2524.1000	-青石棉				
	-其他：				
2524.9010	---长纤维的				
2524.9090	---其他				
25.25	云母，包括云母片；云母废料：	1. 用途；2. 形状			不包括切割或冲模成型、黏合的、复制的
2525.1000	-原状云母及劈开的云母片				
2525.2000	-云母粉				
2525.3000	-云母废料				
25.26	天然冻石，不论是否粗加修整或仅用锯或其他方法切割成矩形（包括正方形）的板、块；滑石：				
	-未破碎及未研粉：	1. 加工方法（天然原状、粗加修整、简单切割等）；2. 是否破碎			
2526.1010	---天然冻石				
2526.1020	---滑石				
	-已破碎或已研粉：				
2526.2010	---天然冻石	1. 加工方法（天然原状、粗加修整、简单切割等）；2. 是否破碎			
2526.2020	---滑石	1. 加工方法（天然原状、粗加修整、简单切割等）；2. 是否破碎	3. 白度		
25.28	天然硼酸盐及其精矿（不论是否煅烧），但不包括从天然盐水析离的硼酸盐；天然粗硼酸，含硼酸干重不超过85%：				
2528.0010	---天然硼砂及其精矿（不论是否煅烧）				不包括精制硼砂（税目28.40）。例：白硼钙石
2528.0090	---其他	1. 成分含量			不包括所含硼酸干重超过85%的硼酸（税目28.11）
25.29	长石；白榴石；霞石及霞石正长岩；萤石（氟石）：				

税则号列	商品名称	申报要素			说明
		归类要素	价格要素	其他要素	
2529.1000	-长石	1. 外观（颜色；形状）			不包括第七十一章的宝石及半宝石
	-萤石：	1. 外观（颜色；形状）；2. 氟化钙含量			不包括第七十一章的宝石及半宝石
2529.2100	--按重量计氟化钙含量在97%及以下				
2529.2200	--按重量计氟化钙含量在97%以上				
2529.3000	-白榴石；霞石及霞石正长岩	1. 外观（颜色；形状）			不包括第七十二章的宝石及半宝石
25.30	其他税目未列名的矿产品：				不包括第七十二章的宝石及半宝石
	-未膨胀的蛭石、珍珠岩及绿泥石：				
2530.1010	---绿泥石	1. 用途；2. 加工方法（天然开采、简单破碎、磨粉、未膨胀等）；3. 形状；4. 成分含量		5. 白度	
2530.1020	---未膨胀的蛭石和珍珠岩	1. 用途；2. 加工方法（天然开采、简单破碎、磨粉、未膨胀等）；3. 形状；4. 成分含量			
2530.2000	-硫镁矾矿及泻盐矿（天然硫酸镁）	1. 用途；2. 加工方法（天然开采、简单破碎、磨粉、未膨胀等）；3. 形状；4. 成分含量			
	-其他：				
2530.9010	---矿物性药材	1. 用途；2. 加工方法（天然开采、简单破碎、磨粉、未膨胀等）；3. 形状；4. 成分含量			
2530.9020	---稀土金属矿	1. 用途；2. 加工方法（天然开采、简单破碎、磨粉、未膨胀等）；3. 形状；4. 成分含量		5. 稀土元素的重量百分比，以[A]表示	

税则号列	商品名称	申报要素			说明
		归类要素	价格要素	其他要素	
	---其他：	1.用途；2.加工方法（天然开采、简单破碎、磨粉、未膨胀等）；3.形状；4.成分含量			
2530.9091	----硅灰石				
2530.9092	----锂辉石				
2530.9099	----其他				

第二十六章 矿砂、矿渣及矿灰

注释：

一、本章不包括：

(一) 供铺路用的矿渣及类似的工业废渣（税目25.17）；

(二) 天然碳酸镁（菱镁矿），不论是否煅烧（税目25.19）；

(三) 主要含有石油的石油储罐的淤渣（税目27.10）；

(四) 第三十一章的碱性熔渣；

(五) 矿物棉（税目68.06）；

(六) 贵金属或包贵金属的废碎料；主要用于回收贵金属的含贵金属或贵金属化合物的其他废碎料（税目71.12或85.49）；或

(七) 通过熔炼所产生的铜锍、镍锍或钴锍（第十五类）。

二、税目26.01至26.17所称"矿砂"，是指冶金工业中提炼汞、税目28.44的金属以及第十四类、第十五类金属的矿物，即使这些矿物不用于冶金工业，也包括在内。但税目26.01至26.17不包括不是以冶金工业正常加工方法处理的各种矿物。

三、税目26.20仅适用于：

(一) 在工业上提炼金属或作为生产金属化合物基本原料的矿渣、矿灰及残渣，但焚化城市垃圾所产生的灰、渣除外（税目26.21）；以及

(二) 含有砷的矿渣、矿灰及残渣，不论其是否含有金属，用于提取或生产砷或金属及其化合物。

子目注释：

一、子目2620.21所称"含铅汽油的淤渣及含铅抗震化合物的淤渣"，是指含铅汽油及含铅抗震化合物（例如，四乙基铅）储罐的淤渣，主要含有铅、铅化合物以及铁的氧化物。

二、含有砷、汞、铊及其混合物的矿渣、矿灰及残渣，用于提取或生产砷、汞、铊及其化合物，归入子目2620.60。

【要素释义】

一、归类要素

1. 加工方法：指加工过程中采用的具体方法。本章的加工方法主要包括破碎、磨碎、磁选、重力分离、浮选、筛选、分选、矿粉造块、干燥、煅烧、焙烧、还原、磁化等。

2. 外观：指商品实际的外观状态，主要指商品的颜色和形状等表观性状。例如，子目2616.1项下商品填报"灰黑色；粉末"等。

3. 成分含量：指商品中所包含各种物质的成分及其含量。

4. 平均粒度：代表粉末或粉末中某个分级粉中颗粒的平均大小。

5. 用途：指商品应用的方面、范围。例如，税目26.02项下商品可填报"冶炼硅锰合金用"。

6. 含水率：指天然状态下含水重量与黄金矿砂的干重之比，用百分比表示。

7. 种类：本章主要指的是矿物种类。例如，税目26.12项下商品可填报"钛铀矿""水硅铀矿""沥青铀矿""独居石""钍石"等。

8. 黄金矿砂请申报粒度：指颗粒的大小。通常球体颗粒的粒度用直径表示，立方体颗粒的粒度用边长表示。对不规则的矿物颗粒，可将与矿物颗粒有相同行为的某一球体直径作为该颗粒的等效直径。

9. 来源：一般指的是生产某种商品的原料由何而来（得）。例如，税目26.18项下商品填报"冶炼钢铁产生"。

二、价格要素

1. 矿区名称：指矿产品的原产国（地区）和矿区的名称。例如，"土耳其GAZIANTEP矿区"。

2. 签约日期：指供求双方企业合同签订的日期，只需填报具体日期即可。例如，"20200701"。

3. 含水率：又称水分含量、含湿量，指某材料中水的多少，用百分比表示。例如，"含水率7.4%"。

4. 用途：指税目26.05项下钴矿砂及其精矿的实际应用。例如，"提炼钴和铜金属、钴锂电池用""加工成为钴盐"等。

5. 有无滞期费（无滞期费、滞期费未确定、滞期费已申报）：滞期费指当船舶装货或卸货延期超过装卸货时间时，由租船人向船东所支付的约定款项。按实际情况填报"无滞期费""滞期费未确定""滞期费已申报"。

6. 计价日期：指商品价格所适用的指数或行情的时间，可以是某个时间点，也可以是某个时间段。

三、其他要素

稀土元素的重量百分比，以[A]表示：该要素为税目26.12专有要素，"铀或钍矿砂及其精矿"需填报商品中稀土元素的重量百分比，填报时以"[A]"表示。A代表所含的稀土元素，若含有多种稀土元素，应填报

重量之和百分比。例如，填报"［铽、镝］：10%"。

税则号列	商品名称	申报要素			说明
		归类要素	价格要素	其他要素	
26.01	铁矿砂及其精矿，包括焙烧黄铁矿：				不包括作颜料用的精细研磨的（第三十二章
	-铁矿砂及其精矿，但焙烧黄铁矿除外： --未烧结：	1. 加工方法（破碎、磨碎、磁选、重力分离、浮选、筛选等）； 2. 成分含量；3. 平均粒度	4. 矿区名称； 5. 签约日期； 6. 计价日期； 7. 有无滞期费（无滞期费、滞期费未确定、滞期费已申报）		
2601.1110	---平均粒度小于0.8毫米的				
2601.1120	---平均粒度不小于0.8毫米，但不大于6.3毫米的				
2601.1190	---其他				
2601.1200	--已烧结	1. 加工方法（破碎、磨碎、磁选、重力分离、浮选、筛选等）； 2. 成分含量	3. 矿区名称； 4. 签约日期； 5. 计价日期； 6. 有无滞期费（无滞期费、滞期费未确定、滞期费已申报）		
2601.2000	-焙烧黄铁矿	1. 加工方法（破碎、磨碎、磁选、重力分离、浮选、筛选等）； 2. 成分含量	3. 矿区名称； 4. 签约日期； 5. 计价日期； 6. 有无滞期费（无滞期费、滞期费未确定、滞期费已申报）		
26.02	**锰矿砂及其精矿，包括以干重计含锰量在20%及以上的锰铁矿及其精矿：**	1. 用途；2. 加工方法（破碎、磨碎、磁选、重力分离、浮选、筛选等）；3. 成分含量	4. 矿区名称； 5. 签约日期； 6. 计价日期； 7. 有无滞期费（无滞期费、滞期费未确定、滞期费已申报）		不包括用于干电池的软锰矿（税目25.30）
2602.0000	锰矿砂及其精矿，包括以干重计含锰量在20%及以上的锰铁矿及其精矿				

税则号列	商品名称	申报要素			说明
		归类要素	价格要素	其他要素	
26.03	铜矿砂及其精矿：	1. 加工方法（破碎、磨碎、磁选、重力分离、浮选、筛选等）； 2. 成分含量	3. 含水率； 4. 矿区名称； 5. 签约日期； 6. 计价日期； 7. 有无滞期费（无滞期费、滞期费未确定、滞期费已申报）		
2603.0000	铜矿砂及其精矿				
26.04	镍矿砂及其精矿：	1. 加工方法（破碎、磨碎、磁选、重力分离、浮选、筛选等）； 2. 成分含量	3. 矿区名称； 4. 签约日期； 5. 计价日期； 6. 有无滞期费（无滞期费、滞期费未确定、滞期费已申报）		
2604.0000	镍矿砂及其精矿				
26.05	钴矿砂及其精矿：	1. 加工方法（破碎、磨碎、磁选、重力分离、浮选、筛选等）； 2. 成分含量（申报主要伴生矿物元素含量）	3. 用途；4. 矿区名称；5. 签约日期；6. 计价日期；7. 有无滞期费（无滞期费、滞期费未确定、滞期费已申报）		
2605.0000	钴矿砂及其精矿				
26.06	铝矿砂及其精矿：	1. 加工方法（破碎、磨碎、磁选、重力分离、浮选、筛选等）； 2. 成分含量	3. 矿区名称； 4. 签约日期； 5. 计价日期； 6. 有无滞期费（无滞期费、滞期费未确定、滞期费已申报）		
2606.0000	铝矿砂及其精矿				
26.07	铅矿砂及其精矿：	1. 加工方法（破碎、磨碎、磁选、重力分离、浮选、筛选等）； 2. 成分含量	3. 矿区名称； 4. 签约日期； 5. 计价日期； 6. 有无滞期费（无滞期费、滞期费未确定、滞期费已申报）		

税则号列	商品名称	申报要素 归类要素	申报要素 价格要素	其他要素	说明
2607.0000 **26.08**	铅矿砂及其精矿 **锌矿砂及其精矿：**	1. 加工方法（破碎、磨碎、磁选、重力分离、浮选、筛选等）；2. 成分含量	3. 矿区名称；4. 签约日期；5. 计价日期；6. 有无滞期费（无滞期费、滞期费未确定、滞期费已申报）		
2608.0000 **26.09**	锌矿砂及其精矿 **锡矿砂及其精矿：**	1. 加工方法（破碎、磨碎、磁选、重力分离、浮选、筛选等）；2. 成分含量	3. 矿区名称；4. 签约日期；5. 计价日期；6. 有无滞期费（无滞期费、滞期费未确定、滞期费已申报）		
2609.0000 **26.10**	锡矿砂及其精矿 **铬矿砂及其精矿：**	1. 加工方法（破碎、磨碎、磁选、重力分离、浮选、筛选等）；2. 成分含量	3. 矿区名称；4. 签约日期；5. 计价日期；6. 有无滞期费（无滞期费、滞期费未确定、滞期费已申报）		
2610.0000 **26.11**	铬矿砂及其精矿 **钨矿砂及其精矿：**	1. 加工方法（破碎、磨碎、磁选、重力分离、浮选、筛选等）；2. 成分含量	3. 矿区名称；4. 签约日期		
2611.0000 **26.12** 2612.1000	钨矿砂及其精矿 **铀或钍矿砂及其精矿：** -铀矿砂及其精矿	1. 加工方法（破碎、磨碎、磁选、重力分离、浮选、筛选等）；2. 成分含量；3. 种类（钛铀矿、水硅铀矿、沥青铀矿等）	4. 矿区名称；5. 签约日期；6. 计价日期；7. 有无滞期费（无滞期费、滞期费未确定、滞期费已申报）		

税则号列	商品名称	申报要素			说明
		归类要素	价格要素	其他要素	
2612.2000	-钍矿砂及其精矿	1. 加工方法（破碎、磨碎、磁选、重力分离、浮选、筛选等）；2. 成分含量；3. 种类（独居矿、钍石等）	4. 矿区名称；5. 签约日期；6. 计价日期；7. 有无滞期费（无滞期费、滞期费未确定、滞期费已申报）	8. 稀土元素的重量百分比，以[A]表示	
26.13	钼矿砂及其精矿：	1. 加工方法（破碎、磨碎、磁选、重力分离、浮选、筛选等）；2. 成分含量	3. 矿区名称；4. 签约日期；5. 计价日期；6. 有无滞期费（无滞期费、滞期费未确定、滞期费已申报）		不包括用作润滑剂的辉钼矿（税目25.30）
2613.1000	-已焙烧				
2613.9000	-其他				
26.14	钛矿砂及其精矿：	1. 加工方法（破碎、磨碎、磁选、重力分离、浮选、筛选等）；2. 成分含量	3. 矿区名称；4. 签约日期；5. 计价日期；6. 有无滞期费（无滞期费、滞期费未确定、滞期费已申报）		不包括用作颜料的钛矿粉末（第三十二章）
2614.0000	钛矿砂及其精矿				
26.15	铌、钽、钒或锆矿砂及其精矿：				不包括搪瓷生产上作遮光料的微化锆砂（税目25.30）
2615.1000	-锆矿砂及其精矿	1. 加工方法（破碎、磨碎、磁选、重力分离、浮选、筛选等）；2. 成分含量；3. 粒度	4. 矿区名称；5. 签约日期；6. 计价日期；7. 有无滞期费（无滞期费、滞期费未确定、滞期费已申报）		

税则号列	商品名称	申报要素 归类要素	申报要素 价格要素	申报要素 其他要素	说明
	-其他：	1. 加工方法（破碎、磨碎、磁选、重力分离、浮选、筛选等）；2. 成分含量	3. 矿区名称；4. 签约日期；5. 计价日期；6. 有无滞期费（无滞期费、滞期费未确定、滞期费已申报）		
2615.9010	---水合钽铌原料（钽铌矿富集物）				
2615.9090	---其他				
26.16	**贵金属矿砂及其精矿：**				
2616.1000	-银矿砂及其精矿	1. 加工方法（破碎、磨碎、磁选、重力分离、浮选、筛选等）；2. 外观（颜色；形状）；3. 成分含量	4. 矿区名称；5. 签约日期；6. 计价日期；7. 有无滞期费（无滞期费、滞期费未确定、滞期费已申报）		
2616.9000	-其他	1. 加工方法（破碎、磨碎、磁选、重力分离、浮选、筛选等）；2. 含水率；3. 成分含量；4. 黄金矿砂请申报粒度［货物通过74微米（或200目）标准筛的筛下物的量比］	5. 矿区名称；6. 签约日期；7. 计价日期；8. 有无滞期费（无滞期费、滞期费未确定、滞期费已申报）		
26.17	**其他矿砂及其精矿：**	1. 加工方法（破碎、磨碎、磁选、重力分离、浮选、筛选等）；2. 成分含量	3. 矿区名称；4. 签约日期；5. 计价日期；6. 有无滞期费（无滞期费、滞期费未确定、滞期费已申报）		
	-锑矿砂及其精矿：				
2617.1010	---生锑（锑精矿，选矿产品）				
2617.1090	---其他				
	-其他：				
2617.9010	---朱砂（辰砂）				
2617.9090	---其他				
26.18	**冶炼钢铁所产生的粒状熔渣（熔渣砂）：**	1. 用途；2. 加工方法（破碎、磨碎、磁选、重力分离、浮选、筛选等）；3. 形状；4. 成分含量；5. 来源			不包括泡沫矿渣、矿渣棉（税目68.06）、矿渣水泥（税目25.23）

税则号列	商品名称	申报要素 归类要素	申报要素 价格要素	申报要素 其他要素	说明
2618.0010	---主要含锰				
2618.0090	---其他				
26.19	冶炼钢铁所产生的熔渣、浮渣（粒状熔渣除外）、氧化皮及其他废料：	1.用途；2.加工方法（破碎、磨碎、磁选、重力分离、浮选、筛选等）；3.形状；4.成分含量；5.来源	6.计价日期；7.有无滞期费（无滞期费、滞期费未确定、滞期费已申报）		不包括经破碎并粗略分级的筑路熔渣（税目25.17）
2619.0000	冶炼钢铁所产生的熔渣、浮渣（粒状熔渣除外）、氧化皮及其他废料				
26.20	含有金属、砷及其化合物的矿渣、矿灰及残渣（冶炼钢铁所产生的灰、渣除外）：	1.用途；2.加工方法（破碎、磨碎、磁选、重力分离、浮选、筛选等）；3.形状；4.成分含量；5.来源			不包括冶炼钢铁所产生的
	-主要含锌：				
2620.1100	--含硬锌				
2620.1900	--其他				
	-主要含铅：				
2620.2100	--含铅汽油的淤渣及含铅抗震化合物的淤渣				
2620.2900	--其他				
2620.3000	-主要含铜				
2620.4000	-主要含铝				
2620.6000	-含有砷、汞、铊及其混合物，用于提取或生产砷、汞、铊及其化合物				
	-其他：				
2620.9100	--含有锑、铍、镉、铬或其混合物				
	--其他：				
2620.9910	---主要含钨				
2620.9990	---其他				
26.21	其他矿渣及矿灰，包括海藻灰（海草灰）；焚化城市垃圾所产生的灰、渣：	1.用途；2.加工方法（破碎、磨碎、磁选、重力分离、浮选、筛选等）；3.形状；4.成分含量；5.来源			
2621.1000	-焚化城市垃圾所产生的灰、渣				
2621.9000	-其他				

第二十七章 矿物燃料、矿物油及其蒸馏产品；沥青物质；矿物蜡

注释：

一、本章不包括：

（一）单独的已有化学定义的有机化合物，但纯甲烷及纯丙烷应归入税目 27.11；

（二）税目 30.03 及 30.04 的药品；或

（三）税目 33.01、33.02 及 38.05 的不饱和烃混合物。

二、税目 27.10 所称"石油及从沥青矿物提取的油类"，不仅包括石油、从沥青矿物提取的油及类似油，还包括那些用任何方法提取的主要含有不饱和烃混合物的油，但其非芳族成分的重量必须超过芳族成分。

然而，它不包括温度在 300 摄氏度时，压力转换为 1013 毫巴下后减压蒸馏出的液体合成聚烯烃以体积计小于 6% 的货品（第三十九章）。

三、税目 27.10 所称"废油"，是指主要含石油及从沥青矿物提取的油类（参见本章注释二）的废油，不论其是否与水混合。它们包括：

（一）不再适于作为原产品使用的废油（例如，用过的润滑油、液压油及变压器油）；

（二）石油储罐的淤渣油，主要含废油及高浓度的在生产原产品时使用的添加剂（例如，化学品）；以及

（三）水乳浊液状的或与水混合的废油，例如，浮油、清洗油罐所得的油或机械加工中已用过的切削油。

子目注释：

一、子目 2701.11 所称"无烟煤"，是指含挥发物（以干燥、无矿物质计）不超过 14% 的煤。

二、子目 2701.12 所称"烟煤"，是指含挥发物（以干燥、无矿物质计）超过 14%，并且热值（以潮湿、无矿物质计）等于或大于 5833 大卡/千克的煤。

三、子目 2707.10、2707.20、2707.30 及 2707.40 所称"粗苯""粗甲苯""粗二甲苯"及"萘"，是分别指按重量计苯、甲苯、二甲苯或萘的含量在 50% 以上的产品。

四、子目 2710.12 所称"轻油及其制品"，是指根据 ISO 3405 方法（等同于 ASTM D86 方法），温度在 210 摄氏度时以体积计馏出量（包括损耗）在 90% 及以上的产品。

五、税目 27.10 的子目所称"生物柴油"，是指从动植物油脂或微生物油脂（不论是否使用过）得到的用作燃料的脂肪酸单烷基酯。

【要素释义】

一、归类要素

1. 挥发物含量：指税目 27.01、27.02 项下煤中以干燥、无矿物质计或干燥、无灰基计的含挥发物的含量。

2. 挥发分（干燥无灰基）：根据中国煤炭分类（GB/T 5751-2009）标准，符号为 Vdaf，表示在无水无灰状况下挥发物质的产率。例如，挥发分（干燥无灰基）38%。

3. 恒湿无灰基高位发热量：根据中国煤炭分类（GB/T 5751-2009）标准，符号为 Qgr, maf，表示在含有最高内在水分、无灰状况下挥发物质的热值。例如：恒湿无灰基高位发热量 4210 大卡。

4. 以潮湿、无矿物质计热值：指税目 27.01、27.02 项下煤在发热量测定仪中经过燃烧所产生的热量。

5. 收到基低位或高位热值：指税目 27.01、27.02 项下煤在发热量测定仪中经过燃烧所产生的热量，在填报时要注明是收到基低位热值还是收到基高位热值。例如，税则号列 2701.1290 项下商品可填报"收到基低位热值 6551 大卡/千克"。

6. 胶质层最大厚度：该要素为判断炼焦煤的专有归类要素。

7. 黏结指数：该要素为判断炼焦煤的专有归类要素。

8. 外观：指商品实际的外观状态，主要指商品的颜色和形状等表观性状。例如，子目 2701.2 项下商品可填报"黑色；球状""黑灰色；砖状"等。

9. 来源：一般指的是生产某种商品的原料从何而来（得）。例如，税目 27.03 项下商品可填报"碳化的植物而得"等；税则号列 2710.9100、2710.9900 项下商品填报"清洗油罐所得的油""机械加工中已用过的切削油"等。

10. 用途：指商品应用的方面、范围。例如，税则号列 2710.1230 项下商品可填报"橡胶用""油漆用"等。

11. 成分含量：指商品中所包含各种物质的成分及其含量。税则号列 2707.5000 及子目 2707.9 项下的商品需填报"芳族含量"，芳族含量按海关总署公告 2018 年第 201 号文规定应选取 HS/T 50 或 SH/T 0753 等方法测算。例如，烷烃 20%、环烷烃 25%、芳烃 55%。

12. 结晶点：指在规定条件下，使液体试样降温，出现结晶时，在液相中测量到的一个恒定温度或回升的最高

温度。一般用摄氏温度表示。

13. 按 ISO 3405 方法，温度在 250℃ 时以体积计的馏出量：税目 27.07 项下商品需填报以 ISO 3405 方法（等同于 ASTM D86），温度在 250℃ 时商品蒸馏出的含量以体积计的百分比。

14. 馏程（初馏点温度及终馏点温度等）：在标准条件下，蒸馏煤焦油或石油所得的沸点范围，即在一定温度范围内该油品中可能蒸馏出来的油品数量和温度的标示。例如，税则号列 2710.1210、2710.1220、2710.1230、2710.1299 项下商品应填报初馏点、终馏点及 210 摄氏度时以体积计馏出量。税则号列 2710.1923 项下商品应填报初馏点、终馏点及 50% 回收温度、90% 回收温度、95% 回收温度。

15. 运动黏度指标：指在一定温度下，流体的动力黏度与密度之比。税则号列 2710.1929 需填报 50℃ 和 100℃ 时的运动黏度，例如，运动黏度 50℃：113.5mm^2/s，100℃：16.72mm^2/s。税则号列 2710.1999 项下商品则根据商品种类，选择填报 40℃ 或 50℃ 或 100℃ 时的运动黏度。

16. 水和沉淀物含量：税则号列 2710.1922 和 2710.1929 项下商品的归类要素，"5~7 号燃料油"和"其他燃料油"需填报水和沉淀物的量。

17. 闪点：指在规定的条件下，加热试样，当试样达到某温度时，试样的蒸汽和周围空气的混合气，一旦与火焰接触，即发生闪燃现象，发生闪燃时试样的最低温度，称为闪点。测定闪点的方法有开口闪点和闭口闪点两种。5 号、6 号燃料油填报闭口闪点，7 号燃料油填报开口闪点。

18. 从石油或沥青提取矿物油类的百分比含量：税则号列 2710.1991、2710.1992 和 2710.2000 项下商品需填报从石油或沥青提取矿物油类的百分比含量。

19. 初馏点：指油品在馏程测定时，第一滴冷凝液从冷凝器的末端落下瞬间所记录的温度。

20. 98% 馏出温度：指以体积计馏出量达到 98% 时所记录的温度。

21. 正构烷烃含量：指税则号列 2710.1994 项下液体石蜡和重质液体石蜡中所含正构烷烃的含量。

22. 芳烃含量：指税则号列 2710.1994 项下液体石蜡和重质液体石蜡中所含芳烃的含量。

23. 成分（包括生物柴油的含量）：指由油脂反应制得的不同链长脂肪酸酯的含量之和，典型的脂肪酸酯包括脂肪酸甲酯和脂肪酸乙酯。

24. 状态：指税目 27.11 项下石油气及其他烃类气需填报"液化"或"气态"。

25. 是否零售包装：指子目 2712.10 项下凡士林需填报出是否为零售包装形式。

26. 加工方法：指使原材料、半成品变得合用或达到某种要求而采用的处理过程，也指改变原材料、毛坯或半成品的形状、尺寸、性质或表面状态，使之达到规定要求的各种形状的方法。例如，税则号列 2712.9010 项下商品可填报"从石油残渣的润滑油馏分提取而得"；税目 2713.1 项下商品可填报"煅烧""未煅烧"等。

27. 含油量：指税则号列 2712.2000 项下石蜡需填报石蜡的含油量百分比。

28. 200℃ 以下时蒸馏出的芳烃体积百分比：指样品在 200℃ 以下时馏出的芳烃占该原样品的体积百分比，而非馏出的芳烃占馏出的样品体积比。

29. 蒸馏温度在 360℃ 时蒸馏残余物的针入度：是测量表示高黏度液体软硬程度或稠度的指标。是在标准规定条件下，标准针垂直穿入试样中的深度，以 1/10mm 表示。

30. 生产工艺：是指生产该商品过程中采用的原料及具体加工方法。

二、价格要素

1. 灰分：试样在规定条件下完全燃烧后所得到的残留物，是衡量煤产品、燃料油和石油焦等产品用途和级别的技术指标之一，用质量百分比表示。

2. 含硫量：指商品中所含硫的重量百分比含量，用百分比表示。税则号列 2710.1999 项下商品如果还需进一步炼制加工，则需填报含硫量。

3. 含水量：指税目 27.02 项下褐煤、27.04 项下焦炭和 27.15 项下沥青的价格要素，用百分比表示。

4. 透光率：划分褐煤和烟煤的主要指标，用百分比表示。

5. 挥发物含量：子目 2704.001 项下焦炭的价格要素，指挥发分（Volatile Matter），用百分比表示。

6. 气孔率：子目 2704.001 项下焦炭的价格要素，指焦炭气孔体积占总体积的百分数，影响焦炭的反应性和强度，用百分比表示。

7. 含磷量：子目 2704.001 项下焦炭的价格要素，是指焦炭产品的成分之一，用百分比表示。通常为 0.03% 以下。例如，"0.02%"。

8. 粒度：子目 2704.001 项下焦炭的价格要素，用"毫米"表示。

9. 外观：子目 2707.4 项下萘的专用价格要素，指萘的颜色和状态。萘的外观是白色，允许带微红或微黄粉状、片状结晶。例如，"白色片状晶体"。

10. 品牌（中文或外文名称）：指制造商或经销商加在商品上的品牌标志，实际需要申报中文或外文品牌名称。

例如,"Shell(壳)牌"。

11. 型号:不同用途的油品用不同的型号表示。例如,子目 2710.123 项下玻璃专用高温橡胶溶剂油的型号填报"CKG250H";税则号列 2710.1991 项下润滑油的型号填报"ISO VG46""AGIP OTE46";税则号列 2710.1992 项下高温高速摩擦部等的润滑脂的型号填报"SR-320"。

12. 包装规格:指商品的个体包装方式和规格。例如,"1000 毫升/桶"。

13. 包装容器的容积:指包装容器的体积大小。例如,"1000 立方米"。

14. 加工方法(压力货、冷冻货等):税目 27.11 项下石油气及其他烃类气的专有价格要素。只需填报"压力货"或者"冷冻货"等加工方法即可。

15. 含蜡量:子目 2713.2 项下石油沥青的价格指标,用百分比表示。

16. 签约日期:指供求双方企业合同签订的日期,只需填报具体日期即可。例如,"20200701"。

17. 计价日期:指商品价格所适用的指数或行情的时间,可以是某个时间点,也可以是某个时间段。

18. 有无滞期费(无滞期费、滞期费未确定、滞期费已申报):滞期费指当船舶装货或卸货延期超过卸货时间时,由租船人向船东所支付的约定款项。按实际情况填报"无滞期费""滞期费未确定""滞期费已申报"。

19. 百万英热值(MMBtu):指天然气的热值,用"MMBtu"表示。

20. 种类:指石油原油及从沥青矿物提取的原油的油种或类型。例如,"巴士拉中质原油""BASRAH MEDIUM 原油""SENORO 凝析油""RONCADOR 28 原油""CASTILLA BLEND 原油"等。

21. 密度或 API 度:物质单位体积的质量叫做这种物质的密度,美国常用 API 度来表示石油的密度,它与国际通用的密度存在一定的换算关系。API 度与国际通用的密度在数值上呈相反关系,API 度高的石油,实际上都是密度低的轻质石油。该要素为税目 27.09 项下商品专有归类要素,"石油原油及从沥青矿物提取的原油"需填报密度或 API 度。税则号列 2710.1999 项下商品如果还需进一步炼制加工,则需填报密度。

22. 若为凝析油需注明:凝析油为天然气提取稳定过程中所得的原油,这一操作包括主要通过冷却和降压从含大量石油气的天然气中制得可凝析烃(C4 至大约 C20)。该要素为税目 27.09 项下商品的专有归类要素,货品若为凝析油需明确注明。

23. 沥青质含量:指沥青混合物中不溶于低分子质量烷烃(C5-C7),但能溶于热苯的不同结构的高分子化合物的复杂混合物的含量,以质量分数表示。

税则号列	商品名称	申报要素			说明
		归类要素	价格要素	其他要素	
27.01	煤;煤砖、煤球及用煤制成的类似固体燃料:				不包括黑玉(税目 25.30)、褐煤(税目 27.02)、焦炭及半焦炭(税目 27.04)
	-煤,不论是否粉化,但未制成型:				
2701.1100	--无烟煤	1. 挥发物含量(以干燥、无矿物质计);2. 以潮湿、无矿物质计热值;3. 收到基低位或高位热值	4. 灰分;5. 含硫量;6. 含水量;7. 签约日期;8. 计价日期;9. 有无滞期费(无滞期费、滞期费未确定、滞期费已申报)		
	--烟煤:				

税则号列	商品名称	申报要素			说明
		归类要素	价格要素	其他要素	
2701.1210	---炼焦煤	1. 挥发物含量（以干燥、无矿物质计）；2. 以潮湿、无矿物质计热值和收到基低位或高位热值；3. 胶质层最大厚度；4. 黏结指数	5. 灰分；6. 含硫量；7. 含水量；8. 签约日期；9. 计价日期；10. 有无滞期费（无滞期费、滞期费未确定、滞期费已申报）；11. 品种（按检验证明上的描述申报）		
2701.1290	---其他	1. 挥发物含量（以干燥、无矿物质计）；2. 以潮湿、无矿物质计热值；3. 收到基低位或高位热值；4. 黏结指数	5. 灰分；6. 含硫量；7. 含水量；8. 签约日期；9. 计价日期；10. 有无滞期费（无滞期费、滞期费未确定、滞期费已申报）		
2701.1900	--其他煤	1. 挥发物含量（以干燥、无矿物质计）；2. 挥发分（干燥无灰基）；3. 恒湿无灰基高位发热量；4. 以潮湿、无矿物质计热值；5. 收到基低位或高位热值	6. 灰分；7. 含硫量；8. 含水量；9. 透光率；10. 签约日期；11. 计价日期；12. 有无滞期费（无滞期费、滞期费未确定、滞期费已申报）		
2701.2000	-煤砖、煤球及用煤制成的类似固体燃料	1. 外观；2. 挥发物含量（以干燥、无矿物质计）；3. 等级；4. 以潮湿、无矿物质计热值；5. 收到基低位或高位热值	6. 灰分；7. 含硫量；8. 含水量；9. 签约日期；10. 计价日期；11. 有无滞期费（无滞期费、滞期费未确定、滞期费已申报）		

税则号列	商品名称	申报要素			说明
		归类要素	价格要素	其他要素	
27.02	褐煤，不论是否制成型，但不包括黑玉：				不包括黑玉（税目25.30）
2702.1000	-褐煤，不论是否粉化，但未制成型	1. 外观；2. 挥发物含量（以干燥、无灰基计）；3. 恒湿无灰基高位发热量；4. 以潮湿、无矿物质计热值；5. 收到基低位或高位热值	6. 透光率；7. 含水量；8. 签约日期；9. 计价日期；10. 有无滞期费（无滞期费、滞期费未确定、滞期费已申报）		
2702.2000	-制成型的褐煤	1. 外观；2. 挥发物含量（以干燥、无灰基计）；3. 恒湿无灰基高位发热量；4. 以潮湿、无矿物质计热值；5. 收到基低位或高位热值	6. 透光率；7. 含水量；8. 签约日期；9. 计价日期；10. 有无滞期费（无滞期费、滞期费未确定、滞期费已申报）		
27.03	泥煤（包括肥料用泥煤），不论是否制成型：	1. 外观；2. 来源	3. 签约日期；4. 计价日期		
2703.0000	泥煤（包括肥料用泥煤），不论是否制成型				
27.04	煤、褐煤或泥煤制成的焦炭及半焦炭，不论是否制成型；甑炭：				不包括电气用甑炭制品（税目85.45）
2704.0010	---焦炭或半焦炭	1. 来源	2. 挥发物含量（以干燥、无矿物质计）；3. 气孔率；4. 含磷量；5. 灰分；6. 粒度；7. 含水量；8. 含硫量；9. 签约日期；10. 计价日期		
2704.0090	---其他	1. 来源	2. 签约日期；3. 计价日期		
27.05	煤气、水煤气、炉煤气及类似气体，但石油气及其他烃类气除外：	1. 来源	2. 签约日期；3. 计价日期		不包括石油气及其他烃类气体（税目27.11）
2705.0000	煤气、水煤气、炉煤气及类似气体，但石油气及其他烃类气除外				

税则号列	商品名称	申报要素			说明
		归类要素	价格要素	其他要素	
27.06	从煤、褐煤或泥煤蒸馏所得的焦油及其他矿物焦油，不论是否脱水或部分蒸馏，包括再造焦油：	1. 外观；2. 来源；3. 成分含量	4. 签约日期；5. 计价日期		不包括木焦油（税目38.07）
2706.0000	从煤、褐煤或泥煤蒸馏所得的焦油及其他矿物焦油，不论是否脱水或部分蒸馏，包括再造焦油				
27.07	蒸馏高温煤焦油所得的油类及其他产品；芳族成分重量超过非芳族成分的类似产品：				
2707.1000	-粗苯	1. 成分含量	2. 签约日期；3. 计价日期；4. 有无滞期费（无滞期费、滞期费未确定、滞期费已申报）		
2707.2000	-粗甲苯	1. 成分含量	2. 签约日期；3. 计价日期；4. 有无滞期费（无滞期费、滞期费未确定、滞期费已申报）		
2707.3000	-粗二甲苯	1. 成分含量	2. 签约日期；3. 计价日期；4. 有无滞期费（无滞期费、滞期费未确定、滞期费已申报）		
2707.4000	-萘	1. 成分含量（以美国标准实验方法D86为准，250℃时）；2. 结晶点	3. 外观；4. 签约日期；5. 计价日期；6. 有无滞期费（无滞期费、滞期费未确定、滞期费已申报）		不包括混合烷基苯、混合烷基萘（税目38.17）
2707.5000	-其他芳烃混合物，根据ISO 3405方法（等同于ASTM D86方法），温度在250℃时的馏出量以体积计（包括损耗）在65%及以上	1. 成分含量（包括芳族成分含量）；2. 按ISO 3405方法，温度在250℃时以体积计的馏出量；3. 馏程（初馏点温度及终馏点温度等）4. 200℃以下时蒸馏出的芳烃体积百分比	5. 签约日期；6. 计价日期；7. 有无滞期费（无滞期费、滞期费未确定、滞期费已申报）；8. 品牌（中文或外文名称）；9. 型号		

税则号列	商品名称	申报要素			说明
		归类要素	价格要素	其他要素	
2707.9100	-其他： --杂酚油	1. 成分含量（包括芳族成分含量）；2. 按ISO 3405方法，温度在250℃时以体积计的馏出量；3. 馏程（初馏点温度及终馏点温度等）	4. 签约日期；5. 计价日期；6. 有无滞期费（无滞期费、滞期费未确定、滞期费已申报）；7. 品牌（中文或外文名称）；8. 型号		
2707.9910	--其他： ---酚	1. 成分含量（包括芳族成分含量）；2. 按ISO 3405方法，温度在250℃时以体积计的馏出量；3. 馏程（初馏点温度及终馏点温度等）	4. 签约日期；5. 计价日期；6. 有无滞期费（无滞期费、滞期费未确定、滞期费已申报）；7. 品牌（中文或外文名称）；8. 型号		
2707.9990	---其他	1. 成分含量（包括芳族成分含量）；2. 馏程（初馏点温度及终馏点温度等）	3. 签约日期；4. 计价日期；5. 有无滞期费（无滞期费、滞期费未确定、滞期费已申报）；6. 品牌（中文或外文名称）；7. 型号		
27.08 2708.1000 2708.2000	**从煤焦油或其他矿物焦油所得的沥青及沥青焦：** -沥青 -沥青焦	1. 外观；2. 来源	3. 签约日期；4. 计价日期		
27.09	**石油原油及从沥青矿物提取的原油：**		1. 种类；2. 密度或API度；3. 含硫量；4. 签约日期；5. 计价日期；6. 有无滞期费（无滞期费、滞期费未确定、滞期费已申报）		
2709.0000	石油原油及从沥青矿物提取的原油				

税则号列	商品名称	申报要素			说明
		归类要素	价格要素	其他要素	
27.10	石油及从沥青矿物提取的油类,但原油除外;以上述油为基本成分(按重量计不低于70%)的其他税目未列名制品;废油: -石油及从沥青矿物提取的油类(但原油除外)以及以上述油为基本成分(按重量计不低于70%)的其他税目未列名制品,不含有生物柴油,但废油除外: --轻油及其制品:				参考相关标准提供技术指标,如【标准号】GB 484—1993【中文标题】车用汽油,【标准号】GB 1787—1988【中文标题】航空汽油,中国石化集团公司出口标准 SINOPEC 002—1987,【标准号】SH 0004—1990【中文标题】橡胶工业用溶剂油,【标准号】SH 0005—1990【中文标题】油漆工业用溶剂油,【标准号】GB 16629—1996【中文标题】6号抽提溶剂油,【标准号】GB 1922—1988【中文标题】溶剂油

税则号列	商品名称	申报要素			说明
		归类要素	价格要素	其他要素	
2710.1210	---车用汽油及航空汽油	1. 馏程（初馏点；终馏点；温度在210摄氏度时以体积计馏出量）；2. 含硫量	3. 签约日期；4. 计价日期；5. 有无滞期费（无滞期费、滞期费未确定、滞期费已申报）；6. 品牌（中文或外文名称）；7. 型号		
2710.1220	---石脑油	1. 馏程（初馏点；终馏点；温度在210摄氏度时以体积计馏出量）	2. 签约日期；3. 计价日期；4. 有无滞期费（无滞期费、滞期费未确定、滞期费已申报）		
2710.1230	---橡胶溶剂油、油漆溶剂油、抽提溶剂油	1. 馏程（初馏点；终馏点；温度在210摄氏度时以体积计馏出量）；2. 用途	3. 品牌（中文或外文名称）；4. 型号；5. 包装规格；6. 签约日期；7. 计价日期；8. 有无滞期费（无滞期费、滞期费未确定、滞期费已申报）		
	---其他：				
2710.1291	----壬烯	1. 成分含量	2. 签约日期；3. 计价日期；4. 有无滞期费（无滞期费、滞期费未确定、滞期费已申报）		

税则号列	商品名称	申报要素			说明
		归类要素	价格要素	其他要素	
2710.1299	----其他	1. 馏程（初馏点；终馏点；温度在210摄氏度时以体积计馏出量）；2. 成分含量	3. 签约日期；4. 计价日期；5. 有无滞期费（无滞期费、滞期费未确定、滞期费已申报）；6. 品牌（中文或外文名称）；7. 型号		
	--其他： ---煤油馏分：	1. 馏程	2. 签约日期；3. 计价日期；4. 有无滞期费（无滞期费、滞期费未确定、滞期费已申报）；5. 品牌（中文或外文名称）；6. 型号		
2710.1911	----航空煤油				
2710.1912	----灯用煤油				
2710.1919	----其他				
	---柴油及燃料油：				
2710.1923	----柴油	1. 馏程（初馏点；终馏点；50%、90%、95%馏出温度）；2. 含硫量	3. 签约日期；4. 计价日期；5. 有无滞期费（无滞期费、滞期费未确定、滞期费已申报）		
2710.1924	----燃料油	1. 馏程（初馏点；终馏点；50%、90%、95%馏出温度）；2. 运动黏度指标（40℃/50℃/100℃）；3. 含硫量；4. 水和沉淀物含量；5. 闪点	6. 灰分；7. 签约日期；8. 计价日期；9. 有无滞期费（无滞期费、滞期费未确定、滞期费已申报）		
	---其他：				

税则号列	商品名称	申报要素			说明
		归类要素	价格要素	其他要素	
2710.1991	----润滑油	1. 用途；2. 从石油或沥青提取矿物油类的百分比含量	3. 品牌（中文或外文名称）；4. 型号；5. 包装规格；6. 签约日期；7. 计价日期；8. 有无滞期费（无滞期费、滞期费未确定、滞期费已申报）		
2710.1992	----润滑脂	1. 用途；2. 从石油或沥青提取矿物油类的百分比含量	3. 品牌（中文或外文名称）；4. 型号；5. 包装规格；6. 签约日期；7. 计价日期；8. 有无滞期费（无滞期费、滞期费未确定、滞期费已申报）		
2710.1993	----润滑油基础油	1. 用途	2. 品牌（中文或外文名称）；3. 型号；4. 包装规格；5. 签约日期；6. 计价日期；7. 有无滞期费（无滞期费、滞期费未确定、滞期费已申报）		
2710.1994	----液体石蜡和重质液体石蜡	1. 初馏点；2. 98%馏出温度；3. 正构烷烃含量；4. 芳烃含量	5. 包装规格；6. 签约日期；7. 计价日期；8. 有无滞期费（无滞期费、滞期费未确定、滞期费已申报）		

税则号列	商品名称	申报要素			说明
		归类要素	价格要素	其他要素	
2710.1999	----其他	1. 成分含量；2. 闪点（闭口）；3. 馏程（初馏点；终馏点；温度在360摄氏度时以体积计馏出量）；4. 运动黏度指标（40℃/50℃/100℃）；5. 如需进一步炼制加工需注明密度；6. 生产工艺；7. 温度在360摄氏度时蒸馏残余物的针入度	8. 如需进一步炼制加工需注明含硫量；9. 用途；10. 包装规格；11. 签约日期；12. 计价日期；13. 有无滞期费（无滞期费、滞期费未确定、滞期费已申报）		
2710.2000	-石油及从沥青矿物提取的油类（但原油除外）以及以上述油为基本成分（按重量计不低于70%）的其他税目未列名制品，含有生物柴油，但废油除外	1. 用途；2. 成分（包括生物柴油的含量）；3. 从石油或沥青提取矿物油类的百分比含量	4. 签约日期；5. 计价日期；6. 有无滞期费（无滞期费、滞期费未确定、滞期费已申报）		
	-废油：	1. 来源	2. 签约日期；3. 计价日期；4. 有无滞期费（无滞期费、滞期费未确定、滞期费已申报）		
2710.9100	--含多氯联苯（PCBs）、多氯三联苯（PCTs）或多溴联苯（PBBs）的				
2710.9900	--其他				
27.11	**石油气及其他烃类气：**				
	-液化的：				
2711.1100	--天然气	1. 状态（液化）；2. 成分含量	3. 加工方法（压力货、冷冻货等）；4. 签约日期；5. 计价日期；6. 有无滞期费（无滞期费、滞期费未确定、滞期费已申报）；7. 百万英热值（MMBtu）		

税则号列	商品名称	申报要素			说明
		归类要素	价格要素	其他要素	
2711.1200	--丙烷	1. 状态（液化）； 2. 成分含量	3. 加工方法（压力货、冷冻货等）； 4. 签约日期； 5. 计价日期； 6. 有无滞期费（无滞期费、滞期费未确定、滞期费已申报）		
2711.1310	--丁烷： ---直接灌注香烟打火机及类似打火器用，其包装容器的容积超过300立方厘米	1. 状态（液化）； 2. 成分含量	3. 加工方法（压力货、冷冻货等）； 4. 签约日期； 5. 计价日期； 6. 有无滞期费（无滞期费、滞期费未确定、滞期费已申报）		
2711.1390	---其他	1. 状态（液化）； 2. 成分含量	3. 加工方法（压力货、冷冻货等）； 4. 签约日期； 5. 计价日期； 6. 有无滞期费（无滞期费、滞期费未确定、滞期费已申报）		
2711.1400	--乙烯、丙烯、丁烯及丁二烯 --其他：	1. 状态（液化）； 2. 成分含量	3. 加工方法（压力货、冷冻货等）； 4. 签约日期； 5. 计价日期； 6. 有无滞期费（无滞期费、滞期费未确定、滞期费已申报）		

税则号列	商品名称	申报要素			说明
		归类要素	价格要素	其他要素	
2711.1910	---直接灌注香烟打火机及类似打火器用的燃料，其包装容器的容积超过300立方厘米	1. 状态（液化）； 2. 成分含量	3. 加工方法（压力货、冷冻货等）； 4. 签约日期； 5. 计价日期； 6. 有无滞期费（无滞期费、滞期费未确定、滞期费已申报）		
2711.1990	---其他	1. 状态（液化）； 2. 成分含量	3. 加工方法（压力货、冷冻货等）； 4. 签约日期； 5. 计价日期； 6. 有无滞期费（无滞期费、滞期费未确定、滞期费已申报）		
2711.2100	-气态的： --天然气	1. 状态（气态）； 2. 成分含量	3. 包装容器的容积； 4. 加工方法（压力货、冷冻货等）； 5. 签约日期； 6. 计价日期； 7. 有无滞期费（无滞期费、滞期费未确定、滞期费已申报）；8. 百万英热值（MMBtu）		
2711.2900	--其他	1. 状态（气态）； 2. 成分含量	3. 包装容器的容积； 4. 加工方法（压力货、冷冻货等）； 5. 签约日期； 6. 计价日期； 7. 有无滞期费（无滞期费、滞期费未确定、滞期费已申报）		

税则号列	商品名称	申报要素			说明
		归类要素	价格要素	其他要素	
27.12	凡士林；石蜡、微晶石蜡、疏松石蜡、地蜡、褐煤蜡、泥煤蜡、其他矿物蜡及用合成或其他方法制得的类似产品，不论是否着色：				
2712.1000	-凡士林	1. 用途；2. 是否零售包装			不包括零售包装的适于作护肤用的凡士林（税目33.04）
2712.2000	-石蜡，按重量计含油量小于0.75%	1. 加工方法；2. 含油量			
	-其他：	1. 加工方法			
2712.9010	---微晶石蜡				
2712.9090	---其他				
27.13	石油焦、石油沥青及其他石油或从沥青矿物提取的油类的残渣：				
	-石油焦：				
	--未煅烧：	1. 用途；2. 加工方法（是否煅烧）；3. 含硫量	4. 灰分；5. 种类（针状焦、弹丸焦、海绵焦、粉焦等）6. 签约日期；7. 计价日期；8. 有无滞期费（无滞期费、滞期费未确定、滞期费已申报）		
2713.1110	---硫的重量百分比小于3%的				
2713.1190	---其他				
	--已煅烧：	1. 用途；2. 加工方法（是否煅烧）；3. 含硫量	4. 灰分；5. 种类（针状焦、弹丸焦、海绵焦、粉焦等）6. 签约日期；7. 计价日期；8. 有无滞期费（无滞期费、滞期费未确定、滞期费已申报）		
2713.1210	---硫的重量百分比小于0.8%的				
2713.1290	---其他				

税则号列	商品名称	申报要素			说明
		归类要素	价格要素	其他要素	
2713.2000	-石油沥青	1. 针入度；2. 用途；3. 加工方法（煅烧、未煅烧等）	4. 品牌（中文或外文名称）；5. 包装规格；6. 含蜡量；7. 签约日期；8. 计价日期；9. 有无滞期费（无滞期费、滞期费未确定、滞期费已申报）		
2713.9000	-其他石油或从沥青矿物提取的油类的残渣	1. 用途；2. 加工方法	3. 签约日期；4. 计价日期；5. 有无滞期费（无滞期费、滞期费未确定、滞期费已申报）		
27.14	天然沥青（地沥青）、沥青页岩、油页岩及焦油砂；沥青岩：	1. 用途；2. 加工方法；3. 成分含量	4. 签约日期；5. 计价日期；6. 有无滞期费（无滞期费、滞期费未确定、滞期费已申报）		
2714.1000	-沥青页岩、油页岩及焦油砂				
	-其他：				
2714.9010	---天然沥青（地沥青）				
2714.9020	---乳化沥青				
2714.9090	---其他				
27.15	以天然沥青（地沥青）、石油沥青、矿物焦油或矿物焦油沥青为基本成分的沥青混合物（例如，沥青胶粘剂、稀释沥青）：	1. 用途；2. 加工方法；3. 成分含量	4. 签约日期；5. 计价日期；6. 有无滞期费（无滞期费、滞期费未确定、滞期费已申报）；7. 密度或API度；8. 含硫量；9. 沥青质含量；10. 含水量		

税则号列	商品名称	申报要素			说明
		归类要素	价格要素	其他要素	
2715.0000	以天然沥青（地沥青）、石油沥青、矿物焦油或矿物焦油沥青为基本成分的沥青混合物（例如，沥青胶粘剂、稀释沥青）				
27.16	电力：				
2716.0000	电力				

第六类　化学工业及其相关工业的产品

注释：
一、（一）凡符合税目28.44或28.45规定的货品（放射性矿砂除外），应分别归入这两个税目而不归入本协调制度的其他税目。
　　（二）除上述（一）款另有规定的以外，凡符合税目28.43、28.46或28.52规定的货品，应分别归入以上税目而不归入本类的其他税目。
二、除上述注释一另有规定的以外，凡由于按一定剂量或作为零售包装而可归入税目30.04、30.05、30.06、32.12、33.03、33.04、33.05、33.06、33.07、35.06、37.07或38.08的货品，应分别归入以上税目，而不归入本协调制度的其他税目。
三、由两种或两种以上单独成分配套的货品，其部分或全部成分属于本类范围以内，混合后则构成第六类或第七类的货品，应按混合后产品归入相应的税目，但其组成成分必须同时符合下列条件：
　　（一）其包装形式足以表明这些成分不需经过改装就可一起使用的；
　　（二）一起报验的；以及
　　（三）这些成分的属性及相互比例足以表明是相互配用的。
四、其列名或功能既符合第六类中一个或多个税目的规定，又符合税目38.27的规定的产品，应按列名或功能归入相应税目，而不归入税目38.27。

第二十八章　无机化学品；贵金属、稀土金属、放射性元素及其同位素的有机及无机化合物

注释：
一、除条文另有规定的以外，本章各税目只适用于：
　　（一）单独的化学元素及单独的已有化学定义的化合物，不论是否含有杂质；
　　（二）上述（一）款产品的水溶液；
　　（三）溶于其他溶剂的上述（一）款产品，但该产品处于溶液状态只是为了安全或运输所采取的正常必要方法，其所用溶剂并不使该产品改变其一般用途而适合于某些特殊用途；
　　（四）为了保存或运输需要，加入稳定剂（包括抗结块剂）的上述（一）、（二）、（三）款产品；
　　（五）为了便于识别或安全起见，加入抗尘剂或着色剂的上述（一）、（二）、（三）、（四）款产品，但所加剂料并不使原产品改变其一般用途而适合于某些特殊用途。
二、除以有机物质稳定的连二亚硫酸盐及次硫酸盐（税目28.31），无机碱的碳酸盐及过碳酸盐（税目28.36），无机碱的氰化物、氧氰化物及氰络合物（税目28.37），无机碱的雷酸盐、氰酸盐及硫氰酸盐（税目28.42），税目28.43至28.46及28.52的有机产品，以及碳化物（税目28.49）之外，本章仅包括下列碳化合物：
　　（一）碳的氧化物，氰化氢及雷酸、异氰酸、硫氰酸及其他简单或络合氰酸（税目28.11）；
　　（二）碳的卤氧化物（税目28.12）；
　　（三）二硫化碳（税目28.13）；
　　（四）硫代碳酸盐、硒代碳酸盐、碲代碳酸盐、硒代氰酸盐、碲代氰酸盐、四氰硫基二氨基络酸盐及其他无机碱络合氰酸盐（税目28.42）；
　　（五）用尿素固化的过氧化氢（税目28.47）、氧硫化碳、硫代羰基卤化物、氰、卤化氰、氨基氰及其金属衍生物（税目28.53），不论是否纯净，但氰氨化钙除外（第三十一章）。
三、除第六类注释一另有规定的以外，本章不包括：
　　（一）氯化钠或氧化镁（不论是否纯净）及第五类的其他产品；
　　（二）上述注释二所述以外的有机-无机化合物；
　　（三）第三十一章注释二、三、四或五所述的产品；
　　（四）税目32.06的用作发光剂的无机产品；税目32.07的搪瓷玻璃料及其他玻璃，呈粉、粒或粉片状的；
　　（五）人造石墨（税目38.01）；税目38.13的灭火器的装配药及已装药的灭火弹；税目38.24的零售包装的除墨剂；税目38.24的每颗重量不少于2.5克的碱金属或碱土金属卤化物的培养晶体（光学元件除外）；
　　（六）宝石或半宝石（天然、合成或再造）及这些宝石、半宝石的粉末（税目71.02至71.05），第七十一章的贵金属及贵金属合金；

（七）第十五类的金属（不论是否纯净）、金属合金或金属陶瓷，包括硬质合金（与金属烧结的金属碳化物）；或

（八）光学元件，例如，用碱金属或碱土金属卤化物制成的（税目90.01）。

四、由本章第二分章的非金属酸和第四分章的金属酸所构成的已有化学定义的络酸，应归入税目28.11。

五、税目28.26至28.42只适用于金属盐、铵盐及过氧酸盐。

除条文另有规定的以外，复盐及络盐应归入税目28.42。

六、税目28.44只适用于：

（一）锝（原子序数43）、钷（原子序数61）、钋（原子序数84）及原子序数大于84的所有化学元素；

（二）天然或人造放射性同位素（包括第十四类及第十五类的贵金属和贱金属的放射性同位素），不论是否混合；

（三）上述元素或同位素的无机或有机化合物，不论是否已有化学定义或是否混合；

（四）含有上述元素或同位素及其无机或有机化合物并且具有某种放射性强度超过74贝克勒尔/克（0.002微居里/克）的合金、分散体（包括金属陶瓷）、陶瓷产品及混合物；

（五）核反应堆已耗尽（已辐照）的燃料元件（释热元件）；

（六）放射性的残渣，不论是否有用。

税目28.44、28.45及本注释所称"同位素"，是指：

1. 单独的核素，但不包括自然界中以单一同位素状态存在的核素；

2. 同一元素的同位素混合物，其中一种或几种同位素已被浓缩，即人工地改变了该元素同位素的自然构成。

七、税目28.53包括按重量计含磷量超过15%的磷化铜（磷铜）。

八、经掺杂用于电子工业的化学元素（例如，硅、硒），如果拉制后未经加工或呈圆筒形、棒形，应归入本章；如果已切成圆片、薄片或类似形状，则归入税目38.18。

子目注释：

子目2852.10所称"已有化学定义"是指符合第二十八章注释一（一）至（五）或第二十九章注释一（一）至（八）规定的汞的无机或有机化合物。

【要素释义】

一、归类要素

1. 成分含量：指商品中所包含各种物质的种类及其含量。税则号列2842.9030、2853.9030、2853.9050需填报金属配比，金属配比是指三元电池的正极包含镍、钴、锰（或铝）三种金属元素的摩尔比。例如，NCM811、NCM523、NCM622、NCA811、NCA622、NCA523等。

2. 来源：指生产某种商品的原料由何而来（得）。该要素为税目28.03项下商品专有归类要素。

3. 有无活性：该要素为税目28.03项下商品专有归类要素。税目28.03项下"碳（炭黑及其他税目未列名的其他形态的碳）"需填报"无活性"。

4. 用途：指该税目商品应用的方面、范围。例如，税则号列2835.2510项下商品填报"饲料级"。

5. 加工方法：指使原材料、半成品变得合用或达到某种要求而采用的处理过程，也指改变原材料、毛坯或半成品的形状、尺寸、性质或表面状态，使之达到规定要求的各种形状的方法。例如，税目28.04项下商品可填报"经掺杂"等。

6. 直径：指通过圆心且两个端点都在圆上任意一点的线段的长度。税目28.04项下单晶硅棒需填报直径。

7. 外观：指商品本身实际的外观状态情况，主要指商品的颜色和形状等表观性状。例如，税则号列2804.6190项下商品可填报"黑色；多晶硅碎料""银灰色；多晶硅块料""黑色；多晶硅锅底料"等。

8. 是否需清洗：该要素为税则号列2804.6190项下商品专有归类要素，商品需填报进一步加工时是否需要清洗。

9. 混合稀土应注明各组分含量：该要素为子目2805.30项下商品专有归类要素。相互混合或相互熔合的稀土金属、钪及钇需填报各组分的含量。

10. 氨含量：该要素为税目28.14项下商品专有归类要素，商品需填报氨的含量。

11. 晶型：本章指晶体结构，是晶体材料中原子按一定对称性周期性平移重复而形成的空间排列形式。该要素为子目2818.10项下商品专有归类要素，"人造刚玉，不论是否已有化学定义"需填报晶体结构。刚玉成分为Al_2O_3，Al_2O_3具有多种变体，例如，α（三方）、β（六方）、γ（四方）、η（等轴）、ρ（晶系未定）、χ（六方）、κ（六方）、δ（四方）、θ（单斜）等。

12. 莫氏硬度：又名莫斯硬度，表示矿物硬度的一种标准。1812年由德国矿物学家莫斯（Frederich Mohs）首先提出。应用划痕法将棱锥形金刚钻针刻划所试矿物的表面而发生划痕，将测得的划痕的深度分十级来表示硬

度：滑石（talc）1（硬度最小）；石膏（gypsum）2；方解石（calcite）3；萤石（fluorite）4；磷灰石（apatite）5；正长石（feldspar, orthoclase, periclase）6；石英（quartz）7；黄玉（topaz）8；刚玉（corundum）9；金刚石（diamond）10。该要素为税则号列2818.1010的专有归类要素，"棕刚玉"需填报莫氏硬度。

13. 铁按三氧化二铁计含量：该要素为子目2821.20项下商品专有归类要素，"土色料"需填报铁按三氧化二铁计的含量。

14. 与其他物质混合请注明：该要素为税目28.23项下商品专有归类要素，"钛的氧化物"需填报"未与其他物质混合"。

15. 水合肼含量：该要素为税则号列2825.1010项下商品专有归类要素，"水合肼"需填报含量。

16. 氟质量分数：溶液中溶质的质量分数是指溶质质量与溶液质量之比，混合物质量分数是指其中某种物质质量占总质量的百分比。该要素为税则号列2826.1210项下商品专有归类要素，"无水氟化铝"需填报氟的质量分数。

17. 铝质量分数：溶液中溶质的质量分数是指溶质质量与溶液质量之比，混合物质量分数是指其中某种物质质量占总质量的百分比。该要素为税则号列2826.1210项下商品专有归类要素，"无水氟化铝"需填报铝的质量分数。

18. 烧减量：又称灼烧减量、烧失量。烧失量（Loss on ignition，缩写为LOI），即将在105℃～110℃烘干的原料在1000℃～1100℃灼烧恒重后失去的重量百分比。该要素为税则号列2826.1210项下商品专有归类要素，"无水氟化铝"需填报烧减量。

19. 松装密度：指粉末在规定条件下自由充满标准容器后所测得的堆积密度，即粉末松散填装时单位体积的质量。松装密度是粉末多种性能的综合体现，是粉末的一种工艺性能。该要素为税则号列2826.1210项下商品专有归类要素，"无水氟化铝"需填报松装密度。

20. 肥料用请注明：该要素为子目2827.10和2834.21项下商品专有归类要素。例如，税则号列2834.2110项下商品填报"肥料用"。

21. 正磷酸氢钙请注明氟含量：该要素为子目2835.25项下商品专有归类要素，"正磷酸氢钙（磷酸二钙）"需填报氟的含量。

22. 包装规格：指商品的个体包装方式和规格。如果税目或子目明确注明零售包装，在申报要素中还需注明是否零售包装。例如，税目28.47项下"过氧化氢"可填报"100千克/桶"。

23. 铜母合金请注明磷的重量百分比：该要素为税目28.53项下商品专有归类要素，商品若为铜母合金需填报磷的重量百分比。税目28.53项下商品包括磷化铜及含磷重量在15%以上的铜母合金，含磷重量不超过15%的通常归入第74章。

24. 是否饮用：税目28.53项下"饮用蒸馏水"需填报"饮用"。

二、价格要素

1. 包装方式及规格：指商品的个体包装方式和规格。例如，"50千克/桶"。

2. 型号：指不同结构、成分和用途的产品代码。例如，税目28.03项下植物炭黑的型号"N550"；子目2811.22用于制造蓄电池隔膜的二氧化硅型号"BM224"等。

3. 品牌（中文或外文名称）：指制造商或经销商加在商品上的品牌标志，实际需要申报中文或外文品牌名称。例如，"RICHARDSON（理查德森）牌"炭黑。

4. 牌号：该要素是子目2804.69项下商品的专有价格要素，指代表不同结构、成分和用途的产品代码。例如，用于加工闪烁晶体的牌号"OST"的晶棒；用于铝合金冶炼的牌号"553"的金属硅。

5. 是否电池级的稀土金属、钪及钇：该要素是税目28.05项下其他稀土金属、钪及钇等商品的价格要素，是指用途级别，并非等级之分。只需申报"电池级X"或者"非电池级X"即可。例如，税则号列2805.3011项下商品可填报"电池级的钕"。

6. 加工工艺：税目28.07项下"硫酸、发烟硫酸"可填报"回收硫酸""硫磺硫酸"或"硫矿硫酸"等。

7. 外观：指商品本身实际的外观状态情况，主要指商品的颜色和形状等表观性状。例如，税目28.11项下"二氧化硅"填报"无色透明；结晶态""无色；无定型态"等；税则号列2825.9012项下"三氧化钨"填报"淡黄色；粉末"等；子目2827.1项下"氯化铵"填报"白色；粉状""白色；颗粒"等。

8. 粒度：该要素是子目2811.22"二氧化硅"和税则号列2825.9012项下"三氧化钨"的专有价格要素，指颗粒大小，用"μm（微米）"或者"目"表示。例如，"平均粒径18μm""40目"。

9. 是否经表面处理：该要素是税目28.23项下商品专有价格要素。只需填报"经表面处理"或者"未经表面处理"即可。

10. 外观（状态、颜色）：该要素是税则号列2825.9012项下"三氧化钨"的专有价格要素，指三氧化钨的外观存在状态。例如,"淡黄色粉末"。

11. 成分含量:指税则号列2825.9012项下"三氧化钨"的重量百分比含量。

12. 如为高氯酸铵请注明粒度:该要素是税则号列2829.9000项下"高氯酸铵"的价格要素,用"目"或者"μm"表示。

13. 含量(WO_3含量):该要素是税则号列2841.8010项下"仲钨酸铵"的价格要素,用百分比表示。例如,牌号为APT-0、APT-1、APT-2的WO_3含量不小于88.5%。

14. 用途:指商品应用的方面、范围。例如,税则号列2818.2000项下"氧化铝"可填"冶金用"或"非冶金用";税则号列2849.2000项下"碳化硅"可填报"耐火材料用"或"研磨粉用"。

15. 碳化钨请注明粒度:该要素是税则号列2849.9020项下"碳化钨"的价格要素,用"μm"表示。例如,牌号WC_{10}的碳化钨的粒度为"1.01μm~1.40μm"。

三、其他要素

1. 稀土元素的重量百分比,以[A]表示:该要素为税目28.05、28.46项下商品专有要素,商品需填报商品中稀土元素的重量百分比,填报时以"[A]"表示。"A"代表所含的稀土元素,若含有多种稀土元素,应填报重量之和百分比。例如,可填报"[铽、镝]:10%"。

2. CAS号:中文全称为"化学物质登记号",由一组数字组成。如商品无CAS号,则填报为"无CAS号"。

税则号列	商品名称	申报要素			说明
		归类要素	价格要素	其他要素	
	第一分章 化学元素				
28.01	氟、氯、溴及碘:	1. 成分含量	2. 包装规格;3. 品牌(中文或外文名称);4. 型号	5. CAS号	
2801.1000	-氯				
2801.2000	-碘				
	-氟、溴:				
2801.3010	---氟				
2801.3020	---溴				
28.02	**升华硫磺、沉淀硫磺、胶态硫磺:**	1. 成分含量	2. 包装规格	3. CAS号	
2802.0000	升华硫磺、沉淀硫磺、胶态硫磺				
28.03	**碳(炭黑及其他税目未列名的其他形态的碳):**	1. 来源;2. 有无活性;3. 成分含量	4. 包装规格;5. 型号;6. 品牌(中文或外文名称)	7. CAS号	不包括石墨、木炭、动物炭黑、活性炭
2803.0000	碳(炭黑及其他税目未列名的其他形态的碳)				
28.04	**氢、稀有气体及其他非金属:**				
2804.1000	-氢	1. 成分含量		2. CAS号	
	-稀有气体:	1. 成分含量		2. CAS号	
2804.2100	--氩				
2804.2900	--其他				
2804.3000	-氮	1. 成分含量		2. CAS号	
2804.4000	-氧	1. 成分含量		2. CAS号	
2804.5000	-硼;碲	1. 成分含量		2. CAS号	
	-硅:				
	--按重量计含硅量不少于99.99%:				

税则号列	商品名称	申报要素			说明
		归类要素	价格要素	其他要素	
	---经掺杂用于电子工业的直径在7.5厘米及以上的单晶硅棒:	1. 用途（用于电子工业等）；2. 加工方法（经掺杂等）；3. 成分含量；4. 直径		5. CAS号	
2804.6117	----直径在30厘米及以上的				
2804.6119	----其他				
2804.6120	---经掺杂用于电子工业的其他单晶硅棒	1. 用途（用于电子工业等）；2. 加工方法（经掺杂等）；3. 成分含量；4. 直径		5. CAS号	
2804.6190	---其他	1. 用途；2. 加工方法（西门子法、硅烷热分解法等；经掺杂P型、经掺杂N型、未经掺杂）；3. 成分含量；4. 外观（多晶硅碎料、块料或锅底料、头尾料等）；5. 是否需清洗	6. 签约日期；7. 品牌（中文或外文名称）；8. 型号	9. CAS号	
2804.6900	--其他	1. 用途；2. 加工方法（经掺杂等）；3. 成分含量	4. 牌号	5. CAS号	
	-磷:	1. 成分含量		2. CAS号	
2804.7010	---黄磷（白磷）				
2804.7090	---其他				
2804.8000	-砷	1. 成分含量		2. CAS号	
	-硒:	1. 用途（用于电子工业等）；2. 加工方法（经掺杂等）；3. 成分含量	4. 包装规格	5. CAS号	不包括已切割圆片状或类似形状的（税目38.18）、胶态悬浮硒（第三十章）
2804.9010	---经掺杂用于电子工业的晶体棒				
2804.9090	---其他				
28.05	碱金属、碱土金属；稀土金属、钪及钇，不论是否相互混合或相互熔合；汞:				
	-碱金属及碱土金属:	1. 成分含量	2. 包装规格	3. CAS号	
2805.1100	--钠				
2805.1200	--钙				
	--其他:				
2805.1910	---锂				
2805.1990	---其他				

税则号列	商品名称	申报要素 归类要素	申报要素 价格要素	申报要素 其他要素	说明
	-稀土金属、钪及钇，不论是否相互混合或相互熔合：	1. 混合稀土应注明各组分含量	2. 是否电池级的稀土金属、钪及钇； 3. 包装规格	4. 稀土元素的重量百分比，以[A]表示； 5. CAS号	
	---稀土金属、钪及钇，未相互混合或相互熔合：				
2805.3011	----钕				
2805.3012	----镝				
2805.3013	----铽				
2805.3014	----镧				
2805.3015	----铈				
2805.3016	----镨				
2805.3017	----钇				
2805.3018	----钪				
2805.3019	----其他				
	---稀土金属、钪及钇，相互混合或相互熔合：				
2805.3021	----电池级				
2805.3029	----其他				
2805.4000	-汞	1. 成分含量	2. 包装规格	3. CAS号	
	第二分章 无机酸及非金属无机氧化物				
28.06	氯化氢（盐酸）；氯磺酸：	1. 成分含量		2. CAS号	
2806.1000	-氯化氢（盐酸）				
2806.2000	-氯磺酸				
28.07	硫酸；发烟硫酸：	1. 成分含量		2. CAS号	
2807.0000	硫酸；发烟硫酸				
28.08	硝酸；磺硝酸：	1. 成分含量		2. CAS号	
2808.0000	硝酸；磺硝酸				
28.09	五氧化二磷；磷酸；多磷酸，不论是否已有化学定义：	1. 成分含量		2. CAS号	
2809.1000	-五氧化二磷				
	-磷酸及多磷酸：				
	---磷酸及偏磷酸、焦磷酸：				
2809.2011	----食品级磷酸				
2809.2019	----其他				
2809.2090	---其他				
28.10	硼的氧化物；硼酸：	1. 成分含量		2. CAS号	
2810.0010	---硼的氧化物				
2810.0020	---硼酸				
28.11	其他无机酸及非金属无机氧化物：				
	-其他无机酸：				
	--氟化氢（氢氟酸）：	1. 成分含量	2. 包装规格	3. CAS号	
2811.1110	---电子级氢氟酸				
2811.1190	---其他				
2811.1200	--氰化氢（氢氰酸）	1. 成分含量		2. CAS号	

税则号列	商品名称	申报要素			说明
		归类要素	价格要素	其他要素	
	--其他：	1. 成分含量		2. CAS号	
2811.1920	---硒化氢				
2811.1990	---其他				
	-其他非金属无机氧化物：				
2811.2100	--二氧化碳	1. 成分含量		2. CAS号	
	--二氧化硅：	1. 成分含量	2. 品牌（中文或外文名称）；3. 外观；4. 加工工艺；5. 粒度；6. 型号	7. CAS号	
2811.2210	---硅胶				
2811.2290	---其他				
2811.2900	--其他	1. 成分含量		2. CAS号	
	第三分章　非金属卤化物及硫化物				
28.12	非金属卤化物及卤氧化物：	1. 成分含量		2. CAS号	
	-氯化物及氯氧化物：				
2812.1100	--碳酰二氯（光气）				
2812.1200	--氧氯化磷				
2812.1300	--三氯化磷				
2812.1400	--五氯化磷				
2812.1500	--一氯化硫				
2812.1600	--二氯化硫				
2812.1700	--亚硫酰氯				
	--其他				
2812.1910	---氯化物				
2812.1990	---其他				
	-其他：				
	---氟化物及氟氧化物：				
2812.9011	----三氟化氮				
2812.9012	----六氟化硫				
2812.9019	----其他				
2812.9090	---其他				
28.13	非金属硫化物；商品三硫化二磷：	1. 成分含量		2. CAS号	
2813.1000	-二硫化碳				
2813.9000	-其他				
	第四分章　无机碱和金属氧化物、氢氧化物及过氧化物				
28.14	氨及氨水：	1. 氨含量		2. CAS号	
2814.1000	-氨				
2814.2000	-氨水				
28.15	氢氧化钠（烧碱）；氢氧化钾（苛性钾）；过氧化钠及过氧化钾：				
	-氢氧化钠（烧碱）：				
2815.1100	--固体	1. 成分含量；2. 用途		3. CAS号	

税则号列	商品名称	申报要素			说明
		归类要素	价格要素	其他要素	
2815.1200	--水溶液（氢氧化钠浓溶液及液体烧碱）	1. 成分含量；2. 用途；3. 来源（是否从碱法或硫酸盐法制木浆时所剩残余产品中获得）		4. CAS号	
2815.2000	-氢氧化钾（苛性钾）	1. 成分含量；2. 用途		3. CAS号	
2815.3000	-过氧化钠及过氧化钾	1. 成分含量；2. 用途		3. CAS号	
28.16	氢氧化镁及过氧化镁；锶或钡的氧化物、氢氧化物及过氧化物：	1. 成分含量		2. CAS号	
2816.1000	-氢氧化镁及过氧化镁				
2816.4000	-锶或钡的氧化物、氢氧化物及过氧化物				
28.17	氧化锌及过氧化锌：	1. 成分含量		2. CAS号	不包括天然氧化锌（税目26.08）
2817.0010	---氧化锌				
2817.0090	---过氧化锌				
28.18	人造刚玉，不论是否已有化学定义；氧化铝；氢氧化铝：				
	-人造刚玉，不论是否已有化学定义：				
2818.1010	---棕刚玉	1. 成分含量；2. 外观（颜色；形状等）；3. 晶型；4. 莫氏硬度		5. CAS号	
2818.1090	---其他	1. 成分含量；2. 外观（颜色；形状等）；3. 晶型		4. CAS号	
2818.2000	-氧化铝，但人造刚玉除外	1. 外观（颜色；形状等）；2. 成分含量	3. 用途（冶金用或非冶金用）；4. 签约日期	5. CAS号	
2818.3000	-氢氧化铝	1. 成分含量		2. CAS号	
28.19	铬的氧化物及氢氧化物：				
2819.1000	-三氧化铬	1. 成分含量		2. CAS号	
2819.9000	-其他	1. 成分含量		2. CAS号	
28.20	锰的氧化物：	1. 成分含量		2. CAS号	
2820.1000	-二氧化锰				
2820.9000	-其他				
28.21	铁的氧化物及氢氧化物；土色料，按重量计三氧化二铁含量在70%及以上：				
2821.1000	-铁的氧化物及氢氧化物	1. 成分含量		2. CAS号	
2821.2000	-土色料	1. 铁按三氧化二铁计含量		2. CAS号	
28.22	钴的氧化物及氢氧化物；商品氧化钴	1. 成分含量		2. CAS号	不包括天然水合氧化钴（税目26.05）
2822.0010	---四氧化三钴				

税则号列	商品名称	申报要素			说明
		归类要素	价格要素	其他要素	
2822.0090	---其他				
28.23	钛的氧化物：	1. 成分含量，是否与其他物质混合；2. 是否经表面处理		3. CAS号	
2823.0000	钛的氧化物				
28.24	铅的氧化物；铅丹及铅橙：	1. 成分含量		2. CAS号	
2824.1000	——氧化铅（铅黄、黄丹）				
	-其他：				
2824.9010	---铅丹及铅橙				
2824.9090	---其他				
28.25	肼（联氨）、胲（羟胺）及其无机盐；其他无机碱；其他金属氧化物、氢氧化物及过氧化物：				
	-肼（联氨）、胲（羟胺）及其无机盐：				
2825.1010	---水合肼	1. 水合肼含量		2. CAS号	
2825.1020	---硫酸羟胺	1. 成分含量		2. CAS号	
2825.1090	---其他	1. 成分含量		2. CAS号	
	-锂的氧化物及氢氧化物：	1. 成分含量		2. CAS号	
2825.2010	---氢氧化锂				
2825.2090	---其他				
	-钒的氧化物及氢氧化物：	1. 成分含量		2. CAS号	
2825.3010	---五氧化二钒				
2825.3090	---其他				
2825.4000	-镍的氧化物及氢氧化物	1. 成分含量		2. CAS号	
2825.5000	-铜的氧化物及氢氧化物	1. 成分含量		2. CAS号	
2825.6000	-锗的氧化物及二氧化锆	1. 成分含量		2. CAS号	
2825.7000	-钼的氧化物及氢氧化物	1. 成分含量		2. CAS号	
2825.8000	-锑的氧化物	1. 成分含量		2. CAS号	
	-其他：				
	---钨的氧化物及氢氧化物：				
2825.9011	----钨酸	1. 成分含量		2. CAS号	
2825.9012	----三氧化钨		1. 外观（颜色；形状）；2. 粒度；3. 成分含量	4. CAS号	
2825.9019	----其他	1. 成分含量		2. CAS号	
	---铋的氧化物及氢氧化物：	1. 成分含量		2. CAS号	
2825.9021	----三氧化二铋				
2825.9029	----其他				
	---锡的氧化物及氢氧化物：	1. 成分含量		2. CAS号	
2825.9031	----二氧化锡				
2825.9039	----其他				
	---铌的氧化物及氢氧化物：	1. 成分含量		2. CAS号	
2825.9041	----一氧化铌				
2825.9049	----其他				
2825.9090	---其他	1. 成分含量		2. CAS号	

税则号列	商品名称	申报要素			说明
		归类要素	价格要素	其他要素	
	第五分章 无机酸盐、无机过氧酸盐及金属酸盐、金属过氧酸盐				
28.26	氟化物；氟硅酸盐、氟铝酸盐及其他氟络盐： -氟化物： --氟化铝：				
2826.1210	---无水氟化铝	1.氟质量分数；2.铝质量分数；3.烧减量；4.松装密度；5.成分含量		6.CAS号	
2826.1290	---其他 --其他：	1.成分含量 1.成分含量		2.CAS号 2.CAS号	
2826.1910	---铵的氟化物				
2826.1920	---钠的氟化物				
2826.1930	---六氟化钨				
2826.1990	---其他				
2826.3000	-六氟铝酸钠（人造冰晶石） -其他：	1.成分含量 1.成分含量		2.CAS号 2.CAS号	
2826.9010	---氟硅酸盐				
2826.9020	---六氟磷酸锂				
2826.9090	---其他				
28.27	氯化物、氯氧化物及氢氧基氯化物；溴化物及溴氧化物；碘化物及碘氧化物： -氯化铵：	1.肥料用请注明；2.成分含量	3.外观（粉状、颗粒等）	4.CAS号	
2827.1010	---肥料用				
2827.1090	---其他				
2827.2000	-氯化钙 -其他氯化物：	1.成分含量 1.成分含量		2.CAS号 2.CAS号	不包括天然水合氧化钴（税目26.05）
2827.3100	--氯化镁				
2827.3200	--氯化铝				
2827.3500	--氯化镍 --其他：				
2827.3910	---氯化锂				
2827.3920	---氯化钡				
2827.3930	---氯化钴				
2827.3990	---其他				
	-氯氧化物及氢氧基氯化物：	1.成分含量		2.CAS号	
2827.4100	--铜的氯氧化物及氢氧基氯化物 --其他：				
2827.4910	---锆的氯氧化物及氢氧基氯化物				
2827.4990	---其他				

税则号列	商品名称	申报要素 归类要素	申报要素 价格要素	申报要素 其他要素	说明
	-溴化物及溴氧化物：	1. 成分含量		2. CAS 号	
2827.5100	--溴化钠及溴化钾				
2827.5900	--其他				
2827.6000	-碘化物及碘氧化物	1. 成分含量		2. CAS 号	
28.28	次氯酸盐；商品次氯酸钙；亚氯酸盐；次溴酸盐：	1. 成分含量		2. CAS 号	
2828.1000	-商品次氯酸钙及其他钙的次氯酸盐				
2828.9000	-其他				
28.29	氯酸盐及高氯酸盐；溴酸盐及过溴酸盐；碘酸盐及高碘酸盐：				
	-氯酸盐：	1. 成分含量		2. CAS 号	
2829.1100	--氯酸钠				
	--其他：				
2829.1910	---氯酸钾（洋硝）				
2829.1990	---其他				
2829.9000	-其他	1. 成分含量	2. 如为高氯酸铵请注明粒度	3. CAS 号	
28.30	硫化物；多硫化物，不论是否已有化学定义：	1. 成分含量		2. CAS 号	不包括红锑（税目38.24）
	-钠的硫化物：				
2830.1010	---硫化钠				
2830.1090	---其他				
	-其他：				
2830.9020	---硫化锑				
2830.9030	---硫化钴				
2830.9090	---其他				
28.31	连二亚硫酸盐及次硫酸盐：	1. 成分含量		2. CAS 号	
	-钠的连二亚硫酸盐及次硫酸盐：				
2831.1010	---钠的连二硫酸盐				
2831.1020	---钠的次硫酸盐				
2831.9000	-其他				
28.32	亚硫酸盐；硫代硫酸盐：	1. 成分含量		2. CAS 号	
2832.1000	-钠的亚硫酸盐				
2832.2000	-其他亚硫酸盐				
2832.3000	-硫代硫酸盐				
28.33	硫酸盐；矾；过硫酸盐：	1. 成分含量		2. CAS 号	
	-钠的硫酸盐：				
2833.1100	--硫酸钠				
2833.1900	--其他				
	-其他硫酸盐：				
2833.2100	--硫酸镁				
2833.2200	--硫酸铝				
2833.2400	--镍的硫酸盐				
2833.2500	--铜的硫酸盐				
2833.2700	--硫酸钡				

税则号列	商品名称	申报要素			说明
		归类要素	价格要素	其他要素	
	--其他：				
2833.2910	---硫酸亚铁				
2833.2920	---铬的硫酸盐				
2833.2930	---硫酸锌				
2833.2990	---其他				
	-矾：				
2833.3010	---钾铝矾				
2833.3090	---其他				
2833.4000	-过硫酸盐				
28.34	**亚硝酸盐；硝酸盐：**				不包括硝酸铵、硝酸钠（第三十一章）
2834.1000	-亚硝酸盐	1. 成分含量		2. CAS号	
	-硝酸盐：				
	--硝酸钾：	1. 肥料用请注明；2. 成分含量		3. CAS号	
2834.2110	---肥料用				
2834.2190	---其他				
	--其他：	1. 成分含量		2. CAS号	
2834.2910	---硝酸钴				
2834.2990	---其他				
28.35	**次磷酸盐、亚磷酸盐及磷酸盐；多磷酸盐，不论是否已有化学定义：**				不包括磷酸一铵、磷酸二铵（税目31.05）
2835.1000	-次磷酸盐及亚磷酸盐	1. 成分含量		2. CAS号	
	-磷酸盐：				
2835.2200	--磷酸一钠及磷酸二钠	1. 成分含量		2. CAS号	
2835.2400	--钾的磷酸盐	1. 成分含量		2. CAS号	
	--正磷酸氢钙（磷酸二钙）：				
2835.2510	---饲料级的	1. 正磷酸氢钙请注明氟含量；2. 级别（饲料级）；3. 成分含量		4. CAS号	
2835.2520	---食品级的	1. 正磷酸氢钙请注明氟含量；2. 级别（食品级）；3. 成分含量		4. CAS号	
2835.2590	---其他	1. 正磷酸氢钙请注明氟含量；2. 用途；3. 成分含量		4. CAS号	
2835.2600	--其他磷酸钙	1. 成分含量		2. CAS号	
	--其他：	1. 成分含量		2. CAS号	
2835.2910	---磷酸三钠				
2835.2990	---其他				
	-多磷酸盐：	1. 用途（饲料、食品等）；2. 成分含量		3. CAS号	
	--三磷酸钠（三聚磷酸钠）：				

税则号列	商品名称	申报要素			说明
		归类要素	价格要素	其他要素	
2835.3110	---食品级的				
2835.3190	---其他				
	--其他:				
	---六偏磷酸钠:				
2835.3911	----食品级的				
2835.3919	----其他				
2835.3990	---其他				
28.36	**碳酸盐；过碳酸盐；含氨基甲酸铵的商品碳酸铵：**				
2836.2000	-碳酸钠（纯碱）	1. 成分含量		2. CAS号	
2836.3000	-碳酸氢钠（小苏打）	1. 成分含量		2. CAS号	
2836.4000	-钾的碳酸盐	1. 成分含量		2. CAS号	
2836.5000	-碳酸钙	1. 成分含量；2. 用途	3. 品牌（中文或外文名称）	4. CAS号	
2836.6000	-碳酸钡	1. 成分含量		2. CAS号	
	-其他:				
2836.9100	--锂的碳酸盐	1. 成分含量	2. 签约日期	3. CAS号	
2836.9200	--锶的碳酸盐	1. 成分含量		2. CAS号	
	--其他:	1. 成分含量		2. CAS号	
2836.9910	---碳酸镁				
2836.9930	---碳酸钴				
2836.9940	---商品碳酸铵及其他铵的碳酸盐				
2836.9950	---碳酸锆				
2836.9990	---其他				
28.37	**氰化物、氧氰化物及氰络合物：**	1. 成分含量	2. 包装规格	3. CAS号	不包括非金属氰化物（税目28.51）
	-氰化物及氧氰化物:				
	--氰化钠及氧氰化钠:				
2837.1110	---氰化钠				
2837.1120	---氧氰化钠				
	--其他:				
2837.1910	---氰化钾				
2837.1990	---其他				
2837.2000	-氰络合物				
28.39	**硅酸盐；商品碱金属硅酸盐：**	1. 成分含量		2. CAS号	
	-钠盐:				
2839.1100	--偏硅酸钠				
	--其他:				
2839.1910	---硅酸钠				
2839.1990	---其他				
2839.9000	-其他				
28.40	**硼酸盐及过硼酸盐：**	1. 成分含量		2. CAS号	
	-四硼酸钠（精炼硼砂）:				
2840.1100	--无水四硼酸钠				

税则号列	商品名称	申报要素			说明
		归类要素	价格要素	其他要素	
2840.1900	--其他				
2840.2000	-其他硼酸盐				
2840.3000	-过硼酸盐				
28.41	金属酸盐及过金属酸盐：				不包括发光钨酸盐（税目32.06）
2841.3000	-重铬酸钠	1. 成分含量		2. CAS号	
2841.5000	-其他铬酸盐及重铬酸盐；过铬酸盐	1. 成分含量		2. CAS号	
	-亚锰酸盐、锰酸盐及高锰酸盐：	1. 成分含量		2. CAS号	
2841.6100	--高锰酸钾				
	--其他				
2841.6910	---锰酸锂				
2841.6990	---其他				
	-钼酸盐：	1. 成分含量		2. CAS号	
2841.7010	---钼酸铵				
2841.7090	---其他				
	-钨酸盐：				
2841.8010	---仲钨酸铵	1. 成分含量	2. 含量（WO$_3$含量）	3. CAS号	
2841.8020	---钨酸钠	1. 成分含量		2. CAS号	
2841.8030	---钨酸钙	1. 成分含量		2. CAS号	
2841.8040	---偏钨酸铵	1. 成分含量	2. 含量（WO$_3$含量）	3. CAS号	
2841.8090	---其他	1. 成分含量		2. CAS号	
2841.9000	-其他	1. 成分含量		2. CAS号	
28.42	其他无机酸盐或过氧酸盐（包括不论是否已有化学定义的硅铝酸盐），但叠氮化物除外：				
2842.1000	-硅酸复盐或硅酸络盐，包括不论是否已有化学定义的硅铝酸盐	1. 成分含量	2. 包装规格	3. CAS号	
	-其他：				
	---雷酸盐、氰酸盐及硫氰酸盐：	1. 成分含量	2. 包装规格	3. CAS号	
2842.9011	----硫氰酸纳				
2842.9019	----其他				
2842.9020	---碲化镉	1. 成分含量	2. 包装规格	3. CAS号	
2842.9030	---锂镍钴锰氧化物	1. 成分含量	2. 包装规格；3. 签约日期	4. CAS号	
2842.9040	---磷酸铁锂	1. 成分含量	2. 包装规格	3. CAS号	
2842.9050	---硒酸盐及亚硒酸盐	1. 成分含量	2. 包装规格	3. CAS号	
2842.9060	---锂镍钴铝氧化物	1. 成分含量	2. 包装规格；3. 签约日期	4. CAS号	
2842.9090	---其他	1. 成分含量	2. 包装规格	3. CAS号	
	第六分章　杂项产品				
28.43	胶态贵金属；贵金属的无机或有机化合物，不论是否已有化学定义；贵金属汞齐：	1. 成分含量	2. 包装规格	3. CAS号	

税则号列	商 品 名 称	申 报 要 素			说 明
		归类要素	价格要素	其他要素	
2843.1000	-胶态贵金属				
	-银化合物：				
2843.2100	--硝酸银				
2843.2900	--其他				
2843.3000	-金化合物				
2843.9000	-其他贵金属化合物；贵金属汞齐				
28.44	放射性化学元素及放射性同位素（包括可裂变或可转换的化学元素及同位素）及其化合物；含上述产品的混合物及残渣：				
2844.1000	-天然铀及其化合物；含天然铀或天然铀化合物的合金、分散体（包括金属陶瓷）、陶瓷产品及混合物	1. 成分含量		2. CAS 号	
2844.2000	-铀-235 浓缩铀及其化合物；钚及其化合物；含铀-235 浓缩铀、钚或它们的化合物的合金、分散体（包括金属陶瓷）、陶瓷产品及混合物	1. 成分含量		2. CAS 号	
2844.3000	-铀-235 贫化铀及其化合物；钍及其化合物；含铀-235 贫化铀、钍或它们的化合物的合金、分散体（包括金属陶瓷）、陶瓷产品及混合物	1. 成分含量		2. CAS 号	
	-除子目 2844.10、2844.20 及 2844.30 以外的放射性元素、同位素及其化合物；含这些元素、同位素及其化合物的合金、分散体（包括金属陶瓷）、陶瓷产品及混合物；放射性残渣：				
2844.4100	--氚及其化合物；含氚及其化合物的合金、分散体（包括金属陶瓷）、陶瓷产品及混合物	1. 成分含量		2. CAS 号	
	--锕-225、锕-227、锎-253、锔-240、锔-241、锔-242、锔-243、锔-244、锿-253、锿-254、钆-148、钋-208、钋-209、钋-210、镭-223、铀-230 或铀-232 及其化合物；含这些元素及其化合物的合金、分散体（包括金属陶瓷）、陶瓷产品及混合物：	1. 成分含量		2. CAS 号	
2844.4210	---镭-223 及镭-223 盐				
2844.4290	---其他				
	--其他放射性元素、同位素及其化合物；其他含这些元素、同位素及其化合物的合金、分散体（包括金属陶瓷）、陶瓷产品及混合物：	1. 放射性元素成分		2. CAS 号	
2844.4310	---除镭-223 及镭-223 盐外的镭及镭盐				
2844.4320	---钴及钴盐				
2844.4390	---其他				
2844.4400	--放射性残渣	1. 成分含量		2. CAS 号	

税则号列	商品名称	申报要素 归类要素	申报要素 价格要素	申报要素 其他要素	说明
2844.5000	-核反应堆已耗尽（已辐照）的燃料元件（释热元件）	1. 成分含量		2. CAS号	
28.45	税目28.44以外的同位素；这些同位素的无机或有机化合物，不论是否已有化学定义：	1. 成分含量		2. CAS号	
2845.1000	-重水（氧化氘）				
2845.2000	-硼-10浓缩硼及其化合物				
2845.3000	-锂-6浓缩锂及其化合物				
2845.4000	-氦-3				
2845.9000	-其他				
28.46	稀土金属、钇、钪及其混合物的无机或有机化合物：				
	-铈的化合物：	1. 成分含量		2. 稀土元素的重量百分比，以[A]表示；3. CAS号	
2846.1010	---氧化铈				
2846.1020	---氢氧化铈				
2846.1030	---碳酸铈				
2846.1090	---其他				
	-其他：				
	---氧化稀土（氧化铈除外）：	1. 成分含量		2. 稀土元素的重量百分比，以[A]表示；3. CAS号	
2846.9011	----氧化钇				
2846.9012	----氧化镧				
2846.9013	----氧化钕				
2846.9014	----氧化铕				
2846.9015	----氧化镝				
2846.9016	----氧化铽				
2846.9017	----氧化镨				
2846.9018	----氧化镥				
2846.9019	----其他				
	---氯化稀土：				
2846.9021	----氯化铽	1. 成分含量		2. 稀土元素的重量百分比，以[A]表示；3. CAS号	

税则号列	商品名称	申报要素 归类要素	申报要素 价格要素	申报要素 其他要素	说明
2846.9022	----氯化镝	1.成分含量		2.稀土元素的重量百分比，以[A]表示；3.CAS号	
2846.9023	----氯化镧	1.成分含量		2.稀土元素的重量百分比，以[A]表示；3.CAS号	
2846.9024	----氯化钕	1.成分含量		2.稀土元素的重量百分比，以[A]表示；3.CAS号	
2846.9025	----氯化镨	1.成分含量		2.稀土元素的重量百分比，以[A]表示；3.CAS号	
2846.9026	----氯化钇	1.成分含量		2.稀土元素的重量百分比，以[A]表示；3.CAS号	
2846.9028	----混合氯化稀土	1.成分含量		2.稀土元素的重量百分比，以[A]表示；3.CAS号	
2846.9029	----其他	1.成分含量		2.稀土元素的重量百分比，以[A]表示；3.CAS号	
	---氟化稀土：	1.成分含量		2.稀土元素的重量百分比，以[A]表示；3.CAS号	
2846.9031	----氟化铽				
2846.9032	----氟化镝				
2846.9033	----氟化镧				
2846.9034	----氟化钕				
2846.9035	----氟化镨				
2846.9036	----氟化钇				

税则号列	商品名称	申报要素			说明
		归类要素	价格要素	其他要素	
2846.9039	----其他				
	---碳酸稀土:	1. 成分含量		2. 稀土元素的重量百分比，以[A]表示；3. CAS号	
2846.9041	----碳酸镧				
2846.9042	----碳酸铽				
2846.9043	----碳酸镝				
2846.9044	----碳酸钕				
2846.9045	----碳酸镨				
2846.9046	----碳酸钇				
2846.9048	----混合碳酸稀土				
2846.9049	----其他				
	---其他:	1. 成分含量		2. 稀土元素的重量百分比，以[A]表示；3. CAS号	
2846.9091	----镧的其他化合物				
2846.9092	----钕的其他化合物				
2846.9093	----铽的其他化合物				
2846.9094	----镝的其他化合物				
2846.9095	----镨的其他化合物				
2846.9096	----钇的其他化合物				
2846.9099	----其他				
28.47	**过氧化氢，不论是否用尿素固化：**	1. 成分含量；2. 包装规格		3. CAS号	不包括制成一定剂量或零售形状或包装的（税目30.04）
2847.0000	过氧化氢，不论是否用尿素固化				
28.49	**碳化物，不论是否已有化学定义：**	1. 成分含量	2. 品牌（中文或外文名称）；3. 型号；4. 外观（颜色；形状等）；5. 用途；6. 碳化钨请注明粒度	7. CAS号	
2849.1000	-碳化钙				
2849.2000	-碳化硅				
	-其他:				
2849.9010	---碳化硼				
2849.9020	---碳化钨				
2849.9090	---其他				

税则号列	商品名称	申报要素			说明
		归类要素	价格要素	其他要素	
28.50	氢化物、氮化物、叠氮化物、硅化物及硼化物，不论是否已有化学定义，但可归入税目28.49的碳化物除外：	1. 成分含量		2. CAS号	
	---氮化物：				
2850.0011	----氮化锰				
2850.0012	----氮化硼				
2850.0019	----其他				
2850.0090	---其他				
28.52	汞的无机或有机化合物，不论是否已有化学定义，汞齐除外：	1. 成分含量		2. CAS号	
2852.1000	-已有化学定义的				
2852.9000	-其他				
28.53	磷化物，不论是否已有化学定义，但磷铁除外；其他无机化合物（包括蒸馏水、导电水及类似的纯净水）；液态空气（不论是否除去稀有气体）；压缩空气；汞齐，但贵金属汞齐除外：				
2853.1000	-氯化氰	1. 成分含量	2. 包装规格	3. CAS号	
	-其他：				
2853.9010	---饮用蒸馏水	1. 是否饮用；2. 成分含量	3. 包装规格	4. CAS号	
2853.9030	---镍钴锰氢氧化物	1. 成分含量	2. 签约日期	3. CAS号	
2853.9040	---磷化物，不论是否已有化学定义，但不包括磷铁	1. 铜母合金请注明磷的重量百分比		2. CAS号	
2853.9050	---镍钴铝氢氧化物	1. 成分含量	2. 签约日期	3. CAS号	
2853.9090	---其他	1. 成分含量		2. CAS号	

第二十九章 有机化学品

注释：

一、除条文另有规定的以外，本章各税目只适用于：

(一) 单独的已有化学定义的有机化合物，不论是否含有杂质；

(二) 同一有机化合物的两种或两种以上异构体的混合物（不论是否含有杂质），但无环烃异构体的混合物（立体异构体除外），不论是否饱和，应归入第二十七章；

(三) 税目 29.36 至 29.39 的产品，税目 29.40 的糖醚、糖缩醛、糖酯及其盐类和税目 29.41 的产品，不论是否已有化学定义；

(四) 上述（一）、（二）、（三）款产品的水溶液；

(五) 溶于其他溶剂的上述（一）、（二）、（三）款的产品，但该产品处于溶液状态只是为了安全或运输所采取的正常必要方法，其所用溶剂并不使该产品改变其一般用途而适合于某些特殊用途；

(六) 为了保存或运输的需要，加入稳定剂（包括抗结块剂）的上述（一）、（二）、（三）、（四）、（五）各款产品；

(七) 为了便于识别或安全起见，加入抗尘剂、着色剂、气味剂或催吐剂的上述（一）、（二）、（三）、（四）、（五）、（六）各款产品，但所加剂料并不使原产品改变其一般用途而适合于某些特殊用途；

(八) 为生产偶氮染料而稀释至标准浓度的下列产品：重氮盐，用于重氮盐、可重氮化的胺及其盐类的耦合剂。

二、本章不包括：

(一) 税目 15.04 的货品及税目 15.20 的粗甘油；

(二) 乙醇（税目 22.07 或 22.08）；

(三) 甲烷及丙烷（税目 27.11）；

(四) 第二十八章注释二所述的碳化合物；

(五) 税目 30.02 的免疫制品；

(六) 尿素（税目 31.02 或 31.05）；

(七) 植物性或动物性着色料（税目 32.03）、合成有机着色料、用作荧光增白剂或发光体的合成有机产品（税目 32.04）及零售包装的染料或其他着色料（税目 32.12）；

(八) 酶（税目 35.07）；

(九) 聚乙醛、六亚甲基四胺（乌洛托品）及类似物质，制成片、条或类似形状作为燃料用的，以及包装容器的容积不超过 300 立方厘米的直接灌注香烟打火机及类似打火器用的液体燃料或液化气体燃料（税目 36.06）；

(十) 灭火器的装配药及已装药的灭火弹（税目 38.13）；零售包装的除墨剂（税目 38.24）；或

(十一) 光学元件，例如，用酒石酸乙二胺制成的（税目 90.01）。

三、可以归入本章两个或两个以上税目的货品，应归入有关税目中的最后一个税目。

四、税目 29.04 至 29.06、29.08 至 29.11 及 29.13 至 29.20 的卤化、磺化、硝化或亚硝化衍生物均包括复合衍生物，例如，卤磺化、卤硝化、磺硝化及卤磺硝化衍生物。

硝基及亚硝基不作为税目 29.29 的含氮基官能团。

税目 29.11、29.12、29.14、29.18 及 29.22 所称"含氧基"，仅限于税目 29.05 至 29.20 的各种含氧基（其特征为有机含氧基）。

五、(一) 本章第一分章至第七分章的酸基有机化合物与这些分章的有机化合物构成的酯，应归入有关分章的最后一个税目。

(二) 乙醇与本章第一分章至第七分章的酸基有机化合物所构成的酯，应按有关酸基化合物归类。

(三) 除第六类注释一及第二十八章注释二另有规定的以外：

1. 第一分章至第十分章及税目 29.42 的有机化合物的无机盐，例如，含酸基、酚基或烯醇基的化合物及有机碱的无机盐，应归入相应的有机化合物的税目；

2. 第一分章至第十分章及税目 29.42 的有机化合物之间生成的盐，应按生成该盐的碱或酸（包括酚基或烯醇基化合物）归入本章有关税目中的最后一个税目；以及

3. 除第十一分章或税目 29.41 的产品外，配位化合物应按该化合物所有金属键（金属-碳键除外）"断开"所形成的片段归入第二十九章有关税目中的最后一个税目。

(四) 除乙醇外，金属醇化物应按相应的醇归类（税目 29.05）。

(五) 羧酸酰卤化物应按相应的酸归类。

六、税目29.30及29.31的化合物是指有机化合物,其分子中除含氢、氧或氮原子外,还含有与碳原子直接连接的其他非金属或金属原子(例如,硫、砷或铅)。

税目29.30(有机硫化合物)及税目29.31(其他有机-无机化合物)不包括某些磺化或卤化衍生物(含复合衍生物)。这些衍生物分子中除氢、氧、氮之外,只有具有磺化或卤化衍生物(或复合衍生物)性质的硫原子或卤素原子与碳原子直接连接。

七、税目29.32、29.33及29.34不包括三节环环氧化物、过氧化酮、醛或硫醛的环聚合物、多元羧酸酐、多元醇或酚与多元酸构成的环酯及多元酸酰亚胺。

本条规定只适用于由本条所列环化功能形成环内杂原子的化合物。

八、税目29.37所称:

(一)"激素",包括激素释放因子、激素刺激和释放因子、激素抑制剂以及激素抗体;

(二)"主要用作激素的",不仅适用于主要起激素作用的激素衍生物及结构类似物,也适用于在本税目所列产品合成过程中主要用作中间体的激素衍生物及结构类似物。

子目注释:

一、属于本章任一税目项下的一种(组)化合物的衍生物,如果该税目其他子目未明确将其包括在内,而且有关的子目中又无列名为"其他"的子目,则应与该种(组)化合物归入同一子目。

二、第二十九章注释三不适用于本章的子目。

【要素释义】

一、归类要素

1. 成分含量:指商品中所包含各种物质的种类及含量。

2. 用途:指商品应用的方面、范围。

3. 用作气体燃料的应报明包装容器容积:该要素为税目29.01项下商品专有归类要素。用作气体燃料的无环烃需填报包装容器的容积。例如,"350毫升/罐"。

4. 结晶温度:物质从液体转变为晶体的过程所需的温度。该要素为税则号列2902.9020项下商品专有归类要素,"精萘"需要填报结晶温度。

5. 外观:指商品本身实际的外观状态情况,主要指商品的形状和颜色等表观性状。例如,税目29.12项下四聚甲醛可填报"白色粉状"等。

二、价格要素

1. 签约日期:指供求双方企业合同签订的日期,填报具体日期即可。例如,"20200701"。

2. 对苯二甲酸请注明色度:该要素为税目29.17项下商品专有价格要素,是反映颜色的色调和饱和度的指标,用"度"或"APHA"表示。例如,税则号列2917.3619项下聚酯生产用的对苯二甲酸的色度填报"2.8-2.9APHA"。

3. 对苯二甲酸请注明水分:该要素为税目29.17项下商品专有价格要素,是指"对苯二甲酸"中含水分比重,用百分比表示。例如,税则号列2917.3619项下聚酯生产用的对苯二甲酸填报"水分含量0.05%"。

4. 对苯二甲酸请注明4-CBA值:该要素为税目29.17项下商品专有价格要素,指4-甲基苯甲醛的含量,用"mg/kg"表示。例如,"4-CBA值:13mg/kg"。

5. 对苯二甲酸请注明P-TL酸值:该要素为税目29.17项下商品专有价格要素,P-TL酸值是对甲基苯甲酸含量,是精对苯二甲酸(PTA)在氧化、精制过程中的杂质成分,用"mg/kg"表示。例如,"P-TL酸值:130mg/kg"。

6. 计价日期:指商品价格所适用的指数或行情的时间,可以是某个时间点,也可以是某个时间段。

7. 用途:指商品应用的方面、范围。例如,税目29.41项下"抗菌素"填报"制口服药""制注射用药""制外用药"。

8. 色度:反映颜色的色调和饱和度的指标,用"度"或"APHA"表示。

9. 包装规格:指商品的个体包装方式和规格。

三、其他要素

CAS号:中文全称为"化学物质登录号",由一组数字组成。如商品无CAS号,则填报为"无CAS号"。

税则号列	商品名称	申报要素			说明
		归类要素	价格要素	其他要素	
	第一分章 烃类及其卤化、磺化、硝化或亚硝化衍生物				
29.01	无环烃： -饱和：	1. 成分含量；2. 用途；3. 用作气体燃料的应报明包装容器容积		4. CAS号	
2901.1010	---乙烷	1. 成分含量；2. 用途；3. 用作气体燃料的应报明包装容器容积		4. CAS号	
2901.1090	---其他	1. 成分含量；2. 用途；3. 用作气体燃料的应报明包装容器容积		4. CAS号	
	-不饱和：				
2901.2100	--乙烯	1. 成分含量；2. 用途；3. 用作气体燃料的应报明包装容器容积		4. CAS号	
2901.2200	--丙烯	1. 成分含量；2. 用途；3. 用作气体燃料的应报明包装容器容积	4. 签约日期；5. 计价日期	6. CAS号	
	--丁烯及其异构体：				
2901.2310	---1-丁烯	1. 成分含量；2. 用途；3. 用作气体燃料的应报明包装容器容积	4. 签约日期；5. 计价日期	6. CAS号	
2901.2320	---2-丁烯	1. 成分含量；2. 用途；3. 用作气体燃料的应报明包装容器容积		4. CAS号	
2901.2330	---2-甲基丙烯	1. 成分含量；2. 用途；3. 用作气体燃料的应报明包装容器容积		4. CAS号	
	--1,3-丁二烯及异戊二烯：	1. 成分含量；2. 用途；3. 用作气体燃料的应报明包装容器容积	4. 签约日期；5. 计价日期	6. CAS号	
2901.2410	---1,3-丁二烯				
2901.2420	---异戊二烯				

税则号列	商品名称	申报要素			说明
		归类要素	价格要素	其他要素	
	--其他：	1. 成分含量；2. 用途；3. 用作气体燃料的应报明包装容器容积		4. CAS号	
2901.2910	---异戊烯				
2901.2920	---乙炔				
2901.2990	---其他				
29.02	环烃：				
	-环烷烃、环烯及环萜烯：				
2902.1100	--环己烷	1. 成分含量	2. 用途；3. 签约日期；4. 计价日期	5. CAS号	
	--其他：	1. 成分含量	2. 用途	3. CAS号	
2902.1910	---蒎烯				
2902.1920	---4-烷基-4'-烷基双环己烷				
2902.1990	---其他				
2902.2000	-苯	1. 成分含量	2. 签约日期；3. 计价日期	4. CAS号	
2902.3000	-甲苯	1. 成分含量	2. 签约日期；3. 计价日期	4. CAS号	
	-二甲苯：	1. 成分含量	2. 签约日期；3. 计价日期	4. CAS号	
2902.4100	--邻二甲苯				
2902.4200	--间二甲苯				
2902.4300	--对二甲苯				
2902.4400	--混合二甲苯异构体				
2902.5000	-苯乙烯	1. 成分含量	2. 签约日期；3. 计价日期	4. CAS号	
2902.6000	-乙苯	1. 成分含量	2. 签约日期；3. 计价日期	4. CAS号	
2902.7000	-异丙基苯	1. 成分含量	2. 签约日期；3. 计价日期	4. CAS号	
	-其他：				
2902.9010	---四氢萘	1. 成分含量		2. CAS号	
2902.9020	---精萘	1. 成分含量；2. 结晶温度		3. CAS号	
2902.9030	---十二烷基苯	1. 成分含量		2. CAS号	
2902.9040	---4-（4'-烷基环己基）环己乙烯	1. 成分含量		2. CAS号	
2902.9050	---1-烷基-4-（4-烷烯基-1,1'-双环己基）苯	1. 成分含量		2. CAS号	
2902.9090	---其他	1. 成分含量		2. CAS号	
29.03	烃的卤化衍生物：				
	-无环烃的饱和氯化衍生物：	1. 成分含量；2. 用途		3. CAS号	
2903.1100	--一氯甲烷及氯乙烷				
2903.1200	--二氯甲烷				
2903.1300	--氯仿（三氯甲烷）				

税则号列	商品名称	申报要素			说明
		归类要素	价格要素	其他要素	
2903.1400	--四氯化碳				
2903.1500	--1,2-二氯乙烷（ISO）				
	---其他：				
2903.1910	---1,1,1-三氯乙烷（甲基氯仿）				
2903.1990	---其他				
	-无环烃的不饱和氯化衍生物：	1. 成分含量；2. 用途	3. 签约日期；4. 计价日期	5. CAS 号	
2903.2100	--氯乙烯				
2903.2200	--三氯乙烯	1. 成分含量；2. 用途		3. CAS 号	
2903.2300	--四氯乙烯（全氯乙烯）	1. 成分含量；2. 用途		3. CAS 号	
	--其他：	1. 成分含量；2. 用途		3. CAS 号	
2903.2910	---3-氯-1-丙烯（氯丙烯）				
2903.2990	---其他				
	-无环烃的饱和氟化衍生物：	1. 成分含量；2. 用途		3. CAS 号	
2903.4100	--三氟甲烷（HFC-23）				
2903.4200	--二氟甲烷（HFC-32）				
2903.4300	--一氟甲烷（HFC-41）、1,2-二氟乙烷（HFC-152）及1,1-二氟乙烷（HFC-152a）				
2903.4400	--五氟乙烷（HFC-125）、1,1,1-三氟乙烷（HFC-143a）及1,1,2-三氟乙烷（HFC-143）				
2903.4500	--1,1,1,2-四氟乙烷（HFC-134a）及1,1,2,2-四氟乙烷（HFC-134）				
2903.4600	--1,1,1,2,3,3,3-七氟丙烷（HFC-227ea）、1,1,1,2,2,3-六氟丙烷（HFC-236cb）、1,1,1,2,3,3-六氟丙烷（HFC-236ea）、1,1,1,3,3,3-六氟丙烷（HFC-236fa）				
2903.4700	--1,1,1,3,3-五氟丙烷（HFC-245fa）及1,1,2,2,3-五氟丙烷（HFC-245ca）				
2903.4800	--1,1,1,3,3-五氟丁烷（HFC-365mfc）及1,1,1,2,2,3,4,5,5,5-十氟戊烷（HFC-43-10mee）				
2903.4900	--其他				
	-无环烃的不饱和氟化衍生物：	1. 成分含量；2. 用途		3. CAS 号	
2903.5100	--2,3,3,3-四氟丙烯（HFO-1234yf）、1,3,3,3-四氟丙烯（HFO-1234ze）及（Z）-1,1,1,4,4,4-六氟-2-丁烯（HFO-1336mzz）				
	--其他：				
2903.5910	---1,1,3,3,3-五氟-2三氟甲基-1-丙烯（全氟异丁烯；八氟异丁烯）				
2903.5990	---其他				
	-无环烃的溴化或碘化衍生物：	1. 成分含量；2. 用途		3. CAS 号	

税则号列	商品名称	申报要素 归类要素	申报要素 价格要素	申报要素 其他要素	说明
2903.6100	--甲基溴（溴甲烷）				
2903.6200	--二溴乙烷（ISO）（1,2-二溴乙烷）				
2903.6900	--其他				
	-含有两种或两种以上不同卤素的无环烃卤化衍生物：	1. 成分含量；2. 用途		3. CAS号	
2903.7100	---一氯二氟甲烷（HCFC-22）				
2903.7200	---二氯三氟乙烷（HCFC-123）				
2903.7300	---二氯一氟乙烷（HCFC-141, 141b）				
2903.7400	---一氯二氟乙烷（HCFC-142, 142b）				
2903.7500	--二氯五氟丙烷（HCFC-225, 225ca, 225cb）				
2903.7600	--溴氯二氟甲烷（Halon-1211）、一溴三氟甲烷（Halon-1301）及二溴四氟乙烷（Halon-2402）				
	--其他，仅含氟和氯的全卤化物：				
2903.7710	---三氯氟甲烷				
2903.7720	---其他仅含氟和氯的甲烷、乙烷及丙烷的全卤化物				
2903.7790	---其他				
2903.7800	--其他全卤化衍生物				
	--其他：				
2903.7910	---其他仅含氟和氯的甲烷、乙烷及丙烷的卤化衍生物				
2903.7990	---其他				
	-环烷烃、环烯烃或环萜烯烃的卤化衍生物：	1. 成分含量；2. 用途		3. CAS号	
2903.8100	--1,2,3,4,5,6-六氯环己烷[六六六（ISO）]，包括林丹（ISO, INN）				
2903.8200	--艾氏剂（ISO）、氯丹（ISO）及七氯（ISO）				
2903.8300	--灭蚁灵（ISO）				
2903.8900	--其他				
	-芳烃卤化衍生物：	1. 成分含量；2. 用途		3. CAS号	
	--氯苯、邻二氯苯及对二氯苯：				
2903.9110	---邻二氯苯				
2903.9190	---其他				
2903.9200	--六氯苯（ISO）及滴滴涕（ISO, INN）[1,1,1-三氯-2,2-双(4-氯苯基)乙烷]				
2903.9300	--五氯苯（ISO）				
2903.9400	--六溴联苯				
	--其他：				
2903.9910	---对氯甲苯				
2903.9920	---3,4-二氯三氟甲苯				
2903.9930	---4-(4'-烷基苯基)-1-(4'-烷基苯基)-2-氟苯				

税则号列	商品名称	申报要素			说明
		归类要素	价格要素	其他要素	
2903.9990	---其他			3. CAS 号	
29.04	**烃的磺化、硝化或亚硝化衍生物,不论是否卤化:**	1. 成分含量;2. 用途		3. CAS 号	
2904.1000	-仅含磺基的衍生物及其盐和乙酯				
	-仅含硝基或亚硝基的衍生物:				
2904.2010	---硝基苯				
2904.2020	---硝基甲苯				
2904.2030	---二硝基甲苯				
2904.2040	---三硝基甲苯(TNT)				
2904.2090	---其他				
	-全氟辛基磺酸及其盐和全氟辛基磺酰氟:				
2904.3100	--全氟辛基磺酸				
2904.3200	--全氟辛基磺酸铵				
2904.3300	--全氟辛基磺酸锂				
2904.3400	--全氟辛基磺酸钾				
2904.3500	--其他全氟辛基磺酸盐				
2904.3600	--全氟辛基磺酰氟				
	-其他:				
2904.9100	--三氯硝基甲烷(氯化苦)				
2904.9900	--其他				
	第二分章 醇类及其卤化、磺化、硝化或亚硝化衍生物				
29.05	**无环醇及其卤化、磺化、硝化或亚硝化衍生物:**				
	-饱和一元醇:				
2905.1100	--甲醇	1. 成分含量;2. 用途	3. 包装规格;4. 签约日期;5. 计价日期	6. CAS 号	
	--丙醇及异丙醇:	1. 成分含量;2. 用途	3. 包装规格;4. 签约日期;5. 计价日期	6. CAS 号	
2905.1210	---丙醇				
2905.1220	---异丙醇				
2905.1300	--正丁醇	1. 成分含量;2. 用途	3. 包装规格;4. 签约日期;5. 计价日期	6. CAS 号	
	--其他丁醇:				
2905.1410	---异丁醇	1. 成分含量;2. 用途	3. 包装规格;4. 签约日期;5. 计价日期	6. CAS 号	
2905.1420	---仲丁醇	1. 成分含量;2. 用途	3. 包装规格	4. CAS 号	
2905.1430	---叔丁醇	1. 成分含量;2. 用途	3. 包装规格	4. CAS 号	
	--辛醇及其异构体:				
2905.1610	---正辛醇	1. 成分含量;2. 用途	3. 包装规格	4. CAS 号	

税则号列	商品名称	申报要素			说明
		归类要素	价格要素	其他要素	
2905.1690	---其他	1. 成分含量；2. 用途	3. 包装规格；4. 签约日期；5. 计价日期	6. CAS号	
2905.1700	--十二醇、十六醇及十八醇	1. 成分含量；2. 用途	3. 包装规格	4. CAS号	
	--其他：				
2905.1910	---3,3-二甲基丁-2-醇（频哪基醇）	1. 成分含量；2. 用途	3. 包装规格	4. CAS号	
2905.1990	---其他	1. 成分含量；2. 用途	3. 包装规格；4. 签约日期；5. 计价日期	6. CAS号	
	-不饱和一元醇：	1. 成分含量；2. 用途	3. 包装规格	4. CAS号	
	--无环萜烯醇：				
2905.2210	---香叶醇、橙花醇（3,7-二甲基-2,6-辛二烯-1-醇）				
2905.2220	---香茅醇（3,7-二甲基-6-辛烯-1-醇）				
2905.2230	---芳樟醇				
2905.2290	---其他				
2905.2900	--其他				
	-二元醇：				
2905.3100	--1,2-乙二醇	1. 成分含量；2. 用途	3. 包装规格；4. 签约日期；5. 计价日期	6. CAS号	
2905.3200	--1,2-丙二醇	1. 成分含量；2. 用途	3. 包装规格；4. 签约日期；5. 计价日期	6. CAS号	
	--其他：	1. 成分含量；2. 用途	3. 包装规格	4. CAS号	
2905.3910	---2,5-二甲基己二醇				
2905.3990	---其他				
	-其他多元醇：				
2905.4100	--2-乙基-2-（羟甲基）丙烷-1,3-二醇（三羟甲基丙烷）	1. 成分含量；2. 用途	3. 包装规格	4. CAS号	
2905.4200	--季戊四醇	1. 成分含量；2. 用途	3. 包装规格	4. CAS号	
2905.4300	--甘露糖醇	1. 成分含量；2. 用途	3. 包装规格	4. CAS号	
2905.4400	--山梨醇	1. 成分含量；2. 用途	3. 包装规格	4. CAS号	
2905.4500	--丙三醇（甘油）	1. 成分含量；2. 用途	3. 包装规格；4. 签约日期；5. 计价日期	7. CAS号 6. 丙三醇（甘油）请报明颜色及外观状态	
	--其他：	1. 成分含量；2. 用途	3. 包装规格	4. CAS号	
2905.4910	---木糖醇				
2905.4990	---其他				
	-无环醇的卤化、磺化、硝化或亚硝化衍生物：	1. 成分含量；2. 用途	3. 包装规格	4. CAS号	
2905.5100	--乙氯维诺（INN）				

税则号列	商品名称	申报要素			说明
		归类要素	价格要素	其他要素	
2905.5900	--其他			3. CAS号	
29.06	**环醇及其卤化、磺化、硝化或亚硝化衍生物：**	1. 成分含量；2. 用途		3. CAS号	
	-环烷醇、环烯醇及环萜烯醇：				
2906.1100	--薄荷醇				
2906.1200	--环己醇、甲基环己醇及二甲基环己醇				
	--固醇及肌醇：				
2906.1310	---固醇				
2906.1320	---肌醇				
	--其他：				
2906.1910	---萜品醇				
2906.1990	---其他				
	-芳香醇：				
2906.2100	--苄醇				
	-其他：				
2906.2910	---2-苯基乙醇				
2906.2990	---其他				
	第三分章 酚、酚醇及其卤化、磺化、硝化或亚硝化衍生物				
29.07	酚；酚醇：				
	-一元酚：				
	--苯酚及其盐：				
2907.1110	---苯酚	1. 成分含量；2. 用途	3. 签约日期；4. 计价日期	5. CAS号	
2907.1190	---其他	1. 成分含量；2. 用途		3. CAS号	
	--甲酚及其盐：	1. 成分含量；2. 用途		3. CAS号	
	---甲酚：				
2907.1211	----间甲酚				
2907.1212	----邻甲酚				
2907.1219	----其他				
2907.1290	---其他				
	--辛基酚、壬基酚及其异构体以及它们的盐：	1. 成分含量；2. 用途		3. CAS号	
2907.1310	---壬基酚				
2907.1390	---其他				
	--萘酚及其盐：	1. 成分含量；2. 用途		3. CAS号	
2907.1510	---2-萘酚（β-萘酚）				
2907.1590	---其他				
	--其他：	1. 成分含量；2. 用途		3. CAS号	
2907.1910	---邻仲丁基酚、邻异丙基酚				
2907.1990	---其他				
	-多元酚；酚醇：				
2907.2100	--间苯二酚及其盐	1. 成分含量；2. 用途		3. CAS号	
	--对苯二酚及其盐：	1. 成分含量；2. 用途		3. CAS号	
2907.2210	---对苯二酚				

税则号列	商品名称	申报要素			说明
		归类要素	价格要素	其他要素	
2907.2290	---其他				
2907.2300	--4,4'-异亚丙基联苯酚（双酚A，二苯基酚丙烷）及其盐	1. 成分含量；2. 用途	3. 签约日期；4. 计价日期	5. CAS号	
	--其他	1. 成分含量；2. 用途		3. CAS号	
2907.2910	---邻苯二酚				
2907.2990	---其他				
29.08	酚及酚醇的卤化、磺化、硝化或亚硝化衍生物：	1. 成分含量；2. 用途		3. CAS号	
	-仅含卤素取代基的衍生物及其盐：				
2908.1100	--五氯苯酚（ISO）				
	--其他：				
2908.1910	---对氯苯酚				
2908.1990	---其他				
	-其他：				
2908.9100	--地乐酚（ISO）及其盐				
2908.9200	--4,6-二硝基邻甲酚［二硝酚（ISO）］及其盐				
	--其他：				
2908.9910	---对硝基酚，对硝基酚钠				
2908.9990	---其他				
	第四分章　醚、过氧化醇、过氧化醚、缩醛及半缩醛过氧化物、过氧化酮、三节环环氧化物、缩醛及半缩醛及其卤化、磺化、硝化或亚硝化衍生物				
29.09	醚、醚醇、醚酚、醚醇酚、过氧化醇、过氧化醚、缩醛及半缩醛过氧化物、过氧化酮（不论是否已有化学定义）及其卤化、磺化、硝化或亚硝化衍生物：				
	-无环醚及其卤化、磺化、硝化或亚硝化衍生物：				
2909.1100	--乙醚	1. 成分含量；2. 用途		3. CAS号	
	--其他：				
2909.1910	---甲醚	1. 成分含量；2. 用途		3. CAS号	
2909.1990	---其他	1. 成分含量；2. 用途	3. 签约日期；4. 计价日期	5. CAS号	
2909.2000	-环烷醚、环烯醚或环萜烯醚及其卤化、磺化、硝化或亚硝化衍生物	1. 成分含量；2. 用途		3. CAS号	
	-芳香醚及其卤化、磺化、硝化或亚硝化衍生物：	1. 成分含量；2. 用途		3. CAS号	
2909.3010	---1-烷氧基-4-（4-乙烯基环己基）-2,3-二氟苯				
2909.3020	---4-烷氧基-4'-（4'-烷烯基-1,1'-双环己烷及其氟代衍生物				

税则号列	商品名称	申报要素 归类要素	申报要素 价格要素	申报要素 其他要素	说明
2909.3090	---其他				
	-醚醇及其卤化、磺化、硝化或亚硝化衍生物				
2909.4100	--2,2'-氧联二乙醇（二甘醇）	1. 成分含量；2. 用途	3. 签约日期；4. 计价日期	5. CAS号	
2909.4300	--乙二醇或二甘醇的单丁醚	1. 成分含量；2. 用途	3. 签约日期；4. 计价日期	5. CAS号	
2909.4400	--乙二醇或二甘醇的其他单烷基醚	1. 成分含量；2. 用途		3. CAS号	
	--其他：	1. 成分含量；2. 用途		3. CAS号	
2909.4910	---间苯氧基苄醇				
2909.4990	---其他				
2909.5000	-醚酚、醚醇酚及其卤化、磺化、硝化或亚硝化衍生物	1. 成分含量；2. 用途		3. CAS号	
2909.6000	-过氧化醇、过氧化醚、缩醛及半缩醛过氧化物、过氧化酮及其卤化、磺化、硝化或亚硝化衍生物：	1. 成分含量；2. 用途		3. CAS号	
2909.6010	---缩醛及半缩醛过氧化物，及其卤化、磺化、硝化或亚硝化衍生物				
2909.6090	---其他				
29.10	三节环环氧化物、环氧醇、环氧酚、环氧醚及其卤化、磺化、硝化或亚硝化衍生物：				
2910.1000	-环氧乙烷（氧化乙烯）	1. 成分含量；2. 用途		3. CAS号	
2910.2000	-甲基环氧乙烷（氧化丙烯）	1. 成分含量；2. 用途	3. 签约日期；4. 计价日期	5. CAS号	
2910.3000	-1-氯-2,3-环氧丙烷（表氯醇）	1. 成分含量；2. 用途		3. CAS号	
2910.4000	-狄氏剂（ISO, INN）	1. 成分含量；2. 用途		3. CAS号	
2910.5000	-异狄氏剂（ISO）	1. 成分含量；2. 用途		3. CAS号	
2910.9000	-其他	1. 成分含量；2. 用途		3. CAS号	
29.11	缩醛及半缩醛，不论是否含有其他含氧基，及其卤化、磺化、硝化或亚硝化衍生物：	1. 成分含量；2. 用途		3. CAS号	
2911.0000	缩醛及半缩醛，不论是否含有其他含氧基，及其卤化、磺化、硝化或亚硝化衍生物				
	第五分章　醛基化合物				
29.12	醛，不论是否含有其他含氧基；环聚醛；多聚甲醛：	1. 成分含量；2. 用途；3. 四聚甲醛报明外观		4. CAS号	
	-不含其他含氧基的无环醛：				
2912.1100	--甲醛				
2912.1200	--乙醛				
2912.1900	--其他				
	-不含其他含氧基的环醛：				
2912.2100	--苯甲醛				
	--其他：				

税则号列	商品名称	申报要素			说明
		归类要素	价格要素	其他要素	
2912.2910	---铃兰醛（对叔丁基-α-甲基-氧化肉桂醛）				
2912.2990	---其他				
	-醛醚、醛酚及含其他含氧基的醛：				
2912.4100	--香草醛（3-甲氧基-4-羟基苯甲醛）				
2912.4200	--乙基香草醛（3-乙氧基-4-羟基苯甲醛）				
	--其他：				
2912.4910	---醛醇				
2912.4990	---其他				
2912.5000	-环聚醛				
2912.6000	-多聚甲醛				
29.13	税目29.12所列产品的卤化、磺化、硝化或亚硝化衍生物：	1.成分含量；2.用途		3.CAS号	
2913.0000	税目29.12所列产品的卤化、磺化、硝化或亚硝化衍生物				

第六分章　酮基化合物及
醌基化合物

税则号列	商品名称	归类要素	价格要素	其他要素	说明
29.14	酮及醌，不论是否含有其他含氧基，及其卤化、磺化、硝化或亚硝化衍生物：				
	-不含其他含氧基的无环酮：				
2914.1100	--丙酮	1.成分含量；2.用途	3.签约日期；4.计价日期	5.CAS号	
2914.1200	--丁酮［甲基乙基（甲）酮］	1.成分含量；2.用途		3.CAS号	
2914.1300	--4-甲基-2-戊酮［甲基异丁基（甲）酮］	1.成分含量；2.用途		3.CAS号	
2914.1900	--其他	1.成分含量；2.用途		3.CAS号	
	-不含其他含氧基的环烷酮、环烯酮或环萜烯酮：				
2914.2200	--环己酮及甲基环己酮	1.成分含量；2.用途	3.签约日期；4.计价日期	5.CAS号	
2914.2300	--芷香酮及甲基芷香酮	1.成分含量；2.用途		3.CAS号	
	--其他：	1.成分含量；2.用途		3.CAS号	
2914.2910	---樟脑				
2914.2990	---其他				
	-不含其他含氧基的芳香酮：	1.成分含量；2.用途		3.CAS号	
2914.3100	--苯丙酮（苯基丙-2-酮）				
	--其他：				
2914.3910	---苯乙酮				
2914.3990	---其他				
2914.4000	-酮醇及酮醛	1.成分含量；2.用途		3.CAS号	
	-酮酚及含有其他含氧基的酮：	1.成分含量；2.用途		3.CAS号	
	---酮酚：				
2914.5011	----覆盆子酮				
2914.5019	----其他				

税则号列	商品名称	申报要素 归类要素	申报要素 价格要素	申报要素 其他要素	说明
2914.5020	---2-羟基-4-甲氧基二苯甲酮				
2914.5090	---其他				
	-醌：	1. 成分含量；2. 用途		3. CAS 号	
2914.6100	--蒽醌				
2914.6200	--辅酶 Q10［癸烯醌（INN）］				
2914.6900	--其他				
	-卤化、磺化、硝化或亚硝化衍生物：	1. 成分含量；2. 用途		3. CAS 号	
2914.7100	--十氯酮（ISO）				
2914.7900	--其他				
	第七分章　羧酸及其酸酐、酰卤化物、过氧化物和过氧酸以及它们的卤化、磺化、硝化或亚硝化衍生物				
29.15	饱和无环一元羧酸及其酸酐、酰卤化物、过氧化物和过氧酸以及它们的卤化、磺化、硝化或亚硝化衍生物：				
	-甲酸及其盐和酯：	1. 成分含量；2. 用途		3. CAS 号	
2915.1100	--甲酸				
2915.1200	--甲酸盐				
2915.1300	--甲酸酯				
	-乙酸及其盐；乙酸酐：				
	--乙酸：				
	---冰乙酸：				
2915.2111	----食品级的	1. 成分含量；2. 用途		3. CAS 号	
2915.2119	----其他	1. 成分含量；2. 用途	3. 签约日期；4. 计价日期	5. CAS 号	
2915.2190	---其他	1. 成分含量；2. 用途		3. CAS 号	
2915.2400	--乙酸酐	1. 成分含量；2. 用途		3. CAS 号	
	--其他：	1. 成分含量；2. 用途		3. CAS 号	
2915.2910	---乙酸钠				
2915.2990	---其他				
	-乙酸酯：	1. 成分含量；2. 用途		3. CAS 号	
2915.3100	--乙酸乙酯				
2915.3200	--乙酸乙烯酯				
2915.3300	--乙酸（正）丁酯				
2915.3600	--地乐酚（ISO）乙酸酯				
2915.3900	--其他				
2915.4000	-一氯代乙酸、二氯乙酸或三氯乙酸及其盐和酯	1. 成分含量；2. 用途		3. CAS 号	
	-丙酸及其盐和酯：	1. 成分含量；2. 用途		3. CAS 号	
2915.5010	---丙酸				
2915.5090	---其他				
2915.6000	-丁酸、戊酸及其盐和酯	1. 成分含量；2. 用途		3. CAS 号	
	-棕榈酸、硬脂酸及其盐和酯：	1. 成分含量；2. 用途		3. CAS 号	
2915.7010	---硬脂酸				

税则号列	商品名称	申报要素			说明
		归类要素	价格要素	其他要素	
2915.7090	---其他				
2915.9000	-其他	1. 成分含量；2. 用途		3. CAS号	
29.16	**不饱和无环一元羧酸、环一元羧酸及其酸酐、酰卤化物、过氧化物和过氧酸以及它们的卤化、磺化、硝化或亚硝化衍生物：**				
	-不饱和无环一元羧酸及其酸酐、酰卤化物、过氧化物和过氧酸以及它们的衍生物：				
2916.1100	--丙烯酸及其盐	1. 成分含量；2. 用途		3. CAS号	
	--丙烯酸酯：				
2916.1210	---丙烯酸甲酯	1. 成分含量；2. 用途		3. CAS号	
2916.1220	---丙烯酸乙酯	1. 成分含量；2. 用途		3. CAS号	
2916.1230	---丙烯酸丁酯	1. 成分含量；2. 用途		3. CAS号	
2916.1240	---丙烯酸异辛酯	1. 成分含量；2. 用途；3. 外观（颜色；形状）	4. 签约日期；5. 计价日期	6. CAS号	
2916.1290	---其他	1. 成分含量；2. 用途		3. CAS号	
2916.1300	--甲基丙烯酸及其盐	1. 成分含量；2. 用途		3. CAS号	
2916.1400	--甲基丙烯酸酯	1. 成分含量；2. 用途	3. 签约日期；4. 计价日期	5. CAS号	
2916.1500	--油酸、亚油酸或亚麻酸及其盐和酯	1. 成分含量；2. 用途		3. CAS号	
2916.1600	--乐杀螨（ISO）	1. 成分含量；2. 用途		3. CAS号	
2916.1900	--其他	1. 成分含量；2. 用途		3. CAS号	
	-环烷一元羧酸、环烯一元羧酸或环萜烯一元羧酸及其酸酐、酰卤化物、过氧化物和过氧酸以及它们的衍生物：	1. 成分含量；2. 用途		3. CAS号	
2916.2010	---二溴菊酸、DV菊酸甲酯				
2916.2090	---其他				
	-芳香一元羧酸及其酸酐、酰卤化物、过氧化物和过氧酸以及它们的衍生物：	1. 成分含量；2. 用途		3. CAS号	
2916.3100	--苯甲酸及其盐和酯				
2916.3200	--过氧化苯甲酰及苯甲酰氯				
2916.3400	--苯乙酸及其盐				
	-其他：				
2916.3910	---邻甲基苯甲酸				
2916.3920	---布洛芬				
2916.3930	---2-（3-碘-4-乙基苯基）-2-甲基丙酸				
2916.3990	---其他				
29.17	**多元羧酸及其酸酐、酰卤化物、过氧化物和过氧酸以及它们的卤化、磺化、硝化或亚硝化衍生物：**				
	-无环多元羧酸及其酸酐、酰卤化物、过氧化物和过氧酸以及它们的衍生物：	1. 成分含量；2. 用途		3. CAS号	
	--草酸及其盐和酯：				

税则号列	商品名称	申报要素			说明
		归类要素	价格要素	其他要素	
2917.1110	---草酸				
2917.1120	---草酸钴				
2917.1190	---其他				
2917.1200	--己二酸及其盐和酯				
	--壬二酸、癸二酸及其盐和酯:				
2917.1310	---癸二酸及其盐和酯				
2917.1390	---其他				
2917.1400	--马来酐				
2917.1900	--其他	1. 成分含量；2. 用途		3. CAS号	
	-环烷多元羧酸、环烯多元羧酸、环萜烯多元羧酸及其酸酐、酰卤化物、过氧化物和过氧酸以及它们的衍生物:				
2917.2010	---四氢苯酐				
2917.2090	---其他				
	-芳香多元羧酸及其酸酐、酰卤化物、过氧化物和过氧酸以及它们的衍生物:				
2917.3200	--邻苯二甲酸二辛酯	1. 成分含量；2. 用途		3. CAS号	
2917.3300	--邻苯二甲酸二壬酯及邻苯二甲酸二癸酯	1. 成分含量；2. 用途		3. CAS号	
	--其他邻苯二甲酸酯:	1. 成分含量；2. 用途		3. CAS号	
2917.3410	---邻苯二甲酸二丁酯				
2917.3490	---其他				
2917.3500	--邻苯二甲酸酐	1. 成分含量；2. 用途		3. CAS号	
	--对苯二甲酸及其盐:				
	---对苯二甲酸:				
2917.3611	----精对苯二甲酸	1. 成分含量；2. 用途	3. 对苯二甲酸请注明4-CBA值；4. 对苯二甲酸请注明P-TL酸值；5. 对苯二甲酸请注明色度；6. 对苯二甲酸请注明水分；7. 签约日期 8. 计价日期	9. CAS号	
2917.3619	----其他	1. 成分含量；2. 用途	3. 对苯二甲酸请注明4-CBA值；4. 对苯二甲酸请注明P-TL酸值；5. 对苯二甲酸请注明色度；6. 对苯二甲酸请注明水分	7. CAS号	

税则号列	商品名称	申报要素 归类要素	申报要素 价格要素	申报要素 其他要素	说明
2917.3690	---其他	1. 成分含量；2. 用途	3. 对苯二甲酸请注明4-CBA值；4. 对苯二甲酸请注明P-TL酸值；5. 对苯二甲酸请注明色度；6. 对苯二甲酸请注明水分	7. CAS号	
2917.3700	--对苯二甲酸二甲酯	1. 成分含量；2. 用途		3. CAS号	
	--其他：				
2917.3910	---间苯二甲酸	1. 成分含量；2. 用途	3. 签约日期；4. 计价日期	5. CAS号	
2917.3990	---其他	1. 成分含量；2. 用途		3. CAS号	
29.18	含附加含氧基的羧酸及其酸酐、酰卤化物、过氧化物和过氧酸以及它们的卤化、磺化、硝化或亚硝化衍生物：	1. 成分含量；2. 用途		3. CAS号	
	-含醇基但不含其他含氧基的羧酸及其酸酐、酰卤化物、过氧化物和过氧酸以及它们的衍生物：				
2918.1100	--乳酸及其盐和酯				
2918.1200	--酒石酸				
2918.1300	--酒石酸盐及酒石酸酯				
2918.1400	--柠檬酸				
2918.1500	--柠檬酸盐及柠檬酸酯				
2918.1600	--葡糖酸及其盐和酯				
2918.1700	--2,2-二苯基-2-羟基乙酸（二苯基乙醇酸）				
2918.1800	--乙酯杀螨醇（ISO）				
2918.1900	--其他				
	-含酚基但不含其他含氧基的羧酸及其酸酐、酰卤化物、过氧化物和过氧酸以及它们的衍生物：				
	--水杨酸及其盐：				
2918.2110	---水杨酸、水杨酸钠				
2918.2190	---其他				
	--邻乙酰水杨酸及其盐和酯：				
2918.2210	---邻乙酰水杨酸（阿司匹林）				
2918.2290	---其他				
2918.2300	--水杨酸的其他酯及其盐				
2918.2900	--其他				
2918.3000	-含醛基或酮基但不含其他含氧基的羧酸及其酸酐、酰卤化物、过氧化物和过氧酸以及它们的衍生物				
	-其他：				

税则号列	商品名称	申报要素 归类要素	申报要素 价格要素	申报要素 其他要素	说明
2918.9100	--2,4,5-涕（ISO）（2,4,5-三氯苯氧基乙酸）及其盐或酯				
2918.9900	--其他				
	第八分章　非金属无机酸酯及其盐以及它们的卤化、磺化、硝化或亚硝化衍生物				
29.19	磷酸酯及其盐，包括乳磷酸盐，以及它们的卤化、磺化、硝化或亚硝化衍生物：	1.成分含量；2.用途		3.CAS号	
2919.1000	-三（2,3-二溴丙基）磷酸酯				
2919.9000	-其他				
29.20	其他非金属无机酸酯（不包括卤化氢的酯）及其盐以及它们的卤化、磺化、硝化或亚硝化衍生物：	1.成分含量；2.用途		3.CAS号	
	-硫代磷酸酯及其盐以及它们的卤化、磺化、硝化或亚硝化衍生物：				
2920.1100	--对硫磷（ISO）及甲基对硫磷（ISO）				
2920.1900	--其他				
	-亚磷酸酯及其盐以及它们的卤化、磺化、硝化或亚硝化衍生物：				
2920.2100	--亚磷酸二甲酯				
2920.2200	--亚磷酸二乙酯				
2920.2300	--亚磷酸三甲酯				
2920.2400	--亚磷酸三乙酯				
	--其他：				
2920.2910	---其他亚磷酸酯				
2920.2990	---其他				
2920.3000	-硫丹（ISO）				
2920.9000	-其他				
	第九分章　含氮基化合物				
29.21	氨基化合物：	1.成分含量；2.用途		3.CAS号	
	-无环单胺及其衍生物以及它们的盐：				
2921.1100	--甲胺、二甲胺或三甲胺及其盐				
2921.1200	--2-（N,N-二甲基氨基）氯乙烷盐酸盐				
2921.1300	--2-（N,N-二乙基氨基）氯乙烷盐酸盐				
2921.1400	--2-（N,N-二异丙基氨基）氯乙烷盐酸盐				
	--其他：				
2921.1910	---二正丙胺				
2921.1920	---异丙胺				
2921.1930	---N,N-二（2-氯乙基）乙胺				
2921.1940	---N,N-二（2-氯乙基）甲胺				
2921.1950	---三（2-氯乙基）胺				

税则号列	商品名称	申报要素			说明
		归类要素	价格要素	其他要素	
2921.1960	---二烷（甲、乙、正丙或异丙）氨基乙基-2-氯及其质子化盐				
2921.1990	---其他				
	-无环多胺及其衍生物以及它们的盐：				
	--乙二胺及其盐：				
2921.2110	---乙二胺				
2921.2190	---其他				
	--六亚甲基二胺及其盐：				
2921.2210	---己二酸己二胺盐（尼龙-6,6盐）				
2921.2290	---其他				
2921.2900	--其他				
2921.3000	-环烷单胺或多胺、环烯单胺或多胺、环萜烯单胺或多胺及其衍生物以及它们的盐				
	-芳香单胺及其衍生物以及它们的盐：				
	--苯胺及其盐：				
2921.4110	---苯胺				
2921.4190	---其他				
2921.4200	--苯胺衍生物及其盐				
2921.4300	--甲苯胺及其衍生物以及它们的盐				
2921.4400	--二苯胺及其衍生物以及它们的盐				
2921.4500	--1-萘胺（α-萘胺）、2-萘胺（β-萘胺）及其衍生物以及它们的盐				
2921.4600	--安非他明（INN）、苄非他明（INN）、右苯丙胺（INN）、乙非他明（INN）、芬坎法明（INN）、利非他明（INN）、左苯丙胺（INN）、美芬雷司（INN）、苯丁胺（INN）以及它们的盐				
	--其他：				
2921.4910	---对异丙基苯胺				
2921.4920	---二甲基苯胺				
2921.4930	---2,6-甲基乙基苯胺				
2921.4940	---2,6-二乙基苯胺				
2921.4990	---其他				
	-芳香多胺及其衍生物以及它们的盐：				
	--邻-、间-、对-苯二胺、二氨基甲苯及其衍生物以及它们的盐：				
2921.5110	---邻苯二胺				
2921.5190	---其他				
2921.5900	--其他				
29.22	**含氧基氨基化合物：**	1. 成分含量；2. 用途	3. 包装规格	4. CAS号	
	-氨基醇（但含有一种以上含氧基的除外）及其醚和酯，以及它们的盐：				
2922.1100	--单乙醇胺及其盐				
2922.1200	--二乙醇胺及其盐				
2922.1400	--右丙氧吩（INN）及其盐				

税则号列	商品名称	申报要素			说明
		归类要素	价格要素	其他要素	
2922.1500	--三乙醇胺				
2922.1600	--全氟辛基磺酸二乙醇铵				
2922.1700	--甲基二乙醇胺和乙基二乙醇胺				
2922.1800	--2-(N,N-二异丙基氨基)乙醇				
	--其他:				
2922.1910	---乙胺丁醇				
	---二烷(甲、乙、正丙或异丙)氨基乙-2-醇及其质子化盐:				
2922.1921	----二甲氨基乙醇及其质子化盐				
2922.1922	----二乙氨基乙醇及其质子化盐				
2922.1929	----其他				
2922.1930	---乙基二乙醇胺的盐				
2922.1940	---甲基二乙醇胺的盐				
2922.1950	---本芴醇				
2922.1990	---其他				
	-氨基萘酚和其他氨基酚(但含有一种以上含氧基的除外)及其醚和酯,以及它们的盐:				
2922.2100	--氨基羟基萘磺酸及其盐				
	--其他:				
2922.2910	---茴香胺、二茴香胺、氨基苯乙醚及其盐				
2922.2990	---其他				
	-氨基醛、氨基酮和氨基醌,但含有一种以上含氧基的除外,以及它们的盐:				
2922.3100	--安非拉酮(INN)、美沙酮(INN)和去甲美沙酮(INN)以及它们的盐				
	--其他:				
2922.3910	---4-甲基甲卡西酮				
2922.3920	---安非他酮及其盐				
2922.3990	---其他				
	-氨基酸(但含有一种以上含氧基的除外)及其酯以及它们的盐:				
	--赖氨酸及其酯以及它们的盐:				
2922.4110	---赖氨酸				
2922.4190	---其他				
	--谷氨酸及其盐:				
2922.4210	---谷氨酸				
2922.4220	---谷氨酸钠				
2922.4290	---其他				
	--邻氨基苯甲酸(氨茴酸)及其盐:				
2922.4310	---邻氨基苯甲酸(氨茴酸)				
2922.4390	---其他				
2922.4400	--替利定(INN)及其盐				
	--其他:				
	---其他氨基酸:				

税则号列	商品名称	申报要素			说明
		归类要素	价格要素	其他要素	
2922.4911	----氨甲环酸				
2922.4919	----其他				
	---其他:				
2922.4991	----普鲁卡因及其盐				
2922.4999	----其他				
	-氨基醇酚、氨基酸酚及其他含氧基氨基化合物:				
2922.5010	---对羟基苯甘氨酸及其邓钾盐				
2922.5020	---莱克多巴胺和盐酸莱克多巴胺				
2922.5090	---其他				
29.23	季铵盐及季铵碱；卵磷脂及其他磷氨基类脂,不论是否已有化学定义:				
2923.1000	-胆碱及其盐	1. 成分含量; 2. 用途		3. CAS 号	
2923.2000	-卵磷脂及其他磷氨基类脂	1. 成分含量; 2. 用途		3. CAS 号	
2923.3000	-全氟辛基磺酸四乙基铵	1. 成分含量; 2. 用途		3. CAS 号	
2923.4000	-全氟辛基磺酸二癸基二甲基铵	1. 成分含量; 2. 用途		3. CAS 号	
2923.9000	-其他	1. 成分含量; 2. 用途		3. CAS 号	
29.24	羧基酰胺基化合物；碳酸酰胺基化合物:	1. 成分含量; 2. 用途	3. 包装规格	4. CAS 号	
	-无环酰胺（包括无环氨基甲酸酯）及其衍生物以及它们的盐:				
2924.1100	--甲丙氨酯（INN）				
2924.1200	--氟乙酰胺（ISO）、久效磷（ISO）及磷胺（ISO）				
	--其他:				
2924.1910	---二甲基甲酰胺				
2924.1990	---其他				
	-环酰胺（包括环氨基甲酸酯）及其衍生物以及它们的盐:				
2924.2100	--烷基脲及其衍生物以及它们的盐				
2924.2300	--2-乙酰氨基苯甲酸（N-乙酰基氨基苯甲酸）及其盐				
2924.2400	--炔己蚁胺（INN）				
2924.2500	--甲草胺（ISO）				
	--其他:				
2924.2910	---对乙酰氨基苯乙醚（非那西丁）				
2924.2920	---对乙酰氨基酚（扑热息痛）				
2924.2930	---阿斯巴甜				
2924.2990	---其他				
29.25	羧基酰亚胺化合物（包括糖精及其盐）及亚胺基化合物:	1. 成分含量; 2. 用途		3. CAS 号	
	-酰亚胺及其衍生物以及它们的盐:				
2925.1100	--糖精及其盐				
2925.1200	--格鲁米特（INN）				
2925.1900	--其他				
	-亚胺及其衍生物以及它们的盐:				

税则号列	商品名称	申报要素 归类要素	申报要素 价格要素	申报要素 其他要素	说明
2925.2100	--杀虫脒（ISO）				
2925.2900	--其他				
29.26	**腈基化合物：**				
2926.1000	-丙烯腈	1.成分含量；2.用途	3.签约日期；4.计价日期	5.CAS号	
2926.2000	-1-氰基胍（双氰胺）	1.成分含量；2.用途		3.CAS号	
2926.3000	-芬普雷司（INN）及其盐；美沙酮（INN）中间体（4-氰基-2-二甲氨基-4,4-二苯基丁烷）	1.成分含量；2.用途		3.CAS号	
2926.4000	-α-苯基乙酰基乙腈	1.成分含量；2.用途		3.CAS号	
	-其他	1.成分含量；2.用途		3.CAS号	
2926.9010	---对氯氰苄				
2926.9020	---间苯二甲腈				
2926.9090	---其他				
29.27	**重氮化合物、偶氮化合物及氧化偶氮化合物：**	1.成分含量；2.用途		3.CAS号	
2927.0000	重氮化合物、偶氮化合物及氧化偶氮化合物				
29.28	**肼（联氨）及胲（羟胺）的有机衍生物：**	1.成分含量；2.用途		3.CAS号	
2928.0000	肼（联氨）及胲（羟胺）的有机衍生物				
29.29	**其他含氮基化合物：**				
	-异氰酸酯：	1.成分含量；2.用途		3.CAS号	
2929.1010	---2,4-和2,6-甲苯二异氰酸酯混合物（甲苯二异氰酸酯TDI）				
2929.1020	---二甲苯二异氰酸酯（TODI）				
2929.1030	---二苯基甲烷二异氰酸酯（纯MDI）				
2929.1040	---六亚甲基二异氰酸酯				
2929.1090	---其他				
	-其他：	1.成分含量；2.用途		3.CAS号	
2929.9010	---环己基氨基磺酸钠（甜蜜素）				
2929.9020	---二烷（甲、乙、正丙或异丙）氨基膦酰二卤				
2929.9030	---二烷（甲、乙、正丙或异丙）氨基膦酸二烷（甲、乙、正丙或异丙）酯				
2929.9090	---其他				
	第十分章　有机-无机化合物、杂环化合物、核酸及其盐以及磺（酰）胺				
29.30	**有机硫化合物：**	1.成分含量；2.用途		3.CAS号	
2930.1000	-2-（N,N-二甲基氨基）乙硫醇				
2930.2000	-硫代氨基甲酸盐（或酯）及二硫代氨基甲酸盐				

税则号列	商品名称	申报要素			说明
		归类要素	价格要素	其他要素	
2930.3000	--一硫化二烃氨基硫羰、二硫化二烃氨基硫羰及四硫化二烃氨基硫羰				
2930.4000	-甲硫氨酸（蛋氨酸）				
2930.6000	-2-（N,N-二乙基氨基）乙硫醇				
2930.7000	-二（2-羟乙基）硫醚［硫二甘醇（INN）］				
2930.8000	-涕灭威（ISO）、敌菌丹（ISO）及甲胺磷（ISO）				
	-其他：				
2930.9010	---双巯丙氨酸（胱氨酸）				
2930.9020	---二硫代碳酸酯（或盐）［黄原酸酯（或盐）］				
2930.9030	---乙酰甲胺磷				
2930.9090	---其他				
29.31	其他有机-无机化合物：	1. 成分含量；2. 用途		3. CAS号	
2931.1000	-四甲基铅及四乙基铅				
2931.2000	-三丁基锡化合物				
	-非卤化有机磷衍生物：				
2931.4100	--甲基膦酸二甲酯				
2931.4200	--丙基膦酸二甲酯				
2931.4300	--乙基膦酸二乙酯				
2931.4400	--甲基膦酸				
2931.4500	--甲基膦酸和脒基尿素（1:1）生成的盐				
2931.4600	--1-丙基磷酸环酐				
2931.4700	--(5-乙基-2-甲基-2-氧代-1,3,2-二氧磷杂环己-5-基)甲基膦酸二甲酯				
2931.4800	--3,9-二甲基-2,4,8,10-四氧杂-3,9-二磷杂螺［5,5］十一烷-3,9二氧化物				
	--其他：				
2931.4910	---双甘膦				
2931.4990	---其他				
	-卤化有机磷衍生物：				
2931.5100	--甲基膦酰二氯				
2931.5200	--丙基膦酰二氯				
2931.5300	--O-（3-氯丙基）O-［4-硝基-3-（三氟甲基）苯基］甲基硫代膦酸酯				
2931.5400	--敌百虫（ISO）				
2931.5900	--其他				
2931.9000	-其他				
29.32	仅含有氧杂原子的杂环化合物：	1. 成分含量（对于成分较复杂、字节较长商品可用CAS号代替）；2. 用途		3. CAS号	

税则号列	商 品 名 称	申 报 要 素			说 明
		归类要素	价格要素	其他要素	
	-结构上含有一个非稠合呋喃环（不论是否氢化）的化合物：				
2932.1100	--四氢呋喃				
2932.1200	--2-糠醛				
2932.1300	--糠醇及四氢糠醇				
2932.1400	--三氯蔗糖				
2932.1900	--其他				
	-内酯：				
2932.2010	---香豆素、甲基香豆素及乙基香豆素				
2932.2090	---其他内酯				
	-其他：				
2932.9100	--4-丙烯基-1,2-亚甲二氧基苯（异黄樟脑）				
2932.9200	--1-（1,3-苯并二噁茂-5-基）丙烷-2-酮				
2932.9300	--3,4-亚甲二氧基苯甲醛（胡椒醛）				
2932.9400	--4-烯丙基-1,2-亚甲二氧基苯（黄樟脑）				
2932.9500	--四氢大麻酚（所有的异构体）				
2932.9600	--克百威（ISO）				
	--其他：				
2932.9910	---7-羟基苯并呋喃（呋喃酚）				
2932.9920	---2,2'-双甲氧羰基-4,4'-双甲氧基-5,5',6,6'-双亚甲二氧基联苯（联苯双酯）				
2932.9930	---莴甲醚				
2932.9990	---其他				
29.33	**仅含有氮杂原子的杂环化合物：**	1. 成分含量；2. 用途	3. 签约日期	4. CAS号	
	-结构上含有一个非稠合吡唑环（不论是否氢化）的化合物：				
2933.1100	--二甲基苯基吡唑酮（安替比林）及其衍生物				
	--其他：				
2933.1920	---安乃近				
2933.1990	---其他				
	-结构上含有一个非稠合咪唑环（不论是否氢化）的化合物：				
2933.2100	--乙内酰脲及其衍生物				
2933.2900	--其他				
	-结构上含有一个非稠合吡啶环（不论是否氢化）的化合物：				
2933.3100	--吡啶及其盐				
	--六氢吡啶（哌啶）及其盐：				

税则号列	商品名称	申报要素			说明
		归类要素	价格要素	其他要素	
2933.3210	---六氢吡啶（哌啶）				
2933.3220	---六氢吡啶（哌啶）盐				
2933.3300	--阿芬太尼（INN）、阿尼利定（INN）、苯氰米特（INN）、溴西泮（INN）、卡芬太尼（INN）、地芬诺新（INN）、地芬诺酯（INN）、地匹哌酮（INN）、芬太尼（INN）、凯托米酮（INN）、哌醋甲酯（INN）、喷他左辛（INN）、哌替啶（INN）、哌替啶中间体A（INN）、苯环利定（INN）、苯哌利定（INN）、哌苯甲醇（INN）、哌氰米特（INN）、哌丙吡胺（INN）、瑞芬太尼（INN）和三甲利定（INN）以及它们的盐				
2933.3400	--其他芬太尼及它们的衍生物				
2933.3500	--奎宁环-3-醇（3-奎宁醇）				
2933.3600	--4-苯氨基-N-苯乙基哌啶（ANPP）				
2933.3700	--N-苯乙基-4-哌啶酮（NPP）				
	--其他：				
2933.3910	---二苯乙醇酸-3-奎宁环脂				
2933.3990	---其他				
	-结构上含有一个喹啉或异喹啉环系（不论是否氢化）的化合物，但未经进一步稠合的：				
2933.4100	--左非诺（INN）及其盐				
2933.4900	--其他				
	-结构上含有一个嘧啶环（不论是否氢化）或哌嗪环的化合物：				
2933.5200	--丙二酰脲（巴比土酸）及其盐				
2933.5300	--阿洛巴比妥（INN）、异戊巴比妥（INN）、巴比妥（INN）、布他比妥（INN）、正丁巴比妥（INN）、环己巴比妥（INN）、甲苯巴比妥（INN）、戊巴比妥（INN）、苯巴比妥（INN）、仲丁巴比妥（INN）、司可巴比妥（INN）和乙烯比妥（INN）以及它们的盐				
2933.5400	--其他丙二酰脲（巴比土酸）的衍生物以及它们的盐				
2933.5500	--氯普唑仑（INN），甲氯喹酮（INN），甲喹酮（INN）和齐培丙醇（INN）以及它们的盐				
	--其他：				
2933.5910	---胞嘧啶				

税则号列	商品名称	申报要素			说明
		归类要素	价格要素	其他要素	
2933.5920	---环丙氟哌酸				
2933.5990	---其他				
	-结构上含有一个非稠合三嗪环（不论是否氢化）的化合物：				
2933.6100	--三聚氰胺（蜜胺）				
	--其他：				
2933.6910	---三聚氰氯				
	---异氰脲酸氯化衍生物：				
2933.6921	----二氯异氰脲酸				
2933.6922	----三氯异氰脲酸				
2933.6929	----其他				
2933.6990	---其他				
	-内酰胺：				
2933.7100	--6-己内酰胺				
2933.7200	--氯巴占（INN）和甲乙哌酮（INN）				
2933.7900	--其他内酰胺				
	-其他：				
2933.9100	--阿普唑仑（INN）、卡马西泮（INN）、氯氮卓（INN）、氯硝西泮（INN）、氯拉卓酸、地洛西泮（INN）、地西泮（INN）、艾司唑仑（INN）、氯氟卓乙酯（INN）、氟地西泮（INN）、氟硝西泮（INN）、氟西泮（INN）、哈拉西泮（INN）、劳拉西泮（INN）、氯甲西泮（INN）、马吲哚（INN）、美达西泮（INN）、咪达唑仑（INN）、硝甲西泮（INN）、硝西泮（INN）、去甲西泮（INN）、奥沙西泮（INN）、匹那西泮（INN）、普拉西泮（INN）、吡咯戊酮（INN）、替马西泮（INN）、四氢西泮（INN）和三唑仑（INN）以及它们的盐				
2933.9200	--甲基谷硫磷（ISO）				
2933.9900	--其他				
29.34	核酸及其盐，不论是否已有化学定义；其他杂环化合物：				
	-结构上含有一个非稠合噻唑环（不论是否氢化）的化合物：	1. 成分含量；2. 用途		3. CAS 号	
2934.1010	---三苯甲基氨噻肟酸				
2934.1090	---其他				
2934.2000	-结构上含有一个苯并噻唑环系（不论是否氢化）的化合物，但未经进一步稠合的	1. 成分含量；2. 用途		3. CAS 号	

税则号列	商品名称	申报要素 归类要素	申报要素 价格要素	申报要素 其他要素	说明
2934.3000	-结构上含有一个吩噻嗪环系（不论是否氢化）的化合物，但未经进一步稠合的	1. 成分含量；2. 用途		3. CAS号	
	-其他：				
2934.9100	--阿米雷司（INN）、溴替唑仑（INN）、氯噻西泮（INN）、氯恶唑仑（INN）、右吗拉胺（INN）、卤恶唑仑（INN）、凯他唑仑（INN）、美索卡（INN）、恶唑仑（INN）、匹莫林（INN）、苯巴曲嗪（INN）、芬美曲嗪（INN）和舒芬太尼（INN）以及它们的盐	1. 成分含量；2. 用途		3. CAS号	
2934.9200	--其他芬太尼以及它们的衍生物	1. 成分含量；2. 用途		3. CAS号	
	--其他：				
2934.9910	---磺内酯及磺内酰胺	1. 成分含量；2. 用途		3. CAS号	
2934.9920	---呋喃唑酮	1. 成分含量；2. 用途		3. CAS号	
2934.9930	---核酸及其盐	1. 成分含量；2. 用途		3. CAS号	
2934.9940	---奈韦拉平、依发韦仑、利托那韦及它们的盐	1. 成分含量；2. 用途		3. CAS号	
2934.9950	---克拉维酸及其盐	1. 成分含量；2. 用途		3. CAS号	
2934.9960	---7-苯乙酰氨基-3-氯甲基-4-头孢烷酸对甲氧基苄酯、7-氨基头孢烷酸、7-氨基脱乙酰氧基头孢烷酸	1. 成分含量；2. 用途		3. CAS号	
2934.9970	---6-氨基青霉烷酸（6-APA）	1. 成分含量；2. 用途		3. CAS号	
2934.9990	---其他	1. 成分含量；2. 用途		3. CAS号	
29.35	磺（酰）胺：	1. 成分含量；2. 用途		3. CAS号	
2935.1000	-N-甲基全氟辛基磺酰胺				
2935.2000	-N-乙基全氟辛基磺酰胺				
2935.3000	-N-乙基-N-(2-羟乙基)全氟辛基磺酰胺				
2935.4000	-N-(2-羟乙基)-N-甲基全氟辛基磺酰胺				
2935.5000	-其他全氟辛基磺酰胺				
2935.9000	-其他				
	第十一分章 维生素原、维生素及激素				
29.36	天然或合成再制的维生素原和维生素(包括天然浓缩物)及其主要用作维生素的衍生物，上述产品的混合物，不论是否溶于溶剂：				
	-未混合的维生素及其衍生物：				
2936.2100	--维生素A及其衍生物	1. 成分含量；2. 用途		3. CAS号	
2936.2200	--维生素B_1及其衍生物	1. 成分含量；2. 用途		3. CAS号	
2936.2300	--维生素B_2及其衍生物	1. 成分含量；2. 用途		3. CAS号	

税则号列	商品名称	申报要素			说明
		归类要素	价格要素	其他要素	
2936.2400	--D 或 DL-泛酸（维生素 B_5）及其衍生物	1. 成分含量；2. 用途		3. CAS 号	
2936.2500	--维生素 B_6 及其衍生物	1. 成分含量；2. 用途		3. CAS 号	
2936.2600	--维生素 B_{12} 及其衍生物	1. 成分含量；2. 用途		3. CAS 号	
2936.2700	--维生素 C 及其衍生物	1. 成分含量；2. 用途		3. CAS 号	
2936.2800	--维生素 E 及其衍生物	1. 成分含量；2. 用途		3. CAS 号	
2936.2900	--其他维生素及其衍生物	1. 成分含量；2. 用途		3. CAS 号	
	-其他，包括天然浓缩物：	1. 成分含量；2. 用途		3. CAS 号	
2936.9010	---维生素 AD_3				
2936.9090	---其他				
29.37	**天然或合成再制的激素、前列腺素、血栓烷和白细胞三烯以及它们的衍生物和结构类似物，包括主要用作激素的改性链多肽：**				
	-多肽激素、蛋白激素和糖蛋白激素以及它们的衍生物和结构类似物：				
2937.1100	--生长激素及其衍生物及结构类似物	1. 成分含量；2. 用途		3. CAS 号	
	--胰岛素及其盐：	1. 成分含量；2. 用途		3. CAS 号	
2937.1210	---重组人胰岛素及其盐				
2937.1290	---其他				
2937.1900	--其他	1. 成分含量；2. 用途		3. CAS 号	
	-甾族激素及其衍生物和结构类似物：	1. 成分含量；2. 用途		3. CAS 号	
2937.2100	--可的松、氢化可的松、脱氢可的松及脱氢皮（甾）醇				
	--皮质甾类激素的卤化衍生物：				
2937.2210	---地塞米松				
2937.2290	---其他				
	--雌（甾）激素和孕激素：				
	---动物源的：				
2937.2311	----孕马结合雌激素				
2937.2319	----其他				
2937.2390	---其他				
2937.2900	--其他				
2937.5000	-前列腺素、血栓烷和白细胞三烯及其衍生物和结构类似物	1. 成分含量；2. 用途		3. CAS 号	
2937.9000	-其他	1. 成分含量；2. 用途		3. CAS 号	
	第十二分章　天然或合成再制的苷（配糖物）、生物碱及其盐、醚、酯和其他衍生物				
29.38	**天然或合成再制的苷（配糖物）及其盐、醚、酯和其他衍生物：**	1. 成分含量；2. 用途		3. CAS 号	

税则号列	商品名称	申报要素			说明
		归类要素	价格要素	其他要素	
2938.1000	-芸香苷及其衍生物				
	-其他：				
2938.9010	---齐多夫定、拉米夫定、司他夫定、地达诺新及它们的盐				
2938.9090	---其他				
29.39	**天然或合成再制的生物碱及其盐、醚、酯和其他衍生物：**	1.成分含量；2.用途		3.CAS号	
	-鸦片碱及其衍生物，以及它们的盐：				
2939.1100	--罂粟秆浓缩物、丁丙诺啡（INN）、可待因、双氢可待因（INN）、乙基吗啡、埃托啡（INN）、海洛因、氢可酮（INN）、氢吗啡酮（INN）、吗啡、尼可吗啡（INN）、羟考酮（INN）、羟吗啡酮（INN）、福尔可定（INN）、醋氢可酮（INN）和蒂巴因，以及它们的盐				
2939.1900	--其他				
2939.2000	-金鸡纳生物碱及其衍生物，以及它们的盐				
2939.3000	-咖啡因及其盐				
	-麻黄生物碱及其衍生物，以及它们的盐：				
2939.4100	--麻黄碱及其盐				
2939.4200	--假麻黄碱（INN）及其盐				
2939.4300	--d-去甲假麻黄碱（INN）及其盐				
2939.4400	--去甲麻黄碱及其盐				
2939.4500	--左甲苯丙胺、去氧麻黄碱（INN）、去氧麻黄碱外消旋体以及它们的盐				
2939.4900	--其他				
	-茶碱和氨茶碱及其衍生物，以及它们的盐：				
2939.5100	--芬乙茶碱（INN）及其盐				
2939.5900	--其他				
	-麦角生物碱及其衍生物，以及它们的盐：				
2939.6100	--麦角新碱（INN）及其盐				
2939.6200	--麦角胺（INN）及其盐				
2939.6300	--麦角酸及其盐				
2939.6900	--其他				
	-其他，植物来源的：				
	--可卡因、芽子碱，它们的盐、酯及其他衍生物				
2939.7210	---可卡因及其盐				
2939.7290	---其他				
	--其他：				

税则号列	商品名称	申报要素			说明
		归类要素	价格要素	其他要素	
2939.7910	---烟碱及其盐				
2939.7920	---番木鳖碱（士的年）及其盐				
2939.7990	---其他				
	-其他：				
2939.8010	---石房蛤毒素				
2939.8090	---其他				

第十三分章　其他有机化合物

税则号列	商品名称	归类要素	价格要素	其他要素	说明
29.40	化学纯糖，但蔗糖、乳糖、麦芽糖、葡萄糖及果糖除外；糖醚、糖缩醛和糖酯及其盐，但不包括税目29.37、29.38及29.39的产品：				
2940.0010	---木糖	1. 成分含量	2. 用途	3. CAS号	
2940.0090	---其他	1. 成分含量	2. 用途	3. CAS号	
29.41	抗菌素：		1. 用途（用于制口服、注射还是外用药等）	2. CAS号	
	-青霉素和具有青霉烷酸结构的青霉素衍生物及其盐：				
	---氨苄青霉素及其盐：				
2941.1011	----氨苄青霉素				
2941.1012	----氨苄青霉素三水酸				
2941.1019	----其他				
	---其他：				
2941.1091	----羟氨苄青霉素				
2941.1092	----羟氨苄青霉素三水酸				
2941.1094	----青霉素V				
2941.1095	----磺苄青霉素				
2941.1096	----邻氯青霉素				
2941.1099	----其他				
2941.2000	-链霉素及其衍生物以及它们的盐				
	-四环素及其衍生物以及它们的盐：				
	---四环素及其盐：				
2941.3011	----四环素				
2941.3012	----四环素盐				
2941.3020	---四环素衍生物及其盐				
2941.4000	-氯霉素及其衍生物以及它们的盐				
2941.5000	-红霉素及其衍生物以及它们的盐				
	-其他：				
2941.9010	---庆大霉素及其衍生物以及它们的盐				
2941.9020	---卡那霉素及其衍生物以及它们的盐				
2941.9030	---利福平及其衍生物以及它们的盐				
2941.9040	---林可霉素及其衍生物以及它们的盐				
	---头孢菌素及其衍生物以及它们的盐：				
2941.9052	----头孢氨苄及其盐				
2941.9053	----头孢唑啉及其盐				

税则号列	商品名称	申报要素			说明
		归类要素	价格要素	其他要素	
2941.9054	----头孢拉啶及其盐				
2941.9055	----头孢三嗪（头孢曲松）及其盐				
2941.9056	----头孢哌酮及其盐				
2941.9057	----头孢噻肟及其盐				
2941.9058	----头孢克罗及其盐				
2941.9059	----其他				
2941.9060	---麦迪霉素及其衍生物以及它们的盐				
2941.9070	---乙酰螺旋霉素及其衍生物以及它们的盐				
2941.9090	---其他				
29.42	**其他有机化合物：**	1. 成分含量	2. 用途	3. CAS号	
2942.0000	其他有机化合物				

第三十章 药 品

注释：
一、本章不包括：
（一）食品及饮料（例如，营养品、糖尿病食品、强化食品、保健食品、滋补饮料及矿泉水），但不包括供静脉摄入用的滋养品（第四类）；
（二）含尼古丁并用于帮助吸烟者戒烟的产品，例如，片剂、咀嚼胶或透皮贴片（税目24.04）；
（三）经特殊煅烧或精细研磨的牙科用熟石膏（税目25.20）；
（四）适合医药用的精油水馏液及水溶液（税目33.01）；
（五）税目33.03至33.07的制品，不论是否具有治疗及预防疾病的作用；
（六）加有药料的肥皂及税目34.01的其他产品；
（七）以熟石膏为基本成分的牙科用制品（税目34.07）；
（八）不作治疗及预防疾病用的血清蛋白（税目35.02）；或
（九）税目38.22的诊断试剂。
二、税目30.02所称的"免疫制品"是指直接参与免疫过程调节的多肽及蛋白质（税目29.37的货品除外），例如，单克隆抗体（MAB）、抗体片段、抗体偶联物及抗体片段偶联物、白介素、干扰素（IFN）、趋化因子及特定的肿瘤坏死因子（TNF）、生长因子（GF）、促红细胞生成素及集落刺激因子（CSF）。
三、税目30.03及30.04，以及本章注释四（四）所述的非混合产品及混合产品，按下列规定处理：
（一）非混合产品：
1. 溶于水的非混合产品；
2. 第二十八章及第二十九章的所有货品；以及
3. 税目13.02的单一植物浸膏，只经标定或溶于溶剂的。
（二）混合产品：
1. 胶体溶液及悬浮液（胶态硫磺除外）；
2. 从植物性混合物加工所得的植物浸膏；以及
3. 蒸发天然矿质水所得的盐及浓缩物。
四、税目30.06仅适用于下列物品（这些物品只能归入税目30.06，而不得归入本协调制度其他税目）：
（一）无菌外科肠线、类似的无菌缝合材料（包括外科或牙科用无菌可吸收缝线）及外伤创口闭合用的无菌黏合胶布；
（二）无菌昆布及无菌昆布塞条；
（三）外科或牙科用无菌吸收性止血材料；外科或牙科用无菌抗粘连阻隔材料，不论是否可吸收；
（四）用于病人的X光检查造影剂及其他诊断试剂，这些药剂是由单一产品配定剂量或由两种以上成分混合而成的；
（五）安慰剂和盲法（或双盲法）临床试验试剂盒，用于经许可的临床试验，已配定剂量，即使它们可能含有活性药物；
（六）牙科粘固剂及其他牙科填料；骨骼粘固剂；
（七）急救药箱、药包；
（八）以激素、税目29.37的其他产品或杀精子剂为基本成分的化学避孕药物；
（九）专用于人类或作兽药用的凝胶制品，作为外科手术或体检时躯体部位的润滑剂，或者作为躯体和医疗器械之间的耦合剂；
（十）废药物，即因超过有效保存期等原因而不适合作原用途的药品；以及
（十一）可确定用于造口术的用具，即裁切成型的结肠造口术、回肠造口术、尿道造口术用袋及其具有黏性的片或底盘。

子目注释：
一、子目3002.13及3002.14所述的非混合产品、纯物质及混合产品，按下列规定处理：
（一）非混合产品或纯物质，不论是否含有杂质；
（二）混合产品：
1. 上述（一）款所述的产品溶于水或其他溶剂的；
2. 为保存或运输需要，上述（一）款及（二）1项所述的产品加入稳定剂的；以及

3. 上述（一）款、（二）1项及（二）2项所述的产品添加其他添加剂的。

二、子目3003.60和3004.60包括的药品含有与其他药用活性成分配伍的口服用青蒿素（INN），或者含有下列任何一种活性成分，不论是否与其他药用活性成分配伍：阿莫地喹（INN）、蒿醚林酸及其盐（INN）、双氢青蒿素（INN）、蒿乙醚（INN）、蒿甲醚（INN）、青蒿琥酯（INN）、氯喹（INN）、二氢青蒿素（INN）、苯芴醇（INN）、甲氟喹（INN）、哌喹（INN）、乙胺嘧啶（INN）或磺胺多辛（INN）。

【要素释义】

一、归类要素

1. 用途：指商品应用的方面、范围。例如，税目30.01项下商品可填报"治疗疾病用"或"预防疾病用"。

2. 加工工艺：指对某种商品进行加工或处理的方法与过程。

3. 成分：指商品中所包含各种物质的种类。

4. 是否配定剂量：指已制成供治病或防病用一次使用剂量。需填报"已配定剂量""未配定剂量"。

5. 是否零售包装：指其包装形式，尤其是所附的说明（注明适应症、用法、用量）明显为不需重新包装即可直接售给用户（个人、医院等）防病或治病的。需填报"制成零售包装""未制成零售包装"。

6. 是否经过药物浸涂：该要素为税目30.05专有归类要素。药物浸涂主要指用药物（反刺激剂、杀菌剂等）浸渍、涂覆等。

7. 组成：该归类要素为子目3006.50专有归类要素。"急救药箱、药包"需填报箱或包中的药品、器具等的种类和数量。

8. 化学通用名：指国际上普遍采用的药物标名有效成分的通用名。例如，商品名为"多吉美"的药品，化学通用名为"甲苯磺酸索拉非尼片"。

9. 来源：是指该物质是从何提取或制得出来的。例如，从血液中提取。

10. 该批次是否在我国获准注册上市：按商品实际填报。

二、价格要素

1. 品牌（中文或外文名称）：指制造商或经销商加在商品上的品牌标志，实际需要申报中文或外文品牌名称。

2. 型号：指代表不同性能、用途和规格的产品代码。

3. 包装规格：指商品的个体包装方式和规格。例如，"10毫克/支"。

税则号列	商品名称	申报要素			说明
		归类要素	价格要素	其他要素	
30.01	已干燥的器官疗法用腺体及其他器官，不论是否制成粉末；器官疗法用腺体、其他器官及其分泌物的提取物；肝素及其盐；其他供治疗或预防疾病用的其他税目未列名的人体或动物制品：				
3001.2000	-腺体、其他器官及其分泌物的提取物	1. 用途；2. 加工工艺；3. 成分；4. 来源	5. 品牌（中文或外文名称）；6. 型号		
	-其他：				
3001.9010	---肝素及其盐	1. 用途；2. 加工工艺；3. 成分；4. 来源	5. 品牌（中文或外文名称）；6. 型号		
3001.9090	---其他	1. 用途；2. 加工工艺；3. 成分；4. 来源	5. 品牌（中文或外文名称）；6. 型号		

税则号列	商品名称	申报要素 归类要素	申报要素 价格要素	申报要素 其他要素	说明
30.02	人血；治病、防病或诊断用的动物血制品；抗血清、其他血份及免疫制品，不论是否修饰或通过生物工艺加工制得；疫苗、毒素、培养微生物（不包括酵母）及类似产品；细胞培养物，不论是否修饰： -抗血清、其他血份及免疫制品，不论是否修饰或通过生物工艺加工制得：				
3002.1200	--抗血清及其他血份	1. 用途；2. 加工工艺；3. 是否配定剂量；4. 是否零售包装；5. 该批次是否在我国获准注册上市；6. 成分；7. 来源	8. 品牌（中文或外文名称）；9. 型号；10. 包装规格		
3002.1300	--非混合的免疫制品，未配定剂量或制成零售包装	1. 用途；2. 加工工艺；3. 是否配定剂量；4. 是否零售包装；5. 成分；6. 来源	7. 品牌（中文或外文名称）；8. 型号；9. 包装规格		
3002.1400	--混合的免疫制品，未配定剂量或制成零售包装	1. 用途；2. 加工工艺；3. 是否配定剂量；4. 是否零售包装；5. 成分；6. 来源	7. 品牌（中文或外文名称）；8. 型号；9. 包装规格		
3002.1500	--免疫制品，已配定剂量或制成零售包装	1. 用途；2. 加工工艺；3. 是否配定剂量；4. 是否零售包装；5. 该批次是否在我国获准注册上市；6. 成分；7. 来源	8. 品牌（中文或外文名称）；9. 型号；10. 包装规格		
	-疫苗、毒素、培养微生物（不包括酵母）及类似产品：	1. 用途；2. 加工工艺；3. 是否配定剂量；4. 是否零售包装；5. 成分；6. 来源	7. 品牌（中文或外文名称）；8. 型号；9. 包装规格		
3002.4100	--人用疫苗				
3002.4200	--兽用疫苗 --其他：				
3002.4920	---蓖麻毒素				
3002.4930	---细菌及病毒				
3002.4990	---其他 -细胞培养物，不论是否修饰：				

税则号列	商品名称	申报要素			说明
		归类要素	价格要素	其他要素	
3002.5100	--细胞治疗产品	1. 用途;2. 加工工艺;3. 是否配定剂量;4. 是否零售包装;5. 该批次是否在我国获准注册上市;6. 成分;7. 来源	8. 品牌(中文或外文名称);9. 型号;10. 包装规格		
3002.5900	--其他	1. 用途;2. 加工工艺;3. 是否配定剂量;4. 是否零售包装;5. 成分;6. 来源	7. 品牌(中文或外文名称);8. 型号;9. 包装规格		
	-其他:				
3002.9040	---遗传物质和基因修饰生物体	1. 用途;2. 加工工艺;3. 是否配定剂量;4. 是否零售包装;5. 成分;6. 来源	7. 品牌(中文或外文名称);8. 型号;9. 包装规格		
3002.9090	---其他	1. 用途;2. 加工工艺;3. 是否配定剂量;4. 是否零售包装;5. 成分;6. 来源	7. 品牌(中文或外文名称);8. 型号;9. 包装规格		
30.03	两种或两种以上成分混合而成的治病或防病用药品(不包括税目30.02、30.05或30.06的货品),未配定剂量或制成零售包装:	1. 用途;2. 成分;3. 是否配定剂量;4. 是否零售包装;5. 化学通用名	6. 品牌(中文或外文名称);7. 型号;8. 包装规格		
	-含有青霉素及具有青霉烷酸结构的青霉素衍生物或链霉素及其衍生物:				
	---青霉素:				
3003.1011	----氨苄青霉素				
3003.1012	----羟氨苄青霉素				
3003.1013	----青霉素V				
3003.1019	----其他				
3003.1090	---其他				
	-其他,含有抗菌素:				
	---头孢菌素:				
3003.2011	----头孢噻肟				
3003.2012	----头孢他啶				
3003.2013	----头孢西丁				
3003.2014	----头孢替唑				
3003.2015	----头孢克罗				
3003.2016	----头孢呋辛				
3003.2017	----头孢三嗪(头孢曲松)				
3003.2018	----头孢哌酮				
3003.2019	----其他				

税则号列	商品名称	申报要素			说明
		归类要素	价格要素	其他要素	
3003.2090	---其他				
	-其他，含有激素或税目29.37的其他产品：				
3003.3100	--含有胰岛素				
3003.3900	--其他				
	-其他，含有生物碱及其衍生物：				
3003.4100	--含有麻黄碱及其盐				
3003.4200	--含有伪麻黄碱（INN）及其盐				
3003.4300	--含有去甲麻黄碱及其盐				
3003.4900	--其他				
	-其他，含有本章子目注释二所列抗疟疾活性成分的：				
3003.6010	---含有青蒿素及其衍生物				
3003.6090	---其他				
3003.9000	-其他				
30.04	由混合或非混合产品构成的治病或防病用药品（不包括税目30.02、30.05或30.06的货品），已配定剂量（包括制成皮肤摄入形式的）或制成零售包装：	1.用途；2.成分；3.是否配定剂量；4.是否零售包装；5.化学通用名；6.该批次是否已获准注册上市	7.品牌（中文或外文名称）；8.包装规格		
	-含有青霉素及具有青霉烷酸结构的青霉素衍生物或链霉素及其衍生物：				
	---青霉素：				
3004.1011	----氨苄青霉素制剂				
3004.1012	----羟氨苄青霉素制剂				
3004.1013	----青霉素V制剂				
3004.1019	----其他				
3004.1090	---其他				
	-其他，含有抗菌素：				
	---头孢菌素：				
3004.2011	----头孢噻肟制剂				
3004.2012	----头孢他啶制剂				
3004.2013	----头孢西丁制剂				
3004.2014	----头孢替唑制剂				
3004.2015	----头孢克罗制剂				
3004.2016	----头孢呋辛制剂				
3004.2017	----头孢三嗪（头孢曲松）制剂				
3004.2018	----头孢哌酮制剂				
3004.2019	----其他				
3004.2090	---其他				
	-其他，含有激素或税目29.37的其他产品：				
	--含有胰岛素：				
3004.3110	---含有重组人胰岛素的				
3004.3190	---其他				

税则号列	商品名称	申报要素			说明
		归类要素	价格要素	其他要素	
3004.3200	--含有皮质甾类激素及其衍生物或结构类似物				
3004.3900	--其他				
	-其他,含有生物碱及其衍生物:				
3004.4100	--含有麻黄碱及其盐				
3004.4200	--含有伪麻黄碱（INN）及其盐				
3004.4300	--含有去甲麻黄碱及其盐				
3004.4900	--其他				
3004.5000	-其他,含有维生素或税目29.36所列产品				
	-其他,含有本章子目注释二所列抗疟疾活性成分的:				
3004.6010	---含有青蒿素及其衍生物				
3004.6090	---其他				
	-其他:				
3004.9010	---含有磺胺类				
3004.9020	---含有联苯双酯				
	---中式成药:				
3004.9051	----中药酒				
3004.9052	----片仔癀				
3004.9053	----白药				
3004.9054	----清凉油				
3004.9055	----安宫牛黄丸				
3004.9059	----其他				
3004.9090	---其他				
30.05	软填料、纱布、绷带及类似物品（例如,敷料、橡皮膏、泥罨剂）,经过药物浸涂或制成零售包装供医疗、外科、牙科或兽医用:	1. 用途; 2. 成分; 3. 是否经过药物浸涂或制成零售包装		4. 品牌（中文或外文名称）; 5. 型号; 6. 包装规格	
	-胶粘敷料及有胶粘涂层的其他物品:				
3005.1010	---橡皮膏				
3005.1090	---其他				
	-其他:				
3005.9010	---药棉、纱布、绷带				
3005.9090	---其他				
30.06	本章注释四所规定的医药用品:				
3006.1000	-无菌外科肠线、类似的无菌缝合材料（包括外科或牙科用无菌可吸收缝线）及外伤创口闭合用的无菌黏合胶布;无菌昆布及无菌昆布塞条;外科或牙科用无菌吸收性止血材料;外科或牙科用无菌抗粘连阻隔材料,不论是否可吸收	1. 用途; 2. 无菌请注明		3. 品牌（中文或外文名称）; 4. 型号; 5. 包装规格	

税则号列	商品名称	申报要素			说明
		归类要素	价格要素	其他要素	
3006.3000	-X光检验造影剂；用于病人的诊断试剂	1.用途；2.成分	3.品牌（中文或外文名称）；4.型号；5.包装规格		
3006.4000	-牙科粘固剂及其他牙科填料；骨骼粘固剂	1.用途；2.成分	3.品牌（中文或外文名称）；4.型号；5.包装规格		
3006.5000	-急救药箱、药包	1.组成（指箱或包中的药品、器具等）	2.品牌（中文或外文名称）；3.型号		不包括医生用较复杂的医药包
	-以激素、税目29.37其他产品或杀精子剂为基本成分的化学避孕药物：	1.用途；2.成分	3.品牌（中文或外文名称）；4.型号；5.包装规格		
3006.6010	---以激素为基本成分的避孕药物				
3006.6090	---其他				
3006.7000	-专用于人类或兽药的凝胶制品，作为外科手术或体检时躯体部位的润滑剂，或者作为躯体和医疗器械之间的耦合剂	1.用途；2.成分	3.品牌（中文或外文名称）；4.型号；5.包装规格		
	-其他：				
3006.9100	--可确定用于造口术的用具	1.用途	2.品牌（中文或外文名称）；3.型号		
3006.9200	--废药物				
3006.9300	--安慰剂和盲法（或双盲法）临床试剂盒，用于经许可的临床试验，已配定剂量	1.用途；2.是否为用于经许可临床试验的已配定剂量产品	3.品牌（中文或外文名称）；4.型号		

第三十一章 肥 料

注释：

一、本章不包括：

(一) 税目05.11的动物血；

(二) 单独的已有化学定义的化合物［符合下列注释二(一)、三(一)、四(一)或五所规定的化合物除外］；或

(三) 税目38.24的每颗重量不低于2.5克的氯化钾培养晶体（光学元件除外）；氯化钾光学元件（税目90.01）。

二、税目31.02只适用于下列货品，但未制成税目31.05所述形状或包装：

(一) 符合下列任何一条规定的货品：

1. 硝酸钠，不论是否纯净；
2. 硝酸铵，不论是否纯净；
3. 硫酸铵及硝酸铵的复盐，不论是否纯净；
4. 硫酸铵，不论是否纯净；
5. 硝酸钙及硝酸铵的复盐（不论是否纯净）或硝酸钙及硝酸铵的混合物；
6. 硝酸钙及硝酸镁的复盐（不论是否纯净）或硝酸钙及硝酸镁的混合物；
7. 氰氨化钙，不论是否纯净或用油处理；
8. 尿素，不论是否纯净。

(二) 由上述(一)款任何货品相互混合的肥料。

(三) 由氯化铵或上述(一)或(二)款任何货品与白垩、石膏或其他无肥效无机物混合而成的肥料。

(四) 由上述(一)2或8项的货品或其混合物溶于水或液氨的液体肥料。

三、税目31.03只适用于下列货品，但未制成税目31.05所述形状或包装：

(一) 符合下列任何一条规定的货品：

1. 碱性熔渣；
2. 税目25.10的天然磷酸盐，已焙烧或经过超出清除杂质范围的热处理；
3. 过磷酸钙（一过磷酸钙、二过磷酸钙或三过磷酸钙）；
4. 磷酸氢钙，按干燥无水产品重量计含氟量不低于0.2%。

(二) 由上述(一)款的任何货品相互混合的肥料，不论含氟量多少。

(三) 由上述(一)或(二)款的任何货品与白垩、石膏或其他无肥效无机物混合而成的肥料，不论含氟量多少。

四、税目31.04只适用于下列货品，但未制成税目31.05所述形状或包装：

(一) 符合下列任何一条规定的货品：

1. 天然粗钾盐（例如，光卤石、钾盐镁矾及钾盐）；
2. 氯化钾，不论是否纯净，但上述注释一(三)所述的产品除外；
3. 硫酸钾，不论是否纯净；
4. 硫酸镁钾，不论是否纯净。

(二) 由上述(一)款任何货品相互混合的肥料。

五、磷酸二氢铵及磷酸氢二铵（不论是否纯净）及其相互之间的混合物应归入税目31.05。

六、税目31.05所称"其他肥料"，仅适用于其基本成分至少含有氮、磷、钾中一种肥效元素的肥料用产品。

【要素释义】

一、归类要素

1. 用途：指该税目商品应用的方面、范围。
2. 加工工艺：指对某种商品进行加工或处理的方法与过程。
3. 包装规格：指商品的个体包装方式和规格。例如，"8千克/包"。
4. 是否经过化学处理：指商品是否经过化学方法处理。例如，税则号列3101.0019项下商品填报"未经化学处理"；税则号列3101.0090项下商品填报"经过化学处理"。
5. 按照重量计氯化钾含量：该要素为子目3104.20专有归类要素，"氯化钾"需填报按重量计的具体含量。
6. 成分含量：指商品中所包含各种物质的种类及其含量。

7. 用途（是否肥料用）：指税目31.04项下商品如为肥料用需填报"肥料用"。肥料是指提供一种或一种以上植物必需的营养元素（主要是氮、磷、钾），改善土壤性质、提高土壤肥力水平的一类物质。

8. 是否与化学肥料混合：指税目31.01项下商品需填报"与化学肥料混合""不与化学肥料混合"。

9. 是否为涂料（即是否用于涂于物体表面形成固态涂膜）：涂料是指涂于物体表面能形成具有保护、装饰或特殊性能的固态涂膜的一类液体或固体材料之总称。

二、价格要素

1. 品牌（中文或外文名称）：指制造商或经销商加在商品上的品牌标志，实际需要申报中文或外文品牌名称。例如，"Stoller（世多乐）牌"。

2. 型号：指代表不同性能、用途和规格的产品代码。

3. 总氮含量：指肥料中各种形态的无机和有机氮的总量，以氮的质量百分比表示。例如，税则号列3102.1000尿素可填报"总氮含量46.7%"。

4. 总磷含量：指肥料中各种形态的无机和有机磷的总量，以磷的质量百分比表示。

5. 总钾含量（以氧化物计）：指肥料中以氧化物 K_2O 计算的钾的总含量，用百分比表示。

6. 总氮含量、总磷含量、总钾（以氧化物计）含量：指税目31.05项下复合肥中氮、磷、钾各自的总含量，但其中钾的含量以钾的氧化物计算，用百分比表示。

税则号列	商品名称	申报要素 归类要素	申报要素 价格要素	申报要素 其他要素	说明
31.01	动物或植物肥料，不论是否相互混合或经化学处理；动植物产品经混合或化学处理制成的肥料：	1. 用途；2. 加工工艺；3. 包装规格；4. 是否经过化学处理；5. 是否与化学肥料混合	6. 品牌（中文或外文名称）		不包括天然与化学肥料的混合物（税目31.05）
	---未经化学处理：				
3101.0011	----鸟粪				
3101.0019	----其他				
3101.0090	---其他				
31.02	矿物氮肥及化学氮肥：	1. 包装规格	2. 总氮含量；3. 品牌（中文或外文名称）；4. 型号；5. 成分含量		
3102.1000	-尿素，不论是否水溶液				
	-硫酸铵；硫酸铵和硝酸铵的复盐及混合物：				
3102.2100	--硫酸铵				
3102.2900	--其他				
3102.3000	-硝酸铵，不论是否水溶液				
3102.4000	-硝酸铵与碳酸钙或其他无肥效无机物的混合物				
3102.5000	-硝酸钠				
3102.6000	-硝酸钙和硝酸铵的复盐及混合物				
3102.8000	-尿素及硝酸铵混合物的水溶液或氨水溶液				
	-其他，包括上述子目未列名的混合物：				
3102.9010	---氰氨化钙				
3102.9090	---其他				

税则号列	商 品 名 称	申 报 要 素			说 明
		归类要素	价格要素	其他要素	
31.03	矿物磷肥及化学磷肥：	1. 包装规格	2. 总磷含量；3. 品牌（中文或外文名称）；4. 型号		
	-过磷酸钙： --按重量计五氧化二磷（P_2O_5）含量在35%及以上：				
3103.1110	---重过磷酸钙				
3103.1190	---其他				
3103.1900	--其他				
3103.9000	-其他				
31.04	矿物钾肥及化学钾肥：				
	-氯化钾：	1. 包装规格；2. 按照重量计氯化钾含量；3. 用途（是否肥料用）	4. 总钾含量（以氧化物计）；5. 品牌（中文或外文名称）；6. 型号		
3104.2020	---纯氯化钾				
3104.2090	---其他				
3104.3000	-硫酸钾	1. 包装规格；2. 用途（是否肥料用）	3. 总钾含量（以氧化物计）；4. 品牌（中文或外文名称）；5. 型号		
	-其他：	1. 包装规格；2. 用途（是否肥料用）	3. 总钾含量（以氧化物计）；4. 品牌（中文或外文名称）；5. 型号		
3104.9010	---光卤石、钾盐及其他天然粗钾盐				
3104.9090	---其他				
31.05	含氮、磷、钾中两种或三种肥效元素的矿物肥料或化学肥料；其他肥料；制成片及类似形状或每件毛重不超过10千克的本章各项货品：	1. 成分含量；2. 包装规格	3. 总氮含量、总磷含量、总钾（以氧化物计）含量；4. 品牌（中文或外文名称）；5. 型号		
3105.1000	-制成片及类似形状或每件毛重不超过10千克的本章各项货品				
3105.2000	-含氮、磷、钾三种肥效元素的矿物肥料或化学肥料				

税则号列	商品名称	申报要素			说明
		归类要素	价格要素	其他要素	
3105.3000	-磷酸氢二铵				
3105.4000	-磷酸二氢铵及磷酸二氢铵与磷酸氢二铵的混合物				
	-其他含氮、磷两种肥效元素的矿物肥料或化学肥料:				
3105.5100	--含有硝酸盐及磷酸盐				
3105.5900	--其他				
3105.6000	-含磷、钾两种肥效元素的矿物肥料或化学肥料				
	-其他:				
3105.9010	---有机-无机复混肥料				
3105.9090	---其他				

第三十二章 鞣料浸膏及染料浸膏；鞣酸及其衍生物；染料、颜料及其他着色料；油漆及清漆；油灰及其他类似胶粘剂；墨水、油墨

注释：

一、本章不包括：

（一）单独的已有化学定义的化学元素及化合物（税目32.03及32.04的货品、税目32.06的用作发光体的无机产品、税目32.07所述形状的熔融石英或其他熔融硅石制成的玻璃及税目32.12的零售形状或零售包装的染料及其他着色料除外）；

（二）税目29.36至29.39、29.41及35.01至35.04的鞣酸盐及其他鞣酸衍生物；或

（三）沥青胶粘剂（税目27.15）。

二、税目32.04包括生产偶氮染料用的稳定重氮盐与耦合物的混合物。

三、税目32.03、32.04、32.05及32.06也包括以着色料为基本成分的制品（例如，税目32.06包括以税目25.30或第二十八章的颜料，金属粉片及金属粉末为基本成分的制品）。该制品是用作原材料着色剂的拼料。但以上税目不包括分散在非水介质中呈液状或浆状的制漆用颜料，例如，税目32.12的瓷漆及税目32.07、32.08、32.09、32.10、32.12、32.13及32.15的其他制品。

四、税目32.08包括由税目39.01至39.13所列产品溶于挥发性有机溶剂的溶液（胶棉除外），但溶剂重量必须超过溶液重量的50%。

五、本章所称"着色料"，不包括作为油漆填料的产品，不论这些产品能否用于水浆涂料的着色。

六、税目32.12所称"压印箔"，只包括用以压印诸如书本封面或帽带之类的薄片，这些薄片由以下材料构成：

（一）金属粉（包括贵金属粉）或颜料经胶水、明胶及其他黏合剂凝结而成的；或

（二）金属（包括贵金属）或颜料沉积于任何材料衬片上的。

【要素释义】

一、归类要素

1. 用途：指该税目商品应用的方面、范围。

2. 加工工艺：指对某种商品进行加工或处理的方法与过程。

3. 成分含量：应填报具体化学物质种类和含量，例如子目3209.10项下商品可填报"丙烯酸树脂15%、水50%、颜料25%、二醇单丁醚10%"。

4. 染料须报明种类：主要指分散染料、酸性染料、碱性染料等。分散染料是基本上不溶于水的非离子型染料，以水分散体形式适用于疏水性纤维的染色。酸性染料是水溶性的阴离子型染料，适用于尼龙、羊毛、丝绸、改性丙烯酸纤维及皮革的染色。碱性染料是水溶性阳离子型染料，适用于改性丙烯酸纤维、改性尼龙纤维、改性聚酯纤维或未漂白纸张的着色。

5. 成分：指商品所含物质的种类。

6. 金红石型含量：是指钛白粉中金红石型二氧化钛的含量，按GB/T 30793规定测得。例如，金红石型含量为99.0%。

7. 明度（干粉L^*）：是指粉体材料按GB/T 11942规定要求压制成试样板后测定的明度值。例如，明度（干粉L^*）为95。

8. 颜色：指商品在自然光条件下所反映的色彩。

9. 是否具有曝光显影功能：子目3215.1项下商品应填报"不具有曝光显影功能"。

10. 施工状态下挥发性有机物含量：是指在常压下，沸点低于250摄氏度的各种有机化合物，或在室温（25摄氏度）下饱和蒸气压超过133.32Pa，以气态分子的形态排放到空气中的所有有机化合物的总含量。例如，施工状态下挥发性有机物含量：420克/升。

二、价格要素

1. 品牌（中文或外文名称）：指制造商或经销商加在商品上的品牌标志，实际需要申报中文或外文品牌名称。

2. 型号：指代表不同性能、用途和规格的产品代码。

3. 包装方式及规格：指商品的个体包装方式和规格。例如，"5千克/桶"。

4. 如果加入放射性盐，请注明放射性比度：如果加入放射性盐，填报具体的放射性比度，用"kBq/kg"或"μCi/g"表示。如果没有加入，填报"未加入放射性盐"。

5. 规格：该要素是税目32.12压印箔的价格要素。是指压印箔的长度和宽度，用"m"或者"mm"表示。

6. 加工工艺：为对某种商品进行加工或处理的方法与过程。

7. 是否成套：指税目32.13项下商品根据实际情况填报"成套"或"非成套"。

8. 签约日期：指供求双方企业合同签订的日期，填报具体日期即可。例如，"20200701"。

三、其他要素

1. 稀土元素的重量百分比，以［A］表示：该要素为税目32.06项下商品专有要素，"用作发光体的无机产品"需填报商品中稀土元素的重量百分比，填报时以"［A］"表示。"A"代表所含的稀土元素，若含有多种稀土元素，应填报重量之和百分比。例如，可填报"［铽、镝］：10%"。

2. 是否为涂料（即是否用于涂于物体表面形成固态涂膜）：税目32.08需要申报是否为涂料（即是否用于涂于物体表面形成固态涂膜），根据财税〔2015〕16号，涂料是指涂于物体表面能形成具有保护、装饰或特殊性能的固态涂膜的一类液体或固体材料之总称。

3. 是否用于集成电路生产：税目32.08、32.09需要申报是否用于集成电路生产，即是否属于集成电路生产制造过程中使用的以下材料：①防反射薄膜生成液［应同时满足以下指标：VOC（挥发性有机物）含量：大于700g/L；N（反射值）范围：1~2.1；K（吸光指数）范围：0~1（248nm或193nm波长测试）］；②聚酰亚胺原液［应同时满足以下指标：VOC（挥发性有机物）含量：大于700g/L；粘度：2500~3000mPa·s（25℃）］；③聚酰亚胺树脂溶液［应同时满足以下指标：VOC（挥发性有机物）含量：大于700g/L；粘度：2500~3000mPa·s（25℃）］；④旋涂玻璃［应同时满足以下指标：VOC（挥发性有机物）含量：大于700g/L；密度：0.8~0.9g/cm³］。

税则号列	商品名称	申报要素 归类要素	申报要素 价格要素	申报要素 其他要素	说明
32.01	植物鞣料浸膏；鞣酸及其盐、醚、酯和其他衍生物：	1. 用途；2. 加工工艺	3. 品牌（中文或外文名称）；4. 型号		
3201.1000	-坚木浸膏				
3201.2000	-荆树皮浸膏				
	-其他：				
3201.9010	---其他鞣料浸膏				
3201.9090	---其他				
32.02	有机合成鞣料；无机鞣料；鞣料制剂，不论是否含有天然鞣料；预鞣用酶制剂：	1. 成分含量	2. 品牌（中文或外文名称）；3. 包装规格		
3202.1000	-有机合成鞣料				
3202.9000	-其他				
32.03	动植物质着色料（包括染料浸膏，但动物炭黑除外），不论是否已有化学定义；本章注释三所述的以动植物质着色料为基本成分的制品：	1. 用途；2. 加工工艺	3. 包装规格；4. 品牌（中文或外文名称）；5. 型号；6. 成分含量		
	---植物质着色料及以其为基本成分的制品：				
3203.0011	----天然靛蓝及以其为基本成分的制品				
3203.0019	----其他				
3203.0020	---动物质着色料及以其为基本成分的制品				

税则号列	商品名称	申报要素			说明
		归类要素	价格要素	其他要素	
32.04	有机合成着色料，不论是否已有化学定义；本章注释三所述的以有机合成着色料为基本成分的制品；用作荧光增白剂或发光体的有机合成产品，不论是否已有化学定义：	1. 成分含量；2. 用途；3. 染料须报明种类（分散染料、酸性染料、碱性染料等）	4. 包装规格；5. 品牌（中文或外文名称）；6. 型号		
	-有机合成着色料及本章注释三所述的以有机合成着色料为基本成分的制品：				
3204.1100	--分散染料及以其为基本成分的制品				
3204.1200	--酸性染料（不论是否预金属络合）及以其为基本成分的制品；媒染染料及以其为基本成分的制品				
3204.1300	--碱性染料及以其为基本成分的制品				
3204.1400	--直接染料及以其为基本成分的制品				
	--瓮染料（包括颜料用的）及以其为基本成分的制品：				
3204.1510	---合成靛蓝（还原靛蓝）				
3204.1590	---其他				
3204.1600	--活性染料及以其为基本成分的制品				
3204.1700	--颜料及以其为基本成分的制品				
	--类胡萝卜素着色料及以其为基本成分的制品：				
3204.1810	---类胡萝卜素（包括胡萝卜素）				
3204.1820	---以类胡萝卜素（包括胡萝卜素）为基本成分的制品				
	--其他，包括由子目3204.11至3204.19中两个或多个子目所列着色料组成的混合物：				
	---硫化染料及以其为基本成分的制品：				
3204.1911	----硫化黑（硫化青）及以其为基本成分的制品				
3204.1919	----其他				
3204.1990	---其他				
3204.2000	-用作荧光增白剂的有机合成产品				
	-其他：				
3204.9010	---生物染色剂及染料指示剂				
3204.9090	---其他				
32.05	色淀；本章注释三所述的以色淀为基本成分的制品：	1. 成分	2. 品牌（中文或外文名称）；3. 型号		
3205.0000	色淀；本章注释三所述的以色淀为基本成分的制品				
32.06	其他着色料；本章注释三所述的制品，但税目32.03、32.04及32.05的货品除外；用作发光体的无机产品，不论是否已有化学定义：				
	-以二氧化钛为基本成分的颜料及制品：				

税则号列	商品名称	申报要素 归类要素	申报要素 价格要素	申报要素 其他要素	说明
	--以干物质计二氧化钛含量在80%及以上的： ---钛白粉	1. 成分含量；2. 用途；3. 金红石型含量；4. 明度（干粉L*）	5. 型号；6. 品牌（中文或外文名称）；7. 签约日期		
3206.1111	----金红石型含量≥99.8%、明度（干粉L*）≥99.0				
3206.1119	----其他				
3206.1190	---其他	1. 成分含量；2. 用途	3. 包装规格；4. 型号；5. 品牌（中文或外文名称）；6. 如果加入放射性盐，请注明放射性比度		
3206.1900	--其他	1. 成分含量；2. 用途	3. 包装规格；4. 型号；5. 品牌（中文或外文名称）；6. 如果加入放射性盐，请注明放射性比度		
3206.2000	-以铬化合物为基本成分的颜料及制品	1. 成分含量；2. 用途	3. 包装规格；4. 型号；5. 品牌（中文或外文名称）；6. 如果加入放射性盐，请注明放射性比度		
	-其他着色料及其他制品：	1. 成分含量；2. 用途	3. 包装规格；4. 型号；5. 品牌（中文或外文名称）；6. 如果加入放射性盐，请注明放射性比度		
3206.4100	--群青及以其为基本成分的制品				
	--锌钡白及以硫化锌为基本成分的其他颜料和制品：				
3206.4210	---锌钡白				
3206.4290	---其他				

税则号列	商品名称	申报要素			说明
		归类要素	价格要素	其他要素	
	--其他：				
	---以铋化合物为基本成分的颜料及制品：				
3206.4911	----以钒酸铋为基本成分的颜料及制品				
3206.4919	----其他				
3206.4990	---其他				
3206.5000	-用作发光体的无机产品	1. 成分含量；2. 用途	3. 包装规格；4. 型号；5. 品牌（中文或外文名称）；6. 如果加入放射性盐，请注明放射性比度	7. 稀土元素的重量百分比，以[A]表示	
32.07	陶瓷、搪瓷及玻璃工业用的调制颜料、遮光剂、着色剂、珐琅和釉料、釉底料（泥釉）、光瓷釉以及类似产品；搪瓷玻璃料及其他玻璃，呈粉、粒或粉片状的：	1. 用途；2. 外观；3. 成分含量	4. 品牌（中文或外文名称）；5. 型号		
3207.1000	-调制颜料、遮光剂、着色剂及类似制品				
3207.2000	-珐琅和釉料、釉底料（泥釉）及类似制品				
3207.3000	-光瓷釉及类似制品				
3207.4000	-搪瓷玻璃料及其他玻璃，呈粉、粒或粉片状的				
32.08	以合成聚合物或化学改性天然聚合物为基本成分的油漆及清漆（包括瓷漆及大漆），分散于或溶于非水介质的；本章注释四所述的溶液：	1. 成分含量；2. 用途；3. 分散于或溶于非水介质请注明；4. 施工状态下挥发性有机物含量（以"克/升"表示）	5. 包装规格；6. 品牌（中文或外文名称）；7. 型号	8. 是否为涂料（即是否用于涂于物体表面形成固态涂膜）；9. 是否用于集成电路生产	
3208.1000	-以聚酯为基本成分				
	-以丙烯酸聚合物或乙烯聚合物为基本成分：				
3208.2010	---以丙烯酸聚合物为基本成分				
3208.2020	---以乙烯聚合物为基本成分				
	-其他				
3208.9010	---以聚胺酯类化合物为基本成分				
3208.9090	---其他				

税则号列	商品名称	申报要素 归类要素	申报要素 价格要素	申报要素 其他要素	说明
32.09	以合成聚合物或化学改性天然聚合物为基本成分的油漆及清漆（包括瓷漆及大漆），分散于或溶于水介质的：	1.成分含量；2.用途；3.施工状态下挥发性有机物含量（以"克/升"表示）	4.品牌（中文或外文名称）；5.型号	6.是否用于集成电路生产	
3209.1000	-以丙烯酸聚合物或乙烯聚合物为基本成分				
	-其他：				
3209.9010	---以环氧树脂为基本成分				
3209.9020	---以氟树脂为基本成分				
3209.9090	---其他				
32.10	其他油漆及清漆（包括瓷漆、大漆及水浆涂料）；加工皮革用的水性颜料：	1.成分含量；2.用途；3.施工状态下挥发性有机物含量（以"克/升"表示）	4.品牌（中文或外文名称）；5.型号		
3210.0000	其他油漆及清漆（包括瓷漆、大漆及水浆涂料）；加工皮革用的水性颜料				
32.11	配制的催干剂：	1.成分含量；2.用途	3.品牌（中文或外文名称）；4.型号		
3211.0000	配制的催干剂				
32.12	制造油漆（含瓷漆）用的颜料（包括金属粉末或金属粉片），分散于非水介质中呈液状或浆状的；压印箔；零售形状及零售包装的染料或其他着色料：				
3212.1000	-压印箔	1.成分含量；2.用途	3.包装规格；4.外观（箔）；5.品牌（中文或外文名称）；6.规格；7.加工工艺		
3212.9000	-其他	1.成分含量；2.用途	3.包装规格；4.外观；5.品牌（中文或外文名称）		
32.13	艺术家、学生和广告美工用的颜料、调色料、文娱颜料及类似品，片状、管装、罐装、瓶装、扁盒装以及类似形状或包装的：	1.用途	2.品牌（中文或外文名称）；3.型号；4.是否成套		
3213.1000	-成套的颜料				
3213.9000	-其他				

税则号列	商品名称	申报要素 归类要素	申报要素 价格要素	申报要素 其他要素	说明
32.14	安装玻璃用油灰、接缝用油灰、树脂胶泥、嵌缝胶及其他类似胶粘剂；漆工用填料；非耐火涂面制剂，涂门面、内墙、地板、天花板等用： -安装玻璃用油灰、接缝用油灰、树脂胶泥、嵌缝胶及其他类似胶粘剂；漆工用填料：	1. 成分含量；2. 用途；3. 施工状态下挥发性有机物含量（以"克/升"表示）	4. 品牌（中文或外文名称）；5. 型号		
3214.1010	---半导体器件封装材料				
3214.1090	---其他				
3214.9000	-其他				
32.15	印刷油墨、书写或绘图墨水及其他墨类，不论是否固体或浓缩： -印刷油墨：	1. 用途（如子目8443.31、8443.32或8443.39所列设备用等）；2. 颜色；3. 成分含量；4. 是否具有曝光显影功能			
3215.1100	--黑色				
3215.1900	--其他				
	-其他：	1. 用途；2. 成分含量			
3215.9010	---书写墨水				
3215.9020	---水性喷墨墨水				
3215.9090	---其他				

第三十三章 精油及香膏；芳香料制品及化妆盥洗品

注释：

一、本章不包括：

（一）税目 13.01 或 13.02 的天然油树脂或植物浸膏；

（二）税目 34.01 的肥皂及其他产品；或

（三）税目 38.05 的脂松节油、木松节油和硫酸盐松节油及其他产品。

二、税目 33.02 所称"香料"，仅指税目 33.01 所列的物质、从这些物质离析出来的香料组分以及合成芳香剂。

三、税目 33.03 至 33.07 主要包括适合作这些税目所列用途的零售包装产品，不论其是否混合（精油水馏液及水溶液除外）。

四、税目 33.07 所称"芳香料制品及化妆盥洗品"，主要适用于下列产品：香袋；通过燃烧散发香气的制品；香纸及用化妆品浸渍或涂布的纸；隐形眼镜片或假眼用的溶液；用香水或化妆品浸渍、涂布、包覆的絮胎、毡呢及无纺织物；动物用盥洗品。

【要素释义】

一、归类要素

1. 用途：指该税目商品应用的方面、范围。例如，税目 3304.1 项下唇用化妆品可填报"用于赋予唇部色彩"等。

2. 加工工艺：指对某种商品进行加工或处理的方法与过程。

3. 成分：指商品所含物质的种类。

4. 酒精含量：该要素为子目 3302.10 项下商品专有归类要素，需填报含有酒精的量。

5. 包装规格：指商品的个体包装方式和规格。如果税目或子目明确注明零售包装，在申报要素中还需注明零售包装。例如，"100 支/盒，零售包装"。

二、价格要素

1. 品牌（中文或外文名称）：指制造商或经销商加在商品上的品牌标志，实际需要申报中文或外文品牌名称。例如，"CK（Calvin Klein）牌"。

2. 型号：指代表不同性能、用途和规格的产品代码。

3. 成分含量：该要素是税目 33.01 项下精油等的专有价格要素，指商品中所包含各种物质的种类及其含量。例如，子目 3301.12 项下甜橙油可填报"甜橙油98%，水2%"。

三、其他要素

GTIN 码：即商品条码，是全球贸易项目代码（Global Trade Item Number）的缩写，由 8、12、13、14 位数字组成。应据实填报商品最小零售包装上的 GTIN 码；填报的商品条码应符合全球通用标准（ISO 15459 或 GB 12904）。如商品无 GTIN 码，则填报为"无 GTIN"。

税则号列	商品名称	申报要素			说明
		归类要素	价格要素	其他要素	
33.01	精油（无萜或含萜），包括浸膏及净油；香膏；提取的油树脂；用花香吸取法或浸渍法制成的含浓缩精油的脂肪、固定油、蜡及类似物；精油脱萜时所得的萜烯副产品；精油水馏液及水溶液： -柑橘属果实的精油：	1. 用途；2. 加工工艺	3. 包装规格；4. 品牌（中文或外文名称）；5. 型号；6. 成分含量		
3301.1200	--橙油				
3301.1300	--柠檬油				
	--其他：				
3301.1910	---白柠檬油（酸橙油）				
3301.1990	---其他				

税则号列	商品名称	申报要素			说明
		归类要素	价格要素	其他要素	
	-非柑橘属果实的精油：				
3301.2400	--胡椒薄荷油				
3301.2500	--其他薄荷油				
	--其他：				
3301.2910	---樟脑油				
3301.2920	---香茅油				
3301.2930	---茴香油				
3301.2940	---桂油				
3301.2950	---山苍子油				
3301.2960	---桉叶油				
	---其他：				
3301.2991	----老鹳草油（香叶油）				
3301.2999	----其他				
	-香膏：				
3301.3010	---鸢尾凝脂				
3301.3090	---其他				
	-其他：				
3301.9010	---提取的油树脂				
3301.9020	---柑橘属果实的精油脱萜烯副产品				
3301.9090	---其他				
33.02	工业原料用的芳香物质的混合物及以一种或多种芳香物质为基本成分的混合物（包括酒精溶液）；生产饮料用的以芳香物质为基本成分的其他制品：				
	-食品或饮料工业用：	1.成分；2.用途；3.酒精含量		4.品牌（中文或外文名称）；5.型号；6.包装规格	
3302.1010	---生产饮料用的以香料为基本成分的制品，按容量计酒精浓度不超过0.5%的				
3302.1090	---其他				
3302.9000	-其他	1.成分；2.用途		3.品牌（中文或外文名称）；4.型号；5.包装规格	
33.03	香水及花露水：	1.包装规格		2.品牌（中文或外文名称）	
3303.0000	香水及花露水				
33.04	美容品或化妆品及护肤品（药品除外），包括防晒油或晒黑油；指（趾）甲化妆品：				

税则号列	商品名称	申报要素			说明
		归类要素	价格要素	其他要素	
3304.1000	-唇用化妆品	1.用途；2.包装规格	3.品牌（中文或外文名称）；4.色号	5.GTIN码	
3304.2000	-眼用化妆品	1.用途；2.包装规格	3.品牌（中文或外文名称）	4.GTIN码	
3304.3000	-指（趾）甲化妆品	1.用途；2.包装规格	3.品牌（中文或外文名称）	4.GTIN码	
	-其他：	1.用途；2.包装规格	3.品牌（中文或外文名称）	4.GTIN码	
3304.9100	--粉，不论是否压紧				
3304.9900	--其他				
33.05	护发品：	1.用途；2.包装规格	3.品牌（中文或外文名称）；4.型号（货号）	5.GTIN码	
3305.1000	-洗发剂（香波）				
3305.2000	-烫发剂				
3305.3000	-定型剂				
3305.9000	-其他				
33.06	口腔及牙齿清洁剂，包括假牙稳固剂及粉；清洁牙缝用的纱线（牙线），单独零售包装的：	1.包装规格	2.品牌（中文或外文名称）；3.型号（货号）		
	-洁齿品：				
3306.1010	---牙膏				
3306.1090	---其他				
3306.2000	-清洁牙缝用的纱线（牙线）				
	-其他：				
3306.9010	---漱口剂				
3306.9090	---其他				
33.07	剃须用制剂、人体除臭剂、泡澡用制剂、脱毛剂和其他税目未列名的芳香料制品及化妆盥洗品；室内除臭剂，不论是否加香水或消毒剂：				
3307.1000	-剃须用制剂	1.用途；2.包装规格	3.品牌（中文或外文名称）；4.型号（货号）		
3307.2000	-人体除臭剂及止汗剂	1.用途；2.包装规格	3.品牌（中文或外文名称）；4.型号（货号）		

税则号列	商品名称	申报要素			说明
		归类要素	价格要素	其他要素	
3307.3000	-香浴盐及其他泡澡用制剂	1. 用途；2. 包装规格	3. 品牌（中文或外文名称）；4. 型号（货号）		
	-室内散香或除臭制品，包括宗教仪式用的香：	1. 用途；2. 包装规格	3. 品牌（中文或外文名称）；4. 型号（货号）		
3307.4100	--神香及其他通过燃烧散发香气的制品				
3307.4900	--其他				
3307.9000	-其他	1. 用途；2. 包装规格	3. 品牌（中文或外文名称）；4. 型号（货号）		

第三十四章　肥皂、有机表面活性剂、洗涤剂、润滑剂、人造蜡、调制蜡、光洁剂、蜡烛及类似品、塑型用膏、"牙科用蜡"及牙科用熟石膏制剂

注释：

一、本章不包括：

（一）用作脱模剂的食用动植物或微生物油、脂混合物或制品（税目15.17）；

（二）单独的已有化学定义的化合物；或

（三）含肥皂或其他有机表面活性剂的洗发剂、洁齿品、剃须膏及泡澡用制剂（税目33.05、33.06及33.07）。

二、税目34.01所称"肥皂"，只适用于水溶性肥皂。税目34.01的肥皂及其他产品可以含有添加料（例如，消毒剂、磨料粉、填料或药料）。含磨料粉的产品，只有条状、块状或模制形状可以归入税目34.01。其他形状的应作为"去污粉及类似品"归入税目34.05。

三、税目34.02所称"有机表面活性剂"，是指温度在20摄氏度时与水混合配成0.5%浓度的水溶液，并在同样温度下搁置1小时后与下列规定相符的产品：

（一）成为透明或半透明的液体或稳定的乳浊液而未离析出不溶解物质；以及

（二）将水的表面张力降低到每厘米45达因及以下。

四、税目34.03所称"石油及从沥青矿物提取的油类"，适用于第二十七章注释二所规定的产品。

五、税目34.04所称"人造蜡及调制蜡"，仅适用于：

（一）用化学方法生产的具有蜡质特性的有机产品，不论是否为水溶性的；

（二）各种蜡混合制成的产品；

（三）以一种或几种蜡为基本原料并含有油脂、树脂、矿物质或其他原料的具有蜡质特性的产品。

本税目不包括：

（一）税目15.16、34.02或38.23的产品，不论是否具有蜡质特性；

（二）税目15.21的未混合的动物蜡或未混合的植物蜡，不论是否精制或着色；

（三）税目27.12的矿物蜡或类似产品，不论是否相互混合或仅经着色；或

（四）混合、分散或溶解于液体溶剂的蜡（税目34.05、38.09等）。

【要素释义】

一、归类要素

1. 成分含量：指商品中所包含各种物质的种类及其含量。

2. 外观：指商品本身实际的外观状态情况，主要指商品的形状和颜色等表观性状。例如，税目34.01项下商品填报"条状""块状""液状""膏状"等；税目34.07项下商品填报"片状""马蹄形状""条状"等。

3. 包装规格：指商品的个体包装方式和规格。如果税目或子目明确注明零售包装，在申报要素中还需注明零售包装。例如，"1千克/盒，零售包装"。

4. 种类：该要素为税目34.02项下商品专有归类要素，指阳离子型、阴离子型、非离子型、两性型等。阴离子型为在水溶液中离子化产生具有表面活性的有机阴离子。阳离子型为在水溶液中离子化产生具有表面活性的有机阳离子。非离子型为在水中不产生离子。两性型可在水溶液中离子化并生成具有阳离子或阴离子表面活性剂特征的化合物。

5. 成分：指商品所含物质的种类。

6. 用途：指该税目商品应用的方面、范围。

7. 从石油或沥青提取矿物油类的百分比含量：该要素为税目34.03项下商品专有归类要素，指从石油或从沥青矿物提取的油类的百分比含量。

二、价格要素

1. 品牌（中文或外文名称）：指制造商或经销商加在商品上的品牌标志，实际需要申报中文或外文品牌名称。

2. 型号：指代表不同性能、用途和规格的产品代码。

税则号列	商品名称	申报要素			说明
		归类要素	价格要素	其他要素	
34.01	肥皂；做肥皂用的有机表面活性产品及制品，条状、块状或模制形状的，不论是否含有肥皂；洁肤用的有机表面活性产品及制品，液状或膏状并制成零售包装的，不论是否含有肥皂；用肥皂或洗涤剂浸渍、涂面或包覆的纸、絮胎、毡呢及无纺织物：				
	-肥皂及有机表面活性产品及制品，条状、块状或模制形状的，以及用肥皂或洗涤剂浸渍、涂面或包覆的纸、絮胎、毡呢及无纺织物：				
3401.1100	--盥洗用（包括含有药物的产品）	1. 成分含量；2. 外观；3. 包装规格		4. 品牌（中文或外文名称）；5. 型号	
	--其他：	1. 成分含量；2. 外观；3. 包装规格		4. 品牌（中文或外文名称）；5. 型号	
3401.1910	---洗衣皂				
3401.1990	---其他				
3401.2000	-其他形状的肥皂	1. 成分含量；2. 外观；3. 包装规格		4. 品牌（中文或外文名称）；5. 型号	
3401.3000	-洁肤用的有机表面活性产品及制剂，液状或膏状并制成零售包装的，不论是否含有肥皂	1. 成分含量；2. 外观；3. 包装规格		4. 品牌（中文或外文名称）；5. 型号	
34.02	有机表面活性剂（肥皂除外）；表面活性剂制品、洗涤剂（包括助洗剂）及清洁剂，不论是否含有肥皂，但税目34.01的产品除外：				
	-阴离子型有机表面活性剂，不论是否零售包装：	1. 种类（阴离子型）；2. 成分		3. 品牌（中文或外文名称）；4. 型号	
3402.3100	--直链烷基苯磺酸及其盐				
3402.3900	--其他				
	-其他有机表面活性剂，不论是否零售包装：	1. 种类（阳离子型、非离子型等）；2. 成分		3. 品牌（中文或外文名称）；4. 型号	
3402.4100	--阳离子型				
3402.4200	--非离子型				
3402.4900	--其他				
	-零售包装的制品：	1. 用途；2. 是否零售包装；3. 成分		4. 品牌（中文或外文名称）；5. 型号	
3402.5010	---合成洗涤粉				
3402.5090	---其他				

税则号列	商品名称	申报要素 归类要素	申报要素 价格要素	申报要素 其他要素	说明
3402.9000	-其他	1. 用途；2. 是否零售包装；3. 成分		4. 品牌（中文或外文名称）；5. 型号	
34.03	润滑剂（包括以润滑剂为基本成分的切削油制剂、螺栓或螺母松开剂、防锈或防腐蚀制剂及脱模剂）及用于纺织材料、皮革、毛皮或其他材料油脂处理的制剂，但不包括以石油或从沥青矿物提取的油类为基本成分（按重量计不低于70%）的制剂：	1. 用途；2. 成分含量；3. 从石油或沥青提取矿物油类的百分比含量		4. 品牌（中文或外文名称）；5. 型号	
	-含有石油或从沥青矿物提取的油类：				
3403.1100	--处理纺织材料、皮革、毛皮或其他材料的制剂				
3403.1900	--其他				
	-其他：				
3403.9100	--处理纺织材料、皮革、毛皮或其他材料的制剂				
3403.9900	--其他				
34.04	人造蜡及调制蜡：	1. 用途；2. 成分		3. 品牌（中文或外文名称）；4. 型号	
3404.2000	-聚氧乙烯（聚乙二醇）蜡				
3404.9000	-其他				
34.05	鞋靴、家具、地板、车身、玻璃或金属用的光洁剂、擦洗膏、去污粉及类似制品（包括用这类制剂浸渍、涂面或包覆的纸、絮胎、毡呢、无纺织物、泡沫塑料或海绵橡胶），但不包括税目34.04的蜡：	1. 用途；2. 成分		3. 品牌（中文或外文名称）；4. 型号	
3405.1000	-鞋靴或皮革用的上光剂及类似制品				
3405.2000	-保养木制家具、地板或其他木制品用的上光剂及类似制品				
3405.3000	-车身用的上光剂及类似制品，但金属用的光洁剂除外				
3405.4000	-擦洗膏、去污粉及类似制品				
3405.9000	-其他				
34.06	各种蜡烛及类似品：	1. 成分		2. 品牌（中文或外文名称）	
3406.0000	各种蜡烛及类似品				

税则号列	商品名称	申报要素			说明
		归类要素	价格要素	其他要素	
34.07	塑型用膏，包括供儿童娱乐用的在内；通称为"牙科用蜡"或"牙科造型膏"的制品，成套、零售包装或制成片状、马蹄形、条状及类似形状的；以熟石膏（煅烧石膏或硫酸钙）为基本成分的牙科用其他制品：	1. 用途；2. 外观；3. 包装规格；4. 成分含量	5. 品牌（中文或外文名称）；6. 型号		
3407.0010	---牙科用蜡及造型膏				
3407.0020	---以熟石膏为基本成分的牙科用其他制品				
3407.0090	---其他				

第三十五章　蛋白类物质；改性淀粉；胶；酶

注释：

一、本章不包括：

（一）酵母（税目 21.02）；

（二）第三十章的血份（非治病、防病用的血清白蛋白除外）、药品及其他产品；

（三）预鞣用酶制剂（税目 32.02）；

（四）第三十四章的加酶的浸透剂、洗涤剂及其他产品；

（五）硬化蛋白（税目 39.13）；或

（六）印刷工业用的明胶产品（第四十九章）。

二、税目 35.05 所称"糊精"，是指淀粉的降解产品，其还原糖含量以右旋糖的干重量计不超过 10%。如果还原糖含量超过 10%，应归入税目 17.02。

【要素释义】

一、归类要素

1. 包装规格：指商品的个体包装方式和规格。如果税目或子目明确注明零售包装，在申报要素中还需注明零售包装。例如，"500 克/桶，零售包装"。

2. 用途：指该税目商品应用的方面、范围。

3. 外观：指商品本身实际的外观状态情况，主要指商品的形状和颜色等表观性状。例如，税则号列 3502.1100 项下商品应填报"干的"。

4. 成分含量：指商品中所包含各种物质的种类及其含量。

5. 来源：指生产某种商品的原料由何而来（得）。

6. 蛋白质含量：该要素为税目 35.04 项下商品专有归类要素，商品需填报含有蛋白质的量。

7. 还原糖含量：该要素为税目 35.05 项下商品专有归类要素，商品需填报含有还原糖的量。

8. 种类：该要素为税目 35.07 项下商品专有归类要素，主要指酶的种类。例如，凝乳酶、胰酶、胃蛋白酶、木瓜蛋白酶、菠萝蛋白酶、无花果蛋白酶等。

二、价格要素

1. 品牌（中文或外文名称）：指制造商或经销商加在商品上的品牌标志，实际需要申报中文或外文品牌名称。例如，"DOW CORNING（道康宁）牌"。

2. 型号：指代表不同性能、用途和规格的产品代码。

3. 用途：该要素是税目 35.01 项下"酪蛋白、酪蛋白酸盐及其他酪蛋白衍生物；酪蛋白胶"的价格要素，指商品应用的方面、范围。

税则号列	商 品 名 称	申 报 要 素			说 明
		归类要素	价格要素	其他要素	
35.01	酪蛋白、酪蛋白酸盐及其他酪蛋白衍生物；酪蛋白胶：				
3501.1000	-酪蛋白	1. 包装规格	2. 品牌（中文或外文名称）；3. 型号；4. 用途		
3501.9000	-其他	1. 包装规格	2. 品牌（中文或外文名称）；3. 型号；4. 用途		

税则号列	商品名称	申报要素			说明
		归类要素	价格要素	其他要素	
35.02	白蛋白（包括按重量计干质成分的乳清蛋白含量超过80%的两种或两种以上的乳清蛋白浓缩物）、白蛋白盐及其他白蛋白衍生物： -卵清蛋白：	1. 用途；2. 外观；3. 成分含量			
3502.1100	--干的				
3502.1900	--其他				
3502.2000	-乳白蛋白，包括两种或两种以上的乳清蛋白浓缩物	1. 用途；2. 外观；3. 成分含量			
3502.9000	-其他	1. 用途；2. 外观；3. 成分含量			
35.03	明胶（包括长方形、正方形明胶薄片，不论是否表面加工或着色）及其衍生物；鱼鳔胶；其他动物胶，但不包括税目35.01的酪蛋白胶：				
3503.0010	---明胶及其衍生物	1. 用途；2. 外观；3. 包装规格			
3503.0090	---其他	1. 用途；2. 外观；3. 包装规格			
35.04	蛋白胨及其衍生物；其他税目未列名的蛋白质及其衍生物；皮粉，不论是否加入铬矾：				
3504.0010	---蛋白胨	1. 用途；2. 来源；3. 包装规格；4. 蛋白质含量			
3504.0020	---植物蛋白，以干基计蛋白质含量≥90%	1. 用途；2. 来源；3. 包装规格；4. 蛋白质含量			
3504.0090	---其他	1. 用途；2. 来源；3. 包装规格；4. 蛋白质含量			
35.05	糊精及其他改性淀粉（例如，预凝化淀粉或酯化淀粉）；以淀粉、糊精或其他改性淀粉为基本成分的胶：	1. 用途；2. 还原糖含量；3. 包装规格		4. 品牌（中文或外文名称）；5. 型号	
3505.1000	-糊精及其他改性淀粉				
3505.2000	-胶				
35.06	其他税目未列名的调制胶及其他调制粘合剂；适于作胶或粘合剂用的产品，零售包装每件净重不超过1千克：				
3506.1000	-适于作胶或粘合剂用的产品，零售包装每件净重不超过1千克 -其他： --以橡胶或税目39.01至39.13的聚合物为基本成分的粘合剂：	1. 用途；2. 包装规格；3. 成分含量		4. 品牌（中文或外文名称）；5. 型号	

税则号列	商品名称	申报要素			说明
		归类要素	价格要素	其他要素	
3506.9110	---以聚酰胺为基本成分的	1.用途；2.包装规格；3.成分含量	4.品牌（中文或外文名称）；5.型号		
3506.9120	---以环氧树脂为基本成分的	1.用途；2.包装规格；3.成分含量	4.品牌（中文或外文名称）；5.型号		
3506.9190	---其他	1.光学透明膜黏合剂和光固化液体黏合剂需注明英文品名；2.用途（如显示屏或触摸屏制造用等）；3.包装规格；4.遮光包装需注明；5.成分含量；6.光学透明膜黏合剂和光固化液体黏合剂需注明透光率；7.光学透明膜黏合剂需注明断差吸收能力	8.品牌（中文或外文名称）；9.型号		
3506.9900	--其他	1.用途；2.包装规格；3.成分含量	4.品牌（中文或外文名称）；5.型号		
35.07	酶；其他税目未列名的酶制品：				
3507.1000	-粗制凝乳酶及其浓缩物	1.用途；2.种类			
	-其他：	1.用途；2.种类			
3507.9010	---碱性蛋白酶				
3507.9020	---碱性脂肪酶				
3507.9090	---其他				

第三十六章 炸药；烟火制品；火柴；引火合金；易燃材料制品

注释：
　　一、本章不包括单独的已有化学定义的化合物，但下列注释二（一）、（二）所述物品除外。
　　二、税目36.06所称"易燃材料制品"，只适用于：
　　（一）聚乙醛、六甲撑四胺及类似物质，已制成片、棒或类似形状作燃料用的；以酒精为基本成分的固体或半固体燃料及类似的配制燃料；
　　（二）直接灌注香烟打火机及类似打火器用的液体燃料或液化气体燃料，其包装容器的容积不超过300立方厘米；以及
　　（三）树脂火炬、引火物及类似品。

【要素释义】
　　一、归类要素
　　1. 成分：指商品所含物质的种类。
　　2. 用途：指该税目商品应用的方面、范围。
　　3. 包装容器的容积：该要素为税目36.06项下商品专有归类要素。"直接灌注香烟打火机及类似打火器用的液体燃料或液化气体燃料"需填报包装容器的容积。
　　4. 外观：指商品本身实际的外观状态情况，主要指商品的形状和颜色等表观性状。例如，税则号列3606.9011项下商品填报"已切成形可直接使用"。
　　二、价格要素
　　暂无特指价格要素。
　　三、其他要素
　　稀土元素的重量百分比，以［A］表示：该要素为子目3606.90项下商品专有要素，"铈铁及其他引火合金"需填报商品中稀土元素的重量百分比，填报时以"［A］"表示。"A"代表所含的稀土元素，若含有多种稀土元素，应填报重量之和百分比。例如，可填报"［铽、镝］：10%"。

税则号列	商品名称	申报要素			说明
		归类要素	价格要素	其他要素	
36.01	发射药：	1. 成分			
3601.0000	发射药				
36.02	配制炸药，但发射药除外：	1. 成分			
3602.0010	---硝铵炸药				
3602.0090	---其他				
36.03	安全导火索；导爆索；火帽或雷管；引爆器；电雷管：				
3603.1000	-安全导火索				
3603.2000	-导爆索				
3603.3000	-火帽				
3603.4000	-雷管				
3603.5000	-引爆器				
3603.6000	-电雷管				
36.04	烟花、爆竹、信号弹、降雨火箭、浓雾信号弹及其他烟火制品：				
3604.1000	-烟花、爆竹				
3604.9000	-其他				
36.05	火柴，但税目36.04的烟火制品除外：				
3605.0000	火柴，但税目36.04的烟火制品除外				

税则号列	商品名称	申报要素 归类要素	申报要素 价格要素	申报要素 其他要素	说明
36.06	各种形状的铈铁及其他引火合金；本章注释二所述的易燃材料制品：				
3606.1000	-直接灌注香烟打火机及类似打火器用的液体燃料或液化气体燃料，其包装容器的容积不超过300立方厘米	1.用途；2.包装容器的容积			
	-其他：				
	---铈铁及其他引火合金：	1.用途；2.外观		3.稀土元素的重量百分比，以[A]表示	
3606.9011	----已切成形可直接使用				
3606.9019	----其他				
3606.9090	---其他	1.用途；2.外观			

第三十七章　照相及电影用品

注释：
一、本章不包括废碎料。
二、本章所称"摄影"，是指光或其他射线作用于感光面（包括热敏面）上直接或间接形成可见影像的过程。

【要素释义】
一、归类要素
1. 用途：指该税目商品应用的方面、范围。
2. 材质：指构成感光材料基体的物料，根据实际情况填写"塑料""纸""纸板"或"纺织物"等。税目37.03需填报货品是"未曝光的摄影感光纸、纸板、纺织物"等。
3. 是否成卷：商品需填报是否为成卷。例如，"成卷""未成卷"等。
4. 是否一次成像：商品需填报是否为一次成像。例如，"是一次成像""不是一次成像"。
5. 规格尺寸：主要表示商品的大小尺寸。可按实际报验状态填报长×宽，也可填报长×宽×厚度。原则上不能填报为"无规格"，不规则品应填报为"不规则形状"。
6. 包装规格：指商品的个体包装方式和规格，还需注明是否为零售包装。
7. 成分：指商品所含物质的种类。
8. 是否有感光作用：商品需填报是否有感光作用。例如，税则号列3707.1000项下商品填报"有感光作用"。
9. 是否含银：如含银还需注明含银量。例如，"含银，1%""不含银"。

二、价格要素
1. 品牌（中文或外文名称）：指制造商或经销商加在商品上的品牌标志，实际需要申报中文或外文品牌名称。例如，"FUJI（富士）牌"。
2. 型号：指代表不同性能、用途和规格的产品代码。
3. 规格尺寸：指感光材料的大小尺寸。可按实际报验状态填报长×宽，也可填报长×宽×厚度。原则上不能填报为"无规格"，不规则品应填报为"不规则形状"。
4. 总面积（平方米）：指进口或出口商品长×宽所得面积，以"平方米"表示。
5. 包装规格：指单个包装中所含物品的数量。例如，"50张/盒""10卷/盒"。

税则号列	商品名称	申报要素 归类要素	申报要素 价格要素	申报要素 其他要素	说明
37.01	未曝光的摄影感光硬片及平面软片，用纸、纸板及纺织物以外任何材料制成；未曝光的一次成像感光平片，不论是否分装：	1. 用途；2. 材质；3. 是否成卷；4. 是否一次成像；5. 是否已曝光	6. 规格尺寸（长×宽×厚度）；7. 品牌（中文或外文名称）；8. 型号；9. 总面积（平方米）；10. 包装规格（张/盒）		
3701.1000	-X光用				
3701.2000	-一次成像平片				
	-其他硬片及软片，任何一边超过255毫米：				
	---照相制版用：				
3701.3021	----激光照排片				
3701.3022	----PS版				
3701.3024	----CTP版				

税则号列	商品名称	申报要素			说明
		归类要素	价格要素	其他要素	
3701.3025	----柔性印刷版				
3701.3029	----其他				
3701.3090	---其他				
	-其他：				
3701.9100	--彩色摄影用				
	--其他：				
3701.9920	---照相制版用				
3701.9990	---其他				
37.02	**成卷的未曝光摄影感光胶片，用纸、纸板及纺织物以外任何材料制成；未曝光的一次成像感光卷片：**	1.用途；2.材质；3.是否成卷；4.是否一次成像；5.是否已曝光	6.规格尺寸（长×宽×厚度）；7.品牌（中文或外文名称）；8.型号；9.总面积（平方米），包括涂布和白边面积之和；10.包装规格（张/盒或平方米/卷等）		
3702.1000	-X光用				
	-无齿孔的其他胶片，宽度不超过105毫米：				
	--彩色摄影用：				
3702.3110	----一次成像卷片				
3702.3190	----其他				
	--其他涂卤化银乳液的：				
3702.3210	----一次成像卷片				
3702.3220	----照相制版用				
3702.3290	----其他				
	--其他：				
3702.3920	---照相制版用				
3702.3990	---其他				
	-无齿孔的其他胶片，宽度超过105毫米：				
3702.4100	--彩色摄影用，宽度超过610毫米，长度超过200米				
	--非彩色摄影用，宽度超过610毫米，长度超过200米：				
	---照相制版用：				
3702.4221	----印刷电路板制造用光致抗蚀干膜				
3702.4229	----其他				
	---其他：				
3702.4292	----红色或红外激光胶片				
3702.4299	----其他				

税则号列	商品名称	申报要素			说明
		归类要素	价格要素	其他要素	
	--宽度超过610毫米,长度不超过200米:				
	---照相制版用:				
3702.4321	----激光照排片				
3702.4329	----其他				
3702.4390	---其他				
	--宽度超过105毫米,但不超过610毫米:				
	---照相制版用:				
3702.4421	----激光照排片				
3702.4422	----印刷电路板制造用光致抗蚀干膜				
3702.4429	----其他				
3702.4490	---其他				
	-彩色摄影用的其他胶片:				
3702.5200	--宽度不超过16毫米				
3702.5300	--幻灯片用,宽度超过16毫米,但不超过35毫米,长度不超过30米				
	--非幻灯片用,宽度超过16毫米,但不超过35毫米,长度不超过30米:				
3702.5410	---宽度35毫米,长度不超过2米				
3702.5490	---其他				
	--宽度超过16毫米,但不超过35毫米,长度超过30米:				
3702.5520	---电影胶片				
3702.5590	---其他				
	--宽度超过35毫米:				
3702.5620	---电影胶片				
3702.5690	---其他				
	-其他:				
3702.9600	--宽度不超过35毫米,长度不超过30米				
3702.9700	--宽度不超过35毫米,长度超过30米				
3702.9800	--宽度超过35毫米				
37.03	未曝光的摄影感光纸、纸板及纺织物	1.用途;2.是否成卷;3.规格尺寸;4.是否已曝光	5.品牌(中文或外文名称);6.型号	7.材质(纸、纸板、纺织物等)	
	-成卷,宽度超过610毫米:				
3703.1010	---感光纸及纸板				
3703.1090	---其他				
	-其他,彩色摄影用:				
3703.2010	---感光纸及纸板				
3703.2090	---其他				
	-其他:				
3703.9010	---感光纸及纸板				
3703.9090	---其他				

税则号列	商品名称	申报要素			说明
		归类要素	价格要素	其他要素	
37.04	已曝光未冲洗的摄影硬片、软片、纸、纸板及纺织物：	1. 用途；2. 规格尺寸；3. 材质（软片、硬片、纸、纸板、纺织物、胶等）；4. 是否已曝光；5. 是否已冲洗	6. 品牌（中文或外文名称）		
3704.0010	---电影胶片				
3704.0090	---其他				
37.05	已曝光已冲洗的摄影硬片及软片，但电影胶片除外：	1. 用途；2. 规格尺寸；3. 材质（软片、硬片、纸、纸板、纺织物、胶等）；4. 是否已曝光；5. 是否已冲洗	6. 品牌（中文或外文名称）		
3705.0010	---教学专用幻灯片				
	---缩微胶片：				
3705.0021	----书籍、报刊的				
3705.0029	----其他				
3705.0090	---其他				
37.06	已曝光已冲洗的电影胶片，不论是否配有声道或仅有声道：	1. 用途；2. 规格尺寸；3. 材质（软片、硬片、纸、纸板、纺织物、胶等）；4. 是否已曝光；5. 是否已冲洗	6. 品牌（中文或外文名称）		
	-宽度在35毫米及以上：				
3706.1010	---教学专用				
3706.1090	---其他				
	-其他：				
3706.9010	---教学专用				
3706.9090	---其他				
37.07	摄影用化学制剂（不包括上光漆、胶水、粘合剂及类似制剂）；摄影用未混合产品，定量包装或零售包装可立即使用的：				
3707.1000	-感光乳液	1. 用途；2. 包装规格；3. 成分；4. 是否含银；5. 是否有感光作用	6. 品牌（中文或外文名称）；7. 型号		
	-其他：	1. 用途；2. 包装规格；3. 成分；4. 是否含银	5. 品牌（中文或外文名称）；6. 型号		
3707.9010	---冲洗照相胶卷及相片用				
3707.9020	---复印机用				
3707.9090	---其他				

第三十八章 杂项化学产品

注释：

一、本章不包括：

(一) 单独的已有化学定义的元素及化合物，但下列各项除外：

1. 人造石墨（税目38.01）；
2. 制成税目38.08所述的形状或包装的杀虫剂、杀鼠剂、杀菌剂、除草剂、抗萌剂、植物生长调节剂、消毒剂及类似产品；
3. 灭火器的装配药及已装药的灭火弹（税目38.13）；
4. 下列注释二所规定的有证标准样品；
5. 下列注释三（一）及三（三）所规定的产品。

(二) 化学品与食品或其他营养物质的混合物，配制食品用的（一般归入税目21.06）。

(三) 税目24.04的产品。

(四) 含有金属、砷及其混合物，并符合第二十六章注释三（一）或三（二）的规定的矿渣、矿灰和残渣（包括淤渣，但下水道淤泥除外）（税目26.20）。

(五) 药品（税目30.03及30.04）。

(六) 用于提取贱金属或生产贱金属化合物的废催化剂（税目26.20），主要用于回收贵金属的废催化剂（税目71.12），或某种形状（例如，精细粉末或纱网状）的金属或金属合金催化剂（第十四类或第十五类）。

二、(一) 税目38.22所称的"有证标准样品"，是指附有证书的参照物，该证书标明了参照物属性的指标、确定这些指标的方法以及与每一指标相关的确定度，这些参照物适用于分析、校准和比较。

(二) 除第二十八章和二十九章的产品外，有证标准样品在本目录中应优先归入税目38.22。

三、税目38.24包括不归入本协调制度其他税目的下列货品：

(一) 每颗重量不小于2.5克的氧化镁、碱金属或碱土金属卤化物制成的培养晶体（光学元件除外）；

(二) 杂醇油；骨焦油；

(三) 零售包装的除墨剂；

(四) 零售包装的蜡纸改正液、其他改正液及改正带（税目96.12的产品除外）；以及

(五) 可熔性陶瓷测温器（例如，塞格测温锥）。

四、本目录所称"城市垃圾"，是指从家庭、宾馆、餐厅、医院、商店、办公室等收集来的废物，马路和人行道的垃圾，以及建筑垃圾或拆建垃圾。城市垃圾通常含有大量各种各样的材料，例如，塑料、橡胶、木材、纸张、纺织品、玻璃、金属、食物、破烂家具和其他已损坏或被丢弃的物品，但不包括：

(一) 已从垃圾中分拣出来的单独的材料或物品，例如，废的塑料、橡胶、木材、纸张、纺织品、玻璃、金属和电子电气废弃物及碎料（包括废电池），这些材料或物品应归入本目录中适当税目；

(二) 工业废物；

(三) 第三十章注释四（十）所规定的废药物；或

(四) 本章注释六（一）所规定的医疗废物。

五、税目38.25所称"下水道淤泥"，是指经城市污水处理厂处理的淤泥，包括预处理的废料、刷洗污垢和性质不稳定的淤泥。但适合作为肥料用的性质稳定的淤泥除外（第三十一章）。

六、税目38.25所称的"其他废物"适用于：

(一) 医疗废物，即医学研究、诊断、治疗，以及其他内科、外科、牙科或兽医治疗所产生的被污染的废物，通常含有病菌和药物，需作专门处理（例如，脏的敷料、用过的手套及注射器）；

(二) 废有机溶剂；

(三) 废的金属酸洗液、液压油、制动油及防冻液；以及

(四) 化学工业及相关工业的其他废物。

但不包括主要含有石油及从沥青矿物提取的油类的废油（税目27.10）。

七、税目38.26所称的"生物柴油"，是指从动植物或微生物油脂（不论是否使用过）得到的用作燃料的脂肪酸单烷基酯。

子目注释：

一、子目3808.52及3808.59仅包括税目38.08的货品，含有一种或多种下列物质：甲草胺（ISO）、涕灭威（ISO）、艾氏剂（ISO）、谷硫磷（ISO）、乐杀螨（ISO）、毒杀芬（ISO）、敌菌丹（ISO）、克百威（ISO）、氯

丹（ISO）、杀虫脒（ISO）、乙酯杀螨醇（ISO）、滴滴涕（ISO, INN）[1, 1, 1-三氯-2, 2-双（4-氯苯基）乙烷]、狄氏剂（ISO, INN）、4, 6-二硝基邻甲酚[二硝酚（ISO）]及其盐、地乐酚（ISO）及其盐或酯、硫丹（ISO）、1, 2-二溴乙烷（ISO）、1, 2-二氯乙烷（ISO）、氟乙酰胺（ISO）、七氯（ISO）、六氯苯（ISO）、1, 2, 3, 4, 5, 6-六氯环己烷[六六六（ISO）]，包括林丹（ISO, INN）、汞化合物、甲胺磷（ISO）、久效磷（ISO）、环氧乙烷（氧化乙烯）、对硫磷（ISO）、甲基对硫磷（ISO）、五氯苯酚（ISO）及其盐或酯、全氟辛基磺酸及其盐、全氟辛基磺胺、全氟辛基磺酰氯、磷胺（ISO）、2, 4, 5-涕（ISO）（2, 4, 5-三氯苯氧基乙酸）及其盐或酯、三丁基锡化合物、敌百虫（ISO）。

二、子目 3808.61 至 3808.69 仅包括税目 38.08 项下含有下列物质的货品：α-氯氰菊酯（ISO）、恶虫威（ISO）、联苯菊酯（ISO）、虫螨腈（ISO）、氟氯氰菊酯（ISO）、溴氯菊酯（INN, ISO）、醚菊酯（INN）、杀螟硫磷（ISO）、高效氯氟氰菊酯（ISO）、马拉硫磷（ISO）、甲基嘧啶磷（ISO）或残杀威（ISO）。

三、子目 3824.81 至 3824.89 仅包括含有下列一种或多种物质的混合物及制品：环氧乙烷（氧化乙烯）、多溴联苯（PBBs）、多氯联苯（PCBs）、多氯三联苯（PCTs）、三（2, 3-二溴丙基）磷酸酯、艾氏剂（ISO）、毒杀芬（ISO）、氯丹（ISO）、十氯酮（ISO）、滴滴涕（ISO, INN）[1, 1, 1-三氯-2, 2-双（4-氯苯基）乙烷]、狄氏剂（ISO, INN）、硫丹（ISO）、异狄氏剂（ISO）、七氯（ISO）、灭蚁灵（ISO）、1, 2, 3, 4, 5, 6-六氯环己烷[六六六（ISO）]，包括林丹（ISO, INN）、五氯苯（ISO）、六氯苯（ISO）、全氟辛基磺酸及其盐、全氟辛基磺胺、全氟辛基磺酰氯、四、五、六、七或八溴联苯醚、短链氯化石蜡。短链氯化石蜡是指分子式为 $C_xH_{(2x-y+2)}Cl_y$（其中 $x=10–13$，$y=1–13$），按重量计氯含量大于 48% 的化合物的混合物。

四、子目 3825.41 和 3825.49 所称"废有机溶剂"，是指主要含有有机溶剂的废物，不适合再作原产品使用，不论其是否用于回收溶剂。

【要素释义】

一、归类要素

1. 用途：指该税目商品应用的方面、范围。

2. 状态：该要素为税目 38.01 项下商品专有归类要素，主要指核品位人造石墨、浸渍或不渗透性石墨、胶态石墨、半胶态石墨等。

3. 加工工艺：指对某种商品进行加工或处理的方法与过程。

4. 成分含量：指商品中所包含各种物质的种类及其含量。

5. 来源：指生产某种商品的原料由何而来（得）。

6. 包装规格：指商品的个体包装方式和规格，例如税目 38.22 "10 毫升/支"。如果税目或子目明确注明零售包装，在申报要素中还需注明零售包装。例如，100 支/盒，零售包装。

7. 成分：指商品所含物质的种类。

8. 外观：指商品本身实际的外观状态情况，主要指商品的形状和颜色等表观性状。例如，税目 38.18 项下商品可填写"光亮圆片""薄片"等。

9. 直径：该要素为税目 38.18 项下商品专有归类要素，单晶硅切片需填报直径。

10. 加工程度：主要指对某种商品进行加工或处理的方法与过程。

11. 是否血源筛查用诊断试剂：该要素为税目 38.22 项下诊断或实验用试剂的专有归类要素，需填报是否属于血源筛查用诊断试剂。

12. 从石油或沥青提取矿物油类的百分比含量：主要指从石油或从沥青矿物提取的油类的含量。例如，税目 38.19 项下商品需填报从石油或沥青提取矿物油类的百分比含量。

13. 是否有衬背：税目 38.22 项下商品需填报"有衬背"。

二、价格要素

1. 品牌（中文或外文名称）：指制造商或经销商加在商品上的品牌标志，实际需要申报中文或外文品牌名称。例如，"TIMCAL（特米高）牌"。

2. 型号：指代表不同性能、用途和规格的产品代码。

3. 干品填充密度：该要素是税则号列 3802.1010 项下木质活性炭的专有价格要素，用"克/立方厘米"表示。例如，"干品填充密度 0.45 克/立方厘米"。

税则号列	商品名称	申报要素			说明
		归类要素	价格要素	其他要素	
38.01	人造石墨；胶态或半胶态石墨；以石墨或其他碳为基本成分的糊状、块状、板状制品或半制品：	1. 用途；2. 状态；3. 加工工艺；4. 成分含量	5. 品牌（中文或外文名称）；6. 型号		
3801.1000	-人造石墨				
3801.2000	-胶态或半胶态石墨				
3801.3000	-电极用碳糊及炉衬用的类似糊				
	-其他：				
3801.9010	---表面处理的球化石墨				
3801.9090	---其他				
38.02	活性炭；活性天然矿产品；动物炭黑，包括废动物炭黑：				
	-活性炭：				
3802.1010	---木质的	1. 用途；2. 来源；3. 包装规格	4. 干品填充密度		
3802.1090	---其他	1. 用途；2. 来源；3. 包装规格			
3802.9000	-其他	1. 用途；2. 来源；3. 包装规格			
38.03	妥尔油，不论是否精炼：	1. 用途			不包括皂化妥尔油
3803.0000	妥尔油，不论是否精炼				
38.04	木浆残余碱液，不论是否浓缩、脱糖或经化学处理，包括木素磺酸盐，但不包括税目38.03的妥尔油：				不包括妥尔油
3804.0000	木浆残余碱液，不论是否浓缩、脱糖或经化学处理，包括木素磺酸盐，但不包括税目38.03的妥尔油				
38.05	脂松节油、木松节油和硫酸盐松节油及其他萜烯油，用蒸馏或其他方法从针叶木制得；粗制二聚戊烯；亚硫酸盐松节油及其他粗制对异丙基苯甲烷；以α萜品醇为基本成分的松油：	1. 用途；2. 成分含量			不包括松针油（税目33.01）、松香油（税目38.06）
3805.1000	-脂松节油、木松节油和硫酸盐松节油				
	-其他：				
3805.9010	---松油				
3805.9090	---其他				
38.06	松香和树脂酸及其衍生物；松香精及松香油；再熔胶：	1. 来源			
	-松香及树脂酸：				
3806.1010	---松香				
3806.1020	---树脂酸				
	-松香盐、树脂酸盐及松香或树脂酸衍生物的盐，但松香加合物的盐除外：				
3806.2010	---松香盐及树脂酸盐				
3806.2090	---其他				
3806.3000	-酯胶				

税则号列	商品名称	申报要素			说明
		归类要素	价格要素	其他要素	
3806.9000	-其他				
38.07	木焦油；精制木焦油；木杂酚油；粗木精；植物沥青；以松香、树脂酸或植物沥青为基本成分的啤酒桶沥青及类似制品：	1. 用途			
3807.0000	木焦油；精制木焦油；木杂酚油；粗木精；植物沥青；以松香、树脂酸或植物沥青为基本成分的啤酒桶沥青及类似制品				
38.08	杀虫剂、杀鼠剂、杀菌剂、除草剂、抗萌剂、植物生长调节剂、消毒剂及类似产品，零售形状、零售包装或制成制剂及成品（例如，经硫磺处理的带子、杀虫灯芯、蜡烛及捕蝇纸）：	1. 用途；2. 成分含量；3. 包装规格	4. 品牌（中文或外文名称）；5. 型号		
	-本章子目注释一所列货品：				
3808.5200	--DDT（ISO）［滴滴涕（INN）］，每包净重不超过300克				
	--其他：				
3808.5920	---零售包装的				
3808.5990	---其他				
	-本章子目注释二所列货品：				
3808.6100	--每包净重不超过300克				
3808.6200	--每包净重超过300克，但不超过7.5千克				
3808.6900	--其他				
	-其他：				
	--杀虫剂：				
	---零售包装：				
3808.9111	----蚊香				
3808.9112	----生物杀虫剂				
3808.9119	----其他				
3808.9190	---其他				
	--杀菌剂：				
3808.9210	---零售包装				
3808.9290	---其他				
	--除草剂、抗萌剂及植物生长调节剂：				
	---除草剂：				
3808.9311	----零售包装				
3808.9319	----其他				
	---其他：				
3808.9391	----零售包装				
3808.9399	----其他				
3808.9400	--消毒剂				
	--其他：				
3808.9910	---零售包装				
3808.9990	---其他				

税则号列	商品名称	申报要素			说明
		归类要素	价格要素	其他要素	
38.09	纺织、造纸、制革及类似工业用的其他税目未列名的整理剂、染料加速着色或固色助剂及其他产品和制剂（例如，修整剂及媒染剂）：	1.用途；2.成分	3.品牌（中文或外文名称）；4.型号		
3809.1000	-以淀粉物质为基本成分				
	-其他：				
3809.9100	--纺织工业及类似工业用				
3809.9200	--造纸工业及类似工业用				
3809.9300	--制革工业及类似工业用				
38.10	金属表面酸洗剂；焊接用的焊剂及其他辅助剂；金属及其他材料制成的焊粉或焊膏；作焊条芯子或焊条涂料用的制品：	1.用途；2.成分	3.品牌（中文或外文名称）；4.型号		
3810.1000	-金属表面酸洗剂；金属及其他材料制成的焊粉或焊膏				
3810.9000	-其他				
38.11	抗震剂、抗氧剂、防胶剂、黏度改良剂、防腐蚀制剂及其他配制添加剂，用于矿物油（包括汽油）或与矿物油同样用途的其他液体：	1.包装规格；2.用途；3.成分	4.品牌（中文或外文名称）；5.型号		
	-抗震剂：				
3811.1100	--以铅化合物为基本成分				
3811.1900	--其他				
	-润滑油添加剂：				
3811.2100	--含有石油或从沥青矿物提取的油类				
3811.2900	--其他				
3811.9000	-其他				
38.12	配制的橡胶促进剂；其他税目未列名的橡胶或塑料用复合增塑剂；橡胶或塑料用抗氧制剂及其他复合稳定剂：	1.用途；2.成分	3.品牌（中文或外文名称）；4.型号		
3812.1000	-配制的橡胶促进剂				
3812.2000	-橡胶或塑料用复合增塑剂				
	-橡胶或塑料用抗氧制剂及其他复合稳定剂：				
3812.3100	--2,2,4-三甲基-1,2-二氢化喹啉（TMQ）低聚体混合物				
	--其他：				
3812.3910	---其他橡胶防老剂				
3812.3990	---其他				
38.13	灭火器的装配药；已装药的灭火弹：	1.用途；2.成分			
3813.0010	---灭火器的装配药				
3813.0020	---已装药的灭火弹				
38.14	其他税目未列名的有机复合溶剂及稀释剂；除漆剂：	1.用途；2.成分含量	3.品牌（中文或外文名称）；4.型号		

税则号列	商品名称	申报要素 归类要素	申报要素 价格要素	申报要素 其他要素	说明
3814.0000	其他税目未列名的有机复合溶剂及稀释剂；除漆剂				
38.15	其他税目未列名的反应引发剂、反应促进剂、催化剂：	1. 用途（如促进某某聚合物的聚合等）；2. 成分含量	3. 品牌（中文或外文名称）；4. 型号		
	-载体催化剂：				
3815.1100	--以镍及其化合物为活性物的				
3815.1200	--以贵金属及其化合物为活性物的				
3815.1900	--其他				
3815.9000	-其他				
38.16	耐火的水泥、灰泥、混凝土及类似耐火混合制品，包括夯混白云石，但税目38.01的产品除外	1. 用途；2. 成分			
3816.0010	---夯混白云石				
3816.0020	---其他				
38.17	混合烷基苯及混合烷基萘，但税目27.07及29.02的货品除外：	1. 用途；2. 成分			
3817.0000	混合烷基苯及混合烷基萘，但税目27.07及29.02的货品除外				
38.18	经掺杂用于电子工业的化学元素，已切成圆片、薄片或类似形状；经掺杂用于电子工业的化合物：				
	---直径在7.5厘米及以上的单晶硅切片：	1. 用途；2. 外观；3. 成分；4. 直径；5. 加工程度（是否形成分立的导电区）			
3818.0011	----直径在15.24厘米及以下的				
3818.0019	----其他				
3818.0090	---其他	1. 用途；2. 外观；3. 成分；4. 加工程度（是否形成分立的导电区）			
38.19	闸用液压油及其他液压传动用液体，不含石油或从沥青矿物提取的油类，或者按重量计石油或从沥青矿物提取的油类含量低于70%：	1. 用途；2. 成分；3. 从石油或沥青提取矿物油类的百分比含量	4. 品牌（中文或外文名称）；5. 型号		
3819.0000	闸用液压油及其他液压传动用液体，不含石油或从沥青矿物提取的油类，或者按重量计石油或从沥青矿物提取的油类含量低于70%				
38.20	防冻剂及解冻剂：	1. 用途；2. 成分	3. 品牌（中文或外文名称）；4. 型号		
3820.0000	防冻剂及解冻剂				

税则号列	商品名称	申报要素			说明
		归类要素	价格要素	其他要素	
38.21	制成的供微生物（包括病毒及类似品）或植物细胞、人体细胞、动物细胞生长或维持用的培养基：	1. 用途；2. 成分			
3821.0000	制成的供微生物（包括病毒及类似品）或植物细胞、人体细胞、动物细胞生长或维持用的培养基				
38.22	附于衬背上的诊断或实验用试剂及不论是否附于衬背上的诊断或实验用配制试剂，不论是否制成试剂盒形式，但税目30.06的货品除外；有证标准样品：	1. 用途；2. 成分；3. 是否血源筛查用诊断试剂；4. 是否有衬背	5. 品牌（中文或外文名称）；6. 型号；7. 包装规格		
	-附于衬背上的诊断或实验用试剂及不论是否附于衬背上的诊断或实验用配制试剂，不论是否制成试剂盒形式，但税目30.06的货品除外：				
3822.1100	--疟疾用				
3822.1200	--寨卡病毒及由伊蚊属蚊子传播的其他疾病用				
3822.1300	--血型鉴定用				
3822.1900	--其他				
3822.9000	-其他				
38.23	工业用单羧脂肪酸；精炼所得的酸性油；工业用脂肪醇：	1. 成分含量；2. 来源（动植物油脂等）；3. 加工程度（是否经过皂化、是否经过水解）	4. 品牌（中文或外文名称）；5. 型号		
	-工业用单羧脂肪酸；精炼所得的酸性油：				
3823.1100	--硬脂酸				
3823.1200	--油酸				
3823.1300	--妥尔油脂肪酸				
3823.1900	--其他				
3823.7000	-工业用脂肪醇				
38.24	铸模及铸芯用粘合剂；其他税目未列名的化学工业及其相关工业的化学产品及配制品（包括由天然产品混合组成的）：				
3824.1000	-铸模及铸芯用粘合剂	1. 用途；2. 成分含量	3. 品牌（中文或外文名称）；4. 型号		
3824.3000	-自身混合或与金属粘合剂混合的未烧结金属碳化物	1. 用途；2. 成分含量	3. 品牌（中文或外文名称）；4. 型号		
	-水泥、灰泥及混凝土用添加剂：	1. 用途；2. 成分含量	3. 品牌（中文或外文名称）；4. 型号		

税则号列	商品名称	申报要素			说明
		归类要素	价格要素	其他要素	
3824.4010	---高效减水剂				
3824.4090	---其他				
3824.5000	-非耐火的灰泥及混凝土	1.用途；2.成分含量	3.品牌（中文或外文名称）；4.型号		
3824.6000	-子目2905.44以外的山梨醇	1.用途；2.来源；3.成分含量	4.品牌（中文或外文名称）；5.型号		
	-本章子目注释三所列货品：	1.用途；2.成分含量	3.品牌（中文或外文名称）；4.型号		
3824.8100	--含环氧乙烷（氧化乙烯）的				
3824.8200	--含多氯联苯（PCBs）、多氯三联苯（PCTs）或多溴联苯（PBBs）的				
3824.8300	--含三（2,3-二溴丙基）磷酸酯的				
3824.8400	--含艾氏剂（ISO）、毒杀芬（ISO）、氯丹（ISO）、十氯酮（ISO）、DDT（ISO）[滴滴涕（INN）、1,1,1-三氯-2,2-双（4-氯苯基）乙烷]、狄氏剂（ISO,INN）、硫丹（ISO）、异狄氏剂（ISO）、七氯（ISO）或灭蚁灵（ISO）的				
3824.8500	--含1,2,3,4,5,6-六氯环己烷[六六六（ISO）]，包括林丹（ISO,INN）的				
3824.8600	--含五氯苯（ISO）或六氯苯（ISO）的				
3824.8700	--含全氟辛基磺酸及其盐，全氟辛基磺胺或全氟辛基磺酰氯的				
3824.8800	--含四、五、六、七或八溴联苯醚的				
3824.8900	--含短链氯化石蜡的				
	-其他：	1.用途；2.成分含量；3.包装规格	4.品牌（中文或外文名称）；5.型号		
3824.9100	--主要由（5-乙基-2-甲基-2氧代-1,3,2-二氧磷杂环己-5-基）甲基膦酸二甲酯和双[（5-乙基-2-甲基-2氧代-1,3,2-二氧磷杂环己-5-基）甲基]甲基膦酸酯（阻燃剂FRC-1）组成的混合物及制品				
3824.9200	--甲基膦酸聚乙二醇酯				
	--其他：				
3824.9910	---杂醇油				
3824.9920	---除墨剂、蜡纸改正液及类似品				
3824.9930	---增碳剂				
	---其他：				

税则号列	商品名称	申报要素			说明
		归类要素	价格要素	其他要素	
3824.9991	----按重量计含滑石 50%以上的混合物				
3824.9992	----按重量计含氧化镁 70%以上的混合物				
3824.9993	----表面包覆钴化物的氢氧化镍（掺杂碳）				
3824.9999	----其他				
38.25	其他税目未列名的化学工业及其相关工业的副产品；城市垃圾；下水道淤泥；本章注释六所规定的其他废物：	1. 用途；2. 来源			
3825.1000	-城市垃圾				
3825.2000	-下水道淤泥				
3825.3000	-医疗废物				
	-废有机溶剂：				
3825.4100	--卤化物的				
3825.4900	--其他				
3825.5000	-废的金属酸洗液、液压油、制动油及防冻液				
	-其他化学工业及相关工业的废物：				
3825.6100	--主要含有有机成分的				
3825.6900	--其他				
3825.9000	-其他				
38.26	生物柴油及其混合物，不含或含有按重量计低于70%的石油或从沥青矿物提取的油类：	1. 用途；2. 成分含量；3. 从石油或沥青提取矿物油类的百分比含量			
3826.0000	生物柴油及其混合物，不含或含有按重量计低于70%的石油或从沥青矿物提取的油类				
38.27	其他税目未列名的，含甲烷、乙烷或丙烷的卤化衍生物的混合物：	1. 用途；2. 成分含量			
	-含全氯氟烃（CFCs）的，不论是否含氢氯氟烃（HCFCs）、全氟烃（PFCs）或氢氟烃（HFCs）；含氢溴氟烃（HBFCs）的；含四氯化碳的；含1,1,1-三氯乙烷（甲基氯仿）的：				
3827.1100	--含全氯氟烃（CFCs）的，不论是否含氢氯氟烃（HCFCs）、全氟烃（PFCs）或氢氟烃（HFCs）				
3827.1200	--含氢溴氟烃（HBFCs）的				
3827.1300	--含四氯化碳的				
3827.1400	--含1,1,1-三氯乙烷（甲基氯仿）的				
3827.2000	-含溴氯二氟甲烷（Halon-1211）、三氟溴甲烷（Halon-1301）或二溴四氟乙烷（Halon-2402）的				

税则号列	商品名称	申报要素			说明
		归类要素	价格要素	其他要素	
	-含氢氯氟烃（HCFCs）的，不论是否含全氟烃（PFCs）或氢氟烃（HFCs），但不含全氯氟烃（CFCs）：				
3827.3100	--含子目2903.41至2903.48物质的				
3827.3200	--其他，含子目2903.71至2903.75物质的				
3827.3900	--其他				
3827.4000	-含溴化甲烷（甲基溴）或溴氯甲烷的				
	-含三氟甲烷（HFC-23）或全氟烃（PFCs），但不含全氯氟烃（CFCs）或氢氯氟烃（HCFCs）的：				
3827.5100	--含三氟甲烷（HFC-23）的				
3827.5900	--其他				
	-含其他氢氟烃（HFCs），但不含全氯氟烃（CFCs）或氢氯氟烃（HCFCs）的：				
3827.6100	--按重量计含15%及以上1,1,1-三氟乙烷（HFC-143a）的				
3827.6200	--其他，不归入上述子目，按重量计含55%及以上五氟乙烷（HFC-125），但不含无环烃的不饱和氟化衍生物（HFOs）的				
3827.6300	--其他，不归入上述子目，按重量计含40%及以上五氟乙烷（HFC-125）的				
3827.6400	--其他，不归入上述子目，按重量计含30%及以上1,1,1,2-四氟乙烷（HFC-134a）的，但不含无环烃的不饱和氟化衍生物（HFOs）				
3827.6500	--其他，不归入上述子目，按重量计含20%及以上二氟甲烷（HFC-32）和20%及以上五氟乙烷（HFC-125）的				
3827.6800	--其他，不归入上述子目，含子目2903.41至2903.48所列物质的				
3827.6900	--其他				
3827.9000	-其他				

第七类　塑料及其制品；橡胶及其制品

注释：
一、由两种或两种以上单独成分配套的货品，其部分或全部成分属于本类范围以内，混合后则构成第六类或第七类的货品，应按混合后产品归入相应的税目，但其组成成分必须同时符合下列条件：
   （一）其包装形式足以表明这些成分不需经过改装就可以一起使用的；
   （二）一起报验的；以及
   （三）这些成分的属性及相互比例足以表明是相互配用的。
二、除税目 39.18 或 39.19 的货品外，印有花纹、文字、图画的塑料、橡胶及其制品，如果所印花纹、字画作为其主要用途，应归入第四十九章。

第三十九章　塑料及其制品

注释：
一、本协调制度所称"塑料"，是指税目 39.01 至 39.14 的材料，这些材料能够在聚合时或聚合后在外力（一般是热力和压力，必要时加入溶剂或增塑剂）作用下通过模制、浇铸、挤压、滚轧或其他工序制成一定的形状，成形后除去外力，其形状仍保持不变。
  本协调制度所称"塑料"，还应包括钢纸，但不包括第十一类的纺织材料。
二、本章不包括：
   （一）税目 27.10 或 34.03 的润滑剂；
   （二）税目 27.12 或 34.04 的蜡；
   （三）单独的已有化学定义的有机化合物（第二十九章）；
   （四）肝素及其盐（税目 30.01）；
   （五）税目 39.01 至 39.13 所列的任何产品溶于挥发性有机溶剂的溶液（胶棉除外），但溶剂的重量必须超过溶液重量的 50%（税目 32.08）；税目 32.12 的压印箔；
   （六）有机表面活性剂或税目 34.02 的制剂；
   （七）再熔胶及酯胶（税目 38.06）；
   （八）配制的添加剂，用于矿物油（包括汽油）或与矿物油同样用途的其他液体（税目 38.11）；
   （九）以第三十九章的聚乙二醇、聚硅氧烷或其他聚合物为基本成分的液压用液体（税目 38.19）；
   （十）附于塑料衬背上的诊断或实验用试剂（税目 38.22）；
   （十一）第四十章规定的合成橡胶及其制品；
   （十二）鞍具及挽具（税目 42.01）；税目 42.02 的衣箱、提箱、手提包及其他容器；
   （十三）第四十六章的缏条、编结品及其他制品；
   （十四）税目 48.14 的壁纸；
   （十五）第十一类的货品（纺织原料及纺织制品）；
   （十六）第十二类的物品（例如，鞋靴、帽类、雨伞、阳伞、手杖、鞭子、马鞭及其零件）；
   （十七）税目 71.17 的仿首饰；
   （十八）第十六类的物品（机器、机械器具或电气器具）；
   （十九）第十七类的航空器零件及车辆零件；
   （二十）第九十章的物品（例如，光学元件、眼镜架及绘图仪器）；
   （二十一）第九十一章的物品（例如，钟壳及表壳）；
   （二十二）第九十二章的物品（例如，乐器及其零件）；
   （二十三）第九十四章的物品（例如，家具、灯具、照明装置、灯箱及活动房屋）；
   （二十四）第九十五章的物品（例如，玩具、游戏品及运动用品）；或
   （二十五）第九十六章的物品（例如，刷子、纽扣、拉链、梳子、烟斗的嘴及柄、香烟嘴及类似品、保温瓶的零件及类似品、钢笔、活动铅笔、独脚架、双脚架、三脚架及类似品）。
三、税目 39.01 至 39.11 仅适用于化学合成的下列货品：
   （一）采用减压蒸馏法，在压力转换为 1013 毫巴下的温度 300℃时，以体积计馏出量小于 60% 的液体合成聚烯

烃（税目39.01及39.02）；

（二）非高度聚合的苯并呋喃-茚树脂（税目39.11）；

（三）平均至少有五个单体单元的其他合成聚合物；

（四）聚硅氧烷（税目39.10）；

（五）甲阶酚醛树脂（税目39.09）及其他预聚物。

四、所称"共聚物"，包括在整个聚合物中按重量计没有一种单体单元的含量在95%及以上的各种聚合物。

在本章中，除条文另有规定的以外，共聚物（包括共缩聚物、共加聚物、嵌段共聚物及接枝共聚物）及聚合物混合体应按聚合物中重量最大的那种共聚单体单元所构成的聚合物归入相应税目。在本注释中，归入同一税目的聚合物的共聚单体单元应作为一种单体单元对待。

如果没有任何一种共聚单体单元重量为最大，共聚物或聚合物混合体应按号列顺序归入其可归入的最末一个税目。

五、化学改性聚合物，即聚合物主链上的支链通过化学反应发生了变化的聚合物，应按未改性的聚合物的相应税目归类。本规定不适用于接枝共聚物。

六、税目39.01至39.14所称"初级形状"，只限于下列各种形状：

（一）液状及糊状，包括分散体（乳浊液及悬浮液）及溶液；

（二）不规则形状的块、团、粉（包括压型粉）、颗粒、粉片及类似的散装形状。

七、税目39.15不适用于已制成初级形状的单一的热塑材料废碎料及下脚料（税目39.01至39.14）。

八、税目39.17所称"管子"，是指通常用于输送或供给气体或液体的空心制品或半制品（例如，肋纹浇花软管、多孔管），还包括香肠用肠衣及其他扁平管。除肠衣及扁平管外，内截面如果不呈圆形、椭圆形、矩形（其长度不超过宽度的1.5倍）或正几何形，则不能视为管子，而应作为异型材。

九、税目39.18所称"塑料糊墙品"，适用于墙壁或天花板装饰用的宽度不小于45厘米的成卷产品，这类产品是将塑料牢固地附着在除纸张以外任何材料的衬背上，并且在塑料面起纹、压花、着色、印制图案或用其他方法装饰。

十、税目39.20及39.21所称"板、片、膜、箔、扁条"，只适用于未切割或仅切割成矩形（包括正方形）（含切割后即可供使用的），但未经进一步加工的板、片、膜、箔、扁条（第五十四章的物品除外）及正几何形块，不论是否经过印制或其他表面加工。

十一、税目39.25只适用于第二分章以前各税目未包括的下列物品：

（一）容积超过300升的囤、柜（包括化粪池）、罐、桶及类似容器；

（二）用于地板、墙壁、隔墙、天花板或屋顶等方面的结构件；

（三）槽管及其附件；

（四）门、窗及其框架和门槛；

（五）阳台、栏杆、栅栏、栅门及类似品；

（六）窗板、百叶窗（包括威尼斯式百叶窗）或类似品及其零件、附件；

（七）商店、工棚、仓库等用的拼装式固定大型货架；

（八）建筑用的特色（例如，凹槽、圆顶及鸽棚式）装饰件；以及

（九）固定装于门窗、楼梯、墙壁或建筑物其他部位的附件及架座，例如，球形把手、拉手、挂钩、托架、毛巾架、开关板及其他护板。

子目注释：

一、属于本章任一税目项下的聚合物（包括共聚物）及化学改性聚合物应按下列规则归类：

（一）在同级子目中有一个"其他"子目的：

1. 子目所列聚合物名称冠有"聚（多）"的（例如，聚乙烯及聚酰胺-6,6），是指列名的该种聚合物单体单元含量在整个聚合物中按重量计必须占95%及以上。

2. 子目3901.30、3901.40、3903.20、3903.30及3904.30所列的共聚物，如果该种共聚单体单元含量在整个聚合物中按重量计占95%及以上，应归入上述子目。

3. 化学改性聚合物如未在其他子目具体列名，应归入列明为"其他"的子目内。

4. 不符合上述1、2、3款规定的聚合物，应按聚合物中重量最大的那种单体单元（与其他各种单一的共聚单体单元相比）所构成的聚合物归入该级其他相应子目。为此，归入同一子目的聚合物单体单元应作为一种单体单元对待。只有在同级子目中的聚合物共聚单体单元才可以进行比较。

（二）在同级子目中没有"其他"子目的：

1. 聚合物应按聚合物中重量最大的那种单体单元（与其他各种单一的共聚单体单元相比）所构成的聚合物归

入该级相应子目。为此，归入同一子目的聚合物单体单元应作为一种单体单元对待。只有在同级子目中的聚合物共聚单体单元才可以进行比较。

2. 化学改性聚合物应按相应的未改性聚合物的子目归类。

聚合物混合体应按单体单元比例相等、种类相同的聚合物归入相应子目。

二、子目3920.43所称"增塑剂"，包括"次级增塑剂"。

【要素释义】

一、归类要素

1. 外观：指商品本身实际的外观状态情况，主要指商品的颜色和形状等表观性状。例如，税目39.01项下商品填报"颗粒；透明；白色等"；税目39.16项下商品填报"条""杆""型材""异型材"等。

2. 成分含量：指商品中所包含各种物质的种类及其含量。

3. 单体单元的种类和比例：单体单元指能起聚合反应或缩聚等反应而变成高分子化合物的简单化合物。一般是不饱和的、环状的或含有两个或多个官能团的低分子化合物。需填报单体的种类和含量，"成分含量"与"单体单元的种类和比例"应明确区分。例如，税则号列3901.1000项下聚乙烯的"成分含量"可填报"聚乙烯100%"，"单体单元的种类和比例"可填报"乙烯100%"。

4. 比重：指税目39.01项下聚乙烯根据不同比重归入不同子目，需根据实际情况填写聚乙烯的比重。

5. 是否可发性：指子目3903.1项下聚苯乙烯如果加入发泡剂则可以生产得到可发性聚苯乙烯，在一定条件下可制成泡沫塑料。子目3903.1项下聚苯乙烯需填写"可发性的"或"非可发性的"。

6. 是否改性：如果为改性的商品需填报"改性的"。根据本国子目注释，子目3903.1项下聚苯乙烯和子目3903.3项下ABS所述"改性"是指物理改性，即通过加入阻燃剂、增韧剂、矿物质、玻璃纤维、功能聚合物等添加剂，改善聚苯乙烯和ABS在燃烧性、力学、电、热等某一个方面或某几个方面的性能。

7. 是否塑化："聚氯乙烯""乙酸纤维素"商品需填报"已塑化""未塑化"。

8. 是否掺杂其他物质：该要素为税目39.04项下聚氯乙烯的专有归类要素，应填报"掺其他物质"或"未掺其他物质"。

9. 是否切片：切片是将聚合物或聚合物与添加剂的混合物，送入挤出机中熔化，通过多孔口模，形成多根条料，再用切粒机切断而成的粒料。切断有热切粒和冷切粒之分。前者是在条料离开口模后，一边用空气或水冷却，一边立即用旋转刀切断，此时粒料的周边无明显的切刀的痕迹，大多呈圆粒状；后者是将条料全部冷却后，再送入切粒机切粒，此时粒料的两边可见有切刀的痕迹，大多呈扁平或扁椭圆状。

10. 粘数：指当高分子溶液浓度趋于零时的比浓黏度，即单个分子对溶液黏度的贡献，常以"η"表示，常用单位是"分升/克"。子目3907.60项下聚对苯二甲酸乙二酯需填写粘数。

11. 是否饱和：税则号列3907.9100项下商品应填报"不饱和"。

12. 是否溶于水：指税目39.10项下商品是否能够溶于水。按实际情况填写。

13. 成分：指商品所含物质的种类。

14. 来源：指生产某种商品的原料由何而来（得）。

15. 是否已经破坏性处理：该要素为税目39.15项下商品专有归类要素，指税目39.15项下塑料的废碎料及下脚料是否为废料形状。如果是收集的旧塑料产品，则需经破坏性处理才能归入税目39.15项下。按实际情况填写。

16. 单丝请注明截面直径：该要素为税目39.16项下商品专有归类要素，"塑料制的单丝"商品需填报截面直径。

17. 是否装有附件：该要素为税目39.17项下商品专有归类要素，除"硬化蛋白或纤维素材料制的人造肠衣（香肠用肠衣）"和"硬管"外的"其他塑料制管子"商品需填报"装有附件""未装有附件"。

18. 爆破压力：指对测试样品施加压力载荷使其发生破裂时的压力值。该要素为税目39.17项下商品专有归类要素，除"硬化蛋白或纤维素材料制的人造肠衣（香肠用肠衣）"和"硬管"外的"其他塑料制管子"商品需填报爆破压力。

19. 种类：指子目3917.3项下其他塑料管按其软硬程度细分的种类，具体需填报"硬管"或"软管"。

20. 是否经加强：商品应按实际情况填报"经加强""未经加强"。

21. 是否与其他材料合制：指商品如与其他材料合制，需填报具体材料，例如，"与纺织物合制"；否则，应填报"未与其他材料合制"。

22. 是否成卷：该要素为税目39.19项下商品专有归类要素，可填报"成卷""未成卷"等。

23. 是否单面自粘：该要素为税目39.19项下商品专有归类要素，商品需填报"非单面自粘""单面自粘"。

24. 规格尺寸：指商品的大小尺寸。例如，板状物填报"长、宽、厚"，卷状物（膜）填报"宽幅、单层厚度"，管状物填报"外径、内径、长度"等。原则上不能填报为"无规格"，不规则应填报为"不规则形状"。

25. 若为半导体晶圆制造用需注明形状：指税目39.19项下塑料板、片、膜等如果用于半导体晶圆制造，则需填写其形状。例如，可填报"圆形"等。

26. 材质：商品所用材料种类或塑料品种。制品类商品根据实际填报材料种类或更明确的塑料品种。例如，税则号列3917.4000项下商品应填报"聚乙烯制"。

27. PVC制品请注明增塑剂含量：该要素为税目39.20项下商品专有归类要素，需填报按重量计增塑剂的含量。

28. 泡沫塑料请注明：该要素为税目39.21项下商品专有归类要素，商品若为泡沫塑料需填报注明。

29. 半导体晶圆、掩模或光罩用需报是否具有特定形状或装置：指税则号列3923.1000项下塑料盒、箱如果用于半导体晶圆、掩模或光罩，需填写是否为了上述用途而制成特殊的形状或加装了特殊的装置。

30. 半导体晶圆、掩模或光罩用需注明是否有ROHS认证：指税则号列3923.1000项下塑料盒、箱如果用于半导体晶圆、掩模或光罩，需注明是否有ROHS认证。

31. 塑料制囤、柜、罐、桶及类似容器请注明容积：该要素为税目39.25项下商品专有归类要素，塑料制囤、柜、罐、桶及类似容器需填报容积。

二、价格要素

1. 品牌（中文或外文名称）：指制造商或经销商加在商品上的品牌标志，实际需要申报中文或外文品牌名称。例如，"Mitsui（三井）"。

2. 型号：该要素是第三十九章商品主要价格要素，指代表不同性能、用途和规格的产品代码，有的厂家称为"牌号"。例如，子目3905.91项下"吡咯烷酮/甲基丙烯酸二甲氨乙酯共聚物"GAF厂生产的型号（或牌号）"AFQUAT755N"或"GAFQUAT755N"。

3. 签约日期：指供求双方企业合同签订的日期，填报具体日期即可。例如，"20200701"。

4. 用途：指商品应用的方面、范围。税目39.01~39.14的"用途"是指有下游加工级别（如"薄膜级""注射级""吹塑级""注塑级""拉丝级""电缆级"等）的，按加工级别申报；无明确下游加工级别的，填报商品应用的方面、范围，即实际用途。税目39.15~39.26的要求"用途"仅指商品应用的方面、范围，即实际用途。

5. 生产厂商：该要素是子目3901.3项下乙烯-乙酸乙烯酯共聚物的专有价格要素。只需申报具体厂商即可。例如，"日本室素石油化工公司"。

6. 牌号：该要素是子目3901.3项下乙烯-乙酸乙烯酯共聚物的专有价格要素。是指塑料产品的用途或者技术指标的浓缩代码。例如，美国杜邦公司生产的牌号为"11D542"EVA（乙烯-乙酸乙烯酯共聚物）。

7. 阴离子还是阳离子还是两性：该要素是税目39.14项下初级形状的离子交换剂的专有价格要素。只需申报"阳离子""阴离子"或者"两性"即可。

8. 如为成卷，需注明是否带有轴心：该要素是税目39.15项下废塑料的价格要素，是指成卷废塑料薄膜的外观状态。需申报是否带轴心。例如，"带轴心的成卷透明无色废聚乙烯薄膜"。

9. 适用电池种类：指税目39.20项下商品如果用于制造电池，需填写适用何种电池。例如，可填报"适用锂离子电池"等。

10. 底料来源（再生料、瓶片料、新料、副牌料等）：进口的税目39.01~39.14项下的塑料，如果是来源于回收的废塑料，应填报"再生料"；如果是由回收塑料瓶加工处理后得到的碎片状塑料，应填报"瓶片料"；如果是正常由低分子原料聚合得到的初级形状的塑料，应填报"新料"；如果是正常由低分子原料聚合得到的初级形状的塑料但某一种或多种性能指标达不到新料标准的，应填报"副牌料"。

11. 级别：指商品性能是否达到生产时的预设标准，若商品符合生产预设标准则填报"正品"，若商品一个或多个性能指标不符合生产预设标准则填报"非正品"。

税则号列	商品名称	申报要素			说明
		归类要素	价格要素	其他要素	
	第一分章 初级形状				
39.01	初级形状的乙烯聚合物:				
3901.1000	-聚乙烯,比重小于0.94	1.外观(形状;颜色等);2.成分含量;3.单体单元的种类和比例;4.比重	5.底料来源(再生料、瓶片料、新料、副牌料等);6.级别(正品、非正品);7.品牌(中文或外文名称);8.型号;9.签约日期;10.用途(薄膜级、注射级、吹塑级、注塑级、拉丝级、电缆级等)		
3901.2000	-聚乙烯,比重在0.94及以上	1.外观(形状;颜色等);2.成分含量;3.单体单元的种类和比例;4.比重	5.底料来源(再生料、瓶片料、新料、副牌料等);6.级别(正品、非正品);7.品牌(中文或外文名称);8.型号;9.签约日期;10.用途(薄膜级、注射级、吹塑级、注塑级、拉丝级、电缆级等)		

税则号列	商品名称	申报要素			说明
		归类要素	价格要素	其他要素	
3901.3000	-乙烯-乙酸乙烯酯共聚物	1.外观（形状；颜色等）；2.成分含量；3.单体单元的种类和比例	4.底料来源（再生料、瓶片料、新料、副牌料等）；5.级别（正品、非正品）；6.品牌（中文或外文名称）；7.牌号或型号；8.签约日期；9.生产厂商；10.用途（薄膜级、注射级、吹塑级、注塑级、拉丝级、电缆级等）		
	-乙烯-α-烯烃共聚物，比重小于0.94：	1.外观（形状；颜色等）；2.成分含量；3.单体单元的种类和比例；4.比重	5.底料来源（再生料、瓶片料、新料、副牌料等）；6.级别（正品、非正品）；7.品牌（中文或外文名称）；8.型号；9.签约日期；10.用途（薄膜级、注射级、吹塑级、注塑级、拉丝级、电缆级等）		
3901.4010	---乙烯-丙烯共聚物（乙丙橡胶）				
3901.4020	---线型低密度聚乙烯				
3901.4090	---其他				
	-其他：				

税则号列	商品名称	申报要素			说明
		归类要素	价格要素	其他要素	
3901.9010	---乙烯-丙烯共聚物（乙丙橡胶）	1. 外观（形状；颜色等）；2. 成分含量；3. 单体单元的种类和比例；4. 比重	5. 底料来源（再生料、瓶片料、新料、副牌料等）；6. 级别（正品、非正品）；7. 品牌（中文或外文名称）；8. 型号；9. 签约日期；10. 用途（薄膜级、注射级、吹塑级、注塑级、拉丝级、电缆级等）		
3901.9090	---其他	1. 外观（形状；颜色等）；2. 成分含量；3. 单体单元的种类和比例	4. 底料来源（再生料、瓶片料、新料、副牌料等）；5. 级别（正品、非正品）；6. 品牌（中文或外文名称）；7. 型号；8. 签约日期；9. 用途（薄膜级、注射级、吹塑级、注塑级、拉丝级、电缆级等）		
39.02	**初级形状的丙烯或其他烯烃聚合物：**	1. 外观（形状；颜色等）；2. 成分含量；3. 单体单元的种类和比例	4. 底料来源（再生料、瓶片料、新料、副牌料等）；5. 级别（正品、非正品）；6. 品牌（中文或外文名称）；7. 型号；8. 签约日期；9. 用途（薄膜级、注射级、吹塑级、注塑级、拉丝级、电缆级等）		

税则号列	商品名称	申报要素			说明
		归类要素	价格要素	其他要素	
3902.1000	-聚丙烯				
3902.2000	-聚异丁烯				
	-丙烯共聚物：				
3902.3010	---乙烯-丙烯共聚物（乙丙橡胶）				
3902.3090	---其他				
3902.9000	-其他				
39.03	**初级形状的苯乙烯聚合物：**	1. 外观（形状；颜色等）；2. 是否可发性；3. 是否改性；4. 成分含量；5. 单体单元的种类和比例	6. 底料来源（再生料、瓶片料、新料、副牌料等）；7. 级别（正品、非正品）；8. 品牌（中文或外文名称）；9. 型号；10. 签约日期；11. 用途（薄膜级、注射级、吹塑级、注塑级、拉丝级、电缆级等）		
	-聚苯乙烯：				
3903.1100	--可发性的				
	--其他：				
3903.1910	---改性的				
3903.1990	---其他				
3903.2000	-苯乙烯-丙烯腈（SAN）共聚物	1. 外观（形状；颜色等）；2. 成分含量；3. 单体单元的种类和比例	4. 底料来源（再生料、瓶片料、新料、副牌料等）；5. 品牌（中文或外文名称）；6. 型号；7. 签约日期；8. 用途（薄膜级、注射级、吹塑级、注塑级、拉丝级、电缆级等）		

税则号列	商品名称	申报要素			说明
		归类要素	价格要素	其他要素	
	-丙烯腈-丁二烯-苯乙烯（ABS）共聚物：	1. 外观（形状；颜色等）；2. 成分含量；3. 单体单元的种类和比例；4. 是否改性	5. 底料来源（再生料、瓶片料、新料、副牌料等）；6. 级别（正品、非正品）；7. 品牌（中文或外文名称）；8. 型号；9. 签约日期；10. 用途（薄膜级、注射级、吹塑级、注塑级、拉丝级、电缆级等）		
3903.3010	---改性的				
3903.3090	---其他				
3903.9000	-其他	1. 外观（形状；颜色等）；2. 成分含量；3. 单体单元的种类和比例	4. 底料来源（再生料、瓶片料、新料、副牌料等）；5. 品牌（中文或外文名称）；6. 型号；7. 签约日期；8. 用途（薄膜级、注射级、吹塑级、注塑级、拉丝级、电缆级等）		
39.04	初级形状的氯乙烯或其他卤化烯烃聚合物：				
	-聚氯乙烯，未掺其他物质：	1. 外观（形状；颜色等）；2. 是否掺杂其他物质；3. 成分含量；4. 单体单元的种类和比例	5. 底料来源（再生料、瓶片料、新料、副牌料等）；6. 品牌（中文或外文名称）；7. 型号；8. 签约日期；9. 用途（薄膜级、注射级、吹塑级、注塑级、拉丝级、电缆级等）		
3904.1010	---糊树脂				
3904.1090	---其他				

税则号列	商品名称	申报要素			说明
		归类要素	价格要素	其他要素	
	-其他聚氯乙烯：	1.外观（形状；颜色等）；2.是否塑化；3.成分含量；4.单体单元的种类和比例	5.底料来源（再生料、瓶片料、新料、副牌料等）；6.品牌（中文或外文名称）；7.型号；8.签约日期；9.用途（薄膜级、注射级、吹塑级、注塑级、拉丝级、电缆级等）		
3904.2100	--未塑化				
3904.2200	--已塑化				
3904.3000	-氯乙烯-乙酸乙烯酯共聚物	1.外观（形状；颜色等）；2.成分含量；3.单体单元的种类和比例	4.底料来源（再生料、瓶片料、新料、副牌料等）；5.品牌（中文或外文名称）；6.型号；7.签约日期；8.用途（薄膜级、注射级、吹塑级、注塑级、拉丝级、电缆级等）		
3904.4000	-其他氯乙烯共聚物	1.外观（形状；颜色等）；2.成分含量；3.单体单元的种类和比例	4.底料来源（再生料、瓶片料、新料、副牌料等）；5.品牌（中文或外文名称）；6.型号；7.签约日期；8.用途（薄膜级、注射级、吹塑级、注塑级、拉丝级、电缆级等）		

税则号列	商品名称	申报要素			说明
		归类要素	价格要素	其他要素	
3904.5000	-偏二氯乙烯聚合物	1. 外观（形状；颜色等）；2. 成分含量；3. 单体单元的种类和比例	4. 底料来源（再生料、瓶片料、新料、副牌料等）；5. 品牌（中文或外文名称）；6. 型号；7. 签约日期；8. 用途（薄膜级、注射级、吹塑级、注塑级、拉丝级、电缆级等）		
	-氟聚合物：	1. 外观（形状；颜色等）；2. 成分含量；3. 单体单元的种类和比例	4. 底料来源（再生料、瓶片料、新料、副牌料等）；5. 品牌（中文或外文名称）；6. 型号；7. 签约日期；8. 用途（薄膜级、注射级、吹塑级、注塑级、拉丝级、电缆级等）		
3904.6100	--聚四氟乙烯				
3904.6900	--其他				
3904.9000	-其他	1. 外观（形状；颜色等）；2. 成分含量；3. 单体单元的种类和比例	4. 底料来源（再生料、瓶片料、新料、副牌料等）；5. 品牌（中文或外文名称）；6. 型号；7. 签约日期；8. 用途（薄膜级、注射级、吹塑级、注塑级、拉丝级、电缆级等）		

税则号列	商品名称	申报要素			说明
		归类要素	价格要素	其他要素	
39.05	初级形状的乙酸乙烯酯或其他乙烯酯聚合物；初级形状的其他乙烯基聚合物：	1. 外观（形状；颜色等）；2. 成分含量；3. 单体单元的种类和比例	4. 底料来源（再生料、瓶片料、新料、副牌料等）；5. 品牌（中文或外文名称）；6. 型号；7. 签约日期；8. 用途（薄膜级、注射级、吹塑级、注塑级、拉丝级、电缆级等）		
	-聚乙酸乙烯酯：				
3905.1200	--水分散体				
3905.1900	--其他				
	-乙酸乙烯酯共聚物：				
3905.2100	--水分散体				
3905.2900	--其他				
3905.3000	-聚乙烯醇，不论是否含有未水解的乙酸酯基				
	-其他：				
3905.9100	--共聚物				
3905.9900	--其他				
39.06	初级形状的丙烯酸聚合物：	1. 外观（形状；颜色等）；2. 成分含量；3. 单体单元的种类和比例	4. 底料来源（再生料、瓶片料、新料、副牌料等）；5. 品牌（中文或外文名称）；6. 型号；7. 签约日期；8. 用途（薄膜级、注射级、吹塑级、注塑级、拉丝级、电缆级等）		
3906.1000	-聚甲基丙烯酸甲酯				
	-其他：				
3906.9010	---聚丙烯酰胺				
3906.9020	---丙烯酸-丙烯酸钠交联共聚物				
3906.9090	---其他				

税则号列	商品名称	申报要素			说明
		归类要素	价格要素	其他要素	
39.07	初级形状的聚缩醛、其他聚醚及环氧树脂；初级形状的聚碳酸酯、醇酸树脂、聚烯丙基酯及其他聚酯：				
	-聚缩醛：	1.外观（形状；颜色等）；2.成分含量；3.单体单元的种类和比例	4.底料来源（再生料、瓶片料、新料、副牌料等）；5.品牌（中文或外文名称）；6.型号；7.签约日期；8.用途（薄膜级、注射级、吹塑级、注塑级、拉丝级、电缆级等）		
3907.1010	---聚甲醛				
3907.1090	---其他				
	-其他聚醚：	1.外观（形状；颜色等）；2.成分含量；3.单体单元的种类和比例；4.聚乙二醇请注明相对分子质量	5.底料来源（再生料、瓶片料、新料、副牌料等）；6.品牌（中文或外文名称）；7.型号；8.签约日期		
3907.2100	--双（聚氧乙烯）甲基膦酸酯				
	--其他：				
3907.2910	---聚四亚甲基醚二醇				
3907.2990	---其他				
3907.3000	-环氧树脂	1.外观（形状；颜色等）；2.成分含量及溴含量	3.底料来源（再生料、瓶片料、新料、副牌料等）；4.品牌（中文或外文名称）；5.型号；6.签约日期		

税则号列	商品名称	申报要素			说明
		归类要素	价格要素	其他要素	
3907.4000	-聚碳酸酯	1.外观（形状；颜色等）；2.成分含量	3.底料来源（再生料、瓶片料、新料、副牌料等）；4.品牌（中文或外文名称）；5.型号；6.签约日期		
3907.5000	-醇酸树脂	1.外观（形状；颜色等）；2.成分含量；3.单体单元的种类和比例	4.底料来源（再生料、瓶片料、新料、副牌料等）；5.品牌（中文或外文名称）；6.型号；7.用途（薄膜级、注射级、吹塑级、注塑级、拉丝级、电缆级等）		
	-聚对苯二甲酸乙二酯：	1.外观（形状；颜色等）；2.是否切片；3.成分含量；4.单体单元的种类和比例；5.粘数	6.底料来源（再生料、瓶片料、新料、副牌料等）；7.级别（正品、非正品）；8.品牌（中文或外文名称）；9.型号；10.签约日期		
	--粘数在78毫升/克或以上：				
3907.6110	---切片				
3907.6190	---其他				
	--其他：				
3907.6910	---切片				
3907.6990	---其他				

税则号列	商品名称	申报要素			说明
		归类要素	价格要素	其他要素	
3907.7000	-聚乳酸	1. 外观（形状；颜色等）；2. 成分含量；3. 单体单元的种类和比例	4. 底料来源（再生料、瓶片料、新料、副牌料等）；5. 品牌（中文或外文名称）；6. 型号；7. 签约日期；8. 用途（薄膜级、注射级、吹塑级、注塑级、拉丝级、电缆级等）		
3907.9100	-其他聚酯： --不饱和	1. 外观（形状；颜色等）；2. 是否饱和；3. 成分含量；4. 单体单元的种类和比例	5. 底料来源（再生料、瓶片料、新料、副牌料等）；6. 品牌（中文或外文名称）；7. 型号；8. 签约日期		
3907.9910	--其他： ---聚对苯二甲酸丁二酯	1. 外观（形状；颜色等）；2. 成分含量；3. 单体单元的种类和比例	4. 底料来源（再生料、瓶片料、新料、副牌料等）；5. 品牌（中文或外文名称）；6. 型号；7. 签约日期		
	---其他：	1. 外观（形状；颜色等）；2. 成分含量；3. 单体单元的种类和比例	4. 底料来源（再生料、瓶片料、新料、副牌料等）；5. 品牌（中文或外文名称）；6. 型号；7. 签约日期		
3907.9991 3907.9999	----聚对苯二甲酸-己二醇-丁二醇酯 ----其他				

税则号列	商 品 名 称	申 报 要 素			说 明
		归类要素	价格要素	其他要素	
39.08	初级形状的聚酰胺：	1.外观（形状；颜色等）；2.是否切片；3.成分含量；4.单体单元的种类和比例	5.底料来源（再生料、瓶片料、新料、副牌料等）；6.级别（正品、非正品）；7.品牌（中文或外文名称）；8.型号；9.签约日期；10.用途（薄膜级、注射级、吹塑级、注塑级、拉丝级、电缆级等）		
	-聚酰胺-6、-11、-12、-6,6、-6,9、-6,10或-6,12：				
	---切片：				
3908.1011	----聚酰胺-6,6切片				
3908.1012	----聚酰胺-6切片				
3908.1019	----其他				
3908.1090	---其他				
	-其他：				
3908.9010	---芳香族聚酰胺及其共聚物				
3908.9020	---半芳香族聚酰胺及其共聚物				
3908.9090	---其他				
39.09	初级形状的氨基树脂、酚醛树脂及聚氨酯类：	1.外观（形状；颜色等）；2.成分含量；3.单体单元的种类和比例	4.底料来源（再生料、瓶片料、新料、副牌料等）；5.品牌（中文或外文名称）；6.型号；7.签约日期；8.用途（薄膜级、注射级、吹塑级、注塑级、拉丝级、电缆级等）		
3909.1000	-尿素树脂；硫脲树脂				
3909.2000	-蜜胺树脂				
	-其他氨基树脂：				
3909.3100	--聚（亚甲基苯基异氰酸酯）（粗MDI、聚合MDI）				

税则号列	商品名称	申报要素			说明
		归类要素	价格要素	其他要素	
3909.3900	--其他				
3909.4000	-酚醛树脂				
3909.5000	-聚氨基甲酸酯				
39.10	**初级形状的聚硅氧烷：**	1.外观（形状；颜色等）；2.用途（薄膜级、注射级、吹塑级、注塑级、拉丝级、电缆级等）；3.是否溶于水；4.成分含量	5.底料来源（再生料、瓶片料、新料、副牌料等）；6.品牌（中文或外文名称）；7.型号；8.签约日期		
3910.0000	初级形状的聚硅氧烷				
39.11	**初级形状的石油树脂、苯并呋喃-茚树脂、多萜树脂、多硫化物、聚砜及本章注释三所规定的其他税目未列名产品：**				
3911.1000	-石油树脂、苯并呋喃树脂、茚树脂、苯并呋喃-茚树脂及多萜树脂	1.外观（形状；颜色等）；2.成分含量	3.底料来源（再生料、瓶片料、新料、副牌料等）；4.品牌（中文或外文名称）；5.型号；6.签约日期；7.用途（薄膜级、注射级、吹塑级、注塑级、拉丝级、电缆级等）		
3911.2000	-聚（1,3-亚苯基甲基膦酸酯）	1.外观（形状；颜色等）；2.成分含量	3.底料来源（再生料、瓶片料、新料、副牌料等）；4.品牌（中文或外文名称）；5.型号；6.签约日期；7.用途（薄膜级、注射级、吹塑级、注塑级、拉丝级、电缆级等）		

税则号列	商品名称	申报要素			说明
		归类要素	价格要素	其他要素	
3911.9000	-其他	1.外观（形状、颜色等）；2.成分含量；3.单体单元的种类和比例	4.底料来源（再生料、瓶片料、新料、副牌料等）；5.品牌（中文或外文名称）；6.型号；7.签约日期；8.用途（薄膜级、注射级、吹塑级、注塑级、拉丝级、电缆级等）		
39.12	初级形状的其他税目未列名的纤维素及其化学衍生物： -乙酸纤维素：	1.外观（形状、颜色等）；2.是否塑化；3.成分含量	4.底料来源（再生料、瓶片料、新料、副牌料等）；5.品牌（中文或外文名称）；6.型号；7.签约日期；8.用途（薄膜级、注射级、吹塑级、注塑级、拉丝级、电缆级等）		
3912.1100	--未塑化				
3912.1200	--已塑化				
3912.2000	-硝酸纤维素（包括胶棉）	1.外观（形状、颜色等）；2.成分含量	3.底料来源（再生料、瓶片料、新料、副牌料等）；4.品牌（中文或外文名称）；5.型号；6.签约日期；7.用途（薄膜级、注射级、吹塑级、注塑级、拉丝级、电缆级等）		

税则号列	商品名称	申报要素			说明
		归类要素	价格要素	其他要素	
	-纤维素醚：	1.外观（形状；颜色等）；2.成分含量		3.底料来源（再生料、瓶片料、新料、副牌料等）；4.品牌（中文或外文名称）；5.型号；6.签约日期；7.用途（薄膜级、注射级、吹塑级、注塑级、拉丝级、电缆级等）	
3912.3100	--羧甲基纤维素及其盐				
3912.3900	--其他				
3912.9000	-其他	1.外观（形状；颜色等）；2.成分含量		3.底料来源（再生料、瓶片料、新料、副牌料等）；4.品牌（中文或外文名称）；5.型号；6.签约日期；7.用途（薄膜级、注射级、吹塑级、注塑级、拉丝级、电缆级等）	
39.13	初级形状的其他税目未列名的天然聚合物（例如，藻酸）及改性天然聚合物（例如，硬化蛋白、天然橡胶的化学衍生物）：	1.外观（形状；颜色等）；2.成分含量		3.底料来源（再生料、瓶片料、新料、副牌料等）；4.品牌（中文或外文名称）；5.型号；6.签约日期；7.用途（薄膜级、注射级、吹塑级、注塑级、拉丝级、电缆级等）	
3913.1000	-藻酸及其盐和酯				
3913.9000	-其他				

税则号列	商品名称	申报要素			说明
		归类要素	价格要素	其他要素	
39.14	初级形状的离子交换剂，以税目39.01至39.13的聚合物为基本成分的：	1. 外观（形状；颜色等）；2. 成分	3. 底料来源（再生料、瓶片料、新料、副牌料等）；4. 用途（薄膜级、注射级、吹塑级、注塑级、拉丝级、电缆级等）；5. 品牌（中文或外文名称）；6. 型号；7. 签约日期；8. 级别（正品、非正品）；9. 阴离子还是阳离子还是两性		
3914.0000	初级形状的离子交换剂，以税目39.01至39.13的聚合物为基本成分的				
	第二分章 废碎料及下脚料；半制品；制成品				
39.15	塑料的废碎料及下脚料：				
3915.1000	-乙烯聚合物的	1. 来源；2. 成分；3. 是否已经破坏性处理	4. 如为成卷，需注明是否带有轴心		废聚乙烯膜，20~40厘米成卷，带轴心白色薄膜，纵切破坏性处理
3915.2000	-苯乙烯聚合物的	1. 来源；2. 成分；3. 是否已经破坏性处理	4. 如为成卷，需注明是否带有轴心		废聚乙烯膜，20~40厘米成卷，带轴心白色薄膜，纵切破坏性处理
3915.3000	-氯乙烯聚合物的	1. 来源；2. 成分；3. 是否已经破坏性处理	4. 如为成卷，需注明是否带有轴心		废聚乙烯膜，20~40厘米成卷，带轴心白色薄膜，纵切破坏性处理
	-其他塑料的：				
3915.9010	---聚对苯二甲酸乙二酯的	1. 来源；2. 成分；3. 是否已经破坏性处理	4. 如为成卷，需注明是否带有轴心		废聚乙烯膜，20~40厘米成卷，带轴心白色薄膜，纵切破坏性处理

税则号列	商品名称	申报要素			说明
		归类要素	价格要素	其他要素	
3915.9090	---其他	1. 来源；2. 成分；3. 是否已经破坏性处理	4. 如为成卷，需注明是否带有轴心		废聚乙烯膜，20~40厘米成卷，带轴心白色薄膜，纵切破坏性处理
39.16	塑料制的单丝（截面直径超过1毫米）、条、杆、型材及异型材，不论是否经表面加工，但未经其他加工：	1. 外观（单丝、条、杆、型材、异型材）；2. 成分含量；3. 单丝请注明截面直径	4. 品牌（中文或外文名称）；5. 型号；6. 用途		
3916.1000	-乙烯聚合物制				
	-氯乙烯聚合物制：				
3916.2010	---异型材				
3916.2090	---其他				
	-其他塑料制：				
3916.9010	---聚酰胺制的				
3916.9090	---其他				
39.17	塑料制的管子及其附件（例如，接头、肘管、法兰）：				
3917.1000	-硬化蛋白或纤维素材料制的人造肠衣（香肠用肠衣）	1. 成分；2. 用途	3. 品牌（中文或外文名称）；4. 型号		
	-硬管：	1. 成分（乙烯聚合物、丙烯聚合物、氯乙烯聚合物等）	2. 品牌（中文或外文名称）；3. 型号；4. 用途		
3917.2100	--乙烯聚合物制				
3917.2200	--丙烯聚合物制				
3917.2300	--氯乙烯聚合物制				
3917.2900	--其他塑料制				
	-其他管：	1. 成分；2. 是否装有附件；3. 爆破压力；4. 是否经加强；5. 是否与其他材料合制；6. 种类（硬管、软管）	7. 品牌（中文或外文名称）；8. 型号；9. 用途		
3917.3100	--软管，最小爆破压力为27.6兆帕斯卡				
3917.3200	--其他未装有附件的管子，未经加强也未与其他材料合制				
3917.3300	--其他装有附件的管子，未经加强也未与其他材料合制				
3917.3900	--其他				
3917.4000	-管子附件	1. 材质	2. 品牌（中文或外文名称）；3. 型号		

税则号列	商品名称	申报要素			说明
		归类要素	价格要素	其他要素	
39.18	块状或成卷的塑料铺地制品，不论是否胶粘；本章注释九所规定的塑料糊墙品：	1. 材质	2. 品牌（中文或外文名称）；3. 型号；4. 用途		
	-氯乙烯聚合物制：				
3918.1010	---糊墙品				
3918.1090	---其他				
	-其他塑料制：				
3918.9010	---糊墙品				
3918.9090	---其他				
39.19	自粘的塑料板、片、膜、箔、带、扁条及其他扁平形状材料，不论是否成卷：				
	-成卷，宽度不超过20厘米：	1. 用途；2. 外观（板、片、膜、箔、带、扁条）；3. 是否成卷；4. 是否单面自粘；5. 成分；6. 规格尺寸	7. 品牌（中文或外文名称）；8. 型号		
3919.1010	---丙烯酸树脂类为基本成分				
	---其他：				
3919.1091	----胶囊型反光膜				
3919.1099	----其他				
	-其他：				
3919.9010	---胶囊型反光膜	1. 用途；2. 外观（板、片、膜、箔、带、扁条）；3. 是否成卷；4. 是否单面自粘；5. 成分；6. 规格尺寸	7. 品牌（中文或外文名称）；8. 型号		
3919.9090	---其他	1. 用途（如半导体晶圆制造用等）；2. 外观（板、片、膜、箔、带、扁条）；3. 是否成卷；4. 是否单面自粘；5. 成分；6. 规格尺寸；7. 若为半导体晶圆制造用需注明形状（如圆形等）	8. 品牌（中文或外文名称）；9. 型号		
39.20	其他非泡沫塑料的板、片、膜、箔及扁条，未用其他材料强化、层压、支撑或用类似方法合制：				
	-乙烯聚合物制：				

税则号列	商品名称	申报要素 归类要素	申报要素 价格要素	申报要素 其他要素	说明
3920.1010	---乙烯聚合物制电池隔膜	1.用途；2.外观（颜色；形状等）；3.成分；4.规格尺寸	5.品牌（中文或外文名称，无品牌请申报厂商）；6.型号；7.适用电池种类		
3920.1090	---其他	1.用途；2.外观（颜色；形状等）；3.成分；4.规格尺寸	5.品牌（中文或外文名称，无品牌请申报厂商）；6.型号		
	-丙烯聚合物制：				
3920.2010	---丙烯聚合物制电池隔膜	1.用途；2.外观（颜色；形状等）；3.成分；4.规格尺寸	5.品牌（中文或外文名称，无品牌请申报厂商）；6.型号；7.适用电池种类		
3920.2090	---其他	1.用途；2.外观（颜色；形状等）；3.成分；4.规格尺寸	5.品牌（中文或外文名称，无品牌请申报厂商）；6.型号		
3920.3000	-苯乙烯聚合物制	1.用途；2.外观（颜色；形状等）；3.成分；4.规格尺寸	5.品牌（中文或外文名称）；6.型号		
	-氯乙烯聚合物制：	1.用途；2.外观（颜色；形状等）；3.成分；4.规格尺寸；5.PVC制品请注明增塑剂含量	6.品牌（中文或外文名称）；7.型号		
3920.4300	--按重量计增塑剂含量不小于6%				
3920.4900	--其他				
	-丙烯酸聚合物制：	1.用途；2.外观（颜色；形状等）；3.成分；4.规格尺寸	5.品牌（中文或外文名称）；6.型号		
3920.5100	--聚甲基丙烯酸甲酯制				
3920.5900	--其他				
	-聚碳酸酯、醇酸树脂、聚烯丙酯或其他聚酯制：	1.用途；2.外观（颜色；形状等）；3.成分；4.规格尺寸	5.品牌（中文或外文名称）；6.型号		
3920.6100	--聚碳酸酯制				
3920.6200	--聚对苯二甲酸乙二酯制				
3920.6300	--不饱和聚酯制				

税则号列	商品名称	申报要素 归类要素	申报要素 价格要素	申报要素 其他要素	说明
3920.6900	--其他聚酯制	1.用途；2.外观（颜色；形状等）；3.成分；4.规格尺寸	5.品牌（中文或外文名称）；6.型号		
	-纤维素及其化学衍生物制：				
3920.7100	--再生纤维素制				
3920.7300	--乙酸纤维素制				
3920.7900	--其他纤维素衍生物制				
	-其他塑料制：	1.用途；2.外观（颜色；形状等）；3.成分；4.规格尺寸	5.品牌（中文或外文名称）；6.型号		
3920.9100	--聚乙烯醇缩丁醛制				
3920.9200	--聚酰胺制				
3920.9300	--氨基树脂制				
3920.9400	--酚醛树脂制				
	--其他塑料制：				
3920.9910	---聚四氟乙烯制				
3920.9990	---其他塑料制				
39.21	其他塑料板、片、膜、箔、扁条：	1.成分；2.外观；3.是否与其他材料合制；4.泡沫塑料请注明；5.用途；6.规格尺寸	7.品牌（中文或外文名称）；8.型号		
	-泡沫塑料的：				
3921.1100	--苯乙烯聚合物制				
	--氯乙烯聚合物制：				
3921.1210	---人造革及合成革				
3921.1290	---其他				
	--氨酯聚合物制：				
3921.1310	---人造革及合成革				
3921.1390	---其他				
3921.1400	--再生纤维素制				
	--其他塑料制：				
3921.1910	---人造革及合成革				
3921.1990	---其他				
	-其他：				
3921.9020	---聚乙烯嵌有玻璃纤维的板、片				
3921.9030	---聚异丁烯为基本成分的附有人造毛毡的板、片、卷材				
3921.9090	---其他				
39.22	塑料浴缸、淋浴盘、洗涤槽、盥洗盆、坐浴盆、便盆、马桶座圈及盖、抽水箱及类似卫生洁具：	1.用途；2.材质（塑料品种）	3.品牌（中文或外文名称）；4.型号		
3922.1000	-浴缸、淋浴盘、洗涤槽及盥洗盆				
3922.2000	-马桶座圈及盖				
3922.9000	-其他				

税则号列	商品名称	申报要素			说明
		归类要素	价格要素	其他要素	
39.23	供运输或包装货物用的塑料制品；塑料制的塞子、盖子及类似品：				
3923.1000	-盒、箱（包括板条箱）及类似品	1. 用途（如半导体晶圆、掩模或光罩用等）；2. 材质（塑料品种）；3. 半导体晶圆、掩模或光罩用需报是否具有特定形状或装置；4. 半导体晶圆、掩模或光罩用需注明是否有ROHS认证	5. 品牌（中文或外文名称）；6. 型号		
	-袋及包（包括锥形的）：	1. 用途；2. 材质（塑料品种）	3. 品牌（中文或外文名称）；4. 型号		
3923.2100	--乙烯聚合物制				
3923.2900	--其他塑料制				
3923.3000	-坛、瓶及类似品	1. 用途；2. 材质（塑料品种）	3. 品牌（中文或外文名称）；4. 型号		
3923.4000	-卷轴、纡子、筒管及类似品	1. 用途；2. 材质（塑料品种）	3. 品牌（中文或外文名称）；4. 型号		
3923.5000	-塞子、盖子及类似品	1. 用途；2. 材质（塑料品种）	3. 品牌（中文或外文名称）；4. 型号		
3923.9000	-其他	1. 用途；2. 材质（塑料品种）	3. 品牌（中文或外文名称）；4. 型号		
39.24	塑料制的餐具、厨房用具、其他家庭用具及卫生或盥洗用具：	1. 用途；2. 材质（塑料品种）	3. 品牌（中文或外文名称）；4. 型号		
3924.1000	-餐具及厨房用具				
3924.9000	-其他				
39.25	其他税目未列名的建筑用塑料制品：	1. 用途；2. 塑料制囤、柜、罐、桶及类似容器请注明容积；3. 材质（塑料品种）	4. 品牌（中文或外文名称）		
3925.1000	-囤、柜、罐、桶及类似容器，容积超过300升				
3925.2000	-门、窗及其框架、门槛				
3925.3000	-窗板、百叶窗（包括威尼斯式百叶窗）或类似制品及其零件				
3925.9000	-其他				

税则号列	商品名称	申报要素			说明
		归类要素	价格要素	其他要素	
39.26	其他塑料制品及税目39.01至39.14所列其他材料的制品：	1. 用途；2. 材质（塑料品种）	3. 品牌（中文或外文名称）；4. 型号		
3926.1000	-办公室或学校用品				
	-衣服及衣着附件（包括分指手套、连指手套及露指手套）：				
	---手套（包括分指手套、连指手套及露指手套）：				
3926.2011	----聚氯乙烯制				
3926.2019	----其他				
3926.2090	---其他				
3926.3000	-家具、车厢或类似品的附件				
3926.4000	-小雕塑品及其他装饰品				
	-其他：				
3926.9010	---机器及仪器用零件				
3926.9090	---其他				

第四十章　橡胶及其制品

注释：

一、除条文另有规定的以外，本协调制度所称"橡胶"，是指不论是否硫化或硬化的下列产品：天然橡胶、巴拉塔胶、古塔波胶、银胶菊胶、糖胶树胶及类似的天然树胶、合成橡胶、从油类中提取的油膏，以及上述物品的再生品。

二、本章不包括：

（一）第十一类的货品（纺织原料及纺织制品）；

（二）第六十四章的鞋靴及其零件；

（三）第六十五章的帽类及其零件（包括游泳帽）；

（四）第十六类的硬质橡胶制的机械器具、电气器具及其零件（包括各种电气用品）；

（五）第九十章、第九十二章、第九十四章或第九十六章的物品；或

（六）第九十五章的物品（运动用分指手套、连指手套、露指手套及税目 40.11 至 40.13 的制品除外）。

三、税目 40.01 至 40.03 及 40.05 所称"初级形状"，只限于下列形状：

（一）液状及糊状，包括胶乳（不论是否预硫化）及其他分散体和溶液；

（二）不规则形状的块、团、包、粉、粒、碎屑及类似的散装形状。

四、本章注释一和税目 40.02 所称"合成橡胶"，适用于：

（一）不饱和合成物质，即用硫磺硫化能使其不可逆地变为非热塑物质，这种物质能在温度 18 摄氏度~29 摄氏度之间被拉长到其原长度的 3 倍而不致断裂，拉长到原长度的 2 倍时，在 5 分钟内能回复到不超过原长度的 1.5 倍。为了进行上述试验，可以加入交联所需的硫化活化剂或促进剂；也允许含有注释五（二）2 及 3 所述的物质。但不能加入非交联所需的物质，例如，增量剂、增塑剂及填料；

（二）聚硫橡胶（TM）；

（三）与塑料接枝共聚或混合而改性的天然橡胶、解聚天然橡胶，以及不饱和合成物质与饱和合成高聚物的混合物，但这些产品必须符合以上（一）款关于硫化、延伸及回复的要求。

五、（一）税目 40.01 及 40.02 不适用于任何凝结前或凝结后与下列物质相混合的橡胶或橡胶混合物：

1. 硫化剂、促进剂、防焦剂或活性剂（为制造预硫胶乳所加入的除外）；

2. 颜料或其他着色料，但仅为易于识别而加入的除外；

3. 增塑剂或增量剂（用油增量的橡胶中所加的矿物油除外）、填料、增强剂、有机溶剂或其他物质，但以下（二）款所述的除外。

（二）含有下列物质的橡胶或橡胶混合物，只要仍具有原料的基本特性，应归入税目 40.01 或 40.02：

1. 乳化剂或防粘剂；

2. 少量的乳化剂分解产品；

3. 微量的下列物质：热敏剂（一般为制造热敏胶乳用）、阳离子表面活性剂（一般为制造阳性胶乳用）、抗氧剂、凝固剂、碎裂剂、抗冻剂、胶溶剂、保存剂、稳定剂、黏度控制剂或类似的特殊用途添加剂。

六、税目 40.04 所称"废碎料及下脚料"，是指在橡胶或橡胶制品生产或加工过程中由于切割、磨损或其他原因明显不能按橡胶或橡胶制品使用的废橡胶及下脚料。

七、全部用硫化橡胶制成的线，其任一截面的尺寸超过 5 毫米的，应作为带、杆或型材及异型材归入税目 40.08。

八、税目 40.10 包括用橡胶浸渍、涂布、包覆或层压的织物制成的或用橡胶浸渍、涂布、包覆或套裹的纱线或绳制成的传动带、输送带。

九、税目 40.01、40.02、40.03、40.05 及 40.08 所称"板""片""带"，仅指未切割或只简单切割成矩形（包括正方形）的板、片、带及正几何形块，不论是否具有成品的特征，也不论是否经过印制或其他表面加工，但未切割成其他形状或进一步加工。

税目 40.08 所称"杆"或"型材及异型材"，仅指不论是否切割成一定长度或表面加工，但未经进一步加工的该类产品。

【要素释义】

一、归类要素

1. 外观：指商品本身实际的外观状态情况，主要指商品的形状和颜色等表观性状。例如，税则号列 4001.1000 项下商品填报"胶乳"。

2. 型号：指代表不同性能、用途和规格的产品代码。

3. 用途：指该税目商品应用的方面、范围。

4. 是否随附生产国主管当局出具的检验证书：指税则号列4001.2200项下技术分类天然橡胶必须随附生产国主管当局出具的检验证书，并列明橡胶的等级、规格及检验结果。

5. 包装方式及规格：指商品的个体包装方式和规格。

6. 成分含量：指商品中所包含各种物质的种类及其含量。

7. 丁苯橡胶请注明是否充油、热塑：该要素为税目40.02项下商品专有归类要素，"丁苯橡胶"商品需填报是否充油、热塑。

8. 来源：指生产某种商品的原料由何而来（得）。

9. 截面尺寸：该要素为税目40.07项下商品专有归类要素，"硫化橡胶线及绳"需填报截面尺寸。

10. 是否海绵橡胶：该要素为税目40.08、40.16项下商品归类要素，填报"海绵橡胶""非海绵橡胶"等。

11. 规格尺寸：主要表示商品的大小尺寸，应申报完整。例如，块状、板状物填报"长宽厚"，卷状物填报"宽幅、单层厚度、长度"。

12. 材质构成：指材料、原料的构成。"硫化橡胶（硬质橡胶除外）制的管子"需填报是否加强或与其他材料合制，并说明加强或合制材料的材质。

13. 是否装有附件：该要素为税目40.09项下商品专有归类要素，需填报"装有附件""未装有附件"等。

14. 截面形状：该要素为税目40.10项下商品专有归类要素，需填报截面的形状。

15. 辋圈尺寸：该要素为税目40.11项下商品专有归类要素，"橡胶轮胎"需填报应用的辋圈的尺寸。

16. 断面宽度：该要素为税目40.11项下商品专有归类要素，"橡胶轮胎"需填报断面的宽度。

17. 是否实心：该要素为税目40.12项下商品专有归类要素。需填报是否为实心。

18. 充气轮胎请注明翻新或旧的：该要素为税目40.12项下商品专有归类要素。"充气轮胎"需填报"翻新""旧的"等。

19. 材质：指商品所用橡胶的品种。

20. 是否机器及仪器用：指税则号列4016.1010、4016.9310、4016.9910项下商品需填报"机器及仪器用"。"机器及仪器用"指用于第八十四、八十五、九十章的商品。

21. 成分：指构成商品的部分或要素，一般指商品所含物质的种类。

二、价格要素

1. 签约日期：指供求双方企业合同签订的日期，填报具体日期即可。例如，"20200701"。

2. 品牌（中文或外文名称）：指制造商或经销商加在商品上的品牌标志，实际需要申报中文或外文品牌名称。例如，"MICHELIN（米其林）牌"。

3. 型号：该要素是税目40.10传动带的价格要素，指代表不同性能、用途和规格的产品代码。如"高扭矩圆弧齿同步齿带"的型号"600S8M1000"。

4. 干胶含量：该要素是税目40.04项下橡胶（硬质橡胶除外）的废碎料、下脚料及其粉、粒的专有价格要素，用百分比表示。通常橡胶废碎料的干胶含量在50%以上、80%以下。例如，"干胶含量65%"。

5. 成分（含胶率）：该要素是子目4015.19项下其他手套的价格要素，需申报所含成分胶的比重，用百分比表示。例如，"含胶6%"。

6. 胎面花纹：指税目40.11项下指定子目的橡胶轮胎需填写胎面的花纹。例如，"人字形胎面"。

7. 速度等级：指税则号列4011.1000项下机动小客车用橡胶轮胎表示其档次高低的速度等级指标。例如：V、K、L、M等。

8. 规格型号：指税则号列4015.1900项下手套的大小，以S（小号）、M（中号）、XL（超大号）等表示。

税则号列	商 品 名 称	申 报 要 素			说 明
		归类要素	价格要素	其他要素	
40.01	天然橡胶、巴拉塔胶、古塔波胶、银胶菊胶、糖胶树胶及类似的天然树胶，初级形状或板、片、带：				
4001.1000	-天然胶乳，不论是否预硫化	1. 外观；2. 包装规格	3. 签约日期；4. 干胶含量		
	-其他形状的天然橡胶：				
4001.2100	--烟胶片	1. 外观（板、片、带等）；2. 型号；3. 包装规格	4. 签约日期		
4001.2200	--技术分类天然橡胶（TSNR）	1. 外观（板、片、带等）；2. 型号；3. 包装规格；4. 是否随附生产国主管当局出具的检验证书	5. 签约日期		
4001.2900	--其他	1. 外观（板、片、带等）；2. 型号；3. 包装规格	4. 签约日期		
4001.3000	-巴拉塔胶、古塔波胶、银胶菊胶、糖胶树胶及类似的天然树胶	1. 外观（板、片、带等）；2. 型号；3. 包装规格	4. 签约日期		
40.02	合成橡胶及从油类提取的油膏，初级形状或板、片、带；税目40.01所列产品与本税目所列产品的混合物，初级形状或板、片、带：				
	-丁苯橡胶（SBR）；羧基丁苯橡胶（XSBR）：				
	--胶乳：	1. 用途；2. 外观（板、片、带等）；3. 成分含量	4. 签约日期；5. 品牌（中文或外文名称）；6. 型号		
4002.1110	---羧基丁苯橡胶				
4002.1190	---其他				
	--其他：	1. 用途；2. 外观（板、片、带等）；3. 丁苯橡胶请注明是否充油、热塑；4. 成分含量	5. 签约日期；6. 品牌（中文或外文名称）；7. 型号		
	---初级形状的：				
4002.1911	----未经任何加工的丁苯橡胶				
4002.1912	----充油丁苯橡胶				
4002.1913	----热塑丁苯橡胶				
4002.1914	----充油热塑丁苯橡胶				
4002.1915	----未经任何加工的溶聚丁苯橡胶				
4002.1916	----充油溶聚丁苯橡胶				
4002.1919	----其他				
4002.1990	---其他				

税则号列	商品名称	申报要素 归类要素	申报要素 价格要素	申报要素 其他要素	说明
	-丁二烯橡胶（BR）：	1. 外观（板、片、带等）；2. 成分含量	3. 签约日期；4. 品牌（中文或外文名称）；5. 型号		
4002.2010	---初级形状的				
4002.2090	---其他				
	-异丁烯-异戊二烯（丁基）橡胶（IIR）；卤代丁基橡胶（CIIR 或 BIIR）：	1. 外观（板、片、带等）；2. 成分含量	3. 签约日期；4. 品牌（中文或外文名称）；5. 型号		
	--异丁烯-异戊二烯（丁基）橡胶（IIR）：				
4002.3110	---初级形状的				
4002.3190	---其他				
	--其他：				
4002.3910	---初级形状的				
4002.3990	---其他				
	-氯丁二烯（氯丁）橡胶（CR）：	1. 外观（板、片、带等）；2. 成分含量	3. 签约日期；4. 品牌（中文或外文名称）；5. 型号		
4002.4100	--胶乳				
	--其他：				
4002.4910	---初级形状的				
4002.4990	---其他				
	-丁腈橡胶（NBR）：	1. 外观（板、片、带等）；2. 成分含量	3. 签约日期；4. 品牌（中文或外文名称）；5. 型号		
4002.5100	--胶乳				
	--其他：				
4002.5910	---初级形状的				
4002.5990	---其他				
	-异戊二烯橡胶（IR）：	1. 外观（板、片、带等）；2. 成分含量	3. 签约日期；4. 品牌（中文或外文名称）；5. 型号		
4002.6010	---初级形状的				
4002.6090	---其他				
	-乙丙非共轭二烯橡胶（EPDM）：	1. 外观（板、片、带等）；2. 成分含量	3. 签约日期；4. 品牌（中文或外文名称）；5. 型号		
4002.7010	---初级形状的				
4002.7090	---其他				

税则号列	商 品 名 称	申 报 要 素			说 明
		归类要素	价格要素	其他要素	
4002.8000	-税目40.01所列产品与本税目所列产品的混合物	1. 外观（板、片、带等）；2. 成分含量	3. 签约日期；4. 品牌（中文或外文名称）；5. 型号	6. 混合过程加工方式	
	-其他：	1. 外观（板、片、带等）；2. 成分含量	3. 签约日期；4. 品牌（中文或外文名称）；5. 型号		
4002.9100	--胶乳				
	--其他：				
	---其他合成橡胶：				
4002.9911	----初级形状的				
4002.9919	----其他				
4002.9990	---其他				
40.03	**再生橡胶，初级形状或板、片、带：**	1. 外观（板、片、带等）；2. 来源			
4003.0000	再生橡胶，初级形状或板、片、带				
40.04	**橡胶（硬质橡胶除外）的废碎料、下脚料及其粉、粒：**	1. 外观（粉、粒等）；2. 来源	3. 干胶含量		
4004.0000	橡胶（硬质橡胶除外）的废碎料、下脚料及其粉、粒				
40.05	**未硫化的复合橡胶，初级形状或板、片、带：**	1. 外观（板、片、带等）；2. 成分	3. 签约日期；4. 品牌（中文或外文名称）；5. 型号		
4005.1000	-与炭黑或硅石混合				
4005.2000	-溶液；子目4005.10以外的分散体				
	-其他：				
4005.9100	--板、片、带				
4005.9900	--其他				
40.06	**其他形状（例如，杆、管或型材及异型材）的未硫化橡胶及未硫化橡胶制品（例如，盘、环）：**	1. 外观（板、片、带等）；2. 截面尺寸；3. 材质（橡胶品种）；4. 是否硫化	5. 品牌（中文或外文名称）；6. 型号		
4006.1000	-轮胎翻新用胎面补料胎条				
	-其他：				
4006.9010	---其他形状的未硫化橡胶				
4006.9020	---未硫化橡胶制品				
40.07	**硫化橡胶线及绳：**	1. 外观（板、片、带等）；2. 截面尺寸；3. 材质（橡胶品种）；4. 是否硫化	5. 品牌（中文或外文名称）；6. 型号		
4007.0000	硫化橡胶线及绳				

税则号列	商品名称	申报要素			说明
		归类要素	价格要素	其他要素	
40.08	硫化橡胶（硬质橡胶除外）制的板、片、带、杆或型材及异型材：	1. 外观（板、片、带等）；2. 是否海绵橡胶；3. 规格尺寸；4. 材质（橡胶品种）；5. 是否硫化	6. 品牌（中文或外文名称）；7. 型号		
	-海绵橡胶制：				
4008.1100	--板、片、带				
4008.1900	--其他				
	-非海绵橡胶制：				
4008.2100	--板、片、带				
4008.2900	--其他				
40.09	硫化橡胶（硬质橡胶除外）制的管子，不论是否装有附件（例如，接头、肘管、法兰）：				
	-未经加强或未与其他材料合制：	1. 用途；2. 材质构成（是否加强或与其他材料合制）；3. 是否装有附件	4. 品牌（中文或外文名称）；5. 型号		
4009.1100	--未装有附件				
4009.1200	--装有附件				
	-用金属加强或只与金属合制：	1. 用途；2. 材质构成（是否加强或与其他材料合制）；3. 是否装有附件	4. 品牌（中文或外文名称）；5. 型号		
4009.2100	--未装有附件				
4009.2200	--装有附件				
	-用纺织材料加强或只与纺织材料合制：	1. 用途；2. 材质构成（是否加强或与其他材料合制）；3. 是否装有附件	4. 品牌（中文或外文名称）；5. 型号		
4009.3100	--未装有附件				
4009.3200	--装有附件				
	-用其他材料加强或只与其他材料合制：	1. 用途；2. 材质构成（是否加强或与其他材料合制）；3. 是否装有附件	4. 品牌（中文或外文名称）；5. 型号		
4009.4100	--未装有附件				
4009.4200	--装有附件				
40.10	硫化橡胶制的传动带或输送带及带料：				
	-输送带及带料：	1. 用途；2. 外观；3. 材质构成（有加强材料的也要注明其材质）	4. 品牌（中文或外文名称）；5. 型号		
4010.1100	--仅用金属加强的				
4010.1200	--仅用纺织材料加强的				
4010.1900	--其他				

税则号列	商品名称	申报要素 归类要素	申报要素 价格要素	其他要素	说明
4010.3100	-传动带及带料： --梯形截面的环形传动带（三角带），V形肋状的，外周长超过60厘米，但不超过180厘米	1. 用途；2. 外观；3. 材质；4. 规格尺寸（外周长）；5. 截面形状	6. 品牌（中文或外文名称）		
4010.3200	--梯形截面的环形传动带（三角带），外周长超过60厘米，但不超过180厘米，V形肋状的除外	1. 用途；2. 外观；3. 材质；4. 规格尺寸（外周长）；5. 截面形状	6. 品牌（中文或外文名称）		
4010.3300	--梯形截面的环形传动带（三角带），V形肋状的，外周长超过180厘米，但不超过240厘米	1. 用途；2. 外观；3. 材质；4. 规格尺寸（外周长）；5. 截面形状	6. 品牌（中文或外文名称）		
4010.3400	--梯形截面的环形传动带（三角带），外周长超过180厘米，但不超过240厘米，V形肋状的除外	1. 用途；2. 外观；3. 材质；4. 规格尺寸（外周长）；5. 截面形状	6. 品牌（中文或外文名称）		
4010.3500	--环形同步带，外周长超过60厘米，但不超过150厘米	1. 用途；2. 外观；3. 材质；4. 规格尺寸（外周长）	5. 品牌（中文或外文名称）		
4010.3600	--环形同步带，外周长超过150厘米，但不超过198厘米	1. 用途；2. 外观；3. 材质；4. 规格尺寸（外周长）	5. 品牌（中文或外文名称）		
4010.3900	--其他	1. 用途；2. 外观；3. 材质；4. 规格尺寸（外周长）；5. 传动带请填报截面形状	6. 品牌（中文或外文名称）		
40.11	新的充气橡胶轮胎：				
4011.1000	-机动小客车（包括旅行小客车及赛车）用	1. 用途；2. 型号；3. 辋圈尺寸；4. 断面宽度	5. 胎面花纹；6. 品牌（中文或外文名称）；7. 速度等级		
4011.2000	-客运机动车辆或货运机动车辆用	1. 用途；2. 型号；3. 辋圈尺寸；4. 断面宽度	5. 品牌（中文或外文名称）		
4011.3000	-航空器用	1. 用途；2. 型号；3. 辋圈尺寸；4. 断面宽度	5. 品牌（中文或外文名称）		
4011.4000	-摩托车用	1. 用途；2. 型号；3. 辋圈尺寸；4. 断面宽度	5. 品牌（中文或外文名称）		
4011.5000	-自行车用	1. 用途；2. 型号；3. 辋圈尺寸；4. 断面宽度	5. 品牌（中文或外文名称）		

税则号列	商品名称	申报要素 归类要素	申报要素 价格要素	其他要素	说明
	-农业或林业车辆及机器用：	1. 用途；2. 型号；3. 辋圈尺寸；4. 胎面花纹（人字型胎面或类似胎面等）；5. 断面宽度	6. 品牌（中文或外文名称）		
4011.7010	---人字形胎面或类似胎面				
4011.7090	---其他				
	-建筑业、采矿业或工业搬运车辆及机器用：	1. 用途；2. 型号；3. 辋圈尺寸；4. 胎面花纹（人字型胎面或类似胎面等）；5. 断面宽度	6. 品牌（中文或外文名称）		
	---人字形胎面或类似胎面：				
4011.8011	----辋圈尺寸不超过61厘米				
4011.8012	----辋圈尺寸超过61厘米				
	---其他：				
4011.8091	----辋圈尺寸不超过61厘米				
4011.8092	----辋圈尺寸超过61厘米				
	-其他：	1. 用途；2. 型号；3. 辋圈尺寸；4. 胎面花纹（人字型胎面或类似胎面等）；5. 断面宽度	6. 品牌（中文或外文名称）		
4011.9010	---人字形胎面或类似胎面的				
4011.9090	---其他				
40.12	翻新的或旧的充气橡胶轮胎；实心或半实心橡胶轮胎、橡胶胎面及橡胶轮胎衬带：	1. 用途；2. 是否实心；3. 充气轮胎请注明翻新或旧的	4. 品牌（中文或外文名称）；5. 型号		
	-翻新轮胎：				
4012.1100	--机动小客车（包括旅行小客车及赛车）用				
4012.1200	--机动大客车或货运机动车用				
4012.1300	--航空器用				
4012.1900	--其他				
	-旧的充气轮胎：				
4012.2010	---汽车用				
4012.2090	---其他				
	-其他：				
4012.9010	---航空器用				
4012.9020	---汽车用				
4012.9090	---其他				
40.13	橡胶内胎：	1. 用途	2. 品牌（中文或外文名称）		

税则号列	商品名称	申报要素			说明
		归类要素	价格要素	其他要素	
4013.1000	-机动小客车（包括旅行小客车及赛车）、客运机动车辆或货运机动车辆用				
4013.2000	-自行车用				
	-其他：				
4013.9010	---航空器用				
4013.9090	---其他				
40.14	硫化橡胶（硬质橡胶除外）制的卫生及医疗用品（包括奶嘴），不论是否装有硬质橡胶制的附件：				
4014.1000	-避孕套	1. 用途	2. 品牌（中文或外文名称）		
4014.9000	-其他	1. 用途	2. 品牌（中文或外文名称）		
40.15	硫化橡胶（硬质橡胶除外）制的衣着用品及附件（包括分指手套、连指手套及露指手套）：				不包括橡胶线与纺织材料合制的衣着用品及附件（第六十一或第六十二章）
	-分指手套、连指手套及露指手套：				
4015.1200	--医疗、外科、牙科或兽医用	1. 用途（医疗、外科、牙科或兽医用）；2. 材质	3. 品牌（中文或外文名称）		
4015.1900	--其他	1. 用途；2. 材质	3. 品牌（中文或外文名称）；4. 成分（含胶率）；5. 规格型号（S、M、XL等）		
	-其他：	1. 用途	2. 品牌（中文或外文名称）		
4015.9010	---医疗、外科、牙科或兽医用				
4015.9090	---其他				
40.16	硫化橡胶（硬质橡胶除外）的其他制品：				
	-海绵橡胶制：	1. 用途；2. 是否海绵橡胶；3. 材质（橡胶品种）；4. 是否机器及仪器用；5. 是否硫化	6. 品牌（中文或外文名称）；7. 型号		
4016.1010	---机器及仪器用零件				
4016.1090	---其他				

税则号列	商品名称	申报要素			说明
		归类要素	价格要素	其他要素	
	-其他：				
4016.9100	--铺地制品及门垫	1. 用途；2. 是否海绵橡胶；3. 材质（橡胶品种）；4. 是否硫化	5. 品牌（中文或外文名称）；6. 型号		
4016.9200	--橡皮擦	1. 用途；2. 是否海绵橡胶；3. 材质（橡胶品种）；4. 是否硫化	5. 品牌（中文或外文名称）；6. 型号		
	--垫片、垫圈及其他密封件：	1. 用途；2. 是否海绵橡胶；3. 材质（橡胶品种）；4. 是否机器及仪器用；5. 是否硫化	6. 品牌（中文或外文名称）；7. 型号		
4016.9310	---机器及仪器用				
4016.9390	---其他				
4016.9400	--船舶或码头的碰垫，不论是否可充气	1. 用途；2. 是否海绵橡胶；3. 材质（橡胶品种）；4. 是否硫化	5. 品牌（中文或外文名称）；6. 型号		
4016.9500	--其他可充气制品	1. 用途；2. 是否海绵橡胶；3. 材质（橡胶品种）；4. 是否硫化	5. 品牌（中文或外文名称）；6. 型号		
	--其他：	1. 用途；2. 是否海绵橡胶；3. 材质（橡胶品种）；4. 是否机器及仪器用；5. 是否硫化	6. 品牌（中文或外文名称）；7. 型号		
4016.9910	---机器及仪器用零件				
4016.9990	---其他				
40.17	**各种形状的硬质橡胶（例如，纯硬质胶），包括废碎料；硬质橡胶制品：**	1. 外观；2. 成分			
4017.0010	---各种形状的硬质橡胶，包括废碎料				
4017.0020	---硬质橡胶制品				

第八类 生皮、皮革、毛皮及其制品；鞍具及挽具；旅行用品、手提包及类似容器；动物肠线（蚕胶丝除外）制品

第四十一章 生皮（毛皮除外）及皮革

注释：

一、本章不包括：

（一）生皮的边角废料（税目05.11）；

（二）税目05.05或67.01的带羽毛或羽绒的整张或部分鸟皮；或

（三）带毛生皮或已鞣的带毛皮张（第四十三章）；但下列动物的带毛生皮应归入第四十一章：牛（包括水牛）、马、绵羊及羔羊（不包括阿斯特拉罕羔羊、大尾羔羊、卡拉库尔羔羊、波斯羔羊或类似羔羊、印度羔羊、中国羔羊或蒙古羔羊）、山羊或小山羊（不包括也门或蒙古山羊及小山羊）、猪（包括野猪）、小羚羊、瞪羚、骆驼（包括单峰骆驼）、驯鹿、麋、鹿、狍或狗。

二、（一）税目41.04至41.06不包括经退鞣（包括预鞣）加工的皮（酌情归入税目41.01至41.03）。

（二）税目41.04至41.06所称"坯革"，包括在干燥前经复鞣、染色或加油（加脂）的皮。

三、本协调制度所称"再生皮革"，仅指税目41.15的皮革。

【要素释义】

一、归类要素

1. 制作或保存方法：指商品在申报前经过的处理工艺及采用的保存方式。例如，税目41.01项下商品填报"鲜""干""盐渍""石灰浸渍""浸酸"等；税目41.05项下商品填报"鞣制无毛"；税目41.07项下商品填报"表面是否涂覆、涂覆何种物质等"；税目41.14项下商品填报"漆皮""镀金属"；子目4115.1项下商品填报"再生"等。

2. 种类：指根据事物本身的性质或特点而分成的类型。例如，税目41.02项下商品可填报"羔羊""绵羊"；税目41.03、41.06项下商品可填报"山羊""猪"等；税目41.05项下商品可填报"羔羊""绵羊"；税目41.07项下商品可填报"牛""马"等。

3. 状态：该要素含义有三种。（1）指商品的商业形态。例如，税目41.04项下商品可填报"干""湿"；税目41.07项下商品可填报"无毛全粒面未剖层""无毛粒面剖层"等；税目41.12项下商品可填报"无毛全粒面""无毛羊皮纸化"。税目41.02项下商品可填报"带毛""不带毛"；税目41.05项下商品可填报"湿""干"等。（2）指商品的表观特征。例如，税目41.01项下商品要填报"是否去肉修边"；税目41.02项下商品可填报"带毛""不带毛"；税目41.05项下商品可填报"湿""干"等。（3）指商品的外观形状。例如，税目41.15项下商品可填报"块""张""条""卷""边角料""粉末"等。

4. 用途：指该税目商品应用的方面、范围。例如，税目41.15项下商品应填报"不适宜作皮革制品用"；税则号列4107.1910、4107.9910项下商品应填报"机器带用"。

5. 平均每张重量：该要素专用于税目41.01项下商品，指一同报验的商品总重量与总张数的比值。

6. 是否鞣制：指税目41.01项下商品可填报"未鞣制""退鞣处理"。

7. 鞣制后是否经进一步加工：鞣制后经进一步加工的，需填报经何种加工。

二、价格要素

1. 种类：该要素是指本章中生皮来源的动物的种类，包括公牛、未育母牛、已育母牛、公母牛混合、奶牛、阉牛、小牛、马等。

2. 产区：指生皮的原产地。例如，澳大利亚维多利亚、新南威尔士，阿根廷潘帕斯草原等。

3. 规格：该要素是本章主要价格要素，不同税目项下的规格含义不同。

税目41.05和41.06项下皮革的规格是指"厚度和张幅"。皮革的厚度一般为0.8毫米~2.2毫米，厚度不同，用途不一。"张幅"以单位面积（平方英尺）衡量，如"1平方英尺"，勿使用单位字母及符号。

税目41.07和税目41.12~41.15项下皮革的规格是指皮革的"厚度和平均面积"。皮革的厚度一般为0.8毫米~2.2毫米,厚度不同,用途不一。"平均面积"以整批皮革产品的平均面积衡量,该要素是指若只知道总面积和重量,可根据总面积推算出"平均面积"。例如,"平均面积为0.8平方英尺"。

4. 请注明平方英尺数/张。该要素是税目41.05项下绵羊或羔羊生皮的价格要素,指生皮的面积。例如,山羊皮面积0.5平方米~0.9平方米(约5.38平方英尺~9.68平方英尺),小山羊皮约0.2平方米~0.5平方米。

5. 等级:该要素是税目41.02项下绵羊或羔羊生皮的价格要素,指绵羊或羔羊生皮的品质,品质按毛面和皮板分级。例如,"优选级""普通级"或"次级品"等。若为混装货,需填报各等级占比。

6. 用途:税目41.02项下商品的用途可分为两类,一类是毛革一体,另一类是制革用。税目41.01、41.04项下商品可填报"制衣""制鞋""家具""汽车座椅"等。

7. 是否源于野生动物:需填报"源于野生动物"或者"非源于野生动物"。

8. 品种:该要素是税目41.04经鞣制的不带毛牛皮(包括水牛皮)、马皮及其坯革的价格要素,需填报"全粒面未剖层""粒面剖层"或者其他品种。

9. 级别(头层皮TR1/2/3,二层皮A/B/C/D级):指按皮革外表是否有刀痕和颜色等划分的等级。头层皮可填报"一级""二级""三级"或者"等外品",二层皮可填报"A级""B级""C级"或"D级"。

10. 颜色:该要素是税目41.07项下商品的价格要素,指商品的外观颜色。例如,"黄色""深灰色""蓝色"等。

11. 是否经过筛选:该要素是子目4115.2项下"皮革或再生皮革的边角废料,不适宜作皮革制品用;皮革粉末"的价格要素。需申报是否经过人工筛选。例如,"经过人工筛选""未经人工筛选"或"统货"等。

12. 签约日期:指供求双方企业合同签订的日期,申报具体日期即可。例如,"20200701"。

13. 部位:需填报整张、半张、背皮、颈肩、颈、头颈等。

14. 是否经修边或裁剪:根据商品实际情况填报。

15. 鞣制方法:可填报植鞣、铬鞣、油鞣等。

税则号列	商品名称	申报要素			说明
		归类要素	价格要素	其他要素	
41.01	生牛皮(包括水牛皮)、生马科动物皮(鲜的、盐渍的、干的、石灰浸渍的、浸酸的或以其他方法保藏,但未鞣制、未经羊皮纸化处理或进一步加工的),不论是否去毛或剖层: -未剖层的整张皮,简单干燥的每张重量不超过8千克,干盐腌的不超过10千克,鲜的、湿盐腌的或以其他方法保藏的不超过16千克:				

税则号列	商品名称	申报要素			说明
		归类要素	价格要素	其他要素	
	---牛皮：	1.制作或保存方法（鲜、干、盐渍、石灰浸渍、浸酸）；2.是否鞣制（未鞣制、退鞣处理）；3.状态（整张/半张，是否去肉修边等）；4.平均每张重量	5.种类（公牛、未育/已育母牛、奶牛、阉牛、小牛、马等）；6.产区（如澳大利亚维多利亚、新南威尔士等）；7.等级（若为混装货，请注明各等级占比）；8.生产商名称；9.签约日期；10.用途		本税目仅指生皮。例：牛皮、盐干、整张臀部烙印、阉牛、厚度0.5~1毫米、平均每张64~66磅、一级
4101.2011	----经退鞣处理的				
4101.2019	----其他				
4101.2020	---马科动物皮	1.制作或保存方法（鲜、干、盐渍、石灰浸渍、浸酸）；2.是否鞣制（未鞣制、退鞣处理）；3.状态（整张/半张，是否去肉修边等）；4.平均每张重量	5.种类（公牛、未育/已育母牛、奶牛、阉牛、小牛、马等）；6.产区（如澳大利亚维多利亚、新南威尔士等）；7.等级（若为混装货，请注明各等级占比）；8.生产商名称；9.签约日期；10.用途		本税目仅指生皮。例：牛皮、盐干、整张臀部烙印、阉牛、厚度0.5~1毫米、平均每张64~66磅、一级

税则号列	商品名称	申报要素			说明
		归类要素	价格要素	其他要素	
	-整张皮，重量超过16千克：	1. 制作或保存方法（鲜、干、盐渍、石灰浸渍、浸酸）；2. 是否鞣制（未鞣制、退鞣处理）；3. 状态（整张/半张，是否去肉修边等）；4. 平均每张重量	5. 种类（公牛、未育/已育母牛、奶牛、阉牛、小牛、马等）；6. 产区（如澳大利亚维多利亚、新南威尔士等）；7. 等级（若为混装货，请注明各等级占比）；8. 生产商名称；9. 签约日期；10. 用途		本税目仅指生皮。例：牛皮、盐干、整张臀部烙印、阉牛、厚度0.5~1毫米、平均每张64~66磅、一级
	---牛皮：				
4101.5011	----经退鞣处理的				
4101.5019	----其他				
4101.5020	---马科动物皮				
	-其他，包括臀皮、背皮及腹皮：	1. 制作或保存方法（鲜、干、盐渍、石灰浸渍、浸酸）；2. 是否鞣制（未鞣制、退鞣处理）；3. 平均每张重量	4. 状态（整张/半张，是否去肉修边等）；5. 种类（公牛、未育/已育母牛、奶牛、阉牛、小牛、马等）；6. 产区（如澳大利亚维多利亚、新南威尔士等）；7. 等级（若为混装货，请注明各等级占比）；8. 生产商名称；9. 签约日期；10. 用途		本税目仅指生皮。例：牛皮、盐干、整张臀部烙印、阉牛、厚度0.5~1毫米、平均每张64~66磅、一级
	---牛皮：				
4101.9011	----经退鞣处理的				
4101.9019	----其他				
4101.9020	---马科动物皮				

税则号列	商品名称	申报要素			说明
		归类要素	价格要素	其他要素	
41.02	绵羊或羔羊生皮（鲜的、盐渍的、干的、石灰浸渍的、浸酸的或经其他方法保藏，但未鞣制、未经羊皮纸化处理或进一步加工的），不论是否带毛或剖层，但本章注释一（三）所述不包括的生皮除外：	1. 制作或保存方法（鲜、干、盐渍、石灰浸渍、浸酸、未鞣制、退鞣处理）；2. 状态（带毛、不带毛）	3. 种类（羔羊、绵羊）；4. 毛长（单位：英寸）；5. 张幅（单位：平方英尺）；6. 等级（若为混装货，请注明各等级占比）；7. 用途（毛革一体、制革）；8. 生产商名称；9. 签约日期		本税目仅指生皮
4102.1000	-带毛				
	-不带毛：				
	--浸酸的：				
4102.2110	---经退鞣处理的				
4102.2190	---其他				
	--其他：				
4102.2910	---经退鞣处理的				
4102.2990	---其他				
41.03	其他生皮（鲜的、盐渍的、干的、石灰浸渍的、浸酸的或以其他方法保藏，但未鞣制、未经羊皮纸化处理或进一步加工的），不论是否去毛或剖层，但本章注释一（二）或（三）所述不包括的生皮除外：	1. 制作或保存方法（鲜、干、盐渍、石灰浸渍、浸酸、未鞣制、退鞣处理）；2. 种类（山羊、猪、爬行动物等）	3. 是否源于野生动物；4. 张幅（单位：平方英尺）；5. 重量（单位：磅）；6. 等级（若为混装货，请注明各等级占比）；7. 生产商名称（英文全称）；8. 签约日期		
4103.2000	-爬行动物皮				
4103.3000	-猪皮				
	-其他：				
	---山羊板皮：				
4103.9011	----经退鞣处理的				
4103.9019	----其他				
	---其他山羊或小山羊皮：				
4103.9021	----经退鞣处理的				
4103.9029	----其他				

税则号列	商品名称	申报要素			说明
		归类要素	价格要素	其他要素	
4103.9090	---其他				
41.04	经鞣制的不带毛牛皮（包括水牛皮）、马科动物皮及其坯革，不论是否剖层，但未经进一步加工：	1. 状态（干、湿）	2. 鞣制方法（植鞣、铬鞣、油鞣等）；3. 鞣制后是否经进一步加工（是或否，如是请注明经何加工）；4. 种类（公牛、母牛、公母牛混合、奶牛、阉牛、马等）；5. 是否源于野生动物；6. 规格（厚度、平均尺寸及平均重量）；7. 品种；8. 用途；9. 级别（头层皮TR1/2/3，二层皮A/B/C/D级）；10. 部位（整张、半张、背皮、颈肩、颈、头颈等）；11. 是否经修边或裁剪；12. 生产商名称（英文全称）；13. 签约日期		
	-湿革（包括蓝湿皮）：				
	--全粒面未剖层革；粒面剖层革：				
	---牛皮：				
4104.1111	----蓝湿的				
4104.1119	----其他				
4104.1120	---马科动物皮				
	--其他：				
	---牛皮：				
4104.1911	----蓝湿的				
4104.1919	----其他				
4104.1920	---马科动物皮				

税则号列	商品名称	申报要素			说明
		归类要素	价格要素	其他要素	
4104.4100	-干革（坯革）： --全粒面未剖层革；粒面剖层革 --其他：				
4104.4910	---机器带用牛、马皮革				
4104.4990	---其他				
41.05	经鞣制的不带毛绵羊或羔羊皮革及其坯革，不论是否剖层，但未经进一步加工：	1. 制作或保存方法（鞣制无毛）；2. 状态（干、湿）	3. 种类（羔羊、绵羊）；4. 是否源于野生动物；5. 规格（厚度、张幅）		
	-湿革（包括蓝湿皮）：				
4105.1010	---蓝湿的				
4105.1090	---其他				
4105.3000	-干革（坯革）				
41.06	经鞣制的其他不带毛动物皮革及其坯革，不论是否剖层，但未经进一步加工：	1. 制作或保存方法（鞣制无毛）；2. 状态（干、湿）	3. 种类（如爬行动物、小山羊）；4. 是否源于野生动物；5. 规格（厚度、张幅、张数）		
	-山羊或小山羊的：				
4106.2100	--湿革（包括蓝湿皮）				
4106.2200	--干革（坯革）				
	-猪的：				
	--湿革（包括蓝湿皮）：				
4106.3110	---蓝湿的				
4106.3190	---其他				
4106.3200	--干革（坯革）				
4106.4000	-爬行动物的				
	-其他：				
4106.9100	--湿革（包括蓝湿皮）				
4106.9200	--干革（坯革）				
41.07	经鞣制或半硝处理后进一步加工的不带毛的牛皮革（包括水牛皮革）及马科动物皮革，包括羊皮纸化处理的皮革，不论是否剖层，但税目41.14的皮革除外： -整张的：				

税则号列	商品名称	申报要素 归类要素	申报要素 价格要素	申报要素 其他要素	说明
	--全粒面未剖层革：	1. 制作或保存方法（表面是否涂覆、涂覆何种物质等）；2. 状态（无毛全粒面未剖层、无毛粒面剖层）	3. 种类（牛、马等）；4. 是否整张；5. 牛皮层数；6. 规格（厚度、平均面积）；7. 颜色；8. 用途（鞋面、箱包、鞋底、家具、汽车座椅、皮带等）		
4107.1110	---牛皮				
4107.1120	---马科动物皮				
	--粒面剖层革：	1. 制作或保存方法（表面是否涂覆、涂覆何种物质等）；2. 状态（无毛全粒面未剖层、无毛粒面剖层）	3. 种类（牛、马等）；4. 是否整张；5. 牛皮层数；6. 规格（厚度、平均面积）；7. 颜色；8. 用途（鞋面、箱包、鞋底、家具、汽车座椅、皮带等）		
4107.1210	---牛皮				
4107.1220	---马科动物皮				
	--其他：				
4107.1910	---机器带用	1. 制作或保存方法（表面是否涂覆、涂覆何种物质等）；2. 状态（无毛全粒面未剖层、无毛粒面剖层等）；3. 用途（机器带用）	4. 种类（牛、马等）；5. 是否整张；6. 牛皮层数；7. 规格（厚度、平均面积）；8. 颜色		

税则号列	商 品 名 称	申 报 要 素			说 明
		归类要素	价格要素	其他要素	
4107.1990	---其他	1. 制作或保存方法（表面是否涂覆、涂覆何种物质等）；2. 状态（无毛全粒面未剖层、无毛粒面剖层等）	3. 种类（牛、马等）；4. 是否整张；5. 牛皮层数；6. 规格（厚度、平均面积）；7. 颜色；8. 用途（鞋面、箱包、鞋底、家具、汽车座椅、皮带等）		
	-其他，包括半张的：				
4107.9100	--全粒面未剖层革	1. 制作或保存方法（表面是否涂覆、涂覆何种物质等）；2. 状态（无毛全粒面未剖层、无毛粒面剖层等）	3. 种类（牛、马等）；4. 是否整张；5. 牛皮层数；6. 规格（厚度、平均面积）；7. 颜色；8. 用途（鞋面、箱包、鞋底、家具、汽车座椅、皮带等）		
4107.9200	--粒面剖层革	1. 制作或保存方法（表面是否涂覆、涂覆何种物质等）；2. 状态（无毛全粒面未剖层、无毛粒面剖层等）	3. 种类（牛、马等）；4. 是否整张；5. 牛皮层数；6. 规格（厚度、平均面积）；7. 颜色；8. 用途（鞋面、箱包、鞋底、家具、汽车座椅、皮带等）		
	--其他：				

税则号列	商品名称	申报要素			说明
		归类要素	价格要素	其他要素	
4107.9910	---机器带用	1. 制作或保存方法（表面是否涂覆、涂覆何种物质等）；2. 状态（无毛全粒面未剖层、无毛粒面剖层等）；3. 用途（机器带用）	4. 种类（牛、马等）；5. 是否整张；6. 牛皮层数；7. 规格（厚度、平均面积）；8. 颜色		
4107.9990	---其他	1. 制作或保存方法（表面是否涂覆、涂覆何种物质等）；2. 状态（无毛全粒面未剖层、无毛粒面剖层等）	3. 种类（牛、马等）；4. 是否整张；5. 牛皮层数；6. 规格（厚度、平均面积）；7. 颜色；8. 用途（鞋面、箱包、鞋底、家具、汽车座椅、皮带等）		
41.12	经鞣制或半硝处理后进一步加工的不带毛的绵羊或羔羊皮革，包括羊皮纸化处理的皮革，不论是否剖层，但税目41.14的皮革除外：		1. 种类；2. 状态（无毛全粒面或无毛羊皮纸化等）；3. 规格（厚度及面积）；4. 颜色		
4112.0000	经鞣制或半硝处理后进一步加工的不带毛的绵羊或羔羊皮革，包括羊皮纸化处理的皮革，不论是否剖层，但税目41.14的皮革除外				
41.13	经鞣制或半硝处理后进一步加工的不带毛的其他动物皮革，包括羊皮纸化处理的皮革，不论是否剖层，但税目41.14的皮革除外：	1. 制作或保存方法	2. 状态（无毛全粒面等）；3. 规格（长/宽或面积）；4. 整张/背皮/腹皮等		
4113.1000	-山羊或小山羊的				
4113.2000	-猪的				
4113.3000	-爬行动物的				
4113.9000	-其他				
41.14	油鞣皮革（包括结合鞣制的油鞣皮革）；漆皮及层压漆皮；镀金属皮革：	1. 制作或保存方法（漆皮、镀金属等）	2. 规格（厚度）；3. 请注明平方英尺数/张		

税则号列	商品名称	申报要素			说明
		归类要素	价格要素	其他要素	
4114.1000	-油鞣皮革（包括结合鞣制的油鞣皮革）				
4114.2000	-漆皮及层压漆皮；镀金属皮革				
41.15	以皮革或皮革纤维为基本成分的再生皮革，成块、成张或成条，不论是否成卷；皮革或再生皮革的边角废料，不适宜作皮革制品用；皮革粉末：				
4115.1000	-以皮革或皮革纤维为基本成分的再生皮革，成块、成张或成条的，不论是否成卷	1. 制作或保存方法（再生）；2. 状态（块、张、条、卷、边角料、粉末）		3. 规格（厚度）	
4115.2000	-皮革或再生皮革的边角废料，不适宜作皮革制品用；皮革粉末	1. 状态（块、张、条、卷、边角料、粉末）；2. 用途		3. 是否经过筛选	

第四十二章　皮革制品；鞍具及挽具；旅行用品、手提包及类似容器；动物肠线（蚕胶丝除外）制品

注释：

一、本章所称的"皮革"包括油鞣皮革（包括结合鞣制的油鞣皮革）、漆皮、层压漆皮和镀金属皮革。

二、本章不包括：

（一）外科用无菌肠线或类似的无菌缝合材料（税目30.06）；

（二）以毛皮或人造毛皮衬里或作面（仅饰边的除外）的衣服及衣着附件（分指手套、连指手套及露指手套除外）（税目43.03或43.04）；

（三）网线袋及类似品（税目56.08）；

（四）第六十四章的物品；

（五）第六十五章的帽类及其零件；

（六）税目66.02的鞭子、马鞭或其他物品；

（七）袖扣、手镯或其他仿首饰（税目71.17）；

（八）单独报验的挽具附件或装饰物，例如，马镫、马嚼子、马铃铛及类似品、带扣（一般归入第十五类）；

（九）弦线、鼓面皮或类似品及其他乐器零件（税目92.09）；

（十）第九十四章的物品（例如，家具、灯具及照明装置）；

（十一）第九十五章的物品（例如，玩具、游戏品及运动用品）；或

（十二）税目96.06的纽扣、揿扣、纽扣芯或这些物品的其他零件、纽扣坯。

三、（一）除上述注释二所规定的以外，税目42.02也不包括：

1. 非供长期使用的带把手塑料薄膜袋，不论是否印制（税目39.23）；

2. 编结材料制品（税目46.02）。

（二）税目42.02及42.03的制品，如果装有用贵金属、包贵金属、天然或养殖珍珠、宝石或半宝石（天然、合成或再造）制的零件，即使这些零件不是仅作为小配件或小饰物的，只要其未构成物品的基本特征，仍应归入上述税目。但如果这些零件已构成物品的基本特征，则应归入第七十一章。

四、税目42.03所称"衣服及衣着附件"，主要适用于分指手套、连指手套及露指手套（包括运动手套及防护手套）、围裙及其他防护用衣着、裤吊带、腰带、子弹带及腕带，但不包括表带（税目91.13）。

【要素释义】

一、归类要素

1. 材质：指商品的主体是用什么材料制成的。含皮革、再生皮革的，注明皮革种类。对于税目42.01项下商品指皮革、再生皮革、毛皮、纺织物或其他材料，可填报"牛皮制"；对于税目42.05项下商品指皮革或再生皮革，可填报"牛皮制"。

2. 表面材质及成分含量：该要素适用于税目42.02、42.03项下商品，指商品最外面的包覆层是用什么材料制成的，表面材质由两种及以上材料制成的，应填报各构成材料的含量。含皮革、再生皮革的，注明皮革种类。例如，子目4202.11项下商品可填报"70%牛皮，30%纺织物"；4202.12项下商品可填报"60%塑料，40%纺织物"等；子目4203.1项下商品可填报"100%牛皮"。

3. 种类：指根据事物本身的性质或特点而分成的类型。例如，子目4202.1项下商品可填报"衣箱""提箱""小手袋"等；子目4202.3项下商品可填报"钱夹""钱包""手机套"等适合放在口袋、手提袋内的商品。

4. 用途：指该税目商品应用的方面、范围。例如，子目4203.2项下商品应填报"专供运动用""劳保用"等，子目4205.002项下商品可填报"机械用""技术用"等。

5. 衣服种类：指属于什么类型的衣服。例如，税目42.03项下商品可填报"上衣""大衣"等。

二、价格要素

1. 品牌（中文或外文名称）：指制造商或经销商加在商品上的品牌标志，实际需要申报中文或外文品牌名称。例如，"SATCHELS牌"手提包。

2. 款号：指商品供货商或生产商管理商品所用的号码，即商品款式的号码，通用由英文字母或数字符号组成，用以区别季节、颜色、品类、号型等。

税则号列	商 品 名 称	申 报 要 素			说 明
		归类要素	价格要素	其他要素	
42.01	各种材料制成的鞍具及挽具（包括缰绳、挽绳、护膝垫、口套、鞍褥、马褡裢、狗外套及类似品），适合各种动物用：	1. 材质；2. 用途			
4201.0000	各种材料制成的鞍具及挽具（包括缰绳、挽绳、护膝垫、口套、鞍褥、马褡裢、狗外套及类似品），适合各种动物用				
42.02	衣箱、提箱、小手袋、公文箱、公文包、书包、眼镜盒、望远镜盒、照相机套、乐器盒、枪套及类似容器；旅行包、食品或饮料保温包、化妆包、帆布包、手提包、购物袋、钱夹、钱包、地图盒、烟盒、烟袋、工具包、运动包、瓶盒、首饰盒、粉盒、刀叉餐具盒及类似容器，用皮革或再生皮革、塑料片、纺织材料、钢纸或纸板制成，或者全部或主要用上述材料或纸包覆制成：				
	-衣箱、提箱、小手袋、公文箱、公文包、书包及类似容器：				
	--以皮革或再生皮革作面：	1. 种类（衣箱、提箱、小手袋等）；2. 表面材质及成分含量（皮革、再生皮革需具体到皮革种类）		3. 品牌（中文或外文名称）；4. 款号	
4202.1110	---衣箱				
4202.1190	---其他				
	--以塑料或纺织材料作面：	1. 种类（衣箱、提箱、小手袋等）；2. 表面材质及成分含量（塑料、纺织物等）		3. 品牌（中文或外文名称）；4. 款号	
4202.1210	---衣箱				
4202.1290	---其他				
4202.1900	--其他	1. 种类（衣箱、提箱、小手袋等）；2. 表面材质及成分含量		3. 品牌（中文或外文名称）；4. 款号	
	-手提包，不论是否有背带，包括无把手的：	1. 种类（手提包、晚宴包等）；2. 表面材质及成分含量（皮革、再生皮革、塑料、纺织物等）		3. 品牌（中文或外文名称）；4. 款号	
4202.2100	--以皮革或再生皮革作面				
4202.2200	--以塑料片或纺织材料作面				
4202.2900	--其他				

税则号列	商品名称	申报要素			说明
		归类要素	价格要素	其他要素	
	-通常置于口袋或手提包内的物品：	1.种类（钱夹、钱包、手机套等）；2.表面材质及成分含量（皮革、再生皮革、塑料、纺织物等）	3.品牌（中文或外文名称）；4.款号		
4202.3100	--以皮革或再生皮革作面				
4202.3200	--以塑料片或纺织材料作面				
4202.3900	--其他				
	-其他：	1.种类（工具包、运动包等）；2.表面材质及成分含量（皮革、再生皮革、塑料、纺织物等）	3.品牌（中文或外文名称）；4.款号		
4202.9100	--以皮革或再生皮革作面				
4202.9200	--以塑料片或纺织材料作面				
4202.9900	--其他				
42.03	**皮革或再生皮革制的衣服及衣着附件：**				
4203.1000	-衣服	1.表面材质及成分含量（皮革、再生皮革需具体到皮革种类）；2.衣服种类	3.品牌（中文或外文名称）；4.款号		
	-手套，包括连指或露指的：	1.用途（专供运动用、劳保用等）；2.表面材质及成分含量（皮革、再生皮革需具体到皮革种类）	3.品牌（中文或外文名称）；4.款号		
4203.2100	--专供运动用				
	--其他：				
4203.2910	---劳保手套				
4203.2990	---其他				
	-腰带及子弹带：	1.表面材质及成分含量（皮革、再生皮革需具体到皮革种类）	2.品牌（中文或外文名称）；3.款号		
4203.3010	---腰带				
4203.3020	---子弹带				
4203.4000	-其他衣着附件	1.表面材质及成分含量（皮革、再生皮革需具体到皮革种类）	2.品牌（中文或外文名称）；3.款号		
42.05	**皮革或再生皮革的其他制品：**				
4205.0010	---座套	1.材质（皮革或再生皮革）	2.品牌（中文或外文名称）		
4205.0020	---机器、机械器具或其他专门技术用途的	1.用途（机械、技术用等）；2.材质（皮革或再生皮革）	3.品牌（中文或外文名称）		

税则号列	商品名称	申报要素			说明
		归类要素	价格要素	其他要素	
4205.0090	---其他	1. 用途；2. 材质（皮革或再生皮革）	3. 品牌（中文或外文名称）		
42.06	肠线（蚕胶丝除外）、肠膜、膀胱或筋腱制品：	1. 用途；2. 是否无菌			蚕胶丝应归入税目 50.06；不包括税目 30.06 的货品
4206.0000	肠线（蚕胶丝除外）、肠膜、膀胱或筋腱制品				

第四十三章　毛皮、人造毛皮及其制品

注释：

一、本协调制度所称"毛皮"，是指已鞣的各种动物的带毛毛皮，但不包括税目 43.01 的生毛皮。

二、本章不包括：

（一）带羽毛或羽绒的整张或部分鸟皮（税目 05.05 或 67.01）；

（二）第四十一章的带毛生皮［参见该章注释一（三）］；

（三）用皮革与毛皮或用皮革与人造毛皮制成的分指手套、连指手套及露指手套（税目 42.03）；

（四）第六十四章的物品；

（五）第六十五章的帽件及其零件；或

（六）第九十五章的物品（例如，玩具、游戏品及运动用品）。

三、税目 43.03 包括加有其他材料缝合的毛皮和毛皮部分品，以及缝合成衣服、衣服部分品、衣着附件或其他制品的毛皮和毛皮部分品。

四、以毛皮或人造毛皮衬里或作面（仅饰边的除外）的衣服及衣着附件（不包括注释二所述的货品），应分别归入税目 43.03 或 43.04，但毛皮或人造毛皮仅作为装饰的除外。

五、本协调制度所称"人造毛皮"，是指以毛、发或其他纤维粘附或缝合于皮革、织物或其他材料之上而构成的仿毛皮，但不包括以机织或针织方法制得的仿毛皮（一般应归入税目 58.01 或 60.01）。

【要素释义】

一、归类要素

1. 种类：指根据事物本身的性质或特点而分成的类型。例如，税目 43.01 项下商品可填报"中国羔羊""波斯羔羊""狐皮""兔皮"等；税目 43.03 项下商品指衣服种类，可填报"大衣""上衣"等。

2. 状态：指货品的表观特征。例如，税目 43.01 项下商品可填报"生毛皮"。

3. 外观：指货品的商业形态。例如，税目 43.01 项下商品可填报"整张""头""尾""爪"等。

4. 制作或保存方法：该要素专用于税目 43.02 项下商品，指商品在申报前经过怎样的处理工艺。例如，"鞣制未缝制或已缝制毛皮"。

5. 材质：指货品的材料、原料。税目 43.03 项下商品需填报货品里层和外层的材料；税目 43.04 项下商品可填报"人造毛皮"。

二、价格要素

1. 等级：该要素是税目 43.01、43.02 项下商品的价格要素，以各拍卖会等级体系为准，残次品需明确种类及等级（中英文）。

2. 规格：规格应填报为长度×宽度。

3. 颜色：该要素是税目 43.01 项下毛皮产品的价格要素，指商品的外观颜色。可申报兔皮的颜色。如颜色申报"白色"等。

4. 品种：该要素是税目 43.01 项下毛皮产品的价格要素，需根据税目设置填报具体品种。

5. 性别：该要素是税目 43.01 项下毛皮产品的价格要素，需填报"公""母"。

6. 尺寸：该要素是税目 43.01 项下毛皮产品的价格要素。动物皮的尺寸大小指由动物鼻尖至尾根的长度尺寸，用"cm"表示，国际市场用"××号"表示。

7. 质量：该要素是税目 43.01、43.02 项下毛皮产品的价格要素。不同品种的毛皮质量分类不同。

8. 是否来自拍卖会及拍卖会日期：该要素是税目 43.01 项下毛皮产品的价格要素，需申报拍卖会的名称和拍卖会的日期。例如，"丹麦哥本哈根拍卖会，20200701"。

税则号列	商品名称	申报要素			说明
		归类要素	价格要素	其他要素	
43.01	生毛皮（包括适合加工皮货用的头、尾、爪及其他块、片），但税目41.01、41.02 或 41.03 的生皮除外：				明显不能作皮货用的毛皮的废料应归入税目 05.11；不包括税目41.01、41.02、41.03 的生皮
4301.1000	-整张水貂皮，不论是否带头、尾或爪	1. 状态（生毛皮）；2. 外观（整张、带头、尾、爪等）	3. 品种（深棕、黑十字等）；4. 性别（公、母）；5. 尺寸（50号、40号等）；6. 颜色；7. 等级（以各拍卖会等级体系为准、残次皮需明确种类及等级）（中英文）；8. 是否来自拍卖会及拍卖日期、把号		
4301.3000	-下列羔羊的整张毛皮，不论是否带头、尾或爪：阿斯特拉罕羔羊、大尾羔羊、卡拉库尔羔羊、波斯羔羊及类似羔羊、印度、中国或蒙古羔羊	1. 种类（中国羔羊、波斯羔羊等）；2. 状态（生毛皮）；3. 外观（整张、头、尾、爪等）			
4301.6000	-整张狐皮，不论是否带头、尾或爪	1. 种类（蓝狐、蓝霜狐皮等）；2. 状态（生毛皮）；3. 外观（整张、头、尾、爪等）	4. 尺寸（50号、40号等）；5. 颜色（深、浅）；6. 质量（世家皇冠、世家级等）；7. 是否来自拍卖会及拍卖日期		
	-整张的其他毛皮，不论是否带头、尾或爪：				
4301.8010	---整张兔皮，不论是否带头、尾或爪	1. 种类（兔皮等）；2. 状态（生毛皮）；3. 外观（整张、头、尾、爪等）	4. 颜色（白色、黑色等）		

税则号列	商品名称	申报要素			说明
		归类要素	价格要素	其他要素	
4301.8090	---其他	1. 种类（中国羔羊、波斯羔羊、狐皮、兔皮等）；2. 状态（生毛皮）；3. 外观（整张、头、尾、爪等）			
	-适合加工皮货用的头、尾、爪及其他块、片：	1. 种类（中国羔羊、波斯羔羊、狐皮、兔皮等）；2. 状态（生毛皮）；3. 外观（整张、头、尾、爪等）			
4301.9010	---黄鼠狼尾				
4301.9090	---其他				
43.02	未缝制或已缝制（不加其他材料）的已鞣毛皮（包括头、尾、爪及其他块、片），但税目43.03的货品除外：				
	-未缝制的整张毛皮，不论是否带头、尾或爪：				
4302.1100	--水貂皮	1. 制作或保存方法（鞣制未缝制或已缝制毛皮）；2. 外观（整张、带头、尾、爪等）	3. 重量、张数；4. 品种（深棕、黑十字等）；5. 性别（公、母）；6. 尺寸（50号、40号等）；7. 颜色；8. 等级（以各拍卖会等级体系为准、残次皮需明确种类及等级）（中英文）；9. 是否来自拍卖会及拍卖日期、把号		
	--其他：				
4302.1910	---灰鼠皮、白鼬皮、其他貂皮、狐皮、水獭皮、旱獭皮及猞猁皮	1. 种类（蓝狐、蓝霜狐皮等）；2. 制作或保存方法（鞣制未缝制或已缝制毛皮）；3. 外观（整张、头、尾、爪等）	4. 尺寸（50号、40号等）；5. 颜色（深、浅）；6. 质量（世家皇冠、世家级等）；7. 是否来自拍卖会及拍卖会日期		

税则号列	商品名称	申报要素			说明
		归类要素	价格要素	其他要素	
4302.1920	---兔皮	1. 种类（兔皮等）；2. 制作或保存方法（鞣制未缝制或已缝制毛皮）；3. 外观（整张、头、尾、爪等）	4. 规格		
4302.1930	---下列羔羊皮：阿斯特拉罕羔羊、大尾羔羊、卡拉库尔羔羊、波斯羔羊及类似羔羊，印度、中国或蒙古羔羊	1. 种类（中国羔羊、波斯羔羊等）；2. 制作或保存方法（鞣制未缝制或已缝制毛皮）；3. 外观（整张、头、尾、爪等）	4. 规格		
4302.1990	---其他	1. 种类（中国羔羊、波斯羔羊、狐皮、兔皮等）；2. 制作或保存方法（鞣制未缝制或已缝制毛皮）；3. 外观（整张、头、尾、爪等）	4. 规格		
4302.2000	-未缝制的头、尾、爪及其他块、片	1. 种类（中国羔羊、波斯羔羊、狐皮、兔皮等）；2. 制作或保存方法（鞣制未缝制或已缝制毛皮）；3. 外观（整张、头、尾、爪等）	4. 规格		
	-已缝制的整张毛皮及其块、片：	1. 种类（中国羔羊、波斯羔羊、狐皮、兔皮等）；2. 制作或保存方法（鞣制未缝制或已缝制毛皮）；3. 外观（整张、头、尾、爪等）	4. 规格		
4302.3010	---灰鼠、白鼬、貂、狐、水獭、旱獭及猞猁的整张毛皮及其块、片				
4302.3090	---其他				
43.03	**毛皮制的衣服、衣着附件及其他物品：**	1. 衣服种类	2. 材质（里、外）		
	-衣服及衣着附件：				
4303.1010	---毛皮衣服				
4303.1020	---毛皮衣着附件				
4303.9000	-其他				
43.04	**人造毛皮及其制品：**	1. 材质（人造毛皮）			
4304.0010	---人造毛皮				
4304.0020	---人造毛皮制品				

第九类　木及木制品；木炭；软木及软木制品；稻草、秸秆、针茅或其他编结材料制品；篮筐及柳条编结品

第四十四章　木及木制品；木炭

注释：

一、本章不包括：

(一) 主要作香料、药料、杀虫、杀菌或类似用途的木片、刨花、碎木、木粒或木粉（税目12.11）；

(二) 竹或主要作编结用的其他木质材料，呈原木状，不论是否经劈开、纵锯或切段（税目14.01）；

(三) 主要作染料或鞣料用的木片、刨花、木粒或木粉（税目14.04）；

(四) 活性炭（税目38.02）；

(五) 税目42.02的物品；

(六) 第四十六章的货品；

(七) 第六十四章的鞋靴及其零件；

(八) 第六十六章的货品（例如，伞、手杖及其零件）；

(九) 税目68.08的货品；

(十) 税目71.17的仿首饰；

(十一) 第十六类或第十七类的货品（例如，机器零件，机器及器具的箱、罩、壳，车辆部件）；

(十二) 第十八类的货品（例如，钟壳、乐器及其零件）；

(十三) 火器的零件（税目93.05）；

(十四) 第九十四章的物品（例如，家具、灯具及照明装置、活动房屋）；

(十五) 第九十五章的物品（例如，玩具、游戏品及运动用品）；

(十六) 第九十六章的物品（例如，烟斗及其零件、纽扣、铅笔、独脚架、双脚架、三脚架及类似品），但税目96.03所列物品的木身及木柄除外；或

(十七) 第九十七章的物品（例如，艺术品）。

二、本章所称"强化木"，是指经过化学或物理方法处理（对于多层黏合木材，其处理应超出一般黏合需要），从而增加了密度或硬度并改善了机械强度、抗化学或抗电性能的木材。

三、税目44.14至44.21适用于碎料板或类似木质材料板、纤维板、层压板或强化木的制品。

四、税目44.10、44.11或44.12的产品，可以加工成税目44.09所述的各种形状，也可以加工成弯曲、瓦楞、多孔或其他形状（正方形或矩形除外），以及经其他任何加工，但未具有其他税目所列制品的特性。

五、税目44.17不包括装有第八十二章注释一所述材料制成的刀片、工作刃、工作面或其他工作部件的工具。

六、除上述注释一及其他条文另有规定的以外，本章税目中所称"木"，也包括竹及其他木质材料。

子目注释：

一、子目4401.31所称"木屑棒"是指由木材加工业、家具制造业及其他木材加工活动中产生的副产品（例如，刨花、锯末及碎木片）直接压制而成或加入按重量计不超过3%的黏合剂后黏聚而成的产品。此类产品呈圆柱状，其直径不超过25毫米，长度不超过100毫米。

二、子目4401.32所称的"木屑块"是指由木材加工业、家具制造业及其他木材加工活动中产生的副产品（例如，刨花、锯末及碎木片）直接压制而成或加入按重量计不超过3%的黏合剂后黏聚而成的产品。此类产品呈立方体，多面体或圆柱状，其最小横截面尺寸大于25毫米。

三、子目4407.13所称"云杉-松木-冷杉"是指来源于云杉、松木、冷杉混合林的木材，其各树种的比例是未知的且各不相同。

四、子目4407.14所称"铁杉-冷杉"是指来源于西部铁杉、冷杉混合林的木材，其各树种的比例是未知的且各不相同。

【要素释义】

一、归类要素

1. 种类：指货品来源的具体树种。树种名称包括中文、拉丁文属名及种名。根据木材行业的国家标准和国际通行的木材命名原则，拉丁学名是树种名称最准确的表达方式，也是认定树种的根本标准。

2. 外观：该要素含义有两种情况。（1）指货品的外观形状。例如，税目44.04项下商品可填报"棒状""条状"等；税目44.13项下商品可填报"块""板""条""异型"等。（2）指货品的商业形态。例如，税目44.09项下商品可填报"舌榫""槽榫""半槽榫"等。

3. 规格：指货品的外形尺寸。例如，第四十四章项下商品需填报"长度×宽度""直径"等。

4. 厚度（毫米）：指商品的外形厚度，填报时应统一换算成"毫米"。例如，税目44.07项下商品可填报"16毫米"等。

5. 是否活化：木炭如果经过活化加工即成为税目38.02的活性炭，故税目44.02项下木炭需填报"未活化"。

6. 材质：指货品的材料、原料。例如：税目44.02项下商品可填报"竹质""木质"等；税目44.10项下商品可填报"木质或类似木质材料"；税目44.14~44.21项下商品可填报"木制""竹制""其他木质材料制"等。

7. 加工方法：指货品在申报前经过怎样的处理工艺。例如，子目4403.1项下商品可填报"用油漆、着色剂等防腐剂处理等；是否去皮、去边或粗锯成方"；税目44.04项下商品可填报"是否经纵锯、车圆、弯曲或其他方法加工"；税目44.06项下商品可填报"是否浸渍"；税目44.07项下商品可填报"纵锯""纵切""刨切""旋切"等；税目44.08项下商品可填报"纵锯""刨切""旋切"等；税目44.13项下商品可填报"压缩""浸渍"等。

8. 用途：指商品应用的方面、范围。例如，子目4401.4项下商品可填报"制纸浆用"；税目44.05项下商品可填报"制碎料板用"；税目44.08项下商品可填报"饰面用""制胶合板用"等；税目44.15项下商品可填报"包装用""装载用"等；税目44.18项下商品可填报"建筑用"等。

9. 密度（克/立方厘米）：该要素专用于税目44.11项下商品，指货品每单位体积的质量，填报时应统一换算成每立方厘米的克重。

10. 请注明是否辐射松制：该要素专用于税目44.11项下商品，辐射松是树种名称。

11. 每层材质及树种名称：该要素专用于税目44.12项下商品，树种名称应包含中文及拉丁学名。

12. 最大的单层厚度：该要素专用于税目44.12项下商品，指多层板的最大的单层材料的厚度。

13. 是否是一次性制品：该要素专用于子目4421.9项下商品，一次性制品是指类似圆签、圆棒、冰果棒、压舌片等形状简单、不适合重复使用的货品。

14. 类型：该要素为税目44.18项下商品专有归类要素。例如，子目4418.7项下商品可填报"马赛克地板""多层地板"等。

15. 最小截面尺寸：税目44.03项下商品应填报树干的上端（顶部）测量的尺寸（通常为直径）。

二、价格要素

1. 碳含量：该要素是子目4402.9项下其他木炭的固有价格要素，用百分比表示。实验测得的碳含量指将测得的水分、灰分、挥发分从总重量中减去，其差值与原样品炭之百分比为"固定碳含量"。

2. 挥发分：该要素是子目4402.9项下其他木炭的固有价格要素，用百分比表示"挥发分的数量"。木炭在高温下煅烧时放出的一氧化碳、二氧化碳、氢、甲烷和其他碳氢化合物等气体产物为挥发分。

3. 长度：该要素是税目44.03项下原木的价格要素。原木的长度用"米"来表示，用检尺长检原木两端断面之间的距离，以0.2米为一个增进单位，不足0.2米的尾数舍去不计，如6.01米至6.19米按6.0米计。

4. 级别：该要素是税目44.03项下商品专有价格要素，指木材的加工等级。

5. 等级：该要素是税目44.07项下、44.08项下商品价格要素，指商品的外观划分的等级。例如，美国产的该税目项下的阔叶木板材，等级可填报"FAS级""普1级（No.1C）""普2级（No.2AC）"等；产自东南亚地区的橡胶木板材和单板，等级可填报"A级""B级""C级""AB级"等。

6. 毛边板或直边板请注明：该要素是子目4407.92项下山毛榉木的价格要素，只需直接申报"毛边板"或"直边板"。

7. 是否蓝变：蓝变指树木在砍伐后，没有经过及时有效的防腐处理，长期放置在潮湿不通风的环境中，木材内部环境发生化学变化，变色菌侵入木材内部，蓝变真菌菌丝分泌出着色物将胞壁染色，木材出现淡蓝色的现象，使得木材质量下降。根据实际情况填报"蓝变"或"未蓝变"。

8. 是否烘干：指木材是否经过烘干处理。根据实际情况填报"烘干"或"未烘干"。

9. 签约日期：指供求双方企业合同签订的日期，申报具体日期即可。例如，"20200701"。

10. 请注明立方米数或平方米数：该要素是本章项下板材的价格要素，按实际成交的立方米或者平方米填报。

11. 小包装类别（塑料、纸质等）：指税则号列4419.9010项下一次性筷子如果是小包装的，应填报包装所用材料（塑料、纸等）。

12. 包含附件请注明附件名称：指与一次性筷子一同装于小包装袋中的牙签、餐巾纸等其他与就餐有关的小附件。如有，则填写具体名称，如无，则填写"无附件"。

13. 类型：如橡木桶根据桶型可以申报"波尔多桶""勃艮第桶"和"雪莉桶"等。
14. 生产年份：完成所有生产工序，成为成品的年份，如"2024年"等。

税则号列	商品名称	申报要素 归类要素	申报要素 价格要素	申报要素 其他要素	说明
44.01	薪柴（圆木段、块、枝、成捆或类似形状）；木片或木粒；锯末、木废料及碎片，不论是否粘结成圆木段、块、片或类似形状：				涂有树脂或以其他方法制成点火物的木及木废料归入税目36.06
	-薪柴（圆木段、块、枝、成捆或类似形状）：	1. 种类（中文、拉丁文属名、拉丁文种名）；2. 外观（圆木段、块、枝、成捆或类似形状等）			
4401.1100	--针叶木				
4401.1200	--非针叶木				
	-木片或木粒：	1. 种类（中文、拉丁文属名、拉丁文种名）	2. 规格；3. 用途		
4401.2100	--针叶木				
4401.2200	--非针叶木				
	-锯末、木废料及碎片，粘结成圆木段、块、片或类似形状：				
4401.3100	--木屑棒	1. 外观（棒）；2. 规格（直径×长度）			
4401.3200	--木屑块	1. 外观（块）；2. 规格（最小截面尺寸）			
4401.3900	--其他	1. 外观（片等类似形状）			
	-锯末、木废料及碎片，未粘结的：	1. 外观（末、废料、碎片等）；2. 用途			
4401.4100	--锯末				
4401.4900	--其他				
44.02	木炭（包括果壳炭及果核炭），不论是否结块：				与香料混合后制成片状或其他形状的木炭归入税目33.07；活性炭归入税目38.02；绘图用木炭（炭笔）归入税目96.09
4402.1000	-竹的	1. 材质；2. 是否活化			
4402.2000	-果壳的或果核的	1. 材质；2. 是否活化			
4402.9000	-其他	1. 材质；2. 是否活化	3. 碳含量；4. 挥发分		

税则号列	商品名称	申报要素			说明
		归类要素	价格要素	其他要素	
44.03	原木，不论是否去皮、去边材或粗锯成方：				
	-用油漆、着色剂、杂酚油或其他防腐剂处理：	1. 种类（中文、拉丁文属名、拉丁文种名）；2. 加工方法（用油漆、着色剂等防腐剂处理等；是否去皮、去边或粗锯成方等）；3. 最小截面尺寸	4. 长度；5. 是否蓝变；6. 是否烘干；7. 签约日期		
4403.1100	--针叶木				
4403.1200	--非针叶木				
	-其他，针叶木：	1. 种类（中文、拉丁文属名、拉丁文种名）；2. 加工方法（是否去皮、去边或粗锯成方等）；3. 最小截面尺寸	4. 长度；5. 级别（锯材级、切片级等）；6. 是否蓝变；7. 是否烘干；8. 签约日期		
	--松木（松属），最小截面尺寸在15厘米及以上：				
4403.2110	---红松和樟子松				
4403.2120	---辐射松				
4403.2190	---其他				
	--其他松木（松属）：				
4403.2210	---红松和樟子松				
4403.2220	---辐射松				
4403.2290	---其他				
4403.2300	--冷杉和云杉，最小截面尺寸在15厘米及以上				
4403.2400	--其他冷杉和云杉				
	--其他，最小截面尺寸在15厘米及以上				
4403.2510	---落叶松				
4403.2520	---花旗松				
4403.2590	---其他				
	--其他				
4403.2610	---落叶松				
4403.2620	---花旗松				
4403.2690	---其他				
	-其他，热带木：	1. 种类（中文、拉丁文属名、拉丁文种名）；2. 加工方法（是否去皮、去边或粗锯成方等）；3. 最小截面尺寸	4. 长度；5. 级别（锯材级、切片级等）；6. 是否蓝变；7. 是否烘干；8. 签约日期		
4403.4100	--深红色红柳桉木、浅红色红柳桉木及巴栲红柳桉木				

税则号列	商品名称	申报要素			说明
		归类要素	价格要素	其他要素	
4403.4200	--柚木				
	--其他:				
4403.4920	---奥克曼（奥克榄）				
4403.4930	---龙脑香木（克隆）				
4403.4940	---山樟（香木）				
4403.4950	---印茄木（波罗格）				
4403.4960	---大干巴豆（门格里斯或康派斯）				
4403.4970	---异翅香木				
4403.4980	---红木				
4403.4990	---其他	1. 种类（中文、拉丁文属名、拉丁文种名）；2. 加工方法（是否去皮、去边或粗锯成方等）；3. 最小截面尺寸	4. 长度；5. 级别（锯材级、切片级等）；6. 是否蓝变；7. 是否烘干；8. 签约日期		
	-其他:				
4403.9100	--栎木（橡木）				
4403.9300	--水青冈木（山毛榉木），最小截面尺寸在15厘米及以上				
4403.9400	--其他水青冈木（山毛榉木）				
4403.9500	--桦木，最小截面尺寸在15厘米及以上				
4403.9600	--其他桦木				
4403.9700	--杨木				
4403.9800	--桉木				
	--其他:				
4403.9930	---红木，但税号4403.4980所列热带红木除外				
4403.9940	---泡桐木				
4403.9950	---水曲柳				
4403.9960	---北美硬阔叶木				
4403.9980	---其他未列名的温带非针叶木				
4403.9990	---其他				
44.04	箍木；木劈条；已削尖但未经纵锯的木桩；粗加修整但未经车圆、弯曲或其他方式加工的木棒，适合制手杖、伞柄、工具把柄及类似品；木片条及类似品：	1. 种类（中文、拉丁文属名、拉丁文种名）；2. 外观（棒状、条状等）；3. 加工方法（是否经纵锯、车圆、弯曲或其他方式加工）			
4404.1000	-针叶木的				
4404.2000	-非针叶木的				
44.05	木丝；木粉：	1. 用途	2. 如为木粉且单一材种注明中文、拉丁文属名及种名		

税则号列	商品名称	申报要素			说明
		归类要素	价格要素	其他要素	
4405.0000	木丝；木粉				
44.06	铁道及电车道枕木：	1. 加工方法（是否浸渍）；2. 规格（长×宽×高）；3. 种类（中文、拉丁文属名、拉丁文种名）			
	-未浸渍：				
4406.1100	--针叶木				
4406.1200	--非针叶木				
	-其他：				
4406.9100	--针叶木				
4406.9200	--非针叶木				
44.07	经纵锯、纵切、刨切或旋切的木材，不论是否刨平、砂光或端部接合，厚度超过6毫米：				
	-针叶木：	1. 种类（中文、拉丁文属名、拉丁文种名）；2. 规格（长度×宽度）；3. 厚度（毫米）；4. 加工方法（是否经纵锯、纵切、刨切或旋切）	5. 等级；6. 是否蓝变；7. 是否净边；8. 是否烘干；9. 签约日期		
	--松木（松属）：				
4407.1110	---红松和樟子松				
4407.1120	---辐射松				
4407.1200	--冷杉及云杉				
4407.1300	--云杉-松木-冷杉				
4407.1400	--铁杉-冷杉				
	--其他：				
4407.1910	---花旗松				
4407.1990	---其他				
	-热带木：	1. 种类（中文、拉丁文属名、拉丁文种名）；2. 规格（长度×宽度）；3. 厚度（毫米）	4. 等级；5. 是否蓝变；6. 是否净边；7. 是否烘干；8. 签约日期		
4407.2100	--美洲桃花心木				
4407.2200	--苏里南肉豆蔻木、细孔绿心樟及美洲轻木				
4407.2300	--柚木				
4407.2500	--深红色红柳桉木、浅红色红柳桉木及巴棒红柳桉木				
4407.2600	--白柳桉木、白色红柳桉木、白色柳桉木、黄色红柳桉木及阿兰木				
4407.2700	--沙比利				
4407.2800	--伊罗科木				

税则号列	商品名称	申报要素			说明
		归类要素	价格要素	其他要素	
	--其他：				
4407.2920	---非洲桃花心木				
4407.2930	---波罗格				
4407.2940	---红木				
4407.2990	---其他				
	-其他：				
4407.9100	--栎木（橡木）	1.种类（中文、拉丁文属名、拉丁文种名）；2.规格（长度×宽度）；3.厚度（毫米）	4.等级；5.是否蓝变；6.是否净边；7.是否烘干；8.签约日期		
4407.9200	--水青冈木（山毛榉木）	1.种类（中文、拉丁文属名、拉丁文种名）；2.规格（长度×宽度）；3.厚度（毫米）	4.等级；5.毛边板或直边板请注明；6.是否蓝变；7.是否净边；8.是否烘干；9.签约日期		
4407.9300	--槭木（枫木）	1.种类（中文、拉丁文属名、拉丁文种名）；2.规格（长度×宽度）；3.厚度（毫米）	4.等级；5.是否蓝变；6.是否净边；7.是否烘干；8.签约日期		
4407.9400	--樱桃木	1.种类（中文、拉丁文属名、拉丁文种名）；2.规格（长度×宽度）；3.厚度（毫米）	4.等级；5.是否蓝变；6.是否净边；7.是否烘干；8.签约日期		
4407.9500	--白蜡木	1.种类（中文、拉丁文属名、拉丁文种名）；2.规格（长度×宽度）；3.厚度（毫米）	4.等级；5.是否蓝变；6.是否净边；7.是否烘干；8.签约日期		
4407.9600	--桦木	1.种类（中文、拉丁文属名、拉丁文种名）；2.规格（长度×宽度）；3.厚度（毫米）	4.等级；5.是否蓝变；6.是否净边；7.是否烘干；8.签约日期		
4407.9700	--杨木	1.种类（中文、拉丁文属名、拉丁文种名）；2.规格（长度×宽度）；3.厚度（毫米）	4.等级；5.是否蓝变；6.是否净边；7.是否烘干；8.签约日期		
	--其他：				

税则号列	商品名称	申报要素			说明
		归类要素	价格要素	其他要素	
4407.9910	---红木，但税号4407.2940所列热带红木除外	1.种类（中文、拉丁文属名、拉丁文种名）；2.规格（长度×宽度）；3.厚度（毫米）	4.等级；5.是否蓝变；6.是否净边；7.是否烘干；8.签约日期		
4407.9920	---泡桐木	1.种类（中文、拉丁文属名、拉丁文种名）；2.规格（长度×宽度）；3.厚度（毫米）	4.等级；5.是否蓝变；6.是否净边；7.是否烘干；8.签约日期		
4407.9930	---北美硬阔叶木	1.种类（中文、拉丁文属名、拉丁文种名）；2.规格（长度×宽度）；3.厚度（毫米）	4.等级；5.是否蓝变；6.是否净边；7.是否烘干；8.签约日期		
4407.9980	---其他未列名的温带非针叶木	1.种类（中文、拉丁文属名、拉丁文种名）；2.规格（长度×宽度）；3.厚度（毫米）	4.等级；5.是否蓝变；6.是否净边；7.是否烘干；8.签约日期		
4407.9990	---其他	1.种类（中文、拉丁文属名、拉丁文种名）；2.规格（长度×宽度）；3.厚度（毫米）	4.等级；5.是否蓝变；6.是否净边；7.是否烘干；8.签约日期		
44.08	饰面用单板（包括刨切积层木获得的单板）、制胶合板或类似多层板用单板以及其他经纵锯、刨切或旋切的木材，不论是否刨平、砂光、拼接或端部结合，厚度不超过6毫米：	1.用途（饰面用等）；2.种类（中文、拉丁文属名、拉丁文种名）；3.规格（长度×宽度）；4.厚度（毫米）；5.加工方法（纵锯、刨切、旋切等）	6.请注明立方米数或平方米数；7.等级		
	-针叶木：				
	---饰面用单板：				
4408.1011	----用胶合板等多层板制的				
4408.1019	----其他				
4408.1020	---制胶合板用单板				
4408.1090	---其他				
	-热带木：				
	--深红色红柳桉木、浅红色红柳桉木及巴栲红柳桉木：				
	---饰面用单板：				
4408.3111	----用胶合板等多层板制的				
4408.3119	----其他				
4408.3120	---制胶合板用单板				

税则号列	商品名称	申报要素			说明
		归类要素	价格要素	其他要素	
4408.3190	---其他				
	--其他：				
	---饰面用单板：				
4408.3911	----用胶合板等多层板制的				
4408.3919	----其他				
4408.3920	---制胶合板用单板				
4408.3990	---其他				
	-其他：				
	---饰面用单板：				
4408.9011	----用胶合板等多层板制的				
4408.9012	----温带非针叶木制				
4408.9013	----竹制				
4408.9019	----其他				
	---制胶合板用单板：				
4408.9021	----温带非针叶木制				
4408.9029	----其他				
	---其他：				
4408.9091	----温带非针叶木制				
4408.9099	----其他				
44.09	任何一边、端或面制成连续形状（舌榫、槽榫、半槽榫、斜角、V形接头、珠榫、缘饰、刨圆及类似形状）的木材（包括未装拼的拼花地板用板条及缘板），不论其任意一边或面是否刨平、砂光或端部接合：	1.种类（中文、拉丁文属名、拉丁文种名）；2.外观（舌榫、槽榫、半槽榫等）；3.规格（长度×宽度）；4.厚度（毫米）；5.加工方法			
	-针叶木：				
4409.1010	---地板条（块）				
4409.1090	---其他				
	-非针叶木：				
	--竹的：				
4409.2110	---地板条（块）				
4409.2190	---其他				
	--热带木的：				
4409.2210	---地板条（块）				
4409.2290	---其他				
	--其他：				
4409.2910	---地板条（块）				
4409.2990	---其他				
44.10	碎料板、定向刨花板（OSB）及类似板（例如，华夫板），木或其他木质材料制，不论是否用树脂或其他有机黏合剂黏合：	1.材质（木质或类似木质材料）	2.请注明立方米数或平方米数		用水泥、石膏或其他无机黏合物质黏聚而成的木质材料板归入税目68.08
	-木制：				

税则号列	商品名称	申报要素			说明
		归类要素	价格要素	其他要素	
4410.1100	--碎料板				
4410.1200	--定向刨花板（OSB）				
4410.1900	--其他				
	-其他：				
	---碎料板：				
4410.9011	----麦稻秸秆制				
4410.9019	----其他				
4410.9090	---其他				
44.11	**木纤维板或其他木质材料纤维板，不论是否用树脂或其他有机粘合剂粘合：**				
	-中密度纤维板（MDF）：				
	--厚度不超过5毫米：	1. 加工方法（是否经机械加工或盖面、干法、湿法等）；2. 密度（克/立方厘米）；3. 厚度（毫米）；4. 请注明是否辐射松制	5. 请注明立方米数或平方米数		
	---密度超过每立方厘米0.8克：				
4411.1211	----未经机械加工或盖面的				
4411.1219	----其他				
	---密度超过每立方厘米0.5克，但未超过每立方厘米0.8克：				
4411.1221	----辐射松制的				
4411.1229	----其他				
	---其他：				
4411.1291	----未经机械加工或盖面的				
4411.1299	----其他				
	--厚度超过5毫米，但未超过9毫米：				
	---密度超过每立方厘米0.8克：				
4411.1311	----未经机械加工或盖面的	1. 加工方法（是否经机械加工或盖面、干法、湿法等）；2. 密度（克/立方厘米）；3. 厚度（毫米）；4. 请注明是否辐射松制	5. 请注明立方米数或平方米数		
4411.1319	----其他	1. 加工方法（是否经机械加工或盖面、干法、湿法等）；2. 密度（克/立方厘米）；3. 厚度（毫米）；4. 请注明是否辐射松制	5. 请注明立方米数或平方米数		

税则号列	商品名称	申报要素 归类要素	申报要素 价格要素	申报要素 其他要素	说明
	---密度超过每立方厘米0.5克，但未超过每立方厘米0.8克：	1.加工方法（是否经机械加工或盖面、干法、湿法等）；2.密度（克/立方厘米）；3.厚度（毫米）；4.请注明是否辐射松制	5.请注明立方米数或平方米数		
4411.1321	----辐射松制的				
4411.1329	----其他				
	---其他：	1.加工方法（是否经机械加工或盖面、干法、湿法等）；2.密度（克/立方厘米）；3.厚度（毫米）；4.请注明是否辐射松制	5.请注明立方米数或平方米数		
4411.1391	----未经机械加工或盖面的				
4411.1399	----其他				
	--厚度超过9毫米：				
	---密度超过每立方厘米0.8克：				
4411.1411	----未经机械加工或盖面的	1.加工方法（是否经机械加工或盖面、干法、湿法等）；2.密度（克/立方厘米）；3.厚度（毫米）；4.请注明是否辐射松制	5.请注明立方米数或平方米数		
4411.1419	----其他	1.加工方法（是否经机械加工或盖面、干法、湿法等）；2.密度（克/立方厘米）；3.厚度（毫米）；4.请注明是否辐射松制	5.请注明立方米数或平方米数		
	---密度超过每立方厘米0.5克，但未超过每立方厘米0.8克：	1.加工方法（是否经机械加工或盖面、干法、湿法等）；2.密度（克/立方厘米）；3.厚度（毫米）；4.请注明是否辐射松制	5.请注明立方米数或平方米数		
4411.1421	----辐射松制的				
4411.1429	----其他				

税则号列	商品名称	申报要素			说明
		归类要素	价格要素	其他要素	
	---其他：	1.加工方法（是否经机械加工或盖面、干法、湿法等）；2.密度（克/立方厘米）；3.厚度（毫米）；4.请注明是否辐射松制	5.请注明立方米数或平方米数		
4411.1491	----未经机械加工或盖面的				
4411.1499	----其他				
	-其他：	1.加工方法（是否经机械加工或盖面、干法、湿法等）；2.密度（克/立方厘米）；3.请注明是否辐射松制	4.请注明立方米数或平方米数		
	--密度超过每立方厘米0.8克：				
4411.9210	---未经机械加工或盖面的				
4411.9290	---其他				
	--密度超过每立方厘米0.5克，但未超过每立方厘米0.8克：				
4411.9310	---辐射松制的				
4411.9390	---其他				
	--密度未超过每立方厘米0.5克：				
4411.9410	---密度超过每立方厘米0.35克，但未超过每立方厘米0.5克：				
	---密度未超过每立方厘米0.35克：				
4411.9421	----未经机械加工或盖面的				
4411.9429	----其他				
44.12	胶合板、单板饰面板及类似的多层板：	1.每层材质及树种名称；2.最大的单层厚度；3.规格（长度×宽度）；4.厚度（毫米）；5.加工方法	6.请注明立方米数或平方米数		
	-竹制的：				
	---仅由薄板制的胶合板，每层厚度不超过6毫米：				
4412.1011	----至少有一表层是热带木				
4412.1019	----其他				
4412.1020	---其他，至少有一表层是非针叶木				
	---其他：				
4412.1093	----中间至少有一层是本章本国注释一所列的热带木				
4412.1094	----其他，中间至少有一层是其他热带木				
4412.1095	----其他，中间至少含有一层木碎料板				
4412.1099	----其他				

税则号列	商 品 名 称	申 报 要 素			说 明
		归类要素	价格要素	其他要素	
	-其他仅由薄木板制的其他胶合板（竹制除外），每层厚度不超过6毫米：				
4412.3100	--至少有一表层是热带木				
4412.3300	--其他，至少有一表层是下列非针叶木：桤木、白蜡木、水青冈木（山毛榉木）、桦木、樱桃木、栗木、榆木、桉木、山核桃、七叶树、椴木、槭木、栎木（橡木）、悬铃木、杨木、刺槐木、鹅掌楸或核桃木				
	--其他，至少有一表层为子目4412.33未具体列名的非针叶木：				
4412.3410	---其他，至少有一表层是温带非针叶木（税号4412.3300的非针叶木除外）				
4412.3490	---其他				
4412.3900	--其他，上下表层均为针叶木				
	-单板层积材：				
4412.4100	--至少有一表层是热带木				
4412.4200	--其他，至少有一表层是非针叶木				
	--其他，上下表层均为针叶木：				
	---中间至少有一层是热带木：				
4412.4911	----中间至少有一层是本章本国注释一所列的热带木				
4412.4919	----其他，中间至少有一层是其他热带木				
4412.4920	---其他，中间至少含有一层木碎料板				
4412.4990	---其他				
	-木块芯胶合板、侧板条芯胶合板及板条芯胶合板：				
4412.5100	--至少有一表层是热带木				
4412.5200	--其他，至少有一表层是非针叶木				
	--其他，上下表层均为针叶木：				
	---中间至少有一层是热带木：				
4412.5911	----中间至少有一层是本章本国注释一所列的热带木				
4412.5919	----其他，中间至少有一层是其他热带木				
4412.5920	---其他，中间至少含有一层木碎料板				
4412.5990	---其他				
	-其他：				
4412.9100	--至少有一表层是热带木				
4412.9200	--其他，至少有一表层是非针叶木				
	--其他：				
4412.9920	---中间至少有一层是本章本国注释一所列的热带木				

税则号列	商品名称	申报要素			说明
		归类要素	价格要素	其他要素	
4412.9930	---其他，中间至少有一层是其他热带木				
4412.9940	---其他，中间至少含有一层木碎料板				
4412.9990	---其他：				
44.13	强化木，成块、板、条或异型的：	1. 加工方法（压缩、浸渍等）；2. 外观（块、板、条、异型）			
4413.0000	强化木，成块、板、条或异型的				
44.14	木制的画框、相框、镜框及类似品：	1. 材质（木制、竹制、其他木质材料制）；2. 种类（如是单一材种注明中文、拉丁文属名及种名）			镶框玻璃镜归入税目70.09
4414.1000	-热带木的 -其他：				
4414.9010	---辐射松制的				
4414.9090	---其他				
44.15	包装木箱、木盒、板条箱、圆桶及类似的木制包装容器；木制电缆卷筒；木托板、箱形托盘及其他装载用木板；木制的托盘护框：	1. 材质（木制、竹制、其他木质材料制）；2. 种类（如是单一材种注明中文、拉丁文属名及种名）；3. 用途			经特殊设计，装备适于一种或多种运输方式的集装箱归入税目86.09
4415.1000	-箱、盒、板条箱、圆桶及类似的包装容器；电缆卷筒 -木托板、箱形托盘及其他装载用木板；木制的托盘护框：				
4415.2010	---辐射松制的				
4415.2090	---其他				
44.16	木制大桶、琵琶桶、盆和其他木制箍桶及其零件，包括桶板：	1. 材质（木制、竹制、其他木质材料制）；2. 种类（如是单一材种注明中文、拉丁文属名及种名）		3. 类型；4. 容积；5. 生产年份；6. 品牌（中文或外文名称，无品牌请申报厂商）	
4416.0010	---辐射松制的				
4416.0090	---其他				
44.17	木制的工具、工具支架、工具柄、扫帚及刷子的身及柄；木制鞋靴楦及楦头：	1. 材质（木制、竹制、其他木质材料制）；2. 种类（如是单一材种注明中文、拉丁文属名及种名）			
4417.0010	---辐射松制的				
4417.0090	---其他				
44.18	建筑用木工制品，包括蜂窝结构木镶板、已装拼的地板、木瓦及盖屋板：				

税则号列	商 品 名 称	申 报 要 素			说 明
		归类要素	价格要素	其他要素	
	-窗、法兰西式（落地）窗及其框架：	1. 用途（建筑用）；2. 材质（木制等）；3. 种类（如是单一材种注明中文、拉丁文属名及种名）			
4418.1100	--热带木的				
	--其他：				
4418.1910	---辐射松制的				
4418.1990	---其他				
	-门及其框架和门槛：	1. 用途（建筑用）；2. 材质（木制等）；3. 种类（如是单一材种注明中文、拉丁文属名及种名）；4. 规格			
4418.2100	--热带木的				
4418.2900	--其他				
4418.3000	-柱及梁，子目4418.81至4418.89的货品除外	1. 材质（木制等）；2. 种类（如是单一材种注明中文、拉丁文属名及种名）；3. 类型（柱、梁）；4. 规格			
4418.4000	-水泥构件的模板	1. 用途（建筑用）；2. 材质（木制等）；3. 种类（如是单一材种注明中文、拉丁文属名及种名）；4. 规格			
4418.5000	-木瓦及盖屋板	1. 用途（建筑用）；2. 材质（木制等）；3. 种类（如是单一材种注明中文、拉丁文属名及种名）；4. 规格			
	-已装拼的地板：	1. 加工方法（已装拼）；2. 材质（木制等）；3. 种类（如是单一材种注明中文、拉丁文属名及种名）；4. 类型（马赛克地板、多层地板等）；5. 规格			
	--竹的或至少顶层（耐磨层）是竹的：				
4418.7310	---马赛克地板用				
4418.7320	---其他，竹制多层的				
4418.7390	---其他				
4418.7400	--其他，马赛克地板用				
4418.7500	--其他，多层的				
4418.7900	--其他				

税则号列	商品名称	申报要素			说明
		归类要素	价格要素	其他要素	
	-工程结构木制品：	1. 用途（工程结构用）；2. 材质（木制等）；3. 种类（如是单一材种注明中文、拉丁文属名及种名）			
4418.8100	--集成材				
4418.8200	--正交胶合木				
4418.8300	--工字梁				
4418.8900	--其他				
	-其他：	1. 用途（建筑用）；2. 材质（木制等）；3. 种类（如是单一材种注明中文、拉丁文属名及种名）			
4418.9100	--竹的				
4418.9200	--蜂窝结构木镶板				
4418.9900	--其他				
44.19	**木制餐具及厨房用具：**				
	-竹的：	1. 材质（竹制）；2. 是否是一次性产品；3. 种类（如是单一材种注明中文、拉丁文属名及种名）			
4419.1100	--切面包板、砧板及类似板				
	--筷子：				
4419.1210	---一次性筷子				
4419.1290	---其他				
4419.1900	--其他				
4419.2000	-热带木的	1. 材质（热带木制）；2. 种类（如是单一材种注明中文、拉丁文属名及种名）			
	-其他：				
4419.9010	---一次性筷子	1. 材质（木制等）；2. 是否是一次性产品；3. 种类（如是单一材种注明中文、拉丁文属名及种名）		4. 小包装类别（塑料、纸制等）；5. 包含附件请注明附件名称	
4419.9090	---其他	1. 材质（木制等）；2. 是否是一次性产品；3. 种类（如是单一材种注明中文、拉丁文属名及种名）			

税则号列	商品名称	申报要素 归类要素	价格要素	其他要素	说明
44.20	镶嵌木（包括细工镶嵌木）；装珠宝或刀具用的木制盒子和小匣子及类似品；木制小雕像及其他装饰品；第九十四章以外的木制家具：	1. 材质（竹制、木制等）；2. 种类（如是单一材种注明中文、拉丁文属名及种名）；3. 用途			盛装乐器或枪支的木制箱、盒及包有皮革或再生皮革、纸或纸板、钢纸、塑料片或纺织材料的护套、箱、盒及类似容器归入税目42.02
	-木制小雕像及其他装饰品：				
	--热带木的：				
4420.1110	---木刻				
4420.1120	---木扇				
4420.1190	---其他				
	--其他				
	---木刻及竹刻：				
4420.1911	----木刻				
4420.1912	----竹刻				
4420.1920	---木扇				
4420.1990	---其他				
	-其他：				
4420.9010	---镶嵌木				
4420.9090	---其他				
44.21	其他木制品：				枪托及其他武器零件归入税目93.05
4421.1000	-衣架	1. 材质（竹制、木制等）；2. 种类（如是单一材种注明中文、拉丁文属名及种名）			
4421.2000	-棺材	1. 材质（竹制、木制等）；2. 种类（如是单一材种注明中文、拉丁文属名及种名）			
	-其他：				
	--竹的：				
4421.9110	---圆签、圆棒、冰果棒、压舌片及类似一次性制品	1. 材质（竹制）；2. 种类（如是单一材种注明中文、拉丁文属名及种名）；3. 是否是一次性产品；4. 规格（长、宽、厚、直径等）			

税则号列	商品名称	申报要素			说明
		归类要素	价格要素	其他要素	
4421.9190	---其他	1. 材质（竹制）；2. 种类（如是单一材种注明中文、拉丁文属名及种名）；3. 是否为一次性制品			
	--其他：				
4421.9910	---木制圆签、圆棒、冰果棒、压舌片及类似一次性制品	1. 材质（木制等）；2. 种类（如是单一材种注明中文、拉丁文属名及种名）；3. 是否是一次性产品；4. 规格（长、宽、厚、直径等）；5. 用途			
4421.9990	---其他	1. 材质（木制等）；2. 种类种类（如是单一材种注明中文、拉丁文属名及种名）；3. 是否为一次性制品；4. 用途			

第四十五章　软木及软木制品

注释：
本章不包括：
一、第六十四章的鞋靴及其零件；
二、第六十五章的帽类及其零件；或
三、第九十五章的物品（例如，玩具、游戏品及运动用品）。

【要素释义】
一、归类要素
1. 加工程度：该要素专用于子目4501.1项下商品，指货品已加工到什么阶段，可填报"未加工""简单加工"等。
2. 状态：该要素专用于子目4501.9项下商品，指货品的表观特征，可填报"碎的""粒状的"或"粉状的"。
3. 加工方法：该要素专用于税目45.02项下商品，指货品在申报前经过怎样的处理工艺，可填报"经除去表皮""粗切成方形"等。
4. 外观：该要素专用于税目45.04项下商品，指货品的外观形状，可填报"块""板""片"等。
5. 规格：指货品的外形尺寸。例如，圆柱体要填报"直径×长度"。
6. 是否为废料：该要素专用于子目4501.9项下商品，软木废料即刨花、废片及碎屑，通常用于制软木碎、软木粒或软木粉。子目4501.9项下商品可填报"是废料""非废料"。

二、价格要素
等级：该要素是税目45.03项下天然软木制品的价格要素，指按产品质量划分的等级。例如，软木瓶塞的等级，填报"特级（Extra）""超级（Supper）"，或者"1级""2级""3级"等。

税则号列	商品名称	申报要素 归类要素	申报要素 价格要素	申报要素 其他要素	说明
45.01	未加工或简单加工的天然软木；软木废料；碎的、粒状的或粉状的软木：				
4501.1000	-未加工或简单加工的天然软木	1. 加工程度（未加工、简单加工等）			
	-其他：	1. 状态（碎的、粒状的或粉状的）；2. 是否为废料			
4501.9010	---软木废料				
4501.9020	---碎的、粒状的或粉状的软木（软木碎、软木粒或软木粉）				
45.02	天然软木，除去表皮或粗切成方形，或成长方块、正方块、板、片或条状（包括做塞子用的方块坯料）：	1. 加工方法（经除去表皮或粗切成方形等加工）；2. 外观（块、板、片或条状等）			
4502.0000	天然软木，除去表皮或粗切成方形，或成长方块、正方块、板、片或条状（包括做塞子用的方块坯料）				
45.03	天然软木制品：	1. 规格	2. 等级		
4503.1000	-塞子				
4503.9000	-其他				

税则号列	商品名称	申报要素			说明
		归类要素	价格要素	其他要素	
45.04	压制软木（不论是否使用粘合剂压成）及其制品：	1. 外观（块、板、片等形状）			
4504.1000	-块、板、片及条；任何形状的砖、瓦；实心圆柱体，包括圆片				
4504.9000	-其他				

第四十六章 稻草、秸秆、针茅或其他编结材料制品；篮筐及柳条编结品

注释：
一、本章所称"编结材料"，是指其状态或形状适于编结、交织或类似加工的材料，包括稻草、秸秆、柳条、竹、藤、灯芯草、芦苇、木片条、其他植物材料扁条（例如，树皮条、狭叶、酒椰叶纤维或其他从阔叶获取的条）、未纺的天然纺织纤维、塑料单丝及扁条、纸带，但不包括皮革、再生皮革、毡呢或无纺织物的扁条、人发、马毛、纺织粗纱或纱线以及第五十四章的单丝和扁条。
二、本章不包括：
（一）税目48.14的壁纸；
（二）不论是否编结而成的线、绳、索、缆（税目56.07）；
（三）第六十四章和第六十五章的鞋靴、帽类及其零件；
（四）编结而成的车辆或车身（第八十七章）；或
（五）第九十四章的物品（例如，家具、灯具及照明装置）。
三、税目46.01所称"平行连结的成片编结材料、缏条或类似的编结材料产品"，是指编结材料、缏条及类似的编结材料产品平行排列连结成片的制品，其连结材料不论是否为纺制的纺织材料。

【要素释义】
一、归类要素
1. 材质：指货品的材料、原料。例如，税目46.01项下商品可填报"竹""藤""灯芯草""芦苇"等。
2. 用途：指商品应用的方面、范围。例如，子目4601.2项下商品可填报"床席""门帘"等。
3. 植物材料制请注明：指税目46.02项下商品如果用植物材料（例如，竹、藤、草、玉米皮、柳条等）制得，应填报"植物材料制"。
4. 单位面积：是税则号列4601.2911项下商品专用要素，可填报"1.5平方米"。
二、价格要素
品牌（中文或外文名称）：指制造商或经销商加在商品上的品牌标志，根据实际需要申报中文或外文品牌名称。

税则号列	商品名称	申报要素			说明
		归类要素	价格要素	其他要素	
46.01	用编结材料编成的缏条及类似产品，不论是否缝合成宽条；平行连结或编织的成片编结材料、缏条或类似的编结材料产品，不论是否制成品（例如，席子、席料、帘子）：				
	-植物材料制的席子、席料及帘子：				
4601.2100	--竹制的	1. 材质（竹、藤、稻草等）；2. 用途			
4601.2200	--藤制的	1. 材质（竹、藤、稻草等）			
	---其他：				
	---草制的：				
4601.2911	----灯芯草属材料制的	1. 材质（竹、藤、稻草等）；2. 单位面积			
4601.2919	----其他	1. 材质（竹、藤、稻草等）			
	---芦苇制的：	1. 材质（竹、藤、稻草等）			
4601.2921	----苇帘				
4601.2929	----其他				

税则号列	商品名称	申报要素			说明
		归类要素	价格要素	其他要素	
4601.2990	---其他	1. 材质（竹、藤、稻草等）			
	-其他：	1. 材质（竹、藤、稻草等）			
	--竹制的：				
4601.9210	---鞭条及类似产品，不论是否缝合成宽条				
4601.9290	---其他				
	--藤制的：				
4601.9310	---鞭条及类似产品，不论是否缝合成宽条				
4601.9390	---其他				
	--其他植物材料制的：				
	---稻草制的：				
4601.9411	----缏条（绳）				
4601.9419	----其他				
	---其他：				
4601.9491	----鞭条及类似产品，不论是否缝合成宽条				
4601.9499	----其他				
	---其他：				
4601.9910	---鞭条及类似产品，不论是否缝合成宽条				
4601.9990	---其他				
46.02	用编结材料直接编成或用税目46.01所列货品制成的篮筐、柳条编结品及其他制品；丝瓜络制品：	1. 材质（竹、藤、草、玉米皮、柳条等）；2. 植物材料制请注明		3. 品牌（中文或外文名称）	
	-植物材料制：				
4602.1100	--竹制的				
4602.1200	--藤制的				
	--其他：				
4602.1910	---草制的				
4602.1920	---玉米皮制的				
4602.1930	---柳条制的				
4602.1990	---其他				
4602.9000	-其他				

第十类 木浆及其他纤维状纤维素浆；回收（废碎）纸或纸板；纸、纸板及其制品

第四十七章 木浆及其他纤维状纤维素浆；回收（废碎）纸或纸板

注释：

税目47.02所称"化学木浆，溶解级"，是指温度在20摄氏度时浸入含18%氢氧化钠的苛性碱溶液内，1小时后，按重量计含有92%及以上的不溶级分的碱木浆或硫酸盐木浆，或者含有88%及以上的不溶级分的亚硫酸盐木浆。对于亚硫酸盐木浆，按重量计灰分含量不得超过0.15%。

【要素释义】

一、归类要素

1. 材质：指货品的材料、原料。例如，税目47.03项下商品可填报"针叶木""非针叶木"；子目4706.9项下商品可填报"草浆"等。
2. 加工方法：指货品在申报前经过怎样的处理工艺。例如，税目47.03项下商品可填报"漂白""未漂白""半漂白"；税目47.05项下商品可填报"用机械和化学联合制浆法"。
3. 种类：指货品属于什么类型。例如，税则号列4707.1000项下商品可填报"未漂白废牛皮纸""废瓦楞纸"。
4. 来源：指货品是从何种物品提取而得的。例如，税则号列4706.2000项下商品填报"从回收纸或纸板提取的"。
5. 状态：该要素专用于47.07项下商品，指货品的表观特征，应填报"废碎"。
6. 725℃时灰分：指税则号列4706.1000项下棉短绒纸浆的灰分含量。根据实际情况可填报具体数值，也可以填写区间。
7. 外观：指货品的外观形状。例如，4706.2000项下商品可填报"块状""板状""絮状""卷筒状"等。

二、价格要素

1. 品牌（中文或外文名称）：指制造商或经销商加在商品上的品牌标志，根据实际需要申报中文或外文品牌名称。例如，"金鱼牌"或"SUZANO"。
2. 签约日期：指供求双方企业合同签订的日期，填报具体日期即可。例如，"20200701"。
3. 水分含量：该要素是本章税目47.03~47.05项下木浆的价格要素，用百分比表示。行业标准一般为不超过20%。商业木浆的水分为10%。按照商品实际报验状况填报。
4. 产地标准及标号：是税目47.07项下废纸的价格要素，指废纸原产国（地区）对废纸的分类标准。例如，美废5、11、12、13、15、16、19、20、21号；欧废A4、A5、A6。
5. 形状：意为物体外观或表现形态。税目47.03项下木浆根据实际形状填报"卷筒""平板""块状""絮状"等。

三、其他要素

1. 黏度：指当高分子溶液浓度趋于零时的比浓黏度，即表示单个分子对溶液黏度的贡献，用"dl/g"或"mL/g"表示。根据实际情况可填报具体数值，也可以填写区间。
2. α纤维素含量：指税则号列4706.1000项下棉短绒纸浆以R18、硫酸盐法或亚硫酸盐法计的α纤维素的含量。

税则号列	商品名称	申报要素			说明
		归类要素	价格要素	其他要素	
47.01	机械木浆：		1. 品牌（中文或外文名称）；2. 签约日期		
4701.0000	机械木浆				
47.02	化学木浆，溶解级：		1. 品牌（中文或外文名称）；2. 签约日期	3. 黏度；4. α纤维素含量；5. 灰分	
4702.0000	化学木浆，溶解级				
47.03	碱木浆或硫酸盐木浆，但溶解级的除外：	1. 材质（针叶木、非针叶木）；2. 加工方法（漂白、未漂白、半漂白）	3. 水分含量；4. 品牌（中文或外文名称）；5. 签约日期；6. 形状（卷筒或平板等）		
	-未漂白：				
4703.1100	--针叶木的				
4703.1900	--非针叶木的				
	-半漂白或漂白：				
4703.2100	--针叶木的				
4703.2900	--非针叶木的				
47.04	亚硫酸盐木浆，但溶解级的除外：	1. 材质（针叶木、非针叶木）；2. 加工方法（漂白、未漂白、半漂白）	3. 水分含量；4. 品牌（中文或外文名称）		
	-未漂白：				
4704.1100	--针叶木的				
4704.1900	--非针叶木的				
	-半漂白或漂白：				
4704.2100	--针叶木的				
4704.2900	--非针叶木的				
47.05	用机械和化学联合制浆法制得的木浆：	1. 加工方法（用机械和化学联合制浆法）	2. 水分含量；3. 品牌（中文或外文名称）		
4705.0000	用机械和化学联合制浆法制得的木浆				
47.06	从回收（废碎）纸或纸板提取的纤维浆或其他纤维状纤维素浆：				

税则号列	商品名称	申报要素 归类要素	申报要素 价格要素	申报要素 其他要素	说明
4706.1000	-棉短绒纸浆	1. 用途（造纸或生产粘胶纤维等）；2. 黏度（具体数值或范围区间，单位为分升/克）；3. α纤维素含量（不溶级分，以R18、硫酸盐法或亚硫酸盐法计）；4. 725℃时灰分（申报具体百分比数值或范围区间）			
4706.2000	-从回收（废碎）纸或纸板提取的纤维浆	1. 来源（从回收纸或纸板提取的）；2. 外观		3. 原料种类（如美废13号）	
4706.3000	-其他，竹浆	1. 来源（从回收纸或纸板提取的）；2. 用途（造纸或生产粘胶纤维等）；3. 黏度（具体数值或范围区间，单位为分升/克）；4. α纤维素含量（不溶级分，以R18、硫酸盐法或亚硫酸盐法计）；5. 725℃时灰分（申报具体百分比数值或范围区间）			
	-其他：	1. 材质（草浆等）；2. 加工方法（机械、化学、半化学）			
4706.9100	--机械浆				
4706.9200	--化学浆				
4706.9300	--用机械和化学联合法制得的浆				
47.07	回收（废碎）纸或纸板：				
4707.1000	-未漂白的牛皮纸或纸板及瓦楞纸或纸板	1. 种类（未漂白废牛皮纸、废瓦楞纸）；2. 状态（废碎）		3. 产地标准及标号（美废、欧废、港废等）；4. 签约日期	以未漂白的牛皮纸及瓦楞纸或纸板为主。例：美废5、11、12、13、15、16、19、20、21号；欧废A4、A5、A6

税则号列	商品名称	申报要素			说明
		归类要素	价格要素	其他要素	
4707.2000	-主要由漂白化学木浆制成未经本体染色的其他纸和纸板	1.种类（漂白废牛皮纸、废报纸等）；2.状态（废碎）	3.产地标准及标号（美废、欧废、港废等）；4.签约日期		以漂白化学木浆的纸及纸板为主。例：废无尘纸、废卫生纸、废滤纸、废标签纸；美废30、37、40、42号
4707.3000	-主要由机械浆制成的纸或纸板（例如，报纸、杂志及类似印刷品）	1.种类（未漂白废牛皮纸、废报纸等）；2.状态（废碎）	3.产地标准及标号（美废、欧废、港废等）；4.签约日期		以机械浆制的纸及纸板（如报纸、杂志等）为主。例：美废2、6、7、8、9、10、23号；欧废A7、A8、A9、A10号
4707.9000	-其他，包括未分选的废碎品	1.种类（未漂白废牛皮纸、废报纸等）	2.产地标准及标号（美废、欧废、港废等）；3.签约日期		例：美废3；欧废A2；废纸尿裤

第四十八章 纸及纸板；纸浆、纸或纸板制品

注释：
一、除条文另有规定外，本章所称"纸"包括纸板（不考虑其厚度或每平方米重量）。
二、本章不包括：
（一）第三十章的物品；
（二）税目32.12的压印箔；
（三）香纸及用化妆品浸渍或涂布的纸（第三十三章）；
（四）用肥皂或洗涤剂浸渍、覆盖或涂布的纸或纤维素絮纸（税目34.01）和用光洁剂、擦光膏及类似制剂浸渍、覆盖或涂布的纸或纤维素絮纸（税目34.05）；
（五）税目37.01至37.04的感光纸或感光纸板；
（六）用诊断或实验用试剂浸渍的纸（税目38.22）；
（七）第三十九章的用纸强化的层压塑料板，用塑料覆盖或涂布的单层纸或纸板（塑料部分占总厚度的一半以上），以及上述材料的制品，但税目48.14的壁纸除外；
（八）税目42.02的物品（例如，旅行用品）；
（九）第四十六章的物品（编结材料制品）；
（十）纸纱线或纸纱线纺织物（第十一类）；
（十一）第六十四章或第六十五章的物品；
（十二）税目68.05的砂纸或税目68.14的用纸或纸板衬底的云母（但涂布云母粉的纸及纸板归入本章）；
（十三）用纸或纸板衬底的金属箔（通常归入第十四类或第十五类）；
（十四）税目92.09的制品；
（十五）第九十五章的物品（例如，玩具、游戏品及运动用品）；或
（十六）第九十六章的物品［例如，纽扣，卫生巾（护垫）及卫生棉条、尿布及尿布衬里］。
三、除注释七另有规定的以外，税目48.01至48.05包括经研光、高度研光、釉光或类似处理、仿水印、表面施胶的纸及纸板；同时还包括用各种方法本体着色或染成斑纹的纸、纸板、纤维素絮纸及纤维素纤维网纸。除税目48.03另有规定的以外，上述税目不适用于经过其他方法加工的纸、纸板、纤维素絮纸或纤维素纤维网纸。
四、本章所称"新闻纸"，是指所含用机械或化学-机械方法制得的木纤维不少于全部纤维重量的50%的未经涂布的报刊用纸，未施胶或微施胶，每面粗糙度［帕克印刷表面粗糙度（1兆帕）］超过2.5微米，每平方米重量不小于40克，但不超过65克，并且仅适用于下列规格的纸：
（一）成条或成卷，宽度超过28厘米；或
（二）成张矩形（包括正方形），一边超过28厘米，另一边超过15厘米（以未折叠计）。
五、税目48.02所称"书写、印刷或类似用途的纸及纸板""未打孔的穿孔卡片和穿孔纸带纸"，是指主要用漂白纸浆或用机械或化学-机械方法制得的纸浆制成的纸及纸板，并且符合下列任一标准：
（一）每平方米重量不超过150克的纸或纸板：
1. 用机械或化学-机械方法制得的纤维含量在10%及以上，并且
（1）每平方米重量不超过80克；或
（2）本体着色；或
2. 灰分含量在8%以上，并且
（1）每平方米重量不超过80克；或
（2）本体着色；或
3. 灰分含量在3%以上，亮度在60%及以上；或
4. 灰分含量在3%以上，但不超过8%，亮度低于60%，耐破指数等于或小于2.5千帕斯卡·平方米/克；或
5. 灰分含量在3%及以下，亮度在60%及以上，耐破指数等于或小于2.5千帕斯卡·平方米/克。
（二）每平方米重量超过150克的纸或纸板：
1. 本体着色；或
2. 亮度在60%及以上，并且
（1）厚度在225微米及以下；或
（2）厚度在225微米以上，但不超过508微米，灰分含量在3%以上；或
3. 亮度低于60%，厚度不超过254微米，灰分含量在8%以上。

税目48.02不包括滤纸及纸板（含茶袋纸）或毡纸及纸板。

六、本章所称"牛皮纸及纸板"，是指所含用硫酸盐法或烧碱法制得的纤维不少于全部纤维重量的80%的纸及纸板。

七、除税目条文另有规定的以外，符合税目48.01至48.11中两个或两个以上税目所规定的纸、纸板、纤维素絮纸及纤维素纤维网纸，应按号列顺序归入有关税目中的最末一个税目。

八、税目48.03至48.09仅适用于下列规格的纸、纸板、纤维素絮纸及纤维素纤维网纸：

（一）成条或成卷，宽度超过36厘米；或

（二）成张矩形（包括正方形），一边超过36厘米，另一边超过15厘米（以未折叠计）。

九、税目48.14所称"壁纸及类似品"，仅限于：

（一）适合作墙壁或天花板装饰用的成卷纸张，宽度不小于45厘米，但不超过160厘米：

1. 起纹、压花、染面、印有图案或经其他装饰的（例如，植绒），不论是否用透明的防护塑料涂布或覆盖；
2. 表面饰有木粒或草粒而凹凸不平的；
3. 表面用塑料涂布或覆盖并起纹、压花、染面、印有图案或经其他装饰的；或
4. 表面用不论是否平行连结或编织的编结材料覆盖的。

（二）适于装饰墙壁或天花板用的经上述加工的纸边及纸条，不论是否成卷。

（三）由几幅拼成的壁纸，成卷或成张，贴到墙上可组成印刷的风景画或图案。

既可作铺地制品，也可作壁纸的以纸或纸板为底的产品，应归入税目48.23。

十、税目48.20不包括切成一定尺寸的活页纸张或卡片，不论是否印制、压花、打孔。

十一、税目48.23主要适用于提花机或类似机器用的穿孔纸或卡片，以及纸花边。

十二、除税目48.14及48.21的货品外，印有图案、文字或图画的纸、纸板、纤维素絮纸及其制品，如果所印图案、文字或图画作为其主要用途，应归入第四十九章。

子目注释：

一、子目4804.11及4804.19所称"牛皮衬纸"，是指所含用硫酸盐法或烧碱法制得的木纤维不少于全部纤维重量的80%的成卷机器整饰或上光纸及纸板，每平方米重量超过115克，并且最低缪伦耐破度符合下表所示（其他重量的耐破度可参照下表换算）：

重量 （克/平方米）	最低缪伦耐破度 （千帕斯卡）
115	393
125	417
200	637
300	824
400	961

二、子目4804.21及4804.29所称"袋用牛皮纸"，是指所含用硫酸盐法或烧碱法制得的木纤维不少于全部纤维重量的80%的成卷机器上光纸，每平方米重量不少于60克，但不超过115克，并且符合下列一种规格：

（一）缪伦耐破指数不小于3.7千帕斯卡·平方米/克，并且横向伸长率大于4.5%，纵向伸长率大于2%；

（二）至少能达到下表所示的最小撕裂度和抗张强度（其他重量的可参照下表换算）：

重量 （克/平方米）	最小撕裂度 （毫牛顿）		最小抗张强度 （千牛顿/米）	
	纵向	纵向加横向	横向	纵向加横向
60	700	1510	1.9	6
70	830	1790	2.3	7.2
80	965	2070	2.8	8.3
100	1230	2635	3.7	10.6
115	1425	3060	4.4	12.3

三、子目4805.11所称"半化学的瓦楞纸"，是指所含用机械和化学联合法制得的未漂白硬木纤维不少于全部纤维

重量的65%的成卷纸张，并且在温度为23摄氏度和相对湿度为50%时，经过30分钟的瓦楞芯纸平压强度测定（CMT 30），抗压强度超过1.8牛顿/克/平方米。

四、子目4805.12包括主要用机械和化学联合法制得的草浆制成的成卷纸张，每平方米重量在130克及以上，并且在温度为23摄氏度和相对湿度为50%时，经过30分钟的瓦楞芯纸平压强度测定（CMT 30），抗压强度超过1.4牛顿/克/平方米。

五、子目4805.24和4805.25包括全部或主要由回收（废碎）纸或纸板制得的纸浆制成的纸及纸板。强韧箱纸板也可以有一面用染色纸或由漂白或未漂白的非再生浆制得的纸做表层，这些产品缪伦耐破指数不小于2千帕斯卡·平方米/克。

六、子目4805.30所称"亚硫酸盐包装纸"，是指所含用亚硫酸盐法制得的木纤维超过全部纤维重量的40%的机器研光纸，灰分含量不超过8%，并且缪伦耐破指数不小于1.47千帕卡·平方米/克。

七、子目4810.22所称"轻质涂布纸"，是指双面涂布纸，其每平方米总重量不超过72克，每面每平方米的涂层重量不超过15克，原纸中所含用机械方法制得的木纤维不少于全部纤维重量的50%。

【要素释义】

一、归类要素

1. 规格：指货品的大小尺寸。例如，块状、板状物填报"长、宽、厚"，卷状物填报"宽幅、单层厚度"，管状物填报"外径、内径、长度"等。原则上不能申报为无规格，不规则品应填报为"不规则形状"。税目48.01项下商品可填报"成条、成卷的宽度或成张的边长"。

2. 用途：指货品具体的应用方向。例如，子目4802.5项下商品可填报"书写""印刷用"等；税目48.18项下商品可填报"家庭、卫生、医院用等"；子目4822.1项下商品可填报"纺织纱线用"等；子目4823.4项下商品可填报"已印制的自动记录器用"等。

3. 种类：该要素含义有两种情况。（1）指货品属于什么类型的纸张。例如，税目48.03项下商品可填报"卫生纸""面巾纸"等类似的；子目4804.1项下商品可填报"牛皮挂面纸""袋用牛皮纸"等；子目4808.1项下商品可填报"瓦楞纸""皱纹牛皮纸"等；子目4810.1项下商品可填报"牛皮纸""白板纸"等；子目4816.2项下商品可填报"自印复写纸""热敏转印纸等"等；子目4816.909项下商品可填报"复写纸""拷贝纸""转印纸""油印蜡纸""胶版纸"等。（2）指货品属于什么类型的纸制品。例如，税目48.18项下商品可填报"卫生纸""纸台布"等；子目4823.61项下商品可填报"盘""碟""盆""杯"等。

4. 加工程度：指货品在申报前经过怎样的处理工艺。例如，子目4802.1项下商品填报"未涂布""未染面"等"；子目4804.1项下商品可填报"未漂白""漂白""未涂布"；子目4809.2项下商品可填报"涂布""浸渍"等；子目4810.1项下商品可填报"单面涂布无机物""双面涂布无机物"；税目48.11项下商品可填报"涂布""浸渍""饰面""印花"等；子目4814.2项下商品可填报"用塑料涂面"等，税目48.21项下商品可填报"印制""非印制"。

5. 纤维种类和含量：申报要素包含两层含义。（1）货品的纤维是用什么方法制得的。例如，"机械方法、化学方法（硫酸盐法、亚硫酸盐法等）、化学-机械联合法、废纸制浆法"。（2）某种制得的纤维占全部纤维重量的百分比。

6. 请注明耐破度、紧度、横向环压指数、横向耐折度：该要素包含纸张的四个物理性能。（1）耐破度，指纸张在单位面积上所能承受的均匀增加的最大压力。（2）紧度，指纸张单位体积的克重，表示纸张松紧的程度。（3）环压指数，也称环压强度，指将一定尺寸的试样插在试样座内形成圆环形，在上下压板之间施压，试样被压溃前所能承受的最大力。该指标表征纸板边缘承受压力的性能，对箱纸板和瓦楞原纸的整体抗压强度有重要影响。（4）耐折度，指纸张受一定力的拉伸后，再经来回折叠而使其断裂所需的折叠次数。该指标表征纸张抵抗往复折叠的能力。

7. 请注明缪伦耐破度、横向伸长率、纵向伸长率：（1）缪伦耐破度，也称绝对耐破度，指纸张在缪伦式（Mullen）耐破度测定仪上直接得出的数值。（2）伸长率，指纸张受到张力至断裂时长度对原长度的百分率。

8. 横向与纵向：纸张具有一定的顺向，纤维排列大多数与造纸机运行方向相同，而且在这一方向上纸张承受着较大的牵引力，称为纵向；而与造纸机运行方向垂直的为纸张的横向。

9. 加工方法：指货品的成型方式。例如，税目48.07项下商品可填报"粘合多层"，子目4823.7项下商品可填报"压制""模制"。

10. 状态：该要素专用于税目48.10项下商品，指货品的商业形态，应填报"成卷""张"等。

11. 材质：指货品的是用什么材料制成的，一般要填报是由纸浆、纸或纸板制成的。例如，税目48.12项下商品可填报"纸浆制"，税目48.17项下商品可填报"纸制"，子目4823.61项下商品可填报"竹浆纸制"，子目4823.901项下商品可填报"以纸或纸板为底制成"等。

12. 外观：指货品的外观形状，例如，税目48.12项下商品可填报"块""板""片"。
13. 是否为窗用透明纸：该要素专用于子目4814.9项下商品，窗用透明纸在税目48.14的条文中具体列名。
14. 原料：指子目4805.2项下再生挂面纸板填报是否用回收纸或纸板为原料加工制得。
15. 强度：指子目4805.2项下生挂面纸板的缪伦耐破度指标。
16. 灰分含量：指子目4805.3项下亚硫酸盐包装纸中灰分的含量百分比。
17. 每平方米克重：指货品的重量指标。例如，子目4802.55项下商品可填报"120克/每平方米"。
18. 底宽长度：指子目4819.3项下底宽40厘米及以上的纸袋应填报底宽。
19. 是否可折叠：根据商品实际填报。

二、价格要素

1. 机械或化学-机械法制得的纤维含量：该要素是税目48.01成卷或成张的新闻纸的价格要素，用百分比表示，行业中指机械或化学机械方法制得的木纤维不少于全部纤维质量65%的未经涂布的报刊用纸。
2. 粗糙度：该要素是税目48.01项下"成卷或成张的新闻纸"的价格要素，指新闻纸的表面性能，用"μm（微米）"表示。例如，"粗糙度2.8μm（微米）"。
3. 签约日期：指供求双方企业合同签订的日期，申报具体日期即可。例如，"20200701"。
4. 品牌（中文或外文名称，无品牌请申报厂商）：品牌是制造商或经销商加在商品上的品牌标志，实际需要申报中文或外文品牌名称；厂商是指商品的制造工厂，实际需填报工厂名称。根据商品实际情况填报。
5. 规格尺寸：指税目48.14项下壁纸和窗用透明纸填写其长和宽指标。
6. 型号：税目48.11项下商品的价格要素，指代表不同性能、用途和规格的产品代码。
7. 规格：指子目4823.6项下纸或纸板制的盘、碟、盆、杯等填报其规格。例如，盘、碟填报"直径"，盆、杯填写"口径""高度"。

税则号列	商品名称	申报要素			说明
		归类要素	价格要素	其他要素	
48.01	成卷或成张的新闻纸：	1. 用途（书写、印刷等用）；2. 加工程度（未涂布、未染面等）；3. 规格（成条、成卷的宽度或成张的边长）；4. 每平方米克重	5. 机械或化学-机械法制得的纤维含量；6. 粗糙度；7. 签约日期；8. 品牌（中文或外文名称，无品牌请申报厂商）		
4801.0010	---成卷的				
4801.0090	---其他				
48.02	书写、印刷或类似用途的未经涂布的纸及纸板、未打孔的穿孔卡片及穿孔纸带纸，成卷或成张矩形（包括正方形），任何尺寸，但税目48.01或48.03的纸除外；手工制纸及纸板：				
	-手工制纸及纸板：	1. 用途；2. 种类；3. 加工程度（未涂布、未染面等）；4. 规格（成条、成卷的宽度或成张的边长）；5. 每平方米克重	6. 签约日期；7. 品牌（中文或外文名称，无品牌请申报厂商）		
4802.1010	---宣纸				
4802.1090	---其他手工制纸及纸板				

税则号列	商品名称	申报要素 归类要素	申报要素 价格要素	其他要素	说明
	-光敏、热敏、电敏纸及纸板的原纸和原纸板：	1. 用途；2. 种类；3. 加工程度（未涂布、未染面等）；4. 规格（成条、成卷的宽度或成张的边长）；5. 每平方米克重	6. 签约日期；7. 品牌（中文或外文名称，无品牌请申报厂商）		
4802.2010	---照相原纸				
4802.2090	---其他				
4802.4000	-壁纸原纸	1. 用途；2. 种类；3. 加工程度（未涂布、未染面等）；4. 规格（成条、成卷的宽度或成张的边长）；5. 每平方米克重	6. 签约日期；7. 品牌（中文或外文名称，无品牌请申报厂商）		
	-其他纸及纸板，不含用机械或化学-机械方法制得的纤维或所含前述纤维不超过全部纤维重量的10%：	1. 用途（书写、印刷等用）；2. 种类；3. 加工程度（未涂布、未染面等）；4. 规格（成条、成卷的宽度或成张的边长）；5. 每平方米克重；6. 纤维种类和含量	7. 签约日期；8. 品牌（中文或外文名称，无品牌请申报厂商）		
4802.5400	--每平方米重量小于40克				
4802.5500	--每平方米重量在40克及以上，但不超过150克，成卷的				
4802.5600	--每平方米重量在40克及以上，但不超过150克，成张的，以未折叠计一边不超过435毫米，另一边不超过297毫米				
4802.5700	--其他，每平方米重量在40克及以上，但不超过150克				
4802.5800	--每平方米重量超过150克				
	-其他纸及纸板，所含用机械或化学-机械方法制得的纤维超过全部纤维重量的10%：	1. 用途（书写、印刷等用）；2. 种类；3. 加工程度（未涂布、未染面等）；4. 规格（成条、成卷的宽度或成张的边长）；5. 每平方米克重；6. 纤维种类和含量	7. 签约日期；8. 品牌（中文或外文名称，无品牌请申报厂商）		
4802.6100	--成卷的：				
4802.6200	--成张的，以未折叠计一边不超过435毫米，另一边不超过297毫米				
4802.6900	--其他：				

税则号列	商品名称	申报要素			说明
		归类要素	价格要素	其他要素	
48.03	卫生纸、面巾纸、餐巾纸以及家庭或卫生用的类似纸、纤维素絮纸和纤维素纤维网纸，不论是否起纹、压花、打孔、染面、饰面或印花，成卷或成张的：	1. 种类（卫生纸、面巾纸等类似纸）；2. 规格（成条、成卷的宽度或成张的边长）	3. 签约日期；4. 品牌（中文或外文名称，无品牌请申报厂商）		
4803.0000	卫生纸、面巾纸、餐巾纸以及家庭或卫生用的类似纸、纤维素絮纸和纤维素纤维网纸，不论是否起纹、压花、打孔、染面、饰面或印花，成卷或成张的				
48.04	成卷或成张的未经涂布的牛皮纸及纸板，但不包括税目48.02或48.03的货品：				
	-牛皮挂面纸：	1. 种类（牛皮挂面纸）；2. 加工程度（未漂白、漂白、未涂布）；3. 规格（成条、成卷的宽度或成张的边长）；4. 每平方米克重；5. 纤维种类和含量；6. 请注明耐破度	7. 品牌（中文或外文名称）；8. 签约日期；9. 厂商（中文或外文名称）		
4804.1100	--未漂白				
4804.1900	--其他				
	-袋用牛皮纸：	1. 种类（袋用牛皮纸）；2. 加工程度（未漂白、漂白、未涂布）；3. 规格（成条、成卷的宽度或成张的边长）；4. 每平方米克重；5. 纤维种类和含量；6. 请注明耐破度、紧度、横向环压指数、横向耐折度	7. 品牌（中文或外文名称）；8. 签约日期		
4804.2100	--未漂白				
4804.2900	--其他				
	-其他牛皮纸及纸板，每平方米重量不超过150克：				
4804.3100	--未漂白	1. 种类；2. 加工程度（未漂白、未涂布）；3. 规格（成条、成卷的宽度或成张的边长）；4. 每平方米克重；5. 纤维种类和含量；6. 请注明耐破度	7. 品牌（中文或外文名称）；8. 签约日期		

税则号列	商品名称	申报要素			说明
		归类要素	价格要素	其他要素	
4804.3900	--其他	1. 种类（耐磨纸原纸等）；2. 加工程度（漂白、未涂布）；3. 规格（成条、成卷的宽度或成张的边长）；4. 每平方米克重；5. 纤维种类和含量	6. 品牌（中文或外文名称）；7. 签约日期		
4804.4100	-其他牛皮纸及纸板，每平方米重量超过150克，但小于225克： --未漂白	1. 种类；2. 加工程度（未漂白、未涂布）；3. 规格（成条、成卷的宽度或成张的边长）；4. 每平方米克重；5. 纤维种类和含量；6. 请注明耐破度	7. 品牌（中文或外文名称）；8. 签约日期		
4804.4200	--本体均匀漂白，所含用化学方法制得的木纤维超过全部纤维重量的95%	1. 种类；2. 加工程度（本体均匀漂白、未涂布）；3. 规格（成条、成卷的宽度或成张的边长）；4. 每平方米克重；5. 纤维种类和含量；6. 请注明耐破度	7. 品牌（中文或外文名称）；8. 签约日期		
4804.4900	--其他	1. 种类；2. 加工程度（漂白、未涂布）；3. 规格（成条、成卷的宽度或成张的边长）；4. 每平方米克重；5. 纤维种类和含量；6. 请注明耐破度	7. 品牌（中文或外文名称）；8. 签约日期		
4804.5100	-其他牛皮纸及纸板，每平方米重量在225克及以上： --未漂白	1. 种类；2. 加工程度（未漂白、未涂布）；3. 规格（成条、成卷的宽度或成张的边长）；4. 每平方米克重；5. 纤维种类和含量；6. 请注明耐破度	7. 品牌（中文或外文名称）；8. 签约日期		

税则号列	商品名称	申报要素			说明
		归类要素	价格要素	其他要素	
4804.5200	--本体均匀漂白，所含用化学方法制得的木纤维超过全部纤维重量的95%	1. 种类；2. 加工程度（本体均匀漂白、未涂布）；3. 规格（成条、成卷的宽度或成张的边长）；4. 每平方米克重；5. 纤维种类和含量；6. 请注明耐破度	7. 品牌（中文或外文名称）；8. 签约日期		
4804.5900	--其他	1. 种类；2. 加工程度（漂白、未涂布）；3. 规格（成条、成卷的宽度或成张的边长）；4. 每平方米克重；5. 纤维种类和含量；6. 请注明耐破度	7. 品牌（中文或外文名称）；8. 签约日期		
48.05	成卷或成张的其他未经涂布的纸及纸板，加工程度不超过本章注释三所列范围：				
	-瓦楞原纸：	1. 种类；2. 加工程度（未涂布）；3. 规格（成条、成卷的宽度或成张的边长）；4. 每平方米克重；5. 纤维种类和含量	6. 签约日期；7. 品牌（中文或外文名称，无品牌请申报厂商）		
4805.1100	--半化学的瓦楞原纸				
4805.1200	--草浆瓦楞原纸				
4805.1900	--其他				
	-强韧箱纸板（再生挂面纸板）：	1. 种类；2. 加工程度（未涂布）；3. 规格（成条、成卷的宽度或成张的边长）；4. 每平方米克重；5. 原料；6. 强度（缪伦耐破指数）	7. 签约日期；8. 品牌（中文或外文名称，无品牌请申报厂商）		
4805.2400	--每平方米重量在150克及以下				
4805.2500	--每平方米重量超过150克				
4805.3000	-亚硫酸盐包装纸	1. 种类；2. 加工程度（未涂布）；3. 规格（成条、成卷的宽度或成张的边长）；4. 每平方米克重；5. 灰分含量；6. 强度（缪伦耐破指数）	7. 签约日期；8. 品牌（中文或外文名称，无品牌请申报厂商）		

税则号列	商品名称	申报要素			说明
		归类要素	价格要素	其他要素	
4805.4000	-滤纸及纸板	1.种类；2.加工程度（未涂布）；3.规格（成条、成卷的宽度或成张的边长）；4.每平方米克重	5.签约日期；6.品牌（中文或外文名称，无品牌请申报厂商）		
4805.5000	-毡纸及纸板	1.种类；2.加工程度（未涂布）；3.规格（成条、成卷的宽度或成张的边长）；4.每平方米克重	5.签约日期；6.品牌（中文或外文名称，无品牌请申报厂商）		
	-其他： --每平方米重量在150克及以下：				
4805.9110	---电解电容器原纸	1.种类；2.加工程度（未涂布）；3.规格（成条、成卷的宽度或成张的边长）；4.每平方米克重	5.签约日期；6.型号；7.品牌（中文或外文名称，无品牌请申报厂商）		
4805.9120	---装饰原纸	1.种类；2.加工程度（未涂布）；3.规格（成条、成卷的宽度或成张的边长）；4.每平方米克重	5.签约日期；6.型号；7.品牌（中文或外文名称，无品牌请申报厂商）		
4805.9190	---其他	1.种类；2.加工程度（未涂布）；3.规格（成条、成卷的宽度或成张的边长）；4.每平方米克重	5.签约日期；6.品牌（中文或外文名称，无品牌请申报厂商）		
4805.9200	--每平方米重量在150克以上，但小于225克	1.种类；2.加工程度（未涂布）；3.规格（成条、成卷的宽度或成张的边长）；4.每平方米克重	5.签约日期；6.品牌（中文或外文名称，无品牌请申报厂商）		
4805.9300	--每平方米重量在225克及以上	1.种类；2.加工程度（未涂布）；3.规格（成条、成卷的宽度或成张的边长）；4.每平方米克重	5.签约日期；6.品牌（中文或外文名称，无品牌请申报厂商）		
48.06	成卷或成张的植物羊皮纸、防油纸、描图纸、半透明纸及其他高光泽透明或半透明纸：				

税则号列	商品名称	申报要素			说明
		归类要素	价格要素	其他要素	
4806.1000	-植物羊皮纸	1. 种类；2. 规格（成条、成卷的宽度或成张的边长）	3. 签约日期；4. 品牌（中文或外文名称，无品牌请申报厂商）		
4806.2000	-防油纸	1. 种类；2. 规格（成条、成卷的宽度或成张的边长）	3. 签约日期；4. 品牌（中文或外文名称，无品牌请申报厂商）		
4806.3000	-描图纸	1. 种类；2. 规格（成条、成卷的宽度或成张的边长）	3. 签约日期；4. 品牌（中文或外文名称，无品牌请申报厂商）		
4806.4000	-高光泽透明或半透明纸	1. 种类；2. 规格（成卷的宽度或成张的边长）	3. 签约日期；4. 品牌（中文或外文名称，无品牌请申报厂商）		
48.07	成卷或成张的复合纸及纸板（用粘合剂粘合各层纸或纸板制成），未经表面涂布或未浸渍，不论内层是否有加强材料：	1. 加工方法（黏合多层）；2. 加工程度（未经表面涂布或未浸渍）；3. 规格（成条、成卷的宽度或成张的边长）	4. 签约日期；5. 品牌（中文或外文名称，无品牌请申报厂商）		
4807.0000	成卷或成张的复合纸及纸板（用粘合剂粘合各层纸或纸板制成），未经表面涂布或未浸渍，不论内层是否有加强材料				
48.08	成卷或成张的瓦楞纸及纸板（不论是否与平面纸胶合）、皱纹纸及纸板、压纹纸及纸板、穿孔纸及纸板，但税目48.03的纸除外：				
4808.1000	-瓦楞纸及纸板，不论是否穿孔	1. 种类（瓦楞纸、皱纹牛皮纸等）；2. 规格（成条、成卷的宽度或成张的边长）	3. 签约日期；4. 品牌（中文或外文名称，无品牌请申报厂商）		
4808.4000	-皱纹牛皮纸，不论是否压花或穿孔	1. 用途；2. 种类；3. 规格（成条、成卷的宽度或成张的边长）	4. 签约日期；5. 品牌（中文或外文名称，无品牌请申报厂商）		

税则号列	商品名称	申报要素			说明
		归类要素	价格要素	其他要素	
4808.9000	-其他	1. 用途；2. 种类；3. 规格（成条、成卷的宽度或成张的边长）	4. 签约日期；5. 品牌（中文或外文名称，无品牌请申报厂商）		
48.09	复写纸、自印复写纸及其他拷贝或转印纸（包括涂布或浸渍的油印蜡纸或胶印版纸），不论是否印制，成卷或成张的：				压印箔归入税目 32.12
4809.2000	-自印复写纸	1. 种类（自印复写纸）；2. 加工程度（涂布或浸渍）；3. 规格（成条、成卷的宽度或成张的边长）	4. 签约日期；5. 品牌（中文或外文名称，无品牌请申报厂商）		
4809.9000	-其他	1. 种类（复写纸、拷贝纸等）；2. 加工程度（涂布或浸渍）；3. 规格（成条、成卷的宽度或成张的边长）	4. 签约日期；5. 品牌（中文或外文名称，无品牌请申报厂商）		
48.10	成卷或成张矩形（包括正方形）的任何尺寸的单面或双面涂布高岭土或其他无机物质（不论是否加粘合剂）的纸及纸板，但未涂布其他涂料，不论是否染面、饰面或印花：				用诊断或实验室试剂浸渍的纸条归入税目 38.22；砂纸或纸板归入税目 68.05；用纸或纸板衬底的云母（云母粉除外）归入税目 68.14
	-书写、印刷或类似用途的纸及纸板，不含用机械或化学-机械方法制得的纤维或所含前述纤维不超过全部纤维重量的10%：	1. 用途（书写、印刷等）；2. 种类（牛皮纸、白板纸、铜版纸等）；3. 状态（成卷或张）；4. 加工程度（单面或双面涂布无机物、漂白）；5. 规格（成条、成卷的宽度或成张的边长）；6. 每平方米克重；7. 纤维种类和含量	8. 签约日期；9. 品牌（中文或外文名称，无品牌请申报厂商）		
4810.1300	--成卷的				
4810.1400	--成张的，一边不超过435毫米，另一边不超过297毫米（以未折叠计）				
4810.1900	--其他				

税则号列	商品名称	申报要素			说明
		归类要素	价格要素	其他要素	
	-书写、印刷或类似用途的纸及纸板，所含用机械或化学-机械方法制得的纤维超过全部纤维重量的10%：	1. 用途（书写、印刷等）；2. 种类（牛皮纸、白板纸、铜版纸等）；3. 状态（成卷或张等）；4. 加工程度（单面或双面涂布无机物、漂白）；5. 规格（成条、成卷的宽度或成张的边长）；6. 每平方米克重；7. 纤维种类和含量	8. 签约日期；9. 品牌（中文或外文名称，无品牌请申报厂商）		
4810.2200	--轻质涂布纸				
4810.2900	--其他				
	-牛皮纸及纸板，但书写、印刷或类似用途的除外：	1. 用途（包装等）；2. 种类（牛皮纸、白板纸、铜版纸等）；3. 状态（成卷或张等）；4. 加工程度（单面或双面涂布无机物、漂白）；5. 规格（成条、成卷的宽度或成张的边长）；6. 每平方米克重；7. 纤维种类和含量	8. 签约日期；9. 品牌（中文或外文名称，无品牌请申报厂商）		
4810.3100	--本体均匀漂白，所含用化学方法制得的木纤维超过全部纤维重量的95%，每平方米重量不超过150克				
4810.3200	--本体均匀漂白，所含用化学方法制得的木纤维超过全部纤维重量的95%，每平方米重量超过150克				
4810.3900	--其他				
	-其他纸及纸板：	1. 用途（书写、印刷等）；2. 种类（牛皮纸、白板纸、铜版纸等）；3. 状态（成卷或张等）；4. 加工程度（单面或双面涂布无机物、漂白）；5. 规格（成条、成卷的宽度或成张的边长）；6. 每平方米克重；7. 纤维种类和含量	8. 签约日期；9. 品牌（中文或外文名称，无品牌请申报厂商）		
4810.9200	--多层的				
4810.9900	--其他				

税则号列	商品名称	申报要素			说明
		归类要素	价格要素	其他要素	
48.11	成卷或成张矩形（包括正方形）的任何尺寸的经涂布、浸渍、覆面、染面、饰面或印花的纸、纸板、纤维素絮纸及纤维素纤维网纸，但税目48.03、49.09或48.10的货品除外：	1.种类；2.加工程度（涂布、浸渍、饰面、漂白等）；3.形状（成卷或成张矩形等）；4.每平方米克重	5.品牌（中文或外文名称）；6.型号		用肥皂或洗涤剂浸渍、覆盖或涂布的纸及纤维素絮纸归入税目34.01；用光洁剂、擦光膏或类似制剂浸渍、覆盖或涂布的纸及纤维素絮纸归入税目34.05；石蕊试纸、极谱纸及其他用诊断或实验室试剂浸渍的纸归入税目38.22；用纸板做基并以柏油或类似材料完全包裹或双面覆盖的屋面归入税目68.07
4811.1000	-焦油纸及纸板、沥青纸及纸板				
	-胶粘纸及纸板：				
4811.4100	--自粘的				
4811.4900	--其他				
	-用塑料（不包括粘合剂）涂布、浸渍或覆盖的纸及纸板：				
	--漂白的，每平方米重量超过150克：				
4811.5110	---彩色相纸用双面涂塑纸				
	---其他：				
4811.5191	----纸塑铝复合材料				
4811.5199	----其他				
	--其他：				
4811.5910	---绝缘纸及纸板				
	---其他：				
4811.5991	----镀铝的				
4811.5999	----其他				
	-用蜡、石蜡、硬脂精、油或甘油涂布、浸渍、覆盖的纸及纸板：				
4811.6010	---绝缘纸及纸板				
4811.6090	---其他				
4811.9000	-其他纸、纸板、纤维素絮纸及纤维素纤维网纸				

税则号列	商品名称	申报要素			说明
		归类要素	价格要素	其他要素	
48.12	纸浆制的滤块、滤板及滤片：	1. 材质（纸浆制）；2. 外观（块、板、片）	3. 品牌（中文或外文名称，无品牌请申报厂商）		仅压制成片或板状的棉短绒归入税目14.04
4812.0000	纸浆制的滤块、滤板及滤片				
48.13	卷烟纸，不论是否切成一定尺寸、成小本或管状：				
4813.1000	-成小本或管状	1. 规格（如成小本或管状、宽度）	2. 品牌（中文或外文名称，无品牌请申报厂商）		
4813.2000	-宽度不超过5厘米成卷的	1. 规格（成卷、宽度）	2. 品牌（中文或外文名称，无品牌请申报厂商）		
4813.9000	-其他	1. 规格（宽度等）	2. 品牌（中文或外文名称，无品牌请申报厂商）		
48.14	壁纸及类似品；窗用透明纸：				外观近似窗用透明的转印纸（移画印花纸）归入税目49.08；纸基纺织糊墙品归入税目59.05；用纸衬背的铝箔糊墙品归入税目76.07
4814.2000	-用塑料涂面或盖面的壁纸及类似品，起纹、压花、着色、印刷图案或经其他装饰	1. 加工程度（用木粒或草粒、塑料、编结材料等饰面、涂面）	2. 品牌（中文或外文名称，无品牌请申报厂商）；3. 规格尺寸；4. 签约日期		
4814.9000	-其他	1. 加工程度（用木粒或草粒、塑料、编结材料等饰面、涂面）；2. 是否为窗用透明纸	3. 品牌（中文或外文名称，无品牌请申报厂商）；4. 规格尺寸；5. 签约日期		

税则号列	商品名称	申报要素 归类要素	申报要素 价格要素	申报要素 其他要素	说明
48.16	复写纸、自印复写纸及其他拷贝或转印纸（不包括税目48.09的纸）、油印蜡纸或胶印版纸，不论是否盒装：				
4816.2000	-自印复写纸	1.种类（自印复写纸、热敏转印纸等）；2.规格（成条、成卷的宽度或成张的边长）	3.品牌（中文或外文名称，无品牌请申报厂商）		
	-其他：				
4816.9010	---热敏转印纸	1.种类（自印复写纸、热敏转印纸等）；2.规格（成条、成卷的宽度或成张的边长）	3.品牌（中文或外文名称，无品牌请申报厂商）		
4816.9090	---其他	1.种类（复写纸、拷贝纸、转印纸、油印蜡纸、胶版纸等）；2.规格（成条、成卷的宽度或成张的边长）	3.品牌（中文或外文名称，无品牌请申报厂商）		
48.17	纸或纸板制的信封、封缄信片、素色明信片及通信卡片；纸或纸板制的盒子、袋子及夹子，内装各种纸制文具：	1.材质（纸制）			税号4817.3000的产品必须内装各种纸制文具；印有或用其他方式赋予正在流通的邮票的信封、明信片及信卡等归入税目49.07；供特殊用途的印刷信件及类似物品，例如，即期票据、搬迁通知、广告信，包括需要手工填写的上述物品归入税目49.11；印有图画的首日封及集邮大型张：未附邮票的归入税目49.11；附有邮票的归入税目97.04
4817.1000	-信封				
4817.2000	-封缄信片、素色明信片及通信卡片				

税则号列	商品名称	申报要素			说明
		归类要素	价格要素	其他要素	
4817.3000	-纸或纸板制的盒子、袋子及夹子，内装各种纸制文具				
48.18	卫生纸及类似纸，家庭或卫生用纤维素絮纸及纤维素纤维网纸，成卷宽度不超过36厘米或切成一定尺寸或形状的；纸浆、纸、纤维素絮纸或纤维素纤维网纸制的手帕、面巾、台布、餐巾、床单及类似的家庭、卫生或医院用品、衣服及衣着附件：	1. 材质（纸制）；2. 种类（卫生纸、纸台布等）；3. 规格（成条、成卷的宽度或成张的边长）			
4818.1000	-卫生纸				
4818.2000	-纸手帕及纸面巾				
4818.3000	-纸台布及纸餐巾				
4818.5000	-衣服及衣着附件				
4818.9000	-其他				
48.19	纸、纸板、纤维素絮纸或纤维素纤维网纸制的箱、盒、匣、袋及其他包装容器；纸或纸板制的卷宗盒、信件盘及类似品，供办公室、商店及类似场所使用的：				
4819.1000	-瓦楞纸或纸板制的箱、盒、匣	1. 材质（瓦楞纸或纸板制）			
4819.2000	-非瓦楞纸或纸板制的可折叠箱、盒、匣	1. 材质；2. 是否可折叠			
4819.3000	-底宽40厘米及以上的纸袋	1. 材质；2. 底宽长度			
4819.4000	-其他纸袋，包括锥形袋	1. 材质；2. 如有底宽，填报底宽长度			
4819.5000	-其他包装容器，包括唱片套	1. 材质			
4819.6000	-办公室、商店及类似场所使用的卷宗盒、信件盘、存储盒及类似品	1. 材质			
48.20	纸或纸板制的登记本、账本、笔记本、订货本、收据本、信笺本、记事本、日记本及类似品、练习本、吸墨纸本、活动封面（活页及非活页）、文件夹、卷宗皮、多联商业表格纸、页间夹有复写纸的本及其他文具用品；纸或纸板制的样品簿、粘贴簿及书籍封面：	1. 材质	2. 规格		支票簿归入税目49.07；空白的联券旅行票据归入税目49.11
4820.1000	-登记本、账本、笔记本、订货本、收据本、信笺本、记事本、日记本及类似品				
4820.2000	-练习本				
4820.3000	-活动封面（书籍封面除外）、文件夹及卷宗皮				
4820.4000	-多联商业表格纸、页间夹有复写纸的本				
4820.5000	-样品簿及粘贴簿				
4820.9000	-其他				

税则号列	商品名称	申报要素 归类要素	申报要素 价格要素	申报要素 其他要素	说明
48.21	纸或纸板制的各种标签,不论是否印制:	1. 材质;2. 加工程度(印制、非印制)	3. 规格		捕蝇纸归入税目38.08;纸制太阳伞归入税目66.01;人造花、簇叶、果实及其部分品归入税目67.02
4821.1000	-印制				
4821.9000	-其他				
48.22	纸浆、纸或纸板(不论是否穿孔或硬化)制的筒管、卷轴、纡子及类似品:				
4822.1000	-纺织纱线用	1. 用途(纺织纱线用等);2. 材质(纸制)			
4822.9000	-其他	1. 用途;2. 材质(纸制)			
48.23	切成一定尺寸或形状的其他纸、纸板、纤维素絮纸及纤维素纤维网纸;纸浆、纸、纸板、纤维素絮纸及纤维素纤维网纸制的其他物品:				
4823.2000	-滤纸及纸板	1. 材质(纸制);2. 形状(圆形、三角形等);3. 规格			
4823.4000	-已印制的自动记录器用打印纸卷、纸张及纸盘	1. 用途(已印制的自动记录器用等);2. 材质(纸制);3. 规格			
	-纸或纸板制的盘、碟、盆、杯及类似品:				
4823.6100	--竹浆纸制	1. 材质(竹浆纸制);2. 种类(盘、碟、盆、杯等)	3. 规格		
	--其他:	1. 材质;2. 种类(盘、碟、盆、杯等)	3. 规格		
4823.6910	---非木植物浆制				
4823.6990	---其他				
4823.7000	-压制或模制纸浆制品	1. 加工方法(压制、模制);2. 材质(纸浆制);3. 规格			
	-其他:				
4823.9010	---以纸或纸板为底制成的铺地制品	1. 用途;2. 材质(以纸或纸板为底制成);3. 规格			
4823.9020	---神纸及类似用品	1. 材质(纸制);2. 规格			
4823.9030	---纸扇	1. 材质(纸制);2. 规格			
4823.9090	---其他	1. 材质(纸制);2. 形状(圆形、三角形等);3. 规格			

第四十九章　书籍、报纸、印刷图画及其他印刷品；手稿、打字稿及设计图纸

注释：

一、本章不包括：

（一）透明基的照相负片或正片（第三十七章）；

（二）立体地图、设计图表或地球仪、天体仪，不论是否印刷（税目90.23）；

（三）第九十五章的游戏纸牌或其他物品；或

（四）雕版画、印刷画、石印画的原本（税目97.02），税目97.04的邮票、印花税票、纪念封、首日封、邮政信笺及类似品，以及第九十七章的超过100年的古物或其他物品。

二、第四十九章所称"印刷"，也包括用胶版复印机、油印机印制，在自动数据处理设备控制下打印绘制，压印、冲印、感光复印、热敏复印或打字。

三、用纸以外材料装订成册的报纸、杂志和期刊，以及一期以上装订在同一封面里的成套报纸、杂志和期刊，应归入税目49.01，不论是否有广告材料。

四、税目49.01还包括：

（一）附有说明文字，每页编有号数以便装订成一册或几册的整集印刷复制品，例如，美术作品、绘画；

（二）随同成册书籍的图画附刊；以及

（三）供装订书籍或小册子用的散页、集页或书帖形式的印刷品，已构成一部作品的全部或部分。

但没有说明文字的印刷图画或图解，不论是否散页或书帖形式，应归入税目49.11。

五、除本章注释三另有规定的以外，税目49.01不包括主要作广告用的出版物（例如，小册子、散页印刷品、商业目录、同业公会出版的年鉴、旅游宣传品），这类出版物应归入税目49.11。

六、税目49.03所称"儿童图画书"，是指以图画为主、文字为辅，供儿童阅览的书籍。

【要素释义】

一、归类要素

1. 种类：指货品属于什么类型的印刷品。例如，税目49.01项下商品可填报"字典""百科全书"等；税目49.03项下商品可填报"图画书""绘画书""涂色书"；税目49.04项下商品可填报"原稿""印本"；子目4907.003项下商品可填报"证券凭证"。

2. 状态：指货品的商业形态。例如，税目49.01项下商品可填报"成册""单张"；子目4905.2项下商品可填报"成册""非成册"。

3. 出版周期：该要素专用于税目49.02项下商品，可填报"日刊""周刊"等。

4. 用途：指该税目商品应用的方面、范围。例如，税目49.03项下商品可填报"儿童用"，税目49.11项下商品可填报"有商业价值""无商业价值"等。

5. 加工方法：指货品在申报前经过怎样的处理工艺。例如，税目49.08项下商品可填报"釉转印"等；税目49.09项下商品可填报"印刷""有图画"等。

6. 材质：该要素专用于子目4911.99项下商品，指货品是用什么材料制成的，例如，"纸质"。

7. 信息内容物种类：指税目49.07项下指定子目商品按信息内容所属种类，可填报"软件""数据""互联网内容物或服务"等。

8. 给予信息内容物使用权的种类：指税目49.07项下指定子目商品按给予信息内容物使用权的种类，可填报"存取""复制""密钥"等。

二、价格要素

1. 外观（新的）：该要素是子目4907.001项下邮票和子目4907.002项下钞票的专有价格要素。可填报"新的""旧的""未使用的""已使用过"等。

2. 种类：指税则号列4907.0010项下邮票按其类型填写"小型张""四方联"等。

3. 印刷内容：指子目4911.99项下印刷品的具体内容，例如，图画、文字、数据、程序等。其中"印有自动数据处理设备用程序"需要具体说明。

税则号列	商品名称	申报要素			说明
		归类要素	价格要素	其他要素	
49.01	书籍、小册子、散页印刷品及类似印刷品，不论是否单张：	1. 种类（字典、百科全书等）；2. 状态（成册、单张）			载有文字或图案以供复制并按序号装订的拷贝纸及转印纸归入税目48.16
4901.1000	-单张的，不论是否折叠				
	-其他：				
4901.9100	--字典或百科全书及其连续出版的分册				
4901.9900	--其他				
49.02	报纸、杂志及期刊，不论有无插图或广告材料：	1. 出版周期（日刊、周刊等）			由旧报纸、旧杂志或旧期刊构成的废纸归入税目47.07
4902.1000	-每周至少出版四次				
4902.9000	-其他				
49.03	儿童图画书、绘画或涂色书：	1. 用途（儿童用）；2. 种类（图画书、绘画或涂色书）			
4903.0000	儿童图画书、绘画或涂色书				
49.04	乐谱原稿或印本，不论是否装订或印有插图：	1. 种类（原稿或印本等）			
4904.0000	乐谱原稿或印本，不论是否装订或印有插图				
49.05	各种印刷的地图、水道图及类似图表，包括地图册、挂图、地形图及地球仪、天体仪：				
4905.2000	-成册的	1. 状态（成册）			
4905.9000	-其他：				浮雕地图、详图及地球仪，不论是否印制，归入税目90.23
49.06	手绘的建筑、工程、工业、商业、地形或类似用途的设计图纸原稿；手稿；用感光纸照相复印或用复写纸誊写的上述物品复制件：				
4906.0000	手绘的建筑、工程、工业、商业、地形或类似用途的设计图纸原稿；手稿；用感光纸照相复印或用复写纸誊写的上述物品复制件				

税则号列	商品名称	申报要素			说明
		归类要素	价格要素	其他要素	
49.07	在承认或将承认其面值的国家流通或新发行且未经使用的邮票、印花税票及类似票证；印有邮票或印花税票的纸品；钞票；空白支票；股票、债券及类似所有权凭证：				
4907.0010	---邮票		1.外观（新的）；2.种类（小型张、四方联等）		
4907.0020	---钞票		1.外观（新的）		
4907.0030	---证券凭证	1.种类（证券、特许权等）			
4907.0090	---其他	1.种类（证券、特许权等）；2.信息内容物种类（如软件、数据、互联网内容物或服务等）；3.给予信息内容物使用权的种类（如存取、复制或密钥等）			
49.08	转印贴花纸（移画印花法用图案纸）：	1.加工方法（釉转印等）			
4908.1000	-釉转印贴花纸（移画印花法用图案纸）				
4908.9000	-其他				
49.09	印刷或有图画的明信片；印有个人问候、祝贺、通告的卡片，不论是否有图画、带信封或饰边：	1.加工方法（印刷或有图画等）			
4909.0010	---印刷或有图画的明信片				
4909.0090	---其他				
49.10	印刷的各种日历，包括日历芯：				包括日历芯；又有日历又可记日记的记事本（包括所谓约会日历本）归入税目48.20
4910.0000	印刷的各种日历，包括日历芯				

税则号列	商品名称	申报要素			说明
		归类要素	价格要素	其他要素	
49.11	其他印刷品，包括印刷的图片及照片：				照相软片或硬片的负片或正片归入税目37.05；在一面印有图画、文字的装饰性玻璃镜，不论是否镶框归入税目70.09或70.13；带磁条的印刷卡归入税目85.23或85.24；带电子集成电路的印刷卡（"智能"卡）归入税目85.42；印刷的邻近卡及牌归入税目85.43，不论这些产品是否带磁条
	-商业广告品、商税目录及类似印刷品：	1.用途（有商业价值、无商业价值）			
4911.1010	---无商业价值的				
4911.1090	---其他				
	-其他：				
4911.9100	--图片、设计图样及照片	1.用途（有商业价值、无商业价值等）			
	--其他：	1.材质；2.用途（有商业价值、无商业价值等）		3.印刷内容	
4911.9910	---纸质的				
4911.9990	---其他				

第十一类　纺织原料及纺织制品

注释：
一、本类不包括：
（一）制刷用的动物鬃、毛（税目05.02）；马毛及废马毛（税目05.11）；
（二）人发及人发制品（税目05.01、67.03或67.04），但通常用于榨油机或类似机器的滤布除外（税目59.11）；
（三）第十四章的棉短绒或其他植物材料；
（四）税目25.24的石棉、税目68.12或68.13的石棉制品或其他产品；
（五）税目30.05或30.06的物品；税目33.06的用于清洁牙缝的纱线（牙线），单独零售包装的；
（六）税目37.01至37.04的感光布；
（七）截面尺寸超过1毫米的塑料单丝和表面宽度超过5毫米的塑料扁条及类似品（例如，人造草）（第三十九章），以及上述单丝或扁条的缏条、织物、篮筐或柳条编结品（第四十六章）；
（八）第三十九章的用塑料浸渍、涂布、包覆或层压的机织物、针织物或钩编织物、毡呢或无纺织物及其制品；
（九）第四十章的用橡胶浸渍、涂布、包覆或层压的机织物、针织物或钩编织物、毡呢或无纺织物及其制品；
（十）带毛皮张（第四十一章或第四十三章）、税目43.03或43.04的毛皮制品、人造毛皮及其制品；
（十一）税目42.01或42.02的用纺织材料制成的物品；
（十二）第四十八章的产品或物品（例如，纤维素絮纸）；
（十三）第六十四章的鞋靴及其零件、护腿、裹腿及类似品；
（十四）第六十五章的发网、其他帽类及其零件；
（十五）第六十七章的货品；
（十六）涂有研磨料的纺织材料（税目68.05）以及税目68.15的碳纤维及其制品；
（十七）玻璃纤维及其制品，但可见底布的玻璃线刺绣品除外（第七十章）；
（十八）第九十四章的物品（例如，家具、寝具、灯具及照明装置）；
（十九）第九十五章的物品（例如，玩具、游戏品、运动用品及网具）；
（二十）第九十六章的物品［例如，刷子、旅行用成套缝纫用具、拉链、打字机色带、卫生巾（护垫）及卫生棉条、尿布及尿布衬里］；或
（二十一）第九十七章的物品。
二、（一）可归入第五十章至第五十五章及税目58.09或59.02的由两种或两种以上纺织材料混合制成的货品，应按其中重量最大的那种纺织材料归类。
当没有一种纺织材料重量较大时，应按可归入的有关税目中最后一个税目所列的纺织材料归类。
（二）应用上述规定时：
1. 马毛粗松螺旋花线（税目51.10）和含金属纱线（税目56.05）均应作为一种单一的纺织材料，其重量应为它们在纱线中的合计重量；在机织物的归类中，金属线应作为一种纺织材料；
2. 在选择合适的税目时，应首先确定章，然后再确定该章的有关税目，至于不归入该章的其他材料可不予考虑；
3. 当归入第五十四章及第五十五章的货品与其他章的货品进行比较时，应将这两章作为一个单一的章对待；
4. 同一章或同一税目所列各种不同的纺织材料应作为单一的纺织材料对待。
（三）上述（一）、（二）两款规定亦适用于以下注释三、四、五或六所述纱线。
三、（一）本类的纱线（单纱、多股纱线或缆线）除下列（二）款另有规定的以外，凡符合以下规格的应作为"线、绳、索、缆"：
1. 丝或绢丝纱线，细度在20000分特以上；
2. 化学纤维纱线（包括第五十四章的用两根及以上单丝纺成的纱线），细度在10000分特以上；
3. 大麻或亚麻纱线：
（1）加光或上光的，细度在1429分特以上；或
（2）未加光或上光的，细度在20000分特以上；
4. 三股或三股以上的椰壳纤维纱线；
5. 其他植物纤维纱线，细度在20000分特以上；或

6. 用金属线加强的纱线。

（二）下列各项不按上述（一）款规定办理：

1. 羊毛或其他动物毛纱线及纸纱线，但用金属线加强的纱线除外；
2. 第五十五章的化学纤维长丝丝束以及第五十四章的未加捻或捻度每米少于5转的复丝纱线；
3. 税目50.06的蚕胶丝及第五十四章的单丝；
4. 税目56.05的含金属纱线；但用金属线加强的纱线按上述（一）款6项规定办理；以及
5. 税目56.06的绳绒线、粗松螺旋花线及纵行起圈纱线。

四、（一）除下列（二）款另有规定的以外，第五十章、第五十一章、第五十二章、第五十四章和第五十五章所称"供零售用"纱线，是指以下列方式包装的纱线（单纱、多股纱线或缆线）：

1. 绕于纸板、线轴、纱管或类似芯子上，其重量（含线芯）符合下列规定：
（1）丝、绢丝或化学纤维长丝纱线，不超过85克；或
（2）其他纱线，不超过125克。
2. 绕成团、绞或束，其重量符合下列规定：
（1）细度在3000分特以下的化学纤维长丝纱线，丝或绢丝纱线，不超过85克；
（2）细度在2000分特以下的任何其他纱线，不超过125克；或
（3）其他纱线，不超过500克。
3. 绕成绞或束，每绞或每束中有若干用线分开的小绞或小束，每小绞或小束的重量相等，并且符合下列规定：
（1）丝、绢丝或化学纤维长丝纱线，不超过85克；或
（2）其他纱线，不超过125克。

（二）下列各项不按上述（一）款规定办理：

1. 各种纺织材料制的单纱，但下列两种除外：
（1）未漂白的羊毛或动物细毛单纱；以及
（2）漂白、染色或印色的羊毛或动物细毛单纱，细度在5000分特以上。
2. 未漂白的多股纱线或缆线：
（1）丝或绢丝制的，不论何种包装；或
（2）除羊毛或动物细毛外其他纺织材料制，成绞或成束的。
3. 漂白、染色或印色丝或绢丝制的多股纱线或缆线，细度在133分特及以下。
4. 任何纺织材料制的单纱、多股纱线或缆线：
（1）交叉绕成绞或束的；或
（2）绕于纱芯上或以其他方式卷绕，明显用于纺织工业的（例如，绕于纱管、加捻管、纬纱管、锥形筒管或锭子上的或者绕成蚕茧状以供绣花机使用的纱线）。

五、税目52.04、54.01及55.08所称"缝纫线"，是指下列多股纱线或缆线：

（一）绕于芯子（例如，线轴、纱管）上，重量（包括纱芯）不超过1000克；
（二）作为缝纫线上过浆的；以及
（三）终捻为反手（Z）捻的。

六、本类所称"高强力纱"，是指断裂强度大于下列标准的纱线：

尼龙、其他聚酰胺或聚酯制的单纱60厘牛顿/特克斯；
尼龙、其他聚酰胺或聚酯制的多股纱线或缆线53厘牛顿/特克斯；
粘胶纤维制的单纱、多股纱线或缆线27厘牛顿/特克斯。

七、本类所称"制成的"，是指：

（一）裁剪成除正方形或长方形以外的其他形状的；
（二）呈制成状态，无需缝纫或其他进一步加工（或仅需剪断分隔联线）即可使用的（例如，某些抹布、毛巾、台布、方披巾、毯子）；
（三）裁剪成一定尺寸，至少有一边为带有可见的锥形或压平形的热封边，其余各边经本注释其他各项所述加工，但不包括为防止剪边脱纱而用热切法或其他简单方法处理的织物；
（四）已缝边或滚边，或者在任一边带有结制的流苏，但不包括为防止剪边脱纱而锁边或用其他简单方法处理的织物；
（五）裁剪成一定尺寸并经抽纱加工的；
（六）缝合、胶合或用其他方法拼合而成的（将两段或两段以上同样料子的织物首尾连接而成的匹头，以及由两层或两层以上的织物，不论中间有无胎料，层叠而成的匹头除外）；

(七) 针织或钩编成一定形状，不论报验时是单件还是以若干件相连成幅的。

八、对于第五十章至第六十章：

(一) 第五十章至第五十五章和第六十章，以及除条文另有规定以外的第五十六章至第五十九章，不适用于上述注释七所规定的制成货品；以及

(二) 第五十章至第五十五章及第六十章不包括第五十六章至第五十九章的货品。

九、第五十章至第五十五章的机织物包括由若干层平行纱线以锐角或直角相互层叠，在纱线交叉点用黏合剂或以热黏合法黏合而成的织物。

十、以纺织材料和橡胶线制成的弹性产品归入本类。

十一、本类所称"浸渍"，包括"浸泡"。

十二、本类所称"聚酰胺"，包括"芳族聚酰胺"。

十三、本类及本协调制度所称"弹性纱线"，是指合成纤维纺织材料制成的长丝纱线（包括单丝），但变形纱线除外。这些纱线可拉伸至原长的三倍而不断裂，并可在拉伸至原长两倍后五分钟内回复到不超过原长度的一倍半。

十四、除条文另有规定的以外，各种服装即使成套包装供零售用，也应按各自税目分别归类。本注释所称"纺织服装"，是指税目61.01至61.14及税目62.01至62.11所列的各种服装。

十五、除本类注释一另有规定的以外，装有用作附加功能的化学、机械或电子组件（无论是作为内置组件还是组合在纤维或织物内）的纺织品、服装和其他纺织物，如果其具有本类货品的基本特征，应归入本类相应税目中。

子目注释：

一、本类及本协调制度所用有关名词解释如下：

(一) 未漂白纱线

1. 带有纤维自然色泽并且未经漂染（不论是否整体染色）或印色的纱线；或

2. 从回收纤维制得，色泽未定的纱线（本色纱）。

这种纱线可用无色浆料或易褪色染料（可轻易地用肥皂洗去）处理，如果是化学纤维纱线，则整体用消光剂（例如，二氧化钛）进行处理。

(二) 漂白纱线

1. 经漂白加工、用漂白纤维制得或经染白（除条文另有规定的以外）（不论是否整体染色）及用白浆料处理的纱线；

2. 用未漂白纤维和漂白纤维混纺制得的纱线；或

3. 用未漂白纱和漂白纱纺成多股纱线或缆线。

(三) 着色（染色或印色）纱线

1. 染成彩色（不论是否整体染色，但白色或易褪色除外）或印色的纱线，以及用染色或印色纤维纺制的纱线；

2. 用各色染色纤维混合纺制或用未漂白或漂白纤维与着色纤维混合制得的纱线（夹色纱或混色纱），以及用一种或几种颜色间隔印色而获得点纹印迹的纱线；

3. 用已经印色的纱条或粗纱纺制的纱线；或

4. 用未漂白纱和漂白纱与着色纱纺成的多股纱线或缆线。

上述定义在必要的地方稍作修改后，可适用于第五十四章的单丝、扁条或类似产品。

(四) 未漂白机织物

用未漂白纱线织成后未经漂白、染色或印花的机织物。这类织物可用无色浆料或易褪色染料处理。

(五) 漂白机织物

1. 经漂白、染白或用白浆料处理（除条文另有规定的以外）的成匹机织物；

2. 用漂白纱线织成的机织物；或

3. 用未漂白纱线和漂白纱线织成的机织物。

(六) 染色机织物

1. 除条文另有规定的以外，染成白色以外的其他单一颜色或用白色以外的其他有色整理剂处理的成匹机织物；或

2. 以单一颜色的着色纱线织成的机织物。

(七) 色织机织物

除印花机织物以外的下列机织物：

1. 用各种不同颜色纱线或同一颜色不同深浅（纤维的自然色彩除外）纱线织成的机织物；

2. 用未漂白或漂白纱线与着色纱线织成的机织物；或

3. 用夹色纱线或混色纱线织成的机织物。

不论何种情况，布边或布头的纱线均可忽略不计。

（八）印花机织物

成匹印花的机织物，不论是否用各色纱线织成。

用刷子或喷枪、经转印纸转印、植绒或蜡防印花等方法印成花纹图案的机织物亦可视为印花机织物。

上述各类纱线或织物如经丝光工艺处理并不影响其归类。

上述第（四）至（八）项的定义在必要的地方稍加修改后，可适用于针织或钩编织物。

（九）平纹组织

每根纬纱在并排的经纱间上下交错而过，而每根经纱也在并排的纬纱间上下交错而过的织物组织。

二、（一）含有两种或两种以上纺织材料的第五十六章至第六十三章的产品，应根据本类注释二对第五十章至第五十五章或税目58.09的此类纺织材料产品归类的规定来确定归类。

（二）运用本条规定时：

1. 应酌情考虑按归类总规则第三条来确定归类；

2. 对由底布和绒面或毛圈面构成的纺织品，在归类时可不考虑底布的属性；

3. 对税目58.10的刺绣品及其制品，归类时应只考虑底布的属性，但不见底布的刺绣品及其制品应根据绣线的属性确定归类。

第五十章　蚕　丝

【要素释义】

一、归类要素

1. 用途：指商品的应用对象或应用领域。例如，税目50.01项下商品填报"用于缫丝"。

2. 种类：指商品属于具体蚕丝的细分类型。例如，税则号列5002.0011项下商品可填报"桑蚕厂丝"；税则号列5002.0012项下商品可填报"桑蚕土丝"；税则号列5002.0013项下商品可填报"桑蚕双宫丝"；税则号列5002.0020项下商品可填报"柞蚕丝"；税目50.05项下商品可填报"绢纺纱线等"；税目50.06项下商品可填报"绢纺纱线""蚕胶丝""丝纱线""绸纱线"；税目50.07项下商品可填报"绸丝""桑蚕丝""绢丝""柞蚕丝"等。

3. 是否加捻：加捻是指将纤维条或纱线扭转，使其相互抱合成纱或股线的工艺过程。

4. 是否梳理：梳理是指用两个表面带有针齿的工作机件把纤维丛松解为单根状态，使纤维排列初具方向，除去杂质和疵点，并制成纤维条的工艺过程。

5. 是否供零售用：供零售用的定义详见《协调制度》第十一类注释四的规定，填写"供零售用"或"非供零售用"。

6. 成分含量：商品含有的所有成分名称及其重量百分比。

7. 织造方法：常见的织造方法有机织、针织或钩编织等。例如，税目50.07项下商品可填报"机织"。

8. 染整方法：染整是指对纺织材料（纤维、纱线和织物）进行以化学处理为主的工艺过程，包括预处理、染色、印花和整理。例如，税目50.07项下商品可填报"漂白""未漂白""色织"。

9. 幅宽：指织物最靠外的两边经纱线间与织物长度方向垂直的距离。

10. 纱线细度：行业上一般用每千米纱线的克重表示，单位"特克斯"。但《协调制度》通常是用单位"分特"来表示细度，1分特等于0.1特克斯。

二、价格要素

暂无特指价格要素。

税则号列	商品名称	申报要素			说明
		归类要素	价格要素	其他要素	
50.01	适于缫丝的蚕茧:	1. 用途（用于缫丝）；2. 种类			
5001.0010	---适于缫丝的桑蚕茧				
5001.0090	---其他				
50.02	生丝（未加捻）:				
	---桑蚕丝:				
5002.0011	----厂丝	1. 种类（桑蚕厂丝）；2. 是否加捻			
5002.0012	----土丝	1. 种类（桑蚕土丝）；2. 是否加捻			
5002.0013	----双宫丝	1. 种类（桑蚕双宫丝）；2. 是否加捻			
5002.0019	----其他	1. 种类；2. 是否加捻			
5002.0020	---柞蚕丝	1. 种类（柞蚕丝）；2. 是否加捻			
5002.0090	---其他	1. 种类；2. 是否加捻			
50.03	废丝（包括不适于缫丝的蚕茧、废纱及回收纤维）:	1. 是否梳理			本税目指不适于缫丝的废丝
	---未梳:				
5003.0011	----下茧、茧衣、长吐、滞头				
5003.0012	----回收纤维				
5003.0019	----其他				
	---其他:				
5003.0091	----棉球				
5003.0099	----其他				
50.04	丝纱线（绢纺纱线除外），非供零售用:	1. 是否供零售用；2. 纱线细度			
5004.0000	丝纱线（绢纺纱线除外），非供零售用				
50.05	绢纺纱线，非供零售用:	1. 种类（绢纺纱线等）；2. 是否供零售用；3. 成分含量；4. 纱线细度			
5005.0010	---细丝纱线				
5005.0090	---其他				
50.06	丝纱线及绢纺纱线，供零售用；蚕胶丝:	1. 种类（绢纺纱线、蚕胶丝、丝纱线、绸纱线）；2. 是否供零售用；3. 成分含量；4. 纱线细度			
5006.0000	丝纱线及绢纺纱线、供零售用；蚕胶丝				

税则号列	商品名称	申报要素			说明
		归类要素	价格要素	其他要素	
50.07	丝或绢丝机织物：	1. 种类（绸丝、桑蚕丝、绢丝、柞蚕丝等）；2. 织造方法（机织）；3. 染整方法（漂白、未漂白、色织）；4. 成分含量；5. 幅宽			
	-紬丝机织物：				
5007.1010	---未漂白（包括未练白或练白）或漂白				
5007.1090	---其他				
	-其他机织物，按重量计丝或绢丝（丝除外）含量在85%及以上：				
	---桑蚕丝机织物：				
5007.2011	----未漂白（包括未练白或练白）或漂白				
5007.2019	----其他				
	---柞蚕丝机织物：				
5007.2021	----未漂白（包括未练白或练白）或漂白				
5007.2029	----其他				
	---绢丝机织物：				
5007.2031	----未漂白（包括未练白或练白）或漂白				
5007.2039	----其他				
5007.2090	---其他				
	-其他机织物：				
5007.9010	---未漂白（包括未练白或练白）或漂白				
5007.9090	---其他				

第五十一章 羊毛、动物细毛或粗毛；马毛纱线及其机织物

注释：

本协调制度所称：

一、"羊毛"，是指绵羊或羔羊身上长的天然纤维；

二、"动物细毛"，是指下列动物的毛：羊驼、美洲驼、驼马、骆驼（包括单峰骆驼）、牦牛、安哥拉山羊、西藏山羊、喀什米尔山羊及类似山羊（普通山羊除外）、家兔（包括安哥拉兔）、野兔、海狸、河狸鼠或麝鼠；

三、"动物粗毛"，是指以上未提及的其他动物的毛，但不包括制刷用鬃、毛（税目 05.02）以及马毛（税目 05.11）。

【要素释义】

一、归类要素

1. 加工程度：指商品在申报前经过怎样的处理工艺。例如，子目 5101.11 项下商品可填报"含脂""脱脂""碳化"等，子目 5101.19 项下商品可填报"未梳""含脂""脱脂""碳化"等。

2. 种类：指商品属于具体动物毛的类型。例如，子目 5102.11 项下商品可填报"未梳理的兔毛、喀什米尔山羊毛、山羊绒、骆驼毛"；子目 5103.1 项下商品可填报"羊毛落毛、动物细毛或粗毛废料"；税目 51.04 项下商品可填报"源于羊毛、动物粗、细毛等的回收纤维"；子目 5105.1 项下商品可填报"羊毛条""羊毛片毛""兔毛""喀什米尔山羊毛"；税目 51.10 项下商品可填报"马毛等粗毛纱线"；税目 51.11 项下商品可填报"羊毛""驼马毛""美洲驼毛"等。

3. 梳理方法：梳理是指用两个表面带有针齿的工作机件把纤维丛松解为单根状态，使纤维排列初具方向，除去杂质和疵点，并制成纤维条的工艺过程。例如，子目 5105.1 项下商品可填报"粗梳""精梳"，税目 51.07 项下商品可填报"精梳羊毛纱线"。

4. 是否供零售用：供零售用的定义详见《协调制度》第十一类注释四的规定，填报"供零售用"或"非供零售用"。

5. 成分含量：商品含有的所有成分名称及其重量百分比。

6. 每平方米克重：指商品每平方米的重量，以克为单位计算。

7. 幅宽：指织物最靠外的两边经纱线间与织物长度方向垂直的距离。

8. 如为山羊毛请申报含绒率：根据商品实际申报其含绒率，以百分比计。

二、价格要素

1. 剪羊毛请注明细度（微米数）：该要素是子目 5101.11 项下商品剪羊毛的价格要素。剪羊毛的"细度"表示单根羊毛纤维的直径，用"μm（微米）"来表示，如"29μm（微米）"。

2. 剪羊毛请注明长度：该要素是子目 5101.11 项下剪羊毛的价格要素，表示剪羊毛的纤维长度，用"毫米"表示。根据实际情况可填报具体数值，也可以填报数值范围。

3. 剪羊毛请注明草杂含量：该要素是子目 5101.11 项下商品羊毛的价格要素，指羊毛杂草含量，以百分比计。

4. 颜色：指税则号列 5102.1920 项下商品山羊绒的颜色。例如，可填报"白色""灰色"等。

5. 纤维长度：指税则号列 5102.1920 项下商品山羊绒的纤维长度，用"毫米"表示。根据实际情况可填报具体数值，也可以填写数值范围。

6. 净绒量：指税则号列 5102.1920 项下商品山羊绒中绒的含量占整个山羊绒的重量百分比。例如，可填报"净绒量：85%"。

7. 其他精梳羊毛请注明支数：该要素是子目 5105.29 项下商品已梳的羊毛及动物细毛或粗毛（包括精梳片毛）的专有价格要素。国际上用英支来表示羊毛细度的指标，即一磅精梳羊毛能纺成 560 码（约 512 米）长度的毛纱数；行业用"S"表示支数，如纺成 60 段 560 码长的毛纱，即为 60 支纱（60S）。越细的羊毛支数越高。

8. 其他精梳羊毛请注明细度：该要素是子目 5105.29 项下商品已梳的羊毛及动物细毛或粗毛（包括精梳片毛）的专有价格要素。细度用"μm（微米）"表示，如"29μm（微米）"。

税则号列	商 品 名 称	申 报 要 素			说 明
		归类要素	价格要素	其他要素	
51.01	**未梳的羊毛：**				
	-含脂羊毛，包括剪前水洗毛：				
5101.1100	--剪羊毛	1. 加工程度（含脂、脱脂、碳化等）	2. 剪羊毛请注明细度（微米数）； 3. 剪羊毛请注明长度； 4. 剪羊毛请注明草杂含量		例：T107，7.7MIC，46英寸的灰褪毛，草杂含量2%
5101.1900	--其他	1. 加工程度（未梳、含脂、脱脂、碳化等）			
	-脱脂羊毛，未碳化：				
5101.2100	--剪羊毛	1. 加工程度（未梳、含脂、脱脂、碳化等）	2. 剪羊毛请注明细度（微米数）； 3. 剪羊毛请注明长度； 4. 剪羊毛请注明草杂含量		
5101.2900	--其他	1. 加工程度（未梳、含脂、脱脂、碳化等）			
5101.3000	-碳化羊毛	1. 加工程度（未梳、含脂、脱脂、碳化等）			
51.02	**未梳的动物细毛或粗毛：**				
	-细毛：				
5102.1100	--喀什米尔山羊的	1. 种类（未梳理的喀什米尔山羊毛）			
	--其他：				
5102.1910	---兔毛	1. 种类（未梳理的兔毛）			
5102.1920	---其他山羊绒	1. 种类	2. 颜色；3. 纤维长度；4. 净绒率		
5102.1930	---骆驼毛、骆驼绒	1. 种类（未梳理的骆驼毛、骆驼绒）			
5102.1990	---其他	1. 种类			
5102.2000	-粗毛	1. 种类	2. 种类为山羊绒需注明颜色、纤维长度、净绒率		
51.03	**羊毛或动物细毛或粗毛的废料，包括废纱线，但不包括回收纤维：**	1. 种类（羊毛落毛、动物细毛或粗毛废料等）			废料不包括回收纤维（税目51.04）

税则号列	商品名称	申报要素			说明
		归类要素	价格要素	其他要素	
5103.1010	-羊毛或动物细毛的落毛： ---羊毛落毛				
5103.1090	---其他				
	-羊毛或动物细毛的其他废料：				
5103.2010	---羊毛废料				
5103.2090	---其他				
5103.3000	-动物粗毛废料				
51.04	**羊毛及动物细毛或粗毛的回收纤维：**	1. 种类（源于羊毛、动物粗、细毛等的回收纤维）			
5104.0010	---羊毛的回收纤维				
5104.0090	---其他				
51.05	**已梳的羊毛及动物细毛或粗毛（包括精梳片毛）：**				
5105.1000	-粗梳羊毛	1. 种类（羊毛条、羊毛片毛、兔毛、喀什米尔山羊毛等）；2. 梳理方法（粗梳或精梳）			
	-羊毛条及其他精梳羊毛：				
5105.2100	--精梳片毛	1. 种类（羊毛条、羊毛片毛、兔毛、喀什米尔山羊毛等）；2. 梳理方法（粗梳或精梳）			
5105.2900	--其他	1. 种类（羊毛条、羊毛片毛、兔毛、喀什米尔山羊毛等）；2. 梳理方法（粗梳或精梳）		3. 其他精梳羊毛请注明支数；4. 其他精梳羊毛请注明细度	
	-已梳动物细毛：	1. 种类（羊毛条、羊毛片毛、兔毛、喀什米尔山羊毛等）；2. 梳理方法（粗梳或精梳）			
5105.3100	--喀什米尔山羊的				
	--其他：				
5105.3910	---兔毛				
	---其他山羊绒：				
5105.3921	----无毛山羊绒				
5105.3929	----其他				
5105.3990	---其他				
5105.4000	-已梳动物粗毛	1. 种类（羊毛条、羊毛片毛、兔毛、喀什米尔山羊毛等）；2. 梳理方法（粗梳或精梳）			
51.06	**粗梳羊毛纱线，非供零售用：**	1. 梳理方法（粗梳）； 2. 是否供零售用； 3. 成分含量			

税则号列	商品名称	申报要素			说明
		归类要素	价格要素	其他要素	
5106.1000	-按重量计羊毛含量在85%及以上				
5106.2000	-按重量计羊毛含量在85%以下				
51.07	**精梳羊毛纱线,非供零售用:**	1. 梳理方法(精梳); 2. 是否供零售用; 3. 成分含量			
5107.1000	-按重量计羊毛含量在85%及以上				
5107.2000	-按重量计羊毛含量在85%以下				
51.08	**动物细毛(粗梳或精梳)纱线,非供零售用:**	1. 梳理方式(精梳、粗梳);2. 是否供零售用;3. 成分含量			
	-粗梳:				
	---按重量计动物细毛含量在85%及以上的:				
5108.1011	----山羊绒的				
5108.1019	----其他				
5108.1090	---其他				
	-精梳:				
	---按重量计动物细毛含量在85%及以上的:				
5108.2011	----山羊绒的				
5108.2019	----其他				
5108.2090	---其他				
51.09	**羊毛或动物细毛的纱线,供零售用:**	1. 种类(羊毛等); 2. 是否供零售用; 3. 成分含量			
	-按重量计羊毛或动物细毛含量在85%及以上:				
	---动物细毛:				
5109.1011	----山羊绒的				
5109.1019	----其他				
5109.1090	---其他				
	-其他:				
	---动物细毛:				
5109.9011	----山羊绒的				
5109.9019	----其他				
5109.9090	---其他				
51.10	**动物粗毛或马毛的纱线(包括马毛粗松螺旋花线),不论是否供零售用:**	1. 种类(马毛等粗毛纱线);2. 成分含量			
5110.0000	动物粗毛或马毛的纱线(包括马毛粗松螺旋花线),不论是否供零售用				
51.11	**粗梳羊毛或粗梳动物细毛的机织物:**	1. 种类(羊毛、驼马毛、美洲驼毛等); 2. 织造方法(机织); 3. 梳理方法(粗梳); 4. 成分含量;5. 幅宽;6. 每平方米克重			

税则号列	商品名称	申报要素			说明
		归类要素	价格要素	其他要素	
	-按重量计羊毛或动物细毛含量在85%及以上：				
	--每平方米重量不超过300克：				
	---动物细毛的：				
5111.1111	----山羊绒的				
5111.1119	----其他				
5111.1190	---其他				
	--其他：				
	---动物细毛的：				
5111.1911	----山羊绒的				
5111.1919	----其他				
5111.1990	---其他				
5111.2000	-其他，主要或仅与化学纤维长丝混纺				
5111.3000	-其他，主要或仅与化学纤维短纤混纺				
5111.9000	-其他				
51.12	**精梳羊毛或精梳动物细毛的机织物：**	1. 种类（羊毛、驼马毛、美洲驼毛等）；2. 织造方法（机织）；3. 梳理方法（精梳）；4. 成分含量；5. 幅宽；6. 每平方米克重			
	-按重量计羊毛或动物细毛含量在85%及以上：				
5112.1100	--每平方米重量不超过200克				
5112.1900	--其他				
5112.2000	-其他，主要或仅与化学纤维长丝混纺				
5112.3000	-其他，主要或仅与化学纤维短纤混纺				
5112.9000	-其他				
51.13	**动物粗毛或马毛的机织物：**	1. 种类（马毛等）；2. 织造方法（机织）；3. 成分含量；4. 幅宽；5. 每平方米克重			
5113.0000	动物粗毛或马毛的机织物				

第五十二章 棉 花

子目注释：

子目5209.42及5211.42所称"粗斜纹布（劳动布）"，是指用不同颜色的纱线织成的三线或四线斜纹织物，包括破斜纹组织的织物，这种织物以经纱为面，经纱染成一种相同的颜色，纬纱未漂白或经漂白、染成灰色或比经纱稍浅的颜色。

【要素释义】

一、归类要素

1. 是否梳理：指商品是否经过梳理加工。例如，税目52.01项下商品可填报"未梳"，税目52.03项下商品可填报"已梳"。

2. 纤维长度：指商品纤维的平均长度。例如，归入税目52.01项下纤维一般长度在1~5厘米。

3. 来源：指商品的出处。该要素是针对税目52.02项下废棉而设置的。此税目包括：在纺前加工、纺纱、机织、针织等生产过程中所得的废棉，以及从拉松的棉商品所得的废棉。例如，子目5202.1项下商品填报"废棉线""回收纤维"等。

4. 成分含量：商品含有的所有成分名称及其重量百分比。

5. 颜色：该要素是针对子目5202.1项下废棉纱线而设置的，指能够反映出商品品质的具体颜色和色泽。例如，纯白、灰白等。

6. 棉种类：该要素是针对子目5202.99项下其他废棉而设置的，指废棉的具体种类，一般用行业术语表达。例如，"精落""抄斩""车肚""统破籽""回丝"等。

7. 是否供零售用：供零售用的定义详见《协调制度》第十一类注释四的规定，填写"供零售用"或"非供零售用"。

8. 纱线细度：行业上一般用每千米纱线的克重表示，单位"特克斯"。但《协调制度》通常是用单位"分特"来表示细度，1分特等于0.1特克斯。

9. 每只重量：该要素是针对缝纫线而设置的，指包含绕芯（如线轴、纱管）在内的每只总重量。

10. 是否上浆：上浆是指经过了以聚硅氧烷、淀粉、蜡、石蜡等为基料的物质的整理处理，这项处理旨在有助于纺织纱线作为缝纫线使用。

11. 终捻捻向：每个纤维束的加捻称为初捻，全部纤维束的加捻称为终捻。捻向分正手（S）捻和反手（Z）捻两种。

12. 梳理方法：梳理是指用两个表面带有针齿的工作机件把纤维丛松解为单根状态，使纤维排列初具方向，除去杂质和疵点，并制成纤维条的工艺过程。例如，税目52.05项下商品填报"粗梳""精梳"。

13. 纱线形态：指纱线是以什么形式存在或组合的。例如，税目52.05项下商品可填报"单纱""股线""缆线"。

14. 织造方法：常见的织造方法有机织、针织或钩编织等。

15. 染整方法：染整是指对纺织材料（纤维、纱线和织物）进行以化学处理为主的工艺过程，包括预处理、染色、印花和整理。例如，税目52.08项下商品可填报"漂白""未漂白""色织""染色""印花"等。

16. 组织结构：指商品的织纹类型。例如，税目52.08项下商品可填报"平纹""斜纹"等。

17. 幅宽：指织物最靠外的两边经纱线间与织物长度方向垂直的距离。

18. 每平方米克重：指商品每平方米的重量，以克为单位计算。

19. 注明与其混纺的化纤是长丝还是短纤：化学纤维有长丝与短纤的区分，因此应予以注明。

二、价格要素

1. 品级：该要素是税目52.01项下商品未梳的棉花的价格要素。是指棉花的成熟程度、色泽特征和轧工质量以及棉花棉纤维伸直后的长度等等指标的不同区分等级。只需申报具体级别，例如"一级""二级"等。

2. 品牌（中文或外文名称）：指制造商或经销商加在商品上的品牌标志，实际需要申报中文或外文品牌名称。

3. 加工工艺：该要素是税目52.05项下棉纱线的价格要素。棉纱按"加工工艺"分为环锭纺、气流纺、赛络纺等。

4. 签约日期：该要素是指供求双方企业合同签订的日期。填报具体日期即可。例如，"20200701"。

5. 含杂率：亚麻纤维中含有的沙土、粉尘等杂物的比例。

税则号列	商 品 名 称	申 报 要 素			说 明
		归类要素	价格要素	其他要素	
52.01	未梳的棉花：	1. 是否梳理；2. 纤维长度		3. 品级	
5201.0000	未梳的棉花				
52.02	废棉（包括废棉纱线及回收纤维）：				
5202.1000	-废棉纱线（包括废棉线）	1. 来源（废棉线、回收纤维等）；2. 成分含量；3. 颜色			
	-其他：				
5202.9100	--回收纤维	1. 来源（废棉线、回收纤维等）；2. 成分含量			
5202.9900	--其他	1. 来源（废棉线、回收纤维等）；2. 成分含量；3. 棉种类（包括精落、抄斩、车肚、统破籽、回丝等）			
52.03	已梳的棉花：	1. 是否梳理；2. 纤维长度			
5203.0000	已梳的棉花				
52.04	棉制缝纫线，不论是否供零售用：	1. 是否供零售用；2. 成分含量；3. 纱线细度；4. 每只重量；5. 是否上浆；6. 终捻捻向			
	-非供零售用：				
5204.1100	--按重量计含棉量在85%及以上				
5204.1900	--其他				
5204.2000	-供零售用				
52.05	棉纱线（缝纫线除外），按重量计含棉量在85%及以上，非供零售用：	1. 梳理方法（粗梳、精梳）；2. 纱线形态（单纱、股线或缆线）；3. 是否供零售用；4. 成分含量；5. 纱线细度		6. 品牌（中文或外文名称）；7. 加工工艺（环锭纺、气流纺、赛络纺等）；8. 签约日期	
	-未精梳纤维纺制的单纱：				
5205.1100	--细度在714.29分特及以上（不超过14公支）				
5205.1200	--细度在714.29分特以下，但不细于232.56分特（超过14公支，但不超过43公支）				
5205.1300	--细度在232.56分特以下，但不细于192.31分特（超过43公支，但不超过52公支）				

税则号列	商品名称	申报要素			说明
		归类要素	价格要素	其他要素	
5205.1400	--细度在192.31分特以下，但不细于125分特（超过52公支，但不超过80公支）				
5205.1500	--细度在125分特以下（超过80公支）				
	-精梳纤维纺制的单纱：				
5205.2100	--细度在714.29分特及以上（不超过14公支）				
5205.2200	--细度在714.29分特以下，但不细于232.56分特（超过14公支，但不超过43公支）				
5205.2300	--细度在232.56分特以下，但不细于192.31分特（超过43公支，但不超过52公支）				
5205.2400	--细度在192.31分特以下，但不细于125分特（超过52公支，但不超过80公支）				
5205.2600	--细度在125分特以下，但不细于106.38分特（超过80公支，但不超过94公支）				
5205.2700	--细度在106.38分特以下，但不细于83.33分特（超过94公支，但不超过120公支）				
5205.2800	--细度在83.33分特以下（超过120公支）				
	-未精梳纤维纺制的多股纱线或缆线：				
5205.3100	--每根单纱细度在714.29分特及以上（每根单纱不超过14公支）				
5205.3200	--每根单纱细度在714.29分特以下，但不细于232.56分特（每根单纱超过14公支，但不超过43公支）				
5205.3300	--每根单纱细度在232.56分特以下，但不细于192.31分特（每根单纱超过43公支，但不超过52公支）				
5205.3400	--每根单纱细度在192.31分特以下，但不细于125分特（每根单纱超过52公支，但不超过80公支）				
5205.3500	--每根单纱细度在125分特以下（每根单纱超过80公支）				
	-精梳纤维纺制的多股纱线或缆线：				
5205.4100	--每根单纱细度在714.29分特及以上（每根单纱不超过14公支）				
5205.4200	--每根单纱细度在714.29分特以下，但不细于232.56分特（每根单纱超过14公支，但不超过43公支）				

税则号列	商品名称	申报要素 归类要素	申报要素 价格要素	申报要素 其他要素	说明
5205.4300	--每根单纱细度在232.56分特以下,但不细于192.31分特（每根单纱超过43公支,但不超过52公支）				
5205.4400	--每根单纱细度在192.31分特以下,但不细于125分特（每根单纱超过52公支,但不超过80公支）				
5205.4600	--每根单纱细度在125分特以下,但不细于106.38分特（每根单纱超过80公支,但不超过94公支）				
5205.4700	--每根单纱细度在106.38分特以下,但不细于83.33分特（每根单纱超过94公支,但不超过120公支）				
5205.4800	--每根单纱细度在83.33分特以下（每根单纱超过120公支）				
52.06	**棉纱线（缝纫线除外），按重量计含棉量在85%以下，非供零售用：**	1. 梳理方法（粗梳、精梳）；2. 纱线形态（单纱、股线或缆线）；3. 是否供零售用；4. 成分含量；5. 纱线细度		6. 品牌（中文或外文名称，无品牌请申报厂商）	
	-未精梳纤维纺制的单纱：				
5206.1100	--细度在714.29分特及以上（不超过14公支）				
5206.1200	--细度在714.29分特以下,但不细于232.56分特（超过14公支,但不超过43公支）				
5206.1300	--细度在232.56分特以下,但不细于192.31分特（超过43公支,但不超过52公支）				
5206.1400	--细度在192.31分特以下,但不细于125分特（超过52公支,但不超过80公支）				
5206.1500	--细度在125分特以下（超过80公支）				
	-精梳纤维纺制的单纱：				
5206.2100	--细度在714.29分特及以上（不超过14公支）				
5206.2200	--细度在714.29分特以下,但不细于232.56分特（超过14公支,但不超过43公支）				
5206.2300	--细度在232.56分特以下,但不细于192.31分特（超过43公支,但不超过52公支）				
5206.2400	--细度在192.31分特以下,但不细于125分特（超过52公支,但不超过80公支）				
5206.2500	--细度在125分特以下（超过80公支）				

税则号列	商品名称	申报要素			说明
		归类要素	价格要素	其他要素	
	-未精梳纤维纺制的多股纱线或缆线：				
5206.3100	--每根单纱细度在714.29分特及以上（每根单纱不超过14公支）				
5206.3200	--每根单纱细度在714.29分特以下，但不细于232.56分特（每根单纱超过14公支，但不超过43公支）				
5206.3300	--每根单纱细度在232.56分特以下，但不细于192.31分特（每根单纱超过43公支，但不超过52公支）				
5206.3400	--每根单纱细度在192.31分特以下，但不细于125分特（每根单纱超过52公支，但不超过80公支）				
5206.3500	--每根单纱细度在125分特以下（每根单纱超过80公支）				
	-精梳纤维纺制的多股纱线或缆线：				
5206.4100	--每根单纱细度在714.29分特及以上（每根单纱不超过14公支）				
5206.4200	--每根单纱细度在714.29分特以下，但不细于232.56分特（每根单纱超过14公支，但不超过43公支）				
5206.4300	--每根单纱细度在232.56分特以下，但不细于192.31分特（每根单纱超过43公支，但不超过52公支）				
5206.4400	--每根单纱细度在192.31分特以下，但不细于125分特（每根单纱超过52公支，但不超过80公支）				
5206.4500	--每根单纱细度在125分特以下（每根单纱超过80公支）				
52.07	棉纱线（缝纫线除外），供零售用：	1. 是否供零售用； 2. 成分含量			
5207.1000	-按重量计含棉量在85%及以上				
5207.9000	-其他				
52.08	棉机织物，按重量计含棉量在85%及以上，每平方米重量不超过200克：	1. 织造方法（机织）； 2. 染整方法（漂白、未漂白、色织、染色、印花等）；3. 组织结构（平纹、三线或四线斜纹、四线双面斜纹或十字斜纹、其他斜纹等）；4. 成分含量； 5. 每平方米克重		6. 品牌（中文或外文名称）	
	-未漂白：				
5208.1100	--平纹机织物，每平方米重量不超过100克				
5208.1200	--平纹机织物，每平方米重量超过100克				

税则号列	商品名称	申报要素			说明
		归类要素	价格要素	其他要素	
5208.1300	--三线或四线斜纹机织物,包括双面斜纹机织物				
5208.1900	--其他机织物				
	-漂白:				
5208.2100	--平纹机织物,每平方米重量不超过100克				
5208.2200	--平纹机织物,每平方米重量超过100克				
5208.2300	--三线或四线斜纹机织物,包括双面斜纹机织物				
5208.2900	--其他机织物				
	-染色:				
5208.3100	--平纹机织物,每平方米重量不超过100克				
5208.3200	--平纹机织物,每平方米重量超过100克				
5208.3300	--三线或四线斜纹机织物,包括双面斜纹机织物				
5208.3900	--其他机织物				
	-色织:				
5208.4100	--平纹机织物,每平方米重量不超过100克				
5208.4200	--平纹机织物,每平方米重量超过100克				
5208.4300	--三线或四线斜纹机织物,包括双面斜纹机织物				
5208.4900	--其他机织物				
	-印花:				
5208.5100	--平纹机织物,每平方米重量不超过100克				
5208.5200	--平纹机织物,每平方米重量超过100克				
	--其他机织物				
5208.5910	---三线或四线斜纹机织物,包括双面斜纹机织物				
5208.5990	---其他				
52.09	**棉机织物,按重量计含棉量在85%及以上,每平方米重量超过200克:**	1.织造方法(机织);2.染整方法(漂白、未漂白、色织、染色、印花等);3.组织结构(平纹、粗斜纹、其他三线或四线斜纹、其他斜纹等);4.成分含量;5.幅宽;6.每平方米克重		7.品牌(中文或外文名称)	
	-未漂白:				

税则号列	商品名称	申报要素			说明
		归类要素	价格要素	其他要素	
5209.1100	--平纹机织物				
5209.1200	--三线或四线斜纹机织物,包括双面斜纹机织物				
5209.1900	--其他机织物				
	-漂白:				
5209.2100	--平纹机织物				
5209.2200	--三线或四线斜纹机织物,包括双面斜纹机织物				
5209.2900	--其他机织物				
	-染色:				
5209.3100	--平纹机织物				
5209.3200	--三线或四线斜纹机织物,包括双面斜纹机织物				
5209.3900	--其他机织物				
	-色织:				
5209.4100	--平纹机织物				
5209.4200	--粗斜纹布(劳动布)				
5209.4300	--其他三线或四线斜纹机织物,包括双面斜纹机织物				
5209.4900	--其他机织物				
	-印花:				
5209.5100	--平纹机织物				
5209.5200	--三线或四线斜纹机织物,包括双面斜纹机织物				
5209.5900	--其他机织物				
52.10	棉机织物,按重量计含棉量在85%以下,主要或仅与化学纤维混纺,每平方米重量不超过200克:	1.织造方法(机织);2.染整方法(漂白、未漂白、色织、染色、印花等);3.组织结构(平纹、三线或四线斜纹、四线双面斜纹或十字斜纹、其他斜纹等);4.注明与其混纺的化纤是长丝还是短纤;5.成分含量;6.幅宽;7.每平方米克重		8.品牌(中文或外文名称)	
	-未漂白:				
5210.1100	--平纹机织物				
	--其他机织物:				
5210.1910	---三线或四线斜纹机织物,包括双面斜纹机织物				
5210.1990	---其他				
	-漂白:				
5210.2100	--平纹机织物				
	--其他机织物:				

税则号列	商品名称	申报要素			说明
		归类要素	价格要素	其他要素	
5210.2910	---三线或四线斜纹机织物，包括双面斜纹机织物				
5210.2990	---其他				
	-染色：				
5210.3100	--平纹机织物				
5210.3200	--三线或四线斜纹机织物，包括双面斜纹机织物				
5210.3900	--其他机织物				
	-色织：				
5210.4100	--平纹机织物				
	--其他机织物：				
5210.4910	---三线或四线斜纹机织物，包括双面斜纹机织物				
5210.4990	---其他				
	-印花：				
5210.5100	--平纹机织物				
	--其他机织物：				
5210.5910	---三线或四线斜纹机织物，包括双面斜纹机织物				
5210.5990	---其他				
52.11	**棉机织物，按重量计含棉量在85%以下，每平方米重量超过200克：**	1. 织造方法（机织）；2. 染整方法（漂白、未漂白、色织、染色、印花等）；3. 组织结构（平纹、粗斜纹、其他三线或四线斜纹、其他斜纹等）；4. 注明与其混纺的化纤是长丝还是短纤；5. 成分含量；6. 幅宽；7. 每平方米克重		8. 品牌（中文或外文名称）	
	-未漂白：				
5211.1100	--平纹机织物				
5211.1200	--三线或四线斜纹机织物，包括双面斜纹机织物				
5211.1900	--其他机织物				
5211.2000	-漂白				
	-染色：				
5211.3100	--平纹机织物				
5211.3200	--三线或四线斜纹机织物，包括双面斜纹机织物				
5211.3900	--其他机织物				
	-色织：				
5211.4100	--平纹机织物				
5211.4200	--粗斜纹布（劳动布）				

税则号列	商品名称	申报要素			说明
		归类要素	价格要素	其他要素	
5211.4300	--其他三线或四线斜纹机织物，包括双面斜纹机织物				
5211.4900	--其他机织物				
	-印花：				
5211.5100	--平纹机织物				
5211.5200	--三线或四线斜纹机织物，包括双面斜纹机织物				
5211.5900	--其他机织物				
52.12	**其他棉机织物：**	1.织造方法（机织）；2.染整方法（漂白、未漂白、色织、染色、印花等）；3.组织结构（平纹、斜纹等）；4.成分含量；5.幅宽；6.每平方米克重		7.品牌（中文或外文名称）	
	-每平方米重量不超过200克：				
5212.1100	--未漂白				
5212.1200	--漂白				
5212.1300	--染色				
5212.1400	--色织				
5212.1500	--印花				
	-每平方米重量超过200克：				
5212.2100	--未漂白				
5212.2200	--漂白				
5212.2300	--染色				
5212.2400	--色织				
5212.2500	--印花				

第五十三章 其他植物纺织纤维；纸纱线及其机织物

【要素释义】

一、归类要素

1. 加工程度：指商品经过怎样的处理工艺。例如，子目5301.1可填报"生的"或"经沤制"等；子目5303.1项下商品可填报"未纺制的、生的或沤制的"；税则号列5305.0011项下商品可填报"生的"。

2. 是否为短纤或废麻：亚麻短纤一般包括适于纺纱的各种质量的废亚麻，主要是在打麻、栉梳（精梳）和纺纱过程中所得的短纤或破碎、打结和缠结纤维。废麻还包括从纺纱、摇纱或机织过程中所得的废纱以及把亚麻废织物或废品撕碎所得的废纤维。这些废纤一般供再次纺纱用。

3. 种类：指商品属于具体植物纺织纤维的类型。例如，子目5301.3项下商品可填报"二粗""机械短麻""落麻"；子目5303.1项下商品可填报"黄麻""洋麻""菽麻"等；税目53.05项下商品可填报"椰壳纤维""蕉麻""苎麻"等；子目5308.1项下商品可填报"椰壳纤维纱线"。

4. 用途：指子目5305.009项下其他麻的质量级别及其实际用途。

5. 纱线形态：指纱线是以什么形式存在或组合的。例如，税目53.06可填报"单纱""股线"或"缆线"。

6. 成分含量：商品含有的所有成分名称及其重量百分比。

7. 染整方法：染整是指对纺织材料（纤维、纱线和织物）进行以化学处理为主的工艺过程，包括预处理、染色、印花和整理。例如，子目5308.901项下商品可填报"漂白""未漂白""色织"。

8. 织造方法：常见的织造方法有机织、针织或钩编织等。例如，税目53.10项下商品填报"机织"。

9. 幅宽：指织物最靠外的两边经纱线间与织物长度方向垂直的距离。

10. 每平方米克重：指商品每平方米的重量，用"克/平方米"表示。

二、价格要素

1. 可纺支数：该要素是子目5301.21项下破开的或打成的亚麻的价格要素，亚麻的可纺支数一般为公制支数，是指在公定回潮率时1克重的纤维或纱线所具有的长度（米），用"支"表示。纤维或纱线越细，公制支数越高。例如，亚麻打成栉梳的可纺支数填报"28支"。

2. 长度：该要素是子目5301.21项下破开的或打成的亚麻的价格要素。指打成亚麻的实际尺寸，用"米"或者"厘米"表示。例如，打成栉梳，可纺支数22支，长度55~65厘米。

3. 加工程度及工艺：该要素是税目53.05项下商品的价格要素。指商品经过怎样的处理及其工艺。

4. 纱线细度：行业上一般用每千米纱线的克重表示，单位"特克斯"。但《协调制度》通常是用单位"分特"来表示细度，1分特等于0.1特克斯。

5. 签约日期：该要素是指供求双方企业合同签订的日期。填报具体日期即可。例如，"20200701"。

6. 含杂率：亚麻纤维中含有的沙土、粉尘等杂物的比例。

税则号列	商品名称	申报要素			说明
		归类要素	价格要素	其他要素	
53.01	亚麻，生的或经加工但未纺制的；亚麻短纤及废麻（包括废麻纱线及回收纤维）：				
5301.1000	-生的或经沤制的亚麻	1. 加工程度（生的、经沤制）			
	-破开、打成栉梳或经其他加工但未纺制的亚麻：				
5301.2100	--破开的或打成的	1. 加工程度（破开或打成）	2. 可纺支数； 3. 长度		
5301.2900	--其他	1. 加工程度（栉梳等）			

税则号列	商品名称	申报要素			说明
		归类要素	价格要素	其他要素	
5301.3000	-亚麻短纤及废麻	1. 是否为短纤或废麻；2. 种类（二粗、机械短麻、落麻）	3. 含杂率		
53.02	大麻，生的或经加工但未纺制的；大麻短纤及废麻（包括废麻纱线及回收纤维）：				
5302.1000	-生的或经沤制的大麻	1. 加工程度（生的、沤制的）			
5302.9000	-其他	1. 加工程度（生的、沤制的等）；2. 是否为短纤或废麻			
53.03	黄麻及其他纺织用韧皮纤维（不包括亚麻、大麻及苎麻），生的或经加工但未纺制的；上述纤维的短纤及废麻（包括废纱线及回收纤维）：				
5303.1000	-生的或经沤制的黄麻及其他纺织用韧皮纤维	1. 种类（黄麻、洋麻、菽麻等）；2. 加工程度（未纺制的、生的或沤制的）			
5303.9000	-其他	1. 种类（黄麻、洋麻、菽麻等）；2. 加工程度（未纺制的、生的或沤制的）；3. 是否为短纤或废麻			
53.05	椰壳纤维、蕉麻（马尼拉麻）、苎麻及其他税目未列名的纺织用植物纤维，生的或经加工但未纺制的；上述纤维的短纤、落麻及废料（包括废纱线及回收纤维）：				
	---苎麻：				
5305.0011	----生的	1. 种类（苎麻）；2. 加工程度（生的）			
5305.0012	----经加工但未纺制的	1. 种类（苎麻）；2. 加工程度（经加工但未纺制的）			
5305.0013	----短纤及废料	1. 种类（苎麻）；2. 是否为短纤或废麻			
5305.0019	----其他	1. 种类（苎麻）			
5305.0020	---蕉麻	1. 种类（蕉麻）；2. 加工程度（生的或经加工但未纺制的）			

税则号列	商品名称	申报要素			说明
		归类要素	价格要素	其他要素	
	---其他:	1. 种类（椰壳纤维、西沙尔麻等）；2. 是否为短纤或废麻；3. 用途	4. 加工程度（生的、经加工未纺制、梳理、机卷、椰绳等）；5. 签约日期		
5305.0091	----西沙尔麻及其他纺织用龙舌兰类纤维				
5305.0092	----椰壳纤维				
5305.0099	----其他				
53.06	亚麻纱线:	1. 纱线形态（单纱、股线或缆线）	2. 纱线细度		
5306.1000	-单纱				
5306.2000	-多股纱线或缆线				
53.07	黄麻纱线或税目53.03的其他纺织用韧皮纤维纱线:	1. 种类（黄麻、洋麻、菽麻等）；2. 纱线形态（单纱、股线或缆线）	3. 纱线细度		
5307.1000	-单纱				
5307.2000	-多股纱线或缆线				
53.08	其他植物纺织纤维纱线；纸纱线:				
5308.1000	-椰壳纤维纱线	1. 种类（椰壳纤维纱线）；2. 成分含量	3. 纱线细度		
5308.2000	-大麻纱线	1. 种类（大麻纱线）；2. 成分含量	3. 纱线细度		
	-其他:				
	---苎麻纱线:	1. 种类（苎麻纱线）；2. 染整方法（漂白、未漂白、色织）；3. 成分含量	4. 纱线细度		
5308.9011	----按重量计苎麻含量在85%及以上的未漂白或漂白纱线				
5308.9012	----按重量计苎麻含量在85%及以上的色纱线				
5308.9013	----按重量计苎麻含量在85%以下的未漂白或漂白纱线				
5308.9014	----按重量计苎麻含量在85%以下的色纱线				
	---其他:	1. 种类（纸纱线等）；2. 成分含量	3. 纱线细度		
5308.9091	----纸纱线				
5308.9099	----其他				
53.09	亚麻机织物:	1. 织造方法（机织）；2. 染整方法（漂白、未漂白、色织）；3. 成分含量；4. 幅宽；5. 每平方米克重			

税则号列	商品名称	申报要素			说明
		归类要素	价格要素	其他要素	
	-按重量计亚麻含量在85%及以上：				
	--未漂白或漂白：				
5309.1110	---未漂白				
5309.1120	---漂白				
5309.1900	--其他				
	-按重量计亚麻含量在85%以下：				
	--未漂白或漂白：				
5309.2110	---未漂白				
5309.2120	---漂白				
5309.2900	--其他				
53.10	**黄麻或税目53.03的其他纺织用韧皮纤维机织物：**	1. 种类（黄麻、洋麻、菽麻等）；2. 织造方法（机织）；3. 染整工艺（漂白、未漂白、色织）；4. 成分含量；5. 幅宽；6. 每平方米克重			
5310.1000	-未漂白				
5310.9000	-其他				
53.11	**其他纺织用植物纤维机织物；纸纱线机织物：**	1. 种类（黄麻、洋麻、菽麻等）；2. 织造方法（机织）；3. 染整工艺（漂白、未漂白、色织）；4. 成分含量；5. 幅宽；6. 每平方米克重			
	---苎麻的：				
5311.0012	----按重量计苎麻含量在85%及以上的未漂白机织物				
5311.0013	----按重量计苎麻含量在85%及以上的其他机织物				
5311.0014	----按重量计苎麻含量在85%以下的未漂白机织物				
5311.0015	----按重量计苎麻含量在85%以下的其他机织物				
5311.0020	---纸纱线的				
5311.0030	---大麻的				
5311.0090	---其他				

第五十四章 化学纤维长丝；化学纤维纺织材料制扁条及类似品

注释：

一、本协调制度所称"化学纤维"，是指通过下列任一方法加工制得的有机聚合物的短纤或长丝：

（一）将有机单体物质加以聚合而制成的聚合物，例如，聚酰胺、聚酯、聚烯烃、聚氨基甲酸酯；或通过上述加工得到的聚合物经化学改性制得（例如，聚乙酸乙烯酯水解制得的聚乙烯醇）；或

（二）将天然有机聚合物（例如，纤维素）溶解或经化学处理制成聚合物，例如，铜铵纤维或粘胶纤维；或将天然有机聚合物（例如，纤维素、酪蛋白及其他蛋白质或藻酸）经化学改性制成聚合物，例如，醋酸纤维素纤维或藻酸盐纤维。

对于化学纤维，所称"合成"，是指（一）款所述的纤维；所称"人造"，是指（二）款所述的纤维。税目54.04或54.05的扁条及类似品不视作化学纤维。

对于纺织材料，所称"化学纤维""合成纤维"及"人造纤维"，其含义应与上述解释相同。

二、税目54.02及54.03不适用于第五十五章的合成纤维或人造纤维的长丝丝束。

【要素释义】

一、归类要素

1. 是否供零售用：供零售用的定义详见《协调制度》第十一类注释四的规定，填报"供零售用"或"非供零售用"。

2. 纤维成分：指纤维的化学成分。例如，税目54.01项下商品可填报"聚酯等"，税目54.03项下商品可填报"粘胶"等。

3. 每只重量：该要素是针对"缝纫线"而设置的，指包含绕芯（如线轴、纱管）在内的每只总重量。

4. 是否上浆：上过浆是指经过了以聚硅氧烷、淀粉、蜡、石蜡等为基料的物质的整理处理，这项处理旨在有助于纺织纱线作为缝纫线使用。

5. 终捻捻向：每个纤维束的加捻称为初捻，全部纤维束的加捻称为终捻。捻向分正手（S）捻和反手（Z）捻两种。

6. 种类：该要素含义有两层含义。（1）指纱线类型。例如，子目5402.1项下商品可申报"高强力纱或变形纱线等"。（2）指单丝类型。例如，税目54.04项下商品可申报"单丝""扁条"等。

7. 纱线形态：指纱线是以什么形式存在或组合的。例如，子目5402.1项下商品要申报"单纱""股线"或"缆线"。

8. 纱线细度：行业上一般用每千米纱线的克重表示，单位"特克斯"。但《协调制度》通常是用单位"分特"来表示细度，1分特等于0.1特克斯。

9. 是否加捻：加捻是指将纤维条或纱线扭转，使其相互抱合成纱或股线的工艺过程。

10. 断裂强度：指将纱线拉伸至断裂所需的力，单位是厘牛顿/特克斯。

11. 纱线捻度：指纱线每单位长度内的捻回数，加捻扭转一圈为一个捻回。

12. 高强力纱需注明断裂强度：指将纱线拉伸至断裂所需的力，单位是厘牛顿/特克斯。

13. 股数：指每根纱线中有几根单纱在一起加捻。

14. 单丝细度或扁条表观宽度：（1）细度，指每千米单丝的克重，单位"分特"，1分特等于0.1特克斯。（2）表观宽度，指折叠、扁平、压缩或搓捻后的宽度。

15. 织造方法：常见的织造方法有机织、针织或钩编织等。例如，子目5407.1项下商品可填报"机织""平行纱层叠黏合"。

16. 染整方法：染整是指对纺织材料（纤维、纱线和织物）进行以化学处理为主的工艺过程，包括预处理、染色、印花和整理。例如，子目5407.1项下商品可填报"漂白""色织""染色"等。

17. 组织结构：指商品的织纹类型。例如，子目5407.2项下商品可填报"平纹""斜纹""缎纹"等。

18. 成分含量：商品含有的所有成分名称及其重量百分比。

19. 幅宽：指织物最靠外的两边经纱线间与织物长度方向垂直的距离。

20. 每平方米克重：指商品每平方米的重量，用"克/平方米"表示。

21. 是否为高强力纱：高强力纱的定义参见第十一类注释六。

二、价格要素

品牌（中文或外文名称）：指制造商或经销商加在商品上的品牌标志，实际需要申报中文或外文品牌名称。

税则号列	商品名称	申报要素			说 明
		归类要素	价格要素	其他要素	
54.01	化学纤维长丝纺制的缝纫线，不论是否供零售用：	1. 是否供零售用；2. 纤维成分（聚酯等）；3. 每只重量；4. 是否上浆；5. 终捻捻向			
	-合成纤维长丝纺制：				
5401.1010	---非供零售用				
5401.1020	---供零售用				
	-人造纤维长丝纺制：				
5401.2010	---非供零售用				
5401.2020	---供零售用				
54.02	合成纤维长丝纱线（缝纫线除外），非供零售用，包括细度在67分特以下的合成纤维单丝：				
	-尼龙或其他聚酰胺纺制的高强力纱，不论是否经变形加工：	1. 种类（高强力纱或变形纱线等）；2. 纱线形态（单纱、股线或缆线）；3. 是否供零售用；4. 纤维成分（聚酰胺等）；5. 纱线细度			
	--芳香族聚酰胺纺制：				
5402.1110	---聚间苯二甲酰间苯二胺纺制				
5402.1120	---聚对苯二甲酰对苯二胺纺制				
5402.1190	---其他				
	--其他				
5402.1910	---聚酰胺-6（尼龙-6）纺制的				
5402.1920	---聚酰胺-6,6（尼龙-6,6）纺制的				
5402.1990	---其他				
5402.2000	-聚酯高强力纱，不论是否经变形加工	1. 种类（高强力纱或变形纱线等）；2. 纱线形态（单纱、股线或缆线）；3. 是否供零售用；4. 纤维成分（聚酯等）；5. 纱线细度			
	-变形纱线：	1. 种类（高强力纱或变形纱线等）；2. 纱线形态（单纱、股线或缆线）；3. 是否供零售用；4. 纤维成分（聚酯等）；5. 纱线细度			
	--尼龙或其他聚酰胺纺制，每根单纱细度不超过50特：				
	---弹力丝：				
5402.3111	----聚酰胺-6（尼龙-6）纺制				
5402.3112	----聚酰胺-6,6（尼龙-6,6）纺制				
5402.3113	----芳香族聚酰胺纺制				

税则号列	商品名称	申报要素			说明
		归类要素	价格要素	其他要素	
5402.3119	----其他				
5402.3190	---其他				
	--尼龙或其他聚酰胺纺制,每根单纱细度超过50特:				
	---弹力丝:				
5402.3211	----聚酰胺-6(尼龙-6)纺制				
5402.3212	----聚酰胺-6,6(尼龙-6,6)纺制				
5402.3213	----芳香族聚酰胺纺制				
5402.3219	----其他				
5402.3290	---其他				
	--聚酯纺制:				
5402.3310	---弹力丝				
5402.3390	---其他				
5402.3400	--聚丙烯纺制				
5402.3900	--其他				
	-其他单纱,未加捻或捻度每米不超过50转:				
	--弹性纱线:	1.种类(高强力纱或变形纱线等);2.纱线形态(单纱、股线或缆线);3.高强纱请注明用途;4.是否供零售用;5.纤维成分(聚酯等);6.纱线细度;7.是否加捻(如加捻请注明捻度)			
5402.4410	---氨纶纱线				
5402.4490	---其他				
	--其他,尼龙或其他聚酰胺纱线:	1.种类(高强力纱或变形纱线等);2.纱线形态(单纱、股线或缆线);3.高强纱请注明用途;4.是否供零售用;5.纤维成分(聚酰胺等);6.纱线细度;7.是否加捻(如加捻请注明捻度)			
5402.4510	---聚酰胺-6(尼龙-6)纺制的				
5402.4520	---聚酰胺-6,6(尼龙-6,6)纺制的				
5402.4530	---芳香族聚酰胺纺制的				
5402.4590	---其他				

税则号列	商品名称	申报要素			说明
		归类要素	价格要素	其他要素	
5402.4600	--其他，部分定向聚酯纱线	1.种类（高强力纱或变形纱线等）；2.纱线形态（单纱、股线或缆线）；3.高强纱请注明用途；4.是否供零售用；5.纤维成分（聚酯等）；6.纱线细度；7.是否加捻（如加捻请注明捻度）			
5402.4700	--其他，聚酯纱线	1.种类（高强力纱或变形纱线等）；2.纱线形态（单纱、股线或缆线）；3.高强纱请注明用途；4.是否供零售用；5.纤维成分（聚酯等）；6.纱线细度；7.是否加捻（如加捻请注明捻度）			
5402.4800	--其他，聚丙烯纱线	1.种类（高强力纱或变形纱线等）；2.纱线形态（单纱、股线或缆线）；3.高强纱请注明用途；4.是否供零售用；5.纤维成分（聚丙烯）；6.纱线细度；7.是否加捻（如加捻请注明捻度）			
	--其他：				
5402.4910	---断裂强度大于等于22厘牛/分特，且初始模量大于等于750厘牛/分特的聚乙烯纱线	1.种类（高强力纱或变形纱线等）；2.纱线形态（单纱、股线或缆线）；3.高强纱请注明用途；4.是否供零售用；5.纤维成分（聚酯等）；6.纱线细度；7.是否加捻（如加捻请注明捻度）；8.断裂强度			
5402.4990	---其他	1.种类（高强力纱或变形纱线等）；2.纱线形态（单纱、股线或缆线）；3.高强纱请注明用途；4.是否供零售用；5.纤维成分（聚酯等）；6.纱线细度；7.是否加捻（如加捻请注明捻度）			
	-其他单纱，捻度每米超过50转：				

税则号列	商品名称	申报要素			说明
		归类要素	价格要素	其他要素	
	--尼龙或其他聚酰胺纱线：	1. 种类（高强力纱或变形纱线等）；2. 纱线形态（单纱、股线或缆线）；3. 是否供零售用；4. 纤维成分（聚酰胺等）；5. 纱线细度；6. 是否加捻（如加捻请注明捻度）			
5402.5110	---聚酰胺-6（尼龙-6）纺制				
5402.5120	---聚酰胺-6,6（尼龙-6,6）纺制				
5402.5130	---芳香族聚酰胺纺制				
5402.5190	---其他				
5402.5200	--聚酯纱线	1. 种类（高强力纱或变形纱线等）；2. 纱线形态（单纱、股线或缆线）；3. 是否供零售用；4. 纤维成分（聚酯等）；5. 纱线细度；6. 是否加捻（如加捻请注明捻度）			
5402.5300	--聚丙烯纱线	1. 种类（高强力纱或变形纱线等）；2. 纱线形态（单纱、股线或缆线）；3. 是否供零售用；4. 纤维成分（聚丙烯）；5. 纱线细度；6. 是否加捻（如加捻请注明捻度）			
	--其他：				
5402.5920	---断裂强度大于等于22厘牛/分特，且初始模量大于等于750厘牛/分特的聚乙烯纱线	1. 种类（高强力纱或变形纱线等）；2. 纱线形态（单纱、股线或缆线）；3. 是否供零售用；4. 纤维成分（聚乙烯）；5. 纱线细度；6. 是否加捻（如加捻请注明捻度）；7. 断裂强度			
5402.5990	---其他	1. 种类（高强力纱或变形纱线等）；2. 纱线形态（单纱、股线或缆线）；3. 是否供零售用；4. 纤维成分（聚酯等）；5. 纱线细度；6. 是否加捻（如加捻请注明捻度）			

税则号列	商品名称	申报要素 归类要素	价格要素	其他要素	说明
	-其他纱线（多股纱线或缆线）：	1. 种类（高强力纱或变形纱线等）；2. 纱线形态（单纱、股线或缆线）；3. 是否供零售用；4. 纤维成分（聚酯等）；5. 纱线细度			
	--尼龙或其他聚酰胺纺制：				
5402.6110	---聚酰胺-6（尼龙-6）纺制				
5402.6120	---聚酰胺-6,6（尼龙-6,6）纺制				
5402.6130	---芳香族聚酰胺纺制				
5402.6190	---其他				
5402.6200	--聚酯纺制				
5402.6300	--聚丙烯纺制				
	--其他：				
5402.6920	---氨纶纱线				
5402.6990	---其他				
54.03	**人造纤维长丝纱线（缝纫线除外），非供零售用，包括细度在67分特以下的人造纤维单丝：**	1. 种类（高强力纱或变形纱线等）；2. 纱线形态（单纱、股线或缆线）；3. 是否供零售用；4. 纤维成分（如粘胶等）；5. 纱线细度；6. 纱线捻度；7. 高强力纱需注明断裂强度（单位：厘牛顿/特克斯）；8. 股数			
5403.1000	-粘胶纤维纺制的高强力纱				
	-其他单纱：				
	--粘胶纤维纺制，未加捻或捻度每米不超过120转：				
5403.3110	---竹制				
5403.3190	---其他				
	--粘胶纤维纺制，捻度每米超过120转：				
5403.3210	---竹制				
5403.3290	---其他				
	--醋酸纤维纺制：				
5403.3310	---二醋酸纤维纺制				
5403.3390	---其他				
5403.3900	--其他				
	-其他纱线（多股纱线或缆线）：				
5403.4100	--粘胶纤维纺制				
5403.4200	--醋酸纤维纺制				
5403.4900	--其他				

税则号列	商 品 名 称	申 报 要 素			说 明
		归类要素	价格要素	其他要素	
54.04	截面尺寸不超过1毫米,细度在67分特及以上的合成纤维单丝;表观宽度不超过5毫米的合成纤维纺织材料制扁条及类似品(例如,人造草): -单丝:	1. 种类(单丝、扁条等);2. 纤维成分;3. 单丝细度或扁条表观宽度			
5404.1100	--弹性				
5404.1200	--其他,聚丙烯制				
5404.1900	--其他				
5404.9000	-其他				
54.05	截面尺寸不超过1毫米,细度在67分特及以上的人造纤维单丝;表观宽度不超过5毫米的人造纤维纺织材料制扁条及类似品(例如,人造草):	1. 种类(单丝、扁条等);2. 纤维成分;3. 单丝细度或扁条表观宽度			
5405.0000	截面尺寸不超过1毫米,细度在67分特及以上的人造纤维单丝;表观宽度不超过5毫米的人造纤维纺织材料制扁条及类似品(例如,人造草)				
54.06	化学纤维长丝纱线(缝纫线除外),供零售用:	1. 是否供零售用;2. 纤维成分			
5406.0010	---合成纤维长丝纱线				
5406.0020	---人造纤维长丝纱线				
54.07	合成纤维长丝纱线的机织物,包括税目54.04所列材料的机织物: -尼龙或其他聚酰胺高强力纱、聚酯高强力纱纺制的机织物:	1. 织造方法(机织、平行纱层叠黏合);2. 染整方法(漂白、色织、染色等);3. 组织结构(平纹、斜纹、缎纹等);4. 成分含量;5. 幅宽;6. 每平方米克重;7. 是否为高强力纱		8. 品牌(中文或外文名称)	
5407.1010	---尼龙或其他聚酰胺高强力纱纺制				
5407.1020	---聚酯高强力纱纺制				
5407.2000	-扁条及类似品的机织物	1. 织造方法(机织、平行纱层叠黏合);2. 染整方法(漂白、色织、染色等);3. 组织结构(平纹、斜纹、缎纹等);4. 成分含量;5. 幅宽;6. 每平方米克重		7. 品牌(中文或外文名称)	

税则号列	商品名称	申报要素			说明
		归类要素	价格要素	其他要素	
5407.3000	-第十一类注释九所列的机织物	1. 织造方法（机织、平行纱层叠黏合）；2. 染整方法（漂白、色织、染色等）；3. 组织结构（平纹、斜纹、缎纹等）；4. 成分含量；5. 幅宽；6. 每平方米克重	7. 品牌（中文或外文名称）		
	-其他机织物，按重量计尼龙或其他聚酰胺长丝含量在85%及以上：	1. 织造方法（机织、平行纱层叠黏合）；2. 染整方法（漂白、色织、染色等）；3. 组织结构（平纹、斜纹、缎纹等）；4. 成分含量；5. 幅宽；6. 每平方米克重	7. 品牌（中文或外文名称）		
5407.4100	--未漂白或漂白				
5407.4200	--染色				
5407.4300	--色织				
5407.4400	--印花				
	-其他机织物，按重量计聚酯变形长丝含量在85%及以上：	1. 织造方法（机织、平行纱层叠黏合）；2. 染整方法（漂白、色织、染色等）；3. 组织结构（平纹、斜纹、缎纹等）；4. 成分含量（聚酯变形长丝等成分及含量）；5. 幅宽；6. 每平方米克重	7. 品牌（中文或外文名称）		
5407.5100	--未漂白或漂白				
5407.5200	--染色				
5407.5300	--色织				
5407.5400	--印花				
	-其他机织物，按重量计聚酯长丝含量在85%及以上：	1. 织造方法（机织、平行纱层叠黏合）；2. 染整方法（漂白、色织、染色等）；3. 组织结构（平纹、斜纹、缎纹等）；4. 成分含量（聚酯非变形长丝等成分及含量）；5. 幅宽；6. 每平方米克重	7. 品牌（中文或外文名称）		
5407.6100	--按重量计聚酯非变形长丝含量在85%及以上				
5407.6900	--其他				

税则号列	商品名称	申报要素			说明
		归类要素	价格要素	其他要素	
	-其他机织物，按重量计其他合成纤维长丝含量在85%及以上：	1.织造方法（机织、平行纱层叠黏合）；2.染整方法（漂白、色织、染色等）；3.组织结构（平纹、斜纹、缎纹等）；4.合成纤维种类（长丝、短纤）；5.成分含量；6.幅宽；7.每平方米克重	8.品牌（中文或外文名称）		
5407.7100	--未漂白或漂白				
5407.7200	--染色				
5407.7300	--色织				
5407.7400	--印花				
	-其他机织物，按重量计其他合成纤维长丝含量在85%以下，主要或仅与棉混纺：	1.织造方法（机织、平行纱层叠黏合）；2.染整方法（漂白、色织、染色等）；3.组织结构（平纹、斜纹、缎纹等）；4.成分含量；5.幅宽；6.每平方米克重	7.品牌（中文或外文名称）		
5407.8100	--未漂白或漂白				
5407.8200	--染色				
5407.8300	--色织				
5407.8400	--印花				
	-其他机织物：	1.织造方法（机织、平行纱层叠黏合）；2.染整方法（漂白、色织、染色等）；3.组织结构（平纹、斜纹、缎纹等）；4.成分含量；5.幅宽；6.每平方米克重	7.品牌（中文或外文名称）		
5407.9100	--未漂白或漂白				
5407.9200	--染色				
5407.9300	--色织				
5407.9400	--印花				
54.08	**人造纤维长丝纱线的机织物，包括税目54.05所列材料的机织物：**	1.织造方法（机织、平行纱层叠黏合）；2.染整方法（漂白、色织、染色等）；3.组织结构（平纹、斜纹、缎纹等）；4.成分含量；5.幅宽；6.每平方米克重	7.品牌（中文或外文名称）		
5408.1000	-粘胶纤维高强力纱的机织物				

税则号列	商品名称	申报要素			说明
		归类要素	价格要素	其他要素	
	-其他机织物，按重量计人造纤维长丝、扁条或类似品含量在85%及以上：				
	--未漂白或漂白：				
5408.2110	---粘胶纤维制				
5408.2120	---醋纤纤维制				
5408.2190	---其他				
	--染色：				
5408.2210	---粘胶纤维制				
5408.2220	---醋纤纤维制				
5408.2290	---其他				
	--色织：				
5408.2310	---粘胶纤维制				
5408.2320	---醋纤纤维制				
5408.2390	---其他				
	--印花：				
5408.2410	---粘胶纤维制				
5408.2420	---醋纤纤维制				
5408.2490	---其他				
	-其他机织物：				
5408.3100	--未漂白或漂白				
5408.3200	--染色				
5408.3300	--色织				
5408.3400	--印花				

第五十五章 化学纤维短纤

注释：

税目55.01和55.02仅适用于每根与丝束长度相等的平行化学纤维长丝丝束。前述丝束应同时符合下列规格：

一、丝束长度超过2米；

二、捻度每米少于5转；

三、每根长丝细度在67分特以下；

四、合成纤维长丝丝束，须经拉伸处理，即本身不能被拉伸至超过本身长度的一倍；

五、丝束总细度大于20000分特。

丝束长度不超过2米的归入税目55.03或55.04。

【要素释义】

一、归类要素

1. 纤维成分：指纤维的化学成分。例如，子目5501.4项下商品可填报"聚丙烯制"。

2. 单丝细度：指每千米单丝的克重，单位"特克斯"。《协调制度》通常是用单位"分特"来表示细度，1分特等于0.1特克斯。

3. 丝束长度：指丝束的平均长度。丝束是由相当多的单根长丝集合而成的同向纤维。

4. 是否加捻：加捻是指将纤维条或纱线扭转，使其相互抱合成纱或股线的工艺过程。

5. 丝束总细度：指每千米丝束的克重，单位"特克斯"。协调制度通常是用单位"分特"来表示细度，1分特等于0.1特克斯。丝束是由相当多的单根长丝集合而成的同向纤维。

6. 加工程度：指商品在申报前经过怎样的处理工艺。例如，税目55.03可填报"未梳、未经纺前加工"，税目55.06项下商品可填报"已梳、经纺前加工"。

7. 长度：指丝束的平均长度。

8. 细度：行业上一般用每千米纱线的克重表示，单位"特克斯"。但《协调制度》通常是用单位"分特"来表示细度，1分特等于0.1特克斯。

9. 人造纤维种类：指商品属于具体人造纤维的类型。

10. 来源：指商品的出处。该要素是针对税目55.05项下化学纤维废料而设置的。此税目包括：在长丝成形和加工过程中所得的废纤维，从粗梳、精梳及其他对短纤纺前加工中收集的废纱线，以及由废碎化纤布或纱线回收得到的原状纤维。例如，税目55.05可填报"落绵""废纱""回收纤维"。

11. 颜色：该要素是针对税目55.05项下化学纤维废料而设置的，指能够反映出商品品质的具体颜色和色泽。例如，白色、杂色等。

12. 成分含量：商品含有的所有成分名称及其重量百分比。

13. 纱线细度：行业上一般用每千米纱线的克重表示，单位"特克斯"。但《协调制度》通常是用单位"分特"来表示细度，1分特等于0.1特克斯。

14. 每只重量：该要素是针对缝纫线而设置的，指包含缝芯（如线轴、纱管）在内的每只总重量。

15. 是否上浆：上过浆是指经过了以聚硅氧烷、淀粉、蜡、石蜡等为基料的物质的整理处理，这项处理旨在有助于纺织纱线作为缝纫线使用。

16. 终捻捻向：每个纤维束的加捻称为初捻，全部纤维束的加捻称为终捻。捻向分正手（S）捻和反手（Z）捻两种。

17. 是否供零售用：供零售用的定义详见《协调制度》第十一类注释四的规定，填报"供零售用"或"非供零售用"。

18. 种类：指纱线是以什么形式存在或组合的。例如，税目55.09项下商品填报"单纱""股线""缆线"。

19. 股线注明股数：股数是指每根纱线中有几根单纱在一起加捻。

20. 织造方法：常见的织造方法有机织、针织或钩编织等。例如，税目55.12项下商品可填报"机织"。

21. 染整方法：染整是指对纺织材料（纤维、纱线和织物）进行以化学处理为主的工艺过程，包括预处理、染色、印花和整理。例如，税目55.12项下商品可填报"漂白""未漂白""色织""染色"等。

22. 组织结构：指商品的织纹类型。例如，税目55.12项下商品可填报"平纹""斜纹""缎纹"等。

23. 幅宽：指织物最靠外的两边经纱间与织物长度方向垂直的距离。

24. 每平方米克重：指商品每平方米的重量，以克为单位计算，用"克/平方米"表示。

二、价格要素

品牌（中文或外文名称）：指制造商或经销商加在商品上的品牌标志，实际需要申报中文或外文品牌名称。

税则号列	商 品 名 称	申报要素 归类要素	价格要素	其他要素	说 明
55.01	合成纤维长丝丝束：	1. 纤维成分；2. 单丝细度；3. 丝束长度；4. 是否加捻（如加捻请注明捻度）；5. 丝束总细度			
	-尼龙或其他聚酰胺制				
5501.1100	--芳族聚酰胺制				
5501.1900	--其他				
5501.2000	-聚酯制				
5501.3000	-聚丙烯腈或变性聚丙烯腈制				
5501.4000	-聚丙烯制				
5501.9000	-其他				
55.02	人造纤维长丝丝束：	1. 纤维成分；2. 单丝细度；3. 丝束长度；4. 是否加捻（如加捻请注明捻度）；5. 丝束总细度			
	-醋酸纤维丝束：				
5502.1010	---二醋酸纤维丝束				
5502.1090	---其他				
5502.9000	-其他				
55.03	合成纤维短纤，未梳或未经其他纺前加工：	1. 加工程度（未梳、未经纺前加工）；2. 纤维成分；3. 长度；4. 细度			
	-尼龙或其他聚酰胺制：				
	--芳族聚酰胺纺制：				
5503.1110	---聚间苯二甲酰间苯二胺纺制				
5503.1120	---聚对苯二甲酰对苯二胺纺制				
5503.1190	---其他				
5503.1900	--其他				
5503.2000	-聚酯制				
5503.3000	-聚丙烯腈或变性聚丙烯腈制				
5503.4000	-聚丙烯制				
	-其他：				
5503.9010	---聚苯硫醚制				
5503.9090	---其他				
55.04	人造纤维短纤，未梳或未经其他纺前加工：	1. 加工程度（未梳、未经纺前加工）；2. 人造纤维种类；3. 细度；4. 长度			
	-粘胶纤维制：				
5504.1010	---竹制				

税则号列	商品名称	申报要素			说明
		归类要素	价格要素	其他要素	
	---木制：				
5504.1021	----阻燃的				
5504.1029	----其他				
5504.1090	---其他				
5504.9000	-其他				
55.05	化学纤维废料（包括落绵、废纱及回收纤维）：	1. 来源（落绵、废纱、回收纤维）；2. 纤维成分；3. 颜色（白色、杂色等）			
5505.1000	-合成纤维的				
5505.2000	-人造纤维的				
55.06	合成纤维短纤，已梳或经其他纺前加工：	1. 加工程度（已梳、经纺前加工）；2. 纤维成分			
	-尼龙或其他聚酰胺制：				
	---芳族聚酰胺纺制：				
5506.1011	----聚间苯二甲酰间苯二胺纺制				
5506.1012	----聚对苯二甲酰对苯二胺纺制				
5506.1019	----其他				
5506.1090	---其他				
5506.2000	-聚酯制				
5506.3000	-聚丙烯腈或变性聚丙烯腈制				
5506.4000	-聚丙烯制				
	-其他：				
5506.9010	---聚苯硫醚制				
5506.9090	---其他				
55.07	人造纤维短纤，已梳或经其他纺前加工：	1. 加工程度（已梳、经纺前加工）；2. 纤维成分			
5507.0000	人造纤维短纤，已梳或经其他纺前加工				
55.08	化学纤维短纤纺制的缝纫线，不论是否供零售用：	1. 成分含量；2. 纱线细度；3. 每只重量；4. 是否上浆；5. 终捻捻向；6. 是否供零售用			
5508.1000	-合成纤维短纤纺制				
5508.2000	-人造纤维短纤纺制				
55.09	合成纤维短纤纺制的纱线（缝纫线除外），非供零售用：	1. 种类（单纱、股线、缆线）；2. 是否供零售用；3. 成分含量；4. 纱线细度；5. 股线注明股数			
	-按重量计尼龙或其他聚酰胺短纤含量在85%及以上：				
5509.1100	--单纱				

税则号列	商品名称	申报要素			说明
		归类要素	价格要素	其他要素	
5509.1200	--多股纱线或缆线				
	-按重量计聚酯短纤含量在85%及以上：				
5509.2100	--单纱				
5509.2200	--多股纱线或缆线				
	-按重量计聚丙烯腈或变性聚丙烯腈短纤含量在85%及以上：				
5509.3100	--单纱				
5509.3200	--多股纱线或缆线				
	-其他纱线，按重量计合成纤维短纤含量在85%及以上：				
5509.4100	--单纱				
5509.4200	--多股纱线或缆线				
	-其他聚酯短纤纺制的纱线：				
5509.5100	--主要或仅与人造纤维短纤混纺				
5509.5200	--主要或仅与羊毛或动物细毛混纺				
5509.5300	--主要或仅与棉混纺				
5509.5900	--其他				
	-其他聚丙烯腈或变性聚丙烯腈短纤纺制的纱线：				
5509.6100	--主要或仅与羊毛或动物细毛混纺				
5509.6200	--主要或仅与棉混纺				
5509.6900	--其他				
	-其他纱线：				
5509.9100	--主要或仅与羊毛或动物细毛混纺				
5509.9200	--主要或仅与棉混纺				
5509.9900	--其他				
55.10	人造纤维短纤纺制的纱线（缝纫线除外），非供零售用：	1. 种类（单纱、股线、缆线）；2. 是否供零售用；3. 成分含量；4. 纱线细度；5. 股线注明股数			
	-按重量计人造纤维短纤含量在85%及以上：				
5510.1100	--单纱				
5510.1200	--多股纱线或缆线				
5510.2000	-其他纱线，主要或仅与羊毛或动物细毛混纺				
5510.3000	-其他纱线，主要或仅与棉混纺				
5510.9000	-其他				
55.11	化学纤维短纤纺制的纱线（缝纫线除外），供零售用：	1. 是否供零售用；2. 成分含量；3. 纱线细度			
5511.1000	-按重量计合成纤维短纤含量在85%及以上				

税则号列	商品名称	申报要素			说明
		归类要素	价格要素	其他要素	
5511.2000	-按重量计合成纤维短纤含量在85%以下				
5511.3000	-人造纤维短纤纺制				
55.12	合成纤维短纤纺制的机织物，按重量计合成纤维短纤含量在85%及以上：	1.织造方法（机织）；2.染整方法（漂白、未漂白、色织、染色等）；3.组织结构（平纹、斜纹、缎纹等）；4.合成纤维种类（长丝、短纤）；5.成分含量；6.幅宽；7.每平方米克重		8.品牌（中文或外文名称）	
	-按重量计聚酯短纤含量在85%及以上：				
5512.1100	--未漂白或漂白				
5512.1900	--其他				
	-按重量计聚丙烯腈或变性聚丙烯腈短纤含量在85%及以上：				
5512.2100	--未漂白或漂白				
5512.2900	--其他				
	-其他：				
5512.9100	--未漂白或漂白				
5512.9900	--其他				
55.13	合成纤维短纤纺制的机织物，按重量计合成纤维短纤含量在85%以下，主要或仅与棉混纺，每平方米重量不超过170克：	1.织造方法（机织）；2.染整方法（漂白、未漂白、色织、染色等）；3.组织结构（平纹、三线或四线斜纹、四线双面斜纹或十字斜纹、其他斜纹等）；4.成分含量；5.幅宽；6.每平方米克重		7.品牌（中文或外文名称）	
	-未漂白或漂白：				
	--聚酯短纤纺制的平纹机织物：				
5513.1110	---未漂白				
5513.1120	---漂白				
	--聚酯短纤纺制的三线或四线斜纹机织物，包括双面斜纹机织物：				
5513.1210	---未漂白				
5513.1220	---漂白				
	--其他聚酯短纤纺制的机织物：				
5513.1310	---未漂白				
5513.1320	---漂白				
5513.1900	--其他机织物				
	-染色：				

税则号列	商品名称	申报要素			说明
		归类要素	价格要素	其他要素	
5513.2100	--聚酯短纤纺制的平纹机织物				
	--其他聚酯短纤纺制的机织物：				
5513.2310	---聚酯短纤纺制的三线或四线斜纹机织物，包括双面斜纹机织物				
5513.2390	---其他				
5513.2900	--其他机织物				
	-色织：				
5513.3100	--聚酯短纤纺制的平纹机织物				
	--其他机织物：				
5513.3910	---聚酯短纤纺制的三线或四线斜纹机织物，包括双面斜纹机织物				
5513.3920	---其他聚酯短纤纺制的机织物				
5513.3990	---其他				
	-印花：				
5513.4100	--聚酯短纤纺制的平纹机织物				
	--其他机织物：				
5513.4910	---聚酯短纤纺制的三线或四线斜纹机织物，包括双面斜纹机织物				
5513.4920	---其他聚酯短纤纺制的机织物				
5513.4990	---其他				
55.14	合成纤维短纤纺制的机织物，按重量计合成纤维短纤含量在85%以下，主要或仅与棉混纺，每平方米重量超过170克：	1. 织造方法（机织）；2. 染整方法（漂白、未漂白、色织、染色等）；3. 组织结构（平纹、三线或四线斜纹、四线双面斜纹或十字斜纹、其他斜纹等）；4. 成分含量；5. 幅宽；6. 每平方米克重	7. 品牌（中文或外文名称）		
	-未漂白或漂白：				
	--聚酯短纤纺制的平纹机织物：				
5514.1110	---未漂白				
5514.1120	---漂白				
	--聚酯短纤纺制的三线或四线斜纹机织物，包括双面斜纹机织物：				
5514.1210	---未漂白				
5514.1220	---漂白				
	--其他机织物：				
	---聚酯短纤纺制的机织物：				
5514.1911	----未漂白				
5514.1912	----漂白				
5514.1990	---其他				
	-染色：				
5514.2100	--聚酯短纤纺制的平纹机织物				

税则号列	商品名称	申报要素			说明
		归类要素	价格要素	其他要素	
5514.2200	--聚酯短纤纺制的三线或四线斜纹机织物，包括双面斜纹机织物				
5514.2300	--其他聚酯短纤纺制的机织物				
5514.2900	--其他机织物				
	-色织：				
5514.3010	---聚酯短纤纺制的平纹机织物				
5514.3020	---聚酯短纤纺制的三线或四线斜纹机织物，包括双面斜纹机织物				
5514.3030	---其他聚酯短纤纺制的机织物				
5514.3090	---其他机织物				
	-印花：				
5514.4100	--聚酯短纤纺制的平纹机织物				
5514.4200	--聚酯短纤纺制的三线或四线斜纹机织物，包括双面斜纹机织物				
5514.4300	--其他聚酯短纤纺制的机织物				
5514.4900	--其他机织物				
55.15	合成纤维短纤纺制的其他机织物：	1.织造方法（机织）；2.染整方法（漂白、未漂白、色织、染色等）；3.组织结构（平纹、斜纹、缎纹等）；4.成分含量；5.幅宽；6.每平方米克重	7.品牌（中文或外文名称）		
	-聚酯短纤纺制：				
5515.1100	--主要或仅与粘胶纤维短纤混纺				
5515.1200	--主要或仅与化学纤维长丝混纺				
5515.1300	--主要或仅与羊毛或动物细毛混纺				
5515.1900	--其他				
	-聚丙烯腈或变性聚丙烯腈短纤纺制：				
5515.2100	--主要或仅与化学纤维长丝混纺				
5515.2200	--主要或仅与羊毛或动物细毛混纺				
5515.2900	--其他				
	-其他机织物：				
5515.9100	--主要或仅与化学纤维长丝混纺				
5515.9900	--其他				
55.16	人造纤维短纤纺制的机织物：	1.织造方法（机织）；2.染整方法（漂白、未漂白、色织、染色等）；3.组织结构（平纹、斜纹、缎纹等）；4.成分含量；5.幅宽；6.每平方米克重	7.品牌（中文或外文名称）		
	-按重量计人造纤维短纤含量在85%及以上：				

税则号列	商品名称	申报要素			说明
		归类要素	价格要素	其他要素	
5516.1100	--未漂白或漂白				
5516.1200	--染色				
5516.1300	--色织				
5516.1400	--印花				
	-按重量计人造纤维短纤含量在85%以下，主要或仅与化学纤维长丝混纺：				
5516.2100	--未漂白或漂白				
5516.2200	--染色				
5516.2300	--色织				
5516.2400	--印花				
	-按重量计人造纤维短纤含量在85%以下，主要或仅与羊毛或动物细毛混纺：				
5516.3100	--未漂白或漂白				
5516.3200	--染色				
5516.3300	--色织				
5516.3400	--印花				
	-按重量计人造纤维短纤含量在85%以下，主要或仅与棉混纺：				
5516.4100	--未漂白或漂白				
5516.4200	--染色				
5516.4300	--色织				
5516.4400	--印花				
	-其他：				
5516.9100	--未漂白或漂白				
5516.9200	--染色				
5516.9300	--色织				
5516.9400	--印花				

第五十六章 絮胎、毡呢及无纺织物；特种纱线；线、绳、索、缆及其制品

注释：
一、本章不包括：
(一) 用各种物质或制剂（例如，第三十三章的香水或化妆品、税目34.01的肥皂或洗涤剂、税目34.05的光洁剂、擦洗膏及类似制剂、税目38.09的织物柔软剂）浸渍、涂布、包覆的絮胎、毡呢或无纺织物，其中的纺织材料仅作为承载介质；
(二) 税目58.11的纺织产品；
(三) 以毡呢或无纺织物为底的砂布及类似品（税目68.05）；
(四) 以毡呢或无纺织物为底的黏聚或复制云母（税目68.14）；
(五) 以毡呢或无纺织物为底的金属箔（通常归入第十四类或第十五类）；或
(六) 税目96.19的卫生巾（护垫）及卫生棉条、尿布及尿布衬里和类似品。
二、所称"毡呢"，包括针刺机制毡呢以及纤维本身通过缝编工序增强了抱合力的纺织纤维网状织物。
三、税目56.02及56.03分别包括用各种性质（紧密结构或泡沫状）的塑料或橡胶浸渍、涂布、包覆或层压的毡呢及无纺织物。
税目56.03还包括用塑料或橡胶作黏合材料的无纺织物。
但税目56.02及56.03不包括：
(一) 用塑料或橡胶浸渍、涂布、包覆或层压，按重量计纺织材料含量在50%及以下的毡呢或者完全嵌入塑料或橡胶之内的毡呢（第三十九章或第四十章）；
(二) 完全嵌入塑料或橡胶之内的无纺织物，以及用肉眼可辨别出两面都用塑料或橡胶涂布、包覆的无纺织物，涂布或包覆所引起的颜色变化可不予考虑（第三十九章或第四十章）；或
(三) 与毡呢或无纺织物混制的泡沫塑料或海绵橡胶板、片或扁条，纺织材料仅在其中起增强作用（第三十九章或第四十章）。
四、税目56.04不包括用肉眼无法辨别出是否经过浸渍、涂布或包覆的纺织纱线或税目54.04或54.05的扁条及类似品（通常归入第五十章至第五十五章）；运用本条规定，可不考虑浸渍、涂布或包覆所引起的颜色变化。

【要素释义】
一、归类要素
1. 纤维成分：指纤维的化学成分。例如，子目5601.1项下商品应填报"棉"。
2. 状态：指商品的外观形状。例如，子目5601.3项下商品可填报"纤维屑""球结"。
3. 处理工艺：指商品在加工过程中经过的后处理工艺。例如，税目56.03项下商品可根据具体情况填写"涂布""浸渍""层压""包覆"等。
4. 纤维成分含量：指纤维的化学成分名称及其重量百分比。
5. 是否化学纤维长丝制：在化纤制造过程中，纺丝流体连续从喷丝孔挤出，经冷凝成为连续不断的丝条，称为化学纤维长丝。将长丝切短称为短纤。
6. 每平方米克重：指商品每平方米的重量，以克为单位计算，用"克/平方米"表示。
7. 成分含量：指商品含有的所有成分名称及其重量百分比。
8. 内层材质：该要素是针对税目56.04项下经浸渍、涂布、包覆而设置的，指内层材料的具体材质。
9. 外层材质：该要素是针对税目56.04项下经浸渍、涂布、包覆而设置的，指外层材料的具体材质。
10. 含金属纱线：含金属纱线包括由混有金属线或扁条的任何纺织材料纺成的纱线，用金属以任何工艺包覆的各种纺织材料纱线，用上述纱线制成的多股纱线或缆线，以金属箔（一般是铝箔）为芯制成的产品。
11. 种类：该要素是针对税目56.06项下商品而设置的，可填报"绳绒及粗松花线""纵行起圈纱线"等。
12. 用途：指商品的应用对象或应用领域。例如，子目5607.21项下商品填报"包扎用"等，子目5608.11项下商品填报"渔网""购物网"等。
13. 成网方式：指网的具体形成的方式。例如，子目5608.11项下商品填报"结制"。
14. 纤维长度：按实际报验状态填报纤维的长度。
15. 是否含金属线，并说明金属线是否仅起增强作用：参见第十一类第五十六章税目56.07注释"以金属线加强的纺织纱线一律归入本税目，它不同于税目56.05的含金属纱线，本品目的金属线通常较粗，仅用作加强用途而无装饰用途"。
16. 加工方法：指商品经过怎样的加工工艺。例如，税目56.03项下商品可根据具体情况填写"水刺""纺粘"

"热风""针刺""湿法""熔喷""闪蒸"。

二、价格要素

1. 用途：税目56.03项下商品的价格要素，指商品应用的方面、范围。例如，税则号列5603.1110项下无纺布的用途可填报"用于无尘纸衬底"。

2. 品牌（中文或外文名称，无品牌请申报厂商）：品牌是指制造商或经销商加在商品上的品牌标志，实际需要申报中文或外文品牌名称；厂商是指商品的制造工厂，实际需填报出厂名称。根据商品实际情况填报。

3. 型号：指代表不同性能、用途和规格的产品代码。

税则号列	商品名称	申报要素 归类要素	申报要素 价格要素	申报要素 其他要素	说明
56.01	纺织材料絮胎及其制品；长度不超过5毫米的纺织纤维（纤维屑）、纤维粉末及球结：				
	-纺织材料制的絮胎及其制品：	1. 纤维成分（如棉制）			
5601.2100	--棉制				
	--化学纤维制：				
5601.2210	---卷烟滤嘴				
5601.2290	---其他				
5601.2900	--其他				
5601.3000	-纤维屑、纤维粉末及球结	1. 状态（纤维屑、球结）			
56.02	毡呢，不论是否浸渍、涂布、包覆或层压：	1. 加工方法（针刺缝编、涂布、浸渍、层压、包覆等）；2. 纤维成分含量			
5602.1000	-针刺机制毡呢及纤维缝编织物				
	-其他毡呢，未浸渍、涂布、包覆或层压：				
5602.2100	--羊毛或动物细毛制				
5602.2900	--其他纺织材料制				
5602.9000	-其他				
56.03	无纺织物，不论是否浸渍、涂布、包覆或层压：				
	-化学纤维长丝制：				
	--每平方米重量不超过25克：				
5603.1110	---经浸渍、涂布、包覆或层压	1. 加工方法（水刺、纺粘、热风、针刺、湿法、熔喷、闪蒸、其他需注明）；2. 处理工艺（涂布、浸渍、层压、包覆等）；3. 是否化学纤维长丝制；4. 每平方米克重；5. 成分含量	6. 用途；7. 品牌（中文或外文名称，无品牌请申报厂商）；8. 型号		

税则号列	商品名称	申报要素			说明
		归类要素	价格要素	其他要素	
5603.1190	---其他	1. 加工方法（水刺、纺粘、热风、针刺、湿法、熔喷、闪蒸、其他需注明）；2. 是否化学纤维长丝制；3. 每平方米克重；4. 成分含量	5. 用途；6. 品牌（中文或外文名称，无品牌请申报厂商）；7. 型号		
	--每平方米重量超过25克，但不超过70克：				
5603.1210	---经浸渍、涂布、包覆或层压	1. 加工方法（水刺、纺粘、热风、针刺、湿法、熔喷、闪蒸、其他需注明）；2. 处理工艺（涂布、浸渍、层压、包覆等）；3. 是否化学纤维长丝制；4. 每平方米克重；5. 成分含量	6. 用途；7. 品牌（中文或外文名称，无品牌请申报厂商）；8. 型号		
5603.1290	---其他	1. 加工方法（水刺、纺粘、热风、针刺、湿法、熔喷、闪蒸、其他需注明）；2. 是否化学纤维长丝制；3. 每平方米克重；4. 成分含量	5. 用途；6. 品牌（中文或外文名称，无品牌请申报厂商）；7. 型号		
	--每平方米重量超过70克，但不超过150克：				
5603.1310	---经浸渍、涂布、包覆或层压	1. 加工方法（水刺、纺粘、热风、针刺、湿法、熔喷、闪蒸、其他需注明）；2. 处理工艺（涂布、浸渍、层压、包覆等）；3. 是否化学纤维长丝制；4. 每平方米克重；5. 成分含量	6. 用途；7. 品牌（中文或外文名称，无品牌请申报厂商）；8. 型号		
5603.1390	---其他	1. 加工方法（水刺、纺粘、热风、针刺、湿法、熔喷、闪蒸、其他需注明）；2. 是否化学纤维长丝制；3. 每平方米克重；4. 成分含量	5. 用途；6. 品牌（中文或外文名称，无品牌请申报厂商）；7. 型号		
	--每平方米重量超过150克：				

税则号列	商品名称	申报要素			说明
		归类要素	价格要素	其他要素	
5603.1410	---经浸渍、涂布、包覆或层压	1. 加工方法（水刺、纺粘、热风、针刺、湿法、熔喷、闪蒸、其他需注明）；2. 处理工艺（涂布、浸渍、层压、包覆等）；3. 是否化学纤维长丝制；4. 每平方米克重；5. 成分含量	6. 用途；7. 品牌（中文或外文名称，无品牌请申报厂商）；8. 型号		
5603.1490	---其他	1. 加工方法（水刺、纺粘、热风、针刺、湿法、熔喷、闪蒸、其他需注明）；2. 化学纤维长丝制应注明；3. 每平方米克重；4. 成分含量	5. 用途；6. 品牌（中文或外文名称，无品牌请申报厂商）；7. 型号		
	-其他： --每平方米重量不超过25克：				
5603.9110	---经浸渍、涂布、包覆或层压	1. 加工方法（水刺、纺粘、热风、针刺、湿法、熔喷、闪蒸、其他需注明）；2. 处理工艺（涂布、浸渍、层压、包覆等）；3. 每平方米克重；4. 成分含量	5. 用途；6. 品牌（中文或外文名称，无品牌请申报厂商）；7. 型号		
5603.9190	---其他	1. 加工方法（水刺、纺粘、热风、针刺、湿法、熔喷、闪蒸、其他需注明）；2. 每平方米克重；3. 成分含量	4. 用途；5. 品牌（中文或外文名称，无品牌请申报厂商）；6. 型号		
	--每平方米重量超过25克，但不超过70克：				
5603.9210	---经浸渍、涂布、包覆或层压	1. 加工方法（水刺、纺粘、热风、针刺、湿法、熔喷、闪蒸、其他需注明）；2. 处理工艺（涂布、浸渍、层压、包覆等）；3. 每平方米克重；4. 成分含量	5. 用途；6. 品牌（中文或外文名称，无品牌请申报厂商）；7. 型号		

税则号列	商品名称	申报要素			说明
		归类要素	价格要素	其他要素	
5603.9290	---其他	1. 加工方法（水刺、纺粘、热风、针刺、湿法、熔喷、闪蒸、其他需注明）；2. 每平方米克重；3. 成分含量	4. 用途；5. 品牌（中文或外文名称，无品牌请申报厂商）；6. 型号		
	--每平方米重量超过70克，但不超过150克：				
5603.9310	---经浸渍、涂布、包覆或层压	1. 加工方法（水刺、纺粘、热风、针刺、湿法、熔喷、闪蒸、其他需注明）；2. 处理工艺（涂布、浸渍、层压、包覆等）；3. 每平方米克重；4. 成分含量	5. 用途；6. 品牌（中文或外文名称，无品牌请申报厂商）；7. 型号		
5603.9390	---其他	1. 加工方法（水刺、纺粘、热风、针刺、湿法、熔喷、闪蒸、其他需注明）；2. 每平方米克重；3. 成分含量	4. 用途；5. 品牌（中文或外文名称，无品牌请申报厂商）；6. 型号		
	--每平方米重量超过150克：				
5603.9410	---经浸渍、涂布、包覆或层压	1. 加工方法（水刺、纺粘、热风、针刺、湿法、熔喷、闪蒸、其他需注明）；2. 处理工艺（涂布、浸渍、层压、包覆等）；3. 每平方米克重；4. 成分含量	5. 用途；6. 品牌（中文或外文名称，无品牌请申报厂商）；7. 型号		
5603.9490	---其他	1. 加工方法（水刺、纺粘、热风、针刺、湿法、熔喷、闪蒸、其他需注明）；2. 每平方米克重；3. 成分含量	4. 用途；5. 品牌（中文或外文名称，无品牌请申报厂商）；6. 型号		
56.04	**用纺织材料包覆的橡胶线及绳；用橡胶或塑料浸渍、涂布、包覆或套裹的纺织纱线及税目54.04或54.05的扁条及类似品：**	1. 加工方法（浸渍、涂布或包覆等）；2. 内层材质；3. 外层材质			
5604.1000	-用纺织材料包覆的橡胶线及绳				
5604.9000	-其他				

税则号列	商品名称	申报要素			说明
		归类要素	价格要素	其他要素	
56.05	含金属纱线,不论是否螺旋花线,由纺织纱线或税目54.04或54.05的扁条及类似品与金属线、扁条或粉末混合制得或用金属包覆制得:	1.含金属纱线;2.成分含量			
5605.0000	含金属纱线,不论是否螺旋花线,由纺织纱线或税目54.04或54.05的扁条及类似品与金属线、扁条或粉末混合制得或用金属包覆制得				
56.06	粗松螺旋花线,税目54.04或54.05的扁条及类似品制的螺旋花线(税目56.05的货品及马毛粗松螺旋花线除外);绳绒线(包括植绒绳绒线);纵行起圈纱线:	1.种类(绳绒及粗松花线、纵行起圈纱线等)			
5606.0000	粗松螺旋花线,税目54.04或54.05的扁条及类似品制的螺旋花线(税目56.05的货品及马毛粗松螺旋花线除外);绳绒线(包括植绒绳绒线);纵行起圈纱线				
56.07	线、绳、索、缆,不论是否编织或编结而成,也不论是否用橡胶或塑料浸渍、涂布、包覆或套裹: -西沙尔麻或其他纺织用龙舌兰类纤维纺制:				
5607.2100	--包扎用绳	1.用途(包扎用等);2.纤维成分		3.品牌(中文或外文名称,无品牌请申报厂商)	
5607.2900	--其他	1.纤维成分		2.用途;3.品牌(中文或外文名称,无品牌请申报厂商)	
	-聚乙烯或聚丙烯纺制:				
5607.4100	--包扎用绳	1.用途(包扎用等);2.纤维成分		3.品牌(中文或外文名称,无品牌请申报厂商)	
5607.4900	--其他	1.纤维成分		2.用途;3.品牌(中文或外文名称,无品牌请申报厂商)	

税则号列	商品名称	申报要素			说明
		归类要素	价格要素	其他要素	
5607.5000	-其他合成纤维纺制	1. 纤维成分	2. 用途；3. 品牌（中文或外文名称，无品牌请申报厂商）		
	-其他：	1. 纤维成分	2. 用途；3. 品牌（中文或外文名称，无品牌请申报厂商）		
5607.9010	---蕉麻（马尼拉麻）或其他硬质（叶）纤维纺制				
5607.9090	---其他				
56.08	**线、绳或索结制的网料；纺织材料制成的渔网及其他网：**				
	-化学纤维材料制：				
5608.1100	--制成的渔网	1. 用途（渔网、购物网等）；2. 纤维成分；3. 成网方式（结制）			
5608.1900	--其他	1. 用途（渔网、购物网等）；2. 纤维成分			
5608.9000	-其他	1. 用途（渔网、购物网等）；2. 纤维成分			
56.09	**用纱线、税目54.04或54.05的扁条及类似品或线、绳、索、缆制成的其他税目未列名物品：**	1. 用途；2. 纤维成分			
5609.0000	用纱线、税目54.04或54.05的扁条及类似品或线、绳、索、缆制成的其他税目未列名物品				

第五十七章 地毯及纺织材料的其他铺地制品

注释：
一、本章所称"地毯及纺织材料的其他铺地制品"，是指使用时以纺织材料作面的铺地制品，也包括具有纺织材料铺地制品特征但作其他用途的物品。
二、本章不包括铺地制品衬垫。

【要素释义】
一、归类要素
1. 织造方法：指地毯的成型方式。例如，税目57.01项下商品可填报"栽绒"等；子目5702.1项下商品可填报"机织"等；税目57.03项下商品可填报"簇绒"；税目57.04项下商品可填报"毡呢"。
2. 是否为铺地制品：常见的铺地制品包括地毯、门蹭垫、浴室垫等。
3. 纤维成分：指纤维的化学成分。例如，可填报"棉""羊毛""麻"等。
4. 规格尺寸：指商品（铺地制品）完全摊开后的尺寸。例如，税目57.04项下商品填报"最大表面面积"，以平方米计。

二、价格要素
规格尺寸：税目57.01至57.03项下商品的价格要素，指上述税目的地毯及铺地制品的大小尺寸，用"长×宽×厚"表示。

税则号列	商品名称	申报要素			说明
		归类要素	价格要素	其他要素	
57.01	结织栽绒地毯及纺织材料的其他结织栽绒铺地制品，不论是否制成的：	1. 织造方法（栽绒、手织等）；2. 纤维成分	3. 规格尺寸		
5701.1000	-羊毛或动物细毛制				
	-其他纺织材料制：				
5701.9010	---化学纤维制				
5701.9020	---丝制				
5701.9090	---其他				
57.02	机织地毯及纺织材料的其他机织铺地制品，未簇绒或未植绒，不论是否制成的，包括"开来姆""苏麦克""卡拉马尼"及类似的手织地毯：				
5702.1000	-"开来姆""苏麦克""卡拉马尼"及类似的手织地毯	1. 织造方法（机织、手织等）；2. 纤维成分	3. 规格尺寸		
5702.2000	-椰壳纤维制的铺地制品	1. 织造方法（栽绒、手织等）；2. 纤维成分	3. 规格尺寸		
	-其他起绒结构的铺地制品，未制成的：	1. 织造方法（栽绒、手织等）；2. 纤维成分	3. 规格尺寸		
5702.3100	--羊毛或动物细毛制				
5702.3200	--化学纤维制				
5702.3900	--其他纺织材料制				
	-其他起绒结构的铺地制品，制成的：	1. 织造方法（栽绒、手织等）；2. 纤维成分	3. 规格尺寸		
5702.4100	--羊毛或动物细毛制				
5702.4200	--化学纤维制				
5702.4900	--其他纺织材料制				
	-其他非起绒结构的铺地制品，未制成的：	1. 织造方法（栽绒、手织等）；2. 纤维成分	3. 规格尺寸		

税则号列	商品名称	申报要素			说明
		归类要素	价格要素	其他要素	
5702.5010	---羊毛或动物细毛制				
5702.5020	---化学纤维制				
5702.5090	---其他纺织材料制				
	-其他非起绒结构的铺地制品，制成的：	1. 织造方法（栽绒、手织等）；2. 纤维成分	3. 规格尺寸		
5702.9100	--羊毛或动物细毛制				
5702.9200	--化学纤维制				
5702.9900	--其他纺织材料制				
57.03	簇绒地毯及纺织材料的其他簇绒铺地制品（包括人造草皮），不论是否制成的：	1. 织造方法（簇绒）；2. 纤维成分；3. 固定方式（施胶、绒头固定方法等）	4. 规格尺寸		
5703.1000	-羊毛或动物细毛制				
5703.2100	--人造草皮				
5703.2900	--其他				
5703.3100	--人造草皮				
5703.3900	--其他				
5703.9000	-其他纺织材料制				
57.04	毡呢地毯及纺织材料的其他毡呢铺地制品，未簇绒或未植绒，不论是否制成的：	1. 织造方法（毡呢）；2. 是否为铺地制品；3. 纤维成分；4. 规格尺寸（最大表面面积）			
5704.1000	-最大表面面积不超过0.3平方米				
5704.2000	-最大表面面积超过0.3平方米但不超过1平方米				
5704.9000	-其他				
57.05	其他地毯及纺织材料的其他铺地制品，不论是否制成的：	1. 是否为铺地制品；2. 纤维成分；3. 规格尺寸；4. 织造方法（无纺、黏绒、植绒、针织等）；5. 固定方式（施胶、涂层黏合等）			
5705.0010	---羊毛或动物细毛制				
5705.0020	---化学纤维制				
5705.0090	---其他纺织材料制				

第五十八章　特种机织物；簇绒织物；花边；装饰毯；装饰带；刺绣品

注释：

一、本章不适用于经浸渍、涂布、包覆或层压的第五十九章注释一所述的纺织物或第五十九章的其他货品。

二、税目58.01也包括因未将浮纱割断而使表面无竖绒的纬起绒织物。

三、税目58.03所称"纱罗"，是指经线全部或部分由地经纱和绞经纱构成的织物，其中绞经纱绕地经纱半圈、一圈或几圈而形成圈状，纬纱从圈中穿过。

四、税目58.04不适用于税目56.08的线、绳、索结制的网状织物。

五、税目58.06所称"狭幅机织物"，是指：

（一）幅宽不超过30厘米的机织物，不论是否织成或从宽幅料剪成，但两侧必须有织成的、胶粘的或用其他方法制成的布边；

（二）压平宽度不超过30厘米的圆筒机织物；以及

（三）折边的斜裁滚条布，其未折边时的宽度不超过30厘米。

流苏状的狭幅机织物归入税目58.08。

六、税目58.10所称"刺绣品"，除了一般纺织材料绣线绣制的刺绣品外，还包括在可见底布上用金属线或玻璃线刺绣的刺绣品，也包括用珠片、饰珠、纺织材料或其他材料制的装饰用花纹图案所缝绣的贴花织物。该税目不包括手工针绣嵌花装饰毯（税目58.05）。

七、除税目58.09的产品外，本章还包括金属线制的用于衣着、装饰及类似用途的物品。

【要素释义】

一、归类要素

1. 织造方法：常见的织造方法有机织、针织或钩编织等。例如，税目58.04项下商品可填报"机制""手工制"；税目58.09项下商品可填报"金属线或含金属纱线机织"；税目58.10项下商品可填报"刺绣"。

2. 幅宽：指织物最靠外的两边经纱线间与织物长度方向垂直的距离。

3. 纤维成分：指纤维的化学成分。例如，可填报"棉""羊毛"等。

4. 起绒方式：起绒是指通过某种工艺使织物表面具有绒层或毛茸外观。例如，子目5801.21项下商品可填报"经起绒""纬起绒或绳绒"，子目5802.10项下商品可填报"簇绒"或"毛圈"，子目5806.1项下商品可填报"毛巾""绳绒"等。

5. 割绒请注明：割绒是将毛圈进行剪割处理，使织物表面布满平整的绒毛的工艺过程。

6. 是否漂白：漂白是使用化学溶剂将织物从漂染成为白色的过程。

7. 组织结构：指货品的织纹类型。税目58.03项下商品应填报"纱罗"。

8. 种类：指商品属于具体织物的类型。例如，税目58.04项下商品可填报"网眼""花边"，税目58.05项下商品可填报"手工针绣嵌花装饰毯等"。

9. 用途：指商品的应用对象或应用领域。例如，税目58.09项下商品填报"衣着""装饰"等。

10. 成分含量：指商品含有的所有成分名称及其重量百分比。

11. 刺绣请注明：刺绣是用绣线在原有底布（网眼薄纱、网眼织物、丝绒、带子、针织物或钩编织物、花边或机织物、毡呢或无纺织物等）上进行穿刺，以缝迹构成花纹图案的装饰织物。

12. 规格：指商品的商业规格，例如，税目58.08项下商品应填报"成匹"。

13. 是否见底布：该要素是针对刺绣品而设置的，指刺绣品的底布是否可见。底布是指绣线穿刺的载体。

14. 表面成分含量：税目58.11项下的被褥状纺织品是用一层或几层纺织材料作为表面与内里胎料经绗缝或其他方法组合制成，需填报表面所用纺织材料的具体成分名称及其重量百分比。

15. 胎料材质：指税目58.11项下被褥状纺织品所用胎料的具体材质。

二、价格要素

暂无特指价格要素。

税则号列	商品名称	申报要素 归类要素	申报要素 价格要素	申报要素 其他要素	说明
58.01	起绒机织物及绳绒织物，但税目58.02或58.06的织物除外：				
5801.1000	-羊毛或动物细毛制	1. 织造方法（机织）；2. 幅宽；3. 成分含量			
	-棉制：				
5801.2100	--不割绒的纬起绒织物	1. 织造方法（机织）；2. 起绒方式（经起绒、纬起绒或绳绒）；3. 幅宽；4. 成分含量			
5801.2200	--割绒的灯芯绒	1. 织造方法（机织）；2. 是否为割绒；3. 幅宽；4. 成分含量			
5801.2300	--其他纬起绒织物	1. 织造方法（机织）；2. 起绒方式（经起绒、纬起绒或绳绒）；3. 幅宽；4. 成分含量			
5801.2600	--绳绒织物	1. 织造方法（机织）；2. 起绒方式（经起绒、纬起绒或绳绒）；3. 幅宽；4. 成分含量			
	--经起绒织物：				
5801.2710	---不割绒的（棱纹绸）	1. 织造方法（机织）；2. 起绒方式（经起绒、纬起绒或绳绒）；3. 幅宽；4. 成分含量			
5801.2720	---割绒的	1. 织造方法（机织）；2. 起绒方式（经起绒、纬起绒或绳绒）；3. 是否为割绒；4. 幅宽；5. 成分含量			
	-化学纤维制：				
5801.3100	--不割绒的纬起绒织物	1. 织造方法（机织）；2. 起绒方式（经起绒、纬起绒或绳绒）；3. 幅宽；4. 成分含量			
5801.3200	--割绒的灯芯绒	1. 织造方法（机织）；2. 起绒方式（经起绒、纬起绒或绳绒）；3. 是否为割绒；4. 幅宽；5. 成分含量			
5801.3300	--其他纬起绒织物	1. 织造方法（机织）；2. 起绒方式（经起绒、纬起绒或绳绒）；3. 幅宽；4. 成分含量			

税则号列	商品名称	申报要素 归类要素	价格要素	其他要素	说明
5801.3600	--绳绒织物	1. 织造方法（机织）；2. 起绒方式（经起绒、纬起绒或绳绒）；3. 幅宽；4. 成分含量			
5801.3710	--经起绒织物： ---不割绒的（棱纹绸）	1. 织造方法（机织）；2. 起绒方式（经起绒、纬起绒或绳绒）；3. 幅宽；4. 成分含量			
5801.3720	---割绒的	1. 织造方法（机织）；2. 起绒方式（经起绒、纬起绒或绳绒）；3. 是否为割绒；4. 幅宽；5. 成分含量			
5801.9010	-其他纺织材料制： ---丝及绢丝制	1. 织造方法（机织）；2. 幅宽；3. 成分含量			
5801.9090	---其他	1. 织造方法（机织）；2. 起绒方式（经起绒、纬起绒或绳绒）；3. 幅宽；4. 成分含量			
58.02	**毛巾织物及类似的毛圈机织物，但税目58.06的狭幅织物除外；簇绒织物，但税目57.03的产品除外：** -棉制毛巾织物及类似的毛圈机织物：				
5802.1010	---未漂白	1. 织造方法（机织）；2. 起绒方式（簇绒或毛圈）；3. 是否漂白；4. 幅宽；5. 成分含量			
5802.1090	---其他	1. 织造方法（机织）；2. 起绒方式（簇绒或毛圈）；3. 幅宽；4. 成分含量			
	-其他纺织材料制的毛巾织物及类似的毛圈机织物：	1. 织造方法（机织）；2. 起绒方式（簇绒或毛圈）；3. 幅宽；4. 成分含量			
5802.2010	---丝及绢丝制				
5802.2020	---羊毛或动物细毛制				
5802.2030	---化学纤维制				
5802.2090	---其他				
	-簇绒织物：	1. 织造方法（机织）；2. 起绒方式（簇绒或毛圈）；3. 幅宽；4. 成分含量			
5802.3010	---丝及绢丝制				

税则号列	商品名称	申报要素			说明
		归类要素	价格要素	其他要素	
5802.3020	---羊毛或动物细毛制				
5802.3030	---棉或麻制				
5802.3040	---化学纤维制				
5802.3090	---其他纺织材料制				
58.03	纱罗，但税目**58.06**的狭幅织物除外：	1. 组织结构（纱罗）；2. 幅宽；3. 成分含量			
5803.0010	---棉制				
5803.0020	---丝及绢丝制				
5803.0030	---化学纤维制				
5803.0090	---其他纺织材料制				
58.04	网眼薄纱及其他网眼织物，但不包括机织物、针织物或钩编织物；成卷、成条或成小块图案的花边，但税目**60.02**至**60.06**的织物除外：	1. 种类（网眼、花边等）；2. 织造方法（机制、手工制）；3. 幅宽；4. 成分含量			
	-网眼薄纱及其他网眼织物：				
5804.1010	---丝及绢丝制				
5804.1020	---棉制				
5804.1030	---化学纤维制				
5804.1090	---其他纺织材料制				
	-机制花边：				
5804.2100	--化学纤维制				
	--其他纺织材料制：				
5804.2910	---丝及绢丝制				
5804.2920	---棉制				
5804.2990	---其他				
5804.3000	-手工制花边				
58.05	"哥白林""弗朗德""奥步生""波威"及类似式样的手织装饰毯，以及手工针绣嵌花装饰毯（例如，小针脚或十字绣），不论是否制成的：	1. 用途（装饰用等）；2. 种类（手工针绣嵌花装饰毯等）；3. 幅宽；4. 纤维成分			
5805.0010	---手工针绣嵌花装饰毯				
5805.0090	---其他				
58.06	狭幅机织物，但税目**58.07**的货品除外；用黏合剂黏合制成的有经纱而无纬纱的狭幅织物（包扎匹头用带）：				
	-起绒机织物（包括毛巾织物及类似的毛圈织物）及绳绒织物：	1. 织造方法（机织）；2. 起绒方式（毛巾、绳绒等）；3. 成分含量；4. 幅宽			
5806.1010	---棉或麻制				
5806.1090	---其他纺织材料制				
5806.2000	-按重量计弹性纱线或橡胶线含量在5%及以上的其他机织物	1. 织造方法（机织）；2. 成分含量；3. 幅宽			
	-其他机织物：	1. 织造方法（机织）；2. 成分含量；3. 幅宽			
5806.3100	--棉制				

税则号列	商品名称	申报要素			说明
		归类要素	价格要素	其他要素	
5806.3200	--化学纤维制				
	--其他纺织材料制：				
5806.3910	---丝及绢丝制				
5806.3920	---羊毛或动物细毛制				
5806.3990	---其他				
	-用粘合剂粘合制成的有经纱而无纬纱的织物（包扎匹头用带）：	1. 织造方法（机织）；2. 成分含量；3. 幅宽			
5806.4010	---棉或麻制				
5806.4090	---其他纺织材料制				
58.07	非绣制的纺织材料制标签、徽章及类似品，成匹、成条或裁成一定形状或尺寸：	1. 织造方法（机织、针织等）；2. 成分含量；3. 刺绣请注明			包括除刺绣以外的各种纺织材料制的标签
5807.1000	-机织				
5807.9000	-其他				
58.08	成匹的编带；非绣制的成匹装饰带，但针织或钩编的除外；流苏、绒球及类似品：	1. 规格（成匹）；2. 成分含量			针织和钩编除外
5808.1000	-成匹的编带				
5808.9000	-其他				
58.09	其他税目未列名的金属线机织物及税目56.05所列含金属纱线的机织物，用于衣着、装饰及类似用途：	1. 用途（衣着、装饰等）；2. 织造方法（金属线或含金属纱线机织）；3. 成分含量			
5809.0010	---与棉混制				
5809.0020	---与化学纤维混制				
5809.0090	---其他				
58.10	成匹、成条或成小块图案的刺绣品：	1. 织造方法（刺绣）；2. 是否见底布；3. 成分含量			刺绣品归入税目58.10
5810.1000	-不见底布的刺绣品				
	-其他刺绣品：				
5810.9100	--棉制				
5810.9200	--化学纤维制				
5810.9900	--其他纺织材料制				
58.11	用一层或几层纺织材料与胎料经绗缝或其他方法组合制成的被褥状纺织品，但税目58.10的刺绣品除外：	1. 表面成分含量；2. 胎料材质			
5811.0010	---丝及绢丝制				
5811.0020	---羊毛或动物细毛制				
5811.0030	---棉制				
5811.0040	---化学纤维制				
5811.0090	---其他纺织材料制				

第五十九章 浸渍、涂布、包覆或层压的纺织物；工业用纺织制品

注释：

一、除条文另有规定的以外，本章所称"纺织物"，仅适用于第五十章至第五十五章、税目58.03及58.06的机织物、税目58.08的成匹编带和装饰带及税目60.02至60.06的针织物或钩编织物。

二、税目59.03适用于：

（一）用塑料浸渍、涂布、包覆或层压的纺织物，不论每平方米重量多少以及塑料的性质如何（紧密结构或泡沫状的），但下列各项除外：

1. 用肉眼无法辨别出是否经过浸渍、涂布、包覆或层压的织物（通常归入第五十章至第五十五章、第五十八章或第六十章），但由于浸渍、涂布、包覆或层压所引起的颜色变化可不予考虑；

2. 温度在15摄氏度~30摄氏度时，用手工将其绕于直径7毫米的圆柱体上会发生断裂的产品（通常归入第三十九章）；

3. 纺织物完全嵌入塑料内或在其两面均用塑料完全包覆或涂布，而这种包覆或涂布用肉眼是能够辨别出的产品（但由于包覆或涂布所引起的颜色变化可不予考虑）（第三十九章）；

4. 用塑料部分涂布或包覆并由此而形成图案的织物（通常归入第五十章至第五十五章、第五十八章或第六十章）；

5. 与纺织物混制而其中纺织物仅起增强作用的泡沫塑料板、片或带（第三十九章）；或

6. 税目58.11的纺织品。

（二）由税目56.04的用塑料浸渍、涂布、包覆或套裹的纱线、扁条或类似品制成的织物。

三、税目59.03所称"用塑料层压的纺织物"是指由一层或多层纺织物与一层或多层塑料片或膜以任何方式结合在一起的产品，不论其塑料片或膜从横截面上是否肉眼可见。

四、税目59.05所称"糊墙织物"，是指以纺织材料作面，固定在一衬背上或在背面进行处理（浸渍或涂布以便于裱糊），适于装饰墙壁或天花板，且宽度不小于45厘米的成卷产品。

但本税目不适用于以纺织纤维屑或粉末直接粘于纸上（税目48.14）或布底上（通常归入税目59.07）的糊墙物品。

五、税目59.06所称"用橡胶处理的纺织物"是指：

（一）用橡胶浸渍、涂布、包覆或层压的纺织物：

1. 每平方米重量不超过1500克；或

2. 每平方米重量超过1500克，按重量计纺织材料含量在50%以上；

（二）由税目56.04的用橡胶浸渍、涂布、包覆或套裹的纱线、扁条或类似品制成的织物；以及

（三）平行纺织纱线经橡胶黏合的织物，不论每平方米重量多少。

但本税目不包括与纺织物混制而其中纺织物仅起增强作用的海绵橡胶板、片或带（第四十章），也不包括税目58.11的纺织品。

六、税目59.07不适用于：

（一）用肉眼无法辨别出是否经过浸渍、涂布或包覆的织物（通常归入第五十章至第五十五章、第五十八章或第六十章），但由于浸渍、涂布或包覆所引起的颜色变化可不予考虑；

（二）绘有图画的织物（作为舞台、摄影布景或类似品的已绘制的画布除外）；

（三）用短绒、粉末、软木粉或类似物部分覆面并由此而形成图案的织物，但仿绒织物仍归入本税目；

（四）以淀粉或类似物质为基本成分的普通浆料上浆整理的织物；

（五）以纺织物为底的木饰面板（税目44.08）；

（六）以纺织物为底的砂布及类似品（税目68.05）；

（七）以纺织物为底的黏聚或复制云母片（税目68.14）；或

（八）以纺织物为底的金属箔（通常归入第十四类或第十五类）。

七、税目59.10不适用于：

（一）厚度小于3毫米的纺织材料制传动带料或输送带料；或

（二）用橡胶浸渍、涂布、包覆或层压的织物制成的或用橡胶浸渍、涂布、包覆或套裹的纱线或绳制成的传动带料及输送带料（税目40.10）。

八、税目59.11适用于下列不能归入第十一类其他税目的货品：

（一）下列成匹的、裁成一定长度或仅裁成矩形（包括正方形）的纺织产品（具有税目59.08至59.10所列产

品特征的产品除外）：

1. 用橡胶、皮革或其他材料涂布、包覆或层压的作针布用的纺织物、毡呢及毡呢衬里机织物，以及其他专门技术用途的类似织物，包括用橡胶浸渍的用于包覆纺锤（织轴）的狭幅丝绒织物；
2. 筛布；
3. 用于榨油机器或类似机器的纺织材料或人发制滤布；
4. 用多股经纱或纬纱平织而成的纺织物，不论是否毡化、浸渍或涂布，通常用于机械或其他专门技术用途；
5. 专门技术用途的增强纺织物；
6. 工业上用作填塞或润滑材料的线绳、编带及类似品，不论是否涂布、浸渍或用金属加强。

（二）专门技术用途的纺织制品（税目59.08至59.10的货品除外），例如，造纸机器或类似机器（如制浆机或制石棉水泥的机器）用的环状或装有连接装置的纺织物或毡呢、密封垫、垫圈、抛光盘及其他机器零件。

【要素释义】

一、归类要素

1. 用途：指商品的应用对象或应用领域。例如，用作书籍封面，用作舞台、摄影布景。
2. 处理材质：需要填写商品经哪种材质处理，例如，税目59.01、59.03项下商品是经过表面处理的纺织物，可填写"胶""淀粉""塑料"等。税目59.06项下商品填报"橡胶"，税目59.07项下商品可填报"焦油""沥青""干性油""硅酸盐"等。
3. 处理工艺：税目59.01、59.03项下商品是经过表面处理的纺织物，需要填写表面经哪种方式处理，例如，可填写"涂布""浸渍""层压"等工艺。
4. 成分含量：指商品含有的所有成分名称及其重量百分比，包括浸渍、涂布、包覆或层压工艺中添加的成分。
5. 是否高强力纱制：高强力纱的定义参见第十一类注释六，根据商品实际情况填报。
6. 是否双面涂层或包覆：根据商品实际情况填写。
7. 是否糊墙用：该要素专用于税目59.05项下商品，糊墙用是指适于装饰墙壁或天花板。
8. 是否为纸衬背：该要素专用于税目59.05项下商品，纸衬背是指以纸作为纺织材料（面层）的衬背。
9. 幅宽：指织物最靠外的两边经纱线间与织物长度方向垂直的距离。
10. 表面层纤维成分含量：该要素专用于税目59.05项下商品，指糊墙织物的表面层所含的纤维种类名称及其重量百分比。
11. 织造方法：常见的织造方法有机织、针织或钩编织等。例如，子目5906.1项下商品可填报"机织""针织""钩编"等。
12. 是否胶粘带、是否绝缘带：这里的胶粘带、绝缘带是指以纺织物作底布的橡胶粘带，包括电气绝缘带以及橡胶粘胶布。
13. 是否为已绘制画布：已绘制画布是指画有室内或室外景色或具有装饰效果的油画布及类似的纺织材料。
14. 纤维成分：指纤维的化学成分。例如，可填报"棉""麻"等。
15. 厚度：该要素专用于税目59.10项下商品，指纺织材料制的带料的厚度。
16. 是否为环状或有联接装置的纺织物或毡呢：环状或有连接装置的纺织物或毡呢一般用于造纸机器或类似机器（例如，制浆机或制石棉水泥的机器），根据商品实际情况填报。
17. 每平方米克重：指商品每平方米的重量，以克为单位，用"克/平方米"表示。
18. 若为半导体晶圆制造用需注明是否为自粘式、若为半导体晶圆制造用需注明是否为圆形：根据商品实际情况填报。
19. 织物是否仅起增强作用：仅起增强作用定义参见第七类第三十九章总注释，如果纺织物是无花纹、未漂白、已漂白或均匀染色的，可视作仅起增强作用；如果纺织物是有图案、印花或精心加工的，以及特种织物，例如，绒面织物、薄纱等，则不视为仅起增强作用。根据商品实际情况填报。
20. 聚氯乙烯塑料是否为泡沫塑料请注明、聚氨酯塑料是否为泡沫塑料请注明、其他塑料是否为泡沫塑料请注明：泡沫塑料定义参见第七类第三十九章总注释，是在整体内部遍布无数微孔（敞开、封闭或两者兼有）的塑料，包括多孔塑料、海绵塑料及微孔塑料。它们有软有硬。泡沫塑料的生产方法有多种，包括在塑料中混入气体（例如，机械混合、低沸点溶剂蒸发、产气材料降解）、混入中空的微型球体（例如，玻璃或酚醛树脂球体）、烧结塑料微粒及混入可从塑料沥出后留下空洞的水或溶剂溶解材料。根据商品实际情况填报。

二、价格要素

1. 纱线细度：行业上一般用每千米纱线的克重表示，单位"特克斯"。但《协调制度》通常是用单位"分特"来表示细度，1分特等于0.1特克斯。
2. 股数：指每根纱线中有几根单纱一起加捻。

3. 织物密度：指织物中单位长度内排列的经纬纱根数。
4. 幅宽：税目59.02、59.05项下商品的要素，指织物最靠外的两边经纱线间与织物长度方向垂直的距离。通常用英寸表示。
5. 品牌（中文或外文名称）：指制造商或经销商加在商品上的品牌标志，实际需要申报中文或外文品牌名称。

税则号列	商品名称	申报要素			说明
		归类要素	价格要素	其他要素	
59.01	用胶或淀粉物质涂布的纺织物，作书籍封面及类似用途的；描图布；制成的油画布；作帽里的硬衬布及类似硬挺纺织物：	1. 用途；2. 处理材质；3. 成分含量；4. 处理工艺（涂布、浸渍、层压）			
	-用胶或淀粉物质涂布的纺织物，作书籍封面及类似用途的：				
5901.1010	---棉或麻制				
5901.1020	---化学纤维制				
5901.1090	---其他				
	-其他：				
5901.9010	---制成的油画布				
	---其他：				
5901.9091	----棉或麻制				
5901.9092	----化学纤维制				
5901.9099	----其他				
59.02	尼龙或其他聚酰胺、聚酯或黏胶纤维高强力纱制的帘子布：	1. 成分含量；2. 是否高强力纱制		3. 纱线细度；4. 股数；5. 织物密度；6. 幅宽；7. 品牌（中文或外文名称）	
	-尼龙或其他聚酰胺制：				
5902.1010	---聚酰胺-6（尼龙-6）制				
5902.1020	---聚酰胺-6,6（尼龙-6,6）制				
5902.1090	---其他				
5902.2000	-聚酯制				
5902.9000	-其他				
59.03	用塑料浸渍、涂布、包覆或层压的纺织物，但税目59.02的货品除外：				
	-用聚氯乙烯浸渍、涂布、包覆或层压的：				
5903.1010	---绝缘布或带	1. 处理材质；2. 成分含量；3. 处理工艺（涂布、浸渍、层压）；4. 是否双面涂层或包覆			

税则号列	商品名称	申报要素 归类要素	价格要素	其他要素	说明
5903.1020	---人造革	1. 处理材质；2. 成分含量；3. 处理工艺（涂布、浸渍、层压）；4. 是否双面涂层或包覆；5. 聚氯乙烯塑料是否为泡沫塑料请注明；6. 织物是否仅起增强作用请注明			
5903.1090	---其他	1. 处理材质；2. 成分含量；3. 处理工艺（涂布、浸渍、层压）；4. 是否双面涂层或包覆			
	-用聚氨基甲酸酯浸渍、涂布、包覆或层压的：				
5903.2010	---绝缘布或带	1. 处理材质；2. 成分含量；3. 处理工艺（涂布、浸渍、层压）；4. 是否双面涂层或包覆			
5903.2020	---人造革	1. 处理材质；2. 成分含量；3. 处理工艺（涂布、浸渍、层压）；4. 是否双面涂层或包覆；5. 聚氨酯塑料是否为泡沫塑料请注明；6. 织物是否仅起增强作用请注明；7. 其他塑料是否为泡沫塑料请注明			
5903.2090	---其他	1. 处理材质；2. 成分含量；3. 处理工艺（涂布、浸渍、层压）；4. 是否双面涂层或包覆			
	-其他：	1. 处理材质；2. 成分含量；3. 处理工艺（涂布、浸渍、层压）；4. 是否双面涂层或包覆			
5903.9010	---绝缘布或带				
5903.9020	---人造革				
5903.9090	---其他				
59.04	列诺伦（亚麻油地毡），不论是否剪切成形；以织物为底布经涂布或覆面的铺地制品，不论是否剪切成形：				

税则号列	商品名称	申报要素			说明
		归类要素	价格要素	其他要素	
5904.1000	-列诺伦（亚麻油地毡）				
5904.9000	-其他				
59.05	**糊墙织物：**	1. 是否糊墙用；2. 是否为纸衬背；3. 表面层纤维成分含量	4. 幅宽		
5905.0000	糊墙织物				
59.06	**用橡胶处理的纺织物，但税目59.02的货品除外：**				
	-宽度不超过20厘米的胶粘带：	1. 织造方法（机织、针织、钩编等）；2. 处理材质（橡胶）；3. 是否胶粘带；4. 是否绝缘带；5. 幅宽			
5906.1010	---绝缘带				
5906.1090	---其他				
	-其他：				
5906.9100	--针织或钩编的	1. 织造方法（机织、针织、钩编等）；2. 处理材质（橡胶）；3. 幅宽			
	--其他：				
5906.9910	---绝缘布或带	1. 织造方法（机织、针织、钩编等）；2. 处理材质（橡胶）；3. 是否胶粘带；4. 是否绝缘带；5. 幅宽			
5906.9990	---其他	1. 织造方法（机织、针织、钩编等）；2. 处理材质（橡胶）；3. 幅宽			
59.07	**用其他材料浸渍、涂布或包覆的纺织物；作舞台、摄影布景或类似用途的已绘制画布：**				
5907.0010	---绝缘布或带	1. 处理材质；2. 是否为绝缘带			
5907.0020	---已绘制画布	1. 是否为已绘制画布；2. 处理材质			
5907.0090	---其他	1. 处理材质			
59.08	**用纺织材料机织、编结或针织而成的灯芯、炉芯、打火机芯、烛芯或类似品；煤气灯纱筒及纱罩，不论是否浸渍：**	1. 用途			
5908.0000	用纺织材料机织、编结或针织而成的灯芯、炉芯、打火机芯、烛芯或类似品；煤气灯纱筒及纱罩，不论是否浸渍				

税则号列	商品名称	申报要素			说明
		归类要素	价格要素	其他要素	
59.09	纺织材料制的水龙软管及类似的管子，不论有无其他材料作衬里、护套或附件：	1. 纤维成分			
5909.0000	纺织材料制的水龙软管及类似的管子，不论有无其他材料作衬里、护套或附件				
59.10	纺织材料制的传动带或输送带及带料，不论是否用塑料浸渍、涂布、包覆或层压，也不论是否用金属或其他材料加强：	1. 纤维成分；2. 厚度			
5910.0000	纺织材料制的传动带或输送带及带料，不论是否用塑料浸渍、涂布、包覆或层压，也不论是否用金属或其他材料加强				
59.11	本章注释八所规定的作专门技术用途的纺织产品及制品：				
	-用橡胶、皮革或其他材料涂布、包覆或层压的作针布用的纺织物、毡呢及毡呢衬里机织物，以及作专门技术用途的类似织物，包括用橡胶浸渍的、用于包覆纺锤（织轴）的狭幅丝绒织物：	1. 用途；2. 成分含量			
5911.1010	---用橡胶浸渍的、用于包覆纺锤（织轴）的狭幅丝绒织物				
5911.1090	---其他				
5911.2000	-筛布，不论是否制成的	1. 成分含量			
	-环状或装有连接装置的纺织物及毡呢，用于造纸机器或类似机器（例如，制浆机或制石棉水泥的机器）：	1. 用途；2. 是否为环状或有连接装置的纺织物或毡呢；3. 每平方米克重；4. 成分含量			
5911.3100	--每平方米重量在650克以下				
5911.3200	--每平方米重量在650克及以上				
5911.4000	-用于榨油机器或类似机器的滤布，包括人发制滤布	1. 用途；2. 成分含量			
5911.9000	-其他	1. 用途（如半导体晶圆制造用等）；2. 若为半导体晶圆制造用需注明是否为自粘式；3. 若为半导体晶圆制造用需注是否为圆形；4. 成分含量			

第六十章　针织物及钩编织物

注释：
　　一、本章不包括：
　　　　(一) 税目58.04的钩编花边；
　　　　(二) 税目58.07的针织或钩编的标签、徽章及类似品；或
　　　　(三) 第五十九章的经浸渍、涂布、包覆或层压的针织物及钩编织物。但经浸渍、涂布、包覆或层压的起绒针织物及起绒钩编织物仍归入税目60.01。
　　二、本章还包括用金属线制的用于衣着、装饰或类似用途的织物。
　　三、本协调制度所称"针织物"，包括由纺织纱线用链式针法构成的缝编织物。

子目注释：
　　一、子目6005.35包括由聚乙烯单丝或涤纶复丝制成的织物，重量不小于30克/平方米，但不超过55克/平方米，网眼尺寸不小于20孔/平方厘米，但不超过100孔/平方厘米，并且用α-氯氰菊酯（ISO）、虫螨腈（ISO）、溴氰菊酯（INN，ISO）、高效氯氟氰菊酯（ISO）、除虫菊酯（ISO）或甲基嘧啶磷（ISO）浸渍或涂层。

【要素释义】
　　一、归类要素
　　1. 织造方法：常见的织造方法有机织、针织或钩编织等。例如，子目6001.1项下商品可填报"针织"或"钩编"。
　　2. 起绒方法：起绒是指通过某种工艺使织物表面具有绒层或毛茸外观。例如，子目6001.1项下商品可填报"毛圈"或"长毛绒"。
　　3. 幅宽：指织物最靠外的两边经纱线间与织物长度方向垂直的距离。
　　4. 成分含量：商品含有的所有成分名称及其重量百分比。
　　5. 染整方法：染整是指对纺织材料（纤维、纱线和织物）进行以化学处理为主的工艺过程，包括预处理、染色、印花和整理。例如，税目60.05项下商品可填报"色织""染色""漂白"等。
　　6. 是否含弹性纱线：指是否含有第十一类注释十三所述弹性纱线。例如，税目60.02项下商品可填报"含弹性纱线氨纶10%"。
　　7. 弹性纱线含量：按重量计弹性纱线含量。
　　8. 橡胶线含量：按重量计橡胶线含量。例如，税目60.04项下商品可填报"含橡胶线10%，不含弹性纱线"。
　　9. 是否起绒：指产品是否经过起绒工艺加工。例如，子目6001.9项下商品可填报"起绒"或"不起绒"。
　　二、价格要素
　　　　暂无特指价格要素。

税则号列	商品名称	申报要素			说明
		归类要素	价格要素	其他要素	
60.01	针织或钩编的起绒织物，包括"长毛绒"织物及毛圈织物：				
6001.1000	-"长毛绒"织物	1. 织造方法（针织或钩编）；2. 起绒方法（毛圈或长毛绒）；3. 幅宽；4. 成分含量			
	-毛圈绒头织物：	1. 织造方法（针织或钩编）；2. 起绒方法（毛圈或长毛绒）；3. 幅宽；4. 成分含量			
6001.2100	--棉制				
6001.2200	--化学纤维制				
6001.2900	--其他纺织材料制				

税则号列	商品名称	申报要素			说明
		归类要素	价格要素	其他要素	
	-其他：	1.织造方法（针织或钩编）；2.幅宽；3.成分含量；4.是否起绒			
6001.9100	--棉制				
6001.9200	--化学纤维制				
6001.9900	--其他纺织材料制				
60.02	宽度不超过30厘米，按重量计弹性纱线或橡胶线含量在5%及以上的针织物或钩编织物，但税目60.01的货品除外：	1.织造方法（针织或钩编）；2.橡胶线含量；3.成分含量；4.幅宽；5.弹性纱线含量			
	-按重量计弹性纱线含量在5%及以上，但不含橡胶线：				
6002.4010	---棉制				
6002.4020	---丝及绢丝制				
6002.4030	---合成纤维制				
6002.4040	---人造纤维制				
6002.4090	---其他				
	-其他：				
6002.9010	---棉制				
6002.9020	---丝及绢丝制				
6002.9030	---合成纤维制				
6002.9040	---人造纤维制				
6002.9090	---其他				
60.03	宽度不超过30厘米的针织或钩编织物，但税目60.01或60.02的货品除外：	1.织造方法（针织或钩编）；2.成分含量；3.幅宽			
6003.1000	-羊毛或动物细毛制				
6003.2000	-棉制				
6003.3000	-合成纤维制				
6003.4000	-人造纤维制				
6003.9000	-其他				
60.04	宽度超过30厘米，按重量计弹性纱线或橡胶线含量在5%及以上的针织物或钩编织物，但税目60.01的货品除外：	1.织造方法（针织或钩编）；2.橡胶线含量；3.成分含量；4.幅宽；5.弹性纱线含量			
	-按重量计弹性纱线含量在5%及以上，但不含橡胶线：				
6004.1010	---棉制				
6004.1020	---丝及绢丝制				
6004.1030	---合成纤维制				
6004.1040	---人造纤维制				
6004.1090	---其他				
	-其他：				

税则号列	商品名称	申报要素			说明
		归类要素	价格要素	其他要素	
6004.9010	---棉制				
6004.9020	---丝及绢丝制				
6004.9030	---合成纤维制				
6004.9040	---人造纤维制				
6004.9090	---其他				
60.05	**经编针织物（包括由镶边针织机织成的），但税目60.01至60.04的货品除外：**	1. 织造方法（经编针织）；2. 染整方法（色织、染色、漂白等）；3. 成分含量；4. 幅宽			
	-棉制：				
6005.2100	--未漂白或漂白				
6005.2200	--染色				
6005.2300	--色织				
6005.2400	--印花				
	-合成纤维制：				
6005.3500	--本章子目注释一所列织物				
6005.3600	--其他，未漂白或漂白				
6005.3700	--其他，染色				
6005.3800	--其他，色织				
6005.3900	--其他，印花				
	-人造纤维制：				
6005.4100	--未漂白或漂白				
6005.4200	--染色				
6005.4300	-色织				
6005.4400	--印花				
	-其他：				
6005.9010	---羊毛或动物细毛制				
6005.9090	---其他				
60.06	**其他针织或钩编织物：**	1. 织造方法（针织或钩编）；2. 染整方法（色织、染色、漂白等）；3. 成分含量；4. 幅宽			
6006.1000	-羊毛或动物细毛制				
	-棉制：				
6006.2100	--未漂白或漂白				
6006.2200	--染色				
6006.2300	--色织				
6006.2400	--印花				
	-合成纤维制：				
6006.3100	--未漂白或漂白				

税则号列	商品名称	申报要素			说明
		归类要素	价格要素	其他要素	
6006.3200	--染色				
6006.3300	--色织				
6006.3400	--印花				
	-人造纤维制：				
6006.4100	--未漂白或漂白				
6006.4200	--染色				
6006.4300	--色织				
6006.4400	--印花				
6006.9000	-其他				

第六十一章 针织或钩编的服装及衣着附件

注释：
一、本章仅适用于制成的针织品或钩编织品。
二、本章不包括：
（一）税目62.12的货品；
（二）税目63.09的旧衣着或其他旧物品；或
（三）矫形器具、外科手术带、疝气带及类似品（税目90.21）。
三、税目61.03及61.04所称：
（一）"西服套装"，是指面料用相同的织物制成的两件套或三件套的下列成套服装：
一件人体上半身穿着的外套或短上衣，除袖子外，其面料应由四片或四片以上组成；也可附带一件马甲（西服背心），这件马甲（西服背心）的前片面料应与套装其他各件的面料相同，后片面料则应与外套或短上衣的衬里料相同；以及
一件人体下半身穿着的服装，即不带背带或护胸的长裤、马裤、短裤（游泳裤除外）、裙子或裙裤。
西服套装各件面料质地、颜色及构成必须相同，其款式也必须相同，尺寸大小还须相互般配，但可以用不同织物滚边（在缝口上缝入长条织物）。
如果数件人体下半身穿着的服装同时报验（例如，两条长裤、长裤与短裤、裙子或裙裤与长裤），构成西服套装下装的应是一条长裤，而对于女式西服套装，应是裙子或裙裤，其他服装应分别归类。
所称"西服套装"，包括不论是否完全符合上述条件的下列配套服装：
1. 常礼服，由一件后襟下垂并下端开圆弧形叉的素色短上衣和一条条纹长裤组成；
2. 晚礼服（燕尾服），一般用黑色织物制成，上衣前襟较短且不闭合，背后有燕尾；
3. 无燕尾套装夜礼服，其中上衣款式与普通上衣相似（可以更为显露衬衣前胸），但有光滑丝质或仿丝质的翻领。
（二）"便服套装"，是指面料相同并作零售包装的下列成套服装（西服套装及税目61.07、61.08或61.09的物品除外）：
一件人体上半身穿着的服装，但套头衫及背心除外，因为套头衫可在两件套服装中作为内衣，背心也可作为内衣；以及
一件或两件不同的人体下半身穿着的服装，即长裤、护胸背带工装裤、马裤、短裤（游泳裤除外）、裙子或裙裤。
便服套装各件面料质地、款式、颜色及构成必须相同；尺寸大小也须相互般配。所称"便服套装"，不包括税目61.12的运动服及滑雪服。
四、税目61.05及61.06不包括在腰围以下有口袋的服装、带有罗纹腰带及以其他方式收紧下摆的服装或其织物至少在10厘米×10厘米的面积内沿各方向的直线长度上平均每厘米少于10针的服装。税目61.05不包括无袖服装。
衬衫及仿男式女衬衫是指人体上身穿着并从领口处全开襟或半开襟的长袖或短袖衣服；罩衫也是上半身穿着的宽松服装，但可以无袖，领口处也可以不开襟。衬衫、仿男式女衬衫及罩衫可有衣领。
五、税目61.09不包括带有束带、罗纹腰带或其他方式收紧下摆的服装。
六、对于税目61.11：
（一）所称"婴儿服装及衣着附件"，是指用于身高不超过86厘米幼儿的服装；
（二）既可归入税目61.11，也可归入本章其他税目的物品，应归入税目61.11。
七、税目61.12所称"滑雪服"，是指从整个外观和织物质地来看，主要在滑雪（速度滑雪或高山滑雪）时穿着的下列服装或成套服装：
（一）"滑雪连身服"，即上下身连在一起的单件服装；除袖子和领子外，滑雪连身服可有口袋或脚带；或
（二）"滑雪套装"，即由两件或三件构成一套并作零售包装的下列服装：
一件用一条拉链扣合的带风帽的厚夹克、防风衣、防风短上衣或类似的服装，可以附带一件背心（滑雪背心）；以及
一条不论是否过腰的长裤、一条马裤或一条护胸背带工装裤。
"滑雪套装"也可由一件类似以上（一）款所述的连身服和一件可套在连身服外面的有胎料背心组成。
"滑雪套装"各件颜色可以不同，但面料质地、款式及构成必须相同；尺寸大小也须相互般配。

八、既可归入税目61.13，也可归入本章其他税目的服装，除税目61.11所列的仍归入该税目外，其余的应一律归入税目61.13。

九、本章的服装，凡门襟为左压右的，应视为男式；右压左的，应视为女式。但本规定不适用于其式样已明显为男式或女式的服装。

无法区别是男式还是女式的服装，应按女式服装归入有关税目。

十、本章物品可用金属线制成。

【要素释义】

一、归类要素

1. 织造方法：常见的织造方法有机织、针织或钩编织等。例如，税目61.01项下商品填报"针织""钩编"。

2. 种类：指商品属于具体的服装类型。例如，税目61.01项下商品可填报"大衣""短大衣""斗篷"等；税目61.04项下商品可填报"西服""便服套装""上衣""长裤""马裤""工装裤"等；税目61.05项下商品可填报"衬衫"；税目61.07项下商品可填报"内裤""三角裤"等；税目61.09项下商品可填报"T恤衫""汗衫"等；税目61.11项下商品可填报"外衣""雨衣"等；税目61.12项下商品可填报"运动套装""运动装""滑雪服""游泳服"；税目61.14项下商品可填报"连身衣""夏服""水洗服""无袖罩衫"等；税目61.15项下商品可填报"连裤袜""紧身裤袜"等。

3. 类别：指商品式样所适合具体人群种类。例如，税目61.14项下商品填报"男式""女式""儿童"。

4. 成分含量：商品含有的所有成分名称及其重量百分比。

5. 是否全开襟：全开襟指上衣从领口自上而下完全分开的。

6. 是否有扣：上衣开襟处是否用纽扣闭合，装饰性纽扣除外。

7. 是否有拉链：上衣开襟处是否用拉链闭合。

8. 是否有领：上衣领口处是否有与衣体分开的领部，为衬衫类商品与T恤衫类商品的主要区别之一。

9. 尺寸：指商品外观尺寸，主要指服装的长度。例如，税目61.11项下商品填报"衣长及裤长"。

10. 处理材料：指服装面料涂层的具体材料。例如，税目61.13项下商品填报"塑料""橡胶"。

11. 用途：指商品的应用对象或应用领域。

12. 单丝细度：指每千米单丝的克重，单位"特克斯"。《协调制度》通常是用单位"分特"来表示细度，1分特等于0.1特克斯。

13. 如为背心，请注明是否为外穿背心：根据商品实际情况填报。

二、价格要素

1. 品牌（中文或外文名称）：指制造商或经销商加在商品上的品牌标志，实际需要申报中文或外文品牌名称。

2. 货号：税目61.01~61.17项下商品的价格要素，指生产厂商对不同款、不同批次的商品所标记的唯一编号，每一款一批的商品都对应一个货号。

3. 套装组成及数量：税目61.03、61.04、61.12项下商品的价格要素。指服装套装（如西服套装、便服套装、滑雪套装，等等）中的具体组成及各自件数。例如，子目6103.1项下男式西服套装可填报"上衣、长裤、马甲各1件"。

税则号列	商品名称	申报要素			说明
		归类要素	价格要素	其他要素	
61.01	针织或钩编的男式大衣、短大衣、斗篷、短斗篷、带风帽的防寒短上衣（包括滑雪短上衣）、防风衣、防风短上衣及类似品，但税目**61.03**的货品除外：	1. 织造方法（针织、钩编）；2. 种类（大衣、短大衣、斗篷等）；3. 类别（男式）；4. 成分含量	5. 品牌（中文或外文名称）；6. 货号		
6101.2000	-棉制				
6101.3000	-化学纤维制				
	-其他纺织材料制：				
6101.9010	---羊毛或动物细毛制				
6101.9090	---其他				

税则号列	商品名称	申报要素			说明
		归类要素	价格要素	其他要素	
61.02	针织或钩编的女式大衣、短大衣、斗篷、短斗篷、带风帽的防寒短上衣（包括滑雪短上衣）、防风衣、防风短上衣及类似品，但税目61.04的货品除外：	1. 织造方法（针织、钩编）；2. 种类（大衣、短大衣、斗篷等）；3. 类别（女式）；4. 成分含量	5. 品牌（中文或外文名称）；6. 货号		
6102.1000	-羊毛或动物细毛制				
6102.2000	-棉制				
6102.3000	-化学纤维制				
6102.9000	-其他纺织材料制				
61.03	针织或钩编的男式西服套装、便服套装、上衣、长裤、护胸背带工装裤、马裤及短裤（游泳裤除外）：				
	-西服套装：	1. 织造方法（针织、钩编）；2. 种类（西服套装）；3. 类别（男式）；4. 成分含量	5. 品牌（中文或外文名称）；6. 货号；7. 套装组成及数量		
6103.1010	---羊毛或动物细毛制				
6103.1020	---合成纤维制				
6103.1090	---其他纺织材料制				
	-便服套装：	1. 织造方法（针织、钩编）；2. 种类（便服套装）；3. 类别（男式）；4. 成分含量	5. 品牌（中文或外文名称）；6. 货号；7. 套装组成及数量		
6103.2200	--棉制				
6103.2300	--合成纤维制				
	--其他纺织材料制：				
6103.2910	---羊毛或动物细毛制				
6103.2990	---其他				
	-上衣：	1. 织造方法（针织、钩编）；2. 种类（上衣）；3. 类别（男式）；4. 成分含量；5. 是否全开襟；6. 是否有拉链	7. 品牌（中文或外文名称）；8. 货号		
6103.3100	--羊毛或动物细毛制				
6103.3200	--棉制				
6103.3300	--合成纤维制				
6103.3900	--其他纺织材料制				
	-长裤、护胸背带工装裤、马裤及短裤：	1. 织造方法（针织、钩编）；2. 种类（长裤、护胸背带工装裤、马裤、短裤等）；3. 类别（男式）；4. 成分含量	5. 品牌（中文或外文名称）；6. 货号		

税则号列	商品名称	申报要素			说明
		归类要素	价格要素	其他要素	
6103.4100	--羊毛或动物细毛制				
6103.4200	--棉制				
6103.4300	--合成纤维制				
6103.4900	--其他纺织材料制				
61.04	**针织或钩编的女式西服套装、便服套装、上衣、连衣裙、裙子、裙裤、长裤、护胸背带工装裤、马裤及短裤（游泳服除外）：**				
	-西服套装：	1.织造方法（针织、钩编）；2.种类（西服套装）；3.类别（女式）；4.成分含量	5.品牌（中文或外文名称）；6.货号；7.套装组成及数量		
6104.1300	--合成纤维制				
	--其他纺织材料制：				
6104.1910	---羊毛或动物细毛制				
6104.1920	---棉制				
6104.1990	---其他				
	-便服套装：	1.织造方法（针织、钩编）；2.种类（便服套装）；3.类别（女式）；4.成分含量	5.品牌（中文或外文名称）；6.货号；7.套装组成及数量		
6104.2200	--棉制				
6104.2300	--合成纤维制				
	--其他纺织材料制：				
6104.2910	---羊毛或动物细毛制				
6104.2990	---其他				
	-上衣：	1.织造方法（针织、钩编）；2.种类（上衣）；3.类别（女式）；4.成分含量；5.是否全开襟；6.是否有拉链	7.品牌（中文或外文名称）；8.货号		
6104.3100	--羊毛或动物细毛制				
6104.3200	--棉制				
6104.3300	--合成纤维制				
6104.3900	--其他纺织材料制				
	-连衣裙：	1.织造方法（针织、钩编）；2.种类（连衣裙）；3.类别（女式）；4.成分含量	5.品牌（中文或外文名称）；6.货号		
6104.4100	--羊毛或动物细毛制				
6104.4200	--棉制				
6104.4300	--合成纤维制				
6104.4400	--人造纤维制				

税则号列	商品名称	申报要素			说明
		归类要素	价格要素	其他要素	
6104.4900	--其他纺织材料制				
	-裙子及裙裤：	1. 织造方法（针织、钩编）；2. 种类（裙子、裙裤）；3. 类别（女式）；4. 成分含量	5. 品牌（中文或外文名称）；6. 货号		
6104.5100	--羊毛或动物细毛制				
6104.5200	--棉制				
6104.5300	--合成纤维制				
6104.5900	--其他纺织材料制				
	-长裤、护胸背带工装裤、马裤及短裤：	1. 织造方法（针织、钩编）；2. 种类（长裤、护胸背带工装裤、马裤、短裤等）；3. 类别（女式）；4. 成分含量	5. 品牌（中文或外文名称）；6. 货号		
6104.6100	--羊毛或动物细毛制				
6104.6200	--棉制				
6104.6300	--合成纤维制				
6104.6900	--其他纺织材料制				
61.05	**针织或钩编的男衬衫：**	1. 织造方法（针织或钩编）；2. 种类（衬衫、POLO衫等）；3. 类别（男式）；4. 成分含量	5. 品牌（中文或外文名称）；6. 货号		
6105.1000	-棉制				
6105.2000	-化学纤维制				
6105.9000	-其他纺织材料制				
61.06	**针织或钩编的女衬衫：**	1. 织造方法（针织、钩编）；2. 种类（衬衫、POLO衫等）；3. 类别（女式）；4. 成分含量	5. 品牌（中文或外文名称）；6. 货号		
6106.1000	-棉制				
6106.2000	-化学纤维制				
6106.9000	-其他纺织材料制				
61.07	**针织或钩编的男式内裤、三角裤、长睡衣、睡衣裤、浴衣、晨衣及类似品：**	1. 织造方法（针织、钩编）；2. 种类（内裤、三角裤、长睡衣、睡衣裤、浴衣等）；3. 类别（男式）；4. 成分含量	5. 品牌（中文或外文名称）；6. 货号		
	-内裤及三角裤：				
6107.1100	--棉制				
6107.1200	--化学纤维制				
	--其他纺织材料制：				
6107.1910	---丝及绢丝制				

税则号列	商品名称	申报要素			说明
		归类要素	价格要素	其他要素	
6107.1990	---其他				
	-长睡衣及睡衣裤：				
6107.2100	--棉制				
6107.2200	--化学纤维制				
	--其他纺织材料制：				
6107.2910	---丝及绢丝制				
6107.2990	---其他				
	-其他：				
6107.9100	--棉制				
	--其他纺织材料制：				
6107.9910	---化学纤维制				
6107.9990	---其他				
61.08	针织或钩编的女式长衬裙、衬裙、三角裤、短衬裤、睡衣、睡衣裤、浴衣、晨衣及类似品：	1. 织造方法（针织、钩编）；2. 种类（衬裙、三角裤、短衬裤、睡衣、睡衣裤、浴衣、晨衣等）；3. 类别（女式）；4. 成分含量	5. 品牌（中文或外文名称）；6. 货号		
	-长衬裙及衬裙：				
6108.1100	--化学纤维制				
	--其他纺织材料制：				
6108.1910	---棉制				
6108.1920	---丝及绢丝制				
6108.1990	---其他				
	-三角裤及短衬裤：				
6108.2100	--棉制				
6108.2200	--化学纤维制				
	--其他纺织材料制：				
6108.2910	---丝及绢丝制				
6108.2990	---其他				
	-睡衣及睡衣裤：				
6108.3100	--棉制				
6108.3200	--化学纤维制				
	--其他纺织材料制：				
6108.3910	---丝及绢丝制				
6108.3990	---其他				
	-其他：				
6108.9100	--棉制				
6108.9200	--化学纤维制				
6108.9900	--其他纺织材料制				
61.09	针织或钩编的T恤衫、汗衫及其他内衣背心：	1. 织造方法（针织、钩编）；2. 类别（男式、女式、男女同款）；3. 是否有领；4. 是否有扣；5. 是否有拉链；6. 成分含量	7. 品牌（中文或外文名称）；8. 货号		

税则号列	商品名称	申报要素			说明
		归类要素	价格要素	其他要素	
6109.1000	-棉制				
	-其他纺织材料制：				
6109.9010	---丝及绢丝制				
6109.9090	---其他				
61.10	**针织或钩编的套头衫、开襟衫、背心及类似品：**				
	-羊毛或动物细毛制：				
6110.1100	--羊毛制	1. 织造方法（针织、钩编）；2. 类别（男式、女式）；3. 如为背心，请注明是否为外穿背心；4. 成分含量	5. 品牌（中文或外文名称）；6. 货号		
6110.1200	--喀什米尔山羊细毛制	1. 织造方法（针织、钩编）；2. 是否为起绒请注明；3. 类别（男式、女式）；4. 如为背心，请注明是否为外穿背心；5. 成分含量	6. 品牌（中文或外文名称）；7. 货号		
	--其他：	1. 织造方法（针织、钩编）；2. 类别（男式、女式）；3. 如为背心，请注明是否为外穿背心；4. 成分含量	5. 品牌（中文或外文名称）；6. 货号		
6110.1910	---其他山羊细毛制				
6110.1920	---兔毛制				
6110.1990	---其他				
6110.2000	-棉制	1. 织造方法（针织、钩编）；2. 是否为起绒请注明；3. 类别（男式、女式）；4. 如为背心，请注明是否为外穿背心；5. 成分含量	6. 品牌（中文或外文名称）；7. 货号		
6110.3000	-化学纤维制	1. 织造方法（针织、钩编）；2. 是否为起绒请注明；3. 类别（男式、女式）；4. 如为背心，请注明是否为外穿背心；5. 成分含量	6. 品牌（中文或外文名称）；7. 货号		
	-其他纺织材料制：	1. 织造方法（针织、钩编）；2. 类别（男式、女式）；3. 如为背心，请注明是否为外穿背心；4. 成分含量	5. 品牌（中文或外文名称）；6. 货号		
6110.9010	---丝及绢丝制				
6110.9090	---其他				

税则号列	商品名称	申报要素			说明
		归类要素	价格要素	其他要素	
61.11	针织或钩编的婴儿服装及衣着附件：	1. 织造方法（针织、钩编）；2. 种类（外衣、雨衣等）；3. 类别（婴儿）；4. 成分含量；5. 尺寸（衣长及裤长）	6. 品牌（中文或外文名称）；7. 货号		
6111.2000	-棉制				
6111.3000	-合成纤维制				
	-其他纺织材料制：				
6111.9010	---羊毛或动物细毛制				
6111.9090	---其他				
61.12	针织或钩编的运动服、滑雪服及游泳服：	1. 织造方法（针织、钩编）；2. 种类（运动套装、运动装、滑雪服、游泳服）；3. 类别（男式、女式）；4. 成分含量	5. 品牌（中文或外文名称）；6. 货号；7. 套装组成及数量		
	-运动服：				
6112.1100	--棉制				
6112.1200	--合成纤维制				
6112.1900	--其他纺织材料制				
	-滑雪服：				
6112.2010	---棉制				
6112.2090	---其他				
	-男式游泳服：				
6112.3100	--合成纤维制				
6112.3900	--其他纺织材料制				
	-女式游泳服：				
6112.4100	--合成纤维制				
6112.4900	--其他纺织材料制				
61.13	用税目59.03、59.06或59.07的针织物或钩编织物制成的服装：	1. 织造方法（针织、钩编）；2. 处理材料（塑料、橡胶）	3. 品牌（中文或外文名称）；4. 货号		
6113.0000	用税目59.03、59.06或59.07的针织物或钩编织物制成的服装				
61.14	针织或钩编的其他服装：	1. 织造方法（针织、钩编）；2. 种类（连身衣、夏服、水洗服、无袖罩衫等）；3. 类别（男式、女式、儿童）；4. 成分含量	5. 品牌（中文或外文名称）；6. 货号		
6114.2000	-棉制				
6114.3000	-化学纤维制				
	-其他纺织材料制：				
6114.9010	---羊毛或动物细毛制				
6114.9090	---其他				

税则号列	商品名称	申报要素			说明
		归类要素	价格要素	其他要素	
61.15	针织或钩编的连裤袜、紧身裤袜、长筒袜、短袜及其他袜类，包括用以治疗静脉曲张的长筒袜和无外绱鞋底的鞋类：				
6115.1000	-渐紧压袜类（例如，用以治疗静脉曲张的长筒袜）	1.织造方法（针织、钩编）；2.用途	3.品牌（中文或外文名称）；4.货号		
	-其他连裤袜及紧身裤袜：				
6115.2100	--每根单丝细度在67分特以下的合成纤维制	1.织造方法（针织、钩编）；2.种类（连裤袜、紧身裤袜）；3.成分含量；4.单丝细度	5.品牌（中文或外文名称）；6.货号		
6115.2200	--每根单丝细度在67分特及以上的合成纤维制	1.织造方法（针织、钩编）；2.种类（连裤袜、紧身裤袜）；3.成分含量；4.单丝细度	5.品牌（中文或外文名称）；6.货号		
	--其他纺织材料制：	1.织造方法（针织、钩编）；2.种类（连裤袜、紧身裤袜）；3.成分含量	4.品牌（中文或外文名称）；5.货号		
6115.2910	---棉制				
6115.2990	---其他				
6115.3000	-女式长筒袜及中筒袜，每根单丝细度在67分特以下	1.织造方法（针织、钩编）；2.种类（长筒袜、中筒袜）；3.类别（女式）；4.成分含量；5.单丝细度	6.品牌（中文或外文名称）；7.货号		
	-其他：				
6115.9400	--羊毛或动物细毛制	1.织造方法（针织、钩编）；2.种类（短袜、里袜、袜套等）；3.成分含量	4.品牌（中文或外文名称）；5.货号		
6115.9500	--棉制	1.织造方法（针织、钩编）；2.种类（短袜、里袜、袜套等）；3.成分含量	4.品牌（中文或外文名称）；5.货号		
6115.9600	--合成纤维制	1.织造方法（针织、钩编）；2.种类（短袜、里袜、袜套等）；3.成分含量	4.品牌（中文或外文名称）；5.货号		
6115.9900	--其他纺织材料制	1.织造方法（针织、钩编）；2.种类（短袜、里袜、袜套等）；3.成分含量	4.品牌（中文或外文名称）；5.货号		

税则号列	商 品 名 称	申 报 要 素			说 明
		归类要素	价格要素	其他要素	
61.16	针织或钩编的分指手套、连指手套及露指手套：				
6116.1000	-用塑料或橡胶浸渍、涂布、包覆或层压的	1.织造方法（针织、钩编）；2.处理材料（塑料、橡胶）；3.成分含量	4.品牌（中文或外文名称）；5.货号		
	-其他：	1.织造方法（针织、钩编）；2.成分含量	3.品牌（中文或外文名称）；4.货号		
6116.9100	--羊毛或动物细毛制				
6116.9200	--棉制				
6116.9300	--合成纤维制				
6116.9900	--其他纺织材料制				
61.17	其他制成的针织或钩编的衣着附件；服装或衣着附件的针织或钩编的零件：				
	-披巾、头巾、围巾、披纱、面纱及类似品：	1.织造方法（针织、钩编）；2.成分含量	3.品牌（中文或外文名称）；4.货号		
	---动物细毛制：				
6117.1011	----山羊绒制				
6117.1019	----其他				
6117.1020	---羊毛制				
6117.1090	---其他				
	-其他附件：	1.织造方法（针织、钩编）；2.成分含量	3.品牌（中文或外文名称）		
6117.8010	---领带及领结				
6117.8090	---其他				
6117.9000	-零件	1.织造方法（针织、钩编）；2.成分含量			

第六十二章 非针织或非钩编的服装及衣着附件

注释：

一、本章仅适用于除絮胎以外任何纺织物的制成品，但不适用于针织品或钩编织品（税目62.12的除外）。

二、本章不包括：

（一）税目63.09的旧衣着或其他旧物品；或

（二）矫形器具、外科手术带、疝气带及类似品（税目90.21）。

三、税目62.03及62.04所称：

（一）"西服套装"，是指面料用完全相同织物制成的两件套或三件套的下列成套服装：

一件人体上半身穿着的外套或短上衣，除袖子外，应由四片或四片以上面料组成；也可附带一件马甲（西服背心），这件马甲（西服背心）的前片面料应与套装其他各件的面料相同，后片面料则应与外套或短上衣的衬里料相同；以及

一件人体下半身穿着的服装，即不带背带或护胸的长裤、马裤、短裤（游泳裤除外）、裙子或裙裤。

西服套装各件面料质地、颜色及构成必须完全相同，其款式、尺寸大小也须相互般配。但套装的各件可以有不同织物的滚边（缝入夹缝中的成条织物）。

如果数件人体下半身穿着的服装同时报验（例如，两条长裤、长裤与短裤、裙子或裙裤与长裤），构成西服套装下装的应是一条长裤，而对于女式西服套装，应是裙子或裙裤，其他服装应分别归类。

所称"西服套装"，包括不论是否完全符合上述条件的下列配套服装：

1. 常礼服，由一件后襟下垂并下端开圆弧形叉的素色短上衣和一条条纹长裤组成；

2. 晚礼服（燕尾服），一般用黑色织物制成，上衣前襟较短且不闭合，背后有燕尾；

3. 无燕尾套装夜礼服，其中上衣款式与普通上衣相似（可以更为显露衬衣前胸），但有光滑丝质或仿丝质的翻领。

（二）"便服套装"，是指面料相同并作零售包装的下列成套服装（西服套装及税目62.07或62.08的物品除外）：

一件人体上半身穿着的服装，但背心除外，因为背心可作为内衣；以及

一件或两件不同的人体下半身穿着的服装，即长裤、护胸背带工装裤、马裤、短裤（游泳裤除外）、裙子或裙裤。

便服套装各件面料质地、款式、颜色及构成必须相同；尺寸大小也须相互般配。所称"便服套装"，不包括税目62.11的运动服及滑雪服。

四、税目62.05及62.06不包括在腰围以下有口袋的服装、带有罗纹腰带及以其他方式收紧下摆的服装。税目62.05不包括无袖服装。

衬衫及仿男式女衬衫是指人体上身穿着并从领口处全开襟或半开襟的长袖或短袖衣服；罩衫也是上半身穿着的宽松服装，但可以无袖，领口处也可以不开襟。衬衫、仿男式女衬衫及罩衫可有衣领。

五、对于税目62.09：

（一）所称"婴儿服装及衣着附件"，是指用于身高不超过86厘米幼儿的服装；

（二）既可归入税目62.09，也可归入本章其他税目的物品，应归入税目62.09。

六、既可归入税目62.10，也可归入本章其他税目的服装，除税目62.09所列的仍归入该税目外，其余的应一律归入税目62.10。

七、税目62.11所称"滑雪服"，是指从整个外观和织物质地来看，主要在滑雪（速度滑雪和高山滑雪）时穿着的下列服装或成套服装：

（一）"滑雪连身服"，即上下身连在一起的单件服装；除袖子和领子外，滑雪连身服可有口袋或脚带；或

（二）"滑雪套装"，即由两件或三件构成一套并作零售包装的下列服装：

一件用一条拉链扣合的带风帽的厚夹克、防风衣、防风短上衣或类似的服装，可以附带一件背心；以及

一条不论是否过腰的长裤、一条马裤或一条护胸背带工装裤。

"滑雪套装"也可由一件类似以上（一）款所述的连身服和一件可套在连身服外面的有胎料背心组成。

"滑雪套装"各件颜色可以不同，但面料质地、款式及构成必须相同；尺寸大小也须相互般配。

八、正方形或近似正方形的围巾及围巾式样的物品，如果每边均不超过60厘米，应作为手帕归类（税目62.13）。任何一边超过60厘米的手帕，应归入税目62.14。

九、本章的服装，凡门襟为左压右的，应视为男式；右压左的，应视为女式。但本规定不适用于其式样已明显为男

式或女式的服装。

无法区别是男式还是女式的服装，应按女式服装归入有关税目。

十、本章物品可用金属线制成。

【要素释义】

一、归类要素

1. 织造方法：常见的织造方法有机织、针织或钩编织等。例如，税目62.13项下商品可填报"机织、刺绣"或"机织、非刺绣"。

2. 种类：指商品属于什么类型的服装。例如，税目62.01项下商品可填报"大衣""短大衣""斗篷"等；税目62.03项下商品可填报"西服""便服套装""上衣""长裤""马裤""工装裤"等；税目62.05项下商品可填报"衬衫"；税目62.07项下商品可填报"内衣""内裤"等；税目62.09项下商品可填报"外衣""雨衣"等；子目6210.1项下商品可填报"上衣""长裤""短裤""连体衣""分体衣"等；税目62.11项下商品可填报"连身衣""夏服""水洗服""无袖罩衫"等；税目62.12项下商品可填报"胸罩""腹带""束腰胸衣""吊袜带""吊裤带"等。

3. 类别：指商品的式样（适合什么人群）。例如，税目62.11可填报"男式""女式""儿童"。

4. 面料成分含量：指子目6210.1项下服装面料含有的所有成分名称及其重量百分比。

5. 填充物成分含量：指税目62.01、62.02项下服装如果有填充物的，填写填充物的所有成分名称及其重量百分比。

6. 成分含量：指商品含有的所有成分名称及其重量百分比。

7. 是否有扣：指上衣开襟处是否用纽扣闭合，装饰性纽扣除外。

8. 是否有拉链：指上衣开襟处是否用拉链闭合。

9. 是否全开襟：全开襟指上衣从领口自上而下完全分开的。

10. 如为T恤衫，请填报是否有领、是否有扣、是否有拉链，按实际情况填报。其中上衣领口处是否有与衣体分开的领部，为衬衫类商品与T恤衫类商品的主要区别之一。

11. 尺寸：指商品外观尺寸，主要指服装的长度。

12. 处理材料：指服装面料涂层是什么材料。例如，"塑料""橡胶""焦油""蜡"，等等。

13. 是否浸渍：该要素专用于税目62.16项下商品，指手套是否用塑料或橡胶浸渍、涂布或包覆。

14. 若上衣类服装，申报是否开襟、是否有拉链、是否有衬里或夹层：根据商品实际情况填报。

二、价格要素

1. 品牌（中文或外文名称）：指制造商或经销商加在商品上的品牌标志，实际需要申报中文或外文品牌名称。

2. 货号：税目62.01~62.17项下商品的价格要素，指生产厂商对不同款、不同批次的商品所标记的唯一编号，每一款一批的商品都对应一个货号。

3. 套装组成及数量：税目62.03、62.04、62.11项下商品的价格要素。指服装套装（如西服套装、便服套装、滑雪套装，等等）中的具体组成及各自件数。例如，子目6203.1项下男式西服套装可填报"上衣、长裤、马甲各1件"。

税则号列	商品名称	申报要素			说明
		归类要素	价格要素	其他要素	
62.01	男式大衣、短大衣、斗篷、短斗篷、带风帽的防寒短上衣（包括滑雪短上衣）、防风衣、防风短上衣及类似品，但税目62.03的货品除外：	1. 织造方法（机织等）；2. 种类（大衣、短大衣、斗篷等）；3. 类别（男式）；4. 面料成分含量；5. 如有填充物，请注明成分含量	6. 品牌（中文或外文名称）；7. 货号		
6201.2000	-羊毛或动物细毛制				
	-棉制：				
6201.3010	---羽绒服				
6201.3090	---其他				

税则号列	商品名称	申报要素			说明
		归类要素	价格要素	其他要素	
	-化学纤维制:				
6201.4010	---羽绒服				
6201.4090	---其他				
6201.9000	-其他纺织材料制				
62.02	女式大衣、短大衣、斗篷、短斗篷、带风帽的防寒短上衣（包括滑雪短上衣）、防风衣、防风短上衣及类似品，但税目62.04的货品除外:	1. 织造方法（机织等）；2. 种类（大衣、短大衣、斗篷等）；3. 类别（女式）；4. 面料成分含量；5. 如有填充物，请注明成分含量	6. 品牌（中文或外文名称）；7. 货号		
6202.2000	-羊毛或动物细毛制				
	-棉制:				
6202.3010	---羽绒服				
6202.3090	---其他				
	-化学纤维制:				
6202.4010	---羽绒服				
6202.4090	---其他				
6202.9000	-其他纺织材料制				
62.03	男式西服套装、便服套装、上衣、长裤、护胸背带工装裤、马裤及短裤（游泳裤除外）:				
	-西服套装:	1. 织造方法（机织等）；2. 种类（西服套装）；3. 类别（男式）；4. 成分含量	5. 品牌（中文或外文名称）；6. 货号；7. 套装组成及数量		
6203.1100	--羊毛或动物细毛制				
6203.1200	--合成纤维制				
	--其他纺织材料制:				
6203.1910	---丝及绢丝制				
6203.1990	---其他				
	-便服套装:	1. 织造方法（机织等）；2. 种类（便服套装）；3. 类别（男式）；4. 成分含量	5. 品牌（中文或外文名称）；6. 货号；7. 套装组成及数量		
6203.2200	--棉制				
6203.2300	--合成纤维制				
	--其他纺织材料制:				
6203.2910	---丝及绢丝制				
6203.2920	---羊毛或动物细毛制				
6203.2990	---其他				

税则号列	商品名称	申报要素 归类要素	申报要素 价格要素	申报要素 其他要素	说明
	-上衣:	1. 织造方法（机织等）；2. 种类（上衣）；3. 类别（男式）；4. 成分含量；5. 是否全开襟；6. 是否有拉链	7. 品牌（中文或外文名称）；8. 货号		
6203.3100	--羊毛或动物细毛制				
6203.3200	--棉制				
6203.3300	--合成纤维制				
	--其他纺织材料制:				
6203.3910	---丝及绢丝制				
6203.3990	---其他				
	-长裤、护胸背带工装裤、马裤及短裤:	1. 织造方法（机织等）；2. 种类（长裤、护胸背带工装裤、马裤、短裤、阿拉伯裤等）；3. 类别（男式）；4. 成分含量	5. 品牌（中文或外文名称）；6. 货号		
6203.4100	--羊毛或动物细毛制				
	--棉制:				
6203.4210	---阿拉伯裤				
6203.4290	---其他				
	--合成纤维制:				
6203.4310	---阿拉伯裤				
6203.4390	---其他				
	--其他纺织材料制:				
6203.4910	---阿拉伯裤				
6203.4990	---其他				
62.04	女式西服套装、便服套装、上衣、连衣裙、裙子、裙裤、长裤、护胸背带工装裤、马裤及短裤（游泳服除外）:				
	-西服套装:	1. 织造方法（机织等）；2. 种类（西服套装）；3. 类别（女式）；4. 成分含量	5. 品牌（中文或外文名称）；6. 货号；7. 套装组成及数量		
6204.1100	--羊毛或动物细毛制				
6204.1200	--棉制				
6204.1300	--合成纤维制				
	--其他纺织材料制:				
6204.1910	---丝及绢丝制				
6204.1990	---其他				

税则号列	商品名称	申报要素			说明
		归类要素	价格要素	其他要素	
	-便服套装：	1.织造方法（机织等）；2.种类（便服套装）；3.类别（女式）；4.成分含量	5.品牌（中文或外文名称）；6.货号；7.套装组成及数量		
6204.2100	--羊毛或动物细毛制				
6204.2200	--棉制				
6204.2300	--合成纤维制				
	--其他纺织材料制：				
6204.2910	---丝及绢丝制				
6204.2990	---其他				
	-上衣：	1.织造方法（机织等）；2.种类（上衣）；3.类别（女式）；4.成分含量；5.是否全开襟；6.是否有拉链	7.品牌（中文或外文名称）；8.货号		
6204.3100	--羊毛或动物细毛制				
6204.3200	--棉制				
6204.3300	--合成纤维制				
	--其他纺织材料制：				
6204.3910	---丝及绢丝制				
6204.3990	---其他				
	-连衣裙：	1.织造方法（机织等）；2.种类（连衣裙）；3.类别（女式）；4.成分含量	5.品牌（中文或外文名称）；6.货号		
6204.4100	--羊毛或动物细毛制				
6204.4200	--棉制				
6204.4300	--合成纤维制				
6204.4400	--人造纤维制				
	--其他纺织材料制：				
6204.4910	---丝及绢丝制				
6204.4990	---其他				
	-裙子及裙裤：	1.织造方法（机织等）；2.种类（裙子、裙裤）；3.类别（女式）；4.成分含量	5.品牌（中文或外文名称）；6.货号		
6204.5100	--羊毛或动物细毛制				
6204.5200	--棉制				
6204.5300	--合成纤维制				
	--其他纺织材料制：				
6204.5910	---丝及绢丝制				
6204.5990	---其他				

税则号列	商品名称	申报要素			说明
		归类要素	价格要素	其他要素	
	-长裤、护胸背带工装裤、马裤及短裤：	1. 织造方法（机织等）；2. 种类（长裤、护胸背带工装裤、马裤、短裤等）；3. 类别（女式）；4. 成分含量	5. 品牌（中文或外文名称）；6. 货号		
6204.6100	--羊毛或动物细毛制				
6204.6200	--棉制				
6204.6300	--合成纤维制				
6204.6900	--其他纺织材料制				
62.05	男衬衫：	1. 织造方法（机织等）；2. 种类（衬衫、POLO衫等）；3. 类别（男式）；4. 成分含量	5. 品牌（中文或外文名称）；6. 货号		
6205.2000	-棉制				
6205.3000	-化学纤维制				
	-其他纺织材料制：				
6205.9010	---丝及绢丝制				
6205.9020	---羊毛或动物细毛制				
6205.9090	---其他				
62.06	女衬衫：	1. 织造方法（机织等）；2. 种类（衬衫、POLO衫等）；3. 类别（女式）；4. 成分含量	5. 品牌（中文或外文名称）；6. 货号		
6206.1000	-丝或绢丝制				
6206.2000	-羊毛或动物细毛制				
6206.3000	-棉制				
6206.4000	-化学纤维制				
6206.9000	-其他纺织材料制				
62.07	男式背心及其他内衣、内裤、三角裤、长睡衣、睡衣裤、浴衣、晨衣及类似品：	1. 织造方法（机织等）；2. 种类（内衣背心、内裤、三角裤、长睡衣等）；3. 类别（男式）；4. 成分含量	5. 品牌（中文或外文名称）；6. 货号		
	-内裤及三角裤：				
6207.1100	--棉制				
	--其他纺织材料制：				
6207.1910	---丝及绢丝制				
6207.1920	---化学纤维制				
6207.1990	---其他				
	-长睡衣及睡衣裤：				
6207.2100	--棉制				
6207.2200	--化学纤维制				
	--其他纺织材料制：				
6207.2910	---丝及绢丝制				
6207.2990	---其他				
	-其他：				

税则号列	商品名称	申报要素			说明
		归类要素	价格要素	其他要素	
6207.9100	--棉制				
	--其他纺织材料制：				
6207.9910	---丝及绢丝制				
6207.9920	---化学纤维制				
6207.9990	---其他				
62.08	女式背心及其他内衣、长衬裙、衬裙、三角裤、短衬裤、睡衣、睡衣裤、浴衣、晨衣及类似品：	1.织造方法（机织等）；2.种类（衬裙、三角裤、短衬裤、睡衣、睡衣裤、浴衣、晨衣等）；3.类别（女式）；4.成分含量	5.品牌（中文或外文名称）；6.货号		
	-长衬裙及衬裙：				
6208.1100	--化学纤维制				
	--其他纺织材料制：				
6208.1910	---丝及绢丝制				
6208.1920	---棉制				
6208.1990	---其他				
	-睡衣及睡衣裤：				
6208.2100	--棉制				
6208.2200	--化学纤维制				
	--其他纺织材料制：				
6208.2910	---丝及绢丝制				
6208.2990	---其他				
	-其他：				
6208.9100	--棉制				
6208.9200	--化学纤维制				
	--其他纺织材料制：				
6208.9910	---丝及绢丝制				
6208.9990	---其他				
62.09	婴儿服装及衣着附件：	1.织造方法（机织等）；2.种类（外衣、雨衣等）；3.类别（婴儿）；4.成分含量；5.尺寸（衣长及裤长）	6.品牌（中文或外文名称）；7.货号		
6209.2000	-棉制				
6209.3000	-合成纤维制				
	-其他纺织材料制：				
6209.9010	---羊毛或动物细毛制				
6209.9090	---其他				
62.10	用税目56.02、56.03、59.03、59.06或59.07的织物制成的服装：				

税则号列	商 品 名 称	申 报 要 素			说 明
		归类要素	价格要素	其他要素	
	-用税目56.02或56.03的织物制成的服装：	1.织造方法（无纺布、毡呢）；2.种类（上衣、长裤、短裤、连体衣、分体衣等）；3.类别（男式、女式）；4.面料成分含量	5.品牌（中文或外文名称）；6.货号		
6210.1010	---羊毛或动物细毛制				
6210.1020	---棉或麻制				
6210.1030	---化学纤维制				
6210.1090	---其他纺织材料制				
6210.2000	-税目62.01所列类型的其他服装	1.织造方法（机织等）；2.种类（大衣、雨衣、短大衣、斗篷等）；3.类别（男式）；4.处理材料（塑料、橡胶等）	5.品牌（中文或外文名称）；6.货号		
6210.3000	-税目62.02所列类型的其他服装	1.织造方法（机织等）；2.种类（大衣、雨衣、短大衣、斗篷等）；3.类别（女式）；4.处理材料（塑料、橡胶等）	5.品牌（中文或外文名称）；6.货号		
6210.4000	-其他男式服装	1.织造方法（机织等）；2.种类（上衣、长裤、短裤等）；3.类别（男式）；4.处理材料（塑料、橡胶等）	5.品牌（中文或外文名称）；6.货号		
6210.5000	-其他女式服装	1.织造方法（机织等）；2.种类（上衣、长裤、短裤等）；3.类别（女式）；4.处理材料（塑料、橡胶等）	5.品牌（中文或外文名称）；6.货号		
62.11	运动服、滑雪服及游泳服；其他服装：				
	-游泳服：	1.织造方法（机织等）；2.种类（游泳服）；3.类别（男式、女式、儿童）；4.成分含量	5.品牌（中文或外文名称）；6.货号；7.是否为套装；8.套装组成及数量		
6211.1100	--男式				
6211.1200	--女式				

税则号列	商品名称	申报要素			说明
		归类要素	价格要素	其他要素	
	-滑雪服:	1. 织造方法（机织等）；2. 种类（滑雪服）；3. 类别（男式、女式、儿童）；4. 成分含量	5. 品牌（中文或外文名称）；6. 货号；7. 是否为套装；8. 套装组成及数量		
6211.2010	---棉制				
6211.2090	---其他纺织材料制				
	-其他男式服装:	1. 织造方法（机织等）；2. 种类（连身衣、夏服、水洗服、无袖罩衫等）；3. 类别（男式）；4. 成分含量	5. 品牌（中文或外文名称）；6. 货号；7. 是否为套装；8. 套装组成及数量；9. 如为上衣类服装，申报是否全开襟；10. 如为上衣类服装，申报是否有拉链；11. 如为上衣类服装，申报是否有衬里或夹层		
	--棉制:				
6211.3210	---阿拉伯袍				
6211.3220	---运动服				
6211.3290	---其他				
	--化学纤维制:				
6211.3310	---阿拉伯袍				
6211.3320	---运动服				
6211.3390	---其他				
	--其他纺织材料制:				
6211.3910	---丝及绢丝制				
6211.3920	---羊毛或动物细毛制				
6211.3990	---其他				

税则号列	商品名称	申报要素			说明
		归类要素	价格要素	其他要素	
	-其他女式服装：	1. 织造方法（机织等）；2. 种类（连身衣、夏服、水洗服、无袖罩衫等）；3. 类别（女式）；4. 成分含量	5. 品牌（中文或外文名称）；6. 货号；7. 是否为套装；8. 套装组成及数量；9. 如为上衣类服装，申报是否全开襟；10. 如为上衣类服装，申报是否有拉链；11. 如为上衣类服装，申报是否有衬里或夹层		
	--棉制：				
6211.4210	---运动服				
6211.4290	---其他				
	--化学纤维制：				
6211.4310	---运动服				
6211.4390	---其他				
	--其他纺织材料制：				
6211.4910	---丝及绢丝制				
6211.4990	---其他				
62.12	胸罩、束腰带、紧身胸衣、吊裤带、吊袜带、束袜带和类似品及其零件，不论是否针织或钩编的：	1. 种类（胸罩、束腰带、腹带、束腰胸衣、吊袜带、吊裤带等）；2. 成分含量	3. 品牌（中文或外文名称）；4. 货号		
	-胸罩：				
6212.1010	---化学纤维制				
6212.1090	---其他纺织材料制				
	-束腰带及腹带：				
6212.2010	---化学纤维制				
6212.2090	---其他纺织材料制				
	-束腰胸衣：				
6212.3010	---化学纤维制				
6212.3090	---其他纺织材料制				
	-其他：				
6212.9010	---化学纤维制				
6212.9090	---其他纺织材料制				
62.13	手帕：	1. 织造方法（机织；刺绣、非刺绣）；2. 成分含量；3. 边长尺寸	4. 品牌（中文或外文名称）；5. 货号		

税则号列	商品名称	申报要素			说明
		归类要素	价格要素	其他要素	
6213.2010	-棉制： ---刺绣的				
6213.2090	---其他				
	-其他纺织材料制：				
6213.9020	---刺绣的				
6213.9090	---其他				
62.14	披巾、领巾、围巾、披纱、面纱及类似品：	1. 织造方法（机织等）；2. 成分含量	3. 品牌（中文或外文名称）；4. 货号		
6214.1000	-丝或绢丝制				
	-羊毛或动物细毛制：				
6214.2010	---羊毛制				
6214.2020	---山羊绒制				
6214.2090	---其他				
6214.3000	-合成纤维制				
6214.4000	-人造纤维制				
6214.9000	-其他纺织材料制				
62.15	领带及领结：	1. 织造方法（机织等）；2. 成分含量	3. 品牌（中文或外文名称）；4. 货号		
6215.1000	-丝或绢丝制				
6215.2000	-化学纤维制				
6215.9000	-其他纺织材料制				
62.16	分指手套、连指手套及露指手套：	1. 织造方法（机织等）；2. 是否浸渍（塑料或橡胶）；3. 成分含量	4. 品牌（中文或外文名称）；5. 货号		
6216.0000	分指手套、连指手套及露指手套				
62.17	其他制成的衣着附件；服装或衣着附件的零件，但税目62.12的货品除外：	1. 成分含量；2. 织造方法（机织等）	3. 品牌（中文或外文名称）；4. 货号		
	-附件：				
6217.1010	---袜子及袜套				
6217.1020	---和服腰带				
6217.1090	---其他				
6217.9000	-零件				

第六十三章 其他纺织制成品；成套物品；旧衣着及旧纺织品；碎织物

注释：

一、第一分章仅适用于各种纺织物制成的物品。

二、第一分章不包括：

(一) 第五十六章至第六十二章的货品；或

(二) 税目63.09的旧衣着或其他旧物品。

三、税目63.09仅适用于下列货品：

(一) 纺织材料制品：

1. 衣着和衣着附件及其零件；

2. 毯子及旅行毯；

3. 床上、餐桌、盥洗及厨房用的织物制品；

4. 装饰用织物制品，但税目57.01至57.05的地毯及税目58.05的装饰毯除外。

(二) 用石棉以外其他任何材料制成的鞋帽类。

上述物品只有同时符合下列两个条件才能归入本税目：

1. 必须明显看得出穿用过；以及

2. 必须以散装、捆装、袋装或类似的大包装形式报验。

子目注释：

一、子目6304.20包括用α-氯氰菊酯（ISO）、虫螨腈（ISO）、溴氰菊酯（INN，ISO）、高效氯氟氰菊酯（ISO）、除虫菊酯（ISO）或甲基嘧啶磷（ISO）浸渍或涂层的经编针织物制品。

【要素释义】

一、归类要素

1. 种类：指商品属于具体纺织品的类型。例如，税目63.03项下商品可填报"窗帘""帘帷""帐幔""床帷"；税目63.06项下商品可填报"油苫布""天篷""遮阳篷""风帆""帐篷"等。

2. 成分含量：商品含有的所有成分名称及其重量百分比。

3. 用途：指商品的应用对象或应用领域。例如，税目63.02项下商品可填报"床上用品""餐桌用品""盥洗用品""厨房用品"；税目63.05项下商品可填报"储运袋""茶包"等；税目63.07项下商品可填报"医用""工业用""非医用非工业用"等。

4. 织造方法：常见的织造方法有机织、针织或钩编织等。例如，税目63.02项下商品可填报"针织""钩编""印花""机织""机织刺绣""针织手工""钩编手工""毛圈"等。

5. 是否装饰用：装饰用指商品明显具有装饰用途特征。装饰用纺织品包括壁布、仪式典礼用纺织饰物、垫子套、家具套、装饰性台布、挂布等。

6. 是否清洁剂浸渍、涂层或包覆：指税则号列6307.1000项下擦地布、擦碗布、抹布及类似擦拭用布是否用清洁剂浸渍或涂布。根据商品实际情况填报。

7. 是否为零售包装：零售包装指为将商品销售给个人消费者或家庭使用而设计的包装，这类包装上通常会印有品牌、产地、生产商及经销商的名称、地址等信息。

8. 是否为制成品：指商品是否经进一步加工后可直接使用。根据商品实际情况填报。

9. 是否经分拣：该要素专用于税目63.10项下商品。经分拣的产品指已根据某些标准进行分类的产品，或已按不同种类的纺织产品（例如，同一性质、同一颜色、同一纺织材料）分类的产品。

二、价格要素

1. 颜色：税目63.10项下商品的价格要素，可填写"白色"或"杂色"等。

2. 新旧请注明：税目63.10项下商品的价格要素，按实际情况填报。

3. 货号：指生产厂商对不同款、不同批次的商品所标记的唯一编号，每一款一批的商品都对应一个货号。

税则号列	商品名称	申报要素			说明
		归类要素	价格要素	其他要素	
	第一分章 其他纺织制成品				
63.01	毯子及旅行毯：	1. 成分含量	2. 品牌（中文或外文名称）；3. 货号		
6301.1000	-电暖毯				
6301.2000	-羊毛或动物细毛制的毯子（电暖毯除外）及旅行毯				
6301.3000	-棉制的毯子（电暖毯除外）及旅行毯				
6301.4000	-合成纤维制的毯子（电暖毯除外）及旅行毯				
6301.9000	-其他毯子及旅行毯				
63.02	床上、餐桌、盥洗及厨房用的织物制品：	1. 用途（床上用品、餐桌用品、盥洗用品、厨房用品）；2. 织造方法（针织或钩编、印花、机织、机织刺绣等）；3. 成分含量	4. 品牌（中文或外文名称）；5. 货号		
	-针织或钩编的床上用织物制品：				
6302.1010	---棉制				
6302.1090	---其他纺织材料制				
	-其他印花的床上用织物制品：				
	--棉制：				
6302.2110	---床单				
6302.2190	---其他				
	--化学纤维制：				
6302.2210	---床单				
6302.2290	---其他				
	--其他纺织材料制：				
6302.2910	---丝及绢丝制				
6302.2920	---麻制				
6302.2990	---其他				
	-其他床上用织物制品：				
	--棉制：				
6302.3110	---刺绣的				
	---其他：				
6302.3191	----床单				
6302.3192	----毛巾被				
6302.3199	----其他				
	--化学纤维制：				
6302.3210	---刺绣的				
6302.3290	---其他				
	--其他纺织材料制：				
6302.3910	---丝及绢丝制				
	---麻制：				
6302.3921	----刺绣的				
6302.3929	----其他				

税则号列	商品名称	申报要素			说明
		归类要素	价格要素	其他要素	
	---其他：				
6302.3991	----刺绣的				
6302.3999	----其他				
	-针织或钩编的餐桌用织物制品：				
6302.4010	---手工制				
6302.4090	---其他				
	-其他餐桌用织物制品：				
	--棉制：				
6302.5110	---刺绣的				
6302.5190	---其他				
	--化学纤维制：				
6302.5310	---刺绣的				
6302.5390	---其他				
	--其他纺织材料制：				
	---亚麻制：				
6302.5911	----刺绣的				
6302.5919	----其他				
6302.5990	---其他				
	-盥洗及厨房用棉制毛巾织物或类似的毛圈织物的制品：				
6302.6010	---浴巾				
6302.6090	---其他				
	-其他：				
6302.9100	--棉制				
6302.9300	--化学纤维制				
	--其他纺织材料制：				
6302.9910	---亚麻制				
6302.9990	---其他				
63.03	**窗帘（包括帷帘）及帐幔；帷帐或床帷：**	1.种类（窗帘、帘帷、帐幔、床帷）；2.织造方法（针织、钩编、机织等）；3.成分含量	4.品牌（中文或外文名称）；5.货号		
	-针织或钩编的：				
	--合成纤维制：				
6303.1210	---针织的				
6303.1220	---钩编的				
	--其他纺织材料制：				
	---棉制：				
6303.1931	----针织的				
6303.1932	----钩编的				
	---其他：				
6303.1991	----针织的				
6303.1992	----钩编的				
	-其他：				
6303.9100	--棉制				
6303.9200	--合成纤维制				

税则号列	商品名称	申报要素			说明
		归类要素	价格要素	其他要素	
6303.9900	--其他纺织材料制				
63.04	**其他装饰用织物制品，但税目94.04的货品除外：** -床罩：	1. 织造方法（针织、钩编、机织、针织手工、钩编手工等）； 2. 成分含量	3. 品牌（中文或外文名称）；4. 货号		
	--针织或钩编的： ---针织的：				
6304.1121	----手工制				
6304.1129	----其他				
	---钩编的：				
6304.1131	----手工制				
6304.1139	----其他				
	--其他：				
6304.1910	---丝及绢丝制				
	---棉或麻制：				
6304.1921	----刺绣的				
6304.1929	----其他				
	---化学纤维制：				
6304.1931	----刺绣的				
6304.1939	----其他				
	---其他纺织材料制：				
6304.1991	----刺绣的				
6304.1999	----其他				
	-本章子目注释一所列的蚊帐：	1. 是否装饰用；2. 织造方法（针织手工、针织等）；3. 成分含量	4. 品牌（中文或外文名称）；5. 货号		
6304.2010	---手工制				
6304.2090	---其他				
	-其他：	1. 是否装饰用；2. 织造方法（针织、钩编、非针织或非钩编、针织手工等）；3. 成分含量	4. 品牌（中文或外文名称）；5. 货号		
	--针织或钩编的： ---针织的：				
6304.9121	----手工制				
6304.9129	----其他				
	---钩编的：				
6304.9131	----手工制				
6304.9139	----其他				
	--非针织或非钩编的，棉制：				
6304.9210	---刺绣的				
6304.9290	---其他				
	--非针织或非钩编的，合成纤维制：				

税则号列	商品名称	申报要素			说明
		归类要素	价格要素	其他要素	
6304.9310	---刺绣的				
6304.9390	---其他				
	--非针织或非钩编的,其他纺织材料制:				
6304.9910	---丝及绢丝制				
	---麻制:				
6304.9921	----刺绣的				
6304.9929	----其他				
6304.9990	---其他				
63.05	**货物包装用袋:**	1. 用途(储运袋、茶包等);2. 成分含量			
6305.1000	-黄麻或税目53.03的其他韧皮纺织纤维制				
6305.2000	-棉制				
	-化学纤维材料制:				
6305.3200	--散装货物储运软袋				
6305.3300	--其他,聚乙烯、聚丙烯扁条或类似材料制				
6305.3900	--其他				
6305.9000	-其他纺织材料制				
63.06	**油苫布、天篷及遮阳篷;帐篷(包括临时顶篷及类似品);风帆;野营用品:**	1. 种类(油苫布、天篷、遮阳篷、风帆、帐篷等);2. 成分含量		3. 品牌(中文或外文名称);4. 货号	
	-油苫布、天篷及遮阳篷:				
6306.1200	--合成纤维制				
	--其他纺织材料制:				
6306.1910	---麻制				
6306.1920	---棉制				
6306.1990	---其他				
	-帐篷(包括临时顶篷及类似品):				
6306.2200	--合成纤维制				
	--其他纺织材料制:				
6306.2910	---棉制				
6306.2990	---其他				
	-风帆:				
6306.3010	---合成纤维制				
6306.3090	---其他纺织材料制				
	-充气褥垫:				
6306.4010	---棉制				
6306.4020	---化学纤维制				
6306.4090	---其他纺织材料制				
	-其他:				
6306.9010	---棉制				
6306.9020	---麻制				
6306.9030	---化学纤维制				
6306.9090	---其他				

税则号列	商品名称	申报要素			说明
		归类要素	价格要素	其他要素	
63.07	其他制成品，包括服装裁剪样：				
6307.1000	-擦地布、擦碗布、抹布及类似擦拭用布	1.成分含量；2.是否清洁剂浸渍、涂布或包覆；3.功能用途	4.品牌（中文或外文名称）；5.货号		
6307.2000	-救生衣及安全带	1.成分含量	2.品牌（中文或外文名称）；3.货号		
	-其他	1.成分含量	2.品牌（中文或外文名称）；3.货号		
6307.9010	--口罩				
6307.9090	--其他				
	第二分章　成套物品				
63.08	由机织物及纱线构成的零售包装成套物品，不论是否带附件，用以制作小地毯、装饰毯、绣花台布、餐巾或类似的纺织物品：	1.是否为零售包装；2.是否为制成品（制成品，非制成品）	3.品牌（中文或外文名称）；4.货号		
6308.0000	由机织物及纱线构成的零售包装成套物品，不论是否带附件，用以制作小地毯、装饰毯、绣花台布、餐巾或类似的纺织物品				
	第三分章　旧衣着及旧纺织品；碎织物				
63.09	旧衣物：				
6309.0000	旧衣物				
63.10	纺织材料的新的或旧的碎织物及废线、绳、索、缆及其制品：	1.是否经分拣；2.成分含量	3.颜色（如白色或杂色）；4.新旧请注明		
6310.1000	-经分拣的				
6310.9000	-其他				

第十二类 鞋、帽、伞、杖、鞭及其零件；已加工的羽毛及其制品；人造花；人发制品

第六十四章 鞋靴、护腿和类似品及其零件

注释：

一、本章不包括：

（一）易损材料（例如，纸、塑料薄膜）制的无外缀鞋底的一次性鞋靴罩或套。这些产品应按其构成材料归类；

（二）纺织材料制的鞋靴，没有用粘、缝或其他方法将外底固定或安装在鞋面上的（第十一类）；

（三）税目63.09的旧鞋靴；

（四）石棉制品（税目68.12）；

（五）矫形鞋靴或其他矫形器具及其零件（税目90.21）；或

（六）玩具鞋及装有冰刀或轮子的滑冰鞋；护胫或类似的运动防护服装（第九十五章）。

二、税目64.06所称"零件"，不包括鞋钉、护鞋铁掌、鞋眼、鞋钩、鞋扣、饰物、编带、鞋带、绒球或其他装饰带（应分别归入相应税目）及税目96.06的纽扣或其他货品。

三、本章所称：

（一）"橡胶"及"塑料"，包括能用肉眼辨出其外表有一层橡胶或塑料的机织物或其他纺织产品；运用本款时，橡胶或塑料仅引起颜色变化的不计在内；以及

（二）"皮革"，是指税目41.07及41.12至41.14的货品。

四、除本章注释三另有规定的以外：

（一）鞋面的材料应以占表面面积最大的那种材料为准，计算表面面积可不考虑附件及加固件，例如，护踝、裹边、饰物、扣子、拉襻、鞋眼或类似附属件；

（二）外底的主要材料应以与地面接触最广的那种材料为准，计算接触面时可不考虑鞋底钉、铁掌或类似附属件。

子目注释：

子目6402.12、6402.19、6403.12、6403.19及6404.11所称"运动鞋靴"，仅适用于：

一、带有或可装鞋底钉、止滑柱、夹钳、马蹄掌或类似品的体育专用鞋靴；

二、滑冰靴、滑雪靴及越野滑雪用鞋靴、滑雪板靴、角力靴、拳击靴及赛车鞋。

【要素释义】

一、归类要素

1. 款式：指鞋靴属于的具体式样类型。例如，子目6401.1项下商品可填报"装金属护头"等，子目6403.5项下商品可填报"过踝但低于小腿""过踝不低于小腿""未过踝"。

2. 鞋面材料：指鞋面具体的材料类型。鞋面是指鞋靴底部之上的部分。如果某些鞋靴外底与鞋面之间的界线难以区分，则鞋面应包括鞋子覆盖脚侧及脚背的那部分。例如，可填报"橡胶""塑料"等。

3. 外底材料：指鞋的外底具体的材料类型。鞋的外底是指鞋靴穿着时与地面接触的部分（附加后跟除外）。在确定鞋底材料时应以与地面接触最广的那种外底材料为准，且不考虑部分鞋靴底部所附的配件或加固件。例如，可填报"橡胶""塑料"等。

4. 请注明是否栓塞方法制：栓塞制鞋是指以栓塞方法将鞋带塞入鞋底上的孔眼内，使之附于鞋底的带型凉鞋。

5. 内底长度：指鞋的内底长度。内底是指鞋底的内侧部分，与外底相对应。

6. 材质：该要素专用于税目64.06项下商品，指商品具体的制成材料。

7. 加工程度：该要素专用于税目64.06项下商品，指是否已成型。

8. 用途：指商品的应用对象或应用领域。

二、价格要素

1. 品牌（中文或外文名称）：指制造商或经销商加在商品上的品牌标志，实际需要申报中文或外文品牌名称。

2. 货号：指生产厂商对不同款、不同批次的商品所标记的唯一编号，每一款一批的商品都对应一个货号。

税则号列	商品名称	申报要素			说明
		归类要素	价格要素	其他要素	
64.01	橡胶或塑料制外底及鞋面的防水鞋靴，其鞋面不是用缝、铆、钉、旋、塞或类似方法固定在鞋底上的：				
	-装有金属防护鞋头的鞋靴：	1. 款式（装金属护头）；2. 鞋面材料；3. 外底材料	4. 品牌（中文或外文名称）；5. 货号		
6401.1010	---橡胶制鞋面的				
6401.1090	---塑料制鞋面的				
	-其他鞋靴：	1. 款式（未过踝、过膝、过踝但未到膝）；2. 鞋面材料；3. 外底材料	4. 品牌（中文或外文名称）；5. 货号		
	--鞋靴（过踝但未到膝）：				
6401.9210	---橡胶制鞋面的				
6401.9290	---塑料制鞋面的				
6401.9900	--其他				
64.02	橡胶或塑料制外底及鞋面的其他鞋靴：				
	-运动鞋靴：	1. 鞋面材料；2. 外底材料	3. 品牌（中文或外文名称）；4. 货号		
6402.1200	--滑雪靴、越野滑雪鞋靴及滑雪板靴				
6402.1900	--其他				
6402.2000	-用栓塞方法将鞋面条带装配在鞋底上的鞋	1. 款式（人字拖等）；2. 鞋面材料；3. 外底材料；4. 请注明是否栓塞方法制	5. 品牌（中文或外文名称）；6. 货号		
	-其他鞋靴：	1. 款式（是否过踝）；2. 鞋面材料；3. 外底材料	4. 品牌（中文或外文名称）；5. 货号		
6402.9100	--鞋靴（过踝）				
	--其他：				
6402.9910	---橡胶制鞋面的				
	---塑料制鞋面的：				
6402.9921	----以机织物或其他纺织材料作衬底的				
6402.9929	----其他				
64.03	橡胶、塑料、皮革或再生皮革制外底，皮革制鞋面的鞋靴：				
	-运动鞋靴：	1. 款式（滑雪靴、越野滑雪鞋靴、滑雪板靴等）；2. 鞋面材料；3. 外底材料	4. 品牌（中文或外文名称）；5. 货号		
6403.1200	--滑雪靴、越野滑雪鞋靴及滑雪板靴				
6403.1900	--其他				
6403.2000	-皮革制外底，由交叉于脚背并绕大脚趾的皮革条带构成鞋面的鞋	1. 款式；2. 鞋面材料；3. 外底材料	4. 品牌（中文或外文名称）；5. 货号		

税则号列	商品名称	申报要素 归类要素	申报要素 价格要素	申报要素 其他要素	说明
6403.4000	-装有金属防护鞋头的其他鞋靴	1.款式（装金属护头）；2.鞋面材料；3.外底材料	4.品牌（中文或外文名称）；5.货号		
	-皮革制外底的其他鞋靴： --鞋靴（过踝）： ---过脚踝但低于小腿的鞋靴，按内底长度分类：				
6403.5111	----小于24厘米的	1.款式（过踝但低于小腿）；2.鞋面材料；3.外底材料；4.内底长度	5.品牌（中文或外文名称）；6.货号		
6403.5119	----其他	1.款式（过踝但低于小腿）；2.鞋面材料；3.外底材料；4.内底长度	5.品牌（中文或外文名称）；6.货号		
	---其他，按内底长度分类：				
6403.5191	----小于24厘米的	1.款式（过踝不低于小腿）；2.鞋面材料；3.外底材料；4.内底长度	5.品牌（中文或外文名称）；6.货号		
6403.5199	----其他	1.款式（过踝不低于小腿）；2.鞋面材料；3.外底材料；4.内底长度	5.品牌（中文或外文名称）；6.货号		
6403.5900	--其他	1.款式（未过踝）；2.鞋面材料；3.外底材料	4.品牌（中文或外文名称）；5.货号		
	-其他鞋靴： --鞋靴（过踝）： ---过脚踝但低于小腿的鞋靴，按内底长度分类：				
6403.9111	----小于24厘米的	1.款式（过踝但低于小腿）；2.鞋面材料；3.外底材料；4.内底长度	5.品牌（中文或外文名称）；6.货号		
6403.9119	----其他	1.款式（过踝但低于小腿）；2.鞋面材料；3.外底材料；4.内底长度	5.品牌（中文或外文名称）；6.货号		
	---其他，按内底长度分类：				
6403.9191	----小于24厘米的	1.款式（过踝不低于小腿）；2.鞋面材料；3.外底材料；4.内底长度	5.品牌（中文或外文名称）；6.货号		

税则号列	商品名称	申报要素 归类要素	申报要素 价格要素	申报要素 其他要素	说明
6403.9199	----其他	1. 款式（过踝不低于小腿）；2. 鞋面材料；3. 外底材料；4. 内底长度	5. 品牌（中文或外文名称）；6. 货号		
6403.9900	--其他	1. 款式（未过踝）；2. 鞋面材料；3. 外底材料	4. 品牌（中文或外文名称）；5. 货号		
64.04	**橡胶、塑料、皮革或再生皮革制外底，用纺织材料制鞋面的鞋靴：**	1. 款式；2. 鞋面材料；3. 外底材料	4. 品牌（中文或外文名称）；5. 货号		
	-橡胶或塑料制外底的鞋靴：				
6404.1100	--运动鞋靴；网球鞋、篮球鞋、体操鞋、训练鞋及类似鞋				
	--其他				
6404.1910	---拖鞋				
6404.1990	---其他				
	-皮革或再生皮革制外底的鞋靴：				
6404.2010	---拖鞋				
6404.2090	---其他				
64.05	**其他鞋靴：**	1. 款式；2. 鞋面材料；3. 外底材料	4. 品牌（中文或外文名称）；5. 货号		
	-皮革或再生皮革制鞋面的：				
6405.1010	---橡胶、塑料、皮革及再生皮革制外底的				
6405.1090	---其他材料制外底的				
6405.2000	-纺织材料制鞋面的				
	-其他：				
6405.9010	---橡胶、塑料、皮革及再生皮革制外底的				
6405.9090	---其他材料制外底的				
64.06	**鞋靴零件（包括鞋面，不论是否带有除外底以外的其他鞋底）；活动式鞋内底、跟垫及类似品；护腿、裹腿和类似品及其零件：**	1. 材质；2. 加工程度（是否已成型）；3. 用途			
6406.1000	-鞋面及其零件，但硬衬除外				
	-橡胶或塑料制的外底及鞋跟：				
6406.2010	---橡胶制的				
6406.2020	---塑料制的				
	-其他：				
6406.9010	---木制				
	---其他材料制				
6406.9091	----活动式鞋内底、跟垫及类似品				
6406.9092	----护腿、裹腿和类似品及其零件				
6406.9099	----其他				

第六十五章　帽类及其零件

注释：
一、本章不包括：
(一) 税目 63.09 的旧帽类；
(二) 石棉制帽类（税目 68.12）；或
(三) 第九十五章的玩偶帽、其他玩具帽或狂欢节用品。
二、税目 65.02 不包括缝制的帽坯，但仅将条带缝成螺旋形的除外。

【要素释义】

一、归类要素
1. 材质：指商品具体的制成材料。例如，税目 65.01 项下商品可填报"毡呢"。
2. 制作工艺：指商品制作所采用的具体的工艺手段。例如，税目 65.02 项下商品可填报"编结""拼制"，子目 6505.002 项下商品可填报"钩编"。
3. 用途：指商品的应用对象或应用领域。例如，子目 6506.1 项下安全帽可填报"消防用""建筑用"等。
4. 是否带有能滤除生物因子滤器的面罩：根据商品实际情况填报。

二、价格要素
1. 品牌（中文或外文名称）：指制造商或经销商加在商品上的品牌标志，实际需要申报中文或外文品牌名称。
2. 货号：指生产厂商对不同款、不同批次的商品所标记的唯一编号，每一款一批的商品都对应一个货号。

税则号列	商品名称	申报要素 归类要素	申报要素 价格要素	申报要素 其他要素	说明
65.01	毡呢制的帽坯、帽身及帽兜，未楦制成形，也未加帽边；毡呢制的圆帽片及制帽用的毡呢筒（包括裁开的毡呢筒）：	1. 材质（毡呢）	2. 品牌（中文或外文名称）		
6501.0000	毡呢制的帽坯、帽身及帽兜，未楦制成形，也未加帽边；毡呢制的圆帽片及制帽用的毡呢筒（包括裁开的毡呢筒）				
65.02	编结的帽坯或用任何材料的条带拼制而成的帽坯，未楦制成形，也未加帽边、衬里或装饰物：	1. 材质；2. 制作工艺（编结、拼制）	3. 品牌（中文或外文名称）		
6502.0000	编结的帽坯或用任何材料的条带拼制而成的帽坯，未楦制成形，也未加帽边、衬里或装饰物				
65.04	编结帽或用任何材料的条带拼制而成的帽类，不论有无衬里或装饰物：	1. 制作工艺（编结、拼制）	2. 品牌（中文或外文名称）；3. 货号		
6504.0000	编结帽或用任何材料的条带拼制而成的帽类，不论有无衬里或装饰物				
65.05	针织或钩编的帽类，用成匹的花边、毡呢或其他纺织物（条带除外）制成的帽类，不论有无衬里或装饰物；任何材料制的发网，不论有无衬里或装饰物：				

税则号列	商品名称	申报要素			说明
		归类要素	价格要素	其他要素	
6505.0010	---发网		1. 品牌（中文或外文名称）；2. 货号		
6505.0020	---钩编的帽类	1. 制作工艺（钩编）	2. 品牌（中文或外文名称）；3. 货号		
	---其他：				
6505.0091	----用税目65.01的帽身、帽兜或圆帽片制成的毡呢帽类，不论有无衬里或装饰物	1. 材质（毡呢）	2. 品牌（中文或外文名称）；3. 货号		
6505.0099	----其他	1. 制作工艺（针织、机织等）	2. 品牌（中文或外文名称）；3. 货号		
65.06	**其他帽类，不论有无衬里或装饰物：**				
6506.1000	-安全帽	1. 材质；2. 用途；3. 是否带有能滤除生物因子滤器的面罩	4. 品牌（中文或外文名称）；5. 货号		
	-其他：	1. 材质	2. 品牌（中文或外文名称）；3. 货号		
6506.9100	--橡胶或塑料制				
	--其他材料制：				
6506.9910	---皮革制				
6506.9920	---毛皮制				
6506.9990	---其他				
65.07	**帽圈、帽衬、帽套、帽帮、帽骨架、帽舌及帽颏带：**	1. 材质			
6507.0000	帽圈、帽衬、帽套、帽帮、帽骨架、帽舌及帽颏带				

第六十六章　雨伞、阳伞、手杖、鞭子、马鞭及其零件

注释：
一、本章不包括：
（一）丈量用杖及类似品（税目90.17）；
（二）火器手杖、刀剑手杖、加重手杖及类似品（第九十三章）；或
（三）第九十五章的货品（例如，玩具雨伞、玩具阳伞）。
二、税目66.03不包括纺织材料制的零件、附件及装饰品或者任何材料制的罩套、流苏、鞭梢、伞套及类似品。此类货品即使与税目66.01或66.02的物品一同报验，只要未装配在一起，则不应视为上述税目所列物品的组成零件，而应分别归入各有关税目。

【要素释义】
一、归类要素
1. 种类或用途：指商品的式样类型和商品的应用领域。例如，可填报"雨伞""手杖伞""庭院用伞"等。
2. 材质：指商品具体的制成材料。
3. 是否手持：需注明手持或非手持。税目66.01项下商品可填报"手持"或"非手持"。
二、价格要素
1. 品牌（中文或外文名称）：指制造商或经销商加在商品上的品牌标志，实际需要申报中文或外文品牌名称。
2. 货号：指生产厂商对不同款、不同批次的商品所标记的唯一编号，每一款一批的商品都对应一个货号。

税则号列	商品名称	申报要素			说明
		归类要素	价格要素	其他要素	
66.01	雨伞及阳伞（包括手杖伞、庭园用伞及类似伞）：	1. 种类或用途；2. 是否手持	3. 品牌（中文或外文名称）；4. 货号		
6601.1000	-庭园用伞及类似伞				
	-其他：				
6601.9100	--折叠伞				
6601.9900	--其他				
66.02	手杖、带座手杖、鞭子、马鞭及类似品：	1. 材质	2. 品牌（中文或外文名称）；3. 货号		
6602.0000	手杖、带座手杖、鞭子、马鞭及类似品				
66.03	税目66.01或66.02所列物品的零件及装饰品：	1. 材质			
6603.2000	-伞骨，包括装在伞柄上的伞骨				
6603.9000	-其他				

第六十七章 已加工羽毛、羽绒及其制品；人造花；人发制品

注释：
一、本章不包括：
(一) 人发制滤布（税目59.11）；
(二) 花边、刺绣品或其他纺织物制成的花卉图案（第十一类）；
(三) 鞋靴（第六十四章）；
(四) 帽类及发网（第六十五章）；
(五) 玩具、运动用品或狂欢节用品（第九十五章）；或
(六) 羽毛掸帚、粉扑及人发制的筛子（第九十六章）。

二、税目67.01不包括：
(一) 羽毛或羽绒仅在其中作为填充料的物品（例如，税目94.04的寝具）；
(二) 羽毛或羽绒仅作为饰物或填充料的衣服或衣着附件；或
(三) 税目67.02的人造花、叶及其部分品，以及它们的制成品。

三、税目67.02不包括：
(一) 玻璃制品（第七十章）；或
(二) 用陶器、石料、金属、木料或其他材料经模铸、锻造、雕刻、冲压或其他方法整件制成形的人造花、叶或果实，用捆扎、胶粘及类似方法以外的其他方法将部分品组合而成的上述制品。

【要素释义】
一、归类要素
1. 加工程度：指商品经过的具体处理工艺。例如，税目67.03项下商品可填报"经梳理""稀疏""脱色"等。
2. 制作材料：指商品具体的制成材料。例如，税目67.02项下商品可填报"塑料丝"等。
3. 羽毛、羽绒请注明加工程度（漂白、染色、卷曲等）：税目67.01项下商品如为羽毛或羽绒需填报加工程度，例如，"羽毛（漂白）"等。

二、价格要素
长度（英寸）：指税目67.03、67.04项下人发或假发的长度，用"英寸"表示，可以填报具体数值。

税则号列	商品名称	申报要素 归类要素	申报要素 价格要素	申报要素 其他要素	说明
67.01	带羽毛或羽绒的鸟皮及鸟体其他部分、羽毛、部分羽毛、羽绒及其制品（税目05.05的货品和经加工的羽管及羽轴除外）：	1. 羽毛、羽绒请注明加工程度（漂白、染色、卷曲等）			
6701.0000	带羽毛或羽绒的鸟皮及鸟体其他部分、羽毛、部分羽毛、羽绒及其制品（税目05.05的货品和经加工的羽管及羽轴除外）				
67.02	人造花、叶、果实及其零件；用人造花、叶或果实制成的物品：	1. 制作材料（塑料丝等）			
6702.1000	-塑料制				
	-其他材料制：				
6702.9010	---羽毛制				
6702.9020	---丝及绢丝制				
6702.9030	---化学纤维制				
6702.9090	---其他				

税则号列	商品名称	申报要素 归类要素	申报要素 价格要素	申报要素 其他要素	说明
67.03	经梳理、稀疏、脱色或其他方法加工的人发；做假发及类似品用的羊毛、其他动物毛或其他纺织材料：	1.加工程度（经梳理、稀疏、脱色等）；2.制作材料	3.长度（英寸）		
6703.0000	经梳理、稀疏、脱色或其他方法加工的人发；做假发及类似品用的羊毛、其他动物毛或其他纺织材料				
67.04	人发、动物毛或纺织材料制的假发、假胡须、假眉毛、假睫毛及类似品；其他税目未列名的人发制品： -合成纤维纺织材料制：	1.制作材料			
6704.1100	--整头假发				
6704.1900	--其他				
6704.2000	-人发制	1.制作材料	2.长度（英寸）		
6704.9000	-其他材料制	1.制作材料			

第十三类　石料、石膏、水泥、石棉、云母及类似材料的制品；陶瓷产品；玻璃及其制品

第六十八章　石料、石膏、水泥、石棉、云母及类似材料的制品

注释：

一、本章不包括：
（一）第二十五章的货品；
（二）税目 48.10 或 48.11 的经涂布、浸渍或覆盖的纸及纸板（例如，用云母粉或石墨涂布的纸及纸板、沥青纸及纸板）；
（三）第五十六章或第五十九章的经涂布、浸渍或包覆的纺织物（例如，用云母粉涂布或包覆的织物，沥青织物）；
（四）第七十一章的物品；
（五）第八十二章的工具及其零件；
（六）税目 84.42 的印刷用石板；
（七）绝缘子（税目 85.46）或绝缘材料制的零件（税目 85.47）；
（八）牙科用磨锉（税目 90.18）；
（九）第九十一章的物品（例如，钟及钟壳）；
（十）第九十四章的物品（例如，家具、灯具及照明装置、活动房屋）；
（十一）第九十五章的物品（例如，玩具、游戏品及运动用品）；
（十二）用第九十六章注释二（二）所述材料制成的税目 96.02 的物品或税目 96.06 的物品（例如，纽扣）、税目 96.09 的物品（例如，石笔）、税目 96.10 的物品（例如，绘画石板）或税目 96.20 的物品（独脚架、双脚架、三脚架及类似品）；或
（十三）第九十七章的物品（例如，艺术品）。

二、税目 68.02 所称"已加工的碑石或建筑用石"，不仅适用于已加工的税目 25.15、25.16 的各种石料，也适用于所有经类似加工的其他天然石料（例如，石英岩、燧石、白云石及冻石），但不适用于板岩。

【要素释义】

一、归类要素

1. 种类：指商品属于具体天然石料制石材的细分类型。例如，税目 68.01 项下商品可填报"长方砌石""扁平石""路缘石"等；税目 68.08 项下商品可填报"镶板""平板瓦""砖"等；税目 68.11 项下商品可填报"砖""瓦""管""板"等；税目 68.12 项下商品可填报"纱线""机织物""服装""鞋帽""衬垫"等；税目 68.13 项下商品可填报"片""卷""带""闸衬""闸垫""扇形"等。

2. 材质：指商品具体的制成材料。例如，税目 68.01 项下商品可填报"花岗岩"等；税目 68.02 项下商品可填报"大理石""花岗岩"等；税目 68.04 项下商品可填报"石料""黏聚合材料"等；子目 6806.1 项下商品可填报"矿渣棉""岩石棉""硅酸铝纤维"等；子目 6806.2 项下商品可填报"页状蛭石""膨胀黏土""泡沫矿渣"等；税目 68.14 项下商品可填报"云母"等。

3. 用途：指商品的应用对象或应用领域。例如，税目 68.02 项下商品可填报"内墙贴面"等；税目 68.04 项下商品可填报"碾磨用""磨浆用"或"磨光用"等；税目 68.10 项下商品可填报"铁道用"等。

4. 加工程度：指物品在加工过程中经过的具体加工工艺。例如，税目 68.02 项下商品可填报"切""锯""打磨""抛光""切斜角""钻孔""涂清漆""涂瓷釉""模制"等。

5. 是否装支架：该要素为税目 68.04 项下商品专有要素，按照商品实际报验状态填报"装"或"未装"。

6. 基底材料：该要素为税目 68.05 项下商品专有要素，指砂布、砂纸等的基底材料，可申报为"塑料""纸"等。

7. 砂粒材质：税目 68.05 项下的砂布、砂纸是将研磨料（砂粒）用胶水或塑料粘于纺织物、纸等载体材料之上制成的。研磨料（砂粒）材质指砂粒具体的制成材料，可填报"金刚砂""刚玉""碳化硅""石榴石""浮石""燧石""石英""砂子""玻璃粉"等。

8. 是否有涂层（如有，请申报材质）：该要素为税目 68.05 项下商品专有要素，根据商品实际报验状态填报"无涂层"或"有涂层，图层材质为改性苯丙乳液"等。

9. 形状：指物体外观或表现形态。例如，税目68.06、68.07项下商品可填报"块状""成片"或"成卷"等；税目68.14项下商品可填报"板""片""带"等。

10. 含有石棉纤维的要注明其含量：该要素为子目6806.9项下商品专有要素，按照商品实际报验状态可填报"不含石棉纤维"或"含有石棉纤维，含量25%"等。

11. 黏料：该要素为税目68.08项下商品专有要素，指商品的黏合材料。例如，水泥、石膏等。

12. 成分含量：该要素为税目68.09项下商品专有要素，指含有的物质种类及重量百分比含量。例如，石膏85%，短麻屑末9%，胶水6%。

13. 加工方法：指税目68.09项下的石膏制品是否装饰、经贴面或加强等加工处理。按实际情况填报。

14. 是否未经装饰，仅用纸或纸板贴面或加强的：根据商品实际情况填报。有两部分内容，即是否未经装饰和是否仅用纸或纸板贴面或加强。

15. 是否黏聚或复制的：该要素为税目68.14项下商品专有要素，根据商品实际情况填报"非黏聚、复制"或"黏聚"等。

16. 碳纤维纱线请注明碳含量、比模量和比极限抗拉强度：该要素为税目68.15项下专有要素，根据商品实际情况填报。例如，可填报"碳含量95%，比模量$1.5×10^6$m，比极限抗拉强度$2.5×10^4$m"。

二、价格要素

1. 品牌（中文或外文名称）：指制造商或经销商加在商品上的品牌标志，实际需要申报中文或外文品牌名称。

2. 型号：该要素为税目68.05项下商品专有要素，指区分砂布、砂纸磨粒粗细不同规格的代号。例如，可填报"120号"。

3. 尺寸：该要素为税目68.05项下商品专有要素，指砂布、砂纸的长×宽。例如，可填报"40cm×30cm"。

4. 花色品种的中文及英文名称：指税目68.02项下建筑石材的颜色种类，以中英文名称表示。例如，大理石的花色可填报"Beige Haffouz（米黄哈否斯）""Beige Thala（米黄塔拉）"；花岗岩的花色可填报"White Galaxy（印度白金）""White Star（凯撒白）"。

税则号列	商品名称	申报要素			说明
		归类要素	价格要素	其他要素	
68.01	天然石料（不包括板岩）制的长方砌石、路缘石、扁平石：	1. 种类（长方砌石、扁平石、路缘石）； 2. 材质			
6801.0000	天然石料（不包括板岩）制的长方砌石、路缘石、扁平石				
68.02	**已加工的碑石或建筑用石（不包括板岩）及其制品，但税目68.01的货品除外；天然石料（包括板岩）制的镶嵌石（马赛克）及类似品，不论是否有衬背；天然石料（包括板岩）制的人工染色石粒、石片及石粉：** -砖、瓦、方块及类似品，不论是否为矩形（包括正方形），其最大面以可置入边长小于7厘米的方格为限；人工染色的石粒、石片及石粉：	1. 用途；2. 材质（大理石、花岗岩）；3. 加工程度（切、锯、抛光及是否石刻等）；4. 尺寸（最大表面积的最大边长）		5. 花色品种的中文及英文名称	
6802.1010	---大理石				
6802.1090	---其他				
	-简单切削或锯开并具有一个平面的其他碑石或建筑用石及其制品：				
	--大理石、石灰华及蜡石：				
6802.2110	---大理石				
6802.2120	---石灰华				
6802.2190	---其他				

税则号列	商品名称	申报要素			说明
		归类要素	价格要素	其他要素	
6802.2300	--花岗岩				
	--其他石：				
6802.2910	---其他石灰石				
6802.2990	---其他				
	-其他：				
	--大理石、石灰华及蜡石：				
6802.9110	---石刻				
6802.9190	---其他				
	--其他石灰石：				
6802.9210	---石刻				
6802.9290	---其他				
	--花岗岩：				
	---石刻				
6802.9311	----墓碑石				
6802.9319	----其他				
6802.9390	---其他				
	--其他石：				
6802.9910	---石刻				
6802.9990	---其他				
68.03	已加工的板岩及板岩或粘聚板岩的制品：	1. 加工程度；2. 材质			
6803.0010	---板岩制				
6803.0090	---其他				
68.04	未装支架的石磨、石碾、砂轮和类似品及其零件，用于研磨、磨刃、抛光、整形或切割，以及手用磨石、抛光石及其零件，用天然石料、粘聚的天然磨料、人造磨料或陶瓷制成，不论是否装有由其他材料制成的零件：				
6804.1000	-碾磨或磨浆用石磨、石碾	1. 用途（碾磨或磨浆、磨光用等）；2. 材质（石料、粘聚合成料等）；3. 是否装支架			
	-其他石磨、石碾、砂轮及类似品：	1. 用途（碾磨或磨浆、磨光用等）；2. 材质（石料、粘聚合成料等）；3. 是否装支架		4. 品牌（中文或外文名称）	
	--粘聚合成或天然金刚石制：				
6804.2110	---砂轮				
6804.2190	---其他				
	--其他粘聚磨料制或陶瓷制：				
6804.2210	---砂轮				
6804.2290	---其他				
	--天然石料制：				
6804.2310	---砂轮				
6804.2390	---其他				

税则号列	商品名称	申报要素 归类要素	申报要素 价格要素	申报要素 其他要素	说明
	-手用磨石及抛光石：				
6804.3010	---琢磨油石	1.用途（碾磨或磨浆、磨光用等）；2.材质（石料、粘聚合成料等）；3.是否装支架			
6804.3090	---其他	1.用途（碾磨或磨浆、磨光用等）；2.材质（石料、粘聚合成料等）；3.是否装支架			
68.05	砂布、砂纸及以其他材料为底的类似品，不论是否裁切、缝合或用其他方法加工成形：	1.基底材料；2.砂粒材质；3.是否有涂层（如有，请申报材质）	4.品牌（中文或外文名称）；5.型号；6.尺寸		
6805.1000	-砂布				
6805.2000	-砂纸				
6805.3000	-其他				
68.06	矿渣棉、岩石棉及类似的矿质棉；页状蛭石、膨胀粘土、泡沫矿渣及类似的膨胀矿物材料；具有隔热、隔音或吸音性能的矿物材料的混合物及制品，但税目68.11、68.12或第六十九章的货品除外：				
	-矿渣棉、岩石棉及类似的矿质棉（包括其相互混合物），块状、成片或成卷：	1.材质（矿物纤维等）；2.形状；3.含有石棉纤维的要注明其含量			
6806.1010	---硅酸铝纤维及其制品				
6806.1090	---其他				
6806.2000	-页状蛭石、膨胀粘土、泡沫矿渣及类似的膨胀矿物材料（包括其相互混合物）	1.材质（页状蛭石、膨胀粘土、泡沫矿渣等）；2.形状；3.含有石棉纤维的要注明其含量			
6806.9000	-其他	1.材质；2.形状；3.含有石棉纤维的要注明其含量			
68.07	沥青或类似原料（例如，石油沥青或煤焦油沥青）的制品：	1.形状			
6807.1000	-成卷				
6807.9000	-其他				
68.08	镶板、平板、瓦、砖及类似品，用水泥、石膏及其他矿物粘合材料粘合植物纤维、稻草、刨花、木片屑、木粉、锯末或木废料制成：	1.种类（镶板、平板瓦、砖等）；2.原料（稻草、刨花等）；3.粘料（水泥、石膏等矿物性粘合材料）			

税则号列	商品名称	申报要素			说明
		归类要素	价格要素	其他要素	
6808.0000	镶板、平板、瓦、砖及类似品,用水泥、石膏及其他矿物粘合材料粘合植物纤维、稻草、刨花、木片屑、木粉、锯末或木废料制成				
68.09	石膏制品及以石膏为基本成分的混合材料制品:	1. 加工方法(是否装饰、经贴面或加强等);2. 是否未经装饰,仅用纸或纸板贴面或加强的;3. 成分含量			
	-未经装饰的板、片、砖、瓦及类似品:				
6809.1100	--仅用纸、纸板贴面或加强的				
6809.1900	--其他				
6809.9000	-其他制品				
68.10	水泥、混凝土或人造石制品,不论是否加强:	1. 用途(铁道用等);2. 种类(砖、瓦、管及建筑构件钢筋混凝土板等);3. 材料(水泥、混凝土、人造石)			
	-砖、瓦、扁平石及类似品:				
6810.1100	--建筑用砖及石砌块				
	--其他:				
6810.1910	---人造石制				
6810.1990	---其他				
	-其他制品:				
	--建筑或土木工程用的预制结构件:				
6810.9110	---钢筋混凝土和预应力混凝土管、杆、板、桩等				
6810.9190	---其他				
	--其他:				
6810.9910	---铁道用水泥枕				
6810.9990	---其他				
68.11	石棉水泥、纤维素水泥或类似材料的制品:	1. 种类(砖、瓦、管、板等);2. 材料(石棉水泥、纤维素水泥等)			
	-含石棉的:				
6811.4010	---瓦楞板				
6811.4020	---其他片、板、砖、瓦及类似制品				
6811.4030	---管子及管子附件				
6811.4090	---其他制品				
	-不含石棉的:				
6811.8100	--瓦楞板				
6811.8200	--其他片、板、瓦及类似制品				
	--其他制品:				

税则号列	商 品 名 称	申 报 要 素			说 明
		归类要素	价格要素	其他要素	
6811.8910	---管子及管子附件				
6811.8990	---其他				
68.12	已加工的石棉纤维；以石棉为基本成分或以石棉和碳酸镁为基本成分的混合物；上述混合物或石棉的制品（例如，纱线、机织物、服装、帽类、鞋靴、衬垫），不论是否加强，但税目68.11或68.13的货品除外：	1. 种类（纱线、机织物、服装、鞋帽、衬垫等）；2. 材料（青石棉、其他石棉、石棉纤维）			
6812.8000	-青石棉的				
	-其他：				
6812.9100	--服装、衣着附件、鞋靴及帽类				
	--其他				
6812.9910	---纸、麻丝板及毡子				
6812.9920	---成片或成卷的压缩石棉纤维接合材料				
6812.9990	---其他				
68.13	以石棉、其他矿物质或纤维素为基本成分的未装配摩擦材料及其制品（例如，片、卷、带、盘、圈、垫及扇形），适于作制动器、离合器及类似品，不论是否与织物或其他材料结合而成：	1. 材质；2. 种类（片、卷、带、闸衬、闸垫、扇形等）			
	-含石棉的：				
6813.2010	---闸衬、闸垫				
6813.2090	---其他				
	-不含石棉的：				
6813.8100	--闸衬、闸垫				
6813.8900	--其他				
68.14	已加工的云母及其制品，包括粘聚或复制的云母，不论是否附于纸、纸板或其他材料上：	1. 材质（云母）；2. 形状（板、片、带等）；3. 是否粘聚或复制的			
6814.1000	-粘聚或复制云母制的板、片、带，不论是否附于其他材料上				
6814.9000	-其他				
68.15	其他税目未列名的石制品及其他矿物制品（包括碳纤维及其制品和泥煤制品）：				
	-碳纤维；非电气用的碳纤维制品；其他非电气用的石墨或其他碳精制品				
6815.1100	--碳纤维	1. 材质		2. 品牌（中文或外文名称，无品牌请申报厂商）	

税则号列	商品名称	申报要素			说明
		归类要素	价格要素	其他要素	
6815.1200	--碳纤维织物	1.材质	2.品牌（中文或外文名称，无品牌请申报厂商）		
	--其他碳纤维制品：				
6815.1310	---碳纤维预浸料	1.材质	2.品牌（中文或外文名称，无品牌请申报厂商）		
6815.1390	---其他	1.材质；2.碳纤维纱线请注明碳含量、比模量和比极限抗拉强度			
6815.1900	--其他	1.材质	2.品牌（中文或外文名称，无品牌请申报厂商）		
6815.2000	-泥煤制品	1.材质			
	-其他制品：	1.材质			
6815.9100	--含有菱镁矿、方镁石形态的氧化镁、白云石（包括煅烧形态）或铬铁矿的				
	--其他：				
6815.9940	---玄武岩纤维及其制品				
6815.9990	---其他				

第六十九章　陶瓷产品

注释：

一、本章仅适用于成形后经过烧制的陶瓷产品：

（一）税目 69.04 至 69.14 仅适用于不能归入税目 69.01 至 69.03 的产品；

（二）为树脂固化、加速水合作用、除去水分或其他挥发成分等目的而将其加热至低于 800℃ 的物品，不应视为经过烧制。这些物品不应归入第六十九章；以及

（三）陶瓷制品是用通常在室温下预先调制成形的无机非金属材料烧制而成的。原料主要包括：黏土、含硅材料（包括熔融硅石）、高熔点的材料（例如，氧化物、碳化物、氮化物、石墨或其他碳），有时还有诸如耐火黏土或磷酸盐的黏合剂。

二、本章不包括：

（一）税目 28.44 的产品；

（二）税目 68.04 的物品；

（三）第七十一章的物品（例如，仿首饰）；

（四）税目 81.13 的金属陶瓷；

（五）第八十二章的物品；

（六）绝缘子（税目 85.46）或绝缘材料制的零件（税目 85.47）；

（七）假牙（税目 90.21）；

（八）第九十一章的物品（例如，钟及钟壳）；

（九）第九十四章的物品（例如，家具、灯具及照明装置、活动房屋）；

（十）第九十五章的物品（例如，玩具、游戏品及运动用品）；

（十一）税目 96.06 的物品（例如，纽扣）或税目 96.14 的物品（例如，烟斗）；或

（十二）第九十七章的物品（例如，艺术品）。

【要素释义】

一、归类要素

1. 材质：指商品具体的制成材料。例如，税目 69.01 项下商品可填报"硅质化石粉""硅藻土"等；税目 69.11 项下商品可填报"瓷制""陶制"等。

2. 种类：指商品属于具体陶瓷产品的细分类型。例如，税目 69.01 项下商品可填报"砖""瓦"等；税目 69.02 项下商品可填报"耐火砖""瓦""块"等；税目 69.03 项下商品可填报"坩埚""支架""马弗罩"等；税目 69.04 项下商品可填报"建筑用砖""地面砖"等；税目 69.05 项下商品可填报"屋顶瓦""烟囱罩"等；税目 69.06 项下商品可填报"套管""导管""槽管"等；税目 69.07 项下商品可填报"贴面砖""铺面砖""马赛克"等；税目 69.11、69.12 项下商品可填报"餐具""厨房器具"等。

3. 成分含量：商品含有的所有成分名称及其重量百分比。例如，可填报"三氧化二铝 75%，二氧化硅 25%"。

4. 尺寸（最大表面积的最大边长）：指一个多面体材料的最大表面积的最大边长。例如，一块陶瓷贴面砖，尺寸为 300cm（长）×300cm（宽）×1.2cm（厚），该要素应填写 300cm。

5. 用途：指商品的应用对象或应用领域。例如，税目 69.09 项下商品可填报"实验室用""化学用""农业用"等；税目 69.13 项下商品可填报"装饰用"等；税目 69.14 项下商品可填报"园艺用"等。

6. 按重量计吸水率：指税目 69.07 项下干燥的贴面砖、铺面砖等在水中浸泡饱和后，按重量计含水量的百分比。

7. 莫氏硬度：表示矿物等物质硬度的一种标准，用刻痕法将棱锥形金刚钻针刻划所测试物品的表面，并测量划痕的深度，该深度就是莫氏硬度，分为 1（滑石）到 10（金刚石）级。根据商品实际情况填报。例如，可填报"莫氏硬度：9"。

8. 是否为骨瓷：根据商品实际情况填报。

二、价格要素

1. 耐火温度：指税目 69.02 项下的耐火砖和税目 69.03 项下的其他陶瓷耐火制品的耐火温度。按实际情况填报。

2. 品牌（中文或外文名称）：指制造商或经销商加在商品上的品牌标志，实际需要申报中文或外文品牌名称。

3. 规格型号：指区分不同用途、外观、材质等指标的代码。例如，税则号列 6910.1000 项下美国"KOHLER（科勒）牌"德尔塔时尚脸盆（Delta Vessel）型号 K-19945W。

4. 颜色：按实际情况填报"白色""黑色"等。

税则号列	商品名称	申报要素			说明
		归类要素	价格要素	其他要素	
	第一分章 硅化石粉或类似硅土及耐火材料制品				
69.01	硅质化石粉（例如，各种硅藻土）或类似硅土制的砖、块、瓦及其他陶瓷制品：	1. 材质（硅质化石粉、硅藻土或类似硅土等）；2. 种类（砖、瓦等）			
6901.0000	硅质化石粉（例如，各种硅藻土）或类似硅土制的砖、块、瓦及其他陶瓷制品				
69.02	耐火砖、块、瓦及类似耐火陶瓷建材制品，但硅质化石粉及类似硅土制的除外	1. 种类（耐火砖、瓦、块等）；2. 成分含量		3. 耐火温度	
6902.1000	-单独或同时含有按重量计超过50%的镁、钙或铬（分别以氧化镁、氧化钙或三氧化二铬的含量计）				
6902.2000	-含有按重量计超过50%的三氧化二铝、二氧化硅或其混合物或化合物				
6902.9000	-其他				
69.03	其他耐火陶瓷制品（例如，甑、坩埚、马弗罩、喷管、栓塞、支架、烤钵、管子、护套、棒条及滑阀式水口），但硅质化石粉及类似硅土制的除外：	1. 种类（坩埚、支架、马弗罩等）；2. 成分含量		3. 耐火温度	
6903.1000	-含有按重量计超过50%的单体碳				
6903.2000	-含有按重量计超过50%的三氧化二铝或三氧化二铝和二氧化硅的混合物或化合物				
6903.9000	-其他				
	第二分章 其他陶瓷产品				
69.04	陶瓷制建筑用砖、铺地砖、支撑或填充用砖及类似品：	1. 种类（建筑用砖、地面砖等）		2. 品牌（中文或外文名称）	
6904.1000	-建筑用砖				
6904.9000	-其他				
69.05	屋顶瓦、烟囱罩、通风帽、烟囱衬壁、建筑装饰物及其他建筑用陶瓷制品：				
6905.1000	-屋顶瓦	1. 种类（屋顶瓦等）			
6905.9000	-其他	1. 种类（烟囱罩等）			
69.06	陶瓷套管、导管、槽管及管子附件：	1. 种类（套管、导管、槽管等）			
6906.0000	陶瓷套管、导管、槽管及管子附件				
69.07	陶瓷贴面砖、铺面砖、包括炉面砖及墙面砖；陶瓷镶嵌砖（马赛克）及其类似品，不论是否有衬背；饰面陶瓷： -贴面砖、铺面砖，包括炉面砖及墙面砖，但子目6907.30和6907.40所列商品除外：				

税则号列	商品名称	申报要素			说明
		归类要素	价格要素	其他要素	
	--按重量计吸水率不超过0.5%：	1. 种类（贴面砖、铺面砖等）；2. 尺寸（最大表面积的最大边长）；3. 按重量计吸水率	4. 品牌（中文或外文名称）；5. 颜色		
6907.2110	---不论是否矩形，其最大表面积以可置入边长小于7厘米的方格为限				
6907.2190	---其他				
	--按重量计吸水率超过0.5%，但不超过10%：	1. 种类（贴面砖、铺面砖等）；2. 尺寸（最大表面积的最大边长）；3. 按重量计吸水率	4. 品牌（中文或外文名称）；5. 颜色		
6907.2210	---不论是否矩形，其最大表面积以可置入边长小于7厘米的方格为限				
6907.2290	---其他				
	--按重量计吸水率超过10%：	1. 种类（贴面砖、铺面砖等）；2. 尺寸（最大表面积的最大边长）；3. 按重量计吸水率	4. 品牌（中文或外文名称）；5. 颜色		
6907.2310	---不论是否矩形，其最大表面积以可置入边长小于7厘米的方格为限				
6907.2390	---其他				
	-镶嵌砖（马赛克）及其类似品，但子目6907.40的货品除外：	1. 种类（马赛克等）；2. 尺寸（最大表面积的最大边长）；3. 按重量计吸水率	4. 品牌（中文或外文名称）；5. 颜色		
6907.3010	---不论是否矩形，其最大表面积以可置入边长小于7厘米的方格为限				
6907.3090	---其他				
	-饰面陶瓷：	1. 种类（饰面陶瓷等）；2. 尺寸（最大表面积的最大边长）；3. 按重量计吸水率	4. 品牌（中文或外文名称）；5. 颜色		
6907.4010	---不论是否矩形，其最大表面积以可置入边长小于7厘米的方格为限				
6907.4090	---其他				
69.09	**实验室、化学或其他专门技术用途的陶瓷器；农业用陶瓷槽、缸及类似容器；通常供运输及盛装货物用的陶瓷罐、坛及类似品：**	1. 用途（实验室用、化学用、农业用等）；2. 种类（瓷制、陶制）；3. 莫氏硬度			
	-实验室、化学或其他专门技术用途的陶瓷器：				
6909.1100	--瓷制				
6909.1200	--莫氏硬度为9或以上的物品				

税则号列	商品名称	申报要素			说明
		归类要素	价格要素	其他要素	
6909.1900	--其他				
6909.9000	-其他				
69.10	陶瓷洗涤槽、脸盆、脸盆座、浴缸、坐浴盆、抽水马桶、水箱、小便池及类似的固定卫生设备：				
6910.1000	-瓷制	1. 材质（瓷制）	2. 品牌（中文或外文名称）；3. 规格型号		
6910.9000	-其他	1. 材质（陶制等）	2. 品牌（中文或外文名称）；3. 规格型号		
69.11	瓷餐具、厨房器具及其他家用或盥洗用瓷器：				
	-餐具及厨房器具：				
	---餐具：	1. 材质（瓷制、陶制）；2. 种类（餐具、厨房器具等）；3. 是否为骨瓷	4. 品牌（中文或外文名称）		
6911.1011	----骨瓷				
6911.1019	----其他				
	---厨房器具：	1. 材质（瓷制、陶制）；2. 种类（餐具、厨房器具等）	3. 品牌（中文或外文名称）		
6911.1021	----刀具				
6911.1029	----其他				
6911.9000	-其他	1. 材质（瓷制、陶制）；2. 种类（餐具、厨房器具等）	3. 品牌（中文或外文名称）		
69.12	陶餐具、厨房器具及其他家用或盥洗用陶器：	1. 材质（瓷制、陶制）；2. 种类（餐具、厨房器具等）	3. 品牌（中文或外文名称）		
6912.0010	---餐具				
6912.0090	---其他				
69.13	塑像及其他装饰用陶瓷制品：	1. 材质（瓷制、陶制）；2. 用途			
6913.1000	-瓷制				
6913.9000	-其他				
69.14	其他陶瓷制品：	1. 材质（瓷制、陶制）；2. 用途			
6914.1000	-瓷制				
6914.9000	-其他				

第七十章　玻璃及其制品

注释：

一、本章不包括：

(一) 税目32.07的货品（例如，珐琅和釉料、搪瓷玻璃料及其他玻璃粉、粒或粉片）；

(二) 第七十一章的物品（例如，仿首饰）；

(三) 税目85.44的光缆、税目85.46的绝缘子或税目85.47所列绝缘材料制的零件；

(四) 第八十六章至第八十八章的运输工具用的带框的前挡风玻璃、后窗或其他窗；

(五) 第八十六章至第八十八章的运输工具用的前挡风玻璃、后窗或其他窗，装有加热装置或其他电气或电子装置的，不论是否带框；

(六) 光导纤维、经光学加工的光学元件、注射用针管、假眼、温度计、气压计、液体比重计或第九十章的其他物品；

(七) 有永久固定电光源的灯具及照明装置、灯箱标志或铭牌和类似品及其零件（税目94.05）；

(八) 玩具、游戏品、运动用品、圣诞树装饰品及第九十五章的其他物品（供玩偶或第九十五章其他物品用的无机械装置的玻璃假眼除外）；或

(九) 纽扣、保温瓶、香水喷雾器和类似的喷雾器及第九十六章的其他物品。

二、对于税目70.03、70.04及70.05：

(一) 玻璃在退火前的各种处理都不视为"已加工"；

(二) 玻璃切割成一定形状并不影响其作为板片归类；

(三) 所称"吸收、反射或非反射层"，是指极薄的金属或化合物（例如，金属氧化物）镀层，该镀层可以吸收红外线等光线或可以提高玻璃的反射性能，同时仍然使玻璃具有一定程度的透明性或半透明性；或者该镀层可以防止光线在玻璃表面的反射。

三、税目70.06所述产品，不论是否具有制成品的特性仍归入该税目。

四、税目70.19所称"玻璃棉"，是指：

(一) 按重量计二氧化硅的含量在60%及以上的矿质棉；

(二) 按重量计二氧化硅的含量在60%以下，但碱性氧化物（氧化钾或氧化钠）的含量在5%以上或氧化硼的含量在2%以上的矿质棉。

不符合上述规定的矿质棉归入税目68.06。

五、本协调制度所称"玻璃"，包括熔融石英及其他熔融硅石。

子目注释：

子目7013.22、7013.33、7013.41及7013.91所称"铅晶质玻璃"，仅指按重量计氧化铅含量不低于24%的玻璃。

【要素释义】

一、归类要素

1. 用途：指商品的应用对象或应用领域。例如，税目70.01项下商品可填报"回收熔融"等；子目7002.3项下商品可填报"光导纤维用""光通信用"等；税目70.07项下商品可填报"车辆""航空器""航天器""船舶"等；税目70.08项下商品可填报"隔温""隔音"等；税目70.10项下商品可填报"用于运输或盛装货物"等；税目70.11项下商品可填报"制灯泡""阴极射线管"等；税目70.13项下商品可填报"餐桌""厨房""盥洗室""办公室""室内装饰"等；税目70.15项下商品可填报"用于制造眼镜""用于制造钟表"等；税目70.16项下商品可填报"建筑铺面用"等；税目70.17项下商品可填报"实验室用""卫生用""配药用"等；税目70.18项下商品可填报"装饰用"等；税目70.20项下商品可填报"电子行业用""园艺用"等。

2. 状态：指商品呈现出的表观。例如，税目70.01项下商品可填报"废料""碎料""块料"等；税目70.03、70.05项下商品可填报"夹丝""非夹丝"等；税目70.04项下商品可填报"未经表面加工""经表面加工，如磨光"等；税目70.06项下商品可填报"未用其他材料镶框或装配"等。

3. 材质：指商品具体的制成材料。例如，子目7002.3项下商品可填报"熔融石英""熔融硅石"等；税目70.13项下商品可填报"玻璃陶瓷""铅晶质玻璃"等；税目70.17项下商品可填报"熔融石英""熔融硅石"等；税目70.18项下商品可填报"钙钠玻璃""铅晶玻璃"等；税目70.19项下商品可填报"玻璃纤维制""玻璃制""玻璃纤维布浸胶"等；税目70.20项下商品可填报"玻璃制""熔融石英制"或"其他熔融硅石制"等。

4. 级别：指子目7002.31项下石英玻璃管的级别，用于制光导纤维，可填写"波导级"。

5. 线膨胀系数：也称为线弹性系数，指固体物质的温度每改变1℃时，其长度的变化和它在0℃时长度之比，单位为1/开尔文。例如，可填报"0.5×10^{-6}/开尔文"。

6. 形状：指物体的形态、状貌。例如，税目70.03、70.06项下商品可填报"板""片""型材""异型材"等；税目70.04、70.05项下商品可填报"板""片"等；税目70.15项下商品可填报"弧面""弯曲""凹形""扇形"等。

7. 工艺：指商品生产加工的方法与过程。例如，税目70.03项下商品可填报"铸制""轧制"等；税目70.04项下商品可填报"拉制""吹制"等；税目70.05项下商品可填报"浮法""表面研磨""抛光"等。

8. 加工方法：指商品在加工过程中经过的具体加工方式。例如，子目7003.12项下商品可填报"整块着色""具有吸收层"等；子目7005.1项下商品可填报"具有吸收、反射或非反射层的"等；子目7005.21项下商品可填报"整块着色""不透明""镶色"等；税目70.06项下商品可填报"经弯曲""磨边""镂刻""钻孔""涂珐琅"等；税目70.07项下商品可填报"钢化""层压"等；税目70.09项下商品可填报"未经光学加工"等；税目70.11项下商品可填报"用荧光物质衬里""未封口""无配件"等；税目70.18项下商品可填报"灯工方法"等。

9. 如为液晶玻璃基板，需申报第几代：根据商品实际情况填报。例如，可填报"第五代液晶玻璃基板"等。

10. 层数：指对税目70.08项下多层隔温、隔音玻璃组件填报具体的层数。如可填报"二层""三层"等。

11. 是否镶框：指对税目70.09项下的玻璃镜是否镶有用金属、塑料、木材等做的边框。根据商品实际情况填报"有镶框"或"未镶框"。

12. 容积：指税目70.10项下玻璃制的坛、瓶、罐等容器的容积大小，通常单位为"升"或"毫升"。

13. 是否铅晶质玻璃：指按重量计氧化铅含量不低于24%的玻璃。

14. 平脚、高脚杯请注明：指税目70.13项下杯子填写"平脚杯"或"高脚杯"。

15. 器皿种类：税目70.13项下玻璃器皿填写具体种类，如"杯子"等；税目70.17项下商品填写"量筒"等。

16. 是否经光学加工：玻璃的光学加工通常先将表面加工成所需要的形状（如一定的曲面、适当的斜面等），然后进行表面抛光。加工时用研磨料研磨表面，先粗磨，再逐渐改为精磨，这一连续性的加工过程包括粗磨、精修、磨平及抛光。最后，对要求具有精确直径的镜片进行磨边，即所称的对心磨边加工。

17. 元件种类：指税目70.15项下的玻璃，填报"视力矫正玻璃毛坯"等。

18. 特殊功能（变色等）：指子目7015.101、7015.902项下的变色镜片毛坯填报"变色"等功能。

19. 种类：指商品属于具体玻璃制品的类型。可填报"马赛克""花饰铅条窗玻璃""铺面砖""块""片"等。

20. 长度：指子目7019.1项下玻璃短纤维填报纤维长度，单位为"毫米"。

21. 玻璃球的直径：指税目70.18项下玻璃球填报直径大小，用"毫米"表示。

22. 织造方法：常见的织造方法有机织、针织或钩编织等。本章特指机织。

23. 纱线类型：指纱线属于具体的细分类型。涉及税目70.19的商品，填报"粗纱"或"细纱"。

24. 幅宽：指织物最靠外的两边经纱线间与织物长度方向垂直的距离。

25. 每平方米克重：指商品每平方米的重量，以"克"为单位计算。

26. 单纱细度：行业上一般用每千米纱线的克重表示，单位"特克斯"。

27. 直径：指子目7002.1项下玻璃球的直径，根据商品实际情况填报。

二、价格要素

1. 品牌（中文或外文名称）：指制造商或经销商加在商品上的品牌标志，实际需要申报中文或外文品牌名称。

2. 外径：该要素是税目70.02项下玻璃管的价格要素，是区分玻璃管大小的标志，用"毫米"或者"厘米"表示。

3. 种类：指税则号列7002.2010项下商品填报"单模""多模""特种预制棒"等。

4. 级别（波导级）：指子目7002.32、7002.39项下石英玻璃管的级别，用于制光导纤维。

5. 规格：指税目70.13项下的杯子的规格尺寸，用直径×高度表示。

6. 型号：指此类商品的款式，有的用"货号"表示。该要素是税目70.18项下玻璃珠、仿珍珠、仿宝石或仿半宝石和类似小件玻璃品及其制品项下的价格要素。例如，子目7018.2比利时产型号"BRJ-SRA-9297"的微品玻璃珠。

7. 标称厚度：该要素是子目7019.632项下宽度超过30厘米的长丝平纹织物的价格要素，用"毫米"或者"厘米"表示。例如，美国产用于维修飞机用玻璃长丝平纹布的标称厚度"1厘米"。

8. 导电层材质、电阻值：该要素是税则号列7020.0011项下导电玻璃的专用价格要素。其中，电阻值用"欧"

表示。例如，美国产的用于冷柜上玻璃门安装的导电玻璃，导电层材质"氧化锡"，电阻值"398 欧"。

9. 进口状态：指税则号列 7002.2010 项下商品根据实际情况填报"芯棒"或"成品预制棒"。

10. 工艺流程：指税目 70.13 项下玻璃器皿的制作工艺。例如，可填报"手工""机械""半手工"等。

11. 规格尺寸：指税目 70.03、70.06 项下玻璃板等需填写其规格尺寸，用"长×宽×厚"表示。

税则号列	商 品 名 称	申 报 要 素			说 明
		归类要素	价格要素	其他要素	
70.01	碎玻璃及废玻璃，来源于阴极射线管或税目 85.49 的其他活化玻璃除外；玻璃块料：	1. 用途；2. 状态（废、碎、块料）；3. 外观（颜色）			
7001.0010	---无色光学玻璃块料				
7001.0090	---其他				
70.02	未加工的玻璃球、棒及管（税目 70.18 的微型玻璃球除外）：				
7002.1000	-玻璃球 -玻璃棒：	1. 用途；2. 直径			
7002.2010	---光导纤维预制棒	1. 用途（光导纤维预制棒等）	2. 直径；3. 品牌（中文或外文名称）；4. 进口状态（芯棒或成品预制棒）；5. 种类（单模、多模、特种预制棒等）	6. 包层材料是否掺氟	
7002.2090	---其他 -玻璃管： --熔融石英或其他熔融硅石制：	1. 用途 1. 用途（光导纤维用、光通信用等）；2. 材质（熔融石英、熔融硅石等）；3. 级别（波导级）	 4. 外径		
7002.3110	---光导纤维用波导级石英玻璃管				
7002.3190	---其他				
7002.3200	--温度在 0℃至 300℃时线膨胀系数不超过 $5×10^{-6}$/开尔文的其他玻璃制	1. 用途（光导纤维用、光通信用等）；2. 材质（熔融石英、熔融硅石等）；3. 线膨胀系数	4. 级别（波导级）；5. 外径		
7002.3900	--其他	1. 用途（光导纤维用、光通信用等）；2. 材质（熔融石英、熔融硅石等）；3. 线膨胀系数	4. 级别（波导级）；5. 外径		
70.03	铸制或轧制玻璃板、片或型材及异型材，不论是否有吸收、反射或非反射层，但未经其他加工： -非夹丝玻璃板、片：				

税则号列	商品名称	申报要素			说明
		归类要素	价格要素	其他要素	
7003.1200	--整块着色、不透明、镶色或具有吸收、反射或非反射层的	1. 加工方法（整块着色、具有吸收层等）；2. 状态（是否夹丝）；3. 形状（板、片、型材、异型材）；4. 工艺（铸制或轧制）	5. 用途；6. 品牌（中文或外文名称，无品牌请申报厂商）；7. 型号；8. 规格尺寸（长×宽×厚）		
7003.1900	--其他	1. 用途；2. 状态（是否夹丝）；3. 形状（板、片、型材、异型材）；4. 工艺（铸制或轧制）	5. 品牌（中文或外文名称，无品牌请申报厂商）；6. 型号；7. 规格尺寸（长×宽×厚）		
7003.2000	-夹丝玻璃板、片	1. 用途；2. 状态（是否夹丝）；3. 形状（板、片、型材、异型材）；4. 工艺（铸制或轧制）	5. 品牌（中文或外文名称，无品牌请申报厂商）；6. 型号；7. 规格尺寸（长×宽×厚）		
7003.3000	-型材及异型材	1. 用途；2. 状态（是否夹丝）；3. 形状（板、片、型材、异型材）；4. 工艺（铸制或轧制）	5. 品牌（中文或外文名称，无品牌请申报厂商）；6. 型号；7. 规格尺寸（长×宽×厚）		
70.04	拉制或吹制玻璃板、片，不论是否有吸收、反射或非反射层，但未经其他加工：				
7004.2000	-整块着色、不透明、镶色或具有吸收、反射或非反射层的	1. 加工方法（整块着色、具有吸收层等）；2. 状态（是否经过表面加工）；3. 形状（板、片）；4. 工艺（拉制或吹制）	5. 用途；6. 品牌（中文或外文名称，无品牌请申报厂商）；7. 型号；8. 规格尺寸（长×宽×厚）		

税则号列	商品名称	申报要素 归类要素	申报要素 价格要素	申报要素 其他要素	说明
7004.9000	-其他玻璃	1. 用途；2. 状态（是否经过表面加工）；3. 形状（板、片）；4. 工艺（拉制或吹制）	5. 品牌（中文或外文名称，无品牌请申报厂商）；6. 型号；7. 规格尺寸（长×宽×厚）		
70.05	**浮法玻璃板、片及表面研磨或抛光玻璃板、片，不论是否有吸收、反射或非反射层，但未经其他加工：**				
7005.1000	-具有吸收、反射或非反射层的非夹丝玻璃	1. 加工方法（具有吸收、反射或非反射层的）；2. 状态（是否夹丝）；3. 形状（板、片）；4. 工艺（浮法、表面研磨、抛光）	5. 用途；6. 品牌（中文或外文名称，无品牌请申报厂商）；7. 型号；8. 规格尺寸（长×宽×厚）		
	-其他非夹丝玻璃：				
7005.2100	--整块着色、不透明、镶色或仅表面研磨的	1. 加工方法（整块着色、不透明、镶色等）；2. 状态（是否夹丝）；3. 形状（板、片）；4. 工艺（浮法、表面研磨、抛光）	5. 用途；6. 品牌（中文或外文名称，无品牌请申报厂商）；7. 型号；8. 规格尺寸（长×宽×厚）		
7005.2900	--其他	1. 用途；2. 状态（是否夹丝）；3. 形状（板、片）；4. 工艺（浮法、表面研磨、抛光）	5. 品牌（中文或外文名称，无品牌请申报厂商）；6. 型号；7. 规格尺寸（长×宽×厚）		
7005.3000	-夹丝玻璃	1. 状态（是否夹丝）；2. 形状（板、片）；3. 工艺（浮法、表面研磨、抛光）	4. 用途；5. 品牌（中文或外文名称，无品牌请申报厂商）；6. 型号；7. 规格尺寸（长×宽×厚）		

税则号列	商品名称	申报要素			说明
		归类要素	价格要素	其他要素	
70.06	经弯曲、磨边、镂刻、钻孔、涂珐琅或其他加工的税目70.03、70.04或70.05的玻璃，但未用其他材料镶框或装配：	1. 加工方法（经弯曲、磨边、镂刻、钻孔、涂珐琅等）；2. 状态（未用其他材料镶框或装配）；3. 形状（板片、型材、异型材）；4. 如为液晶玻璃基板，需申报第几代	5. 用途；6. 品牌（中文或外文名称，无品牌请申报厂商）；7. 型号；8. 规格尺寸（长×宽×厚）		
7006.0000	经弯曲、磨边、镂刻、钻孔、涂珐琅或其他加工的税目70.03、70.04或70.05的玻璃，但未用其他材料镶框或装配				
70.07	钢化或层压玻璃制的安全玻璃： -钢化安全玻璃： --规格及形状适于安装在车辆、航空器、航天器及船舶上：				
7007.1110	---航空器、航天器及船舶用	1. 用途（航空器、航天器、船舶等）；2. 加工方法（钢化、层压）	3. 品牌（中文或外文名称）		
7007.1190	---其他	1. 用途（车辆等）；2. 加工方法（钢化、层压）	3. 品牌（中文或外文名称）		
7007.1900	--其他	1. 用途；2. 加工方法（钢化、层压）	3. 品牌（中文或外文名称）		
	-层压安全玻璃： --规格及形状适于安装在车辆、航空器、航天器及船舶上：				
7007.2110	---航空器、航天器及船舶用	1. 用途（航空器、航天器、船舶等）；2. 加工方法（钢化、层压）	3. 品牌（中文或外文名称）		
7007.2190	---其他	1. 用途（车辆等）；2. 加工方法（钢化、层压）	3. 品牌（中文或外文名称）		
7007.2900	--其他	1. 用途；2. 加工方法（钢化、层压）	3. 品牌（中文或外文名称）		
70.08	多层隔温、隔音玻璃组件：	1. 用途（隔温、隔音）；2. 类型（中空、真空等）；3. 层数	4. 品牌（中文或外文名称）		
7008.0010	---中空或真空隔温、隔音玻璃				
7008.0090	---其他				
70.09	玻璃镜（包括后视镜），不论是否镶框：				

税则号列	商品名称	申报要素			说明
		归类要素	价格要素	其他要素	
7009.1000	-车辆后视镜	1. 用途（车辆后视用等）；2. 加工方法（未经光学加工）			
	-其他：	1. 用途（车辆后视用等）；2. 加工方法（未经光学加工）；3. 是否镶框			
7009.9100	--未镶框				
7009.9200	--已镶框				
70.10	**玻璃制的坛、瓶、缸、罐、安瓿及其他容器，用于运输或盛装货物；玻璃制保藏罐；玻璃塞、盖及类似的封口器：**				
7010.1000	-安瓿	1. 用途（用于运输或盛装货物）；2. 容积			
7010.2000	-塞、盖及类似的封口器	1. 用途（用于运输或盛装货物）			
	-其他：	1. 用途（用于运输或盛装货物）；2. 容积			
7010.9010	---超过1升				
7010.9020	---超过0.33升，但不超过1升				
7010.9030	---超过0.15升，但不超过0.33升				
7010.9090	---不超过0.15升				
70.11	**制灯泡和光源、阴极射线管及类似品用的未封口玻璃外壳（包括玻璃泡及管）及其玻璃零件，但未装有配件：**	1. 用途（制灯泡、阴极射线管等）；2. 加工方法（用荧光物质衬里、未封口、无配件等）			
7011.1000	-电灯用				
	-阴极射线管用：				
7011.2010	---显像管玻壳及其零件				
7011.2090	---其他				
	-其他：				
7011.9010	---电子管用（阴极射线管用的除外）				
7011.9090	---其他				
70.13	**玻璃器，供餐桌、厨房、盥洗室、办公室、室内装饰或类似用途（税目70.10或70.18的货品除外）：**				
7013.1000	-玻璃陶瓷制	1. 用途（供餐桌、厨房、盥洗室、办公室、室内装饰用等）；2. 材质（是否玻璃陶瓷制）	3. 器皿种类（杯等）；4. 工艺流程（手工、机械、半手工等）		
	-杯子，但玻璃陶瓷制的除外：				

税则号列	商品名称	申报要素			说明
		归类要素	价格要素	其他要素	
7013.2200	--铅晶质玻璃制	1.用途（供餐桌、厨房、盥洗室、办公室、室内装饰用等）；2.是否铅晶质玻璃；3.器皿种类（杯等）；4.平脚、高脚杯请注明	5.规格；6.型号；7.品牌（中文或外文名称）；8.工艺流程（手工、机械、半手工等）		
7013.2800	--其他	1.用途（供餐桌、厨房、盥洗室、办公室、室内装饰用等）；2.是否铅晶质玻璃；3.器皿种类（杯等）；4.平脚、高脚杯请注明	5.规格；6.型号；7.品牌（中文或外文名称）；8.工艺流程（手工、机械、半手工等）		
	-其他杯子，但玻璃陶瓷制的除外：				
7013.3300	--铅晶质玻璃制	1.用途（供餐桌、厨房、盥洗室、办公室、室内装饰用等）；2.是否铅晶质玻璃；3.器皿种类（杯等）；4.平脚、高脚杯请注明	5.规格；6.型号；7.品牌（中文或外文名称）；8.工艺流程（手工、机械、半手工等）		
7013.3700	--其他	1.用途（供餐桌、厨房、盥洗室、办公室、室内装饰用等）；2.是否铅晶质玻璃；3.器皿种类（杯等）；4.平脚、高脚杯请注明	5.规格；6.型号；7.品牌（中文或外文名称）；8.工艺流程（手工、机械、半手工等）		
	-餐桌或厨房用玻璃器皿（不包括杯子），但玻璃陶瓷制的除外：	1.用途（供餐桌、厨房、盥洗室、办公室、室内装饰用等）；2.是否铅晶质玻璃；3.器皿种类（杯等）；4.线膨胀系数	5.工艺流程（手工、机械、半手工等）		
7013.4100	--铅晶质玻璃制				
7013.4200	--温度在0℃至300℃时线膨胀系数不超过$5×10^{-6}$/开尔文的其他玻璃制				
7013.4900	--其他				

税则号列	商品名称	申报要素			说明
		归类要素	价格要素	其他要素	
	-其他玻璃器：	1. 用途（供餐桌、厨房、盥洗室、办公室、室内装饰用等）；2. 是否铅晶质玻璃	3. 器皿种类（杯等）；4. 工艺流程（手工、机械、半手工等）		
7013.9100	--铅晶质玻璃制				
7013.9900	--其他				
70.14	**未经光学加工的信号玻璃器及玻璃制光学元件（税目70.15的货品除外）：**				
7014.0010	---光学仪器用光学元件毛坯	1. 用途（具体列明用于光学仪器名称）；2. 是否经光学加工	3. 规格尺寸		
7014.0090	---其他	1. 用途（是否用于光学仪器）；2. 是否经光学加工	3. 规格尺寸		
70.15	**钟表玻璃及类似玻璃、视力矫正或非视力矫正眼镜用玻璃，呈弧面、弯曲、凹形或类似形状但未经光学加工的；制造上述玻璃用的凹面圆形及扇形玻璃：**				
	-视力矫正眼镜用玻璃：				
7015.1010	---变色镜片坯件	1. 用途（用于制造眼镜等）；2. 加工方法（未经光学加工）；3. 形状（弧面、弯曲、凹形、扇形等）；4. 元件种类（视力矫正玻璃毛坯等）；5. 特殊功能（变色等）			
7015.1090	---其他	1. 用途（用于制造眼镜等）；2. 加工方法（未经光学加工）；3. 形状（弧面、弯曲、凹形、扇形等）；4. 元件种类（视力矫正玻璃毛坯等）			
	-其他：				
7015.9010	--钟表玻璃	1. 用途（用于制造钟表等）；2. 加工方法（未经光学加工）；3. 形状（弧面、弯曲、凹形、扇形等）；4. 元件种类（视力矫正玻璃毛坯等）			

税则号列	商品名称	申报要素			说明
		归类要素	价格要素	其他要素	
7015.9020	---平光变色镜片坯件	1. 用途（用于制造眼镜等）；2. 加工方法（未经光学加工）；3. 形状（弧面、弯曲、凹形、扇形等）；4. 元件种类（视力矫正玻璃毛坯等）；5. 特殊功能（变色等）			
7015.9090	---其他	1. 用途（用于制造眼镜等）；2. 加工方法（未经光学加工）；3. 形状（弧面、弯曲、凹形、扇形等）；4. 元件种类（视力矫正玻璃毛坯等）			
70.16	建筑用压制或模制的铺面用玻璃块、砖、片、瓦及其他制品，不论是否夹丝；供镶嵌或类似装饰用的玻璃马赛克及其他小件玻璃品，不论是否有衬背；花饰铅条窗玻璃及类似品；多孔或泡沫玻璃块、板、片及类似品：	1. 用途（建筑铺面用）；2. 加工方法（压制、模制等）；3. 种类（马赛克，花饰铅条窗玻璃，铺面砖、块、片等）			
7016.1000	-供镶嵌或类似装饰用的玻璃马赛克及其他小件玻璃品，不论是否有衬背				
	-其他：				
7016.9010	---花饰铅条窗玻璃及类似品				
7016.9090	---其他				
70.17	实验室、卫生及配药用的玻璃器，不论有无刻度或标量：	1. 用途（实验室、卫生、配药用）；2. 材质（熔融石英、熔融硅石等）；3. 线膨胀系数		4. 器皿种类（量筒等）	
7017.1000	-熔融石英或其他熔融硅石制				
7017.2000	-温度在0℃至300℃时线膨胀系数不超过5×10^{-6}/开尔文的其他玻璃制				
7017.9000	-其他				
70.18	玻璃珠、仿珍珠、仿宝石或仿半宝石和类似小件玻璃品及其制品，但仿首饰除外；玻璃假眼，但医用假眼除外；灯工方法制作的玻璃塑像及其他玻璃装饰品，但仿首饰除外；直径不超过1毫米的微型玻璃球：	1. 用途（装饰用等）；2. 加工方法（灯工方法等）；3. 玻璃球的直径		4. 材质（钙钠玻璃、铅晶玻璃等）；5. 品牌（中文或外文名称）；6. 型号	
7018.1000	-玻璃珠、仿珍珠、仿宝石或仿半宝石及类似小件玻璃品				
7018.2000	-直径不超过1毫米的微型玻璃球				
7018.9000	-其他				
70.19	玻璃纤维（包括玻璃棉）及其制品（例如，纱线、无捻粗纱及机织物）：				

税则号列	商品名称	申报要素			说明
		归类要素	价格要素	其他要素	
	-定长纤维纱条、无捻粗纱、纱线、短切原丝及其毡：	1. 材质（玻璃纤维制）；2. 种类（梳条、粗纱、纱线、短纤、毡等）；3. 长度			
7019.1100	--长度不超过50毫米的短切原丝				
7019.1200	--无捻粗纱				
7019.1300	--其他纱线，定长纤维纱条				
7019.1400	--机械结合毡				
7019.1500	--化学粘合毡				
7019.1900	--其他				
	-机械结合织物：				
7019.6100	--紧密粗纱机织物	1. 材质（玻璃纤维制）；2. 织造方法（机织）；3. 纱线类型（粗纱）			
7019.6200	--其他紧密粗纱织物	1. 材质（玻璃纤维制）			
	--纱线制紧密平纹机织物，未经涂布或层压：				
7019.6310	---宽度不超过30厘米的	1. 材质（玻璃纤维制）；2. 织造方法（机织）；3. 纱线类型（细纱等）；4. 幅宽			
7019.6320	---宽度超过30厘米的长丝平纹织物，每平方米重量不超过110克，单根纱线细度不超过22特克斯	1. 材质（玻璃纤维制）；2. 织造方法（机织）；3. 纱线类型（细纱等）；4. 幅宽；5. 每平方米克重；6. 单纱细度		7. 标称厚度	
7019.6390	---其他	1. 材质（玻璃纤维制）；2. 织造方法（机织）；3. 纱线类型（细纱等）；4. 幅宽；5. 每平方米克重；6. 单纱细度			
	--纱线制紧密平纹机织物，经涂布或层压：	1. 材质（玻璃纤维制）；2. 织造方法（机织）；3. 纱线类型（细纱等）；4. 幅宽			
7019.6410	---宽度不超过30厘米的				
7019.6490	---其他				
	--宽度不超过30厘米的网孔机织物：	1. 材质（玻璃纤维制）；2. 织造方法（机织）；3. 纱线类型（粗纱等）；4. 幅宽			
7019.6510	---粗纱机织物				

税则号列	商品名称	申报要素			说明
		归类要素	价格要素	其他要素	
7019.6590	---其他				
	--宽度超过30厘米的网孔机织物：	1. 材质（玻璃纤维制）；2. 织造方法（机织）；3. 纱线类型（粗纱等）；4. 幅宽			
7019.6610	---粗纱机织物				
7019.6690	---其他				
	--其他：	1. 材质（玻璃纤维制）；2. 织造方法；3. 幅宽			
7019.6910	---垫				
7019.6920	---纤维网、板及类似无纺产品				
7019.6930	---宽度不超过30厘米的机织物				
7019.6990	---其他				
	-化学粘合织物：	1. 材质（玻璃纤维制）；2. 种类（毡、垫等）			
7019.7100	--覆面毡（薄毡）				
	--其他紧密织物：				
7019.7210	---垫				
7019.7290	---其他				
	--其他网孔织物：				
7019.7310	---垫				
7019.7390	---其他				
	-玻璃棉及其制品：	1. 材质（玻璃棉制）；2. 种类（纤维网、板等）			
7019.8010	---垫				
7019.8020	---纤维网、板及类似无纺产品				
7019.8090	---其他				
	-其他：				
	---玻璃纤维布浸胶制品：	1. 用途；2. 材质（玻璃纤维布浸胶）；3. 每平方米克重			
7019.9021	----每平方米重量小于450克				
7019.9029	----其他				
	---其他：	1. 材质（玻璃纤维制）；2. 种类（纤维网、垫、板等）			
7019.9091	----垫				
7019.9092	----其他纤维网、板及类似无纺产品				
7019.9099	----其他				
70.20	其他玻璃制品：				
	---工业用：				
7020.0011	----导电玻璃	1. 用途；2. 材质（玻璃制）		3. 导电层材质、电阻值	

税则号列	商品名称	申报要素			说明
		归类要素	价格要素	其他要素	
7020.0012	----绝缘子用玻璃伞盘	1. 用途；2. 材质（玻璃制）			
7020.0013	----熔融石英或其他熔融硅石制	1. 用途；2. 材质（熔融石英或其他熔融硅石制）			
7020.0019	----其他	1. 用途；2. 材质（玻璃制）			
	---其他：				
7020.0091	----保温瓶或其他保温容器用的玻璃胆	1. 用途；2. 材质（玻璃制）			
7020.0099	----其他	1. 用途；2. 材质（玻璃制）			

第十四类　天然或养殖珍珠、宝石或半宝石、贵金属、包贵金属及其制品；仿首饰；硬币

第七十一章　天然或养殖珍珠、宝石或半宝石、贵金属、包贵金属及其制品；仿首饰；硬币

注释：
一、除第六类注释一（一）及下列各款另有规定的以外，凡制品的全部或部分由下列物品构成，均应归入本章：
  （一）天然或养殖珍珠、宝石或半宝石（天然、合成或再造）；或
  （二）贵金属或包贵金属。
二、（一）税目 71.13、71.14 及 71.15 不包括带有贵金属或包贵金属制的小零件或小装饰品（例如，交织字母、套、圈、套环）的制品，上述注释一（二）也不适用于这类制品；
  （二）税目 71.16 不包括含有贵金属或包贵金属（仅作为小零件或小装饰品的除外）的制品。
三、本章不包括：
  （一）贵金属汞齐及胶态贵金属（税目 28.43）；
  （二）第三十章的外科用无菌缝合材料、牙科填料或其他货品；
  （三）第三十二章的货品（例如，光瓷釉）；
  （四）载体催化剂（税目 38.15）；
  （五）第四十二章注释三（二）所述的税目 42.02 或 42.03 的物品；
  （六）税目 43.03 或 43.04 的物品；
  （七）第十一类的货品（纺织原料及纺织制品）；
  （八）第六十四章或第六十五章的鞋靴、帽类及其他物品；
  （九）第六十六章的伞、手杖及其他物品；
  （十）税目 68.04 或 68.05 及第八十二章含有宝石或半宝石（天然或合成）粉末的研磨材料制品；第八十二章装有宝石或半宝石（天然、合成或再造）工作部件的器具；第十六类的机器、机械器具、电气设备及其零件。然而，完全以宝石或半宝石（天然、合成或再造）制成的物品及其零件，除未安装的唱针用已加工蓝宝石或钻石外（税目 85.22），其余仍应归入本章；
  （十一）第九十章、第九十一章或第九十二章的物品（科学仪器、钟表及乐器）；
  （十二）武器及其零件（第九十三章）；
  （十三）第九十五章注释二所述物品；
  （十四）根据第九十六章注释四应归入该章的物品；或
  （十五）雕塑品原件（税目 97.03）、收藏品（税目 97.05）或超过 100 年的古物（税目 97.06），但天然或养殖珍珠、宝石及半宝石除外。
四、（一）所称"贵金属"，是指银、金及铂。
  （二）所称"铂"，是指铂、铱、锇、钯、铑及钌。
  （三）所称"宝石或半宝石"，不包括第九十六章注释二（二）所述任何物质。
五、含有贵金属的合金（包括烧结及化合的），只要其中任何一种贵金属的含量达到合金重量的 2%，即应视为本章的贵金属合金。贵金属合金应按下列规则归类：
  （一）按重量计含铂量在 2% 及以上的合金，应视为铂合金；
  （二）按重量计含金量在 2% 及以上，但不含铂或按重量计含铂量在 2% 以下的合金，应视为金合金；
  （三）按重量计含银量在 2% 及以上的其他合金，应视为银合金。
六、除条文另有规定的以外，本协调制度所称贵金属应包括上述注释五所规定的贵金属合金，但不包括包贵金属或表面镀以贵金属的贱金属及非金属。
七、本协调制度所称"包贵金属"，是指以贱金属为底料，在其一面或多面用焊接、熔接、热轧或类似机械方法覆盖一层贵金属的材料。除条文另有规定的以外，也包括镶嵌贵金属的贱金属。
八、除第六类注释一（一）另有规定的以外，凡符合税目 71.12 规定的货品，应归入该税目而不归入本协调制度的其他税目。
九、税目 71.13 所称"首饰"，是指：
  （一）个人用小饰物（例如，戒指、手镯、项圈、饰针、耳环、表链、表链饰物、垂饰、领带别针、袖扣、饰

扣、宗教性或其他勋章及徽章）；以及

（二）通常放置在衣袋、手提包或佩戴在身上的个人用品（例如，雪茄盒或烟盒、鼻烟盒、口香糖盒或药丸盒、粉盒、链袋、念珠）。

这些物品可以和下列物品组合或镶嵌：例如，天然或养殖珍珠、宝石或半宝石、合成或再造的宝石或半宝石、玳瑁壳、珍珠母、兽牙、天然或再生琥珀、黑玉或珊瑚。

十、税目71.14所称"金银器"，包括装饰品、餐具、梳妆用具、吸烟用具及类似的家庭、办公室或宗教用的其他物品。

十一、税目71.17所称"仿首饰"，是指不含天然或养殖珍珠、宝石或半宝石（天然、合成或再造）及贵金属或包贵金属（仅作为镀层或小零件、小装饰品的除外）的上述注释九（一）所述的首饰（不包括税目96.06的纽扣及其他物品或税目96.15的梳子、发夹及类似品）。

子目注释：

一、子目7106.10、7108.11、7110.11、7110.21、7110.31及7110.41所称"粉末"，是指按重量计90%及以上可从网眼孔径为0.5毫米的筛子通过的产品。

二、子目7110.11及7110.19所称"铂"，可不受本章注释四（二）的规定约束，不包括铱、锇、钯、铑及钌。

三、对于税目71.10项下的子目所列合金的归类，按其所含铂、钯、铑、铱、锇或钌中重量最大的一种金属归类。

【要素释义】

一、归类要素

1. 种类：指商品所属的具体类别。例如，税目71.01项下商品可填报"黑珍珠""养殖珍珠"等；税目71.03项下商品可填报"红宝石""蓝宝石""绿宝石""翡翠"等；税目71.04、71.05项下商品可填报"压电石英"等；税目71.14项下商品可填报"餐具"等；税目71.15项下商品可填报"坩埚"等；税目71.16项下商品可填报"手镯"等；税目71.17项下商品可填报"袖扣""饰扣""手镯"等。

2. 加工程度：指加工过程中经过的具体加工工艺。例如，税目71.01项下商品可填报"打孔""未加工"等；税目71.02项下商品可填报"未加工""经简单锯开、劈开、粗磨"等；税目71.03项下商品可填报"未加工""经简单锯开、粗制成形"等；税目71.04项下商品可填报"经简单锯开、粗制成形"等；税目71.06、71.08项下商品可填报"未锻造""半制成"等；税目71.10项下商品可填报"未锻造""板""片"等。

3. 来源：指商品的出处。例如，税目71.01至71.03项下商品可填报"天然""养殖"等；税目71.04、71.05项下商品可填报"合成""再造"等；税目71.12项下商品可填报"由破碎含有贵金属的电路板而得"等。

4. 等级：指按照一定标准对税目71.01项下珍珠和税目71.03项下宝石的质量、档次划分的级别。

5. 用途：指商品的应用对象或应用领域。例如，税目71.15项下商品可填报"工业用""实验室用"等；税目71.18项下商品可填报"法定货币""非法定货币"等。

6. 材质：指商品具体的制成材料。例如，子目7106.9项下商品可填报"纯银""银合金""镀金""镀铂"等；税目71.08项下商品可填报"纯金""金合金""镀铂"等；税目71.09项下商品可填报"铜""银"等；税目71.10项下商品可填报"铂""钯""铑""铱""锇""钌"等；税目71.11、71.14项下商品可填报"铜""银""金"等；税目71.13项下商品可填报"铂""金""银"等；税目71.15项下商品可填报"铂"等；税目71.16项下商品可填报"养殖珍珠""天然珍珠""宝石""半宝石"等；税目71.17项下商品可填报"铝"等贱金属及其他材质；税目71.18项下商品可填报"铜"等。

7. 状态：本章是指商品实际状态，如未成串、未镶嵌等。

8. 形状：指物体的形态、状貌。可填报"粉末""锭状""块状""格栅形状"等。

9. 纯度：指本章商品的贵金属含量。例如，税目71.06项下商品可填报"99.99%"等。

10. 平均粒径：指子目7106.1项下银粉的平均粒径大小，单位为"微米"。

11. 货币用请注明用途：指税则号列7108.2000项下商品填报"用途：货币用"。

12. 基底材质：税目71.07、71.09、71.11项下商品是在基底材料之上的包贵金属，需填写基底材料如"塑料""铜""铝"等。

13. 贵金属的成分含量：指税目71.12项下贵金属废料填报含有哪种或哪几种贵金属及其重量百分比含量，可以是某个数值，也可以是数值范围。例如，可填写"金12%~14%"。

14. 首饰种类：指税目71.13项下的首饰填报具体种类，如"戒指""耳环""手链"等。

二、价格要素

1. 矿物学名及英文名称：该要素是税则号列7103.1000项下未加工或经简单锯开或粗制成形的宝石（钻石除外）或半宝石的价格要素。例如，税则号列7103.1000项下"红宝石"的矿物学名应申报为"刚玉宝石"；"粉红色的宝石"的矿物学名为"粉红色蓝宝石"。

2. 规格（单个直径、重量）：指宝石（钻石除外）或半宝石的单块直径大小、重量。例如，可填报"不规则块状、单个直径50~80cm、重量100~400kg"等。

3. 化学成分：该要素是税则号列7103.1000项下未加工或经简单锯开或粗制成形的宝石（钻石除外）或半宝石的价格要素，是指各种成分名称。例如，"红宝石"的化学成分应申报"氧化铝（Al_2O_3）、红色来自铬（Cr^{3+}）"。

4. 缅甸公盘成交需申报玉石编号、件数：该要素是税则号列7103.1000项下未加工或经简单锯开或粗制成形的宝石（钻石除外）或半宝石的价格要素。例如，编号"4421"；件数"12件"。

5. 贵金属的成分含量：指填报商品中含有哪种或哪几种贵金属及其重量百分比含量。

6. 是否镀贵金属：镀贵金属指通过电解、蒸汽沉积、喷镀或用贵金属盐溶液浸渍等方法镀上贵金属。按实际情况填报。

7. 成分含量：指商品中所含物质的种类及按重量计各物质种类的组成。

8. 颜色：指税目71.03项下宝石或半宝石的颜色。例如，可填报"蓝色""粉红色"等。

9. 数量规格：该要素是税则号列7102.3900项下非工业用钻石的价格要素，指每颗的重量介于多少克拉之间。例如，每颗重量为1~2克拉。

10. 产区：包括出产地和矿坑。由于不同的出产地和矿坑出产玉石的质量、品种不同，产区是影响价格的要素之一。硬玉和软玉申报时需申报具体出产地和矿坑。例如，硬玉产区申报为缅甸的龙肯场区的铁龙生场口；软玉产区申报为俄罗斯东萨彦岭7号矿区等。

11. 品牌（中文或外文名称）：指制造商或经营商加在商品上的品牌标志，实际需要申报中文或外文品牌名称。例如，element six（元素六）、TANATA（田中贵金属）等。

12. 型号：指用来识别商品的编号，商家或厂家对不同规格的产品常用数字或字母进行标记，以便区分。例如，AY-6010银粉。

13. 款号：指商品款式的号码，用以区别产品，是特定的号码。例如，卡地亚18K玫瑰金戒指款号B4085200。

税则号列	商品名称	申报要素			说明
		归类要素	价格要素	其他要素	
	第一分章 天然或养殖珍珠、宝石或半宝石				
71.01	天然或养殖珍珠，不论是否加工或分级，但未成串或镶嵌；天然或养殖珍珠，为便于运输而暂穿成串：				
	-天然珍珠：				
	---未分级：	1. 种类（黑珍珠等）；2. 加工程度（打孔、未加工等）；3. 状态（未成串、未镶嵌等）；4. 来源（天然）；5. 等级			
7101.1011	----黑珍珠				
7101.1019	----其他				
	---其他：				
7101.1091	----黑珍珠	1. 种类（黑珍珠等）；2. 加工程度（打孔、未加工等）；3. 状态（未成串、未镶嵌等）；4. 来源（天然）；5. 等级			

税则号列	商品名称	申报要素			说明
		归类要素	价格要素	其他要素	
7101.1099	----其他	1. 种类（黑珍珠等）；2. 加工程度（打孔、未加工等）；3. 状态（未成串、未镶嵌等）；4. 来源（天然）；5. 等级			
	-养殖珍珠： --未加工：				
7101.2110	---未分级	1. 种类（黑珍珠等）；2. 加工程度（打孔、未加工等）；3. 状态（未成串、未镶嵌等）；4. 来源（养殖）；5. 等级			
7101.2190	---其他	1. 种类（黑珍珠等）；2. 加工程度（打孔、未加工等）；3. 状态（未成串、未镶嵌等）；4. 来源（养殖）；5. 等级			
	--已加工：				
7101.2210	---未分级	1. 种类（黑珍珠等）；2. 加工程度（打孔、未加工等）；3. 状态（未成串、未镶嵌等）；4. 来源（养殖）；5. 等级			
7101.2290	---其他	1. 种类（黑珍珠等）；2. 加工程度（打孔、未加工等）；3. 状态（未成串、未镶嵌等）；4. 来源（养殖）；5. 等级			
71.02	钻石，不论是否加工，但未镶嵌：				
7102.1000	-未分级	1. 用途；2. 加工程度（未加工，经简单锯开、劈开、粗磨等）；3. 来源（天然）			
	-工业用：	1. 用途；2. 加工程度（未加工，经简单锯开、劈开、粗磨等）；3. 来源（天然）			
7102.2100	--未加工或经简单锯开、劈开或粗磨				
7102.2900	--其他				
	-非工业用：				
7102.3100	--未加工或经简单锯开、劈开或粗磨	1. 用途；2. 加工程度（未加工，经简单锯开、劈开、粗磨等）；3. 来源（天然）			

税则号列	商 品 名 称	申 报 要 素			说明
		归类要素	价格要素	其他要素	
7102.3900	--其他	1. 用途；2. 加工程度（未加工，经简单锯开、劈开、粗磨等）；3. 来源（天然）	4. 数量规格（单个重量区间）；5. 形状（碎钻、圆钻、方钻、水滴钻等）；6. 颜色（无色、粉色、黄色等）；7. 销售商		
71.03	宝石（钻石除外）或半宝石，不论是否加工或分级，但未成串或镶嵌；未分级的宝石（钻石除外）或半宝石，为便于运输而暂穿成串：				
7103.1000	-未加工或经简单锯开或粗制成形	1. 种类（翡翠、和田玉、红宝石、水晶等）；2. 化学成分；3. 加工状态和程度（未加工、经简单锯开、粗制成形、未成串、未镶嵌）	4. 矿物学名及英文名称；5. 颜色；6. 等级；7. 规格（单个直径、重量）；8. 件数（缅甸公盘成交还需申报玉石编号）；9. 来源（天然）；10. 产区（翡翠和和田玉需申报矿坑）		
	-经其他加工：				
7103.9100	--红宝石、蓝宝石、祖母绿	1. 种类（水晶/紫晶、软玉/和田玉等）；2. 加工程度（未加工，经简单锯开、粗制成形、钻孔、打磨、热处理、充填等）；3. 状态（未成串、未镶嵌等）；4. 来源（天然）	5. 等级；6. 矿物学名及英文名称；7. 规格；8. 化学成分；9. 颜色		
	--其他：				
7103.9910	---翡翠	1. 种类（水晶/紫晶、软玉/和田玉等）；2. 加工程度（未加工，经简单锯开、粗制成形、钻孔、打磨、热处理、充填等）；3. 状态（未成串、未镶嵌等）；4. 来源（天然）	5. 等级；6. 矿物学名及英文名称；7. 规格；8. 化学成分；9. 颜色		

税则号列	商品名称	申报要素 归类要素	申报要素 价格要素	申报要素 其他要素	说明
7103.9920	---水晶	1. 种类（水晶/紫晶、软玉/和田玉等）；2. 加工程度（未加工，经简单锯开、粗制成形、钻孔、打磨、热处理、充填等）；3. 状态（未成串、未镶嵌等）；4. 来源（天然）	5. 等级；6. 矿物学名及英文名称；7. 规格；8. 化学成分；9. 颜色		
7103.9930	---碧玺	1. 种类（水晶/紫晶、软玉/和田玉等）；2. 加工程度（未加工，经简单锯开、粗制成形、钻孔、打磨、热处理、充填等）；3. 状态（未成串、未镶嵌等）；4. 来源（天然）	5. 等级；6. 矿物学名及英文名称；7. 规格；8. 化学成分；9. 颜色		
7103.9940	---软玉	1. 种类（水晶/紫晶、软玉/和田玉等）；2. 加工程度（未加工，经简单锯开、粗制成形、钻孔、打磨、热处理、充填等）；3. 状态（未成串、未镶嵌等）；4. 来源（天然）	5. 等级；6. 矿物学名及英文名称；7. 规格；8. 化学成分；9. 颜色		
7103.9990	---其他	1. 种类（红宝石、蓝宝石、祖母绿、翡翠等）；2. 加工程度（未加工，经简单锯开、粗制成形）；3. 状态（未成串、未镶嵌等）；4. 来源（天然）	5. 等级；6. 矿物学名及英文名称；7. 规格；8. 化学成分；9. 颜色		
71.04	合成或再造的宝石或半宝石，不论是否加工或分级，但未成串或镶嵌的；未分级的合成或再造的宝石或半宝石，为便于运输而暂穿成串：	1. 用途；2. 种类（压电石英等）；3. 加工程度（经简单锯开、粗制成形）；4. 状态（未成串、未镶嵌等）；5. 来源（合成、再造）	6. 品牌（中文或外文名称）；7. 型号		
7104.1000	-压电石英 -其他，未加工或经简单锯开或粗制成形：				
7104.2100	--钻石				
7104.2900	--其他 -其他： --钻石：				
7104.9110	---工业用				

税则号列	商品名称	申报要素			说明
		归类要素	价格要素	其他要素	
7104.9190	---其他				
	--其他：				
	---工业用：				
7104.9911	----蓝宝石				
7104.9919	----其他				
7104.9990	---其他				
71.05	天然或合成的宝石或半宝石的粉末：	1. 种类（压电石英等）；2. 来源（天然、合成、再造）		3. 品牌（中文或外文名称）；4. 型号	
	-钻石的：				
7105.1010	---天然的				
7105.1020	---人工合成的				
7105.9000	-其他				
	第二分章　贵金属及包贵金属				
71.06	银（包括镀金、镀铂的银），未锻造、半制成或粉末状：				
	-银粉：	1. 形状（粉末）；2. 材质（纯银、银合金、镀金、镀铂）；3. 纯度；4. 平均粒径			
	---非片状粉末：				
7106.1011	----平均粒径小于3微米				
7106.1019	----其他				
	---片状粉末：				
7106.1021	----平均粒径小于10微米				
7106.1029	----其他				
	-其他：	1. 形状；2. 材质（纯银、银合金、镀金、镀铂）；3. 加工程度（未锻造、半制成）；4. 纯度			
	--未锻造：				
7106.9110	---纯度达99.99%及以上				
7106.9190	---其他				
	--半制成：				
7106.9210	---纯度达99.99%及以上				
7106.9290	---其他				
71.07	以贱金属为底的包银材料：	1. 基底材质（铜等）		2. 品牌（中文或外文名称）；3. 型号	
7107.0000	以贱金属为底的包银材料				

税则号列	商品名称	申报要素 归类要素	申报要素 价格要素	申报要素 其他要素	说明
71.08	金（包括镀铂的金），未锻造、半制成或粉末状：	1.形状（粉末）；2.材质（纯金、金合金、镀铂）；3.纯度；4.加工程度（未锻造、半制成）；5.货币用请注明用途			
	-非货币用：				
7108.1100	--金粉				
7108.1200	--其他未锻造形状				
7108.1300	--其他半制成形状				
7108.2000	-货币用				
71.09	以贱金属或银为底的包金材料，加工程度未超过半制成：	1.基底材质（铜、银等）	2.品牌（中文或外文名称）；3.型号		
7109.0000	以贱金属或银为底的包金材料，加工程度未超过半制成				
71.10	铂，未锻造、半制成或粉末状：	1.形状（粉末等）；2.材质（铂、钯、铑、铱、锇、钌）；3.加工程度（未锻造，板、片等）	4.贵金属的成分含量		
	-铂：				
7110.1100	--未锻造或粉末状				
	--其他：				
7110.1910	---板、片				
7110.1990	---其他				
	-钯：				
7110.2100	--未锻造或粉末状				
	--其他：				
7110.2910	---板、片				
7110.2990	---其他				
	-铑：				
7110.3100	--未锻造或粉末状				
	--其他：				
7110.3910	---板、片				
7110.3990	---其他				
	-铱、锇及钌：				
7110.4100	--未锻造或粉末状				
	--其他：				
7110.4910	---板、片				
7110.4990	---其他				
71.11	以贱金属、银或金为底的包铂材料，加工程度未超过半制成：	1.基底材质（铜、银、金等）	2.品牌（中文或外文名称）；3.型号		
7111.0000	以贱金属、银或金为底的包铂材料，加工程度未超过半制成				

税则号列	商品名称	申报要素			说明
		归类要素	价格要素	其他要素	
71.12	贵金属或包贵金属的废碎料；含有贵金属或贵金属化合物的其他废碎料，主要用于回收贵金属，税目85.49的货品除外：	1. 状态（废碎料、灰）；2. 来源（由破碎含有贵金属的电路板而得等）；3. 贵金属的成分含量			
	-含有贵金属或贵金属化合物的灰：				
7112.3010	---含有银或银化合物的				
7112.3090	---其他				
	-其他：				
	--金及包金的废碎料，但含有其他贵金属的地脚料除外：				
7112.9110	---金及包金的废碎料				
7112.9120	---含有金及金化合物的废碎料				
	--铂及包铂的废碎料，但含有其他贵金属的地脚料除外：				
7112.9210	---铂及包铂的废碎料				
7112.9220	---含有铂或铂化合物的废碎料				
	--其他：				
7112.9910	---含有银或银化合物的废碎料				
7112.9920	---含有其他贵金属或贵金属化合物的废碎料				
7112.9990	---其他				
	第三分章　珠宝首饰、金银器及其他制品				
71.13	贵金属或包贵金属制的首饰及其零件：	1. 材质（铂、金、银等）；2. 加工方法（镶嵌钻石、镶嵌红宝石等；包金、包银、镀金等）；3. 首饰种类（戒指等）	4. 贵金属的成分含量；5. 品牌（中文或外文名称）；6. 款号		
	-贵金属制，不论是否包、镀贵金属：				
	--银制，不论是否包、镀其他贵金属：				
7113.1110	---镶嵌钻石的				
7113.1190	---其他				
	--其他贵金属制，不论是否包、镀贵金属：				
	---黄金制：				
7113.1911	----镶嵌钻石的				
7113.1919	----其他				
	---铂制：				
7113.1921	----镶嵌钻石的				
7113.1929	----其他				
	-以贱金属为底的包贵金属制：				
7113.2010	---镶嵌钻石的				
7113.2090	---其他				

税则号列	商品名称	申报要素			说明
		归类要素	价格要素	其他要素	
71.14	贵金属或包贵金属制的金银器及其零件：	1. 种类（餐具等）；2. 材质（铂、金、银等）；3. 加工方法（包金、镀金等）	4. 贵金属的成分含量；5. 品牌（中文或外文名称）；6. 型号		
	-贵金属制，不论是否包、镀贵金属：				
7114.1100	--银制，不论是否包、镀其他贵金属				
7114.1900	--其他贵金属制，不论是否包、镀贵金属				
7114.2000	-以贱金属为底的包贵金属制				
71.15	贵金属或包贵金属的其他制品：	1. 用途（工业用、实验室用等）；2. 种类（坩埚等）；3. 形状（格栅形状等）；4. 材质（铂等）	5. 贵金属成分含量；6. 品牌（中文或外文名称）；7. 型号		
7115.1000	-金属丝布或格栅形状的铂催化剂				
	-其他：				
7115.9010	---工业或实验室用				
7115.9090	---其他				
71.16	用天然或养殖珍珠、宝石或半宝石（天然、合成或再造）制成的物品：				
7116.1000	-天然或养殖珍珠制	1. 种类（手镯等）；2. 材质（养殖珍珠、天然珍珠）			
7116.2000	-宝石或半宝石（天然、合成或再造）制	1. 种类（手镯等）；2. 材质（宝石、半宝石）			
71.17	仿首饰：	1. 种类（袖扣、饰扣、手镯等）；2. 材质	3. 是否镀贵金属；4. 品牌（中文或外文名称）；5. 款号		
	-贱金属制，不论是否镀贵金属：				
7117.1100	--袖扣、饰扣				
7117.1900	--其他				
7117.9000	-其他				
71.18	硬币：	1. 用途（法定货币、非法定货币）；2. 材质（铜制等）	3. 成分含量		
7118.1000	-非法定货币的硬币（金币除外）				
7118.9000	-其他				

第十五类　贱金属及其制品

注释：
一、本类不包括：
(一) 以金属粉末为基本成分的调制油漆、油墨或其他产品（税目 32.07 至 32.10、32.12、32.13 或 32.15）；
(二) 铈铁或其他引火合金（税目 36.06）；
(三) 税目 65.06 或 65.07 的帽类及其零件；
(四) 税目 66.03 的伞骨及其他物品；
(五) 第七十一章的货品（例如，贵金属合金、以贱金属为底的包贵金属、仿首饰）；
(六) 第十六类的物品（机器、机械器具及电气设备）；
(七) 已装配的铁道或电车道轨道（税目 86.08）或第十七类的其他物品（车辆、船舶、航空器）；
(八) 第十八类的仪器及器具，包括钟表发条；
(九) 做弹药用的铅弹（税目 93.06）或第十九类的其他物品（武器、弹药）；
(十) 第九十四章的物品（例如，家具、弹簧床垫、灯具及照明装置、发光标志、活动房屋）；
(十一) 第九十五章的物品（例如，玩具、游戏品及运动用品）；
(十二) 手用筛子、纽扣、钢笔、铅笔套、钢笔尖、独脚架、双脚架、三脚架及类似品或第九十六章的其他物品（杂项制品）；或
(十三) 第九十七章的物品（例如，艺术品）。

二、本协调制度所称"通用零件"，是指：
(一) 税目 73.07、73.12、73.15、73.17 或 73.18 的物品及其他贱金属制的类似品，不包括专用于医疗、外科、牙科或兽医的植入物（税目 90.21）；
(二) 贱金属制的弹簧及弹簧片，但钟表发条（税目 91.14）除外；以及
(三) 税目 83.01、83.02、83.08、83.10 的物品及税目 83.06 的贱金属制的框架及镜子。
第七十三章至第七十六章（税目 73.15 除外）及第七十八章至第八十二章所列货品的零件，不包括上述的通用零件。
除上段及第八十三章注释一另有规定的以外，第七十二章至第七十六章及第七十八章至第八十一章不包括第八十二章、第八十三章的物品。

三、本协调制度所称"贱金属"是指：铁及钢、铜、镍、铝、铅、锌、锡、钨、钼、钽、镁、钴、铋、镉、钛、锆、锑、锰、铍、铬、锗、钒、镓、铪、铟、铌（钶）、铼及铊。

四、本协调制度所称"金属陶瓷"，是指金属与陶瓷成分以极细微粒不均匀结合而成的产品。"金属陶瓷"包括硬质合金（金属碳化物与金属烧结而成）。

五、合金的归类规则（第七十二章、第七十四章所规定的铁合金及母合金除外）：
(一) 贱金属的合金按其所含重量最大的金属归类；
(二) 由本类的贱金属和非本类的元素构成的合金，如果所含贱金属的总重量等于或超过所含其他元素的总重量，应作为本类贱金属合金归类；
(三) 本类所称"合金"，包括金属粉末的烧结混合物、熔化而得的不均匀紧密混合物（金属陶瓷除外）及金属间化合物。

六、除条文另有规定的以外，本协调制度所称的贱金属包括贱金属合金，这类合金应按上述注释五的规则进行归类。

七、复合材料制品的归类规则：
除各税目另有规定的以外，贱金属制品（包括根据"归类总规则"作为贱金属制品的混合材料制品）如果含有两种或两种以上贱金属的，按其所含重量最大的贱金属的制品归类。
为此：
(一) 钢、铁或不同种类的钢铁，均视为一种金属；
(二) 按照注释五的规定作为某一种金属归类的合金，应视为一种金属；以及
(三) 税目 81.13 的金属陶瓷，应视为一种贱金属。

八、本类所用有关名词解释如下：

(一) 废碎料

1. 所有金属废碎料；

2. 因破裂、切断、磨损或其他原因而明显不能作为原物使用的金属货品。

(二) 粉末

按重量计90%及以上可从网眼孔径为1毫米的筛子通过的产品。

九、第七十四章至第七十六章以及第七十八章至第八十一章所述有关名词解释如下：

(一) 条、杆

轧、挤、拔或锻制的实心产品，非成卷的，其全长截面均为圆形、椭圆形、矩形（包括正方形）、等边三角形或规则外凸多边形（包括相对两边为弧拱形，另外两边为等长平行直线的"扁圆形"及"变形矩形"）。对于矩形（包括正方形）、三角形或多边形截面的产品，其全长角可经磨圆。矩形（包括"变形矩形"）截面的产品，其厚度应大于宽度的十分之一。所述条、杆也包括同样形状及尺寸的铸造或烧结产品。该产品在铸造或烧结后再经加工（简单剪修或去氧化皮的除外），但不具有其他税目所列制品或产品的特征。

第七十四章的线锭及坯段，已具锥形尾端或经其他简单加工以便送入机器制成盘条或管子等的，仍应作为未锻轧铜归入税目74.03。此条注释在必要的地方稍加修改后，适用于第八十一章的产品。

(二) 型材及异型材

轧、挤、拔、锻制的产品或其他成型产品，不论是否成卷，其全长截面相同，但与条、杆、丝、板、片、带、箔、管的定义不相符合。同时也包括同样形状的铸造或烧结产品。该产品在铸造或烧结后再经加工（简单剪修或去氧化皮的除外），但不具有其他税目所列制品或产品的特征。

(三) 丝

盘卷的轧、挤或拔制实心产品，其全长截面均为圆形、椭圆形、矩形（包括正方形）、等边三角形或规则外凸多边形（包括相对两边为弧拱形，另外两边为等长平行直线的"扁圆形"及"变形矩形"）。对于矩形（包括正方形）、三角形或多边形截面的产品，其全长边角可经磨圆。矩形（包括"变形矩形"）截面的产品，其厚度应大于宽度的十分之一。

(四) 板、片、带、箔

成卷或非成卷的平面产品（未锻轧产品除外），截面均为厚度相同的实心矩形（不包括正方形），不论边角是否磨圆（包括相对两边为弧拱形，另外两边为等长平行直线的"变形矩形"），并且符合以下规格：

1. 矩形（包括正方形）的，厚度不超过宽度的十分之一；

2. 矩形或正方形以外形状的，任何尺寸，但不具有其他税目所列制品或产品的特征。

这些税目还适用于具有花样（例如，凹槽、肋条形、格栅、珠粒及菱形）的板、片、带、箔以及穿孔、抛光、涂层或制成瓦楞形的这类产品，但不具有其他税目所列制品或产品的特征。

(五) 管

全长截面及管壁厚度相同并只有一个闭合空间的空心产品，成卷或非成卷的，其截面为圆形、椭圆形、矩形（包括正方形）、等边三角形或规则外凸多边形。对于截面为矩形（包括正方形）、等边三角形或规则外凸多边形的产品，不论全长边角是否磨圆，只要其内外截面为同一圆心并为同样形状及同一轴向，也可视为管子。上述截面的管子可经抛光、涂层、弯曲、攻丝、钻孔、缩腰、胀口、成锥形或装法兰、颈圈或套环。

第七十二章　钢铁

注释：

一、本章所述有关名词解释如下［本条注释（四）、（五）、（六）适用于本协调制度其他各章］：

(一) 生铁

无实用可锻性的铁碳合金，按重量计含碳量在2%以上并可含有一种或几种下列含量范围的其他元素：

铬不超过10%；

锰不超过6%；

磷不超过3%；

硅不超过8%；

其他元素合计不超过10%。

(二) 镜铁

按重量计含锰量在6%以上，但不超过30%的铁碳合金，其他方面符合上述（一）款所列标准。

(三）铁合金

锭、块、团或类似初级形状、连续铸造而形成的各种形状及颗粒、粉末状的合金，不论是否烧结，通常用于其他合金生产过程中的添加剂或在黑色金属冶炼中作除氧剂、脱硫剂及类似用途，一般无实用可锻性，按重量计铁元素含量在4%及以上并含有下列一种或几种元素：

铬超过10%；

锰超过30%；

磷超过3%；

硅超过8%；

除碳以外的其他元素，合计超过10%，但最高含铜量不得超过10%。

（四）钢

除税目72.03以外的黑色金属材料（某些铸造而成的种类除外），具有实用可锻性，按重量计含碳量在2%及以下，但铬钢可具有较高的含碳量。

（五）不锈钢

按重量计含碳量在1.2%及以下，含铬量在10.5%及以上的合金钢，不论是否含有其他元素。

（六）其他合金钢

不符合以上不锈钢定义的钢，含有一种或几种按重量计符合下列含量比例的元素：

铝0.3%及以上；

硼0.0008%及以上；

铬0.3%及以上；

钴0.3%及以上；

铜0.4%及以上；

铅0.4%及以上；

锰1.65%及以上；

钼0.08%及以上；

镍0.3%及以上；

铌0.06%及以上；

硅0.6%及以上；

钛0.05%及以上；

钨0.3%及以上；

钒0.1%及以上；

锆0.05%及以上；

其他元素（硫、磷、碳及氮除外）单项含量在0.1%及以上。

（七）供再熔的碎料钢铁锭

粗铸成形无缩孔或冒口的锭块产品，表面有明显瑕疵，化学成分不同于生铁、镜铁及铁合金。

（八）颗粒

按重量计不到90%可从网眼孔径为1毫米的筛子通过，而90%及以上可从网眼孔径为5毫米的筛子通过的产品。

（九）半制成品

连续铸造的实心产品，不论是否初步热轧；其他实心产品，除经初步热轧或锻造粗制成形以外未经进一步加工，包括角材、型材及异型材的坯件。

本类产品不包括成卷的产品。

（十）平板轧材

截面为矩形（正方形除外）并且不符合以上第（九）款所述定义的下列形状实心轧制产品：

1. 层叠的卷材；或

2. 平直形状，其厚度如果在4.75毫米以下，则宽度至少是厚度的十倍；其厚度如果在4.75毫米及以上，其宽度应超过150毫米，并且至少应为厚度的两倍。

平板轧材包括直接轧制而成并有凸起式样（例如，凹槽、肋条形、格槽、珠粒、菱形）的产品以及穿孔、抛光或制成瓦楞形的产品，但不具有其他税目所列制品或产品的特征。

各种规格的平板轧材（矩形或正方形除外），但不具有其他税目所列制品或产品的特征，都应作为宽度为600毫米及以上的产品归类。

(十一）不规则盘绕的热轧条、杆

经热轧不规则盘绕的实心产品，其截面为圆形、扇形、椭圆形、矩形（包括正方形）、三角形或其他外凸多边形（包括"扁圆形"及"变形矩形"，即相对两边为弧拱形，另外两边为等长平行直线形）。这类产品可带有在轧制过程中产生的凹痕、凸缘、槽沟或其他变形（钢筋）。

（十二）其他条、杆

不符合上述（九）、（十）、（十一）款或"丝"定义的实心产品，其全长截面均为圆形、扇形、椭圆形、矩形（包括正方形）、三角形或其他外凸多边形（包括"扁圆形"及"变形矩形"，即相对两边为弧拱形，另外两边为等长平行直线形）。这些产品可以：

1. 带有在轧制过程中产生的凹痕、凸缘、槽沟或其他变形（钢筋）；
2. 轧制后扭曲的。

（十三）角材、型材及异型材

不符合上述（九）、（十）、（十一）、（十二）款或"丝"定义，但其全长截面均为同样形状的实心产品。

第七十二章不包括税目73.01或73.02的产品。

（十四）丝

不符合平板轧材定义但全长截面均为同样形状的盘卷冷成形实心产品。

（十五）空心钻钢

适合钻探用的各种截面的空心条、杆，其最大外形尺寸超过15毫米但不超过52毫米，最大内孔尺寸不超过最大外形尺寸的二分之一。不符合本定义的钢铁空心条、杆应归入税目73.04。

二、用一种黑色金属包覆不同种类的黑色金属，应按其中重量最大的材料归类。

三、用电解沉积法、压铸法或烧结法所得的钢铁产品，应按其形状、成分及外观归入本章类似热轧产品的相应税目。

子目注释：

一、本章所用有关名词解释如下：

（一）合金生铁

按重量计含有一种或几种下列比例的元素的生铁：

铬0.2%以上；

铜0.3%以上；

镍0.3%以上；

0.1%以上的任何下列元素：铝、钼、钛、钨、钒。

（二）非合金易切削钢

按重量计含有一种或几种下列比例的元素的非合金钢：

硫0.08%及以上；

铅0.1%及以上；

硒0.05%以上；

碲0.01%以上；

铋0.05%以上。

（三）硅电钢

按重量计含硅量至少为0.6%但不超过6%，含碳量不超过0.08%的合金钢。这类钢还可含有按重量计不超过1%的铝，但所含其他元素的比例并不使其具有其他合金钢的特性。

（四）高速钢

不论是否含有其他元素，但至少含有按重量计合计含量在7%及以上的钼、钨、钒中两种元素的合金钢，按重量计其含碳量在0.6%及以上，含铬量在3%~6%。

（五）硅锰钢

按重量计同时含有下列元素的合金钢：

碳不超过0.7%；

锰0.5%及以上，但不超过1.9%；以及

硅0.6%及以上，但不超过2.3%。但所含其他元素的比例并不使其具有其他合金钢的特性。

二、税目72.02项下的子目所列铁合金，应按照下列规则归类：

对于只有一种元素超出本章注释一（三）规定的最低百分比的铁合金，应作为二元合金归入相应的子目。以此类推，如果有两种或三种合金元素超出了最低百分比的，则可分别作为三元或四元合金。

在运用本规定时，本章注释一（三）所述的未列名的"其他元素"，按重量计单项含量必须超过10%。

【要素释义】
一、归类要素

1. 形状：指物体外观或表现形态。例如，税目 72.01 项下商品可填报"锭""块"等；子目 7202.2 项下商品可填报"块状""粉状"等；税目 72.03 项下商品可填报"块""团""团粒"等；税目 72.04 项下商品可填报"废碎""切割""压缩成包或板、条状"等；税目 72.05 项下商品可填报"颗粒""粉末"等；税目 72.06 项下商品可填报"方锭"等；税目 72.07 项下商品可填报"大方坯""小方坯"等；税目 72.08 至 72.12 项下商品可填报"平板""卷板"等；税目 72.13 至 72.15、72.21 项下商品可填报"条""杆"等；税目 72.16 项下商品可填报"槽钢""角钢""工字钢""H 型钢"等；税目 72.17、72.23、72.29 项下商品可填报"丝"等；税目 72.18 项下商品可填报"方锭"等；税目 72.19、72.20、72.25、72.26 项下商品可填报"卷板""平板"等；税目 72.22、72.28 项下商品可填报"条""杆""角材""型材""异型材"等；税目 72.24 项下商品可填报"方锭"等。

2. 材质：指商品具体的制成材料。例如，税目 72.01 项下商品可填报"生铁""镜铁"等；税目 72.02 项下商品可填报"锰铁""硅铁""铬铁""镍铁"等；税目 72.04 项下商品可填报"铸铁""合金钢""不锈钢"等；税目 72.05 项下商品可填报"生铁""镜铁""合金钢"等；税目 72.06 至 72.17 项下商品可填报"铁""非合金钢"等；税目 72.18 至 72.23 项下商品可填报"不锈钢"等；税目 72.24 项下商品可填报"硅锰钢"等；税目 72.25、72.26 项下商品可填报"硅电钢""高速钢""取向性硅电钢"等；税目 72.27 至 72.29 项下商品可填报"高速钢""硅锰钢"等。

3. 成分含量：商品含有的所有成分名称及其重量百分比。例如，税目 72.01 项下商品可填报"铁、碳、铬、锰、磷、硅的含量"等；税目 72.02 项下商品可填报"铁含量及合金元素的含量"等；税目 72.03、72.06 至 72.12、72.15、72.17、72.25 至 72.29 项下商品可填报"铁、碳、合金元素、非合金元素的含量"等；税目 72.13、72.14、72.16 项下商品可填报"合金元素、非合金元素的含量"等；税目 72.20 至 72.23 项下商品可填报"铁、碳、铬及合金元素、非合金元素的含量"等。

4. 碳含量：商品含有的碳元素的重量百分比。

5. 来源：指商品的出处。例如，税目 72.03 项下商品可填写"直接从铁矿还原所得"或"海绵铁产品"；税目 72.04 项下商品可填报"机械加工产生""由破碎何种钢铁制品而得"等。

6. 用途：指商品的应用对象或应用领域。例如，税目 72.04 项下商品可填报"供再熔炼钢用"；税目 72.22 和子目 7218.9、7224.9 项下商品可填报"用于生产板/杆/管/型材/模具等钢铁制成品"。

7. 粒度：根据第十五类注释八（二）的定义，子目 7205.2 项下生铁、镜铁及钢铁的"粉"指按重量计 90% 及以上可从网眼孔径为 1 毫米的筛子通过的产品。根据实际情况填写从网眼孔径为 1 毫米的筛子通过的百分比。根据第七十二章注释一（八）的定义，税则号列 7205.1000 项下生铁、镜铁及钢铁的"颗粒"指按重量计不到 90% 可从网眼孔径为 1 毫米的筛子通过，而 90% 及以上可从网眼孔径为 5 毫米的筛子通过的产品。

8. 截面形状：指商品截面的具体形状，如圆形、正方形、长方形等。

9. 截面尺寸：指商品填写其截面的"宽×厚"。

10. 规格：指商品的尺寸大小，一般填写长、宽、厚或直径等。例如，税目 72.08 项下钢板填写"宽×厚"；税目 72.13 项下钢铁条杆填写"直径"；税目 72.22 项下商品还需填报规格是否统一。

11. 屈服强度：指钢铁材料发生屈服现象时的极限，即抵抗微量塑性变形的应力，单位为"MPa 兆帕"。

12. 加工方法：指物品在加工过程中经过的具体加工工艺。例如，税目 72.07 项下商品可填报"初轧""粗锻"等；税目 72.08 项下商品可填报"热轧"等；税目 72.09 项下商品可填报"冷轧"等；税目 72.13 项下商品可填报"热轧"等；税目 72.10 项下商品可填报"经包覆""经镀层""经涂层"等；税目 72.11 项下商品可填报"热轧""冷轧""未包覆""未镀层""未涂层"等；税目 72.12 项下商品可填报"热轧""冷轧""经包覆""经镀层""经涂层"等；子目 7214.1 项下商品可填报"锻造"等；子目 7214.2、7214.3、7214.9 项下商品可填报"热轧""热拉拔""热挤压"等；税目 72.16 项下商品可填报"打孔""冲孔""扭绞""涂层"等；税目 72.17 项下商品可填报"镀层""涂层"等；税目 72.19、72.20 项下商品可填报"热轧""冷轧"等；税目 72.21、72.27 项下商品可填报"热轧"等；税目 72.22 项下商品可填报"热轧""热拉拔""热挤压""自由锻造""模锻""冷成型""冷加工"等；税目 72.23、72.29 项下商品可填报"镀层""涂层"等；税目 72.25、72.26 项下商品可填报"热轧""冷轧"等；税目 72.28 项下商品可填报"热轧""热拉拔""热挤压""冷成形""冷加工"等。

13. 涂层种类：根据商品实际情况填写。如商品已经在钢铁表面镀或涂其他材料，则需填写镀或涂的材料的具体种类，可填写"镀锌"或"涂氧化铬"等。

14. 状态：指商品实际的外观状态情况，主要指货物形状等表现性状，可填写"块状""粉状"等。例如，子目7214.2项下商品填写"带有轧制产生的变形或轧制后的扭曲"等；税目72.21、72.27项下商品填写"不规则盘卷"。

15. 粗铸锻件坯请注明单件重量：根据商品实际情况填写。
16. 空心钻钢需额外申报最大外形尺寸和最大内孔尺寸：根据商品实际情况填写。
17. 长度：指子目7228.10、7228.20、7228.30、7228.40、7228.50、7228.60项下条杆状商品的实际长度，单位为"米"。
18. 断后伸长率：指金属材料受外力作用断裂时试棒伸长的长度与原来的百分比。

二、价格要素

1. 钢号：该要素是第七十二章钢材产品的价格要素，是代表钢材产品的性能和用途等的代码。例如，子目7210.9项下不锈钢板日本奥氏体-铁素体型不锈钢钢号为"SUS329J1"；子目7204.21项下不锈钢废碎料钢号"304"系列：中国钢号为0Cr18Ni9，日本钢号为SUS304，美国钢号为304，英国钢号为304S15，德国钢号为X2CrNi89，法国钢号为Z6CN18.09等。
2. 直径：指钢条、钢杆和钢丝的直径，该要素是税目72.21项下商品的专用价格要素，用"毫米"表示。
3. 厂商（中文或外文名称）：指税目72.25、72.26项下钢铁板材的生产厂名。
4. 计价日期：指商品价格所适用的指数或行情的时间，可以是某个时间点，也可以是某个时间段。
5. 签约日期：指供求双方企业合同签订的日期。例如，可填写"20200701"。
6. 截面尺寸：指税目72.23项下钢丝的截面尺寸，如果截面是圆形的，填写"直径"；如果截面是矩形的，填写"宽×厚"。
7. 牌号：根据GB/T 39733—2020标准4.1，再生钢铁原料通过不同加工方式，按外形和化学成分分为7大类，牌号即为类别的英文缩写+代号。
8. 堆密度：根据GB/T 39733—2020标准3.6，堆密度即为每立方米再生钢铁原料的质量。

三、其他要素

稀土元素的重量百分比，以［A］表示：相关商品需填报商品中稀土元素的重量百分比，填报时以"［A］"表示。A代表所含的稀土元素，若含有多种稀土元素，应填报重量之和百分比。例如，可填报"［铽、镝］：10%"。

税则号列	商品名称	申报要素			说明
		归类要素	价格要素	其他要素	
	第一分章 原料；粒状及粉状产品				
72.01	生铁及镜铁，锭、块或其他初级形状：	1. 形状（锭、块等）；2. 材质（生铁、镜铁）；3. 成分含量（铁、碳、铬、锰、磷、硅等的含量）			
7201.1000	-非合金生铁，按重量计含磷量在0.5%及以下				
7201.2000	-非合金生铁，按重量计含磷量在0.5%以上				
7201.5000	-合金生铁；镜铁				
72.02	铁合金： -锰铁：	1. 材质（锰铁）；2. 成分含量（铁含量及合金元素的含量）；3. 碳含量			
7202.1100	--按重量计含碳量在2%以上				
7202.1900	--其他				

税则号列	商品名称	申报要素			说明
		归类要素	价格要素	其他要素	
	-硅铁：	1. 材质（硅铁）； 2. 成分含量（铁含量及合金元素的含量）； 3. 形状（块状、粉状等）	4. 计价日期； 5. 签约日期		
7202.2100	--按重量计含硅量在55%以上				
7202.2900	--其他				
7202.3000	-硅锰铁	1. 材质（锰铁、硅铁、铬铁、镍铁等）；2. 成分含量（铁含量及合金元素的含量）			
	-铬铁：	1. 材质（铬铁）； 2. 成分含量（铁含量及合金元素的含量）	3. 计价日期； 4. 签约日期		
7202.4100	--按重量计含碳量在4%以上				
7202.4900	--其他				
7202.5000	-硅铬铁	1. 材质（锰铁、硅铁、铬铁、镍铁等）；2. 成分含量（铁含量及合金元素的含量）			
7202.6000	-镍铁	1. 材质（锰铁、硅铁、铬铁、镍铁等）；2. 成分含量（铁含量及合金元素的含量）	3. 计价日期； 4. 签约日期		
7202.7000	-钼铁	1. 材质（锰铁、硅铁、铬铁、镍铁等）；2. 成分含量（铁含量及合金元素的含量）			
	-钨铁及硅钨铁：	1. 材质（锰铁、硅铁、铬铁、镍铁等）；2. 成分含量（铁含量及合金元素的含量）			
7202.8010	---钨铁				
7202.8020	---硅钨铁				
	-其他				
7202.9100	--钛铁及硅钛铁	1. 材质（锰铁、硅铁、铬铁、镍铁等）；2. 成分含量（铁含量及合金元素的含量）			
	--钒铁：	1. 材质（锰铁、硅铁、铬铁、镍铁等）；2. 成分含量（铁含量及合金元素的含量）			
7202.9210	---按重量计含钒量在75%及以上				
7202.9290	---其他				

税则号列	商品名称	申报要素 归类要素	价格要素	其他要素	说明
7202.9300	--铌铁	1.材质（锰铁、硅铁、铬铁、镍铁等）；2.成分含量（铁含量及合金元素的含量）			
	--其他：	1.材质（锰铁、硅铁、铬铁、镍铁等）；2.成分含量（铁含量及合金元素的含量）		3.稀土元素的重量百分比，以[A]表示	
	---钕铁硼合金：				
7202.9911	----速凝永磁片				
7202.9912	----磁粉				
7202.9919	----其他				
	---其他：				
7202.9991	----按重量计稀土元素总含量在10%以上的				
7202.9999	----其他				
72.03	**直接从铁矿还原所得的铁产品及其他海绵铁产品，块、团、团粒及类似形状；按重量计纯度在99.94%及以上的铁，块、团、团粒及类似形状：**	1.形状（块、团、团粒等）；2.来源（是直接从铁矿还原所得还是海绵铁产品）；3.成分含量（铁、碳、合金元素、非合金元素的含量）			
7203.1000	-直接从铁矿还原所得的铁产品				
7203.9000	-其他				
72.04	**钢铁废碎料；供再熔的碎料钢铁锭：**				
7204.1000	-铸铁废碎料	1.用途（供再熔炼钢用）；2.形状（废碎、切割、压缩成包或板、条状等）；3.材质（铸铁）；4.来源（机械加工产生、由破碎何种钢铁制品而得）		5.成分含量（所含金属总含量和各种金属名称及含量）；6.牌号；7.规格（长宽厚或堆密度等）；8.计价日期	
	-合金钢废碎料：				
7204.2100	--不锈钢废碎料	1.用途（供再熔炼钢用）；2.形状（废碎、切割、压缩成包或板、条状等）；3.材质（不锈钢）；4.来源（机械加工产生、由破碎何种钢铁制品而得）		5.成分含量（所含金属总含量和各种金属名称及含量）；6.钢号；7.牌号；8.规格（长宽厚或堆密度等）；9.计价日期	

税则号列	商品名称	申报要素			说明
		归类要素	价格要素	其他要素	
7204.2900	--其他	1.用途（供再熔炼钢用）；2.形状（废碎、切割、压缩成包或板条状等）；3.材质（硅电钢、高速钢等，取向性硅电钢请注明）；4.来源（机械加工产生、由破碎何种钢铁制品而得）	5.成分含量（所含金属总含量和各种金属名称及含量）；6.钢号；7.牌号；8.规格（长宽厚或堆密度等）；9.计价日期		
7204.3000	-镀锡钢铁废碎料	1.用途（供再熔炼钢用）；2.形状（废碎、切割、压缩成包或板条状等）；3.材质（镀锡钢）；4.来源（机械加工产生、由破碎何种钢铁制品而得）	5.成分含量（所含金属总含量和各种金属名称及含量）；6.钢号；7.计价日期		
	-其他废碎料：				
7204.4100	--车、刨、铣、磨、锯、锉、剪、冲加工过程中产生的废料，不论是否成捆	1.用途（供再熔炼钢用）；2.形状（废碎、切割、压缩成包或板条状等）；3.材质（非合金钢）；4.来源（机械加工产生、由破碎何种钢铁制品而得）	5.成分含量（所含金属总含量和各种金属名称及含量）；6.钢号；7.牌号；8.规格（长宽厚或堆密度等）；9.计价日期		
7204.4900	--其他	1.用途（供再熔炼钢用）；2.形状（废碎、切割、压缩成包或板条状等）；3.材质（非合金钢）；4.来源（机械加工产生、由破碎何种钢铁制品而得）	5.成分含量（所含金属总含量和各种金属名称及含量）；6.钢号；7.牌号；8.规格（长宽厚或堆密度等）；9.计价日期	10.稀土元素的重量百分比，以[A]表示	
7204.5000	-供再熔的碎料钢铁锭	1.用途（供再熔炼钢用）；2.形状（废碎、切割、压缩成包或板条状等）；3.材质（铸铁、合金钢、不锈钢等）；4.来源（机械加工产生、由破碎何种钢铁制品而得）	5.成分含量（所含金属总含量和各种金属名称及含量）；6.钢号；7.计价日期		

税则号列	商品名称	申报要素 归类要素	申报要素 价格要素	申报要素 其他要素	说明
72.05	生铁、镜铁及钢铁的颗粒和粉末：				
7205.1000	-颗粒	1. 形状（颗粒、粉末）；2. 材质（生铁、镜铁、合金钢等）；3. 成分含量（铁、碳、合金元素、非合金元素的含量）；	4. 粒度；	5. 稀土元素的重量百分比，以[A]表示	
	-粉末：				
7205.2100	--合金钢的	1. 形状（颗粒、粉末）；2. 材质（生铁、镜铁、合金钢等）；3. 成分含量（铁、碳、合金元素、非合金元素的含量）；	4. 粒度；	5. 稀土元素的重量百分比，以[A]表示	
	--其他	1. 形状（颗粒、粉末）；2. 材质（生铁、镜铁、合金钢等）；3. 成分含量（铁、碳、合金元素、非合金元素的含量）；4. 粒度			
7205.2910	---铁粉，平均粒径小于10微米				
7205.2990	---其他				
	第二分章　铁及非合金钢				
72.06	铁及非合金钢，锭状或其他初级形状（税目72.03的铁除外）：	1. 形状（方锭、其他初级形状等）；2. 材质（铁、非合金钢）；3. 成分含量（铁、碳、合金元素、非合金元素的含量）			
7206.1000	-锭状				
7206.9000	-其他				
72.07	铁及非合金钢的半制成品：				
	-按重量计含碳量在0.25%以下：				
7207.1100	--矩形（包括正方形）截面，宽度小于厚度的两倍	1. 形状（大方坯、小方坯等）；2. 材质（铁、非合金钢）；3. 加工方法（初轧、粗锻等）；4. 成分含量（铁、碳、合金元素、非合金元素的含量）；5. 截面形状（正方形等）；6. 截面尺寸			

税则号列	商品名称	申报要素			说明
		归类要素	价格要素	其他要素	
7207.1200	--其他矩形（正方形除外）截面的	1. 形状（大方坯、小方坯等）；2. 材质（铁、非合金钢）；3. 加工方法（初轧、粗锻等）；4. 成分含量（铁、碳、合金元素、非合金元素的含量）；5. 截面形状（正方形等）；6. 截面尺寸			
7207.1900	--其他	1. 形状（大方坯、小方坯等）；2. 材质（铁、非合金钢）；3. 加工方法（初轧、粗锻等）；4. 成分含量（铁、碳、合金元素、非合金元素的含量）；5. 截面形状（正方形等）	6. 计价日期；7. 签约日期		
7207.2000	-按重量计含碳量在0.25%及以上	1. 形状（大方坯、小方坯等）；2. 材质（铁、非合金钢）；3. 加工方法（初轧、粗锻等）；4. 成分含量（铁、碳、合金元素、非合金元素的含量）；5. 截面形状（正方形等）			
72.08	宽度在600毫米及以上的铁或非合金钢平板轧材，经热轧，但未经包覆、镀层或涂层：	1. 形状（平板、卷板）；2. 材质（铁、非合金钢）；3. 加工方法（热轧等）；4. 加工程度（是否酸洗，是否轧有花纹，是否包覆及镀层、涂层等）；5. 成分含量（铁、碳、合金元素、非合金元素的含量）；6. 规格（板材的厚度、宽度）；7. 屈服强度		8. 钢号	
7208.1000	-除热轧外未经进一步加工的基材，已轧压花纹 -其他经酸洗的卷材，除热轧外未经进一步加工：				
7208.2500	--厚度在4.75毫米及以上 --厚度在3毫米及以上，但小于4.75毫米：				

税则号列	商品名称	申报要素			说明
		归类要素	价格要素	其他要素	
7208.2610	---屈服强度大于355牛顿/平方毫米				
7208.2690	---其他				
	--厚度小于3毫米:				
7208.2710	---厚度小于1.5毫米				
7208.2790	---其他				
	-其他卷材,除热轧外未经进一步加工:				
7208.3600	--厚度超过10毫米				
7208.3700	--厚度在4.75毫米及以上,但不超过10毫米				
	--厚度在3毫米及以上,但小于4.75毫米:				
7208.3810	---屈服强度大于355牛顿/平方毫米				
7208.3890	---其他				
	--厚度小于3毫米:				
7208.3910	---厚度小于1.5毫米				
7208.3990	---其他				
7208.4000	-已轧压花纹的非卷材,除热轧外未经进一步加工				
	-其他非卷材,除热轧外未经进一步加工:				
	--厚度超过10毫米:				
7208.5110	---厚度超过50毫米				
	---厚度在20毫米以上,但不超过50毫米:				
7208.5121	----屈服强度不小于500牛顿/平方毫米				
7208.5129	----其他				
	---其他				
7208.5191	----屈服强度不小于500牛顿/平方毫米				
7208.5199	----其他				
7208.5200	--厚度在4.75毫米及以上,但不超过10毫米				
	--厚度在3毫米及以上,但小于4.75毫米:				
7208.5310	---屈服强度大于355牛顿/平方毫米				
7208.5390	---其他				
	--厚度小于3毫米:				
7208.5410	---厚度小于1.5毫米				
7208.5490	---其他				
7208.9000	-其他				
72.09	**宽度在600毫米及以上的铁或非合金钢平板轧材,经冷轧,但未经包覆、镀层或涂层:**				
	-卷材,除冷轧外未经进一步加工:				

税则号列	商品名称	申报要素			说明
		归类要素	价格要素	其他要素	
	--厚度在3毫米及以上：	1. 形状（平板、卷板）；2. 材质（铁、非合金钢）；3. 加工方法（冷轧等）；4. 加工程度（未包覆、未镀层、未涂层等）；5. 成分含量（铁、碳、合金元素、非合金元素的含量）；6. 规格（板材的厚度、宽度）；7. 屈服强度	8. 钢号		
7209.1510	---屈服强度大于355牛顿/平方毫米				
7209.1590	---其他				
	--厚度超过1毫米，但小于3毫米：				
7209.1610	---屈服强度大于275牛顿/平方毫米	1. 形状（平板、卷板）；2. 材质（铁、非合金钢）；3. 加工方法（冷轧等）；4. 加工程度（未包覆、未镀层、未涂层等）；5. 成分含量（铁、碳、合金元素、非合金元素的含量）；6. 规格（板材的厚度、宽度）；7. 屈服强度	8. 钢号		
	---其他	1. 形状（平板、卷板）；2. 材质（铁、非合金钢）；3. 加工方法（冷轧等）；4. 加工程度（未包覆、未镀层、未涂层等）；5. 成分含量（铁、碳、合金元素、非合金元素的含量）；6. 规格（板材的厚度、宽度）；7. 屈服强度；8. 断后伸长率	9. 钢号		
7209.1691	----断后伸长率不小于40%				
7209.1699	----其他				
	--厚度在0.5毫米及以上，但不超过1毫米：				

税则号列	商品名称	申报要素			说明
		归类要素	价格要素	其他要素	
7209.1710	---屈服强度大于275牛顿/平方毫米	1. 形状（平板、卷板）；2. 材质（铁、非合金钢）；3. 加工方法（冷轧等）；4. 加工程度（未包覆、未镀层、未涂层等）；5. 成分含量（铁、碳、合金元素、非合金元素的含量）；6. 规格（板材的厚度、宽度）；7. 屈服强度	8. 钢号		
7209.1790	---其他	1. 形状（平板、卷板）；2. 材质（铁、非合金钢）；3. 加工方法（冷轧等）；4. 加工程度（未包覆、未镀层、未涂层等）；5. 成分含量（铁、碳、合金元素、非合金元素的含量）；6. 规格（板材的厚度、宽度）；7. 屈服强度；8. 断后伸长率	9. 钢号		
7209.1791	----断后伸长率不小于38%				
7209.1799	----其他				
	--厚度小于0.5毫米：	1. 形状（平板、卷板）；2. 材质（铁、非合金钢）；3. 加工方法（冷轧等）；4. 加工程度（未包覆、未镀层、未涂层等）；5. 成分含量（铁、碳、合金元素、非合金元素的含量）；6. 规格（板材的厚度、宽度）；7. 屈服强度	8. 钢号		
7209.1810	---厚度小于0.3毫米				
7209.1890	---其他				

税则号列	商品名称	申报要素			说明
		归类要素	价格要素	其他要素	
	-非卷材,除冷轧外未经进一步加工:	1. 形状(平板、卷板);2. 材质(铁、非合金钢);3. 加工方法(冷轧等);4. 加工程度(未包覆、未镀层、未涂层等);5. 成分含量(铁、碳、合金元素、非合金元素的含量);6. 规格(板材的厚度、宽度);7. 屈服强度	8. 钢号		
7209.2500	--厚度在3毫米及以上				
7209.2600	--厚度超过1毫米,但小于3毫米				
7209.2700	--厚度在0.5毫米及以上,但不超过1毫米				
7209.2800	--厚度小于0.5毫米				
7209.9000	-其他	1. 形状(平板、卷板);2. 材质(铁、非合金钢);3. 加工方法(冷轧等);4. 加工程度(未包覆、未镀层、未涂层等);5. 成分含量(铁、碳、合金元素、非合金元素的含量);6. 规格(板材的厚度、宽度);7. 屈服强度	8. 钢号		
72.10	宽度在600毫米及以上的铁或非合金钢平板轧材,经包覆、镀层或涂层: -镀或涂锡的:	1. 形状(平板、卷板);2. 材质(铁、非合金钢);3. 加工方法(经包覆、经镀层、经涂层);4. 成分含量(铁、碳、合金元素、非合金元素的含量);5. 规格(板材的厚度、宽度);6. 涂层种类(锡、铅、电镀锌、涂锌等)	7. 钢号		
7210.1100	--厚度在0.5毫米及以上				
7210.1200	--厚度小于0.5毫米				

税则号列	商品名称	申报要素			说明
		归类要素	价格要素	其他要素	
7210.2000	-镀或涂铅的，包括镀铅锡钢板	1. 形状（平板、卷板）；2. 材质（铁、非合金钢）；3. 加工方法（经包覆、经镀层、经涂层）；4. 成分含量（铁、碳、合金元素、非合金元素的含量）；5. 规格（板材的厚度、宽度）；6. 涂层种类（锡、铅、电镀锌、涂锌等）	7. 钢号		
7210.3000	-电镀锌的	1. 形状（平板、卷板）；2. 材质（铁、非合金钢）；3. 加工方法（经包覆、经镀层、经涂层）；4. 成分含量（铁、碳、合金元素、非合金元素的含量）；5. 规格（板材的厚度、宽度）；6. 涂层种类（锡、铅、电镀锌、涂锌等）	7. 钢号		
	-用其他方法镀或涂锌的：				
7210.4100	--瓦楞形	1. 形状（平板、卷板）；2. 材质（铁、非合金钢）；3. 加工方法（经包覆、经镀层、经涂层）；4. 成分含量（铁、碳、合金元素、非合金元素的含量）；5. 规格（板材的厚度、宽度）；6. 涂层种类（锡、铅、电镀锌、涂锌等）	7. 钢号		
	--其他	1. 形状（平板、卷板）；2. 材质（铁、非合金钢）；3. 加工方法（经包覆、经镀层、经涂层）；4. 成分含量（铁、碳、合金元素、非合金元素的含量）；5. 规格（板材的厚度、宽度）；6. 涂层种类（锡、铅、电镀锌、涂锌等）；7. 抗拉强度	8. 钢号		
7210.4910	---抗拉强度不小于440牛顿/平方毫米				

税则号列	商品名称	申报要素			说明
		归类要素	价格要素	其他要素	
7210.4990	---其他				
7210.5000	-镀或涂氧化铬或铬及氧化铬的	1. 形状（平板、卷板）；2. 材质（铁、非合金钢）；3. 加工方法（经包覆、经镀层、经涂层）；4. 成分含量（铁、碳、合金元素、非合金元素的含量）；5. 规格（板材的厚度、宽度）；6. 涂层种类（锡、铅、电镀锌、涂锌等）	7. 钢号		
	-镀或涂铝的：	1. 形状（平板、卷板）；2. 材质（铁、非合金钢）；3. 加工方法（经包覆、经镀层、经涂层）；4. 成分含量（铁、碳、合金元素、非合金元素的含量）；5. 规格（板材的厚度、宽度）；6. 涂层种类（锡、铅、电镀锌、涂锌等）	7. 钢号		
7210.6100	--镀或涂铝锌合金的				
7210.6900	--其他				
	-涂漆或涂塑的：	1. 形状（平板、卷板）；2. 材质（铁、非合金钢）；3. 加工方法（经包覆、经镀层、经涂层）；4. 成分含量（铁、碳、合金元素、非合金元素的含量）；5. 规格（板材的厚度、宽度）；6. 涂层种类（锡、铅、电镀锌、涂锌等）	7. 钢号		
7210.7010	---厚度小于1.5毫米				
7210.7090	---其他				
7210.9000	-其他	1. 形状（平板、卷板）；2. 材质（铁、非合金钢）；3. 加工方法（经包覆、经镀层、经涂层）；4. 成分含量（铁、碳、合金元素、非合金元素的含量）；5. 规格（板材的厚度、宽度）；6. 涂层种类（锡、铅、电镀锌、涂锌等）	7. 钢号		

税则号列	商品名称	申报要素			说明
		归类要素	价格要素	其他要素	
72.11	宽度小于600毫米的铁或非合金钢平板轧材，但未经包覆、镀层或涂层：	1. 形状（平板、卷板）；2. 材质（铁、非合金钢）；3. 加工方法（热轧、冷轧；未包覆、未镀层、未涂层等）；4. 成分含量（铁、碳、合金元素、非合金元素的含量）；5. 规格（板材的厚度、宽度）	6. 钢号		
	-除热轧外未经进一步加工：				
7211.1300	--经四面轧制或在闭合匣内轧制的非卷材，宽度超过150毫米，厚度不小于4毫米，未轧压花纹				
7211.1400	--其他，厚度在4.75毫米及以上				
7211.1900	--其他				
	-除冷轧外未经进一步加工：				
7211.2300	--按重量计含碳量低于0.25%				
7211.2900	--其他				
7211.9000	-其他				
72.12	宽度小于600毫米的铁或非合金钢平板轧材，经包覆、镀层或涂层：	1. 形状（平板、卷板）；2. 材质（铁、非合金钢）；3. 加工方法（热轧、冷轧；经包覆、经镀层、经涂层）；4. 成分含量（铁、碳、合金元素、非合金元素的含量）；5. 规格（板材的厚度、宽度）；6. 涂层种类（锡、铅、电镀锌、涂锌等）			
7212.1000	-镀或涂锡的				
7212.2000	-电镀锌的				
7212.3000	-用其他方法镀或涂锌的				
7212.4000	-涂漆或涂塑的				
7212.5000	-镀或涂其他材料的				
7212.6000	-经包覆的				
72.13	不规则盘卷的铁及非合金钢的热轧条、杆：				

税则号列	商品名称	申报要素			说明
		归类要素	价格要素	其他要素	
7213.1000	-带有轧制过程中产生的凹痕、凸缘、槽沟及其他变形的	1. 形状（条、杆）；2. 材质（铁、非合金钢）；3. 加工方法（热轧等）；4. 状态（不规则盘卷，带有凹痕、凸缘等）；5. 成分含量（合金元素、非合金元素的含量）；6. 规格（条、杆的直径）			
7213.2000	-其他，易切削钢制	1. 形状（条、杆）；2. 材质（易切削钢）；3. 加工方法（热轧等）；4. 状态（不规则盘卷、不带有凹痕、凸缘等）；5. 成分含量（合金元素、非合金元素的含量）；6. 规格（条、杆的直径）			
	-其他：	1. 形状（条、杆）；2. 材质（铁、非合金钢）；3. 加工方法（热轧等）；4. 状态（不规则盘卷）；5. 成分含量（合金元素、非合金元素的含量）；6. 截面形状；7. 规格（圆形截面需报条、杆的直径）			
7213.9100	--直径小于14毫米的圆形截面的				
7213.9900	--其他				
72.14	**铁或非合金钢的其他条、杆，除锻造、热轧、热拉拔或热挤压外未经进一步加工，包括轧制后扭曲的：**				
7214.1000	-锻造的	1. 形状（条、杆）；2. 材质（铁、非合金钢）；3. 加工方法（锻造）；4. 成分含量（合金元素、非合金元素的含量）；5. 规格（条、杆的直径）			

税则号列	商品名称	申报要素			说明
		归类要素	价格要素	其他要素	
7214.2000	-带有轧制过程中产生的凹痕、凸缘、槽沟或其他变形及轧制后扭曲的	1. 形状（条、杆）；2. 材质（铁、非合金钢）；3. 加工方法（热轧、热拉拔、热挤压）；4. 状态（带有轧制产生的变形或轧制后的扭曲）；5. 成分含量（合金元素、非合金元素的含量）；6. 规格（条、杆的直径）	7. 钢号		
7214.3000	-其他，易切削钢制	1. 形状（条、杆）；2. 材质（易切削钢）；3. 加工方法（热轧、热拉拔、热挤压）；4. 成分含量（合金元素、非合金元素的含量）；5. 状态（不带有轧制产生的变形或轧制后的扭曲）；6. 规格（条、杆的直径）			
	-其他：	1. 形状（条、杆）；2. 材质（铁、非合金钢）；3. 加工方法（热轧、热拉拔、热挤压）；4. 成分含量（合金元素、非合金元素的含量）；5. 状态（不带有轧制产生的变形或轧制后的扭曲）；6. 规格（条、杆的直径）；7. 截面形状（正方形等）			
7214.9100 7214.9900	--矩形（正方形除外）截面的 --其他				
72.15	**铁及非合金钢的其他条、杆：**	1. 形状（条、杆）；2. 材质（铁、非合金钢）；3. 加工方法（热加工、冷加工）；4. 加工程度；5. 成分含量（铁、碳、合金元素、非合金元素的含量）；6. 规格（条、杆的直径）；7. 易切削钢请注明			

税则号列	商品名称	申报要素			说明
		归类要素	价格要素	其他要素	
7215.1000	-易切削钢制,除冷成形或冷加工外未经进一步加工				
7215.5000	-其他,除冷成形或冷加工外未经进一步加工				
7215.9000	-其他				
72.16	铁或非合金钢的角材、型材及异型材:	1. 形状（槽钢、角钢、工字钢、H型钢等）;2. 材质（铁、非合金钢）;3. 加工方法（热轧、热拉拔、热挤压、冷加工、冷成形等）;4. 加工程度（例如,打孔、冲孔、扭绞、涂层等）;5. 成分含量（合金元素、非合金元素的含量）;6. 规格（型材的截面高度）			
	-槽钢、工字钢及H型钢,除热轧、热拉拔或热挤压外未经进一步加工,截面高度低于80毫米:				
7216.1010	---H型钢				
7216.1020	---工字钢				
7216.1090	---其他				
	-角钢及丁字钢,除热轧、热拉拔或热挤压外未经进一步加工,截面高度低于80毫米:				
7216.2100	--角钢				
7216.2200	--丁字钢				
	-槽钢、工字钢及H型钢,除热轧、热拉拔或热挤压外未经进一步加工,截面高度在80毫米及以上:				
7216.3100	--槽钢				
	--工字钢:				
7216.3210	---截面高度在200毫米以上				
7216.3290	---其他				
	--H型钢:				
	---截面高度在200毫米以上:				
7216.3311	----截面高度在800毫米以上				
7216.3319	----其他				
7216.3390	---其他				
	-角钢及丁字钢,除热轧、热拉拔或热挤压外未经进一步加工,截面高度在80毫米及以上:				
7216.4010	---角钢				
7216.4020	---丁字钢				

税则号列	商品名称	申报要素			说明
		归类要素	价格要素	其他要素	
	-其他角材、型材及异型材，除热轧、热拉拔或热挤压外未经进一步加工：				
7216.5010	---乙字钢				
7216.5020	---球扁钢				
7216.5090	---其他				
	-角材、型材及异型材，除冷成形或冷加工外未经进一步加工：				
7216.6100	--平板轧材制的				
7216.6900	--其他				
	-其他：				
7216.9100	--平板轧材经冷成形或冷加工制的				
7216.9900	--其他				
72.17	**铁丝或非合金钢丝：**	1. 形状（丝）；2. 材质（铁、非合金钢）；3. 加工方法（镀层、涂层）；4. 成分含量（铁、碳、合金元素、非合金元素的含量）；5. 镀或涂层种类（锌、铜等）；6. 状态（盘、卷等）			
7217.1000	-未经镀或涂层，不论是否抛光				
7217.2000	-镀或涂锌的				
	-镀或涂其他贱金属的：				
7217.3010	---镀或涂铜的				
7217.3090	---其他				
7217.9000	-其他				
	第三分章　不锈钢				
72.18	**不锈钢，锭状或其他初级形状；不锈钢半制成品：**	1. 形状（方锭等）；2. 材质（不锈钢）；3. 截面形状（正方形等）	4. 钢号		
7218.1000	-锭状或其他初级形状				
	-其他：	1. 形状（方锭等）；2. 材质（不锈钢）；3. 截面形状（正方形等）	4. 钢号	5. 用途	
7218.9100	--矩形（正方形除外）截面的				
7218.9900	--其他				
72.19	**不锈钢平板轧材，宽度在600毫米及以上：**				

税则号列	商品名称	申报要素			说明
		归类要素	价格要素	其他要素	
	-除热轧外未经进一步加工的卷材:	1. 形状（卷板、平板等）；2. 材质（不锈钢）；3. 加工方法（热轧、冷轧）；4. 加工程度（是否经酸洗）；5. 成分含量；6. 规格（板材的厚度、宽度）	7. 钢号		
7219.1100	--厚度超过10毫米				
	--厚度在4.75毫米及以上，但不超过10毫米:				
7219.1210	---宽度在600毫米及以上，但不超过1800毫米				
7219.1290	---其他				
	--厚度在3毫米及以上，但小于4.75毫米:				
	---未经酸洗的:				
7219.1312	----按重量计含锰量在5.5%及以上的铬锰系不锈钢				
7219.1319	----其他				
	---经酸洗的:				
7219.1322	----按重量计含锰量在5.5%及以上的铬锰系不锈钢				
7219.1329	----其他				
	--厚度小于3毫米:				
	---未经酸洗的:				
7219.1412	----按重量计含锰量在5.5%及以上的铬锰系不锈钢				
7219.1419	----其他				
	---经酸洗的:				
7219.1422	----按重量计含锰量在5.5%及以上的铬锰系不锈钢				
7219.1429	----其他				
	-除热轧外未经进一步加工的非卷材:	1. 形状（卷板、平板等）；2. 材质（不锈钢）；3. 加工方法（热轧、冷轧）；4. 加工程度；5. 成分含量；6. 规格（板材的厚度、宽度）	7. 钢号		
7219.2100	--厚度超过10毫米				
7219.2200	--厚度在4.75毫米及以上，但不超过10毫米				
7219.2300	--厚度在3毫米及以上，但小于4.75毫米				
	--厚度小于3毫米:				

税则号列	商品名称	申报要素 归类要素	申报要素 价格要素	申报要素 其他要素	说明
7219.2410	---厚度超过1毫米但小于3毫米				
7219.2420	---厚度在0.5毫米及以上，但不超过1毫米				
7219.2430	---厚度小于0.5毫米	1.形状（卷板、平板等）；2.材质（不锈钢）；3.加工方法（热轧、冷轧）；4.加工程度；5.成分含量；6.规格（板材的厚度、宽度）	7.钢号		
	-除冷轧外未经进一步加工：				
7219.3100	--厚度在4.75毫米及以上				
	--厚度在3毫米及以上，但小于4.75毫米：				
7219.3210	---宽度在600毫米及以上，但不超过1800毫米				
7219.3290	---其他				
	--厚度超过1毫米，但小于3毫米：				
7219.3310	---按重量计含锰量在5.5%及以上的铬锰系不锈钢				
7219.3390	---其他				
7219.3400	--厚度在0.5毫米及以上，但不超过1毫米				
7219.3500	--厚度小于0.5毫米				
7219.9000	-其他	1.形状（卷板、平板等）；2.材质（不锈钢）；3.加工方法（热轧、冷轧）；4.加工程度；5.成分含量；6.规格（板材的厚度、宽度）	7.钢号		
72.20	**不锈钢平板轧材，宽度小于600毫米：**	1.形状（卷板、平板等）；2.材质（不锈钢）；3.加工方法（热轧、冷轧）；4.加工程度；5.成分含量（铁、碳、铬及合金元素、非合金元素的含量）；6.规格（板材的厚度、宽度）	7.钢号		
	-除热轧外未经进一步加工：				
7220.1100	--厚度在4.75毫米及以上				
7220.1200	--厚度小于4.75毫米				
	-除冷轧外未经进一步加工：				
7220.2020	---厚度在0.35毫米及以下				
7220.2030	---厚度在0.35毫米以上但小于3毫米				

税则号列	商品名称	申报要素			说明
		归类要素	价格要素	其他要素	
7220.2040	---厚度在3毫米及以上				
7220.9000	-其他				
72.21	不规则盘卷的不锈钢热轧条、杆：	1. 形状（条、杆）；2. 材质（不锈钢）；3. 加工方法（热轧）；4. 状态（不规则盘卷）；5. 成分含量（铁、碳、铬及合金元素、非合金元素的含量）	6. 钢号；7. 直径		
7221.0000	不规则盘卷的不锈钢热轧条、杆				
72.22	不锈钢其他条、杆；不锈钢角材、型材及异型材：	1. 形状（条、杆、角材、型材、异型材）；2. 材质（不锈钢）；3. 加工方法（热轧、热拉拔、热挤压、自由锻造、模锻、冷成型、冷加工等）；4. 成分含量（铁、碳、铬及合金元素、非合金元素的含量）；5. 截面形状（圆形、正方形、长方形等）	6. 钢号	7. 规格（圆柱形填报直径；矩形、正方形填报长×宽×厚度）；8. 用途（用于生产板/杆/管/型材/模具/其他）	
	-条、杆，除热轧、热拉拔或热挤压外未经进一步加工：				
7222.1100	--圆形截面的				
7222.1900	--其他				
7222.2000	-条、杆，除冷成形或冷加工外未经进一步加工				
7222.3000	-其他条、杆				
7222.4000	-角材、型材及异型材				
72.23	不锈钢丝：	1. 形状（丝）；2. 材质（不锈钢）；3. 成分含量（铁、碳、铬及合金元素、非合金元素的含量）	4. 截面尺寸（圆形填直径，矩形填宽度厚度）；5. 钢号		
7223.0000	不锈钢丝				
	第四分章 其他合金钢；合金钢或非合金钢制的空心钻钢				
72.24	其他合金钢，锭状或其他初级形状；其他合金钢制的半制成品：				
7224.1000	-锭状及其他初级形状	1. 形状（方锭等）；2. 材质（硅锰钢等）；3. 成分含量（铁、碳及合金元素、非合金元素的含量）	4. 钢号		

税则号列	商品名称	申报要素 归类要素	申报要素 价格要素	申报要素 其他要素	说明
	-其他：	1. 形状（方锭等）；2. 材质（硅锰钢等）；3. 成分含量（铁、碳及合金元素、非合金元素的含量）；4. 粗铸锻件坯请注明单件重量	5. 钢号	6. 用途	
7224.9010	---单件重量在10吨及以上的粗铸锻件坯				
7224.9090	---其他				
72.25	**其他合金钢平板轧材，宽度在600毫米及以上：**				
	-硅电钢制：	1. 形状（平板、卷材）；2. 材质（硅电钢、高速钢等，取向性硅电钢请注明）；3. 加工方法（热轧、冷轧）；4. 成分含量（铁、碳、合金元素、非合金元素的含量）；5. 规格（板材的厚度、宽度）	6. 钢号；7. 厂商（中文或外文名称）		
7225.1100	--取向性硅电钢				
7225.1900	--其他				
	-其他卷材，除热轧外未经进一步加工：	1. 形状（平板、卷材）；2. 材质（硅电钢、高速钢等，取向性硅电钢请注明）；3. 加工方法（热轧）；4. 是否其他加工[无其他加工；抛光、磨光或类似处理；表面化学处理；包层或叠（迭）层工艺；镀层及涂层等]；5. 成分含量（铁、碳、合金元素、非合金元素的含量）；6. 规格（板材的厚度、宽度）	7. 钢号		
7225.3010	--厚度在2毫米及以下				
7225.3090	--其他				

税则号列	商品名称	申报要素			说明
		归类要素	价格要素	其他要素	
	-其他非卷材,除热轧外未经进一步加工:	1. 形状(平板、卷材);2. 材质(硅电钢、高速钢等,取向性硅电钢请注明);3. 加工方法(热轧);4. 是否其他加工[无其他加工;抛光、磨光或类似处理;表面化学处理;包层或叠(迭)层工艺;镀层及涂层等];5. 成分含量(铁、碳、合金元素、非合金元素的含量);6. 规格(板材的厚度、宽度)	7. 钢号		
7225.4010	---工具钢				
	---其他:				
7225.4091	----含硼合金钢				
7225.4099	----其他				
7225.5000	-其他,除冷轧外未经进一步加工	1. 形状(平板、卷材);2. 材质(硅电钢、高速钢等,取向性硅电钢请注明);3. 加工方法(冷轧);4. 是否其他加工[无其他加工;抛光、磨光或类似处理;表面化学处理;包层或叠(迭)层工艺;镀层及涂层等];5. 成分含量(铁、碳、合金元素、非合金元素的含量);6. 规格(板材的厚度、宽度)	7. 钢号		
	-其他:	1. 形状(平板、卷材);2. 材质(硅电钢、高速钢等,取向性硅电钢请注明);3. 加工方法(冷轧或热轧;镀层、涂层等);4. 成分含量(铁、碳、合金元素、非合金元素的含量);5. 规格(板材的厚度、宽度);6. 涂层种类(电镀锌、涂锌等)	7. 钢号		

税则号列	商品名称	申报要素			说明
		归类要素	价格要素	其他要素	
7225.9100	--电镀或涂锌的				
7225.9200	--用其他方法镀或涂锌的				
	--其他:				
7225.9910	---高速钢制				
7225.9990	---其他				
72.26	**其他合金钢平板轧材，宽度小于600毫米：**				
	-硅电钢制:	1. 形状（平板、卷材）；2. 材质（硅电钢、高速钢等，取向性硅电钢请注明）；3. 加工方法（热轧、冷轧）；4. 成分含量（铁、碳、合金元素、非合金元素的含量）；5. 规格（板材的厚度、宽度）	6.钢号；7.厂商（中文或外文名称）		
7226.1100	--取向性硅电钢				
7226.1900	--其他				
7226.2000	-高速钢制	1. 形状（平板、卷材）；2. 材质（硅电钢、高速钢等，取向性硅电钢请注明）；3. 加工方法（热轧、冷轧）；4. 成分含量（铁、碳、合金元素、非合金元素的含量）；5. 规格（板材的厚度、宽度）	6.钢号		
	-其他:	1. 形状（平板、卷材）；2. 材质（硅电钢、高速钢等，取向性硅电钢请注明）；3. 加工方法（热轧、冷轧）；4. 是否其他加工［无其他加工；抛光、磨光或类似处理；表面化学处理；包层或叠（迭）层工艺；镀层及涂层等］；5. 成分含量（铁、碳、合金元素、非合金元素的含量）；6. 规格（板材的厚度、宽度）；7. 涂层种类（电镀锌、涂锌等）	8.钢号		

税则号列	商品名称	申报要素			说明
		归类要素	价格要素	其他要素	
	--除热轧外未经进一步加工：				
7226.9110	---工具钢				
	---其他：				
7226.9191	----含硼合金钢				
7226.9199	----其他				
7226.9200	--除冷轧外未经进一步加工				
	--其他：				
7226.9910	---电镀或涂锌的				
7226.9920	---用其他方法镀或涂锌的				
7226.9990	---其他				
72.27	**不规则盘卷的其他合金钢热轧条、杆：**	1. 形状（条、杆）；2. 材质（高速钢、硅锰钢等）；3. 加工方法（热轧）；4. 状态（不规则盘卷）；5. 成分含量（铁、碳、合金元素、非合金元素的含量）	6. 钢号		
7227.1000	-高速钢制				
7227.2000	-硅锰钢制				
	-其他：				
7227.9010	---含硼合金钢制				
	---其他：				
7227.9091	----截面为圆形的				
7227.9099	----其他				
72.28	**其他合金钢条、杆；其他合金钢角材、型材及异型材；合金钢或非合金钢制的空心钻钢：**				
7228.1000	-高速钢条、杆	1. 用途（适用场所或下游产品）；2. 形状（条、杆、角材、型材、异型材）；3. 材质（高速钢、硅锰钢等）；4. 加工方法（热轧、热拉拔、热挤压、冷成形、冷加工等）；5. 成分含量（铁、碳、合金元素、非合金元素的含量）；6. 长度	7. 钢号		

税则号列	商 品 名 称	申 报 要 素			说 明
		归类要素	价格要素	其他要素	
7228.2000	-硅锰钢条、杆	1.用途（适用场所或下游产品）；2.形状（条、杆、角材、型材、异型材）；3.材质（高速钢、硅锰钢等）；4.加工方法（热轧、热拉拔、热挤压、冷成形、冷加工等）；5.成分含量（铁、碳、合金元素、非合金元素的含量）；6.长度	7.钢号		
	-其他条、杆，除热轧、热拉拔或热挤压外未经进一步加工：	1.用途（适用场所或下游产品）；2.形状（条、杆、角材、型材、异型材）；3.材质（高速钢、硅锰钢等）；4.加工方法（热轧、热拉拔、热挤压、冷成形、冷加工等）；5.成分含量（铁、碳、合金元素、非合金元素的含量）；6.长度	7.钢号		
7228.3010	---含硼合金钢制				
	---其他：				
7228.3091	----截面为圆形的				
7228.3099	----其他				
7228.4000	-其他条、杆，除锻造外未经进一步加工	1.用途（适用场所或下游产品）；2.形状（条、杆、角材、型材、异型材）；3.材质（高速钢、硅锰钢等）；4.加工方法（热轧、热拉拔、热挤压、冷成形、冷加工等）；5.成分含量（铁、碳、合金元素、非合金元素的含量）；6.长度	7.钢号		

税则号列	商品名称	申报要素			说明
		归类要素	价格要素	其他要素	
7228.5000	-其他条、杆，除冷成形或冷加工外未经进一步加工	1. 用途（适用场所或下游产品）；2. 形状（条、杆、角材、型材、异型材）；3. 材质（高速钢、硅锰钢等）；4. 加工方法（热轧、热拉拔、热挤压、冷成形、冷加工等）；5. 成分含量（铁、碳、合金元素、非合金元素的含量）；6. 长度	7. 钢号		
7228.6000	-其他条、杆	1. 用途（适用场所或下游产品）；2. 形状（条、杆、角材、型材、异型材）；3. 材质（高速钢、硅锰钢等）；4. 加工方法（热轧、热拉拔、热挤压、冷成形、冷加工等）；5. 成分含量（铁、碳、合金元素、非合金元素的含量）；6. 长度	7. 钢号		
7228.7010	-角材、型材及异型材： ---履带板型钢	1. 用途（适用场所或下游产品）；2. 形状（条、杆、角材、型材、异型材）；3. 材质（高速钢、硅锰钢等）；4. 加工方法（热轧、热拉拔、热挤压、冷成形、冷加工等）；5. 成分含量（铁、碳、合金元素、非合金元素的含量）；6. 空心钻钢需额外申报最大外形尺寸和最大内孔尺寸	7. 钢号		
7228.7090	---其他	1. 用途（适用场所或下游产品）；2. 形状（条、杆、角材、型材、异型材）；3. 材质（高速钢、硅锰钢等）；4. 加工方法（热轧、热拉拔、热挤压、冷成形、冷加工等）；5. 成分含量（铁、碳、合金元素、非合金元素的含量）	6. 钢号		

税则号列	商品名称	申报要素			说明
		归类要素	价格要素	其他要素	
7228.8000	-空心钻钢	1.用途（适用场所或下游产品）；2.形状（条、杆、角材、型材、异型材）；3.材质（高速钢、硅锰钢等）；4.加工方法（热轧、热拉拔、热挤压、冷成形、冷加工等）；5.成分含量（铁、碳、合金元素、非合金元素的含量）；6.空心钻钢需额外申报最大外形尺寸和最大内孔尺寸	7.钢号		
72.29	其他合金钢丝：	1.形状（丝）；2.材质（高速钢、硅锰钢等）；3.加工方法（镀层、涂层）；4.成分含量（铁、碳、合金元素、非合金元素的含量）；5.用途	6.钢号		
7229.2000	-硅锰钢制				
	-其他：				
7229.9010	---高速钢制				
7229.9090	---其他				

第七十三章　钢铁制品

注释：
一、本章所称"铸铁"，适用于经铸造而得的产品，按重量计其铁元素含量超过其他元素单项含量并与第七十二章注释一（四）所述的钢的化学成分不同。
二、本章所称"丝"，是指热或冷成形的任何截面形状的产品，但其截面尺寸均不超过16毫米。

【要素释义】

一、归类要素

1. 形状：指物体的形态、状貌。例如，税目73.01商品可填报"板桩""焊接的角材""型材""异型材"等；税目73.03项下商品可填报"圆形截面管""空心异型材"等；税目73.04项下商品可填报"锅炉用""石油或天然气管道用""钻探石油或天然气用套管、导管及钻管用"等；税目73.05项下商品可填报"圆形"等；税目73.06项下商品可填报"圆形""方形或椭圆形"等；税目73.07项下商品可填报"用于管子之间连通、管道封闭"等。

2. 材质：指商品具体的制成材料。例如，税目73.01至73.24项下商品可填报"铁""非合金钢""不锈钢""合金钢""铸铁"等；税目73.25项下商品可填报"无可锻性铸铁"等。本章所称"铸铁"，指经铸造而得的产品，按重量计其铁元素含量超过其他元素单项含量并与第七十二章注释一（四）所述的钢的化学成分不同。

3. 用途：指商品的应用对象或应用领域。例如，税目73.02项下商品可填报"铁道及电车道铺轨用"等；税目73.04项下商品可填报"锅炉用""石油或天然气管道用""钻探石油或天然气用套管、导管及钻管用"等；税目73.05、73.06项下商品可填报"石油或天然气管道用"等；税目73.07项下商品可填报"用于管子之间连通、管道封闭"等；税目73.08项下商品可填报"支撑用"等；税目73.09、73.10项下商品可填报"盛装液体用"等；税目73.11项下商品可填报"压缩气体或液化气体用""零售包装用"等；税目73.13项下商品可填报"围篱用"等；税目73.14项下商品可填报"工业用"等；税目73.15项下商品可填报"自行车用""摩托车用"等；税目73.20项下商品可填报"汽车用""铁道车辆用"等；税目73.22项下商品可填报"集中供暖用"等；税目73.23项下商品可填报"厨房用""餐桌用"等；税目73.25项下商品可填报"工业用""非工业用""研磨机用"等；税目73.26项下商品可填报"工业用""非工业用"等。

4. 制品种类：指钢铁制品具体是何种类型的产品。例如，税目73.02项下商品可填报"钢轨""轨枕""岔道段体"等；税目73.12项下商品填报"绞股线""吊索""绳"等。

5. 加工方法：指商品在加工过程中经过的具体加工方式，如经进一步加工请注明具体加工方法。例如，税目73.04项下商品可填报"冷拔""冷轧""热轧"等；税目73.23、73.24项下商品可填报"已搪瓷、未搪瓷"等。

6. 规格：指商品的尺寸大小，一般填报长、宽、厚或直径等。例如，税目73.03项下商品可填报"管的内径"；税目73.04、73.05项下商品可填报"管的外径"；税目73.06项下商品可填报"圆管的外径、壁厚"。

7. 屈服强度：指钢铁材料发生屈服现象时的极限，即抵抗微量塑性变形的应力，单位为"MPa兆帕"。

8. 种类：指钢铁制品所属类别。例如，税目73.04项下商品可填报"无缝管"等；税目73.05项下商品可填报"石油管道管"等；73.06项下商品可填报"焊接管"等。

9. 截面形状：指商品截面的具体形状，如正方形、圆形等。

10. 截面尺寸：根据本章注释二规定，税目73.13项下的"丝"的截面尺寸不超过16毫米。

11. 是否装有机械或热力装置：税目73.09、73.10项下的容器不能装有机械或热力装置，否则就不能归入这两个税目，故税目73.09、73.10项下容器应填报"未装有机械或热力装置"。

12. 是否装有电动风扇或鼓风机：根据商品实际情况填报。

13. 注明"非绝缘"：因为绝缘电线及电缆归入税目85.44项下，故归入税目73.12项下的钢铁绞股线、绳、缆等需填报"非绝缘"。

14. 抗拉强度：指金属在静拉伸条件下的最大承载能力，单位为"MPa兆帕"。

15. 原理：本章特指税目73.21、73.22项下商品填报"非电热"。

16. 燃料种类：指税目73.21项下非电热的钢铁制家用炉、灶等使用何种燃料。例如，可填报"液体燃料""固体燃料""气体燃料"或"太阳能"。

二、价格要素

1. 加工方法（冷轧、热轧等）：该要素是税目73.01项下钢铁板桩的专有价格要素。只需填报"冷弯"（或者"冷轧"）或者"热轧"即可。

2. 规格：指钢铁板桩的长、宽、高的截面尺寸大小。该要素是税目73.01项下钢铁板桩的价格要素。不仅需填报"规格"，还需申报"截面尺寸"。其中"规格"需填报"宽、高、厚"，例如，"400mm×125mm×13mm"；"截面尺寸"需申报"每桩"和"每米墙身"的"截面尺寸"，例如，"每桩"的"截面尺寸"为76.4cm^2，"每米墙身"的"截面尺寸"为191cm^2。

3. 品牌（中文或外文名称）：指制造商或经销商加在商品上的品牌标志，实际需要申报中文或外文品牌名称。

4. 型号：指按照性能、用途、规格和大小等因素所设的代码。

5. 杆径：子目7318.11至7318.15项下螺钉和螺栓应填报商品的杆径尺寸，通常单位为"毫米"。

税则号列	商品名称	申报要素 归类要素	申报要素 价格要素	申报要素 其他要素	说明
73.01	钢铁板桩，不论是否钻孔、打眼或组装；焊接的钢铁角材、型材及异型材：	1. 形状（板桩，焊接的角材、型材、异型材等）；2. 材质（铁、非合金钢、不锈钢、合金钢）	3. 加工方法（冷轧、热轧等）；4. 规格（截面尺寸）		
7301.1000	-钢铁板桩				
7301.2000	-角材、型材及异型材				
73.02	铁道及电车道铺轨用钢铁材料（钢轨、护轨、齿轨、道岔尖轨、辙叉、尖轨拉杆及其他叉道段体、轨枕、鱼尾板、轨座、轨座楔、钢轨垫板、钢轨夹板、底板、固定板及其他专门用于连接或加固路轨的材料）：	1. 用途（铁道及电车道铺轨用等）；2. 材质（铁、非合金钢、不锈钢、合金钢）；3. 制品种类（钢轨、轨枕、岔道段体等）			
7302.1000	-钢轨				
7302.3000	-道岔尖轨、辙叉、尖轨拉杆及其他叉道段体				
7302.4000	-鱼尾板及钢轨垫板				
	-其他：				
7302.9010	---轨枕				
7302.9090	---其他				
73.03	铸铁管及空心异型材：	1. 规格（管的内径）；2. 形状（圆形截面管、空心异型材）；3. 材质（铸铁）			
7303.0010	---内径在500毫米及以上的圆型截面管				
7303.0090	---其他				
73.04	无缝钢铁管及空心异型材（铸铁的除外）：				
	-石油或天然气管道管：	1. 规格（管的外径）；2. 用途；3. 形状（管、空心异型材）；4. 材质（铁、非合金钢、不锈钢、合金钢）；5. 种类（无缝管）	6. 加工方法（冷拔、冷轧、热轧等）；		
	--不锈钢制：				

税则号列	商品名称	申报要素			说明
		归类要素	价格要素	其他要素	
7304.1110	---外径大于等于215.9毫米，但不超过406.4毫米				
7304.1120	---外径超过114.3毫米，但小于215.9毫米				
7304.1130	---外径不超过114.3毫米				
7304.1190	---其他				
	--其他：				
7304.1910	---外径大于等于215.9毫米，但不超过406.4毫米				
7304.1920	---外径超过114.3毫米，但小于215.9毫米				
7304.1930	---外径不超过114.3毫米				
7304.1990	---其他				
	-钻探石油或天然气用的套管、导管及钻管：				
	--不锈钢钻管：	1.规格（管的外径）；2.用途；3.形状（管、空心异型材）；4.材质（铁、非合金钢、不锈钢、合金钢）；5.种类（无缝管）	6.加工方法（冷拔、冷轧、热轧等）		
7304.2210	---外径不超过168.3毫米				
7304.2290	---其他				
	--其他钻管：	1.规格（管的外径）；2.用途；3.形状（管、空心异型材）；4.材质（铁、非合金钢、不锈钢、合金钢）；5.种类（无缝管）	6.加工方法（冷拔、冷轧、热轧等）		
7304.2310	---外径不超过168.3毫米				
7304.2390	---其他				
7304.2400	--其他不锈钢管	1.规格（管的外径）；2.用途；3.形状（管、空心异型材）；4.材质（铁、非合金钢、不锈钢、合金钢）；5.加工方法（冷拔、冷轧、热轧等）；6.种类（无缝管）			

税则号列	商品名称	申报要素			说明
		归类要素	价格要素	其他要素	
	--其他：	1. 规格（管的外径）；2. 用途；3. 形状（管、空心异型材）；4. 材质（铁、非合金钢、不锈钢、合金钢）；5. 加工方法（冷拔、冷轧、热轧等）；6. 种类（无缝管）；7. 屈服强度			
7304.2910	---屈服强度小于552兆帕的				
7304.2920	---屈服强度大于等于552兆帕，但小于758兆帕的				
7304.2930	---屈服强度大于等于758兆帕的				
	-铁或非合金钢的其他圆形截面管：	1. 规格（管的外径）；2. 用途；3. 形状（管、空心异型材）；4. 材质（铁、非合金钢、不锈钢、合金钢）；5. 加工方法（冷拔、冷轧、热轧等）；6. 种类（无缝管）			
	--冷拔或冷轧的：				
7304.3110	---锅炉管				
7304.3120	---地质钻管、套管				
7304.3190	---其他				
	--其他：				
7304.3910	---锅炉管				
7304.3920	---地质钻管、套管				
7304.3990	---其他				
	-不锈钢的其他圆形截面管：	1. 规格（管的外径）；2. 用途；3. 形状（管、空心异型材）；4. 材质（铁、非合金钢、不锈钢、合金钢）；5. 加工方法（冷拔、冷轧、热轧等）；6. 种类（无缝管）			
	--冷拔或冷轧的：				
7304.4110	---锅炉管				
7304.4190	---其他				
	--其他：				
7304.4910	---锅炉管				
7304.4990	---其他				

税则号列	商品名称	申报要素 归类要素	申报要素 价格要素	申报要素 其他要素	说明
	-其他合金钢的其他圆形截面管：	1. 规格（管的外径）；2. 用途；3. 形状（管、空心异型材）；4. 材质（铁、非合金钢、不锈钢、合金钢）；5. 加工方法（冷拔、冷轧、热轧等）；6. 种类（无缝管）			
	--冷拔或冷轧的：				
7304.5110	---锅炉管				
7304.5120	---地质钻管、套管				
7304.5190	---其他				
	--其他：				
7304.5910	---锅炉管				
7304.5920	---地质钻管、套管				
7304.5990	---其他				
7304.9000	-其他	1. 规格（管的外径）；2. 用途；3. 形状（管、空心异型材）；4. 材质（铁、非合金钢、不锈钢、合金钢）；5. 种类（无缝管）	6. 加工方法（冷拔、冷轧、热轧等）		
73.05	**其他圆形截面钢铁管（例如，焊、铆及用类似方法接合的管），外径超过406.4毫米：**	1. 规格（管的外径）；2. 用途（石油或天然气管道用等）；3. 材质（铁、非合金钢、不锈钢、合金钢）；4. 种类（石油管道管等）；5. 加工方法（铆、纵向焊、埋弧焊）；6. 截面形状（圆形）			
	-石油或天然气管道管：				
7305.1100	--纵向埋弧焊接的				
7305.1200	--其他纵向焊接的				
7305.1900	--其他				
7305.2000	-钻探石油或天然气用套管				
	-其他焊接的：				
7305.3100	--纵向焊接的				
7305.3900	--其他				
7305.9000	-其他				
73.06	**其他钢铁管及空心异型材（例如，辊缝、焊、铆及类似方法接合的）：**				

税则号列	商品名称	申报要素 归类要素	价格要素	其他要素	说明
	-石油及天然气管道管：	1. 规格（圆管的外径、壁厚）；2. 用途（石油或天然气管道用等）；3. 材质（铁、非合金钢、不锈钢、合金钢）；4. 种类（焊接管等）；5. 加工方法（铆、纵向焊、埋弧焊）；6. 截面形状（圆形、方形或椭圆形等）			
7306.1100	--不锈钢焊缝管				
7306.1900	--其他				
	-钻探石油及天然气用的套管及导管：	1. 规格（圆管的外径、壁厚）；2. 用途（钻探石油及天然气用的套管等）；3. 材质（铁、非合金钢、不锈钢、合金钢）；4. 种类（焊接管等）；5. 加工方法（铆、纵向焊、埋弧焊）；6. 截面形状（圆形、方形或椭圆形等）			
7306.2100	--不锈钢焊缝管				
7306.2900	--其他				
	-铁或非合金钢制的其他圆形截面焊缝管：	1. 规格（圆管的外径、壁厚）；2. 用途；3. 材质（铁、非合金钢、不锈钢、合金钢）；4. 种类（焊接管等）；5. 加工方法（铆、纵向焊、埋弧焊）；6. 截面形状（圆形、方形或椭圆形等）			
	---外径不超过10毫米的：				
7306.3011	----壁厚在0.7毫米及以下				
7306.3019	----其他				
7306.3090	---其他				

税则号列	商品名称	申报要素			说明
		归类要素	价格要素	其他要素	
7306.4000	-不锈钢制的其他圆形截面焊缝管	1. 规格（圆管的外径、壁厚）；2. 用途；3. 材质（铁、非合金钢、不锈钢、合金钢）；4. 种类（焊接管等）；5. 加工方法（铆、纵向焊、埋弧焊）；6. 截面形状（圆形、方形或椭圆形等）			
7306.5000	-其他合金钢的圆形截面焊缝管	1. 规格（圆管的外径、壁厚）；2. 用途；3. 材质（铁、非合金钢、不锈钢、合金钢）；4. 种类（焊接管等）；5. 加工方法（铆、纵向焊、埋弧焊）；6. 截面形状（圆形、方形或椭圆形等）			
	-非圆形截面的其他焊缝管：	1. 规格（管子的外径、壁厚）；2. 用途；3. 材质（铁、非合金钢、不锈钢、合金钢）；4. 种类（焊接管等）；5. 加工方法（铆、纵向焊、埋弧焊）；6. 截面形状（圆形、方形或椭圆形等）			
7306.6100	--矩形或正方形截面的				
7306.6900	--其他非圆形截面的				
7306.9000	-其他	1. 规格（圆管的外径、壁厚）；2. 用途；3. 材质（铁、非合金钢、不锈钢、合金钢）；4. 种类（焊接管等）；5. 加工方法（铆、纵向焊、埋弧焊）；6. 截面形状（圆形、方形或椭圆形等）			

税则号列	商品名称	申报要素			说明
		归类要素	价格要素	其他要素	
73.07	钢铁管子附件（例如，接头、肘管、管套）：	1.用途；2.材质（无可锻性铸铁、可锻性铸铁、不锈钢、其他钢铁）；3.种类（法兰、管套、十字接头、对焊件等）；4.加工方法（铸造、锻造等）			
	-铸件：				
7307.1100	--无可锻性铸铁制				
7307.1900	--其他				
	-其他，不锈钢制：				
7307.2100	--法兰				
7307.2200	--螺纹肘管、弯管及管套				
7307.2300	--对焊件				
7307.2900	--其他				
	-其他：				
7307.9100	--法兰				
7307.9200	--螺纹肘管、弯管及管套				
7307.9300	--对焊件				
7307.9900	--其他				
73.08	钢铁结构体（税目94.06的活动房屋除外）及其部件（例如，桥梁及桥梁体段、闸门、塔楼、格构杆、屋顶、屋顶框架、门窗及其框架、门槛、百叶窗、栏杆、支柱及立柱）；上述结构体用的已加工钢铁板、杆、角材、型材、异型材、管子及类似品：				
7308.1000	-桥梁及桥梁体段	1.用途（支撑用等）；2.材质；3.种类（桥梁体段等）			
7308.2000	-塔楼及格构杆	1.用途（支撑用等）；2.材质；3.种类（塔楼等）			
7308.3000	-门窗及其框架、门槛	1.用途（支撑用等）；2.材质；3.种类（门、窗等）			
7308.4000	-脚手架、模板或坑道支撑用的支柱及类似设备	1.用途（支撑用等）；2.材质；3.种类（脚手架等）			
7308.9000	-其他	1.用途（支撑用等）；2.材质；3.种类			

税则号列	商品名称	申报要素			说明
		归类要素	价格要素	其他要素	
73.09	盛装物料用的钢铁囤、柜、罐、桶及类似容器（装压缩气体或液化气体的除外），容积超过300升，不论是否衬里或隔热，但无机械或热力装置：	1. 用途（盛装液体用等）；2. 材质；3. 种类（罐、桶等）；4. 规格（容积）；5. 是否装有机械或热力装置			
7309.0000	盛装物料用的钢铁囤、柜、罐、桶及类似容器（装压缩气体或液化气体的除外），容积超过300升，不论是否衬里或隔热，但无机械或热力装置				
73.10	盛装物料用的钢铁柜、桶、罐、听、盒及类似容器（装压缩气体或液化气体的除外），容积不超过300升，不论是否衬里或隔热，但无机械或热力装置：				
7310.1000	-容积在50升及以上	1. 用途（盛装液体用等）；2. 材质；3. 种类（罐、桶等）；4. 规格（容积）；5. 是否装有机械或热力装置			
	-容积在50升以下： --焊边或卷边接合的罐：				
7310.2110	---易拉罐及罐体	1. 用途（盛装液体用等）；2. 材质；3. 种类（罐、桶等）；4. 加工方法（焊边接合、卷边接合等）；5. 规格（容积）；6. 是否装有机械或热力装置			
7310.2190	---其他	1. 用途（盛装液体用等）；2. 材质；3. 种类（罐、桶等）；4. 加工方法（焊边接合、卷边接合等）；5. 规格（容积）；6. 是否装有机械或热力装置			

税则号列	商品名称	申报要素			说明
		归类要素	价格要素	其他要素	
	--其他：	1. 用途（盛装液体用等）；2. 材质；3. 种类（罐、桶等）；4. 加工方法（焊边接合、卷边接合等）；5. 规格（容积）；6. 是否装有机械或热力装置			
7310.2910	---易拉罐及罐体				
7310.2990	---其他				
73.11	**装压缩气体或液化气体用的钢铁容器：**	1. 用途（压缩气体或液化气体用、零售包装用等）；2. 材质；3. 种类（罐、桶等）			
7311.0010	---零售包装用				
7311.0090	---其他				
73.12	**非绝缘的钢铁绞股线、绳、缆、编带、吊索及类似品：**				
7312.1000	-绞股线、绳、缆	1. 材质；2. 制品种类（绞股线、绳等）；3. 注明"非绝缘"			
7312.9000	-其他	1. 材质；2. 注明"非绝缘"		3. 制品种类（吊索等）	
73.13	**带刺钢铁丝；围篱用的钢铁绞带或单股扁丝（不论是否带刺）及松绞的双股丝：**	1. 用途（围篱用）；2. 材质；3. 种类（带刺钢铁丝、绞带、单股扁丝、松绞的双股丝）；4. 截面尺寸			
7313.0000	带刺钢铁丝；围篱用的钢铁绞带或单股扁丝（不论是否带刺）及松绞的双股丝				
73.14	**钢铁丝制的布（包括环形带）、网、篱、格栅；网眼钢铁板：**	1. 用途（工业用等）；2. 材质（铁、非合金钢、不锈钢、合金钢）；3. 种类（网、篱、格栅等）		4. 加工方法（镀锌、涂锌、涂塑等）；5. 规格（网眼尺寸、丝的截面尺寸）	
	-机织品：				
7314.1200	--不锈钢制的机器用环形带				
7314.1400	--不锈钢制的其他机织品				
7314.1900	--其他				
7314.2000	-交点焊接的网、篱及格栅，其丝的最大截面尺寸在3毫米及以上，网眼尺寸在100平方厘米及以上				
	-其他交点焊接的网、篱及格栅：				

税则号列	商品名称	申报要素 归类要素	价格要素	其他要素	说明
7314.3100	--镀或涂锌的				
7314.3900	--其他				
	-其他网、篦及格栅：				
7314.4100	--镀或涂锌的				
7314.4200	--涂塑的				
7314.4900	--其他				
7314.5000	-网眼钢铁板				
73.15	钢铁链及其零件：	1.用途（自行车用、摩托车用等）；2.材质；3.种类（铰接链、滚子链、日字环节链等）			
	-铰接链及其零件：				
	--滚子链：				
7315.1110	---自行车用				
7315.1120	---摩托车用				
7315.1190	---其他				
7315.1200	--其他链				
7315.1900	--零件				
7315.2000	-防滑链				
	-其他链：				
7315.8100	--日字环节链				
7315.8200	--其他焊接链				
7315.8900	--其他				
7315.9000	-其他零件				
73.16	钢铁锚、多爪锚及其零件：	1.材质；2.种类（钢铁锚、多爪锚等）			
7316.0000	钢铁锚、多爪锚及其零件				
73.17	钢铁制的钉、平头钉、图钉、波纹钉、U形钉（税目83.05的货品除外）及类似品，不论钉头是否用其他材料制成，但不包括铜头钉：	1.材质；2.种类（图钉、U形钉、平头钉、波纹钉等）			
7317.0000	钢铁制的钉、平头钉、图钉、波纹钉、U形钉（税目83.05的货品除外）及类似品，不论钉头是否用其他材料制成，但不包括铜头钉				
73.18	钢铁制的螺钉、螺栓、螺母、方头螺钉、钩头螺钉、铆钉、销、开尾销、垫圈（包括弹簧垫圈）及类似品：				
	-螺纹制品：				
7318.1100	--方头螺钉	1.材质；2.螺钉种类（方头）		3.品牌（中文或外文名称）；4.型号；5.杆径	

税则号列	商品名称	申报要素			说明
		归类要素	价格要素	其他要素	
7318.1200	--其他木螺钉	1. 材质	2. 品牌（中文或外文名称）；3. 型号；4. 杆径		
7318.1300	--钩头螺钉及环头螺钉	1. 材质	2. 品牌（中文或外文名称）；3. 型号；4. 杆径		
7318.1400	--自攻螺钉	1. 材质	2. 品牌（中文或外文名称）；3. 型号；4. 杆径		
	--其他螺钉及螺栓，不论是否带有螺母或垫圈：				
7318.1510	---抗拉强度在800兆帕及以上的	1. 材质；2. 抗拉强度	3. 品牌（中文或外文名称）；4. 型号；5. 杆径		
7318.1590	---其他	1. 材质；2. 抗拉强度	3. 品牌（中文或外文名称）；4. 型号；5. 杆径		
7318.1600	--螺母	1. 材质	2. 品牌（中文或外文名称）；3. 型号		
7318.1900	--其他	1. 材质；2. 种类（螺钉、螺母、垫圈、铆钉、销等）	3. 品牌（中文或外文名称）；4. 型号		
	-无螺纹制品：	1. 材质	2. 品牌（中文或外文名称）；3. 型号		
7318.2100	--弹簧垫圈及其他防松垫圈				
7318.2200	--其他垫圈				
7318.2300	--铆钉				
7318.2400	--销及开尾销				
7318.2900	--其他				
73.19	钢铁制手工缝针、编织针、引针、钩针、刺绣穿孔锥及类似制品；其他税目未列名的钢铁制安全别针及其他别针：	1. 材质			
	-安全别针及其他别针：				
7319.4010	---安全别针				
7319.4090	---其他				
7319.9000	-其他				
73.20	钢铁制弹簧及弹簧片：	1. 用途（汽车用、铁道车辆用等）；2. 材质			

税则号列	商品名称	申报要素 归类要素	申报要素 价格要素	申报要素 其他要素	说明
	-片簧及簧片：				
7320.1010	---铁道车辆用				
7320.1020	---汽车用				
7320.1090	---其他				
	-螺旋弹簧：				
7320.2010	---铁道车辆用				
7320.2090	---其他				
	-其他：				
7320.9010	---铁道车辆用				
7320.9090	---其他				
73.21	非电热的钢铁制家用炉、灶（包括附有集中供暖用的热水锅的炉）、烤肉架、烤炉、煤气灶、加热板和类似非电热的家用器具及其零件：	1. 材质；2. 原理（非电热）；3. 燃料种类（液体、固体、气体燃料）		4. 品牌（中文或外文名称）；5. 型号	
	-炊事器具及加热板：				
7321.1100	--使用气体燃料或可使用气体燃料及其他燃料的				
	-使用液体燃料的：				
7321.1210	---煤油炉				
7321.1290	---其他				
7321.1900	--其他，包括使用固体燃料的器具				
	-其他器具：				
7321.8100	--使用气体燃料或可使用气体燃料及其他燃料的				
7321.8200	--使用液体燃料的				
7321.8900	--其他，包括使用固体燃料的器具				
7321.9000	-零件				
73.22	非电热的钢铁制集中供暖用散热器及其零件；非电热的钢铁制空气加热器、暖气分布器（包括可分布新鲜空气或调节空气的）及其零件，装有电动风扇或鼓风机：	1. 用途（集中供暖用等）；2. 材质；3. 原理（非电热）；4. 是否装有电动风扇或鼓风机		5. 品牌（中文或外文名称）	
	-散热器及其零件：				
7322.1100	--铸铁制				
7322.1900	--其他				
7322.9000	-其他				
73.23	餐桌、厨房或其他家用钢铁器具及其零件；钢铁丝绒；钢铁制擦锅器、洗刷擦光用的块垫、手套及类似品：	1. 用途（厨房用、餐桌用等）；2. 材质（铁、非合金钢、不锈钢、合金钢）；3. 加工方法（已搪瓷、未搪瓷）		4. 品牌（中文或外文名称）	
7323.1000	-钢铁丝绒；擦锅器及洗刷擦光用的块垫、手套及类似品				
	-其他：				
7323.9100	--铸铁制，未搪瓷				

税则号列	商品名称	申报要素 归类要素	申报要素 价格要素	申报要素 其他要素	说明
7323.9200	--铸铁制，已搪瓷				
7323.9300	--不锈钢制				
	--钢铁（铸铁除外）制，已搪瓷：				
7323.9410	---面盆				
7323.9420	---烧锅				
7323.9490	---其他				
7323.9900	--其他				
73.24	**钢铁制卫生器具及其零件：**	1. 用途（卫生间用等）；2. 材质（铁、非合金钢、不锈钢、合金钢）；3. 加工方法（已搪瓷、未搪瓷）		4. 品牌（中文或外文名称）	
7324.1000	-不锈钢制洗涤槽及脸盆				
	-浴缸：				
7324.2100	--铸铁制，不论是否搪瓷				
7324.2900	--其他				
7324.9000	-其他，包括零件				
73.25	**其他钢铁铸造制品：**	1. 用途（工业用、非工业用、研磨机用等）；2. 材质（无可锻性铸铁等）			
	-无可锻性铸铁制：				
7325.1010	---工业用				
7325.1090	---其他				
	-其他：				
7325.9100	--研磨机用的研磨球及类似品				
	--其他：				
7325.9910	---工业用				
7325.9990	---其他				
73.26	**其他钢铁制品：**	1. 用途（工业用、非工业用）；2. 材质；3. 加工方法			
	-经锻造或冲压，但未经进一步加工：				
7326.1100	--研磨机用的研磨球及类似品				
	--其他：				
7326.1910	---工业用				
7326.1990	---其他				
	-钢铁丝制品：				
7326.2010	---工业用				
7326.2090	---其他				
	-其他：				
	---工业用：				
7326.9011	----钢铁纤维及其制品				
7326.9019	----其他				
7326.9090	---其他				

第七十四章 铜及其制品

注释：

本章所用有关名词解释如下：

一、精炼铜

按重量计含铜量至少为99.85%的金属；或

按重量计含铜量至少为97.5%，但其他各种元素的含量不超过下表中规定的限量的金属：

其他元素表

元	素	所含重量百分比
Ag	银	0.25
As	砷	0.5
Cd	镉	1.3
Cr	铬	1.4
Mg	镁	0.8
Pb	铅	1.5
S	硫	0.7
Sn	锡	0.8
Te	碲	0.8
Zn	锌	1
Zr	锆	0.3
其他元素*，每种		0.3

＊其他元素，例如，铝、铍、钴、铁、锰、镍、硅。

二、铜合金

除未精炼铜以外的金属物质，按重量计含铜量大于其他元素单项含量，但：

（一）按重量计至少有一种其他元素的含量超过上表中规定的限量；或

（二）按重量计其他元素的总含量超过2.5%。

三、铜母合金

含有其他元素，但按重量计含铜量超过10%的合金，该合金无实用可锻性，通常用作生产其他合金的添加剂或用作冶炼有色金属的脱氧剂、脱硫剂及类似用途。但按重量计磷量超过15%的磷化铜（磷铜）归入税目28.53。

子目注释：

本章所用有关名词解释如下：

一、铜锌合金（黄铜）

铜与锌的合金，不论是否含有其他元素。含有其他元素时：

（一）按重量计含锌量应大于其他各种元素的单项含量；

（二）按重量计含镍量应低于5%［参见铜镍锌合金（德银）］；以及

（三）按重量计含锡量应低于3%［参见铜锡合金（青铜）］。

二、铜锡合金（青铜）

铜与锡的合金，不论是否含有其他元素。含有其他元素时，按重量计含锡量应大于其他各种元素的单项含量。当按重量计含锡量在3%及以上时，锌的含量可大于锡的含量，但必须小于10%。

三、铜镍锌合金（德银）

铜、镍、锌的合金，不论是否含有其他元素，按重量计含镍量在5%及以上［参见铜锌合金（黄铜）］。

四、铜镍合金

铜与镍的合金，不论是否含有其他元素，但按重量计含锌量不得大于1%。含有其他元素时，按重量计含镍量应大于其他各种元素的单项含量。

【要素释义】
一、归类要素
1. 材质：指商品具体的制成材料。例如，税目 74.01 项下商品可填报"铜锍""沉积铜"等；税目 74.02 项下商品可填报"未精炼铜"等；税目 74.03、74.06 至 74.12 项下商品可填报"精炼铜""黄铜""青铜""白铜"等；税目 74.04、74.13、74.15、74.18、74.19 项下商品可填报"铜"等。
2. 成分含量：商品含有的所有成分名称及其重量百分比。例如，税目 74.01 项下商品可填报"铜化合物的含量"等；税目 74.02 项下商品可填报"铜的含量及黄金含量"等；税目 74.03 项下商品可填报"铜及合金元素的含量"等；税目 74.04 项下商品可填报"总金属含量、铜含量及商品所含其他各种金属含量"等；税目 74.06 至 74.12 项下商品可填报"铜及合金元素的含量"等。
3. 形状：指物体的形态、状貌。例如，税目 74.03 项下商品可填报"型材""线锭""坯段"等；税目 74.06 项下商品可填报"片状粉末""非片状粉末"等；税目 74.07 项下商品可填报"条""杆""型材""异型材"等；税目 74.08 项下商品可填报"丝"等；税目 74.09 项下商品可填报"板""片""带"等；税目 74.10 项下商品可填报"箔"等。
4. 用途：指商品的应用对象或应用领域。例如，税目 74.02 项下商品可填报"电解精炼用"等；税目 74.05 项下商品可填报"用作炼铜的添加剂"等；税目 74.06 项下商品可填报"用作电镀基底""金属颜料"等；税目 74.10 项下商品可填报"印刷电路用"等；税目 74.12 项下商品可填报"用于管子之间连通"等；税目 74.18 项下商品可填报"厨房用""餐桌用""卫生用"等；税目 74.19 项下商品可填报"工业用""非工业用"等。
5. 加工方法：指商品在加工过程中经过的具体加工方式。例如，税目 74.03 项下商品可填报"未锻轧"等；税目 74.19 项下商品可填报"锻造""冲压"等。
6. 状态：指商品呈现出的表观。例如，税目 74.04 项下商品可填报"废""碎""管""板""线""棒""边角料"等；税目 74.09 项下商品可填报"盘卷""平板"等；税目 74.10 项下商品可填报"有无衬背"等。
7. 来源：指商品的出处。如税目 74.04 项下商品可填报"生产加工产生的边角余料，拆解电线电缆、电器"等。
8. 粒度：根据第十五类注释八（二）的定义，铜粉指按重量计 90% 及以上可从网眼孔径为 1 毫米的筛子通过的产品。根据实际情况填写从网眼孔径为 1 毫米的筛子通过的百分比。
9. 直线度：从基准位置起朝一个方向依次进行定位，测量水平方向的偏移量与基准位置之差，连接测量值的起点和终点得一条直线，相距该直线的偏移的最大差即为直线度，单位为"毫米/米"（每米长度偏移多少毫米）。
10. 规格：指商品的尺寸大小，一般填写长、宽、厚或直径等。不同税目的商品规格填写有不同要求，例如，税目 74.08 项下铜丝填写"最大截面尺寸"；税目 74.09 项下铜板材等填写"长×宽×厚"。
11. 外径：指管的外沿直径尺寸，以"毫米"为单位。
12. 有无螺纹或翅片：根据商品实际情况填写。
13. 种类：指本章钢铁制品所属的具体类型类别。
14. 注明"非绝缘"：铜有很强的导电性，因而普遍用于制造电线及电缆。因为绝缘电线及电缆归入税目 85.44 项下，所以归入税目 74.13 项下的商品需填写"非绝缘"。
15. 原理：本章特指税目 74.18、74.19 项下商品填写"非电热"。
16. 含氧量：指商品的氧的含量，一般以 ppm 为单位，例如，含氧量为 20ppm。
17. 覆铜板的基材材质（纸基、玻璃布基、复合基、环保型基等）：指制作归入税目 74.10 项下覆铜板的基材材料，包括纸基、玻璃布基、复合基、环保型基等。
18. 铜箔厚度：指归入税目 74.10 项下的商品中铜箔材料的厚度。对于不带衬背的铜箔，指该铜箔产品的厚度；对于带有衬背的铜箔，指该产品中铜箔部分的厚度，不包括衬背部分的厚度。若含有多层铜箔（例如，双面覆铜板），只需填报一层铜箔材料的厚度，若各层铜箔材料厚度不同，只填报厚度最大的一层的铜箔厚度。
19. 铜或铜合金实物量：为单位质量的样品，去除夹杂物、其他挥发物、非铜金属（再生铜原料需去除铜合金）后的金属铜量占原样品重量的比值，以质量分数表示。例如，可填报"铜实物量 98%""黄铜实物量 97%""青铜实物量 96%"等。

二、价格要素
1. 计价日期：也称"选价期"，或者"作价期"，即双方确定价格时间，与合同签订日期不同。指商品价格所适用的指数或行情的时间，可以是某个时间点，也可以是某个时间段。例如，税目 74.02 项下商品可填写"LME A 级铜三月价格"，或者"20200701 现货结算价"。
2. 签约日期：该要素是指供求双方企业合同签订的日期。只需申报具体日期即可。例如，20200701。

3. 品牌（中文或外文名称）：指制造商或经销商加在商品上的品牌标志，实际需要申报中文或外文品牌名称。例如，日本的"三井（Mitsui）牌"铜箔。

4. 用途：指商品的应用对象或应用领域。该要素是税目74.11项下铜管的价格要素。需申报铜管的实际应用，例如，"空调冰箱用"或者"电缆管用"。

5. 生产厂商：该要素是税目74.10项下铜箔的价格要素。指铜箔的生产厂家名称，需申报具体厂家。

6. 牌号：指铜材料不同化学成分、用途等所对应的代码，划分标准有GB/T 29091—2012或ASTM E527：2007等，铜产品牌号众多，例如，税目74.06项下"T1"牌号纯铜粉，税目74.08项下"H65"牌号黄铜丝。

7. 型号：指生产厂家按照性能、用途、规格和大小等因素所设的代码。

8. 种类（压延铜箔、电解铜箔，刚性覆铜板、柔性覆铜板）：该要素是税目74.10项下铜箔产品的价格要素。铜箔根据生产工艺的不同分为压延铜箔（rolled-wrought copper foil）与电解铜箔（electrodeposited copper foil），两者用途不同、价差较大；覆铜板全称覆铜板层压板，因其构造被称为"铜箔基板"（copper clad laminate，简称CCL）。按覆铜板的机械刚性可分为刚性覆铜板和柔性覆铜板。在价格方面，压延铜箔的价格远高于电解铜箔，柔性覆铜板的价格远高于刚性覆铜板。压延铜箔多用于柔性覆铜板，生产高端电子消费品；电解铜箔多用于刚性覆铜板，生产大型家电或其他电器产品。

9. 覆铜板的铜箔层数：该要素是税目74.10项下覆铜板的价格要素。对于覆铜板而言，其产品中实际铜箔应用情况有所不同，即存在单面/双面、一层/二层/N层（有最多十二层）铜箔之分，从而导致产品中实际铜含量不同。因此应明晰申报所覆每层铜箔厚度、总共铜箔的层数及总厚度情况。例如，税则号列7410.211项下斗山牌型号Dsflex-600 122012E（N）250（F）双面一层覆铜板，铜箔厚0.012毫米，整体厚0.044毫米。

10. 覆铜板的基材材质（纸基、玻璃布基、复合基、环保型基等）：该要素是税目74.10项下铜箔的价格要素。制作覆铜板的基材材质包括纸基、玻璃布基、复合基、环保型基等，覆铜板因基材材质不同价值不同。对于刚性覆铜板，基材决定了其电气性能；对于柔性覆铜板，其基材为特殊材质的薄膜。

税则号列	商品名称	申报要素			说明
		归类要素	价格要素	其他要素	
74.01	铜锍；沉积铜（泥铜）：	1. 材质（铜锍、沉积铜）；2. 成分含量（铜化合物的含量）			
7401.0000	铜锍；沉积铜（泥铜）				
74.02	未精炼铜；电解精炼用的铜阳极：	1. 成分含量（铜的含量及黄金含量）；2. 材质（锭状未精炼铜、其他未精炼铜）；3. 用途（电解精炼用等）	4. 计价日期；5. 签约日期		
7402.0000	未精炼铜；电解精炼用的铜阳极				
74.03	未锻轧的精炼铜及铜合金：				
	-精炼铜：				
	--阴极及阴极型材：	1. 形状（型材、线锭、坯段等）；2. 材质（精炼铜、黄铜、青铜、白铜等）；3. 加工方法（未锻轧等）；4. 成分含量（铜、各合金元素的含量）	5. 计价日期；6. 签约日期		
	---阴极：				
7403.1111	----按重量计铜含量超过99.9935%的				
7403.1119	----其他				
7403.1190	---阴极型材				

税则号列	商品名称	申报要素			说明
		归类要素	价格要素	其他要素	
7403.1200	--线锭	1. 形状（型材、线锭、坯段等）；2. 材质（精炼铜、黄铜、青铜、白铜等）；3. 加工方法（未锻轧等）；4. 成分含量（铜、各合金元素的含量）			
7403.1300	--坯段	1. 形状（型材、线锭、坯段等）；2. 材质（精炼铜、黄铜、青铜、白铜等）；3. 加工方法（未锻轧等）；4. 成分含量（铜、各合金元素的含量）			
7403.1900	--其他	1. 形状（型材、线锭、坯段等）；2. 材质（精炼铜、黄铜、青铜、白铜等）；3. 加工方法（未锻轧等）；4. 成分含量（铜、各合金元素的含量）			
	-铜合金：	1. 形状（型材、线锭、坯段等）；2. 材质（精炼铜、黄铜、青铜、白铜等）；3. 加工方法（未锻轧等）；4. 成分含量（铜、各合金元素的含量）			
7403.2100	--铜锌合金（黄铜）				
7403.2200	--铜锡合金（青铜）				
7403.2900	--其他铜合金（税目74.05的铜母合金除外）				
74.04	铜废碎料：	1. 用途；2. 材质（纯铜、黄铜等）；3. 状态（废、碎、管、板、线、棒、边角料等）；4. 来源（生产加工产生的边角余料，拆解电线电缆、电器等）；5. 铜或铜合金实物量	6. 计价日期；7. 签约日期		
7404.0000	铜废碎料				
74.05	铜母合金：	1. 用途（用作炼铜的添加剂）；2. 成分含量（铜、磷的含量）			
7405.0000	铜母合金				

税则号列	商品名称	申报要素 归类要素	申报要素 价格要素	申报要素 其他要素	说明
74.06	铜粉及片状粉末：	1.用途（用作电镀基底、金属颜料等）；2.形状（片状粉末、非片状粉末）；3.材质（精炼铜、黄铜、青铜、白铜等）；4.成分含量（铜、各合金元素的含量）；5.粒度	6.牌号；7.型号		
	-非片状粉末：				
7406.1010	---精炼铜制				
7406.1020	---铜镍合金（白铜）或铜镍锌合金（德银）制				
7406.1030	---铜锌合金（黄铜）制				
7406.1040	---铜锡合金（青铜）制				
7406.1090	---其他铜合金制				
	-片状粉末：				
7406.2010	---精炼铜制				
7406.2020	---铜镍合金（白铜）或铜镍锌合金（德银）制				
7406.2090	---其他铜合金制				
74.07	铜条、杆、型材及异型材：				
	-精炼铜制：	1.形状（条、杆、型材、异型材）；2.材质（精炼铜、黄铜、青铜、白铜等）；3.成分含量（铜、各合金元素的含量）			
7407.1010	---铬锆铜制				
7407.1090	---其他				
	-铜合金制：				
	--铜锌合金（黄铜）：				
	---铜条、杆：				
7407.2111	----直线度不大于0.5毫米/米	1.形状（条、杆、型材、异型材）；2.材质（精炼铜、黄铜、青铜、白铜等）；3.成分含量（铜、各合金元素的含量）；4.直线度			
7407.2119	----其他	1.形状（条、杆、型材、异型材）；2.材质（精炼铜、黄铜、青铜、白铜等）；3.成分含量（铜、各合金元素的含量）；4.直线度			

税则号列	商品名称	申报要素			说明
		归类要素	价格要素	其他要素	
7407.2190	---其他	1. 形状（条、杆、型材、异型材）；2. 材质（精炼铜、黄铜、青铜、白铜等）；3. 成分含量（铜、各合金元素的含量）			
7407.2900	--其他	1. 形状（条、杆、型材、异型材）；2. 材质（精炼铜、黄铜、青铜、白铜等）；3. 成分含量（铜、各合金元素的含量）			
74.08	铜丝：				
	-精炼铜制：				
7408.1100	--最大截面尺寸超过6毫米	1. 形状（丝）；2. 材质（精炼铜、黄铜、青铜、白铜等）；3. 成分含量（铜、各合金元素的含量）；4. 规格（丝的最大截面尺寸）	5. 牌号；6. 型号		
7408.1900	--其他	1. 形状（丝）；2. 材质（精炼铜、黄铜、青铜、白铜等）；3. 成分含量（铜、各合金元素的含量）；4. 规格（丝的最大截面尺寸）；5. 含氧量	6. 牌号；7. 型号		
	-铜合金制：	1. 形状（丝）；2. 材质（精炼铜、黄铜、青铜、白铜等）；3. 成分含量（铜、各合金元素的含量）；4. 规格（丝的最大截面尺寸）	5. 牌号；6. 型号		
7408.2100	--铜锌合金（黄铜）				
	--铜镍合金（白铜）或铜镍锌合金（德银）：				
7408.2210	---铜镍锌铅合金（加铅德银）				
7408.2290	---其他				
7408.2900	--其他				

税则号列	商品名称	申报要素 归类要素	申报要素 价格要素	其他要素	说明
74.09	铜板、片及带，厚度超过0.15毫米：	1. 形状（板、片、带）；2. 材质（精炼铜、黄铜、青铜、白铜等）；3. 状态（盘卷、平板等）；4. 成分含量（铜、各合金元素的含量）；5. 规格（长×宽×厚）	6. 品牌（中文或外文名称，无品牌请申报厂商）；7. 牌号；8. 型号		
	-精炼铜制：				
	--盘卷的：				
7409.1110	---含氧量不超过10ppm的				
7409.1190	---其他				
7409.1900	--其他				
	-铜锌合金（黄铜）制：				
7409.2100	--盘卷的				
7409.2900	--其他				
	-铜锡合金（青铜）制：				
7409.3100	--盘卷的				
7409.3900	--其他				
7409.4000	-铜镍合金（白铜）或铜镍锌合金（德银）制				
7409.9000	-其他铜合金制				
74.10	铜箔（不论是否印花或用纸、纸板、塑料或类似材料衬背），厚度（衬背除外）不超过0.15毫米：	1. 形状（箔）；2. 材质（精炼铜、黄铜、青铜、白铜等）；3. 状态（有无衬背）；4. 成分含量（铜、各合金元素的含量）；5. 铜箔厚度；6. 用途	7. 品牌（中文或外文名称）；8. 牌号；9. 种类（压延铜箔、电解铜箔、刚性覆铜板、柔性覆铜板等）；10. 覆铜板的铜箔层数；11. 覆铜板的基材材质（纸基、玻璃布基、复合基、环保型基等）；12. 生产厂商		
	-无衬背：				
7410.1100	--精炼铜制				
	-铜合金制：				
7410.1210	---铜镍合金（白铜）或铜镍锌合金（德银）				
7410.1290	---其他				
	-有衬背：				

税则号列	商品名称	申报要素			说明
		归类要素	价格要素	其他要素	
	--精炼铜制:				
7410.2110	---印制电路用覆铜板				
7410.2190	---其他				
	--铜合金制:				
7410.2210	---铜镍合金（白铜）或铜镍锌合金（德银）				
7410.2290	---其他				
74.11	铜管:				
	-精炼铜制:				
	---外径不超过25毫米的:				
7411.1011	----带有螺纹或翅片的	1. 材质（精炼铜、黄铜、青铜、白铜等）；2. 成分含量（铜、各合金元素的含量）；3. 外径；4. 有无螺纹或翅片	5. 用途；6. 品牌（中文或外文名称）；7. 牌号；8. 型号		
7411.1019	----其他	1. 材质（精炼铜、黄铜、青铜、白铜等）；2. 成分含量（铜、各合金元素的含量）；3. 外径；4. 有无螺纹或翅片；5. 含氧量	6. 用途；7. 品牌（中文或外文名称）；8. 牌号；9. 型号		
7411.1020	---外径超过70毫米的	1. 材质（精炼铜、黄铜、青铜、白铜等）；2. 成分含量（铜、各合金元素的含量）；3. 外径	4. 用途；5. 品牌（中文或外文名称）；6. 牌号；7. 型号		
7411.1090	---其他	1. 材质（精炼铜、黄铜、青铜、白铜等）；2. 成分含量（铜、各合金元素的含量）；3. 外径	4. 用途；5. 品牌（中文或外文名称）；6. 牌号；7. 型号		
	-铜合金制:	1. 材质（精炼铜、黄铜、青铜、白铜等）；2. 成分含量（铜、各合金元素的含量）；3. 外径	4. 用途；5. 品牌（中文或外文名称）；6. 牌号；7. 型号		
	--铜锌合金（黄铜）:				
7411.2110	---盘卷的				
7411.2190	---其他				
7411.2200	--铜镍合金（白铜）或铜镍锌合金（德银）				
7411.2900	--其他				

税则号列	商品名称	申报要素			说明
		归类要素	价格要素	其他要素	
74.12	铜制管子附件（例如，接头、肘管、管套）：	1. 用途（用于管子之间连通）；2. 材质（精炼铜、黄铜、青铜、白铜等）；3. 种类（接头、肘管、管套等）；4. 成分含量（铜、各合金元素的含量）	5. 品牌（中文或外文名称）；6. 牌号；7. 型号		
7412.1000	-精炼铜制				
	-铜合金制：				
7412.2010	---铜镍合金（白铜）或铜镍锌合金（德银）				
7412.2090	---其他				
74.13	非绝缘的铜丝绞股线、缆、编带及类似品：	1. 材质（铜）；2. 种类（绞股线、缆、编带等）；3. 注明"非绝缘"	4. 品牌（中文或外文名称）；5. 牌号；6. 型号		
7413.0000	非绝缘的铜丝绞股线、缆、编带及类似品				
74.15	铜制或钢铁制带铜头的钉、平头钉、图钉、U形钉（税目83.05的货品除外）及类似品；铜制螺钉、螺栓、螺母、钩头螺钉、铆钉、销、开尾销、垫圈（包括弹簧垫圈）及类似品：	1. 材质（铜）；2. 种类（图钉、U形钉、螺钉、螺母、垫圈、铆钉等）	3. 品牌（中文或外文名称）；4. 型号		
7415.1000	-钉、平头钉、图钉、U形钉及类似品				
	-其他无螺纹制品：				
7415.2100	--垫圈（包括弹簧垫圈）				
7415.2900	--其他				
	-其他螺纹制品：				
	--螺钉、螺栓及螺母：				
7415.3310	---木螺钉				
7415.3390	---其他				
7415.3900	--其他				
74.18	餐桌、厨房或其他家用铜制器具及其零件；铜制刷锅器、洗刷擦光用的块垫、手套及类似品；铜制卫生器具及其零件：				
	-餐桌、厨房或其他家用器具及其零件；刷锅器及洗刷擦光用的块垫、手套及类似品：				
7418.1010	---擦锅器及洗刷、擦光用的块垫、手套及类似品	1. 用途（厨房用、餐桌用、卫生用等）；2. 材质（铜）；3. 种类（水壶、煎锅等）	4. 品牌（中文或外文名称）；5. 型号		
7418.1020	---非电热的铜制家用烹饪器具及其零件	1. 材质（铜）；2. 种类（煤油炉、煤气灶等）；3. 原理（非电热）	4. 品牌（中文或外文名称）；5. 型号		

税则号列	商品名称	申报要素 归类要素	申报要素 价格要素	申报要素 其他要素	说明
7418.1090	---其他	1.用途（厨房用、餐桌用、卫生用等）；2.材质（铜）；3.种类（水壶、煎锅等）	4.品牌（中文或外文名称）；5.型号		
7418.2000	-卫生器具及其零件	1.用途（厨房用、餐桌用、卫生用等）；2.材质（铜）；3.种类（水壶、煎锅等）	4.品牌（中文或外文名称）；5.型号		
74.19	其他铜制品： -铸造、模压、冲压或锻造，但未经进一步加工的：	1.用途（工业用、非工业用）；2.材质（铜）；3.加工方法（锻造、冲压等）；4.型号			
7419.2010	---链条及其零件				
7419.2020	---其他，工业用				
7419.2090	---其他				
	-其他：				
7419.8010	---链条及其零件	1.用途（工业用、非工业用）；2.材质（铜）；3.加工方法（锻造、冲压等）；4.型号			
7419.8020	---铜弹簧	1.材质（铜）		2.品牌（中文或外文名称）；3.型号；4.用途	
7419.8030	---铜丝制的布（包括环形带）	1.材质（铜）		2.品牌（中文或外文名称）；3.型号；4.用途	
7419.8040	---铜丝制的网、格栅，网眼铜板	1.材质（铜）		2.品牌（中文或外文名称）；3.型号；4.用途	
7419.8050	---非电热的铜制家用供暖器具及其零件	1.材质（铜）；2.原理（非电热）		3.品牌（中文或外文名称）；4.型号；5.用途	
	---其他：	1.用途（工业用、非工业用）；2.材质（铜）；3.加工方法（锻造、冲压等）			
7419.8091	----工业用				
7419.8099	----其他				

第七十五章　镍及其制品

子目注释:

一、本章所用有关名词解释如下:

(一) 非合金镍

按重量计镍及钴的含量至少为99%的金属,但:

1. 按重量计含钴量不超过 1.5%; 以及
2. 按重量计其他各种元素的含量不超过下表中规定的限量:

其他元素表

元　素	所含重量百分比
Fe　铁	0.5
O　氧	0.4
其他元素,每种	0.3

(二) 镍合金

按重量计含镍量大于其他元素单项含量的金属物质,但:

1. 按重量计含钴量超过 1.5%;
2. 按重量计至少有一种其他元素的含量超过上表中规定的限量; 或
3. 除镍及钴以外, 按重量计其他元素的总含量超过1%。

二、子目 7508.10 所称"丝",不受第十五类注释九(三)的限制,仅适用于截面尺寸不超过6毫米的任何截面形状的产品,不论是否盘卷。

【要素释义】

一、归类要素

1. 材质:指商品具体的制成材料。例如,税目75.01项下商品可填报"镍锍""氧化镍烧结物"等;税目75.02、75.04至75.08项下商品可填报"非合金镍""镍合金"等。
2. 来源:指商品的出处。例如,税目75.01项下商品可填报"冶炼镍"等;税目75.03项下商品可填报"非合金镍的废碎料""镍合金的废碎料"等。
3. 成分含量:商品含有的所有成分名称及其重量百分比。例如,税目75.01项下商品可填报"镍化合物的含量"等;税目75.03至75.07项下商品可填报"镍及合金元素的含量"等。
4. 形状:指物体外观或表现形态。例如,税目75.02项下商品可填报"锭""块"等;税目75.04项下商品可填报"片状粉末""非片状粉末"等;税目75.05项下商品可填报"条""杆""型材""异型材""丝"等;税目75.06项下商品可填报"板""片""带""箔"等。
5. 加工方法:指物品在加工过程中经过的具体加工工艺。例如,税目75.02项下商品可填报"未锻轧"等。
6. 用途:指商品的应用对象或应用领域。例如,税目75.03项下商品可填报"供回收镍用"等;税目75.08项下商品可填报"电镀用""工业用""非工业用"等。
7. 状态:指商品呈现出的表观。例如,税目75.03项下商品可填报"废""碎"等。
8. 粒度:根据第十五类注释八(二)的定义,镍粉指按重量计90%及以上可从网眼孔径为1毫米的筛子通过的产品。根据实际情况填写从网眼孔径为1毫米的筛子通过的百分比。
9. 丝的直径:指子目7505.2项下镍丝的直径大小。
10. 种类:指商品所属的具体类别。例如,税目75.07项下商品填写"管""接头""肘管""管套"等;子目7508.1项下商品填报"网""篦""格栅"等。

二、价格要素

1. 规格(长×宽×厚):该要素是税目75.06项下镍板材的价格要素;单位用"毫米"或者"厘米"表示。例如,税则号列7506.1000项下的非合金镍板的规格申报"600毫米×400毫米×0.3毫米"。
2. 计价日期:也称"选价期",或者"作价期",即双方确定价格时间,与合同签订日期不同。指商品价格所适用的指数或行情的时间，可以是某个时间点，也可以是某个时间段。

3. 签约日期：指供求双方企业合同签订的日期。例如，税目75.02、75.04项下商品可填写"20200701"。

4. 品牌（中文或外文名称）：指制造商或经销商加在商品上的品牌标志，实际需要申报中文或外文品牌名称。

5. 型号：指按照性能、用途、规格和大小等因素所设的代码。

税则号列	商品名称	申报要素			说明
		归类要素	价格要素	其他要素	
75.01	镍锍、氧化镍烧结物及镍冶炼的其他中间产品：				
7501.1000	-镍锍	1. 材质（镍锍、氧化镍烧结物等）；2. 来源；3. 成分含量（镍化合物的含量）			
	-氧化镍烧结物及镍冶炼的其他中间产品：	1. 材质（镍锍、氧化镍烧结物等）；2. 来源；3. 成分含量（镍化合物的含量）	4. 计价日期		
7501.2010	---镍湿法冶炼中间品				
7501.2090	---其他				
75.02	未锻轧镍：				
	-非合金镍：	1. 形状（锭、块等）；2. 材质（非合金镍、镍合金）；3. 加工方法（未锻轧）；4. 成分含量（例如，未锻轧非合金镍锭，含镍99.986%，含钴0.004%）	5. 计价日期；6. 签约日期		
7502.1010	---按重量计镍、钴总量在99.99%及以上的，但钴含量不超过0.005%				
7502.1090	---其他				
7502.2000	-镍合金	1. 形状（锭、块等）；2. 材质（非合金镍、镍合金）；3. 加工方法（未锻轧）；4. 成分含量（例如，未锻轧非合金镍锭，含镍99.986%，含钴0.004%）			
75.03	镍废碎料：	1. 用途（供回收镍用）；2. 状态（废、碎）；3. 来源（非合金镍、镍合金的废碎料）；4. 成分含量（镍及合金元素的含量）			
7503.0000	镍废碎料				
75.04	镍粉及片状粉末：				

税则号列	商品名称	申报要素			说明
		归类要素	价格要素	其他要素	
7504.0010	---非合金镍粉及片状粉末	1. 形状（片状粉末、非片状粉末）；2. 材质（非合金镍、镍合金）；3. 成分含量（镍及合金元素的含量）；4. 粒度	5. 计价日期；6. 签约日期		
7504.0020	---合金镍粉及片状粉末	1. 形状（片状粉末、非片状粉末）；2. 材质（非合金镍、镍合金）；3. 成分含量（镍及合金元素的含量）；4. 粒度			
75.05	**镍条、杆、型材及异型材或丝：**				
	-条、杆、型材及异型材：	1. 形状（条、杆、型材、异型材、丝等）；2. 材质（非合金镍、镍合金）；3. 成分含量（镍及合金元素的含量）			
7505.1100	--非合金镍制				
7505.1200	--镍合金制				
	-丝：	1. 形状（条、杆、型材、异型材、丝等）；2. 材质（非合金镍、镍合金）；3. 成分含量（镍及合金元素的含量）；4. 丝的直径			
7505.2100	--非合金镍制				
7505.2200	--镍合金制				
75.06	**镍板、片、带、箔：**	1. 形状（板、片、带、箔等）；2. 材质（非合金镍、镍合金）；3. 成分含量（镍及合金元素的含量）	4. 规格（长×宽×厚）		
7506.1000	-非合金镍制				
7506.2000	-镍合金制				
75.07	**镍管及管子附件（例如，接头、肘管、管套）：**	1. 材质（非合金镍、镍合金）；2. 种类（管、接头、肘管、管套等）；3. 成分含量（镍及合金元素的含量）			
	-镍管：				
7507.1100	--非合金镍制				
7507.1200	--镍合金制				
7507.2000	-管子附件				

税则号列	商品名称	申报要素			说明
		归类要素	价格要素	其他要素	
75.08	其他镍制品：	1. 用途（电镀用、工业用、非工业用）；2. 材质（非合金镍、镍合金）；3. 种类（网、篱、格栅等）	4. 品牌（中文或外文名称）；5. 型号		
	-镍丝制的布、网及格栅：				
7508.1010	---镍丝布				
7508.1080	---其他工业用镍制品				
7508.1090	---其他				
	-其他：				
7508.9010	---电镀用镍阳极				
7508.9080	---其他工业用镍制品				
7508.9090	---其他				

第七十六章 铝及其制品

子目注释：

一、本章所用有关名词解释如下：

（一）非合金铝

按重量计含铝量至少为99%的金属，但其他各种元素的含量不超过下表中规定的限量：

其他元素表

元　　素	所含重量百分比
Fe+Si（铁+硅）	1
其他元素①，每种	0.1②

①其他元素，例如，铬、铜、镁、锰、镍、锌。
②含铜成分可大于0.1%，但不得大于0.2%，且铬和锰的含量均不得超过0.05%。

（二）铝合金

按重量计含铝量大于其他元素单项含量的金属物质，但：

1. 按重量计至少有一种其他元素或铁加硅的含量大于上表中规定的限量；或
2. 按重量计其他元素的总含量超过1%。

二、子目7616.91所称"丝"，不受第十五类注释九（三）的限制，仅适用于截面尺寸不超过6毫米的任何截面形状的产品，不论是否盘卷。

【要素释义】

一、归类要素

1. 形状：指物体的形态、状貌。例如，税目76.01项下商品可填报"锭""块"等；税目76.03项下商品可填报"片状粉末""非片状粉末"等；税目76.04项下商品可填报"条""杆""型材""异型材"等；税目76.05项下商品可填报"丝"等；税目76.07项下商品可填报"箔"等。

2. 材质：指商品具体的制成材料。例如，税目76.01、76.03至76.06、76.08、76.09项下商品可填报"非合金铝""铝合金"等；税目76.07、76.10至76.16项下商品可填报"铝"等。

3. 成分含量：商品含有的所有成分名称及其重量百分比。例如，税目76.01、76.04至76.06、76.08项下商品可填报"铝及合金元素的含量"等。

4. 加工方法：指物品在加工过程中经过的具体加工工艺。例如，税目76.01项下商品可填报"未锻轧或铸造""烧结"等；税目76.07项下商品可填报"轧制"等；税目76.10项下商品可填报"铆接""栓接""钻孔""弯曲"等。

5. 用途：指商品的应用对象或应用领域。例如，税目76.02项下商品可填报"供回收铝用"等；税目76.09项下商品可填报"用于管子之间连通"等；税目76.11至76.13项下商品可填报"盛装液体用"等；税目76.15项下商品可填报"厨房、餐桌、卫生用"等；税目76.16项下商品可填报"工业用""非工业用"等。

6. 状态：指商品呈现出的表观。例如，税目76.02项下商品可填报"废""碎""板""管""线""边角料"等；税目76.06项下商品可填报"板""片""带"等；税目76.07项下商品可填报"有无衬背""衬背材料"等；税目76.14项下商品可填报"非绝缘"等。

7. 来源：指商品的出处。例如，税目76.02项下商品可填报"生产加工产生的边角余料，拆解电线电缆、电器"等。

8. 种类：指商品所属的具体类别。例如，税目76.08项下商品可填报"管"等；税目76.09项下商品可填报"接头""肘管""管套"等；税目76.10项下商品可填报"门窗""门槛""塔楼""桥梁体段"等；税目76.11至76.13项下商品可填报"罐""桶"等；税目76.14项下商品可填报"绞股线""缆""编带"等；税目76.15项下商品可填报"水壶""煎锅"等。

9. 粒度：根据第十五类注释八（二）的定义，铝粉指按重量计90%及以上可从网眼孔径为1毫米的筛子通过的产品。根据实际情况填报从网眼孔径为1毫米的筛子通过的百分比。

10. 型材、异型材请注明是否空心；型材、异型材的定义见第十五类注释九（二）。按实际情况填报。

11. 柱形实心体铝合金请注明20℃时的极限抗拉强度；极限抗拉强度是指试样所能承受的最大（极限）拉力与

试样原截面之比所得的最大应力值,以度量材料抵抗拉应力的能力。

12. 加工程度:指税目76.07项下铝箔除了轧制加工外,是否还进一步进行了穿孔、抛光、涂层等加工。按实际情况填报"未进一步加工"或"进一步加工"。

13. 管壁厚度、管壁外径、孔眼直径、管材长度:按商品实际填报。

14. 带钢芯请注明:指税目76.14项下铝制绞股线、缆、编带中是否有钢芯。

15. 规格:指上述税目商品的尺寸大小。不同税目规格填报有不同要求,例如,税目76.05项下铝丝填报"丝的最大截面尺寸";税目76.06至76.07项下铝板材等填报"长×宽×厚";税目76.11至76.13项下铝制容器填报"容积"。

16. 铝或铝合金实物量:为单位质量的样品,去除夹杂物、其他挥发物、非铝金属后的金属铝量占原样品重量的比值,以质量分数表示。例如:可填报"铝实物量98%""变形铝合金实物量97%""铸造铝合金实物量96%"等。

二、价格要素

1. 牌号:指铝材产品的各种合金含量和用途的代码。目前铝行业有8个大系列,牌号众多,例如,子目7606.91项下非合金铝制"1×××系列"牌号"1050"铝板。

2. 品牌(中文或外文名称):指制造商或经销商加在商品上的品牌标志,实际需要申报中文或外文品牌名称。例如,子目7606.129项下俄罗斯产的铝合金板中英文品牌"KUMW(库母兹)"。

3. 用途:指商品的应用对象或应用领域。该要素是税目76.06项下铝板、片及带的价格要素。不同牌号的铝板、片及带有不同的用途,填报的用途应该与牌号相匹配。例如,牌号"2014"的铝板,应用于要求高强度与硬度(包括高温)的场合。飞机重型、锻件、厚板和挤压材料,车轮与结构元件,多级火箭第一级燃料槽与航天器零件,卡车构架与悬挂系统零件,用途可填报"航天器零件"等。

4. 计价日期:指商品价格所适用的指数或行情的时间,可以是某个时间点,也可以是某个时间段。

5. 签约日期:指供求双方企业合同签订的日期。例如,可填报"20200701"。

税则号列	商品名称	申报要素			说明
		归类要素	价格要素	其他要素	
76.01	未锻轧铝:	1. 形状(锭、块等);2. 材质(非合金铝、铝合金);3. 加工方法(未锻轧或铸造、烧结等);4. 成分含量(铝及合金元素的含量)	5. 计价日期;6. 签约日期		
	-非合金铝:				
7601.1010	---按重量计含铝量在99.95%及以上				
7601.1090	---其他				
7601.2000	-铝合金				
76.02	铝废碎料:	1. 用途;2. 状态(碎、管、板、片、线、棒、边角料等);3. 来源(生产加工产生的边角余料,拆解电线电缆、电器等);4. 铝或铝合金实物量	5. 计价日期;6. 签约日期		
7602.0000	铝废碎料				

税则号列	商品名称	申报要素			说明
		归类要素	价格要素	其他要素	
76.03	铝粉及片状粉末：	1. 形状（片状粉末、非片状粉末）；2. 材质（非合金铝、铝合金）；3. 成分含量（铝的含量）；4. 粒度；5. 用途			
7603.1000	-非片状粉末				
7603.2000	-片状粉末				
76.04	铝条、杆、型材及异型材：	1. 形状（条、杆、型材、异型材等）；2. 材质（非合金铝、铝合金）；3. 成分含量（铝及合金元素的含量）；4. 型材、异型材请注明是否空心；5. 铝合金条、杆请注明截面周长；6. 柱形实心体铝合金请注明20℃时的极限抗拉强度	7. 牌号		
	-非合金铝制：				
7604.1010	---铝条、杆				
7604.1090	---其他				
	-铝合金制：				
7604.2100	--空心型材及异型材				
	--其他：				
7604.2910	---铝合金条、杆				
7604.2990	---其他				
76.05	铝丝：	1. 形状（丝）；2. 材质（非合金铝、铝合金）；3. 成分含量（铝及合金元素的含量）；4. 规格（丝的最大截面尺寸）			
	-非合金铝制：				
7605.1100	--最大截面尺寸超过7毫米				
7605.1900	--其他				
	-铝合金制：				
7605.2100	--最大截面尺寸超过7毫米				
7605.2900	--其他				
76.06	铝板、片及带，厚度超过0.2毫米：	1. 形状（矩形等）；2. 材质（非合金铝、铝合金）；3. 状态（板、片、带等）；4. 成分含量（铝及合金元素的含量）；5. 规格（长×宽×厚）	6. 品牌（中文或外文名称）；7. 用途；8. 牌号		

税则号列	商品名称	申报要素			说明
		归类要素	价格要素	其他要素	
	-矩形（包括正方形）： --非合金铝制： ---厚度在0.30毫米及以上，但不超过0.36毫米：				
7606.1121	----铝塑复合的				
7606.1129	----其他				
	---其他：				
7606.1191	----铝塑复合的				
7606.1199	----其他				
	--铝合金制：				
7606.1220	---厚度小于0.28毫米				
7606.1230	---厚度在0.28毫米及以上，但不超过0.35毫米				
	---厚度在0.35毫米以上，但不超过4毫米：				
7606.1251	----铝塑复合的				
7606.1259	----其他				
7606.1290	---其他				
	-其他：				
7606.9100	--非合金铝制				
7606.9200	--铝合金制				
76.07	铝箔（不论是否印花或用纸、纸板、塑料或类似材料衬背），厚度（衬背除外）不超过0.2毫米：	1. 形状（箔）；2. 材质（铝）；3. 状态（有无衬背，有则报明衬背材料）；4. 规格（长×宽×厚）；5. 加工方法（轧制等）；6. 加工程度（是否进一步加工）			
	-无衬背： --轧制后未经进一步加工的：				
7607.1110	---厚度不超过0.007毫米				
7607.1120	---厚度大于0.007毫米，但不超过0.01毫米				
7607.1190	---其他				
7607.1900	--其他				
7607.2000	-有衬背				
76.08	铝管：				
7608.1000	-非合金铝制	1. 材质（非合金铝）；2. 种类（管）；3. 成分含量（铝及合金元素的含量）；4. 管壁厚度；5. 管壁外径；6. 孔眼直径；7. 管材长度			

税则号列	商品名称	申报要素			说明
		归类要素	价格要素	其他要素	
	-铝合金制:	1. 材质（铝合金）；2. 种类（管）；3. 成分含量（铝及合金元素的含量）；4. 管壁厚度；5. 管壁外径；6. 孔眼直径；7. 管材长度			
7608.2010	---外径不超过10厘米的				
	---其他:				
7608.2091	----壁厚不超过25毫米				
7608.2099	----其他				
76.09	铝制管子附件（例如，接头、肘管、管套）:	1. 用途；2. 材质（非合金铝、铝合金）；3. 种类（接头、肘管、管套、法兰等）			
7609.0000	铝制管子附件（例如，接头、肘管、管套）				
76.10	铝制结构体（税目94.06的活动房屋除外）及其部件（例如，桥梁及桥梁体段、塔、格构杆、屋顶、屋顶框架、门窗及其框架、门槛、栏杆、支柱及立柱）；上述结构体用的已加工铝板、杆、型材、异型材、管子及类似品:				
7610.1000	-门窗及其框架、门槛	1. 材质（铝）；2. 种类（门窗、门槛等）；3. 加工方法（铆接、栓接、钻孔、弯曲等）			
7610.9000	-其他	1. 材质（铝）；2. 种类（塔楼、桥梁体段等）；3. 加工方法（铆接、栓接、钻孔、弯曲等）			
76.11	盛装物料用的铝制囤、柜、罐、桶及类似容器（装压缩气体或液化气体的除外），容积超过300升，不论是否衬里或隔热，但无机械或热力装置:	1. 用途（盛装液体用等）；2. 材质（铝）；3. 种类（罐、桶等）；4. 规格（容积）		5. 品牌（中文或外文名称）	
7611.0000	盛装物料用的铝制囤、柜、罐、桶及类似容器（装压缩气体或液化气体的除外），容积超过300升，不论是否衬里或隔热，但无机械或热力装置				
76.12	盛装物料用的铝制桶、罐、听、盒及类似容器，包括软管容器及硬管容器（装压缩气体或液化气体的除外），容积不超过300升，不论是否衬里或隔热，但无机械或热力装置:				

税则号列	商品名称	申报要素 归类要素	申报要素 价格要素	申报要素 其他要素	说明
7612.1000	-软管容器	1. 用途（盛装液体用等）；2. 材质（铝）；3. 种类（罐、桶等）；4. 规格（容积）	5. 品牌（中文或外文名称）		
	-其他：				
7612.9010	---易拉罐及罐体	1. 用途（盛装液体用等）；2. 材质（铝）；3. 种类（罐、桶等）；4. 规格（容积）	5. 品牌（中文或外文名称）		
7612.9090	---其他	1. 用途（盛装液体用等）；2. 材质（铝）；3. 种类（罐、桶等）；4. 规格（容积）	5. 品牌（中文或外文名称）		
76.13	装压缩气体或液化气体用的铝制容器：	1. 用途（盛装液体用等）；2. 材质（铝）；3. 种类（罐、桶等）；4. 规格（容积）	5. 品牌（中文或外文名称）		
7613.0010	---零售包装用				
7613.0090	---其他				
76.14	非绝缘的铝制绞股线、缆、编带及类似品：				
7614.1000	-带钢芯的	1. 材质（铝）；2. 种类（绞股线、缆、编带等）；3. 状态（非绝缘）；4. 带钢芯请注明			
7614.9000	-其他	1. 材质（铝）；2. 种类（绞股线、缆、编带等）；3. 状态（非绝缘）；4. 带钢芯请注明			
76.15	餐桌、厨房或其他家用铝制器具及其零件；铝制擦锅器、洗刷擦光用的块垫、手套及类似品；铝制卫生器具及其零件：				
	-餐桌、厨房或其他家用器具及其零件；擦锅器及洗刷擦光用的块垫、手套及类似品：	1. 用途（厨房用、餐桌用等）；2. 材质（铝）；3. 种类（水壶、煎锅等）			
7615.1010	---擦锅器、洗刷、擦光用的块垫、手套及类似品				
7615.1090	---其他				
7615.2000	-卫生器具及其零件	1. 用途（卫生用等）；2. 材质（铝）；3. 种类			

税则号列	商品名称	申报要素			说明
		归类要素	价格要素	其他要素	
76.16	其他铝制品:	1.用途（工业用、非工业用）；2.材质（铝）			
7616.1000	-钉、平头钉、U形钉（税目83.05的货品除外）、螺钉、螺栓、螺母、钩头螺钉、铆钉、销、开尾销、垫圈及类似品				
	-其他:				
7616.9100	--铝丝制的布、网、篱及格栅				
	--其他:				
7616.9910	---工业用				
7616.9990	---其他				

第七十八章　铅及其制品

子目注释：

本章所称"精炼铅"，是指：

按重量计含铅量至少为99.9%的金属，但其他各种元素的含量不超过下表中规定的限量：

其他元素表

元　　素		所含重量百分比	元　　素		所含重量百分比
Ag	银	0.02	Fe	铁	0.002
As	砷	0.005	S	硫	0.002
Bi	铋	0.05	Sb	锑	0.005
Ca	钙	0.002	Sn	锡	0.005
Cd	镉	0.002	Zn	锌	0.002
Cu	铜	0.08	其他（例如碲），每种		0.001

【要素释义】

一、归类要素

1. 形状：指物体外观或表现形态。例如，税目78.01项下商品可填报"锭""块"等；税目78.04项下商品可填报"板""片""带""箔""粉末及片状粉末"等；税则号列7806.0010项下商品可填报"条""杆""型材""异型材""丝"等。

2. 材质：指商品具体的制成材料。例如，税目78.01项下商品可填报"精炼铅""铅合金"等；税目78.02至78.06项下商品可填报"铅"等。

3. 加工方法：指物品在加工过程中经过的具体加工工艺。例如，税目78.01项下商品可填报"未锻轧"等。

4. 成分含量：含有的物质种类及重量百分比。例如，税目78.01项下商品可填报"铅及合金元素的含量"等；税目78.02项下商品可填报"铅的含量"等。

5. 用途：指商品的应用对象或应用领域。例如，税目78.02项下商品可填报"供回收铅用"等；税则号列7806.0090项下商品可填报"工业用""非工业用"等。

6. 状态：指商品呈现出的表观。例如，税目78.02项下商品可填报"废""碎"等。

7. 来源：指商品的出处。例如，税目78.02项下商品可填报"精炼铅的废碎料""铅合金的废碎料"等。

8. 规格：指商品的尺寸大小。例如，子目7804.1项下商品可填报厚度。

9. 粒度：根据第十五类注释八（二）的定义，铝粉指按重量计90%及以上可从网眼孔径为1毫米的筛子通过的产品。根据实际情况填写从网眼孔径为1毫米的筛子通过的百分比。

10. 种类：指商品所属的具体类别。例如，税则号列7806.0090项下商品可填报"容器""铅坠"等。

二、价格要素

1. 计价日期：指商品价格所适用的指数或行情的时间，可以是某个时间点，也可以是某个时间段。

2. 签约日期：指供求双方企业合同签订的日期。例如，税目78.01项下商品可填写"20200701"。

税则号列	商品名称	申报要素 归类要素	申报要素 价格要素	申报要素 其他要素	说明
78.01	未锻轧铅：	1. 形状（锭、块等）；2. 材质（精炼铅、铅合金）；3. 加工方法（未锻轧）；4. 成分含量（铅及合金元素的含量）	5. 计价日期；6. 签约日期		
7801.1000	-精炼铅				
	-其他：				
7801.9100	--按重量计所含其他元素是以锑为主的				
7801.9900	--其他				
78.02	铅废碎料：	1. 用途（供回收铅用）；2. 材质（铅）；3. 状态（废、碎）；4. 来源（精炼铅、铅合金的废碎料）；5. 成分含量（铅的含量）			
7802.0000	铅废碎料				
78.04	铅板、片、带、箔；铅粉及片状粉末：				
	-板、片、带、箔：	1. 形状（板、片、带、箔、粉末及片状粉末等）；2. 材质（铅）；3. 规格（板、箔的厚度）			
7804.1100	--片、带及厚度（衬背除外）不超过0.2毫米的箔				
7804.1900	--其他				
7804.2000	-粉末及片状粉末	1. 形状（板、片、带、箔、粉末及片状粉末等）；2. 材质（铅）；3. 规格（板、箔的厚度）；4. 粒度			
78.06	其他铅制品：				
7806.0010	---铅条、杆、型材及异型材或丝	1. 形状（条、杆、型材、异型材、丝等）；2. 材质（铅）			
7806.0090	---其他	1. 用途（工业用、非工业用）；2. 材质（铅）；3. 种类（容器、铅坠等）			

第七十九章 锌及其制品

子目注释：

本章所用有关名词解释如下：

一、非合金锌

按重量计含锌量至少为97.5%的金属。

二、锌合金

按重量计含锌量大于其他元素单项含量的金属物质，但按重量计其他元素的总含量超过2.5%。

三、锌末

冷凝锌雾所得的锌末。该产品由球形微粒组成，比锌粉更为精细，按重量计至少80%的微粒可以通过孔径为63微米的筛子，而且必须含有按重量计至少为85%的金属锌。

【要素释义】

一、归类要素

1. 形状：指物体外观或表现形态。例如，税目79.01项下商品可填报"锭""块"等；税目79.03项下商品可填报"片状粉末""非片状粉末"等；税目79.04项下商品可填报"条""杆""型材""异型材""丝"等；税目79.05项下商品可填报"矩形"等。

2. 材质：指商品具体的制成材料。例如，税目79.01项下商品可填报"非合金锌""锌合金"等；税目79.04至79.07项下商品可填报"锌"等。

3. 加工方法：指物品在加工过程中经过的具体加工工艺。例如，税目79.01项下商品可填报"未锻轧"等。

4. 成分含量：商品含有的所有成分名称及其重量百分比。例如，税目79.01项下商品可填报"锌及合金元素的含量"等；税目79.02项下商品可填报"锌的含量"等。

5. 用途：指商品的应用对象或应用领域。例如，税目79.02项下商品可填报"供回收锌用"等；税目79.03项下商品可填报"用作硬质合金的黏合剂"等；税目79.07项下商品可填报"用作管子连接件"等。

6. 状态：指商品呈现出的表观。例如，税目79.02项下商品可填报"废、碎"等。

7. 来源：指商品的出处。例如，税目79.02项下商品可填报"精炼锌的废碎料""锌合金的废碎料"等。

8. 规格：指商品的尺寸大小。例如，税目79.05项下商品可填报"长×宽×厚"。

9. 粒度：根据第十五类注释八（二）的定义，铝粉指按重量计90%及以上可从网眼孔径为1毫米的筛子通过的产品。根据实际情况填报从网眼孔径为1毫米的筛子通过的百分比。

10. 种类：指商品所属的具体类别。例如，税目79.07项下商品可填报"管""接头""肘管""管套"等。

二、价格要素

1. 品牌（中文或外文名称）：指制造商或经销商加在商品上的品牌标志，实际需要申报中文或外文品牌名称。例如，税目79.05项下的锌带的品牌是"RHEINZINK（莱茵辛克）"。

2. 用途：指商品的应用对象或应用领域。该要素是税目79.05项下商品的价格要素之一，是指锌板、片、带、箔的实际用途。例如，税目79.05项下锌板的用途是"用于屋面建筑材料"。

3. 加工程度（是否经表面处理剂处理、处理方法和所用材料）：该要素是税目79.05项下商品的价格要素之一，是指锌板、片、带、箔的表面是否经表面处理剂处理及其处理方法和所用材料。例如，税目79.05项下商品用于屋面建筑材料的锌板的加工程度可填报"加工程度：锌板表面用硝酸预钝化"。

4. 计价日期：指商品价格所适用的指数或行情的时间，可以是某个时间点，也可以是某个时间段。

5. 签约日期：指供求双方企业合同签订的日期。例如，税目79.01项下商品可填报"20200701"。

税则号列	商品名称	申报要素 归类要素	申报要素 价格要素	申报要素 其他要素	说明
79.01	未锻轧锌： -非合金锌： --按重量计含锌量在99.99%及以上：	1. 形状（锭、块等）；2. 材质（非合金锌、锌合金）；3. 加工方法（未锻轧）；4. 成分含量（锌及合金元素的含量）	5. 计价日期；6. 签约日期		
7901.1110 7901.1190	---按重量计含锌量在99.995%及以上 ---其他				
7901.1200	--按重量计含锌量低于99.99%	1. 形状（锭、块等）；2. 材质（非合金锌、锌合金）；3. 加工方法（未锻轧）；4. 成分含量（锌及合金元素的含量）			
7901.2000	-锌合金	1. 形状（锭、块等）；2. 材质（非合金锌、锌合金）；3. 加工方法（未锻轧）；4. 成分含量（锌及合金元素的含量）			
79.02	锌废碎料：	1. 用途（供回收锌用）；2. 状态（废、碎等）；3. 来源（精炼锌、锌合金的废碎料）；4. 成分含量（锌的含量）			
7902.0000	锌废碎料				
79.03	锌末、锌粉及片状粉末：	1. 用途（用作硬质合金的黏合剂）；2. 形状（片状粉末、非片状粉末）；3. 材质（锌）；4. 成分含量（锌的含量）；5. 粒度			
7903.1000 7903.9000	-锌末 -其他				
79.04	锌条、杆、型材及异型材或丝：	1. 形状（条、杆、型材、异型材、丝等）；2. 材质（锌）			
7904.0000	锌条、杆、型材及异型材或丝				

税则号列	商品名称	申报要素			说明
		归类要素	价格要素	其他要素	
79.05	锌板、片、带、箔：	1. 形状（矩形等）；2. 材质（锌等）；3. 状态（板、片、带）；4. 成分含量（锌及合金元素的含量）；5. 规格（长×宽×厚）	6. 品牌（中文或外文名称）；7. 用途；8. 加工程度（是否经表面处理剂处理、处理方法和所用材料）		
7905.0000	锌板、片、带、箔				
79.07	其他锌制品：	1. 用途；2. 材质（锌、锌合金等）；3. 种类（管、接头、肘管、管套等）			
7907.0020	---锌管及锌制管子附件（例如，接头、肘管、管套）				
7907.0030	---电池壳体坯料（锌饼）				
7907.0090	---其他				

第八十章　锡及其制品

子目注释：

本章所用有关名词解释如下：

一、非合金锡

按重量计含锡量至少为99%的金属，但含铋量或含铜量不超过下表中规定的限量：

其他元素表

元　　素	所含重量百分比
Bi　铋	0.1
Cu　铜	0.4

二、锡合金

按重量计含锡量大于其他元素单项含量的金属物质，但：

（一）按重量计其他元素的总含量超过1%；或

（二）按重量计含铋量或含铜量应等于或大于上表中规定的限量。

【**要素释义**】

一、归类要素

1. 形状：指物体外观或表现形态。例如，税目80.01项下商品可填报"锭""块""粒"等；税目80.03项下商品可填报"条""杆""型材""异型材""丝"等；税则号列8007.0020项下商品可填报"板""片""带"等；税则号列8007.0030项下商品可填报"箔""粉末"等。

2. 材质：指商品具体的制成材料。例如，税目80.01项下商品可填报"非合金锡""锡合金"等；税目80.03、80.07项下商品可填报"锡"等。

3. 加工方法：指物品在加工过程中经过的具体加工工艺。例如，税目80.01项下商品可填报"未锻轧"等。

4. 成分含量：商品含有的所有成分名称及其重量百分比。

5. 用途：指商品的应用对象或应用领域。例如，税目80.02项下商品可填报"供回收锡用"等。

6. 状态：指商品呈现出的表观。例如，税目80.02项下商品可填报"废""碎"等。

7. 来源：指商品的出处。例如，税目80.02项下商品可填报"非合金锡的废碎料"或"合金锡的废碎料"等。

8. 规格：指商品的尺寸大小。例如，税则号列8007.0020项下商品可填报"长×宽×厚"。

9. 种类：指商品所属的具体类别。例如，税则号列8007.0040项下商品可填报"接头""肘管""管套"等。

二、价格要素

暂无特指价格要素。

税则号列	商品名称	申报要素 归类要素	申报要素 价格要素	申报要素 其他要素	说明
80.01	未锻轧锡：	1. 形状（锭、块、粒等）；2. 材质（非合金锡、锡合金）；3. 加工方法（未锻轧）；4. 成分含量（锡及合金元素的含量）	5. 计价日期；6. 签约日期		
8001.1000	-非合金锡				
	-锡合金：				
8001.2010	---锡基巴毕脱合金				
	---焊锡：				
8001.2021	----按重量计含铅量在0.1%以下的				

税则号列	商品名称	申报要素			说明
		归类要素	价格要素	其他要素	
8001.2029	----其他				
8001.2090	---其他				
80.02	锡废碎料：	1. 用途（供回收锡用）；2. 状态（废、碎等）；3. 来源（非合金锡、锡合金的废碎料）；4. 成分含量（锡的含量）			
8002.0000	锡废碎料				
80.03	锡条、杆、型材及异型材或丝：	1. 形状（条、杆、型材、异型材、丝等）；2. 材质（锡）；3. 状态（是否带焊剂）			
8003.0000	锡条、杆、型材及异型材或丝				
80.07	其他锡制品：				
8007.0020	---锡板、片及带，厚度超过0.2毫米	1. 形状（板、片、带等）；2. 规格（长、宽、厚）；3. 材质（锡）；4. 状态（有无衬背、衬背材料）			
8007.0030	---锡箔（不论是否印花或用纸、纸板、塑料或类似材料衬背），厚度（衬背除外）不超过0.2毫米；锡粉及片状粉末	1. 形状（箔、粉末）；2. 材质（锡）；3. 状态（有无衬背，有则报明衬背材料）；4. 规格（锡箔长×宽×厚）；5. 粉末粒度			
8007.0040	---锡管及管子附件（例如，接头、肘管、管套）	1. 材质（锡）；2. 种类（接头、肘管、管套等）			
8007.0090	---其他	1. 材质（锡）；2. 种类			

第八十一章 其他贱金属、金属陶瓷及其制品

【要素释义】

一、归类要素

1. 形状：指物体外观或表现形态。例如，税目81.01项下商品可填报"粉末""条""杆""丝"等；税目81.02项下商品可填报"粉末""条""杆""型材""异型材""板""片""带""箔""丝"等；税目81.03、81.05至81.12和子目8108.9项下商品可填报"粉末""颗粒""条""杆""型材""异型材""板""片""带""箔"等；税则号列8104.3000项下商品可填报"粉末"等；子目8108.2项下商品可填报"粉末""杆"等。

2. 材质：指商品具体的制成材料。例如，税目81.01项下商品可填报"钨"等；税目81.02项下商品可填报"钼""钼合金"等；税目81.03项下商品可填报"钽""钽合金"等；税目81.04项下商品可填报"镁"等。

3. 成分含量：商品含有的所有成分名称及其重量百分比。例如，税目81.01项下商品可填报"钨的含量"。税则号列8105.2010项下的商品的成分含量应包含钴湿法冶炼中间品的水分含量、干基钴含量以及其他元素的含量。

4. 粉末请注明粒度：根据第十五类注释八（二）的定义，铝粉指按重量计90%及以上可从网眼孔径为1毫米的筛子通过的产品。粉末粒度也称颗粒粒度，指颗粒占据空间的尺度，通常用单位"微米（μm）"表示。根据实际情况填报从网眼孔径为1毫米的筛子通过的百分比。

5. 加工方法：指物品在加工过程中经过的具体加工工艺。例如，税目81.01项下商品可填报"未锻轧"或"锻轧"等。

6. 用途：指商品的应用对象或应用领域。例如，税则号列8101.9700项下商品可填报"供回收钨用"等。

7. 状态：指商品呈现出的表观。例如，税目81.03项下商品可填报"废""碎""非废碎"等。

8. 来源：指商品的出处。例如，税目81.02项下商品可填报"冶炼钼废碎料"等。

9. 种类：指商品所属的具体类别。

10. 粉末需申报松装密度：指粉末在规定条件下自由充满标准容器后所测得的堆积密度，即粉末松散填装时单位体积的质量，单位为"克/立方厘米"。

11. 丝需申报直径：指子目8103.9项下钽丝的直径大小，单位为"毫米"。

12. 板、片、带、箔的厚度请注明：指子目8108.9项下钛制板、片、带、箔的厚度尺寸。

二、价格要素

1. 每个重量：该要素是子目8101.99项下钨的条、杆的价格要素，指每个条或者杆的重量，用"千克"表示。

2. 圆柱形请注明是否空心、内径：该要素是子目8101.99项下钨的条、杆的价格要素，是空心圆柱形的条或杆，需注明内径大小，用"厘米"或者"毫米"表示。

3. 计价日期：指商品价格所适用的指数或行情的时间，可以是某个时间点，也可以是某个时间段。

4. 签约日期：指供求双方企业合同签订的日期。例如，税目81.05项下商品可填报"20200701"。

5. 品牌（中文或外文名称）：指制造商或经销商加在商品上的品牌标志，实际需要申报中文或外文品牌名称。

6. 型号：指生产厂家按照性能、用途、规格和大小等因素所设的代码。

税则号列	商品名称	申报要素			说明
		归类要素	价格要素	其他要素	
81.01 8101.1000	钨及其制品，包括废碎料： -粉末 -其他	1. 形状（粉末）；2. 材质（钨）；3. 成分含量（钨的含量）；4. 粉末请注明粒度	5. 品牌（中文或外文名称）；6. 型号		

税则号列	商品名称	申报要素			说明
		归类要素	价格要素	其他要素	
8101.9400	--未锻轧钨,包括简单烧结而成的条、杆	1. 形状(条、杆等);2. 材质(钨);3. 加工方法(未锻轧、简单烧结等)	4. 品牌(中文或外文名称);5. 型号		
8101.9600	--丝	1. 形状(丝);2. 材质(钨)	3. 品牌(中文或外文名称);4. 型号		
8101.9700	--废碎料	1. 用途(供回收钨用);2. 材质(钨);3. 状态(废、碎);4. 来源			
	--其他:	1. 形状(条、杆、型材、异型材、板、片、带、箔等);2. 材质(钨、钨合金等);3. 加工方法(锻轧);4. 用途;5. 成分含量	6. 每个重量;7. 圆柱形请注明是否空心、内径;8. 品牌(中文或外文名称);9. 型号		
8101.9910	---条、杆,但简单烧结而成的除外;型材及异型材、板、片、带、箔				
8101.9990	---其他				
81.02	**钼及其制品,包括废碎料:**				
8102.1000	-粉末	1. 形状(粉末);2. 材质(钼);3. 粉末请注明粒度	4. 品牌(中文或外文名称);5. 型号		
	-其他:				
8102.9400	--未锻轧钼,包括简单烧结而成的条、杆	1. 形状(条、杆等);2. 材质(钼);3. 加工方法(未锻轧、简单烧结等)	4. 品牌(中文或外文名称);5. 型号		
8102.9500	---条、杆,但简单烧结而成的除外;型材及异型材、板、片、带、箔	1. 形状(条、杆、型材、异型材、板、片、带、箔等);2. 材质(钼);3. 加工方法(锻轧)	4. 品牌(中文或外文名称);5. 型号		
8102.9600	--丝	1. 形状(丝);2. 材质(钼)	3. 品牌(中文或外文名称);4. 型号		
8102.9700	--废碎料	1. 用途(供回收钼用);2. 材质(钼);3. 来源			
8102.9900	--其他	1. 材质(钼);2. 种类	3. 品牌(中文或外文名称);4. 型号		

税则号列	商品名称	申报要素			说明
		归类要素	价格要素	其他要素	
81.03	钽及其制品，包括废碎料： -未锻轧钽，包括简单烧结而成的条、杆；粉末：	1. 形状（粉末、条、杆、型材、异型材、板、片、带、箔等）；2. 材质（钽、钽合金等）；3. 加工方法（锻轧、未锻轧、简单烧结等）；4. 状态（废、碎、非废碎等）；5. 成分含量（钽的含量）；6. 粉末需申报松装密度	7. 品牌（中文或外文名称）；8. 型号		
	---钽粉：				
8103.2011	----松装密度小于2.2克/立方厘米的				
8103.2019	----其他				
8103.2090	---其他				
8103.3000	-废碎料	1. 形状（粉末、条、杆、型材、异型材、板、片、带、箔等）；2. 材质（钽、钽合金等）；3. 加工方法（锻轧、未锻轧、简单烧结等）；4. 状态（废、碎等）；5. 成分含量（钽的含量等）			
	-其他：	1. 形状（粉末、条、杆、型材、异型材、板、片、带、箔等）；2. 材质（钽、钽合金等）；3. 加工方法（锻轧、未锻轧、简单烧结等）；4. 状态（废、碎、非废碎等）；5. 成分含量（钽的含量）；6. 丝需申报直径	7. 品牌（中文或外文名称）；8. 型号		
8103.9100	--坩埚				
	--其他：				
	---钽丝：				
8103.9911	----直径小于0.5毫米				
8103.9919	----其他				
8103.9990	---其他				
81.04	镁及其制品，包括废碎料： -未锻轧镁：	1. 材质（镁）；2. 加工方法（未锻轧）；3. 成分含量（镁的含量）；4. 粉末请注明粒度	5. 品牌（中文或外文名称）；6. 型号		

税则号列	商品名称	申报要素 归类要素	申报要素 价格要素	申报要素 其他要素	说明
8104.1100	--按重量计含镁量至少为99.8%				
8104.1900	--其他				
8104.2000	-废碎料	1.用途（供回收镁用）；2.状态（废、碎等）；3.来源			
8104.3000	-锉屑、车屑及颗粒，已按规格分级的；粉末	1.形状（粉末等）；2.材质（镁）；3.来源（锉屑、车屑等）；4.成分含量（镁的含量）；5.粉末请注明粒度	6.品牌（中文或外文名称）；7.型号		
	-其他：	1.材质（镁）；2.加工方法（锻轧等）	3.品牌（中文或外文名称）；4.型号		
8104.9010	---锻轧镁				
8104.9020	---镁制品				
81.05	**钴锍及其他冶炼钴时所得的中间产品；钴及其制品，包括废碎料：**				
	-钴锍及其他冶炼钴时所得中间产品；未锻轧钴；粉末：				
8105.2010	---钴湿法冶炼中间品	1.形状（粉末、颗粒等）；2.材质（钴、钴合金、钴锍等）；3.状态（废、碎、非废碎等）；4.成分含量（钴：以干基钴为标准、水分含量、其他元素含量）	5.计价日期；6.签约日期		
8105.2020	---未锻轧钴	1.形状（粉末、颗粒等）；2.材质（钴、钴合金、钴锍等）；3.状态（废、碎、非废碎等）；4.成分含量（钴：以干基钴为标准、水分含量、其他元素含量）	5.品牌（中文或外文名称）；6.型号		
8105.2090	---其他	1.形状（粉末、条、杆、型材、异型材、板、片、带、箔等）；2.材质（钴、钴合金、钴锍等）；3.加工方法（锻轧）；4.状态（废、碎、非废碎等）	5.品牌（中文或外文名称）；6.型号		
8105.3000	-废碎料	1.材质；2.状态（废、碎等）；3.成分含量			

税则号列	商品名称	申报要素			说明
		归类要素	价格要素	其他要素	
8105.9000	-其他	1. 材质；2. 成分含量	3. 品牌（中文或外文名称）；4. 型号		
81.06	铋及其制品，包括废碎料：	1. 形状（粉末、条、杆、型材、异型材、板、片、带、箔等）；2. 材质（铋、铋合金等）；3. 加工方法（锻轧、未锻轧）；4. 状态（废、碎、非废碎等）；5. 成分含量（铋的含量）	6. 品牌（中文或外文名称）；7. 型号		
	-按重量计铋含量在99.99%以上：				
8106.1010	---未锻轧铋；废碎料；粉末				
8106.1090	---其他				
	-其他：				
8106.9010	---未锻轧铋；废碎料；粉末				
8106.9090	---其他				
81.08	钛及其制品，包括废碎料：				
	-未锻轧钛；粉末：	1. 形状（粉末、杆等）；2. 材质（钛）；3. 加工方法（未锻轧）；4. 成分含量（钛的含量）；5. 粉末请注明粒度	6. 品牌（中文或外文名称）；7. 型号		
	---未锻轧钛：				
8108.2021	----海绵钛				
8108.2029	----其他				
8108.2030	---粉末				
8108.3000	-废碎料	1. 用途（供回收钛用）；2. 状态（废、碎等）；3. 来源			
	-其他：	1. 形状（条、杆、型材、异型材、板、片、带、箔等）；2. 材质（钛）；3. 种类；4. 加工方法；5. 板、片、带、箔的厚度请注明	6. 品牌（中文或外文名称）；7. 型号		
8108.9010	---条、杆、型材及异型材				
8108.9020	---丝				
	---板、片、带、箔：				
8108.9031	----厚度不超过0.8毫米				
8108.9032	----厚度超过0.8毫米				
8108.9040	---管				
8108.9090	---其他				
81.09	锆及其制品，包括废碎料：				

税则号列	商品名称	申报要素 归类要素	申报要素 价格要素	申报要素 其他要素	说明
	-未锻轧锆；粉末：	1. 形状（粉末、条、杆、型材、异型材、板、片、带、箔等）；2. 材质（锆、锆合金等）；3. 加工方法（未锻轧等）；4. 状态（废、碎、非废碎等）；5. 成分含量（锆的含量）；6. 粉末请注明粒度	7. 品牌（中文或外文名称）；8. 型号		
8109.2100	--按重量计铪与锆之比低于1∶500				
8109.2900	--其他				
	-废碎料：	1. 形状（粉末、条、杆、型材、异型材、板、片、带、箔等）；2. 材质（锆、锆合金等）；3. 加工方法（未锻轧等）；4. 状态（废、碎、非废碎等）；5. 成分含量（锆的含量）；6. 粉末请注明粒度	7. 品牌（中文或外文名称）；8. 型号		
8109.3100	--按重量计铪与锆之比低于1∶500				
8109.3900	--其他				
	-其他：	1. 形状（粉末、条、杆、型材、异型材、板、片、带、箔等）；2. 材质（锆、锆合金等）；3. 加工方法（未锻轧等）；4. 状态（废、碎、非废碎等）；5. 成分含量（锆的含量）；6. 粉末请注明粒度	7. 品牌（中文或外文名称）；8. 型号		
8109.9100	--按重量计铪与锆之比低于1∶500				
8109.9900	--其他				
81.10	**锑及其制品，包括废碎料：**				
	-未锻轧锑；粉末：	1. 形状（粉末、条、杆、型材、异型材、板、片、带、箔等）；2. 材质（锑、锑合金等）；3. 加工方法（未锻轧等）；4. 状态（废、碎、非废碎等）；5. 成分含量（锑的含量）；6. 粉末请注明粒度	7. 品牌（中文或外文名称）；8. 型号		
8110.1010	---未锻轧锑				
8110.1020	---粉末				

税则号列	商品名称	申报要素			说明
		归类要素	价格要素	其他要素	
8110.2000	-废碎料	1. 形状（粉末、条、杆、型材、异型材、板、片、带、箔等）；2. 材质（锑、锑合金等）；3. 加工方法（未锻轧等）；4. 状态（废、碎、非废碎等）；5. 成分含量（锑的含量）；6. 粉末请注明粒度			
8110.9000	-其他	1. 形状（粉末、条、杆、型材、异型材、板、片、带、箔等）；2. 材质（锑、锑合金等）；3. 加工方法（未锻轧等）；4. 状态（废、碎、非废碎等）；5. 成分含量（锑的含量）；6. 粉末请注明粒度		7. 品牌（中文或外文名称）；8. 型号	
81.11	锰及其制品，包括废碎料：	1. 形状（粉末、条、杆、型材、异型材、板、片、带、箔等）；2. 材质（锰、锰合金等）；3. 加工方法（未锻轧、锻压、模压等）；4. 状态（废、碎、非废碎等）；5. 成分含量（锰的含量）；6. 粉末请注明粒度		7. 品牌（中文或外文名称）；8. 型号	
8111.0010	---未锻轧锰；废碎料；粉末				
8111.0090	---其他				
81.12	铍、铬、铪、铼、铊、镉、锗、钒、镓、铟、铌及其制品，包括废碎料：	1. 形状（粉末、条、杆、型材、异型材、板、片、带、箔等）；2. 材质（铍、铬等贱金属及其合金）；3. 加工方法（未锻轧等）；4. 状态（废、碎、非废碎等）；5. 成分含量；6. 粉末请注明粒度			
	-铍：				
8112.1200	--未锻轧铍；粉末				
8112.1300	--废碎料				
8112.1900	--其他				

税则号列	商品名称	申报要素			说明
		归类要素	价格要素	其他要素	
	-铬：				
8112.2100	--未锻轧铬；粉末				
8112.2200	--废碎料				
8112.2900	--其他				
	-铪：				
8112.3100	--未锻轧铪；废碎料；粉末				
8112.3900	--其他				
	-铼：				
8112.4100	--未锻轧铼；废碎料；粉末				
8112.4900	--其他				
	-铊：				
8112.5100	--未锻轧铊；粉末				
8112.5200	--废碎料				
8112.5900	--其他				
	-镉：				
8112.6100	--废碎料				
	--其他：				
8112.6910	---未锻轧镉；粉末				
8112.6990	---其他				
	-其他：				
	--未锻轧；废碎料；粉末：				
8112.9210	---锗				
8112.9220	---钒				
8112.9230	---铟				
8112.9240	---铌				
8112.9290	---其他				
	--其他：				
8112.9910	---锗				
8112.9920	---钒				
8112.9930	---铟				
8112.9940	---铌				
8112.9990	---其他				
81.13	**金属陶瓷及其制品，包括废碎料：**	1. 材质（金属陶瓷）；2. 状态（废、碎、非废碎等）	3. 品牌（中文或外文名称）；4. 型号		
8113.0010	---颗粒；粉末				
8113.0090	---其他				

第八十二章　贱金属工具、器具、利口器、餐匙、餐叉及其零件

注释：
- 一、除喷灯、轻便锻炉、带支架的砂轮、修指甲和修脚用器具及税目 82.09 的货品外，本章仅包括带有用下列材料制成的刀片、工作刃、工作面或其他工作部件的物品：
  - （一）贱金属；
  - （二）硬质合金或金属陶瓷；
  - （三）装于贱金属、硬质合金或金属陶瓷底座上的宝石或半宝石（天然、合成或再造）；或
  - （四）附于贱金属底座上的磨料，当附上磨料后，所具有的切齿、沟、槽或类似结构仍保持其特性及功能。
- 二、本章所列物品的贱金属零件，应与该制品归入同一税目，但具体列名的零件及手工工具的工具夹具（税目 84.66）除外。第十五类注释二所述的通用零件，均不归入本章。

  电动剃须刀及电动毛发推剪的刀头、刀片应归入税目 85.10。
- 三、由税目 82.11 的一把或多把刀具与税目 82.15 至少数量相同的物品构成的成套货品应归入税目 82.15。

【要素释义】
- 一、归类要素

  1. 用途：指商品的应用对象或应用领域。例如，税目 82.01 项下商品可填报"砍伐用""修枝用"等；税目 82.02 项下商品可填报"加工金属用"等；税目 82.03 项下商品可填报"锉木材用"等；税目 82.05 项下商品可填报"家用"等；税目 82.07 项下商品可填报"钻探用""铣削用""锻压用""镗孔用"等；税目 82.08 项下商品可填报"金属加工用""木器加工用"等；税目 82.09 项下商品可填报"工具用"等；税目 82.10 项下商品可填报"加工食品用"等；税目 82.13 项下商品可填报"裁缝用"等；税目 82.15 项下商品可填报"餐桌用""厨房用"等。

  2. 材质：指商品具体的制成材料。例如，税目 82.01 至 82.07 项下商品可填报"合金钢制"等；税目 82.09 项下商品可填报"金属陶瓷制"等；税目 82.08 及税目 82.10 至 82.15 项下商品可填报"不锈钢制"等。

  3. 式样：税目 82.01 项下工具可填报"单手操作"等；子目 8204.1 项下扳手及扳钳可填报"固定的"或"可调的"；税目 82.11 项下刀具可填报"刃面固定"或"刃面不固定"。

  4. 圆锯片带有钢制、金刚石制、氮化硼制工作部件请注明：根据商品实际情况填写。

  5. 是否成套：税目 82.05 项下商品如果是由税目 82.05 项下两个或多个子目所列物品组成的成套商品应填写"成套"；税目 82.11 项下商品如果是由税目 82.11 项下两个或多个不同刀具组成的成套商品应填写"成套"；税目 82.15 项下商品如果是由税目 82.15 项下两个或多个不同厨房或餐桌用具组成的成套商品或由税目 82.11 项下一把或多把刀具与税目 82.15 至少数量相同的物品构成的成套商品应填写"成套"。

  6. 是否零售包装成套：零售包装成套是指由税目 82.02 至 82.05 项下两个或多个税目所列工具组成的零售包装成套商品（例如，装于一个塑料箱或一个金属工具箱中）。

  7. 是否带工作部件，若带请注明材质：根据商品实际情况填写。

  8. 是否经镀层或涂层请注明：根据商品实际情况填写。

  9. 是否装配：税目 82.09 项下商品指未装配的工具用金属陶瓷板、杆、刀头及类似品，所以归入税目 82.09 项下商品需填写"未装配"。

  10. 晶粒度：指晶粒大小的指标，以晶粒的平均线长度（或直径）表示，单位为"微米"。

  11. 原理：指税目 82.10 项下食品、饮料加工机械需填写"手动"。

  12. 单件重量：指税目 82.10 项下食品、饮料加工机械的重量，单位为"千克"。

  13. 是否镀贵金属：贵金属指银、金、铂、铱、锇、钯、铑、钌。按实际情况填写。

- 二、价格要素

  1. 品牌（中文或外文名称）：指制造商或经销商加在商品上的品牌标志，实际需要申报中文或外文品牌名称。

  2. 型号：指生产厂家给不同结构、不同成分和用途的产品的代码。

税则号列	商品名称	申报要素			说明
		归类要素	价格要素	其他要素	
82.01	锹、铲、镐、锄、叉及耙；斧子、钩刀及类似砍伐工具；各种修枝用剪刀；镰刀、秣刀、树篱剪、伐木楔子及其他农业、园艺或林业用手工工具：	1. 用途（砍伐用、修枝用等）；2. 材质（合金钢制等）；3. 式样（单手操作等）	4. 品牌（中文或外文名称）；5. 型号		
8201.1000	-锹及铲				
8201.3000	-镐、锄及耙				
8201.4000	-斧子、钩刀及类似砍伐工具				
8201.5000	-修枝剪及类似的单手操作剪刀（包括家禽剪）				
8201.6000	-树篱剪、双手修枝剪及类似的双手操作剪刀				
	-用于农业、园艺或林业的其他手工工具：				
8201.9010	---叉				
8201.9090	---其他				
82.02	手工锯；各种锯的锯片（包括切条、切槽或无齿锯片）：	1. 用途（加工金属用等）；2. 材质（合金钢制等）；	3. 品牌（中文或外文名称）；4. 型号		
8202.1000	-手工锯	1. 用途（加工金属用等）；2. 材质（合金钢制等）；	3. 品牌（中文或外文名称）；4. 型号		
	-带锯片：	1. 用途（加工金属用等）；2. 材质（合金钢制等）；	3. 品牌（中文或外文名称）；4. 型号		
8202.2010	---双金属带锯条				
8202.2090	---其他				
	-圆锯片（包括切条或切槽锯片）：	1. 用途（加工金属用等）；2. 材质（合金钢制等）；3. 圆锯片带有钢制、金刚石制、氮化硼制工作部件请注明	4. 品牌（中文或外文名称）；5. 型号		
8202.3100	--带有钢制工作部件				
	--其他，包括部件：				
8202.3910	---带有天然或合成金刚石、立方氮化硼制的工作部件				
8202.3990	---其他				
8202.4000	-链锯片	1. 用途（加工金属用等）；2. 材质（合金钢制等）；	3. 品牌（中文或外文名称）；4. 型号		
	-其他锯片：	1. 用途（加工金属用等）；2. 材质（合金钢制等）；	3. 品牌（中文或外文名称）；4. 型号		
	--直锯片，加工金属用：				
8202.9110	---机械锯用				
8202.9190	---其他				

税则号列	商品名称	申报要素 归类要素	申报要素 价格要素	申报要素 其他要素	说明
	--其他:				
8202.9910	---机械锯用				
8202.9990	---其他				
82.03	钢锉、木锉、钳子（包括剪钳）、镊子、白铁剪、切管器、螺栓切头器、打孔冲子及类似手工工具：	1. 用途（锉木材用等）；2. 材质（合金钢制等）	3. 品牌（中文或外文名称）；4. 型号		
8203.1000	-钢锉、木锉及类似工具				
8203.2000	-钳子（包括剪钳）、镊子及类似工具				
8203.3000	-白铁剪及类似工具				
8203.4000	-切管器、螺栓切头器、打孔冲子及类似工具				
82.04	手动扳手及扳钳（包括转矩扳手，但不包括丝锥扳手）；可互换的扳手套筒，不论是否带手柄：				
	-手动扳手及扳钳：	1. 材质（合金钢制等）；2. 式样（固定的、可调的）	3. 品牌（中文或外文名称）；4. 型号		
8204.1100	--固定的				
8204.1200	--可调的				
8204.2000	-可互换的扳手套筒，不论是否带手柄	1. 材质（合金钢制等）	2. 品牌（中文或外文名称）；3. 型号		
82.05	其他税号未列名的手工工具（包括玻璃刀）；喷灯；台钳、夹钳及类似品，但作为机床或水射流切割机附件或零件的除外；砧；轻便锻炉；带支架的手摇或脚踏砂轮：	1. 用途（家用等）；2. 材质（合金钢制等）；3. 是否成套	4. 品牌（中文或外文名称）；5. 型号		
8205.1000	-钻孔或攻丝工具				
8205.2000	-锤子				
8205.3000	-木工用刨子、凿子及类似切削工具				
8205.4000	-螺丝刀				
	-其他手工工具（包括玻璃刀）：				
8205.5100	--家用工具				
8205.5900	--其他				
8205.6000	-喷灯				
8205.7000	-台钳、夹钳及类似品				
8205.9000	-其他，包括由本税目项下两个或多个子目所列物品组成的成套货品				
82.06	由税目82.02至82.05中两个或多个税目所列工具组成的零售包装成套货品：	1. 材质（合金钢制等）；2. 包含的种类（扳手、钳子、螺丝刀等）；3. 是否零售包装成套	4. 品牌（中文或外文名称）；5. 型号		
8206.0000	由税目82.02至82.05中两个或多个税目所列工具组成的零售包装成套货品				

税则号列	商品名称	申报要素 归类要素	申报要素 价格要素	申报要素 其他要素	说明
82.07	手工工具（不论是否有动力装置）及机床（例如，锻压、冲压、攻丝、钻孔、镗孔、铰孔及铣削、车削或上螺丝用的机器）的可互换工具，包括金属拉拔或挤压用模及凿岩或钻探工具：	1. 用途（钻探、铣削、锻压、镗孔用等）；2. 材质（合金钢制等）；3. 是否带工作部件，若带有请注明材质（金属陶瓷、金刚石等）	4. 品牌（中文或外文名称）；5. 型号		
	-凿岩或钻探工具：				
8207.1300	--带有金属陶瓷制的工作部件				
	--其他，包括部件：				
8207.1910	---带有天然或合成金刚石、立方氮化硼制的工作部件				
8207.1990	---其他				
	-金属拉拔或挤压用模：				
8207.2010	---带有天然或合成金刚石、立方氮化硼制的工作部件				
8207.2090	---其他				
8207.3000	-锻压或冲压工具				
8207.4000	-攻丝工具				
	-钻孔工具，但凿岩及钻探用的除外：				
8207.5010	---带有天然或合成金刚石、立方氮化硼制的工作部件				
8207.5090	---其他				
	-镗孔或铰孔工具：				
8207.6010	---带有天然或合成金刚石、立方氮化硼制的工作部件				
8207.6090	---其他				
	-铣削工具：				
8207.7010	---带有天然或合成金刚石、立方氮化硼制的工作部件				
8207.7090	---其他				
	-车削工具：				
8207.8010	---带有天然或合成金刚石、立方氮化硼制的工作部件				
8207.8090	---其他				
	-其他可互换工具：				
8207.9010	---带有天然或合成金刚石、立方氮化硼制的工作部件				
8207.9090	---其他				
82.08	机器或机械器具的刀及刀片：				
	-金属加工用：	1. 用途（金属加工用）；2. 材质（不锈钢制等）；3. 是否经镀层或涂层请注明	4. 品牌（中文或外文名称）；5. 型号		
	---硬质合金制的：				
8208.1011	----经镀或涂层的				

税则号列	商品名称	申报要素			说明
		归类要素	价格要素	其他要素	
8208.1019	----其他				
8208.1090	---其他				
8208.2000	-木器加工用	1.用途（木器加工用）；2.材质（不锈钢制等）	3.品牌（中文或外文名称）；4.型号		
8208.3000	-厨房器具或食品工业机器用	1.用途（厨房器具、食品工业机器用等）；2.材质（不锈钢制等）	3.品牌（中文或外文名称）；4.型号		
8208.4000	-农业、园艺或林业机器用	1.用途（农业、园艺、林业机器用等）；2.材质（不锈钢制等）	3.品牌（中文或外文名称）；4.型号		
8208.9000	-其他	1.用途；2.材质（不锈钢制等）	3.品牌（中文或外文名称）；4.型号		
82.09	**未装配的工具用金属陶瓷板、杆、刀头及类似品：**				
8209.0010	---板	1.用途（工具用）；2.材质（金属陶瓷制）；3.是否装配	4.品牌（中文或外文名称）；5.型号		
	---条、杆：				
8209.0021	----晶粒度小于0.8微米的	1.用途（工具用）；2.材质（金属陶瓷制）；3.是否装配；4.晶粒度	5.品牌（中文或外文名称）；6.型号		
8209.0029	----其他	1.用途（工具用）；2.材质（金属陶瓷制）；3.是否装配	4.品牌（中文或外文名称）；5.型号		
8209.0030	---刀头	1.用途（工具用）；2.材质（金属陶瓷制）；3.是否装配	4.品牌（中文或外文名称）；5.型号		
8209.0090	---其他	1.用途（工具用）；2.材质（金属陶瓷制）；3.是否装配	4.品牌（中文或外文名称）；5.型号		
82.10	**用于加工或调制食品或饮料的手动机械器具，重量不超过10千克：**	1.用途（加工食品用等）；2.材质（不锈钢制等）；3.原理（手动）；4.单件重量	5.品牌（中文或外文名称）；6.型号		
8210.0000	用于加工或调制食品或饮料的手动机械器具，重量不超过10千克				
82.11	**有刃口的刀及其刀片，不论是否有锯齿（包括整枝刀），但税目82.08的刀除外：**				

税则号列	商品名称	申报要素			说明
		归类要素	价格要素	其他要素	
8211.1000	-成套货品	1. 材质（不锈钢制等）；2. 式样（刃面固定、刃面不固定）；3. 是否成套	4. 品牌（中文或外文名称）；5. 型号		
	-其他：				
8211.9100	--刃面固定的餐刀	1. 材质（不锈钢制等）；2. 式样（刃面固定）	3. 品牌（中文或外文名称）；4. 型号		
8211.9200	--刃面固定的其他刀	1. 材质（不锈钢制等）；2. 式样（刃面固定）	3. 品牌（中文或外文名称）；4. 型号		
8211.9300	--刃面不固定的刀	1. 材质（不锈钢制等）；2. 式样（刃面不固定）	3. 品牌（中文或外文名称）；4. 型号		
8211.9400	--刀片	1. 材质（不锈钢制等）	2. 品牌（中文或外文名称）；3. 型号		
8211.9500	--贱金属制的刀柄	1. 材质（不锈钢制等）	2. 品牌（中文或外文名称）；3. 型号		
82.12	剃刀及其刀片（包括未分开的刀片条）：	1. 材质（不锈钢制等）	2. 品牌（中文或外文名称）；3. 型号		
8212.1000	-剃刀				
8212.2000	-安全刀片，包括未分开的刀片条				
8212.9000	-其他零件				
82.13	剪刀、裁缝剪刀及类似品、剪刀片：	1. 用途（裁缝用等）；2. 材质（不锈钢制等）	3. 品牌（中文或外文名称）；4. 型号		
8213.0000	剪刀、裁缝剪刀及类似品、剪刀片				
82.14	其他利口器（例如，理发推剪、屠刀、砍骨刀、切肉刀、切菜刀、裁纸刀）；修指甲及修脚用具（包括指甲锉）：				
8214.1000	-裁纸刀、开信刀、改错刀、铅笔刀及其刀片	1. 材质（不锈钢制等）	2. 品牌（中文或外文名称）；3. 型号		
8214.2000	-修指甲及修脚用具（包括指甲锉）	1. 材质（不锈钢制等）	2. 品牌（中文或外文名称）；3. 型号		
8214.9000	-其他	1. 材质（不锈钢制等）	2. 品牌（中文或外文名称）；3. 型号		
82.15	餐匙、餐叉、长柄勺、漏勺、糕点夹、鱼刀、黄油刀、糖块夹及类似的厨房或餐桌用具：	1. 用途（餐桌、厨房用）；2. 材质（不锈钢制等）；3. 是否镀贵金属；4. 是否成套	5. 品牌（中文或外文名称）；6. 型号		

税则号列	商品名称	申报要素			说明
		归类要素	价格要素	其他要素	
8215.1000	-成套货品,至少其中一件物品是镀贵金属的				
8215.2000	-其他成套货品				
	-其他:				
8215.9100	--镀贵金属的				
8215.9900	--其他				

第八十三章　贱金属杂项制品

注释：
一、在本章，贱金属零件应与制品一同归类。但税目73.12、73.15、73.17、73.18及73.20的钢铁制品或其他贱金属（第七十四章至第七十六章及第七十八章至第八十一章）制的类似物品不应视为本章制品的零件。
二、税目83.02所称"脚轮"，是指直径（对于有胎的，连胎计算在内，下同）不超过75毫米的或直径虽超过75毫米，但所装轮或胎的宽度必须小于30毫米的脚轮。

【要素释义】
一、归类要素
1. 用途：指商品的应用对象或应用领域。例如，税目83.01项下商品可填报"机动车用""家具用"等；税目83.02项下商品可填报"机动车用""家具用"等；税目83.05项下商品可填报"办公室用""室内装饰或包装用"等；税目83.08项下商品可填报"用于衣服""用于提包上"等；税目83.10项下商品可填报"汽车用"等；税目83.11项下商品可填报"电弧焊用""气焊用""钎焊用"等。
2. 材质：指商品具体的制成材料。例如，税目83.01至83.06、83.08、83.09项下商品可填报"不锈钢制"等；税目83.07、83.10项下商品可填报"钢铁制""其他贱金属制"等；税目83.11项下商品可填报"贱金属制""硬质合金制"等。
3. 种类：指商品所属的具体类别。例如，税目83.03项下商品可填报"保险箱""保险柜""保险库的门"等；税目83.04项下商品可填报"档案柜""卡片索引柜""文件盘"等；税目83.05项下商品可填报"活页夹""宗卷夹""成条订书钉"等；税目83.06项下商品可填报"铃""钟""锣""雕塑像""相框""画框"等；税目83.07项下商品可填报"软管"等；税目83.08项下商品可填报"扣""钩""环""铆钉"等；税目83.09项下商品可填报"塞子""盖子"等；税目83.10项下商品可填报"标志""铭牌"等；税目83.11项下商品可填报"电极""焊条""焊丝"等。
4. 直径：根据本章注释二规定，税目83.02所称"脚轮"，是指直径（对于有胎的，连胎计算在内，下同）不超过75毫米的或直径虽超过75毫米，但所装轮或胎的宽度必须小于30毫米的脚轮。按实际情况填写。
5. 所装轮或胎的宽度：根据本章注释二规定，税目83.02所称"脚轮"，是指直径（对于有胎的，连胎计算在内，下同）不超过75毫米的或直径虽超过75毫米，但所装轮或胎的宽度必须小于30毫米的脚轮。按实际情况填写。
6. 式样：税目83.04项下档案柜等物品与税目94.03家具的区别在于后者是"落地"的，故归入税目83.04的商品需填报"非落地"。
7. 是否镀贵金属：贵金属指银、金、铂、铱、锇、钯、铑、钌。按实际情况填写。
8. 铃、钟、锣请注明非电动：由于税目83.06项下铃、钟、锣是指非电动的，故归入税目83.06项下的商品需填报"非电动"。
9. 状态：指商品呈现出的表观。例如，税目83.11项下焊条等填报"以焊剂涂面"或"以焊剂为芯"。

二、价格要素
1. 品牌（中文或外文名称）：指制造商或经销商加在商品上的品牌标志，实际需要申报中文或外文品牌名称。
2. 型号：指生产厂家给不同结构、不同成分和用途的产品的代码。
3. 种类：指商品所属的具体类别。例如，税目83.01项下商品可填报"钥匙锁""数码锁""电动锁""钥匙"等。

税则号列	商品名称	申报要素			说明
		归类要素	价格要素	其他要素	
83.01	贱金属制的锁（钥匙锁、数码锁及电动锁）；贱金属制带锁的扣环及扣环框架；上述锁的贱金属制钥匙：				
8301.1000	-挂锁	1.用途（机动车用、家具用等）；2.材质（不锈钢制等）	3.品牌（中文或外文名称）；4.型号；5.种类（钥匙锁、数码锁、电动锁、钥匙等）		
	-机动车用锁：	1.用途（机动车用）；2.材质（不锈钢制等）	3.品牌（中文或外文名称）；4.型号；5.种类（钥匙锁、数码锁、电动锁、钥匙等）		
8301.2010	---中央控制门锁				
8301.2090	---其他				
8301.3000	-家具用锁	1.用途（家具用）；2.材质（不锈钢制等）	3.品牌（中文或外文名称）；4.型号；5.种类（钥匙锁、数码锁、电动锁、钥匙等）		
8301.4000	-其他锁	1.用途；2.材质（不锈钢制等）	3.品牌（中文或外文名称）；4.型号；5.种类（钥匙锁、数码锁、电动锁、钥匙等）		
8301.5000	-带锁的扣环及扣环框架	1.用途（机动车用、家具用等）；2.材质（不锈钢制等）	3.品牌（中文或外文名称）；4.型号；5.种类（带锁的扣环，扣环框架）		

税则号列	商品名称	申报要素			说明
		归类要素	价格要素	其他要素	
8301.6000	-零件	1. 用途（机动车用、家具用等）；2. 材质（不锈钢制等）	3. 品牌（中文或外文名称）；4. 型号；5. 种类（锁舌、锁芯、锁面板等）		
8301.7000	-钥匙	1. 用途（机动车用、家具用等）；2. 材质（不锈钢制等）	3. 品牌（中文或外文名称）；4. 型号；5. 种类（钥匙锁、数码锁、电动锁、钥匙等）		
83.02	用于家具、门窗、楼梯、百叶窗、车厢、鞍具、衣箱、盒子及类似品的贱金属附件及架座；贱金属制帽架、帽钩、托架及类似品；用贱金属做支架的小脚轮；贱金属制的自动闭门器：				
8302.1000	-铰链（折叶）	1. 用途（机动车用、家具用等）；2. 材质（不锈钢制等）	3. 品牌（中文或外文名称）；4. 型号		
8302.2000	-小脚轮	1. 用途（机动车用、家具用等）；2. 材质（不锈钢制等）；3. 直径；4. 所装轮或胎的宽度	5. 品牌（中文或外文名称）6. 型号		
8302.3000	-机动车辆用的其他附件及架座	1. 用途（机动车用、家具用等）；2. 材质（不锈钢制等）	3. 品牌（中文或外文名称）；4. 型号		
	-其他附件及架座：	1. 用途（机动车用、家具用等）；2. 材质（不锈钢制等）	3. 品牌（中文或外文名称）；4. 型号		
8302.4100	--建筑用				
8302.4200	--其他，家具用				
8302.4900	--其他				
8302.5000	-帽架、帽钩、托架及类似品	1. 用途（机动车用、家具用等）；2. 材质（不锈钢制等）	3. 品牌（中文或外文名称）；4. 型号		
8302.6000	-自动闭门器	1. 用途（机动车用、家具用等）；2. 材质（不锈钢制等）	3. 品牌（中文或外文名称）；4. 型号		
83.03	装甲或加强的贱金属制保险箱、保险柜及保险库的门和带锁保险储存橱、钱箱、契约箱及类似品：	1. 材质（不锈钢制等）；2. 种类（保险箱、保险柜、保险库的门等）	3. 品牌（中文或外文名称）；4. 型号		

税则号列	商品名称	申报要素			说明
		归类要素	价格要素	其他要素	
8303.0000	装甲或加强的贱金属制保险箱、保险柜及保险库的门和带锁保险储存橱、钱箱、契约箱及类似品				
83.04	贱金属制的档案柜、卡片索引柜、文件盘、文件篮、笔盘、公章架及类似的办公用具,但税目94.03的办公室家具除外:	1. 用途(办公室用);2. 材质(不锈钢制等);3. 种类(档案柜、卡片索引柜、文件盘等);4. 式样(非落地)	5. 品牌(中文或外文名称);6. 型号		
8304.0000	贱金属制的档案柜、卡片索引柜、文件盘、文件篮、笔盘、公章架及类似的办公用具,但税目94.03的办公室家具除外				
83.05	活页夹、卷宗夹的贱金属附件,贱金属制的信夹、信角、文件夹、索引标签及类似的办公用品;贱金属制的成条订书钉(例如,供办公室、室内装饰或包装用):	1. 用途(办公室用、室内装饰或包装用);2. 材质(不锈钢制等);3. 种类(活页夹、宗卷夹、成条订书钉等)	4. 品牌(中文或外文名称);5. 型号		
8305.1000	-活页夹或卷宗夹的附件				
8305.2000	-成条订书钉				
8305.9000	-其他,包括零件				
83.06	非电动的贱金属铃、钟、锣及类似品;贱金属雕塑像及其他装饰品;贱金属相框或画框及类似框架;贱金属镜子:	1. 材质(不锈钢制等);2. 种类(铃、钟、锣、雕塑像、相框、画框等);3. 是否镀贵金属;4. 铃、钟、锣请注明非电动	5. 品牌(中文或外文名称);6. 型号		
8306.1000	-铃、钟、锣及类似品				
	-雕塑像及其他装饰品:				
8306.2100	--镀贵金属的				
	--其他:				
8306.2910	---景泰蓝的				
8306.2990	---其他				
8306.3000	-相框、画框及类似框架;镜子				
83.07	贱金属软管,不论是否有附件:	1. 材质(钢铁制、其他贱金属制);2. 种类(软管)	3. 品牌(中文或外文名称);4. 型号		
8307.1000	-钢铁制				
8307.9000	-其他贱金属制				
83.08	贱金属制的扣、钩、环、眼及类似品,用于衣着或衣着附件、鞋靴、珠宝首饰、手表、书籍、天篷、皮革制品、旅行用品或马具或其他制成品;贱金属制的管形铆钉及开口铆钉;贱金属制的珠子及亮晶片:	1. 用途(用于衣服提包上等);2. 材质(不锈钢制等);3. 种类(扣、钩、环、铆钉等)	4. 品牌(中文或外文名称);5. 型号		

税则号列	商品名称	申报要素			说明
		归类要素	价格要素	其他要素	
8308.1000	-钩、环及眼				
8308.2000	-管形铆钉及开口铆钉				
8308.9000	-其他，包括零件				
83.09	贱金属制的塞子、盖子（包括冠形瓶塞、螺口盖及倒水塞）、瓶帽、螺口塞、塞子帽、封志及其他包装用附件：	1. 形状（冠形、圆形等）；2. 材质（不锈钢制等）；3. 种类（塞子、盖子等）	4. 品牌（中文或外文名称）；5. 型号		
8309.1000	-冠形瓶塞				
8309.9000	-其他				
83.10	贱金属制的标志牌、铭牌、地名牌及类似品，号码、字母及类似标志，但税目94.05的货品除外：	1. 用途（汽车用等）；2. 材质（不锈钢制、贱金属种类等）；3. 种类（标志、铭牌等）	4. 品牌（中文或外文名称）；5. 型号		
8310.0000	贱金属制的标志牌、铭牌、地名牌及类似品，号码、字母及类似标志，但税目94.05的货品除外				
83.11	贱金属或硬质合金制的丝、条、管、板、电极及类似品，以焊剂涂面或以焊剂为芯，用于焊接或沉积金属、硬质合金；贱金属粉粘聚而成的丝或条，供金属喷镀用：	1. 用途（电弧焊用、气焊用、钎焊用等）；2. 材质（贱金属、硬质合金制）；3. 种类（电极、焊条、焊丝等）；4. 状态（以焊剂涂面、以焊剂为芯）	5. 品牌（中文或外文名称）；6. 型号		
8311.1000	-以焊剂涂面的贱金属制电极，电弧焊用				
8311.2000	-以焊剂为芯的贱金属制焊丝，电弧焊用				
8311.3000	-以焊剂涂面的贱金属条和以焊剂为芯的贱金属丝，钎焊或气焊用				
8311.9000	-其他				

第十六类 机器、机械器具、电气设备及其零件；录音机及放声机、电视图像、声音的录制和重放设备及其零件、附件

注释：
一、本类不包括：
（一）第三十九章的塑料或税目40.10的硫化橡胶制的传动带、输送带及其带料，除硬质橡胶以外的硫化橡胶制的机器、机械器具、电气器具或其他专门技术用途的物品（税目40.16）；
（二）机器、机械器具或其他专门技术用途的皮革、再生皮革（税目42.05）或毛皮（税目43.03）的制品；
（三）各种材料（例如，第三十九章、第四十章、第四十四章、第四十八章及第十五类的材料）制的筒管、卷轴、纡子、锥形筒管、芯子、线轴及类似品；
（四）提花机及类似机器用的穿孔卡片（例如，归入第三十九章、第四十八章或第十五类的）；
（五）纺织材料制的传动带、输送带或带料（税目59.10）或专门技术用途的其他纺织材料制品（税目59.11）；
（六）税目71.02至71.04的宝石或半宝石（天然、合成或再造）或税目71.16的完全以宝石或半宝石制成的物品，但已加工未装配的唱针用蓝宝石和钻石除外（税目85.22）；
（七）第十五类注释二所规定的贱金属制通用零件（第十五类）及塑料制的类似品（第三十九章）；
（八）钻管（税目73.04）；
（九）金属丝、带制的环形带（第十五类）；
（十）第八十二章或第八十三章的物品；
（十一）第十七类的物品；
（十二）第九十章的物品；
（十三）第九十一章的钟、表及其他物品；
（十四）税目82.07的可互换工具及作为机器零件的刷子（税目96.03）；类似的可互换工具应按其构成工作部件的材料归类（例如，归入第四十章、第四十二章、第四十三章、第四十五章、第五十九章或税目68.04、69.09）；
（十五）第九十五章的物品；或
（十六）打字机色带或类似色带，不论是否带轴或装盒（应按其材料属性归类；如已上油或经其他方法处理能着色的，应归入税目96.12），或税目96.20的独脚架、双脚架、三脚架及类似品。
二、除本类注释一、第八十四章注释一及第八十五章注释一另有规定的以外，机器零件（不属于税目84.84、85.44、85.45、85.46或85.47所列物品的零件）应按下列规定归类：
（一）凡在第八十四章、第八十五章的税目（税目84.09、84.31、84.48、84.66、84.73、84.87、85.03、85.22、85.29、85.38及85.48除外）列名的货品，均归入该两章的相应税目；
（二）专用于或主要用于某一种机器或同一税目的多种机器（包括税目84.79或85.43的机器）的其他零件，应与该种机器一并归类，或酌情归入税目84.09、84.31、84.48、84.66、84.73、85.03、85.22、85.29或85.38。但能同时主要用于税目85.17和85.25至85.28所列货品的零件应归入税目85.17，专用于或主要用于税目85.24所列货品的零件应归入税目85.29；
（三）所有其他零件应酌情归入税目84.09、84.31、84.48、84.66、84.73、85.03、85.22、85.29或85.38，如不能归入上述税目，则应归入税目84.87或85.48。
三、由两部及两部以上机器装配在一起形成的组合式机器，或具有两种及两种以上互补或交替功能的机器，除条文另有规定的以外，应按具有主要功能的机器归类。
四、由不同独立部件（不论是否分开或由管道、传动装置、电缆或其他装置连接）组成的机器（包括机组），如果组合后明显具有一种第八十四章或第八十五章某个税目所列功能，则全部机器应按其功能归入有关税目。
五、上述各注释所称"机器"，是指第八十四章或第八十五章各税目所列的各种机器、设备、装置及器具。
六、（一）本协调制度所称"电子电气废弃物及碎料"，是指下列电气和电子组件、印刷电路板以及电气或电子产品：
1. 因破损、拆解或其他处理而无法用于其原用途，或通过维修、翻新或修理以使其仍用作原用途是不经济的；以及
2. 其包装或运输方式不是为了保护单件物品在运输、装卸过程中不受损坏的。

(二)"电子电气废弃物及碎料"与其他废物、废料的混合物归入税目85.49。
(三)本类不包括第三十八章注释四所规定的城市垃圾。

第八十四章　核反应堆、锅炉、机器、机械器具及其零件

注释:

一、本章不包括:
(一) 第六十八章的石磨、石碾及其他物品;
(二) 陶瓷材料制的机器或器具(例如,泵)及供任何材料制的机器或器具用的陶瓷零件(第六十九章);
(三) 实验室用玻璃器(税目70.17);玻璃制的机器、器具或其他专门技术用途的物品及其零件(税目70.19或70.20);
(四) 税目73.21或73.22的物品或其他贱金属制的类似物品(第七十四章至第七十六章或第七十八章至第八十一章);
(五) 税目85.08的真空吸尘器;
(六) 税目85.09的家用电动器具;税目85.25的数字照相机;
(七) 第十七类物品用的散热器;或
(八) 非机动的手工操作地板清扫器(税目96.03)。

二、除第十六类注释三及本章注释十一另有规定以外,如果某种机器或器具既符合税目84.01至84.24中一个或几个税目的规定,或符合税目84.86的规定,又符合税目84.25至84.80中一个或几个税目的规定,则应酌情归入税目84.01至84.24中的相应税目或税目84.86,而不归入税目84.25至84.80中的有关税目。
(一) 但税目84.19不包括:
1. 催芽装置、孵卵器或育雏器(税目84.36);
2. 谷物调湿机(税目84.37);
3. 萃取糖汁的浸提装置(税目84.38);
4. 纱线、织物及纺织制品的热处理机器(税目84.51);或
5. 温度变化(即使必不可少)仅作为辅助功能的机器、设备或实验室设备。
(二) 税目84.22不包括:
1. 缝合袋子或类似品用的缝纫机(税目84.52);或
2. 税目84.72的办公室用机器。
(三) 税目84.24不包括:
1. 喷墨印刷(打印)机器(税目84.43);或
2. 水射流切割机(税目84.56)。

三、如果用于加工各种材料的某种机床既符合税目84.56的规定,又符合税目84.57、84.58、84.59、84.60、84.61、84.64或84.65的规定,则应归入税目84.56。

四、税目84.57仅适用于可以完成下列不同形式机械操作的金属加工机床,但车床(包括车削中心)除外:
(一) 按照机械加工程序从刀具库中自动更换刀具(加工中心);
(二) 同时或顺序地自动使用不同的动力头对固定不动的工件进行加工(单工位组合机床);或
(三) 自动将工件送向不同的动力头(多工位组合机床)。

五、税目84.62用于板材的"纵剪线"是由开卷机、矫平机、纵剪机和收卷机组成的生产线。用于板材的"定尺剪切线"是由开卷机、矫平机和剪切机组成的生产线。

六、(一) 税目84.71所称"自动数据处理设备",是指具有以下功能的机器:
1. 存储处理程序及执行程序直接需要的起码的数据;
2. 按照用户的要求随意编辑程序;
3. 按照用户指令进行算术计算;以及
4. 在运行过程中,可不需人为干预而通过逻辑判断,执行一个处理程序,这个处理程序可改变计算机指令的执行。
(二) 自动数据处理设备可以是一套由若干单独部件所组成的系统。
(三) 除本条注释(四)及(五)另有规定的以外,一个部件如果符合下列所有规定,即可视为自动数据处理系统的一部分:
1. 专用于或主要用于自动数据处理系统;

2. 可以直接或通过一个或几个其他部件同中央处理器相联接；以及

3. 能够以本系统所使用的方式（代码或信号）接收或传送数据。

自动数据处理设备的部件如果单独报验，应归入税目84.71。

但是，键盘、X-Y坐标输入装置及盘（片）式存储部件，只要符合上述注释（三）2、3所列的规定，应一律作为税目84.71的部件归类。

（四）税目84.71不包括单独报验的下述设备，即使它们符合上述注释六（三）的所有规定：

1. 打印机、复印机及传真机，不论是否组合在一起；

2. 发送或接收声音、图像或其他数据的设备，包括无线或有线网络的通信设备（如局域网或广域网）；

3. 扬声器及传声器（麦克风）；

4. 电视摄像机、数字照相机及视频摄录一体机；

5. 监视器及投影机，未装有电视接收装置。

（五）装有自动数据处理设备或与自动数据处理设备连接使用，但却从事数据处理以外的某项专门功能的机器，应按其功能归入相应的税目，对于无法按功能归类的，应归入未列名税目。

七、税目84.82还包括最大直径及最小直径与标称直径相差均不超过1%或0.05毫米（以相差数值较小的为准）的抛光钢珠，其他钢珠归入税目73.26。

八、具有一种以上用途的机器在归类时，其主要用途可作为唯一的用途对待。

除本章注释二、第十六类注释三另有规定的以外，凡任何税目都未列明其主要用途的机器，以及没有哪一种用途是主要用途的机器，均应归入税目84.79。税目84.79还包括将金属丝、纺织纱线或其他各种材料以及它们的混合材料制成绳、缆的机器（例如，捻股机、绞扭机、制缆机）。

九、税目84.70所称"袖珍式"，仅适用于外形尺寸不超过170毫米×100毫米×45毫米的机器。

十、税目84.85所称"增材制造"（也称3D打印）指以数字模型为基础，将介质材料（例如，金属、塑料或陶瓷）通过连续添加、堆叠、凝结和固化形成物体。

除第十六类注释一及第八十四章注释一另有规定的以外，符合税目84.85规定的设备，应归入该税目而不归入本协调制度的其他税目。

十一、（一）第八十五章注释十二（一）及（二）同样适用于本条注释及税目84.86中所称的"半导体器件"及"集成电路"。但本条注释及税目84.86所称"半导体器件"，也包括光敏半导体器件及发光二极管（LED）。

（二）本条注释及税目84.86所称"平板显示器的制造"，包括将各层基片制造成一层平板，但不包括玻璃的制造或将印刷电路板或其他电子元件装配在平板上。所称"平板显示"不包括阴极射线管技术。

（三）税目84.86也包括下列机器及装置，其专用或主要用于：

1. 制造或修补掩膜版及投影掩膜版；

2. 组装半导体器件或集成电路；

3. 升降、搬运、装卸单晶柱、晶圆、半导体器件、集成电路及平板显示器。

（四）除第十六类注释一及第八十四章注释一另有规定的以外，符合税目84.86规定的设备及装置，应归入该税目而不归入本协调制度的其他税目。

子目注释：

一、子目8465.20所称"加工中心"，仅适用于加工木材、软木、骨、硬质橡胶、硬质塑料或类似硬质材料的加工机床。这些设备可根据机械加工程序，从刀具库或类似装置中自动更换刀具，以完成不同形式的机械加工。

二、子目8471.49所称"系统"，是指各部件符合第八十四章注释六（三）所列条件，并且至少由一个中央处理部件、一个输入部件（例如，键盘或扫描器）及一个输出部件（例如，视频显示器或打印机）组成的自动数据处理设备。

三、子目8481.20所称"油压或气压传动阀"，是指在液压或气压系统中专用于传递"流体动力"的阀门，其能源以加压流体（液体或气体）的形式供给。这些阀门可以具有各种形式（例如，减压阀、止回阀）。子目8481.20优先于税目84.81的所有其他子目。

四、子目8482.40仅包括滚柱直径相同，最大不超过5毫米，且长度至少是直径三倍的圆滚柱轴承，滚柱的两端可以磨圆。

【要素释义】

一、归类要素

1. 用途：指商品的应用对象或应用领域。例如，税目84.02项下商品可填报"集中供暖用"。

2. 用途（特别标注）：对于括号中有特别标注的用途，请按括号内标注内容填报。

（1）最小化用途（适用于××品牌××机或通用于××机等）：指申报的零件具体用于何种机器或设备，需说明适用的最小化场合及其具体作用。例如，税则号列 8473.4010 项下"出钞器"可填报"适用于日立牌自动柜员机"；

(2) 限定范围用途：用途（如半导体晶圆或平板显示屏制造用等）、用途（如微型处理器、电信设备、自动数据处理设备或装置用等）、用途（是否家用）等，应按具体要求填报。

3. 构造方式：该要素为税目 84.02 项下商品专有要素，指火管锅炉、水管锅炉、混合锅炉等。
4. 蒸发量：指蒸汽锅炉在规定的出口压力、温度和效率下，单位时间内连续生产的蒸汽量，一般以吨/时表示。
5. 温度：该要素为税目 84.02 和税目 84.03 项下商品专有要素，指热水锅炉或过热水锅炉的出水温度。例如，出水温度 180 摄氏度。
6. 输出功率：指机器在正常工作的前提下，能够长时间工作输出功率的最大值。常用功率单位有瓦、千瓦、兆瓦、马力等。
7. 发动机安装位置：该要素为税目 84.07 项下商品专有要素，指船舶发动机的具体安装位置，如舷内和舷外。
8. 排气量：指发动机的某一循环运作中，能将全部空气及混合气送入所有气缸的能力，即该发动机所有气缸工作容积之和，经常用单位"毫升"表示。例如，排气量 2000 毫升。
9. 燃料类型：指机器、器具使用燃料的种类。例如，汽油、柴油、煤、天然气等。
10. 适用发动机的类型（点燃式/压燃式）：指该零件所应用的发动机的具体类型，分为点燃式发动机和压燃式发动机。
11. 发动机的输出功率：指税目 84.13 项下燃油泵适用的活塞式内燃发动机的输出功率。
12. 适用何种用途发动机：指发动机的实际用途。例如，汽车用发动机、内燃机车用发动机、船舶用发动机、飞机用发动机等。
13. 功率：指物体在单位时间内所做的功，即功率是描述做功快慢的物理量。功的数量一定，时间越短，功率值就越大。求功率的公式为：功率=功/时间。例如，水轮机功率 5000 千瓦。
14. 工作方式：该要素为税目 84.10 项下商品专有要素，指水轮机的具体工作方式，如冲击式、贯流式等。
15. 原理：指商品具有的普遍、基本的规律，通常又称工作原理。相同功能的机器可以有不同的原理，不同的税目中的原理含义也会有所不同。因此有时会在后面的括号中加以提示。例如，原理（是否为往复式、是否为液压式）。
16. 推力：该要素为税目 84.11 项下商品专有要素，指涡轮喷气发动机能够产生的推动力。例如，推力 50 千牛顿。
17. 驱动方式：指进行动力推动、发动、带动时所采取的方法和形式，如手动、电动、气动、液动等。在不同的税目代表的含义有所不同。例如，税目 84.13 项下液体泵申报为"气动""电动""液压"等；税目 84.14 项下压缩机申报为"电动机驱动"等；税目 84.67 项下手提工具申报为"风动""电动"等。
18. 结构：指税目 84.13 项下商品中指回转式排液泵（子目 8413.6）的机械构成（旋转装置），例如，齿轮泵、叶片泵、螺杆泵、径向柱塞泵、轴向柱塞泵等。如非 8413.6 项下列名商品，需明确旋转装置类型。
19. 转速（转/分）：指机器或设备的运转速度，单位为"转/分"。
20. 额定功率：在正常运行工作状况下，动力设备的输出功率或消耗能量的设备的输入功率。常以"千瓦"为单位。
21. 类型：指税目 84.14 项下风机或风扇的具体种类。例如，台扇、落地扇、壁扇、换气扇、吊扇等。
22. 罩的平面最大边长：该要素为税目 84.14 项下商品专有要素，指罩的平面最大边的长度，通常以单位"厘米"表示。例如，罩的表面最大边长为 100 厘米。
23. 制冷量：指空气调节器（空调）进行制冷运行时，单位时间内从密闭空间、房间或区域内去除的热量总和。申报时制冷量应以单位"大卡/时"表示，若为其他单位，例如"匹"，应换算成"大卡/时"再进行申报。
24. 加热方式：指机器或设备所用的具体加热方法，如煤、煤气、油蒸汽、电力、太阳能等。
25. 结构：税目 84.18 项下商品中指制冷设备本身的结构，即是否为各自装有单独外门的冷藏-冷冻组合机，子目 8418.3 和 8418.4 填写"柜式"或"立式"。税目 84.84 项下商品中指密封件的构成，如可填写"由固定件和活动件（旋转件、弹簧件）等构成"。
26. 容积：指税目 84.18 项下制冷设备的容积。例如，冰箱可填写"容积 220 升"。
27. 最低制冷温度：指税目 84.18 项下制冷设备在正常工作的前提下所能达到的最低的制冷温度。
28. 适用机型的制冷温度和容积：指税目 84.18 项下制冷设备零件所适用设备的制冷温度和容积。
29. 干燥材质：该要素为税目 84.19 项下商品专有要素，指干燥器可以干燥的材质种类，如农产品、纸张、木材等。需要注意的是，如果该干燥器可以干燥多种材质的商品，应把所有能够干燥的商品材质全部申报出。

30. 制氧量：该要素为税目 84.19 项下商品专有要素，指制氧机的制氧速度，以单位"立方米/小时"表示。例如，制氧量 50000 立方米/小时。
31. 干衣量：指干衣机或带有干衣功能的洗衣机一次干衣的最大重量。
32. 最大称量：该要素为税目 84.23 项下商品专有要素，指衡器一次能够称量物品的最大重量。
33. 喷射材料：该要素为税目 84.24 项下商品专有要素，指喷射机器喷射出的材料种类。例如蒸汽、压缩空气、水、油漆、砂等。
34. 结构类型：指商品内各组成要素之间的相互联系、相互作用的方式。在不同税目所代表的含义有所不同。例如，税目 84.26 项下起重机结构类型指高架移动式起重机、桁架桥式起重机、龙门起重机、桥式起重机等类型；税目 84.61 项下机床指牛头式、龙门式等。
35. 推进方式：该要素为税目 84.27 项下商品专有要素，指某种设备赖以推进的方法。例如，电动机推进的叉车。
36. 运送方式：该要素为税目 84.28 项下商品专有要素，指升降顶或输送机的运送方式为连续运送或非连续运送。
37. 工作构件类型：该要素为税目 84.28 项下商品专有要素，指升降顶或输送机的工作部件的结构类型，如斗式、带式等。
38. 行走装置类型：该要素为税目 84.29 项下商品专有要素，指自推进机器为轮胎式或履带式等。
39. 斗容量：该要素为税目 84.29 项下商品专有要素，指铲运机、挖掘机等每一斗所能盛装的容量。
40. 机身重量：指机器设备自身的重量。
41. 钻探深度：该要素为税目 84.30 项下商品专有要素，指钻探或凿井机械可钻探的最大深度。通常以单位"米"表示。例如，钻探深度 3000 米。
42. 牙轮直径：该要素为税目 84.30 项下商品专有要素，指采矿钻牙轮的直径，通常以单位"毫米"表示。例如，牙轮直径 30 毫米。
43. 钻筒直径：该要素为税目 84.30 项下商品专有要素，指工程钻机钻筒的直径，通常以单位"米"表示。例如，钻筒直径 2 米。
44. 适用车型：指机动车辆的车身、底盘及其他零件所适用的具体车型，需要申报具体适用车辆的品牌、型号。例如，日产天籁小轿车用或宝马 X5 越野车用，而不能简单填报为"日产小轿车用"或"日产天籁小汽车用"；如为多种车型通用，则应填报为"通用于日产天籁等小轿车"。
45. 切割装置的旋转类型：该要素为税目 84.33 项下商品专有要素，指割草机的切割装置是否在同一水平面上旋转。
46. 进料方式：该要素为税目 84.43 项下商品专有要素，指印刷机、打印机等进料的方法和形式，如卷取进料等。
47. 织物宽度：该要素为税目 84.46 项下商品专有要素，指织机所能生产的织物的最大宽度。例如，织物宽度 80 厘米。
48. 圆筒直径：该要素为税目 84.47 项下商品专有要素，指圆形针织机的圆筒直径。
49. 加工方式：指为改变原材料、毛胚或半成品的形状、性质或表面状态，使之达到规定要求所采取的方法和形式。对于税目 84.55 项下商品，主要指冷轧、热轧等；对于税目 84.56 项下商品，主要指激光、其他光、光子束、超声波、放电、电化学法、电子束、离子束等。
50. 控制方式：本章的控制方式主要指机床的控制方式，如"数控""非数控"。
51. 加工工位数：该要素为税目 84.57 项下商品专有要素，指机床的工位个数。
52. 动力头个数：该要素为税目 84.57 项下商品专有要素，指机床的动力头个数。
53. 主轴方向：该要素为税目 84.58 项下商品专有要素，指车床或车削中心的主轴是垂直或水平的。
54. 动力头移动方式：该要素为税目 84.59 项下商品专有要素，申报时应报出其动力头移动方式是否是直线移动的。
55. 坐标定位精度：该要素为税目 84.60 项下商品专有要素，申报时应报出在每一坐标（例如 X 轴、Y 轴、Z 轴）的定位精度。
56. 加工材料：指所加工的材料属性。例如，对于税目 84.64 项下商品，主要指石料、陶瓷、混凝土、玻璃、石棉水泥或类似矿物材料；对于税目 84.65 项下商品，主要指木材、软木、骨、硬质橡胶、硬质塑料或类似硬质材料。
57. 机型：指自动数据处理设备的类型。如巨型机、大型机、中型机、小型机、微型机。
58. 配置：指自动数据处理设备装配成（或组成）系统的各个装置（或部件）。填写时应详细报出所有组成部件。

59. 供应商品种类：该要素为税目84.76项下商品专有要素，指自动售货机可供应商品的种类，如饮料、烟、药品、报纸等。若能供应多种商品，应将所有商品一一列出。

60. 适用材料：该要素为税目84.80项下商品专有要素，指型箱、型模底板、阳模、型模所适用的材料种类，如铸造金属、塑料成型、玻璃成型等。

61. 滚珠直径长度：指滚珠的直径，单位通常为厘米或毫米。

62. 各自构成材料：该要素为税目84.84项下商品专有要素，指成套或各种不同材料的密封垫或类似接合衬垫在报验状态下，所有材料的种类。

本章根据商品实际情况填写的要素如下：是否装有或可装计量装置、是否手动、是否手动或脚踏、是否窗式或壁式安装、是否为独立式或分体式、是否装有制冷装置、是否装有冷热换向阀、若为多元件集成电路需注明结构组成、是否柜式、若为用氟聚合物制造的需注明、氟聚合物制造的需报过滤或净化介质的外观及厚度、若为装备不锈钢外壳需注明入口管和出口管内径直径、是否自推进、是否上部结构可旋转360度、如为破碎锤注明是否带有钎杆、是否全自动、可加装刀库注明刀库容量及选配件、是否可自动换刀、是否为升降台式、是否为龙门式、是否为手提式、是否需外接电源、是否有打印装置、是否以系统形式报验、是否装有加热或制冷装置、是否电磁式、如是滚珠请申报最大最小及标称直径、注明是否装有滚珠或滚子轴承、如为轴承座需注明是否带有滚珠或滚子轴承、是否成套包装。

二、价格要素

1. 用途：指商品应用的行业、范围。例如，子目8401.1项下核反应堆可填报"发电"。

2. 是否装有循环装置：该要素是子目8403.101项下家用型集中供暖用的热水锅炉的价格要素。只需申报"装有循环装置"或者"无装循环装置"即可。

3. 功率：指设备的功能大小，即额定功能，用"千瓦"表示。例如，子目8403.101项下家用锅炉的功率在"18~35千瓦"之间，可填报"35千瓦"。

4. 温度：该要素是子目8403.101项下家用型集中供暖用的热水锅炉的价格要素。用"℃"表示，指热水锅炉供水的最高温度，如"100℃"。

5. 输出功率：该要素是子目8406.1项下船舶动力用汽轮机的价格要素。用"千瓦"表示，如"2000千瓦"。

6. 燃料类型：该要素是税目84.07项下航空器和海运船舶发动机的价格要素。是指燃料种类，如"天然气""汽油"等。

7. 是否提供主动力：该要素是子目8407.29项下其他船舶发动机的价格要素。根据商品实际情况填报。

8. 状态（成品、成套散件）：指子目8407.3项下发动机填报"成品""成套散件"。

9. 零部件编号：是指汽车零部件实物的完整编号。一般是由生产企业根据汽车零部件编号规则（QC/T265—2004）编写的零部件编号表达式，例如：自动变速箱，零部件编号 09G 300 055 R。

10. 转速：该要素是本章项下其他发动机的价格要素。为发动机曲轴每分钟的回转数，用n表示，单位为r/min。发动机在急速时转速一般可以达到700r/min，正常运行时可以达到3000r/min。填报具体转速即可。不是标准数据，可能无法申报。

11. 零件号：该要素是税目84.09项下发动机零件的价格要素。是指适用型号发动机的零件的厂家编号。如：用于卡特彼勒型号 4N-3070 的大于133kW挖掘机发动机用油管路的零件号"K22486D00001"。

12. 原理：要素是子目8410.901项下调节器和税则号列8413.7099项下其他泵及液体提升机的价格要素。其中：子目8410.901项下调节器的原理可填报"单调""双调""机械调速""电气调速""微机调速""离心飞摆"等。

13. 抽气速率（m³/s 或 L/s）：该要素是子目8414.1项下真空泵的价格要素。是指在一定的压强和温度下，单位时间内由泵进气口处抽走的气体，简称抽速，用单位"m³/s 或 L/s"表示。

14. 抽气量（Pam³/s 或 Pal/s）：该要素是子目8414.1项下真空泵的价格要素。是指泵入口的气体流量，用单位"Pam³/s 或 Pal/s"表示。

15. 压力比：该要素是子目8414.803项下发动机用增压器的价格要素。是指每平方厘米的压力大小。用"BAR"表示。

16. 材质：该要素是税目84.14项下零件的价格要素。需填报具体零件的材质，不管是金属或者非金属。如：税则号列8414.9011项下的排气阀的材质"黄铜"。

17. 结构：该要素是子目8415.83项下未装有制冷装置的价格要素，是指独立式或内置式等。

18. 容积：该要素是子目8418.5项下装有冷藏或冷冻装置的其他设备的价格要素，是指设备的体积大小，用

"升或 L"表示。

19. 最低制冷温度：该要素是子目 8418.5 项下装有冷藏或冷冻装置的其他设备的价格要素，用"℃"表示。

20. 单位时间水处理量：是指设备单位时间内处理水的体积或者重量。例如，用于净化家庭用水的飞利浦牌、型号 WP3811 家用型净水器，"单位时间水处理量"可填报"水处理量 2 升/分钟"。

21. 喷射材料：该要素是税目 84.24 项下其他液体或粉末的喷射、散布或喷雾的机械器具的价格要素。是指喷射材料的名称，如水、农药等。

22. 最大提升高度（距离）：该要素是税目 84.27 项下商品的价格要素。如子目 8427.109 项下电动托盘叉车"最大提升高度"2.8 米。

23. 最大提升重量：该要素是税目 84.27 项下商品的价格要素。如税则号列 8427.1090 项下的电动托盘叉车"最大提升重量"3 吨。

24. 提升速度：该要素是子目 8428.101 项下载客电梯的专用价格要素。该要素是指载客电梯的最高提升速度，用"米/秒（m/s）"表示，如"奥的斯"超高速电梯载客的最高提升速度为"15m/s"

25. 停层数：该要素是子目 8428.101 项下载客电梯的专用价格要素。是指具体型号载客电梯设计所停楼层数量。如"32 层"。

26. 载重量：该要素是子目 8428.101 项下载客电梯的专用价格要素。该要素是指载客电梯的最大载重量，用"千克"表示。如"奥的斯"超高速电梯载客重量"2250 千克"。

27. 是否自推进：该要素是税目 84.29 项下商品的价格要素。指是否自身装有动力，可驱动行驶。

28. 机身重量：该要素是税目 84.29 项下商品的价格要素。该税目项下的机械重量，是指工作重量。如子目 8429.111 项下的履带式推土机"机身重量（工作重量）"7720 千克。

29. 行走装置类型（轮胎式、履带式等）：该要素是子目 8429.51 项下前铲装载机的价格要素。填报方式如"轮胎式"或者"履带式"等。

30. 斗容量：是指挖掘机铲斗容量，用"立方米"表示。

31. 机身号：该要素是子目 8430.41 项下钻探深度在 6000 米以下的履带式自推进钻机的价格要素，代表此类设备的型号，每台履带式自推进钻机的机身号是唯一的，相当于出厂身份。

32. 钻头直径：该要素是税则号列 8430.4122 项下钻探深度在 6000 米以下的履带式自推进钻机的价格要素。指提供配套的钻头的直径，不止一个的需逐个申报，用"cm""mm"或者"inch"表示。

33. 机身重量：指税目 85.29 项下挖掘机和税则号列 8430.4122 项下钻探深度在 6000 米以下的履带式自推进钻机的机身重量，用"千克"或"吨"表示。

34. 打印幅宽：该要素是税目 84.43 项下专用于税目 84.71 所列设备的打印机的价格要素，是打印机功能的一种指标，用"毫米"或者"厘米"表示，如"420 毫米"。

35. 打印速度：该要素是税目 84.43 项下专用于税目 84.71 所列设备的打印机的功能指标。激光、喷墨等打印机一般用每分钟打印输出的纸张页数 PPM（Pages Per Minute）表示，如"20~30PPM"。针式打印机一般用"字符/秒"或"行/分"表示，如"375 字符/秒"。

36. 幅宽：该要素是税目 84.47 项下平型针织机的价格要素，指此类设备功能的指标之一。用"毫米"或者"厘米"表示，如"760 厘米"。

37. 衣容量（千克）：该要素是子目 8451.1 项下干洗机的价格要素，表示干衣机的最大干衣重量，用"千克"表示，如"20 千克"。

38. 规格（轧辊长度、辊身直径、辊颈直径）：该要素是子目 8455.3 项下轧机用轧辊的专有价格要素，指轧机用轧辊的轧辊长度、辊身直径、辊颈直径等三个要素，均需申报，用"毫米"或者"厘米"表示。如："轧辊长度 720 毫米，辊身直径 65 毫米，辊颈直径 63 毫米"。

39. 控制方式：该要素是子目 8459.7 项下其他攻丝机床的价格要素。是指该类商品实现功能的控制模式，如"数控""非数控"。

40. 可加装刀库注明刀库容量及选配件：该要素是子目 8459.1 项下直线移动式动力头机床的价格要素，指直线移动式动力头机床的配置，刀库容量用"个"表示，选配件申报选配件的名称。

41. 操作系统：该要素是税目 84.71 项下自动数据处理设备及其部件的价格要素，指此类设备电脑操作系统版本名称，如"WINDOWS 系统"。

42. 机型：该要素是税目 84.71 项下键盘、鼠标器等的价格要素，是指商品所适用的计算机的机型，如"服务器键盘"。

43. 连接方式（有线、无线）：该要素是税目84.71项下键盘、鼠标器等的价格要素，指键盘、鼠标器与计算机的连接方式，如"无线"。

44. 硬盘容量及缓存容量：一般用"TB""GB""MB"表示。例如，可填报"硬盘容量500GB，缓存容量32MB"。

45. 转速：该要素是子目8471.701项下硬盘驱动器的价格要素。指硬盘驱动器的运行速度，用"转/分"表示。

46. 配置：该要素是子目8472.901项下自动柜员机的价格要素。指自动柜员机配备多少个装钱的箱子，需申报具体配置数量。

47. 安装方式（穿墙式等）：该要素是子目8472.901项下自动柜员机的价格要素。指自动柜员机摆放方式。如"大堂式""穿墙式"。

48. 合模力：也称锁模力，指合模机构锁模后，熔料注入模腔时，模板对模具形成的最终（最大）锁紧力。例如，子目8477.101项下注塑机的合模力"500千牛顿"。

49. 印刷方式：按实际情况填写，例如，"连续印刷""彩色印刷"等。

50. 印刷速度：指印刷机功能的一种指标，速度越快，性能越好，价格越高。

51. 加工精度：指税则号列8456.3010项下机床对加工工件的加工精度。

52. DPI：指分辨率。按实际情况填写。

53. CPI：指鼠标精度。按实际情况填写。

54. 是否带有刻录功能：指光盘驱动器能否刻录。按实际情况填写。

55. 刻录速度：指光盘驱动器将信息刻录到光盘的速度。按实际情况填写。

56. 螺杆直径：指注塑机所用螺杆的直径大小。

57. 注射容量：指柱塞或螺杆的一个最大行程所能注入模具的最大体积，表示注塑机的大小。

58. 射出速度：指注塑机螺杆向前移动的快慢。

59. 品牌（中文或外文名称）：指制造商或经销商加在商品上的品牌标志，实际需要申报中文或外文品牌名称。例如，税目84.81项下阀门可填报"HITACHI（日立）牌"。

60. 型号：指商品的性能、功能、用途等指标的代码。例如，税目84.81项下阀门可填报"HM10KFG"。

三、其他要素

1. 中韩自贸协定项下请注明所用数控装置品牌、型号、原产地：是指中韩自贸协定项下进口数控机床需注明所用数控装置的品牌、型号及原产地。例如，数控装置品牌西门子，型号A001，原产地韩国。

2. ECFA、中韩自贸协定项下请注明数控装置品牌、型号、原产地：是指ECFA和中韩自贸协定项下进口数控机床请注明所用数控装置品牌、型号及原产地。例如，数控装置品牌西门子，型号A001，原产地韩国。

税则号列	商品名称	申报要素			说明
		归类要素	价格要素	其他要素	
84.01	核反应堆；核反应堆的未辐照燃料元件（释热元件）；同位素分离机器及装置：				
8401.1000	-核反应堆		1. 用途；2. 品牌（中文或外文名称）；3. 型号		
8401.2000	-同位素分离机器、装置及其零件	1. 用途	2. 品牌（中文或外文名称）；3. 型号		
	-未辐照燃料元件（释热元件）：		1. 用途；2. 品牌（中文或外文名称）；3. 型号		
8401.3010	---未辐照燃料元件				
8401.3090	---未辐照燃料元件的零件				

税则号列	商品名称	申报要素			说明
		归类要素	价格要素	其他要素	
	-核反应堆零件:	1. 用途（适用于××品牌××机或通用于××机等）	2. 品牌（中文或外文名称）；3. 型号		
8401.4010	---未辐照相关组件				
8401.4020	---堆内构件				
8401.4090	---其他				
84.02	蒸汽锅炉（能产生低压水蒸气的集中供暖用的热水锅炉除外）；过热水锅炉:				
	-蒸汽锅炉:	1. 用途；2. 构造方式；3. 蒸发量	4. 品牌（中文或外文名称）；5. 型号		
	--蒸发量超过45吨/时的水管锅炉:				
8402.1110	---蒸发量在900吨/时及以上的发电用锅炉				
8402.1190	---其他				
8402.1200	--蒸发量不超过45吨/时的水管锅炉				
8402.1900	--其他蒸汽锅炉，包括混合式锅炉				
8402.2000	-过热水锅炉	1. 用途；2. 温度	3. 品牌（中文或外文名称）；4. 型号		
8402.9000	-零件	1. 用途	2. 品牌（中文或外文名称）；3. 型号		
84.03	集中供暖用的热水锅炉，但税目84.02的货品除外:				
	-锅炉:				
8403.1010	---家用型	1. 用途	2. 品牌（中文或外文名称）；3. 型号；4. 是否装有循环装置；5. 功率；6. 温度		
8403.1090	---其他	1. 用途	2. 品牌（中文或外文名称）；3. 型号；4. 温度		
8403.9000	-零件	1. 用途（适用于××品牌××机或通用于××机等）	2. 品牌（中文或外文名称）；3. 型号		
84.04	税目84.02或84.03所列锅炉的辅助设备（例如，节热器、过热器、除灰器、气体回收器）；水蒸气或其他蒸汽动力装置的冷凝器:				

税则号列	商品名称	申报要素			说明
		归类要素	价格要素	其他要素	
	-税目84.02或84.03所列锅炉的辅助设备：	1. 用途	2. 品牌（中文或外文名称）		
8404.1010	---税目84.02所列锅炉的辅助设备				
8404.1020	---税目84.03所列锅炉的辅助设备				
8404.2000	-水蒸气或其他蒸汽动力装置的冷凝器	1. 用途	2. 品牌（中文或外文名称）		
	-零件：	1. 用途（适用于××品牌××机或通用于××机等）	2. 品牌（中文或外文名称）；3. 型号		
8404.9010	---税号8404.1020所列设备的零件				
8404.9090	---其他				
84.05	煤气发生器，不论有无净化器；乙炔发生器及类似的水解气体发生器，不论有无净化器：				
8405.1000	-煤气发生器，不论有无净化器；乙炔发生器及类似的水解气体发生器，不论有无净化器		1. 品牌（中文或外文名称）；2. 型号		
8405.9000	-零件	1. 用途（适用于××品牌××机或通用于××机等）	2. 品牌（中文或外文名称）；3. 型号		
84.06	汽轮机：				
8406.1000	-船舶动力用汽轮机	1. 用途	2. 品牌（中文或外文名称）；3. 型号；4. 输出功率		
	-其他汽轮机：	1. 用途；2. 输出功率	3. 品牌（中文或外文名称）；4. 型号		
	--输出功率超过40兆瓦的：				
8406.8110	---输出功率不超过100兆瓦的				
8406.8120	---输出功率超过100兆瓦，但不超过350兆瓦的				
8406.8130	---输出功率超过350兆瓦的				
8406.8200	--输出功率不超过40兆瓦的				
8406.9000	-零件	1. 用途（适用于××品牌××机或通用于××机等）	2. 品牌（中文或外文名称）；3. 型号		
84.07	点燃往复式或旋转式活塞内燃发动机：				
	-航空器发动机：	1. 用途；2. 输出功率	3. 品牌（中文或外文名称）；4. 型号；5. 燃料类型		

税则号列	商品名称	申报要素			说明
		归类要素	价格要素	其他要素	
8407.1010	---输出功率不超过298千瓦				
8407.1020	---输出功率超过298千瓦				
	-船舶发动机：				
8407.2100	--舷外发动机	1. 用途；2. 发动机安装位置（舷外或舷内）	3. 品牌（中文或外文名称）；4. 型号；5. 燃料类型；6. 功率		
8407.2900	--其他	1. 用途；2. 发动机安装位置（舷外或舷内）	3. 品牌（中文或外文名称）；4. 型号；5. 燃料类型；6. 是否提供主动力；7. 功率		
	-用于第八十七章所列车辆的往复式活塞发动机：				
8407.3100	--气缸容量（排气量）不超过50毫升	1. 用途；2. 排气量；3. 燃料类型；4. 适用车型（适用于××品牌××车型）；	5. 状态（成品、成套散件）；6. 品牌（中文或外文名称）；7. 零部件编号		
8407.3200	--气缸容量（排气量）超过50毫升，但不超过250毫升	1. 用途；2. 排气量；3. 燃料类型；4. 适用车型（适用于××品牌××车型）；	5. 状态（成品、成套散件）；6. 品牌（中文或外文名称）；7. 零部件编号		
8407.3300	--气缸容量（排气量）超过250毫升，但不超过1000毫升	1. 用途；2. 排气量；3. 燃料类型；4. 适用车型（适用于××品牌××车型）；	5. 状态（成品、成套散件）；6. 品牌（中文或外文名称）；7. 零部件编号		
8407.3410	--气缸容量（排气量）超过1000毫升： ---气缸容量（排气量）超过1000毫升，但不超过3000毫升	1. 用途；2. 排气量；3. 燃料类型；4. 适用车型（适用于××品牌××车型）；	5. 状态（成品、成套散件）；6. 品牌（中文或外文名称）；7. 零部件编号		

税则号列	商品名称	申报要素			说明
		归类要素	价格要素	其他要素	
8407.3420	---气缸容量（排气量）超过3000毫升	1.用途；2.排气量；3.燃料类型；4.适用车型（适用于××品牌××车型）；	5.状态（成品、成套散件）；6.品牌（中文或外文名称）；7.零部件编号		
	-其他发动机：	1.用途；2.燃料类型	3.品牌（中文或外文名称）；4.型号；5.转速		
8407.9010	---沼气发动机				
8407.9090	---其他				
84.08	**压燃式活塞内燃发动机（柴油或半柴油发动机）：**				
8408.1000	-船舶发动机	1.用途	2.品牌（中文或外文名称）；3.型号；4.输出功率		
	-用于第八十七章所列车辆的发动机：	1.用途；2.输出功率；3.适用车型（适用于××品牌××车型）；	4.品牌（中文或外文名称）；5.零部件编号		
8408.2010	---输出功率在132.39千瓦（180马力）及以上				
8408.2090	---其他				
	-其他发动机：	1.用途；2.输出功率	3.品牌（中文或外文名称）；4.型号；5.转速		
8408.9010	---机车发动机				
	---其他：				
8408.9091	----输出功率不超过14千瓦				
8408.9092	----输出功率超过14千瓦，但小于132.39千瓦（180马力）				
8408.9093	----输出功率在132.39千瓦（180马力）及以上				
84.09	**专用于或主要用于税目84.07或84.08所列发动机的零件：**				
8409.1000	-航空器发动机用	1.适用何种用途发动机（如飞机用、船舶用等）；2.适用发动机的类型（点燃式/压燃式）	3.品牌（中文或外文名称）；4.零件号		
	-其他：				

税则号列	商品名称	申报要素			说明
		归类要素	价格要素	其他要素	
	--专用于或主要用于点燃式活塞内燃发动机的：	1.适用何种用途发动机（如飞机用、船舶用等）；2.适用发动机的类型（点燃式）	3.品牌（中文或外文名称）；4.零件号		
8409.9110	---船舶发动机用				
	---其他：				
8409.9191	----电控燃油喷射装置				
8409.9199	----其他				
	--其他：				
8409.9910	---船舶发动机用	1.适用何种用途发动机（如飞机用、船舶用等）；2.适用发动机的类型（压燃式）；3.发动机输出功率	4.品牌（中文或外文名称）；5.零件号		
8409.9920	---机车发动机用	1.适用何种用途发动机（如飞机用、船舶用等）；2.适用发动机的类型（压燃式）；3.发动机输出功率	4.品牌（中文或外文名称）；5.零件号		
	---其他：	1.适用何种用途发动机（如飞机用、船舶用等）；2.适用发动机的类型（压燃式）；3.发动机输出功率	4.品牌（中文或外文名称）；5.零件号		
8409.9991	----输出功率在132.39千瓦（180马力）及以上的发动机用				
8409.9999	----其他				
84.10	**水轮机、水轮及其调节器：**				
	-水轮机及水轮：				
8410.1100	--功率不超过1000千瓦	1.功率	2.品牌（中文或外文名称）；3.型号		
8410.1200	--功率超过1000千瓦，但不超过10000千瓦	1.功率	2.品牌（中文或外文名称）；3.型号		
	--功率超过10000千瓦：	1.功率；2.工作方式	3.品牌（中文或外文名称）；4.型号		
8410.1310	---功率超过30000千瓦的冲击式水轮机及水轮				
8410.1320	---功率超过35000千瓦的贯流式水轮机及水轮				
8410.1330	---功率超过200000千瓦的水泵水轮机及水轮				
8410.1390	---其他				
	-零件，包括调节器：				

税则号列	商品名称	申报要素 归类要素	申报要素 价格要素	申报要素 其他要素	说明
8410.9010	---调节器		1. 品牌（中文或外文名称）；2. 原理；3. 型号		
8410.9090	---其他		1. 品牌（中文或外文名称）；2. 型号		
84.11	涡轮喷气发动机、涡轮螺桨发动机及其他燃气轮机：				
	-涡轮喷气发动机：	1. 原理；2. 推力	3. 品牌（中文或外文名称）；4. 型号		
	--推力不超过25千牛顿：				
8411.1110	---涡轮风扇发动机				
8411.1190	---其他				
	--推力超过25千牛顿：				
8411.1210	---涡轮风扇发动机				
8411.1290	---其他				
	-涡轮螺桨发动机：	1. 原理；2. 功率	3. 品牌（中文或外文名称）；4. 型号		
8411.2100	--功率不超过1100千瓦				
	--功率超过1100千瓦：				
8411.2210	---功率超过1100千瓦，但不超过2238千瓦				
8411.2220	---功率超过2238千瓦，但不超过3730千瓦				
8411.2230	---功率超过3730千瓦				
	-其他燃气轮机：	1. 原理；2. 功率	3. 品牌（中文或外文名称）；4. 型号		
8411.8100	--功率不超过5000千瓦				
8411.8200	--功率超过5000千瓦				
	-零件：	1. 用途（适用于××品牌××机或通用于××机等）	2. 品牌（中文或外文名称）；3. 型号		
8411.9100	--涡轮喷气发动机或涡轮螺桨发动机用				
	--其他				
8411.9910	---涡轮轴发动机用				
8411.9990	---其他				
84.12	其他发动机及动力装置：				
	-喷气发动机，但涡轮喷气发动机除外：	1. 用途；2. 原理	3. 品牌（中文或外文名称）；4. 型号		
8412.1010	---航空器及航天器用				
8412.1090	---其他				

税则号列	商品名称	申报要素			说明
		归类要素	价格要素	其他要素	
	-液压动力装置:	1. 原理	2. 用途; 3. 品牌(中文或外文名称);4. 型号		
8412.2100	--直线作用(液压缸)的				
	--其他:				
8412.2910	---液压马达				
8412.2990	---其他				
	-气压动力装置:	1. 原理	2. 用途; 3. 品牌(中文及或外文名称);4. 型号		
8412.3100	--直线作用(气压缸)的				
8412.3900	--其他				
8412.8000	-其他	1. 原理	2. 用途; 3. 品牌(中文或外文名称);4. 型号		
	-零件:	1. 用途	2. 品牌(中文或外文名称);3. 型号		
8412.9010	---税号8412.1010所列机器的零件				
8412.9090	---其他				
84.13	**液体泵,不论是否装有计量装置;液体提升机:**				
	-装有或可装计量装置的泵:	1. 用途;2. 是否装有或可装计量装置	3. 品牌(中文或外文名称);4. 型号		
8413.1100	--分装燃料或润滑油的泵,用于加油站或车库				
8413.1900	--其他				
8413.2000	-手泵,但子目8413.11或8413.19的货品除外	1. 是否手动	2. 品牌(中文或外文名称);3. 型号		
	-活塞式内燃发动机用的燃油泵、润滑油泵或冷却剂泵:	1. 用途(是否为活塞式内燃发动机用);2. 适用发动机的输出功率	3. 品牌(中文或外文名称);4. 型号		
	---燃油泵:				
8413.3021	----输出功率在132.39千瓦(180马力)及以上的发动机用燃油泵				
8413.3029	----其他				
8413.3030	---润滑油泵				
8413.3090	---其他				

税则号列	商品名称	申报要素			说明
		归类要素	价格要素	其他要素	
8413.4000	-混凝土泵	1. 用途	2. 品牌（中文或外文名称）；3. 型号		
	-其他往复式排液泵：	1. 驱动方式（气动、电动、液压等）；2. 原理（往复式）	3. 用途；4. 品牌（中文或外文名称）；5. 型号		
8413.5010	---气动式				
8413.5020	---电动式				
	---液压式：				
8413.5031	----柱塞泵				
8413.5039	----其他				
8413.5090	---其他				
	-其他回转式排液泵：	1. 驱动方式（气动、电动、液压等）；2. 原理（回转式排液泵）；3. 结构	4. 用途；5. 品牌（中文或外文名称）；6. 型号		
	---齿轮泵：				
8413.6021	----电动式				
8413.6022	----液压式				
8413.6029	----其他				
	---叶片泵：				
8413.6031	----电动式				
8413.6032	----液压式				
8413.6039	----其他				
8413.6040	---螺杆泵				
8413.6050	---径向柱塞泵				
8413.6060	---轴向柱塞泵				
8413.6090	---其他				
	-其他离心泵：	1. 驱动方式（气动、电动、液压等）；2. 原理（离心式）；3. 转速（转/分）	4. 用途；5. 品牌（中文或外文名称）；6. 型号		
8413.7010	---转速在10000转/分及以上				
	---其他：				
8413.7091	----电动潜油泵及潜水电泵				
8413.7099	----其他				
	-其他泵；液体提升机：		1. 用途；2. 品牌（中文或外文名称）；3. 型号；4. 原理		
8413.8100	--泵				
8413.8200	--液体提升机				

税则号列	商品名称	申报要素			说明
		归类要素	价格要素	其他要素	
	-零件：	1. 用途（适用于××品牌××机或通用于××机等）	2. 品牌（中文或外文名称）；3. 型号		
8413.9100	--泵用				
8413.9200	--液体提升机用				
84.14	空气泵或真空泵、空气及其他气体压缩机、风机、风扇；装有风扇的通风罩或循环气罩，不论是否装有过滤器；气密生物安全柜，不论是否装有过滤器：				
8414.1000	-真空泵	1. 用途（如半导体晶圆或平板显示屏制造用等）	2. 品牌（中文或外文名称）；3. 型号；4. 抽气速率（m³/s或L/s）；5. 抽气量（Pam³/s或Pal/s）		
8414.2000	-手动或脚踏式空气泵	1. 是否手动或脚踏	2. 品牌（中文或外文名称）；3. 型号		
	-用于制冷设备的压缩机： ---电动机驱动的压缩机：				
8414.3011	----冷藏箱或冷冻箱用，电动机额定功率不超过0.4千瓦	1. 用途；2. 驱动方式；3. 额定功率	4. 品牌（中文或外文名称）；5. 型号		
8414.3012	----冷藏箱或冷冻箱用，电动机额定功率超过0.4千瓦，但不超过5千瓦	1. 用途；2. 驱动方式；3. 额定功率	4. 品牌（中文或外文名称）；5. 型号		
8414.3013	----空气调节器用，电动机额定功率超过0.4千瓦，但不超过5千瓦	1. 用途；2. 驱动方式；3. 额定功率	4. 品牌（中文或外文名称）；5. 型号		
8414.3014	----空气调节器用，电动机额定功率超过5千瓦	1. 用途；2. 驱动方式；3. 额定功率	4. 品牌（中文或外文名称）；5. 型号		
8414.3015	----冷冻或冷藏设备用，电动机额定功率超过5千瓦	1. 用途；2. 驱动方式；3. 额定功率	4. 品牌（中文或外文名称）；5. 型号		
8414.3019	----其他	1. 用途；2. 驱动方式；3. 额定功率	4. 品牌（中文或外文名称）；5. 型号		
8414.3090	---非电动机驱动的压缩机	1. 用途；2. 驱动方式；3. 额定功率	4. 品牌（中文或外文名称）；5. 型号		

税则号列	商品名称	申报要素 归类要素	申报要素 价格要素	申报要素 其他要素	说明
8414.4000	-装在拖车底盘上的空气压缩机	1. 用途	2. 品牌（中文或外文名称）；3. 型号		
	-风机、风扇： --台扇、落地扇、壁扇、换气扇或吊扇，包括风机，本身装有一个输出功率不超过125瓦的电动机：	1. 类型（如吊扇、落地扇、壁扇等）；2. 输出功率	3. 品牌（中文或外文名称）；4. 型号		
8414.5110	---吊扇				
8414.5120	---换气扇				
8414.5130	---具有旋转导风轮的风扇				
	---其他：				
8414.5191	----台扇				
8414.5192	----落地扇				
8414.5193	----壁扇				
8414.5199	----其他				
	--其他：				
8414.5910	---吊扇	1. 类型（如吊扇、落地扇、壁扇等）；2. 输出功率	3. 品牌（中文或外文名称）；4. 型号		
8414.5920	---换气扇	1. 类型（如吊扇、落地扇、壁扇等）；2. 输出功率	3. 品牌（中文或外文名称）；4. 型号		
8414.5930	---离心通风机	1. 类型（如吊扇、落地扇、壁扇等）；2. 输出功率	3. 品牌（中文或外文名称）；4. 型号		
8414.5990	---其他	1. 用途（如微处理器、电信设备、自动数据处理设备或装置用等）；2. 类型（如吊扇、落地扇、壁扇等）；3. 输出功率	4. 品牌（中文或外文名称）；5. 型号		
	-罩的平面最大边长不超过120厘米的通风罩或循环气罩：				
8414.6010	---抽油烟机	1. 罩的平面最大边长	2. 品牌（中文或外文名称）；3. 型号		
8414.6090	---其他	1. 罩的平面最大边长	2. 品牌（中文或外文名称）；3. 型号		
	-气密生物安全柜：	1. 罩的平面最大边长	2. 品牌（中文或外文名称）；3. 型号		
8414.7010	---罩的平面最大边长不超过120厘米的				
8414.7090	---其他				
	-其他：				

税则号列	商品名称	申报要素			说明
		归类要素	价格要素	其他要素	
8414.8010	---燃气轮机用的自由活塞式发生器	1. 用途	2. 品牌（中文或外文名称）；3. 型号		
8414.8020	---二氧化碳压缩机	1. 用途	2. 品牌（中文或外文名称）；3. 型号		
8414.8030	---发动机用增压器	1. 用途	2. 品牌（中文或外文名称）；3. 型号；4. 压力比		
	---空气及其他气体压缩机	1. 用途	2. 品牌（中文或外文名称）；3. 型号		
8414.8041	----螺杆空压机				
8414.8049	----其他				
8414.8090	---其他	1. 用途	2. 品牌（中文或外文名称）；3. 型号		
	-零件：	1. 用途（适用于××品牌××机或通用于××机等）	2. 品牌（中文或外文名称）；3. 型号；4. 材质		
	---税号8414.3011至8414.3014及8414.3090所列机器的零件：				
8414.9011	----压缩机进、排气阀片				
8414.9019	----其他				
8414.9020	---税号8414.5110至8414.5199及子目8414.60所列机器的零件				
8414.9090	---其他				
84.15	**空气调节器，装有电扇及调温、调湿装置，包括不能单独调湿的空调器：** -窗式、壁式、置于天花板或地板上的，独立的或分体的：				
8415.1010	---独立式	1. 安装方式（窗式、壁式、置于天花板或地板上）；2. 是否为独立式	3. 品牌（中文或外文名称）；4. 型号		
	---分体式：	1. 安装方式（窗式、壁式、置于天花板或地板上）；2. 是否为分体式；3. 制冷量	4. 品牌（中文或外文名称）；5. 型号		
8415.1021	----制冷量不超过4000大卡/时				
8415.1022	----制冷量超过4000大卡/时				

税则号列	商品名称	申报要素			说明
		归类要素	价格要素	其他要素	
8415.2000	-机动车辆上供人使用的	1. 用途	2. 品牌（中文或外文名称）；3. 型号		
	-其他： --装有一个制冷装置及冷热循环换向阀（可逆式热泵）的：	1. 是否装有制冷装置；2. 是否装有冷热换向阀；3. 制冷量	4. 品牌（中文或外文名称）；5. 型号		
8415.8110	---制冷量不超过4000大卡/时				
8415.8120	---制冷量超过4000大卡/时				
	--其他，装有制冷装置的：	1. 是否装有制冷装置；2. 是否装有冷热换向阀；3. 制冷量	4. 品牌（中文或外文名称）；5. 型号		
8415.8210	---制冷量不超过4000大卡/时				
8415.8220	---制冷量超过4000大卡/时				
8415.8300	--未装有制冷装置的		1. 品牌（中文或外文名称）；2. 结构；3. 型号		
	-零件：	1. 适用机型（适用于××品牌××制冷量××机）	2. 品牌（中文或外文名称）；3. 型号		
8415.9010	---税号 8415.1010、8415.1021、8415.8110 及 8415.8210 所列设备的零件				
8415.9090	---其他				
84.16	**使用液体燃料、粉状固体燃料或气体燃料的炉用燃烧器；机械加煤机，包括其机械炉箅、机械出灰器及类似装置：**				
8416.1000	-使用液体燃料的炉用燃烧器	1. 用途；2. 燃料类型	3. 品牌（中文或外文名称）；4. 型号		
	-其他炉用燃烧器，包括复式燃烧器：	1. 用途；2. 燃料类型	3. 品牌（中文或外文名称）；4. 型号		
	---气体的：				
8416.2011	----使用天然气的				
8416.2019	----其他				
8416.2090	---其他				
8416.3000	-机械加煤机，包括其机械炉箅、机械出灰器及类似装置	1. 用途	2. 品牌（中文或外文名称）		
8416.9000	-零件	1. 用途（适用于××品牌××机或通用于××机等）	2. 品牌（中文或外文名称）；3. 型号		

税则号列	商品名称	申报要素			说明
		归类要素	价格要素	其他要素	
84.17	非电热的工业或实验室用炉及烘箱，包括焚烧炉：				
8417.1000	-矿砂、黄铁矿或金属的焙烧、熔化或其他热处理用炉及烘箱	1. 用途；2. 加热方式	3. 品牌（中文或外文名称）；4. 型号		
8417.2000	-面包房用烤炉及烘箱，包括做饼干用的	1. 用途；2. 加热方式	3. 品牌（中文或外文名称）；4. 型号		
	-其他：	1. 用途；2. 加热方式	3. 品牌（中文或外文名称）；4. 型号		
8417.8010	---炼焦炉				
8417.8020	---放射性废物焚烧炉				
8417.8030	---水泥回转窑				
8417.8040	---石灰石分解炉				
8417.8050	---垃圾焚烧炉				
8417.8090	---其他				
	-零件：	1. 用途（适用于××品牌××机或通用于××机等）	2. 品牌（中文或外文名称）；3. 型号		
8417.9010	---海绵铁回转窑用				
8417.9020	---炼焦炉用				
8417.9090	---其他				
84.18	电气或非电气的冷藏箱、冷冻箱及其他制冷设备；热泵，但税目**84.15**的空气调节器除外：				
	-冷藏-冷冻组合机，各自装有单独外门或抽屉，或其组合的：				
8418.1010	---容积超过500升	1. 结构（冷藏—冷冻组合机）；2. 容积	3. 品牌（中文或外文名称）；4. 型号		
8418.1020	---容积超过200升，但不超过500升	1. 结构（冷藏—冷冻组合机）；2. 容积	3. 品牌（中文或外文名称）；4. 型号		
8418.1030	---容积不超过200升	1. 结构（冷藏—冷冻组合机）；2. 容积	3. 品牌（中文或外文名称）；4. 型号		
	-家用型冷藏箱：	1. 用途（是否家用）；2. 原理；3. 容积	4. 品牌（中文或外文名称）；5. 型号		
	--压缩式：				
8418.2110	---容积超过150升				
8418.2120	---容积超过50升，但不超过150升				
8418.2130	---容积不超过50升				
	--其他：				
8418.2910	---半导体制冷式				

税则号列	商品名称	申报要素			说明
		归类要素	价格要素	其他要素	
8418.2920	---电气吸收式				
8418.2990	---其他				
	-柜式冷冻箱，容积不超过800升：				
8418.3010	---制冷温度在-40℃及以下	1.容积；2.最低制冷温度；3.是否柜式		4.品牌（中文或外文名称）；5.型号	
	---制冷温度在-40℃以上：				
8418.3021	----容积超过500升	1.容积；2.最低制冷温度；3.是否柜式		4.品牌（中文或外文名称）；5.型号	
8418.3029	----其他	1.容积；2.最低制冷温度；3.是否柜式		4.品牌（中文或外文名称）；5.型号	
	-立式冷冻箱，容积不超过900升：				
8418.4010	---制冷温度在-40℃及以下	1.结构（是否为立式）；2.容积；3.最低制冷温度		4.品牌（中文或外文名称）；5.型号	
	---制冷温度在-40℃以上：				
8418.4021	----容积超过500升	1.结构（是否为立式）；2.容积；3.最低制冷温度		4.品牌（中文或外文名称）；5.型号	
8418.4029	----其他	1.结构（是否为立式）；2.容积；3.最低制冷温度		4.品牌（中文或外文名称）；5.型号	
8418.5000	-装有冷藏或冷冻装置的其他设备（柜、箱、展示台、陈列箱及类似品），用于存储及展示	1.用途		2.品牌（中文或外文名称）；3.型号；4.容积；5.最低制冷温度	
	-其他制冷设备；热泵：	1.原理（是否为压缩式）		2.品牌（中文或外文名称）；3.型号	
	--热泵，税目84.15的空气调节器除外：				
8418.6120	---压缩式				
8418.6190	---其他				
	--其他：				
8418.6920	---制冷机组				
8418.6990	---其他				
	-零件：				
8418.9100	--冷藏或冷冻设备专用的特制家具	1.用途（适用于××品牌××机或通用于××机等）；2.适用机型的制冷温度和容积		3.品牌（中文或外文名称）；4.型号	
	--其他：				

税则号列	商品名称	申报要素 归类要素	申报要素 价格要素	申报要素 其他要素	说明
8418.9910	---制冷机组及热泵用	1. 用途（适用于××品牌××机或通用于××机等）；2. 适用机型的制冷温度和容积	3. 品牌（中文或外文名称）；4. 型号		
	---其他：				
8418.9991	----制冷温度在-40℃及以下的冷冻设备用	1. 用途（适用于××品牌××机或通用于××机等）；2. 如为制冷机用，请填报适用机型的制冷温度和容积	3. 品牌（中文或外文名称）；4. 型号		
8418.9992	----制冷温度在-40℃以上，但容积超过500升的冷藏或冷冻设备用	1. 用途（适用于××品牌××机或通用于××机等）；2. 如为制冷机用，请填报适用机型的制冷温度和容积	3. 品牌（中文或外文名称）；4. 型号		
8418.9999	----其他	1. 用途（适用于××品牌××机或通用于××机等）；2. 适用机型的制冷温度和容积	3. 品牌（中文或外文名称）；4. 型号		
84.19	利用温度变化处理材料的机器、装置及类似的实验室设备，例如，加热、烹煮、烘炒、蒸馏、精馏、消毒、灭菌、汽蒸、干燥、蒸发、气化、冷凝、冷却的机器设备，不论是否电热的(不包括税目85.14的炉、烘箱及其他设备)，但家用的除外；非电热的快速热水器或贮备式热水器：				
	-非电热的快速热水器或贮备式热水器：	1. 原理；2. 加热方式	3. 用途；4. 品牌（中文或外文名称）；5. 型号		
8419.1100	--燃气快速热水器				
8419.1200	--太阳能热水器				
8419.1900	--其他				
8419.2000	-医用或实验室用消毒器具	1. 用途	2. 品牌（中文或外文名称）；3. 型号		
	-干燥器：	1. 用途；2. 干燥材质	3. 品牌（中文或外文名称）；4. 型号		
	--冷冻干燥装置、冷冻干燥单元和喷雾式干燥器：				
8419.3310	---农产品干燥用				
8419.3320	---木材、纸浆、纸或纸板干燥用				
8419.3390	---其他				
8419.3400	--其他，农产品干燥用				

税则号列	商品名称	申报要素			说明
		归类要素	价格要素	其他要素	
8419.3500	--其他,木材、纸浆、纸或纸板干燥用				
	--其他:				
8419.3910	---微空气流动陶瓷坯件干燥器				
8419.3990	---其他				
	-蒸馏或精馏设备:	1.用途	2.品牌(中文或外文名称);3.型号;4.原理		
8419.4010	---提净塔				
8419.4020	---精馏塔				
8419.4090	---其他				
8419.5000	-热交换装置	1.若为用氟聚合物制造的需注明;2.若为用氟聚合物制造的需注明入口管和出口管内径尺寸	3.用途;4.品牌(中文或外文名称);5.型号		
	-液化空气或其他气体的机器:				
	---制氧机:	1.用途;2.制氧量	3.品牌(中文或外文名称);4.型号		
8419.6011	----制氧量在15000立方米/小时及以上				
8419.6019	----其他				
8419.6090	---其他	1.用途	2.品牌(中文或外文名称);3.型号		
	-其他机器设备:	1.用途	2.品牌(中文或外文名称);3.型号		
8419.8100	--加工热饮料或烹调、加热食品用				
	--其他:				
8419.8910	---加氢反应器				
8419.8990	---其他				
	-零件:	1.用途(适用于××品牌××机或通用于××机等)	2.品牌(中文或外文名称);3.型号		
8419.9010	---热水器用				
8419.9090	---其他				
84.20	**砑光机或其他滚压机器及其滚筒,但加工金属或玻璃用的除外:**				
8420.1000	-砑光机或其他滚压机器	1.用途(如印刷电路板基板或印刷电路制造用等)	2.品牌(中文或外文名称);3.型号		
	-零件:	1.用途(适用于××品牌××机或通用于××机等)	2.品牌(中文或外文名称);3.型号		
8420.9100	--滚筒				

税则号列	商品名称	申报要素			说明
		归类要素	价格要素	其他要素	
8420.9900	--其他				
84.21	**离心机，包括离心干燥机；液体或气体的过滤、净化机器及装置：**				
	-离心机，包括离心干燥机：				
8421.1100	--奶油分离器	1. 用途；2. 原理	3. 品牌（中文或外文名称）；4. 型号		
	--干衣机：				
8421.1210	---干衣量不超过10千克	1. 用途；2. 原理；3. 干衣量	4. 品牌（中文或外文名称）；5. 型号		
8421.1290	---其他	1. 用途；2. 原理；3. 干衣量	4. 品牌（中文或外文名称）；5. 型号		
	--其他：				
8421.1910	---脱水机	1. 用途；2. 原理	3. 品牌（中文或外文名称）；4. 型号		
8421.1920	---固液分离机	1. 用途；2. 原理	3. 品牌（中文或外文名称）；4. 型号		
8421.1990	---其他	1. 用途；2. 原理	3. 品牌（中文或外文名称）；4. 型号		
	-液体的过滤、净化机器及装置：				
	--过滤或净化水用：				
8421.2110	---家用型	1. 用途	2. 品牌（中文或外文名称）；3. 型号；4. 原理；5. 单位时间水处理量		
	---其他：	1. 用途	2. 品牌（中文或外文名称）；3. 型号；4. 原理；5. 单位时间水处理量		
8421.2191	----船舶压载水处理设备				
8421.2199	----其他				
8421.2200	--过滤或净化饮料（水除外）用	1. 用途；2. 原理	3. 品牌（中文或外文名称）；4. 型号		
8421.2300	--内燃发动机的滤油器	1. 用途；2. 原理	3. 品牌（中文或外文名称）；4. 型号		

税则号列	商品名称	申报要素 归类要素	申报要素 价格要素	申报要素 其他要素	说明
	--其他:	1. 用途；2. 原理；3. 若为用氟聚合物制造的需注明；4. 氟聚合物制的需报过滤或净化介质的外观（膜等）及厚度	5. 品牌（中文或外文名称）；6. 型号		
8421.2910	---压滤机				
8421.2990	---其他				
	-气体的过滤、净化机器及装置:				
8421.3100	--内燃发动机的进气过滤器	1. 用途；2. 原理	3. 品牌（中文或外文名称）；4. 型号		
8421.3200	--用于净化或过滤内燃机所排出废气的催化转化器或微粒过滤器，不论是否组合	1. 用途；2. 原理	3. 品牌（中文或外文名称）；4. 型号		
	--其他:				
8421.3910	---家用型	1. 用途；2. 原理	3. 品牌（中文或外文名称）；4. 型号；5. 额定功率（非电动的不需注明额定功率）		
	---工业用除尘器:	1. 用途；2. 若为装备不锈钢外壳需注明；3. 若为装备不锈钢外壳需注明入口管和出口管内径尺寸；4. 原理	5. 品牌（中文或外文名称）；6. 型号；7. 额定功率（非电动的不需注明额定功率）		
8421.3921	----静电除尘器				
8421.3922	----袋式除尘器				
8421.3923	----旋风式除尘器				
8421.3924	----电袋复合除尘器				
8421.3929	----其他				
8421.3940	---烟气脱硫装置	1. 用途；2. 若为装备不锈钢外壳需注明；3. 若为装备不锈钢外壳需注明入口管和出口管内径尺寸；4. 原理	5. 品牌（中文或外文名称）；6. 型号；7. 额定功率（非电动的不需注明额定功率）		

税则号列	商品名称	申报要素			说明
		归类要素	价格要素	其他要素	
8421.3950	---烟气脱硝装置	1. 用途；2. 若为装备不锈钢外壳需注明；3. 若为装备不锈钢外壳需注明入口管和出口管内径尺寸；4. 原理	5. 品牌（中文或外文名称）；6. 型号；7. 额定功率（非电动的不需注明额定功率）		
8421.3990	---其他	1. 用途；2. 若为装备不锈钢外壳需注明；3. 若为装备不锈钢外壳需注明入口管和出口管内径尺寸；4. 原理	5. 品牌（中文或外文名称）；6. 型号；7. 额定功率（非电动的不需注明额定功率）		
	-零件：				
	--离心机用，包括离心干燥机用：	1. 用途（适用于××品牌××机或通用于××机等）	2. 品牌（中文或外文名称）；3. 型号		
8421.9110	---干衣量不超过10千克的干衣机用				
8421.9190	---其他				
	--其他：				
8421.9910	---家用型过滤、净化装置用	1. 用途（适用于××品牌××机或通用于××机等）	2. 品牌（中文或外文名称）；3. 型号		
8421.9990	---其他	1. 用途（适用于××品牌××机或通用于××机等）	2. 品牌（中文或外文名称）；3. 型号		
84.22	洗碟机；瓶子及其他容器的洗涤或干燥机器；瓶、罐、箱、袋或其他容器装填、封口、密封、贴标签的机器；瓶、罐、管、筒或类似容器的包封机器；其他包装或打包机器（包括热缩包装机器）；饮料充气机：				
	-洗碟机：		1. 品牌（中文或外文名称）；2. 型号		
8422.1100	--家用型				
8422.1900	--其他				
8422.2000	-瓶子或其他容器的洗涤或干燥机器	1. 用途	2. 品牌（中文或外文名称）；3. 型号		
	-瓶、罐、箱、袋或其他容器的装填、封口、密封、贴标签的机器；瓶、罐、管、筒或类似容器的包封机器；饮料充气机：				

税则号列	商品名称	申报要素 归类要素	申报要素 价格要素	申报要素 其他要素	说明
8422.3010	---饮料及液体食品灌装设备	1. 用途	2. 品牌（中文或外文名称）；3. 型号		
	---水泥包装机：				
8422.3021	----全自动灌包机	1. 用途	2. 品牌（中文或外文名称）；3. 型号		
8422.3029	----其他	1. 用途	2. 品牌（中文或外文名称）；3. 型号		
8422.3030	---其他包装机	1. 用途	2. 品牌（中文或外文名称）；3. 型号		
8422.3090	---其他	1. 用途	2. 品牌（中文或外文名称）；3. 型号		
8422.4000	-其他包装或打包机器（包括热缩包装机器）	1. 用途	2. 品牌（中文或外文名称）；3. 型号		
	-零件：	1. 用途（适用于××品牌××机或通用于××机等）	2. 品牌（中文或外文名称）；3. 型号		
8422.9010	---洗碟机用				
8422.9020	---饮料及液体食品灌装设备用				
8422.9090	---其他				
84.23	**衡器（感量为50毫克或更精密的天平除外），包括计数或检验用的衡器；衡器用的各种砝码、秤砣：**				
8423.1000	-体重计，包括婴儿秤；家用秤	1. 用途	2. 品牌（中文或外文名称）；3. 型号		
	-输送带上连续称货的秤：	1. 用途；2. 原理	3. 品牌（中文或外文名称）；4. 型号		
8423.2010	---电子皮带秤				
8423.2090	---其他				
	-恒定秤、物料定量装袋或装容器用的秤，包括库秤：				
8423.3010	---定量包装秤	1. 用途；2. 原理（如电子式称重等）	3. 品牌（中文或外文名称）；4. 型号		
8423.3020	---定量分选秤	1. 用途	2. 品牌（中文或外文名称）；3. 型号		

税则号列	商品名称	申报要素			说明
		归类要素	价格要素	其他要素	
8423.3030	---配料秤	1. 用途；2. 原理（如电子式称重等）	3. 品牌（中文或外文名称）；4. 型号		
8423.3090	---其他	1. 用途；2. 原理（如电子式称重等）	3. 品牌（中文或外文名称）；4. 型号		
	-其他衡器： --最大称量不超过30千克：				
8423.8110	---计价秤	1. 用途；2. 原理；3. 最大称量	4. 品牌（中文或外文名称）；5. 型号		
8423.8120	---弹簧秤	1. 用途；2. 原理；3. 最大称量	4. 品牌（中文或外文名称）；5. 型号		
8423.8190	---其他	1. 用途；2. 原理（如电子式称重等）；3. 最大称量	4. 品牌（中文或外文名称）；5. 型号		
	--最大称量超过30千克，但不超过5000千克：	1. 用途；2. 原理（如电子式称重等）；3. 最大称量	4. 品牌（中文或外文名称）；5. 型号		
8423.8210	---地中衡				
8423.8290	---其他				
	--其他：	1. 用途；2. 原理（如电子式称重等）；3. 最大称量	4. 品牌（中文或外文名称）；5. 型号		
8423.8910	---地中衡				
8423.8920	---轨道衡				
8423.8930	---吊秤				
8423.8990	---其他				
8423.9000	-衡器用的各种砝码、秤砣；衡器的零件	1. 用途（适用机型，如电子式称重衡器用等）	2. 品牌（中文或外文名称）；3. 型号		
84.24	液体或粉末的喷射、散布或喷雾的机械器具（不论是否手工操作）；灭火器，不论是否装药；喷枪及类似器具；喷气机、喷砂机及类似的喷射机器：				
8424.1000	-灭火器，不论是否装药	1. 用途	2. 品牌（中文或外文名称）；3. 型号		
8424.2000	-喷枪及类似器具		1. 用途；2. 品牌（中文或外文名称）；3. 喷射材料；4. 型号		

税则号列	商品名称	申报要素			说明
		归类要素	价格要素	其他要素	
8424.3000	-喷气机、喷砂机及类似的喷射机器	1.喷射材料	2.用途；3.品牌（中文或外文名称）；4.型号		
	-农业或园艺用喷雾器：	1.用途	2.品牌（中文或外文名称）；3.喷射材料；4.型号		
8424.4100	--便携式喷雾器				
8424.4900	--其他				
	-其他器具：				
8424.8200	--农业或园艺用	1.用途	2.品牌（中文或外文名称）；3.喷射材料；4.型号		
	--其他：	1.用途	2.品牌（中文或外文名称）；3.喷射材料；4.型号		
8424.8910	---家用型				
8424.8920	---喷涂机器人				
	---其他：				
8424.8991	----船用洗舱机	1.用途	2.品牌（中文或外文名称）；3.喷射材料；4.型号		
8424.8999	----其他	1.用途	2.品牌（中文或外文名称）；3.喷射材料；4.型号		
	-零件：				
8424.9010	---税号8424.1000所列器具的零件	1.用途（适用于××品牌××机或通用于××机等）	2.品牌（中文或外文名称）；3.型号		
8424.9020	---税号8424.8910所列器具的零件	1.用途（适用于××品牌××机或通用于××机等）	2.品牌（中文或外文名称）；3.型号		
8424.9090	---其他	1.用途（适用于××品牌××机或通用于××机等）	2.品牌（中文或外文名称）；3.型号		

税则号列	商品名称	申报要素			说明
		归类要素	价格要素	其他要素	
84.25	滑车及提升机,但倒卸式提升机除外;卷扬机及绞盘;千斤顶:	1.用途;2.驱动方式	3.品牌(中文或外文名称);4.型号;5.最大提升高度(距离);6.最大提升重量		
	-滑车及提升机,但倒卸式提升机及提升车辆用的提升机除外:				
8425.1100	--电动的				
8425.1900	--其他				
	-其他卷扬机;绞盘:				
	--电动的:				
8425.3110	---矿井口卷扬装置;专为井下使用设计的卷扬机				
8425.3190	---其他				
	--其他:				
8425.3910	---矿井口卷扬装置;专为井下使用设计的卷扬机				
8425.3990	---其他				
	-千斤顶;提升车辆用的提升机:				
8425.4100	--车库中使用的固定千斤顶系统				
	--其他液压千斤顶及提升机:				
8425.4210	---液压千斤顶				
8425.4290	---其他				
	--其他:				
8425.4910	---其他千斤顶				
8425.4990	---其他				
84.26	船用桅杆式起重机;起重机,包括缆式起重机;移动式吊运架、跨运车及装有起重机的工作车:	1.用途;2.结构类型	3.品牌(中文或外文名称);4.型号		
	-高架移动式起重机、桁架桥式起重机、龙门起重机、桥式起重机、移动式吊运架及跨运车:				
	--固定支架的高架移动式起重机:				
8426.1120	---通用桥式起重机				
8426.1190	---其他				
8426.1200	--带胶轮的移动式吊运架及跨运车				
	--其他:				
8426.1910	---装船机				
	---卸船机:				
8426.1921	----抓斗式				
8426.1929	----其他				
8426.1930	---龙门式起重机				
	---装卸桥:				

税则号列	商 品 名 称	申 报 要 素			说 明
		归类要素	价格要素	其他要素	
8426.1941	----门式装卸桥				
8426.1942	----集装箱装卸桥				
8426.1943	----其他动臂式装卸桥				
8426.1949	----其他				
8426.1990	---其他				
8426.2000	-塔式起重机				
8426.3000	-门座式起重机及座式旋臂起重机				
	-其他自推进机械：				
	--带胶轮的：				
8426.4110	---轮胎式起重机				
8426.4190	---其他				
	--其他：				
8426.4910	---履带式起重机				
8426.4990	---其他				
	-其他机械：				
8426.9100	--供装于公路车辆的				
8426.9900	--其他				
84.27	叉车；其他装有升降或搬运装置的工作车：	1.用途；2.推进方式	3.品牌（中文或外文名称）；4.型号；5.最大提升高度（距离）；6.最大提升重量		
	-电动机推进的机动车：				
8427.1010	---有轨巷道堆垛机				
8427.1020	---无轨巷道堆垛机				
8427.1090	---其他				
	-其他机动车：				
8427.2010	---集装箱叉车				
8427.2090	---其他				
8427.9000	-其他车				
84.28	其他升降、搬运、装卸机械（例如，升降机、自动梯、输送机、缆车）：				
	-升降机及倒卸式起重机：				
8428.1010	---载客电梯	1.用途	2.品牌（中文或外文名称）；3.型号；4.提升速度；5.停层数；6.载重量		
8428.1090	---其他	1.用途	2.品牌（中文或外文名称）；3.型号		

税则号列	商品名称	申报要素			说明
		归类要素	价格要素	其他要素	
8428.2000	-气压升降机及输送机	1. 驱动方式	2. 品牌（中文或外文名称）；3. 型号		
	-其他用于连续运送货物或材料的升降机及输送机：	1. 用途；2. 运送方式；3. 工作构件类型（斗式、带式等）	4. 品牌（中文或外文名称）；5. 型号		
8428.3100	--地下专用的				
8428.3200	--其他，斗式				
8428.3300	--其他，带式				
	--其他：				
8428.3910	---链式				
8428.3920	---辊式				
8428.3990	---其他				
8428.4000	-自动梯及自动人行道		1. 品牌（中文或外文名称）；2. 型号		
	-缆车、座式升降机、滑雪拉索、索道用牵引装置：	1. 用途；2. 原理；3. 结构类型	4. 品牌（中文或外文名称）；5. 型号		
8428.6010	---货运架空索道				
	---客运架空索道：				
8428.6021	----单线循环式				
8428.6029	----其他				
8428.6090	---其他				
8428.7000	-工业机器人	1. 用途	2. 品牌（中文或外文名称）；3. 型号		
	-其他机械：	1. 用途	2. 品牌（中文或外文名称）；3. 型号		
8428.9010	---矿车推动机、铁道机车或货车的转车台、货车倾卸装置及类似的铁道货车搬运装置				
8428.9020	---机械式停车设备				
	---其他装卸机械：				
8428.9031	----堆取料机械				
8428.9039	----其他				
8428.9090	---其他				
84.29	机动推土机、侧铲推土机、筑路机、平地机、铲运机、机械铲、挖掘机、机铲装载机、捣固机械及压路机：				

税则号列	商品名称	申报要素			说明
		归类要素	价格要素	其他要素	
	-推土机及侧铲推土机：	1. 行走装置类型（轮胎式、履带式等）；2. 发动机输出功率	3. 品牌（中文或外文名称）；4. 是否自推进；5. 型号；6. 机身重量		
	--履带式：				
8429.1110	---发动机输出功率超过235.36千瓦（320马力）的				
8429.1190	---其他				
	--其他：				
8429.1910	---发动机输出功率超过235.36千瓦（320马力）的				
8429.1990	---其他				
	-筑路机及平地机：	1. 是否自推进；2. 发动机输出功率	3. 品牌（中文或外文名称）；4. 型号		
8429.2010	---发动机输出功率超过235.36千瓦（320马力）的				
8429.2090	---其他				
	-铲运机：	1. 是否自推进；2. 斗容量	3. 品牌（中文或外文名称）；4. 型号		
8429.3010	---斗容量超过10立方米的				
8429.3090	---其他				
	-捣固机械及压路机：	1. 原理；2. 是否自推进；3. 机身重量	4. 品牌（中文或外文名称）；5. 型号		
	---机动压路机：				
8429.4011	----机重18吨及以上的振动压路机				
8429.4019	----其他				
8429.4090	---其他				
	-机械铲、挖掘机及机铲装载机：				
8429.5100	--前铲装载机	1. 是否自推进	2. 品牌（中文或外文名称）；3. 行走装置类型（轮胎式、履带式等）；4. 型号		
	--上部结构可旋转360度的机械：				

税则号列	商品名称	申报要素			说明
		归类要素	价格要素	其他要素	
	---挖掘机：	1.行走装置类型（轮胎式、履带式等）；2.是否自推进；3.是否上部结构可旋转360度	4.品牌（中文或外文名称）；5.型号；6.斗容量；7.功率；8.机身重量		
8429.5211	----轮胎式				
8429.5212	----履带式				
8429.5219	----其他				
8429.5290	---其他	1.是否自推进；2.是否上部结构可旋转360度	3.品牌（中文或外文名称）；4.行走装置类型（轮胎式、履带式等）；5.型号		
8429.5900	--其他	1.是否自推进	2.品牌（中文或外文名称）；3.行走装置类型（轮胎式、履带式等）；4.型号；5.斗容量；6.功率；7.机身重量		
84.30	泥土、矿物或矿石的运送、平整、铲运、挖掘、捣固、压实、开采或钻探机械；打桩机及拔桩机；扫雪机及吹雪机：				
8430.1000	-打桩机及拔桩机		1.品牌（中文或外文名称）；2.型号		
8430.2000	-扫雪机及吹雪机		1.品牌（中文或外文名称）；2.型号；3.是否自推进		
	-采（截）煤机、凿岩机及隧道掘进机：	1.是否自推进	2.品牌（中文或外文名称）；3.型号		
	--自推进的：				
8430.3110	---采（截）煤机				
8430.3120	---凿岩机				
8430.3130	---隧道掘进机				
8430.3900	--其他				

税则号列	商品名称	申报要素			说明
		归类要素	价格要素	其他要素	
	-其他钻探或凿井机械： --自推进的： ---石油及天然气钻探机：	1. 用途；2. 是否自推进；3. 钻探深度	4. 品牌（中文或外文名称）；5. 型号		
8430.4111	----钻探深度在6000米及以上的				
8430.4119	----其他				
	---其他钻探机：				
8430.4121	----钻探深度在6000米及以上的	1. 用途；2. 是否自推进；3. 钻探深度	4. 品牌（中文或外文名称）；5. 型号		
8430.4122	----钻探深度在6000米以下的履带式自推进钻机	1. 用途；2. 是否自推进；3. 钻探深度	4. 品牌（中文或外文名称）；5. 型号；6. 机身号；7. 钻头直径；8. 机身重量		
8430.4129	----钻探深度在6000米以下的其他钻探机	1. 用途；2. 是否自推进；3. 钻探深度	4. 品牌（中文或外文名称）；5. 型号		
8430.4190	---其他	1. 用途；2. 是否自推进；3. 钻探深度	4. 品牌（中文或外文名称）；5. 型号		
8430.4900	--其他	1. 用途；2. 是否自推进；3. 钻探深度	4. 品牌（中文或外文名称）；5. 型号		
	-其他自推进机械：	1. 用途；2. 是否自推进；3. 牙轮直径	4. 品牌（中文或外文名称）；5. 型号		
8430.5010	---其他采油机械				
8430.5020	---矿用电铲				
	---采矿钻机：				
8430.5031	----牙轮直径380毫米及以上				
8430.5039	----其他				
8430.5090	---其他				
	-其他非自推进机械：	1. 用途；2. 是否自推进；3. 钻筒直径	4. 品牌（中文或外文名称）；5. 型号		
8430.6100	--捣固或压实机械				
	--其他： ---工程钻机：				
8430.6911	----钻筒直径3米及以上				
8430.6919	----其他				
8430.6920	---铲运机				
8430.6990	---其他				

税则号列	商品名称	申报要素			说明
		归类要素	价格要素	其他要素	
84.31	专用于或主要用于税目84.25至84.30所列机械的零件：	1.用途（适用于××品牌××机或通用于××机等）；2.如为破碎锤注明是否带有钎杆	3.品牌（中文或外文名称）；4.型号		
8431.1000	-税目84.25所列机械的零件				
	-税目84.27所列机械的零件：				
8431.2010	---装有差速器的驱动桥及其零件，不论是否装有其他传动部件				
8431.2090	---其他				
	-税目84.28所列机械的零件：				
8431.3100	--升降机、倒卸式起重机或自动梯的零件				
8431.3900	--其他				
	-税目84.26、84.29或84.30所列机械的零件：				
8431.4100	--戽斗、铲斗、抓斗及夹斗				
8431.4200	--推土机或侧铲推土机用铲				
	--子目8430.41或8430.49所列钻探或凿井机械的零件：				
8431.4310	---石油或天然气钻探机用				
8431.4320	---其他钻探机用				
8431.4390	---其他				
	--其他：				
8431.4920	---装有差速器的驱动桥及其零件，不论是否装有其他传动部件				
	---其他：				
8431.4991	----矿用电铲用				
8431.4999	----其他				
84.32	**农业、园艺及林业用整地或耕作机械；草坪及运动场地滚压机：**				
8432.1000	-犁		1.用途；2.品牌（中文或外文名称）；3.型号		
	-耙、松土机、中耕机、除草机及耕耘机：	1.用途	2.品牌（中文或外文名称）；3.型号		
8432.2100	--圆盘耙				
8432.2900	--其他				
	-播种机、种植机及移植机：	1.用途	2.品牌（中文或外文名称）；3.型号		
	--免耕直接播种机、种植机及移植机：				
	---免耕直接播种机：				
8432.3111	----谷物播种机				
8432.3119	----其他				

税则号列	商品名称	申报要素			说明
		归类要素	价格要素	其他要素	
8432.3121	---免耕直接种植机： ----马铃薯种植机				
8432.3129	----其他				
	---免耕直接移植机（栽植机）：				
8432.3131	----水稻插秧机				
8432.3139	----其他				
	--其他：				
	---播种机：				
8432.3911	----谷物播种机				
8432.3919	----其他				
	---种植机：				
8432.3921	----马铃薯种植机				
8432.3929	----其他				
	---移植机（栽植机）：				
8432.3931	----水稻插秧机				
8432.3939	----其他				
	-施肥机：	1. 用途		2. 品牌（中文或外文名称）；3. 型号	
8432.4100	--粪肥施肥机				
8432.4200	--化肥施肥机				
	-其他机械：	1. 用途		2. 品牌（中文或外文名称）；3. 型号	
8432.8010	---草坪及运动场地滚压机				
8432.8090	---其他				
8432.9000	-零件	1. 用途（适用于××品牌××机或通用于××机等）		2. 品牌（中文或外文名称）；3. 型号	
84.33	收割机、脱粒机，包括草料打包机；割草机；蛋类、水果或其他农产品的清洁、分选、分级机器，但税目84.37的机器除外：				
	-草坪、公园或运动场地用的割草机：	1. 用途；2. 驱动方式；3. 切割装置的旋转类型		4. 品牌（中文或外文名称）；5. 型号	
8433.1100	--机动的，切割装置在同一水平面上旋转的				
8433.1900	--其他				
8433.2000	-其他割草机，包括牵引装置用的刀具杆	1. 用途		2. 品牌（中文或外文名称）；3. 型号	
8433.3000	-其他干草切割、翻晒机器			1. 品牌（中文或外文名称）；2. 型号	

税则号列	商品名称	申报要素			说明
		归类要素	价格要素	其他要素	
8433.4000	-草料打包机,包括收集打包机		1.品牌（中文或外文名称）；2.型号		
	-其他收割机；脱粒机:				
8433.5100	--联合收割机	1.用途	2.品牌（中文或外文名称）；3.型号；4.功率		
8433.5200	--其他脱粒机	1.用途	2.品牌（中文或外文名称）；3.型号		
8433.5300	--根茎或块茎收获机	1.用途	2.品牌（中文或外文名称）；3.型号；4.功率		
	--其他:				
8433.5910	---甘蔗收获机	1.用途	2.品牌（中文或外文名称）；3.型号；4.功率		
8433.5920	---棉花采摘机	1.用途	2.品牌（中文或外文名称）；3.型号；4.功率		
8433.5990	---其他	1.用途	2.品牌（中文或外文名称）；3.型号；4.功率		
	-蛋类、水果或其他农产品的清洁、分选、分级机器:	1.用途	2.品牌（中文或外文名称）；3.型号		
8433.6010	---蛋类清洁、分选、分级机器				
8433.6090	---其他				
	-零件:	1.用途（适用于××品牌××机或通用于××机等）	2.品牌（中文或外文名称）；3.型号		
8433.9010	---联合收割机用				
8433.9090	---其他				
84.34	**挤奶机及乳品加工机器:**				
8434.1000	-挤奶机	1.用途	2.品牌（中文或外文名称）；3.型号		
8434.2000	-乳品加工机器	1.用途	2.品牌（中文或外文名称）；3.型号		

税则号列	商品名称	申报要素 归类要素	申报要素 价格要素	申报要素 其他要素	说明
8434.9000	-零件	1. 用途（适用于××品牌××机或通用于××机等）	2. 品牌（中文或外文名称）；3. 型号		
84.35	制酒、制果汁或制类似饮料用的压榨机、轧碎机及类似机器：				
8435.1000	-机器	1. 用途	2. 品牌（中文或外文名称）；3. 型号		
8435.9000	-零件	1. 用途（适用于××品牌××机或通用于××机等）	2. 品牌（中文或外文名称）；3. 型号		
84.36	农业、园艺、林业、家禽饲养业或养蜂业用的其他机器，包括装有机械或热力装置的催芽设备；家禽孵卵器及育雏器：				
8436.1000	-动物饲料配制机	1. 用途	2. 品牌（中文或外文名称）；3. 型号		
	-家禽饲养用的机器；家禽孵卵器及育雏器：	1. 用途	2. 品牌（中文或外文名称）；3. 型号		
8436.2100	--家禽孵卵器及育雏器				
8436.2900	--其他				
8436.8000	-其他机器	1. 用途	2. 品牌（中文或外文名称）；3. 型号		
	-零件：	1. 用途（适用于××品牌××机或通用于××机等）	2. 品牌（中文或外文名称）；3. 型号		
8436.9100	--家禽饲养用机器的零件或家禽孵卵器及育雏器的零件				
8436.9900	--其他				
84.37	种子、谷物或干豆的清洁、分选或分级机器；谷物磨粉业加工机器或谷物、干豆加工机器，但农业用机器除外：				
	-种子、谷物或干豆的清洁、分选或分级机器：	1. 用途	2. 品牌（中文或外文名称）；3. 型号		
8437.1010	---光学色差颗粒选别机（色选机）				
8437.1090	---其他				
8437.8000	-其他机器	1. 用途	2. 品牌（中文或外文名称）；3. 型号		
8437.9000	-零件	1. 用途（适用于××品牌××机或通用于××机等）	2. 品牌（中文或外文名称）；3. 型号		

税则号列	商品名称	申报要素 归类要素	申报要素 价格要素	申报要素 其他要素	说明
84.38	本章其他税目未列名的食品、饮料工业用的生产或加工机器，但提取、加工动物油脂、植物固定油脂或微生物油脂的机器除外：				
8438.1000	-糕点加工机器及生产通心粉、面条或类似产品的机器	1.用途		2.品牌（中文或外文名称）；3.型号	
8438.2000	-生产糖果、可可粉、巧克力的机器	1.用途		2.品牌（中文或外文名称）；3.型号	
8438.3000	-制糖机器	1.用途		2.品牌（中文或外文名称）；3.型号	
8438.4000	-酿酒机器	1.用途		2.品牌（中文或外文名称）；3.型号	
8438.5000	-肉类或家禽加工机器	1.用途		2.品牌（中文或外文名称）；3.型号	
8438.6000	-水果、坚果或蔬菜加工机器	1.用途		2.品牌（中文或外文名称）；3.型号	
8438.8000	-其他机器	1.用途		2.品牌（中文或外文名称）；3.型号	
8438.9000	-零件	1.用途（适用于××品牌××机或通用于××机等）		2.品牌（中文或外文名称）；3.型号	
84.39	纤维素纸浆、纸及纸板的制造或整理机器：				
8439.1000	-制造纤维素纸浆的机器	1.用途		2.品牌（中文或外文名称）；3.型号	
8439.2000	-纸或纸板的抄造机器	1.用途		2.品牌（中文或外文名称）；3.型号	
8439.3000	-纸或纸板的整理机器	1.用途		2.品牌（中文或外文名称）；3.型号	
	-零件：	1.用途（适用于××品牌××机或通用于××机等）		2.品牌（中文或外文名称）；3.型号	
8439.9100	--制造纤维素纸浆的机器用				
8439.9900	--其他				
84.40	书本装订机器，包括锁线订书机：				

税则号列	商品名称	申报要素			说明
		归类要素	价格要素	其他要素	
	-机器：	1. 用途	2. 品牌（中文或外文名称）；3. 型号		
8440.1010	---锁线装订机				
8440.1020	---胶订机				
8440.1090	---其他				
8440.9000	-零件	1. 用途（适用于××品牌××机或通用于××机等）	2. 品牌（中文或外文名称）；3. 型号		
84.41	其他制造纸浆制品、纸制品或纸板制品的机器，包括各种切纸机：				
8441.1000	-切纸机	1. 用途	2. 品牌（中文或外文名称）；3. 型号		
8441.2000	-制造包、袋或信封的机器	1. 用途	2. 品牌（中文或外文名称）；3. 型号		
	-制造箱、盒、管、桶或类似容器的机器，但模制成型机器除外：	1. 用途	2. 品牌（中文或外文名称）；3. 型号		
8441.3010	---制造纸塑铝复合罐的生产设备				
8441.3090	---其他				
8441.4000	-纸浆、纸或纸板制品模制成型机器	1. 用途	2. 品牌（中文或外文名称）；3. 型号		
	-其他机器：	1. 用途	2. 品牌（中文或外文名称）；3. 型号		
8441.8010	---制造纸塑铝软包装的生产设备				
8441.8090	---其他				
	-零件：	1. 用途（适用于××品牌××机或通用于××机等）	2. 品牌（中文或外文名称）；3. 型号		
8441.9010	---切纸机用				
8441.9090	---其他				
84.42	制印刷版（片）、滚筒及其他印刷部件用的机器、器具及设备（税目84.56至84.65的机器除外）；印刷用版（片）、滚筒及其他印刷部件；制成供印刷用（例如，刨平、压纹或抛光）的板（片）、滚筒及石板：				
	-机器、器具及设备：	1. 用途；2. 原理	3. 品牌（中文或外文名称）；4. 型号		
8442.3010	---铸字机				
	---制版机器、器具及设备：				

税则号列	商品名称	申报要素			说明
		归类要素	价格要素	其他要素	
8442.3021	----计算机直接制版设备				
8442.3029	----其他				
8442.3090	---其他				
8442.4000	-上述机器、器具及设备的零件	1. 用途（适用于××品牌××机或通用于××机等）	2. 品牌（中文或外文名称）；3. 型号		
8442.5000	-印刷用版（片）、滚筒及其他印刷部件；制成供印刷用（例如，刨平、压纹或抛光）的板（片）、滚筒及石板	1. 用途；2. 原理	3. 品牌（中文或外文名称）；4. 型号		
84.43	用税目 84.42 的印刷用版（片）、滚筒及其他印刷部件进行印刷的机器；其他打印机、复印机及传真机，不论是否组合式；上述机器的零件及附件：				
	-用税目 84.42 的印刷用版（片）、滚筒及其他印刷部件进行印刷的机器：				
8443.1100	--卷取进料式胶印机	1. 用途；2. 原理；3. 进料方式	4. 品牌（中文或外文名称）；5. 型号		
8443.1200	--办公室用片取进料式胶印机（以未折叠计，片尺寸一边长不超过22厘米，另一边长不超过36厘米）	1. 用途；2. 原理；3. 进料方式	4. 品牌（中文或外文名称）；5. 型号		
	--其他胶印机：	1. 用途；2. 原理；3. 进料方式	4. 品牌（中文或外文名称）；5. 型号；6. 印刷速度；7. 印刷方式		
	---平张纸进料式：				
8443.1311	----单色机				
8443.1312	----双色机				
8443.1313	----四色机				
8443.1319	----其他				
8443.1390	---其他				
8443.1400	--卷取进料式凸版印刷机，但不包括苯胺印刷机	1. 用途；2. 原理；3. 进料方式	4. 品牌（中文或外文名称）；5. 型号		
8443.1500	--除卷取进料式以外的凸版印刷机，但不包括苯胺印刷机	1. 用途；2. 原理；3. 进料方式	4. 品牌（中文或外文名称）；5. 型号		
8443.1600	--苯胺印刷机	1. 用途；2. 原理；3. 进料方式	4. 品牌（中文或外文名称）；5. 型号；6. 线速度；7. 幅宽		

税则号列	商品名称	申报要素			说明
		归类要素	价格要素	其他要素	
8443.1700	--凹版印刷机	1. 用途；2. 原理；3. 进料方式	4. 印刷速度；5. 品牌（中文或外文名称）；6. 型号		
	--其他：	1. 用途；2. 原理；3. 进料方式	4. 品牌（中文或外文名称）；5. 型号		
	---网式印刷机：				
8443.1921	----圆网印刷机				
8443.1922	----平网印刷机				
8443.1929	----其他				
8443.1980	---其他				
	-其他印刷（打印）机、复印机及传真机，不论是否组合式：				
	--具有印刷（打印）、复印或传真中两种及以上功能的机器，可与自动数据处理设备或网络连接：	1. 原理；2. 功能	3. 品牌（中文或外文名称）；4. 型号		
8443.3110	---静电感光式				
8443.3190	---其他				
	--其他，可与自动数据处理设备或网络连接：				
	---专用于税目84.71所列设备的打印机：	1. 用途（是否专用于税目84.71所列设备）；2. 原理	3. 品牌（中文或外文名称）；4. 型号；5. 打印幅宽；6. 打印速度		
8443.3211	----针式打印机				
8443.3212	----激光打印机				
8443.3213	----喷墨打印机				
8443.3214	----热敏打印机				
8443.3219	----其他				
	--数字式印刷设备：	1. 用途；2. 原理	3. 品牌（中文或外文名称）；4. 型号		
8443.3221	----喷墨印刷机				
8443.3222	----静电照相印刷机（激光印刷机）				
8443.3229	----其他				
8443.3290	---其他	1. 用途；2. 原理	3. 品牌（中文或外文名称）；4. 型号		
	--其他：				
	---静电感光复印设备：	1. 用途（是否专用于税目84.71所列设备）；2. 原理	3. 品牌（中文或外文名称）；4. 型号		
8443.3911	----将原件直接复印的（直接法）				

税则号列	商品名称	申报要素			说明
		归类要素	价格要素	其他要素	
8443.3912	----将原件通过中间体转印的（间接法）	1. 用途（是否专用于税目 84.71 所列设备）；2. 原理	3. 品牌（中文或外文名称）；4. 型号		
	---其他感光复印设备：				
8443.3921	----带有光学系统的				
8443.3922	----接触式的				
8443.3923	----热敏复印设备				
8443.3924	----热升华复印设备				
	---数字式印刷设备：	1. 用途（是否专用于税目 84.71 所列设备）；2. 原理	3. 品牌（中文或外文名称）；4. 型号		
8443.3931	----喷墨印刷机				
8443.3932	----静电照相印刷机（激光印刷机）				
8443.3939	----其他				
8443.3990	---其他	1. 用途（是否专用于税目 84.71 所列设备）；2. 原理	3. 品牌（中文或外文名称）；4. 型号		
	-零件及附件：	1. 用途（适用于××品牌××机或通用于××机等）	2. 品牌（中文或外文名称）；3. 型号		
	--用税目 84.42 的印刷用版（片）、滚筒及其他印刷部件进行印刷的机器的零件及附件：				
	---印刷用辅助机器：				
8443.9111	----卷筒料给料机				
8443.9119	----其他				
8443.9190	---其他				
	-其他：				
8443.9910	---数字印刷设备用辅助机器				
	---数字印刷设备的零件：				
8443.9921	----热敏打印头				
8443.9929	----其他				
8443.9990	---其他				
84.44	化学纺织纤维挤压、拉伸、变形或切割机器：	1. 用途	2. 品牌（中文或外文名称）；3. 型号		
8444.0010	---合成纤维长丝纺丝机				
8444.0020	---合成纤维短丝纺丝机				
8444.0030	---人造纤维纺丝机				
8444.0040	---化学纤维变形机				
8444.0050	---化学纤维切断机				
8444.0090	---其他				

税则号列	商品名称	申报要素 归类要素	申报要素 价格要素	申报要素 其他要素	说明
84.45	纺织纤维的预处理机器；纺纱机，并线机、加捻机及其他生产纺织纱线的机器；摇纱机、络纱机（包括卷纬机）及处理税目84.46或84.47所列机器用的纺纱纱线的机器： -纺织纤维的预处理机器： --梳理机： ---棉纤维型：	1. 用途；2. 原理	3. 品牌（中文或外文名称）；4. 型号		
8445.1111	----清梳联合机				
8445.1112	----自动抓棉机				
8445.1113	----梳棉机				
8445.1119	----其他				
8445.1120	---毛纤维型				
8445.1190	---其他 --精梳机：				
8445.1210	---棉精梳机				
8445.1220	---毛精梳机				
8445.1290	---其他 --拉伸机或粗纱机：				
8445.1310	---拉伸机 ---粗纱机：				
8445.1321	----棉纺粗纱机				
8445.1322	----毛纺粗纱机				
8445.1329	----其他				
8445.1900	--其他 -纺纱机： ---自由端纺纱机：				
8445.2031	----转杯纺纱机				
8445.2032	----喷气纺纱机				
8445.2039	----其他 ---环锭细纱机：				
8445.2041	----棉细纱机				
8445.2042	----毛细纱机				
8445.2049	----其他				
8445.2090	---其他				
8445.3000	-并线机或加捻机 -络纱机（包括卷纬机）或摇纱机：				
8445.4010	---自动络筒机				
8445.4090	---其他 -其他：				
8445.9010	---整经机				
8445.9020	---浆纱机				
8445.9090	---其他				
84.46	织机：	1. 用途；2. 原理；3. 织物宽度	4. 品牌（中文或外文名称）；5. 型号		

税则号列	商品名称	申报要素			说明
		归类要素	价格要素	其他要素	
8446.1000	-所织织物宽度不超过30厘米的织机				
	-所织织物宽度超过30厘米的梭织机：				
	--动力织机：				
8446.2110	---地毯织机				
8446.2190	---其他				
8446.2900	--其他				
	-所织织物宽度超过30厘米的无梭织机：				
8446.3020	---剑杆织机				
8446.3030	---片梭织机				
8446.3040	---喷水织机				
8446.3050	---喷气织机				
8446.3090	---其他				
84.47	针织机、缝编机及制粗松螺旋花线、网眼薄纱、花边、刺绣品、装饰带、编织带或网的机器及簇绒机：				
	-圆型针织机：	1. 圆筒直径		2. 品牌（中文或外文名称）；3. 型号	
8447.1100	--圆筒直径不超过165毫米				
8447.1200	--圆筒直径超过165毫米				
	-平型针织机；缝编机：	1. 原理		2. 品牌（中文或外文名称）；3. 型号；4. 幅宽	
	---经编机：				
8447.2011	----特里科经编机				
8447.2012	----拉舍尔经编机				
8447.2019	----其他				
8447.2020	---平型纬编机				
8447.2030	---缝编机				
	-其他：	1. 原理		2. 品牌（中文或外文名称）；3. 型号	
	---簇绒机：				
8447.9011	----地毯织机				
8447.9019	----其他				
8447.9020	---绣花机				
8447.9090	---其他				

税则号列	商品名称	申报要素			说明
		归类要素	价格要素	其他要素	
84.48	税目84.44、84.45、84.46或84.47所列机器的辅助机器（例如，多臂机、提花机、自停装置及换梭装置）；专用于或主要用于税目84.44、84.45、84.46或84.47所列机器的零件、附件（例如，锭子、锭壳、钢丝针布、梳、喷丝头、梭子、综丝、综框、针织机用针）：	1. 用途（适用于××品牌××机或通用于××机等）	2. 品牌（中文或外文名称）；3. 型号		
	-税目84.44、84.45、84.46或84.47所列机器的辅助机器：				
8448.1100	--多臂机或提花机及其所用的卡片缩小、复制、穿孔或汇编机器				
8448.1900	--其他				
	-税目84.44所列机器及其辅助机器的零件、附件：				
8448.2020	---喷丝头或喷丝板				
8448.2090	---其他				
	-税目84.45所列机器及其辅助机器的零件、附件：				
8448.3100	--钢丝针布				
8448.3200	--纺织纤维预处理机器的零件、附件，但钢丝针布除外				
	--锭子、锭壳、纺丝环、钢丝圈：				
8448.3310	---络筒锭				
8448.3390	---其他				
	--其他：				
8448.3910	---气流杯				
8448.3920	---电子清纱器				
8448.3930	---空气捻接器				
8448.3940	---环锭细纱机紧密纺装置				
8448.3990	---其他				
	-织机及其辅助机器的零件、附件：				
8448.4200	--织机用筘、综丝及综框				
	--其他：				
8448.4910	---接、投梭箱				
8448.4920	---引纬、送经装置				
8448.4930	---梭子				
8448.4990	---其他				
	-税目84.47所列机器及其辅助机器的零件、附件：				
	--沉降片、织针及其他成圈机件：				
8448.5120	---针织机用28号以下的弹簧针、钩针及复合针				
8448.5190	---其他				
8448.5900	--其他				

税则号列	商品名称	申报要素			说明
		归类要素	价格要素	其他要素	
84.49	成匹、成形的毡呢或无纺织物制造或整理机器，包括制毡呢帽机器；帽模：	1. 原理	2. 品牌（中文或外文名称）；3. 型号		
8449.0010	---针刺机				
8449.0020	---水刺设备				
8449.0090	---其他				
84.50	家用型或洗衣房用洗衣机，包括洗涤干燥两用机：				
	-干衣量不超过10千克的洗衣机：	1. 原理；2. 是否全自动；3. 干衣量	4. 品牌（中文或外文名称）；5. 型号		
	--全自动的：				
8450.1110	---波轮式				
8450.1120	---滚筒式				
8450.1190	---其他				
8450.1200	--其他机器，装有离心甩干机				
8450.1900	--其他				
	-干衣量超过10千克的洗衣机：	1. 原理；2. 是否全自动；3. 干衣量	4. 品牌（中文或外文名称）；5. 型号		
	---全自动的：				
8450.2011	----波轮式				
8450.2012	----滚筒式				
8450.2019	----其他				
8450.2090	---其他				
	-零件：	1. 用途（适用于××品牌××机或通用于××机等）	2. 品牌（中文或外文名称）；3. 型号		
8450.9010	---干衣量不超过10千克的洗衣机用				
8450.9090	---其他				
84.51	纱线、织物及纺织制品的洗涤、清洁、绞拧、干燥、熨烫、挤压（包括熔压）、漂白、染色、上浆、整理、涂布或浸渍机器（税目84.50的机器除外）；列诺伦（亚麻油地毡）及类似铺地制品的布基或其他底布的浆料涂布机器；纺织物的卷绕、退绕、折叠、剪切或剪齿边机器：				
8451.1000	-干洗机	1. 用途	2. 品牌（中文或外文名称）；3. 型号；4. 衣容量（千克）		
	-干燥机：	1. 用途；2. 干衣量	3. 品牌（中文或外文名称）；4. 型号		

税则号列	商品名称	申报要素			说明
		归类要素	价格要素	其他要素	
8451.2100	--干衣量不超过10千克				
8451.2900	--其他				
8451.3000	-熨烫机及挤压机（包括熔压机）	1.用途	2.品牌（中文或外文名称）；3.型号		
8451.4000	-洗涤、漂白或染色机器	1.用途	2.品牌（中文或外文名称）；3.型号		
8451.5000	-纺织物的卷绕、退绕、折叠、剪切或剪齿边机器	1.用途	2.品牌（中文或外文名称）；3.型号		
8451.8000	-其他机器	1.用途	2.品牌（中文或外文名称）；3.型号		
8451.9000	-零件	1.用途（适用于××品牌××机或通用于××机等）	2.品牌（中文或外文名称）；3.型号		
84.52	缝纫机，但税目84.40的锁线订书机除外；缝纫机专用的特制家具、底座及罩盖；缝纫机针：				
	-家用型缝纫机：	1.用途；2.是否手动	3.品牌（中文或外文名称）；4.型号		
8452.1010	---多功能家用缝纫机				
	---其他：				
8452.1091	----手动式				
8452.1099	----其他				
	-其他缝纫机：	1.用途；2.是否自动	3.品牌（中文或外文名称）；4.型号		
	--自动的：				
8452.2110	---平缝机				
8452.2120	---包缝机				
8452.2130	---绷缝机				
8452.2190	---其他				
8452.2900	--其他				
8452.3000	-缝纫机针	1.用途	2.品牌（中文或外文名称）；3.型号		
	-缝纫机专用的特制家具、底座和罩盖及其零件；缝纫机的其他零件：	1.用途（适用于××品牌××机或通用于××机等）	2.品牌（中文或外文名称）；3.型号		
	---家用型缝纫机用：				
8452.9011	----旋梭				
8452.9019	----其他				
	---其他：				

税则号列	商品名称	申报要素			说明
		归类要素	价格要素	其他要素	
8452.9091	----旋梭				
8452.9092	----缝纫机专用的特制家具、底座和罩盖及其零件				
8452.9099	----其他				
84.53	**生皮、皮革的处理、鞣制或加工机器，鞋靴、毛皮及其他皮革制品的制作或修理机器，但缝纫机除外：**				
8453.1000	-生皮、皮革的处理、鞣制或加工机器	1. 用途		2. 品牌（中文或外文名称）；3. 型号	
8453.2000	-鞋靴制作或修理机器	1. 用途		2. 品牌（中文或外文名称）；3. 型号	
8453.8000	-其他机器	1. 用途		2. 品牌（中文或外文名称）；3. 型号	
8453.9000	-零件	1. 用途（适用于××品牌××机或通用于××机等）		2. 品牌（中文或外文名称）；3. 型号	
84.54	**金属冶炼及铸造用的转炉、浇包、锭模及铸造机：**				
8454.1000	-转炉	1. 用途		2. 品牌（中文或外文名称）；3. 型号	
	-锭模及浇包：	1. 用途		2. 品牌（中文或外文名称）；3. 型号	
8454.2010	---炉外精炼设备				
8454.2090	---其他				
	-铸造机：	1. 用途		2. 品牌（中文或外文名称）；3. 型号	
8454.3010	---冷室压铸机				
	---钢坯连铸机：				
8454.3021	----方坯连铸机				
8454.3022	----板坯连铸机				
8454.3029	----其他				
8454.3090	---其他				
	-零件：	1. 用途（适用于××品牌××机或通用于××机等）		2. 品牌（中文或外文名称）；3. 型号	
8454.9010	---炉外精炼设备用				
	---钢坯连铸机用：				
8454.9021	----结晶器				
8454.9022	----振动装置				
8454.9029	----其他				

税则号列	商品名称	申报要素 归类要素	申报要素 价格要素	申报要素 其他要素	说明
8454.9090	---其他				
84.55	金属轧机及其轧辊： -轧管机：	1. 用途；2. 加工方式	3. 品牌（中文或外文名称）；4. 型号		
8455.1010	---热轧管机				
8455.1020	---冷轧管机				
8455.1030	---定减径轧管机				
8455.1090	---其他				
	-其他轧机：	1. 用途；2. 加工方式	3. 品牌（中文或外文名称）；4. 型号		
	--热轧机或冷热联合轧机：				
8455.2110	---板材热轧机				
8455.2120	---型钢轧机				
8455.2130	---线材轧机				
8455.2190	---其他				
	--冷轧机：				
8455.2210	---板材冷轧机				
8455.2290	---其他				
8455.3000	-轧机用轧辊	1. 用途（适用于××品牌××机或通用于××机等）	2. 品牌（中文或外文名称）；3. 型号；4. 规格（轧辊长度、辊身直径、辊颈直径）		
8455.9000	-其他零件	1. 用途（适用于××品牌××机或通用于××机等）	2. 品牌（中文或外文名称）；3. 型号		
84.56	用激光、其他光、光子束、超声波、放电、电化学法、电子束、离子束或等离子弧处理各种材料的加工机床；水射流切割机： -用激光、其他光或光子束处理的：	1. 功能；2. 加工方式	3. 品牌（中文或外文名称）；4. 型号		
8456.1100	--用激光处理的				
8456.1200	--用其他光或光子束处理的				
8456.2000	-用超声波处理的	1. 功能；2. 加工方式	3. 品牌（中文或外文名称）；4. 型号		
	-用放电处理的：				

税则号列	商品名称	申报要素			说明
		归类要素	价格要素	其他要素	
8456.3010	---数控的	1. 控制方式；2. 功能；3. 加工方式	4. 品牌（中文或外文名称）；5. 型号；6. 功率；7. 加工精度		
8456.3090	---其他	1. 控制方式；2. 功能；3. 加工方式	4. 品牌（中文或外文名称）；5. 型号；6. 功率		
	-用等离子弧处理的：	1. 功能；2. 加工方式	3. 品牌（中文或外文名称）；4. 型号		
8456.4010	---等离子切割机				
8456.4090	---其他				
8456.5000	-水射流切割机	1. 功能；2. 加工方式	3. 品牌（中文或外文名称）；4. 型号		
8456.9000	-其他	1. 功能；2. 加工方式	3. 品牌（中文或外文名称）；4. 型号		
84.57	加工金属的加工中心、单工位组合机床及多工位组合机床：				
	-加工中心：	1. 用途；2. 功能（如金属钻、镗、铣等）；3. 可加装刀库注明刀库容量及选配件；4. 是否可自动换刀	5. 品牌（中文或外文名称）；6. 型号	7. 中韩自贸协定项下请注明所用数控装置品牌、型号、原产地	
8457.1010	---立式				
8457.1020	---卧式				
8457.1030	---龙门式				
	---其他：				
8457.1091	----铣车复合				
8457.1099	----其他				
8457.2000	-单工位组合机床	1. 用途；2. 功能（如金属钻、镗、铣等）；3. 加工工位数；4. 动力头个数	5. 品牌（中文或外文名称）；6. 型号	7. 中韩自贸协定项下请注明所用数控装置品牌、型号、原产地	
8457.3000	-多工位组合机床	1. 用途；2. 功能（如金属钻、镗、铣等）；3. 加工工位数；4. 动力头个数	5. 品牌（中文或外文名称）；6. 型号	7. 中韩自贸协定项下请注明所用数控装置品牌、型号、原产地	

税则号列	商品名称	申报要素			说明
		归类要素	价格要素	其他要素	
84.58	切削金属的车床（包括车削中心）：	1. 用途；2. 控制方式；3. 主轴方向（垂直或水平）	4. 品牌（中文或外文名称）；5. 型号	6. ECFA、中韩自贸协定项下请注明数控装置品牌、型号、原产地	
	-卧式车床：				
8458.1100	--数控的				
8458.1900	--其他				
	-其他车床：				
	--数控的：				
8458.9110	---立式				
8458.9120	---其他				
8458.9900	--其他				
84.59	切削金属的钻床、镗床、铣床、攻丝机床（包括直线移动式动力头机床），但税目84.58的车床（包括车削中心）除外：				
8459.1000	-直线移动式动力头机床	1. 用途；2. 功能；3. 动力头移动方式	4. 品牌（中文或外文名称）；5. 控制方式；6. 型号；7. 可加装刀库注明刀库容量及选配件		
	-其他钻床：	1. 用途；2. 功能；3. 控制方式	4. 品牌（中文或外义名称）；5. 型号	6. ECFA、中韩自贸协定项下请注明数控装置品牌、型号、原产地	
8459.2100	--数控的				
8459.2900	--其他				
	-其他镗铣机床：	1. 用途；2. 功能；3. 控制方式	4. 品牌（中文或外文名称）；5. 型号	6. 中韩自贸协定项下请注明所用数控装置品牌、型号、原产地	
8459.3100	--数控的				
8459.3900	--其他				

税则号列	商品名称	申报要素			说明
		归类要素	价格要素	其他要素	
	-其他镗床：	1. 用途；2. 功能；3. 控制方式	4. 品牌（中文或外文名称）；5. 型号	6. 中韩自贸协定项下请注明所用数控装置品牌、型号、原产地	
8459.4100	--数控的				
8459.4900	--其他				
	-升降台式铣床：	1. 用途；2. 功能；3. 控制方式；4. 是否为升降台式	5. 品牌（中文或外文名称）；6. 型号	7. 中韩自贸协定项下请注明所用数控装置品牌、型号、原产地	
8459.5100	--数控的				
8459.5900	--其他				
	-其他铣床：	1. 用途；2. 功能；3. 控制方式；4. 是否为龙门式	5. 品牌（中文或外文名称）；6. 型号	7. 中韩自贸协定项下请注明所用数控装置品牌、型号、原产地	
	--数控的：				
8459.6110	---龙门铣床				
8459.6190	---其他				
	--其他：				
8459.6910	---龙门铣床				
8459.6990	---其他				
8459.7000	-其他攻丝机床	1. 用途；2. 功能	3. 品牌（中文或外文名称）；4. 控制方式；5. 型号	6. 中韩自贸协定项下请注明所用数控装置品牌、型号、原产地	
84.60	用磨石、磨料或抛光材料对金属或金属陶瓷进行去毛刺、刃磨、磨削、珩磨、研磨、抛光或其他精加工的机床，但税目84.61的切齿机、齿轮磨床或齿轮精加工机床除外： -平面磨床： --数控的：				

税则号列	商品名称	申报要素 归类要素	申报要素 价格要素	申报要素 其他要素	说明
8460.1210	---在任一坐标的定位精度至少是0.01毫米	1.用途；2.控制方式；3.坐标定位精度	4.品牌（中文或外文名称）；5.型号	6.ECFA、中韩自贸协定项下请注明数控装置品牌、型号、原产地	
8460.1290	---其他	1.用途；2.控制方式；3.坐标定位精度	4.品牌（中文或外文名称）；5.型号	6.ECFA、中韩自贸协定项下请注明数控装置品牌、型号、原产地	
	--其他：				
8460.1910	---在任一坐标的定位精度至少是0.01毫米	1.用途；2.控制方式；3.坐标定位精度	4.品牌（中文或外文名称）；5.型号	6.ECFA、中韩自贸协定项下请注明数控装置品牌、型号、原产地	
8460.1990	---其他	1.用途；2.控制方式；3.坐标定位精度	4.品牌（中文或外文名称）；5.型号	6.ECFA、中韩自贸协定项下请注明数控装置品牌、型号、原产地	
	-其他磨床： --数控无心磨床：	1.用途；2.控制方式；3.坐标定位精度；4.结构类型（内圆、外圆等）	5.品牌（中文或外文名称）；6.型号	7.中韩自贸协定项下请注明所用数控装置品牌、型号、原产地	
8460.2210	---在任一坐标的定位精度至少是0.01毫米				
8460.2290	---其他				
	--数控外圆磨床： ---在任一坐标的定位精度至少是0.01毫米：	1.用途；2.控制方式；3.坐标定位精度；4.结构类型（内圆、外圆等）	5.品牌（中文或外文名称）；6.型号	7.中韩自贸协定项下请注明所用数控装置品牌、型号、原产地	
8460.2311	----曲轴磨床				
8460.2319	----其他				
8460.2390	---其他				

税则号列	商品名称	申报要素			说明
		归类要素	价格要素	其他要素	
	--其他，数控的：	1. 用途；2. 控制方式；3. 坐标定位精度；4. 结构类型（内圆、外圆等）	5. 品牌（中文或外文名称）；6. 型号	7. 中韩自贸协定项下请注明所用数控装置品牌、型号、原产地	
	---在任一坐标的定位精度至少是0.01毫米：				
8460.2411	----内圆磨床				
8460.2419	----其他				
8460.2490	---其他				
	--其他：				
	---在任一坐标的定位精度至少是0.01毫米：				
8460.2911	----外圆磨床	1. 用途；2. 控制方式；3. 坐标定位精度；4. 结构类型（内圆、外圆等）	5. 品牌（中文或外文名称）；6. 型号	7. 中韩自贸协定项下请注明所用数控装置品牌、型号、原产地	
8460.2912	----内圆磨床	1. 用途；2. 控制方式；3. 坐标定位精度；4. 结构类型（内圆、外圆等）	5. 品牌（中文或外文名称）；6. 型号	7. 中韩自贸协定项下请注明所用数控装置品牌、型号、原产地	
8460.2913	----轧辊磨床	1. 用途；2. 控制方式；3. 坐标定位精度；4. 结构类型（内圆、外圆等）	5. 品牌（中文或外文名称）；6. 型号	7. 中韩自贸协定项下请注明所用数控装置品牌、型号、原产地	
8460.2919	----其他	1. 用途；2. 控制方式；3. 坐标定位精度；4. 结构类型（内圆、外圆等）	5. 品牌（中文或外文名称）；6. 型号	7. 中韩自贸协定项下请注明所用数控装置品牌、型号、原产地	
8460.2990	---其他	1. 用途；2. 控制方式；3. 坐标定位精度；4. 结构类型（内圆、外圆等）	5. 品牌（中文或外文名称）；6. 型号	7. 中韩自贸协定项下请注明所用数控装置品牌、型号、原产地	

税则号列	商品名称	申报要素			说明
		归类要素	价格要素	其他要素	
	-刃磨（工具或刀具）机床：	1. 用途；2. 控制方式	3. 品牌（中文或外文名称）；4. 型号	5. 中韩自贸协定项下请注明所用数控装置品牌、型号、原产地	
8460.3100	--数控的				
8460.3900	--其他				
	-珩磨或研磨机床：	1. 用途	2. 品牌（中文或外文名称）；3. 型号	4. ECFA、中韩自贸协定项下请注明数控装置品牌、型号、原产地	
8460.4010	---珩磨				
8460.4020	---研磨				
	-其他：				
8460.9010	---砂轮机	1. 用途	2. 品牌（中文或外文名称）；3. 型号		
8460.9020	---抛光机床	1. 用途	2. 品牌（中文或外文名称）；3. 型号		
8460.9090	---其他	1. 用途	2. 品牌（中文或外文名称）；3. 型号		
84.61	切削金属或金属陶瓷的刨床、牛头刨床、插床、拉床、切齿机、齿轮磨床或齿轮精加工机床、锯床、切断机及其他税目未列名的切削机床：				
	-牛头刨床或插床：	1. 用途；2. 功能；3. 结构类型	4. 品牌（中文或外文名称）；5. 型号		
8461.2010	---牛头刨床				
8461.2020	---插床				
8461.3000	-拉床	1. 用途；2. 功能；3. 结构类型	4. 品牌（中文或外文名称）；5. 型号		
	-切齿机、齿轮磨床或齿轮精加工机床：	1. 用途；2. 控制方式；3. 功能	4. 品牌（中文或外文名称）；5. 型号	6. 中韩自贸协定项下请注明所用数控装置品牌、型号、原产地	
	---数控的：				
8461.4011	----齿轮磨床				

税则号列	商品名称	申报要素			说明
		归类要素	价格要素	其他要素	
8461.4019	----其他				
8461.4090	---其他				
8461.5000	-锯床或切断机	1. 用途；2. 功能	3. 品牌（中文或外文名称）；4. 型号	5. ECFA、中韩自贸协定项下请注明数控装置品牌、型号、原产地	
	-其他：	1. 用途；2. 功能；3. 结构类型	4. 品牌（中文或外文名称）；5. 型号		
	---刨床：				
8461.9011	----龙门刨床				
8461.9019	----其他				
8461.9090	---其他				
84.62	加工金属的锻造、锻锤或模锻（但轧机除外）机床（包括压力机）；加工金属的弯曲、折叠、矫直、矫平、剪切、冲孔、开槽或步冲机床（包括压力机、纵剪线及定尺剪切线，但拉拔机除外）；其他加工金属或硬质合金的压力机：				
	-热锻设备，热模锻设备（包括压力机）及热锻锻锤：	1. 用途；2. 功能；3. 控制方式	4. 品牌（中文或外文名称）；5. 型号		
	--闭式锻造机（模锻机）：				
8462.1110	---数控的				
8462.1190	---其他				
	--其他：				
8462.1910	---数控的				
8462.1990	---其他				
	-用于板材的弯曲、折叠、矫直或矫平机床（包括折弯机）：	1. 用途；2. 功能；3. 控制方式	4. 品牌（中文或外文名称）；5. 型号		
	--型材成型机：				
8462.2210	---数控的				
8462.2290	---其他				
8462.2300	--数控折弯机				
8462.2400	--数控多边折弯机				
8462.2500	--数控卷板机				
	--其他数控弯曲、折叠、矫直或矫平机床：				
8462.2610	---矫直机				
8462.2690	---其他				
	--其他：				
8462.2910	---矫直机				

税则号列	商品名称	申报要素			说明
		归类要素	价格要素	其他要素	
8462.2990	---其他	1. 用途；2. 功能；3. 控制方式	4. 品牌（中文或外文名称）；5. 型号		
	-板材用纵剪线、定尺剪切线和其他剪切机床（不包括压力机），但冲剪两用机除外：				
	--纵剪线和定尺剪切线：				
8462.3210	---数控的				
8462.3290	---其他				
8462.3300	--数控剪切机床				
8462.3900	--其他				
	-板材用冲孔、开槽或步冲机床（不包括压力机），包括冲剪两用机：	1. 用途；2. 功能；3. 控制方式	4. 品牌（中文或外文名称）；5. 型号		
	--数控的：				
	---冲床：				
8462.4211	----自动模式数控步冲压力机				
8462.4212	----其他				
8462.4290	---其他				
8462.4900	--其他				
	-金属管道、管材、型材、空心型材和棒材的加工机床（非压力机）：	1. 用途；2. 功能；3. 控制方式	4. 品牌（中文或外文名称）；5. 型号		
8462.5100	--数控的				
8462.5900	--其他				
	-金属冷加工压力机：	1. 用途；2. 功能；3. 控制方式	4. 品牌（中文或外文名称）；5. 型号		
	--液压压力机：				
8462.6110	---数控的				
8462.6190	---其他				
	--机械压力机：				
8462.6210	---数控的				
8462.6290	---其他				
8462.6300	--伺服压力机：				
	--其他：				
8462.6910	---数控的				
8462.6990	---其他				
	-其他：	1. 用途；2. 功能；3. 控制方式	4. 品牌（中文或外文名称）；5. 型号		
8462.9010	---数控的				
8462.9090	---其他				
84.63	**金属或金属陶瓷的其他非切削加工机床：**	1. 用途；2. 功能	3. 品牌（中文或外文名称）；4. 型号		
	-杆、管、型材、异型材、丝及类似品的拉拔机：				

税则号列	商品名称	申报要素			说明
		归类要素	价格要素	其他要素	
	---冷拔管机：				
8463.1011	----拉拔力为300吨及以下				
8463.1019	----其他				
8463.1020	---拔丝机				
8463.1090	---其他				
8463.2000	-螺纹滚轧机				
8463.3000	-金属丝加工机				
8463.9000	-其他				
84.64	石料、陶瓷、混凝土、石棉水泥或类似矿物材料的加工机床、玻璃冷加工机床：	1. 用途；2. 功能；3. 加工材料		4. 品牌（中文或外文名称）；5. 型号	
	-锯床：				
8464.1010	---圆盘锯				
8464.1020	---钢丝锯				
8464.1090	---其他				
	-研磨或抛光机床：				
8464.2010	---玻璃研磨或抛光机床				
8464.2090	---其他				
	-其他：				
	---玻璃的其他冷加工机床：				
8464.9011	----切割机				
8464.9012	----刻花机				
8464.9019	----其他				
8464.9090	---其他				
84.65	木材、软木、骨、硬质橡胶、硬质塑料或类似硬质材料的加工机床（包括用打钉或打U形钉、胶粘或其他方法组合前述材料的机器）：	1. 用途；2. 功能；3. 加工材料		4. 品牌（中文或外文名称）；5. 型号	
8465.1000	-不需更换工具即可进行不同机械加工的机器				
	-加工中心：				
8465.2010	--以刨、铣、钻孔、研磨、抛光、凿榫及其他切削为主的加工中心，加工木材及类似硬质材料的				
8465.2090	--其他				
	-其他：				
8465.9100	--锯床				
8465.9200	--刨、铣或切削成形机器				
8465.9300	--研磨、砂磨或抛光机器				
8465.9400	--弯曲或装配机器				
8465.9500	--钻孔或凿榫机器				
8465.9600	--剖开、切片或刮削机器				
8465.9900	--其他				

税则号列	商品名称	申报要素			说明
		归类要素	价格要素	其他要素	
84.66	专用于或主要用于税目 84.56 至 84.65 所列机器的零件、附件，包括工件或工具的夹具、自启板牙切头、分度头及其他专用于机器的附件；各种手提工具的工具夹具：	1. 用途（适用于××品牌××机或通用于××机等）	2. 品牌（中文或外文名称）；3. 型号		
8466.1000	-工具夹具及自启板牙切头				
8466.2000	-工件夹具				
8466.3000	-分度头及其他专用于机器的附件				
	-其他：				
8466.9100	--税目 84.64 所列机器用				
8466.9200	--税目 84.65 所列机器用				
	--税目 84.56 至 84.61 所列机器用：				
8466.9310	---刀库及自动换刀装置				
8466.9390	---其他				
8466.9400	--税目 84.62 或 84.63 所列机器用				
84.67	手提式风动或液压工具及本身装有电动或非电动动力装置的手提式工具：				
	-风动的：	1. 驱动方式；2. 是否为手提式	3. 品牌（中文或外文名称）；4. 型号		
8467.1100	--旋转式（包括旋转冲击式的）				
8467.1900	--其他				
	-本身装有电动动力装置的：	1. 驱动方式；2. 是否为手提式	3. 品牌（中文或外文名称）；4. 型号		
8467.2100	--各种钻				
	--锯：				
8467.2210	---链锯				
8467.2290	---其他				
	--其他：				
8467.2910	---砂磨工具（包括磨光机、砂光机、砂轮机等）				
8467.2920	---电刨				
8467.2990	---其他				
	-其他工具：	1. 驱动方式；2. 是否为手提式	3. 品牌（中文或外文名称）；4. 型号		
8467.8100	--链锯				
8467.8900	--其他				
	-零件：	1. 用途（适用于××品牌××机或通用于××机等）	2. 品牌（中文或外文名称）；3. 型号		
	--链锯用：				
8467.9110	---电动的				
8467.9190	---其他				
8467.9200	--风动工具用				

税则号列	商 品 名 称	申 报 要 素			说 明
		归类要素	价格要素	其他要素	
8467.9910	--其他： ---电动工具用				
8467.9990	---其他				
84.68	焊接机器及装置，不论是否兼有切割功能，但税目85.15的货品除外；气体加温表面回火机器及装置：				
8468.1000	-手提喷焊器	1. 原理；2. 是否为手提式	3. 品牌（中文或外文名称）；4. 型号		
8468.2000	-其他气体焊接或表面回火机器及装置	1. 原理；2. 是否为手提式	3. 品牌（中文或外文名称）；4. 型号		
8468.8000	-其他机器及装置	1. 原理；2. 是否为手提式	3. 品牌（中文或外文名称）；4. 型号		
8468.9000	-零件	1. 用途（适用于××品牌××机或通用于××机等）	2. 品牌（中文或外文名称）；3. 型号		
84.70	计算机器及具有计算功能的袖珍式数据记录、重现及显示机器；装有计算装置的会计计算机、邮资盖戳机、售票机及类似机器；现金出纳机：				
8470.1000	-不需外接电源的电子计算器及具有计算功能的袖珍式数据记录、重现及显示机器	1. 是否需外接电源	2. 品牌（中文或外文名称）；3. 型号		
	-其他电子计算器：	1. 是否有打印装置	2. 品牌（中文或外文名称）；3. 型号		
8470.2100	--装有打印装置的				
8470.2900	--其他				
8470.3000	-其他计算机器		1. 品牌（中文或外文名称）；2. 型号		
	-现金出纳机：	1. 用途	2. 品牌（中文或外文名称）；3. 型号		
8470.5010	---销售点终端出纳机				
8470.5090	---其他				
8470.9000	-其他	1. 用途	2. 品牌（中文或外文名称）；3. 型号		
84.71	自动数据处理设备及其部件；其他税目未列名的磁性或光学阅读机、将数据以代码形式转录到数据记录媒体的机器及处理这些数据的机器：				

税则号列	商品名称	申报要素			说明
		归类要素	价格要素	其他要素	
	-重量不超过10千克的便携数字式自动数据处理设备，至少由一个中央处理部件、一个键盘及一个显示器组成：	1.配置（系统组成部件）	2.品牌（中文或外文名称）；3.型号		
8471.3010	---平板电脑				
8471.3090	---其他				
	-其他自动数据处理设备：				
	--同一机壳内至少有一个中央处理部件及一个输入和输出部件，不论是否组合式：				
8471.4110	---巨型机、大型机及中型机	1.机型；2.配置（系统组成部件）	3.品牌（中文或外文名称）；4.型号；5.操作系统		
8471.4120	---小型机	1.机型；2.配置（系统组成部件）	3.品牌（中文或外文名称）；4.型号；5.操作系统		
8471.4140	---微型机	1.机型；2.配置（系统组成部件）	3.品牌（中文或外文名称）；4.型号；5.操作系统		
8471.4190	---其他	1.机型；2.配置（系统组成部件）	3.品牌（中文或外文名称）；4.型号；5.操作系统		
	--其他，以系统形式进口或出口的：				
8471.4910	---巨型机、大型机及中型机	1.机型；2.配置（系统组成部件）；3.是否以系统形式报验	4.品牌（中文或外文名称）；5.型号；6.操作系统		
8471.4920	---小型机	1.机型；2.配置（系统组成部件）；3.是否以系统形式报验	4.品牌（中文或外文名称）；5.型号；6.操作系统		
8471.4940	---微型机	1.机型；2.配置（系统组成部件）；3.是否以系统形式报验	4.品牌（中文或外文名称）；5.型号；6.操作系统		
	---其他：				

税则号列	商品名称	申报要素			说明
		归类要素	价格要素	其他要素	
8471.4991	----分散型工业过程控制设备	1. 配置（例如，包括现场控制站、操作员站以及工程师站等）；2. 是否以系统形式报验	3. 品牌（中文或外文名称）；4. 型号；5. 操作系统		
8471.4999	----其他	1. 配置（系统组成部件）；2. 是否以系统形式报验	3. 品牌（中文或外文名称）；4. 型号；5. 操作系统		
	-子目8471.41或8471.49所列以外的处理部件，不论是否在同一机壳内有一个或两个下列部件存储部件、输入部件、输出部件：				
8471.5010	---巨型机、大型机及中型机的	1. 机型；2. 配置（系统组成部件）	3. 品牌（中文或外文名称）；4. 型号；5. 操作系统；6. 用途		
8471.5020	---小型机的	1. 机型；2. 配置（系统组成部件）	3. 品牌（中文或外文名称）；4. 型号；5. 操作系统；6. 用途		
8471.5040	---微型机的	1. 机型；2. 配置（系统组成部件）	3. 品牌（中文或外文名称）；4. 型号；5. 操作系统；6. 用途		
8471.5090	---其他	1. 机型；2. 配置（系统组成部件）	3. 品牌（中文或外文名称）；4. 型号；5. 操作系统；6. 用途		
	-输入或输出部件，不论是否在同一机壳内有存储部件：				
8471.6040	---巨型机、大型机、中型机及小型机用终端		1. 品牌（中文或外文名称）；2. 型号		
8471.6050	---扫描仪		1. 品牌（中文或外文名称）；2. 型号		

税则号列	商品名称	申报要素 归类要素	申报要素 价格要素	申报要素 其他要素	说明
8471.6060	---数字化仪		1.品牌（中文或外文名称）；2.型号		
	---键盘、鼠标器：				
8471.6071	----键盘		1.品牌（中文或外文名称）；2.型号；3.连接方式（有线、无线）		
8471.6072	----鼠标器		1.品牌（中文或外文名称）；2.型号；3.连接方式（有线、无线）；4.DPI（分辨率）；5.CPI（鼠标精度）		
8471.6090	---其他		1.品牌（中文或外文名称）；2.型号		
	-存储部件： ---硬盘驱动器		1.品牌（中文或外文名称）；2.型号；3.硬盘容量及缓存容量；4.硬盘种类（固态硬盘、机械硬盘等）		
8471.7011	----固态硬盘（SSD）				
8471.7019	----其他				
8471.7020	---软盘驱动器		1.品牌（中文或外文名称）；2.型号		
8471.7030	---光盘驱动器		1.品牌（中文或外文名称）；2.型号；3.是否带有刻录功能；4.刻录速度		

税则号列	商品名称	申报要素			说明
		归类要素	价格要素	其他要素	
8471.7090	---其他			1. 品牌（中文或外文名称）；2. 型号	
8471.8000	-自动数据处理设备的其他部件			1. 品牌（中文或外文名称）；2. 型号	
8471.9000	-其他			1. 品牌（中文或外文名称）；2. 型号	
84.72	其他办公室用机器（例如，胶版复印机、油印机、地址印写机、自动付钞机、硬币分类、计数及包装机、削铅笔机、打洞机或订书机）：				
8472.1000	-胶版复印机、油印机	1. 用途		2. 品牌（中文或外文名称）；3. 型号	
	-信件分类或折叠机或信件装封机、信件开封或闭封机、粘贴或盖销邮票机：	1. 用途		2. 品牌（中文或外文名称）；3. 型号	
8472.3010	---邮政信件分拣及封装设备				
8472.3090	---其他				
	-其他：				
8472.9010	---自动柜员机	1. 用途（存款、取款、存取款一体机等）		2. 品牌（中文或外文名称）；3. 型号；4. 配置；5. 安装方式（穿墙式等）	
	---装订用机器：	1. 用途		2. 品牌（中文或外文名称）；3. 型号	
8472.9021	----打洞机				
8472.9022	----订书机				
8472.9029	----其他				
8472.9030	---碎纸机	1. 用途（是否办公用碎纸）		2. 品牌（中文或外文名称）；3. 型号	
8472.9040	---地址印写机及地址铭牌压印机	1. 用途		2. 品牌（中文或外文名称）；3. 型号	
8472.9050	---文字处理机	1. 用途		2. 品牌（中文或外文名称）；3. 型号	
8472.9060	---打字机，但税目84.43的打印机除外	1. 用途		2. 品牌（中文或外文名称）；3. 型号	

税则号列	商品名称	申报要素 归类要素	申报要素 价格要素	申报要素 其他要素	说明
8472.9090	---其他	1. 用途	2. 品牌（中文或外文名称）；3. 型号		
84.73	专用于或主要用于税目**84.70**至**84.72**所列机器的零件、附件（罩套、提箱及类似品除外）：				
	-税目84.70所列机器的零件、附件：	1. 用途（适用于××品牌××机或通用于××机等）	2. 品牌（中文或外文名称）；3. 型号		
8473.2100	--子目8470.10、8470.21或8470.29所列电子计算器的零件、附件				
8473.2900	--其他				
	-税目84.71所列机器的零件、附件：				
8473.3010	---子目 8471.4110、8471.4120、8471.4910、8471.4920、8471.5010、8471.5020、8471.6090、8471.7011、8471.7019、8471.7020、8471.7030及8471.7090所列机器及装置的零件、附件	1. 用途（适用于××品牌××机或通用于××机等）	2. 品牌（中文或外文名称）；3. 型号		
8473.3090	---其他	1. 用途（适用于××品牌××机或通用于××机等）	2. 品牌（中文或外文名称）；3. 型号；4. 如为内存条需申报容量		
	-税号84.72所列机器的零件、附件：	1. 用途（适用于××品牌××机或通用于××机等）	2. 品牌（中文或外文名称）；3. 型号		
8473.4010	---自动柜员机用出钞器和循环出钞器				
8473.4020	---子目8472.9050、8472.9060所列机器的零件、附件				
8473.4090	---其他				
8473.5000	-同样适用于税目84.70至84.72中两个或两个以上税目所列机器的零件、附件	1. 用途（适用于××品牌××机或通用于××机等）	2. 品牌（中文或外文名称）；3. 型号		
84.74	泥土、石料、矿石或其他固体（包括粉状、浆状）矿物质的分类、筛选、分离、洗涤、破碎、磨粉、混合或搅拌机器；固体矿物燃料、陶瓷坯泥、未硬化水泥、石膏材料或其他粉状、浆状矿产品的粘聚或成形机器；铸造用砂模的成形机器：				
8474.1000	-分类、筛选、分离或洗涤机器	1. 用途	2. 品牌（中文或外文名称）；3. 型号		

税则号列	商品名称	申报要素			说明
		归类要素	价格要素	其他要素	
	-破碎或磨粉机器:	1. 用途；2. 原理	3. 品牌（中文或外文名称）；4. 型号		
8474.2010	---齿辊式				
8474.2020	---球磨式				
8474.2090	---其他				
	-混合或搅拌机器:	1. 用途	2. 品牌（中文或外文名称）；3. 型号		
8474.3100	--混凝土或砂浆混合机器				
8474.3200	--矿物与沥青的混合机器				
8474.3900	--其他				
	-其他机器:	1. 用途；2. 原理	3. 品牌（中文或外文名称）；4. 型号		
8474.8010	---辊压成型机				
8474.8020	---模压成型机				
8474.8090	---其他				
8474.9000	-零件	1. 用途（适用于××品牌××机或通用于××机等）	2. 品牌（中文或外文名称）；3. 型号		
84.75	**白炽灯泡、灯管、放电灯管、电子管、闪光灯泡及类似品的封装机器；玻璃或玻璃制品的制造或热加工机器:**				
8475.1000	-白炽灯泡、灯管、放电灯管、电子管、闪光灯泡及类似品的封装机器	1. 用途	2. 品牌（中文或外文名称）；3. 型号		
	-玻璃或玻璃制品的制造或热加工机器:	1. 用途	2. 品牌（中文或外文名称）；3. 型号		
8475.2100	--制造光导纤维及其预制棒的机器				
	--其他:				
	---玻璃的热加工设备:				
8475.2911	----连续式玻璃热弯炉				
8475.2912	----玻璃纤维拉丝机（光纤拉丝机除外）				
8475.2919	----其他				
8475.2990	---其他				
8475.9000	-零件	1. 用途（适用于××品牌××机或通用于××机等）	2. 品牌（中文或外文名称）；3. 型号		
84.76	**自动售货机（例如，出售邮票、香烟、食品或饮料的机器），包括钱币兑换机:**				

税则号列	商品名称	申报要素			说明
		归类要素	价格要素	其他要素	
	-饮料自动销售机：	1. 供应商品种类；2. 是否装有加热或制冷装置	3. 品牌（中文或外文名称）；4. 型号		
8476.2100	--装有加热或制冷装置的				
8476.2900	--其他				
	-其他机器：	1. 供应商品种类；2. 是否装有加热或制冷装置	3. 品牌（中文或外文名称）；4. 型号		
8476.8100	--装有加热或制冷装置的				
8476.8900	--其他				
8476.9000	-零件	1. 用途（适用于××品牌××机或通用于××机等）	2. 品牌（中文或外文名称）；3. 型号		
84.77	**本章其他税目未列名的橡胶或塑料及其产品的加工机器：**				
	-注射机：				
8477.1010	---注塑机	1. 用途；2. 功能	3. 品牌（中文或外文名称）；4. 型号；5. 合模力；6. 螺杆直径；7. 注射容量；8. 射出速度		
8477.1090	---其他	1. 用途；2. 功能	3. 品牌（中文或外文名称）；4. 型号；5. 合模力		
	-挤出机：	1. 用途；2. 功能	3. 品牌（中文或外文名称）；4. 型号		
8477.2010	---塑料造粒机				
8477.2090	---其他				
	-吹塑机：	1. 用途；2. 功能	3. 品牌（中文或外文名称）；4. 型号		
8477.3010	---挤出吹塑机				
8477.3020	---注射吹塑机				
8477.3090	---其他				
	-真空模塑机器及其他热成型机器：	1. 用途；2. 功能	3. 品牌（中文或外文名称）；4. 型号		
8477.4010	---塑料中空成型机				
8477.4020	---塑料压延成型机				
8477.4090	---其他				

税则号列	商品名称	申报要素 归类要素	申报要素 价格要素	申报要素 其他要素	说明
	-其他模塑或成型机器：	1. 用途；2. 功能	3. 品牌（中文或外文名称）；4. 型号		
8477.5100	--用于充气轮胎模塑或翻新的机器及内胎模塑或用其他方法成型的机器				
8477.5900	--其他：				
8477.8000	-其他机器	1. 用途	2. 品牌（中文或外文名称）；3. 型号		
8477.9000	-零件	1. 用途（适用于××品牌××机或通用于××机等）	2. 品牌（中文或外文名称）；3. 型号		
84.78	本章其他税目未列名的烟草加工及制作机器：				
8478.1000	-机器	1. 用途	2. 品牌（中文或外文名称）；3. 型号		
8478.9000	-零件	1. 用途（适用于××品牌××机或通用于××机等）	2. 品牌（中文或外文名称）；3. 型号		
84.79	本章其他税目未列名的具有独立功能的机器及机械器具：				
	-公共工程用机器：	1. 用途；2. 功能	3. 品牌（中文或外文名称）；4. 型号		
	---摊铺机：				
8479.1021	----沥青混凝土摊铺机				
8479.1022	----稳定土摊铺机				
8479.1029	----其他				
8479.1090	---其他				
8479.2000	-提取、加工动物油脂、植物固定油脂或微生物油脂的机器	1. 用途；2. 功能	3. 品牌（中文或外文名称）；4. 型号		
8479.3000	-木碎料板或木纤维板的挤压机及其他木材或软木处理机	1. 用途；2. 功能	3. 品牌（中文或外文名称）；4. 型号		
8479.4000	-绳或缆的制造机器	1. 用途	2. 品牌（中文或外文名称）；3. 型号		
	-未列名工业用机器人：	1. 用途；2. 功能	3. 品牌（中文或外文名称）；4. 型号		
	---多功能工业机器人：				
8479.5011	----协作机器人				
8479.5019	----其他				
8479.5090	---其他				

税则号列	商品名称	申报要素			说明
		归类要素	价格要素	其他要素	
8479.6000	-蒸发式空气冷却器	1. 用途；2. 功能	3. 品牌（中文或外文名称）；4. 型号		
	-旅客登机（船）桥：				
8479.7100	--用于机场的	1. 用途	2. 品牌（中文或外文名称）；3. 型号		
8479.7900	--其他	1. 用途	2. 品牌（中文或外文名称）；3. 型号		
	-其他机器及机械器具： --处理金属的机械，包括线圈绕线机：	1. 用途；2. 功能	3. 品牌（中文或外文名称）；4. 型号		
8479.8110	---绕线机				
8479.8190	---其他				
8479.8200	--混合、搅拌、轧碎、研磨、筛选、均化或乳化机器	1. 用途；2. 功能	3. 品牌（中文或外文名称）；4. 型号		
	--冷等静压机：				
8479.8310	---处理金属的	1. 用途；2. 功能	3. 品牌（中文或外文名称）；4. 型号		
8479.8390	---其他	1. 用途；2. 功能	3. 品牌（中文或外文名称）；4. 型号		
	--其他：				
8479.8910	---船舶用舵机及陀螺稳定器	1. 用途；2. 功能	3. 品牌（中文或外文名称）；4. 型号		
8479.8920	---空气增湿器及减湿器	1. 用途；2. 功能	3. 品牌（中文或外文名称）；4. 型号		
8479.8940	---邮政用包裹、印刷品分拣设备	1. 用途；2. 功能	3. 品牌（中文或外文名称）；4. 型号		
8479.8950	---放射性废物压实机	1. 用途；2. 功能	3. 品牌（中文或外文名称）；4. 型号		
	---在印刷电路板上装配元器件的机器：	1. 用途；2. 功能	3. 品牌（中文或外文名称）；4. 型号		
8479.8961	----自动插件机				
8479.8962	----自动贴片机				
8479.8969	----其他				

税则号列	商品名称	申报要素			说明
		归类要素	价格要素	其他要素	
	---其他：	1. 用途；2. 功能	3. 品牌（中文或外文名称）；4. 型号		
8479.8992	----自动化立体仓储设备				
8479.8999	----其他				
	-零件：	1. 用途（适用于××品牌××机或通用于××机等）	2. 品牌（中文或外文名称）；3. 型号		
8479.9010	---船舶用舵机及陀螺稳定器用				
8479.9020	---空气增湿器及减湿器用				
8479.9090	---其他				
84.80	**金属铸造用型箱；型模底板；阳模；金属用型模（锭模除外）、硬质合金、玻璃、矿物材料、橡胶或塑料用型模：**				
8480.1000	-金属铸造用型箱	1. 用途；2. 适用材料	3. 品牌（中文或外文名称）；4. 型号；5. 模具材质		
8480.2000	-型模底板	1. 用途；2. 适用材料	3. 品牌（中文或外文名称）；4. 型号；5. 模具材质		
8480.3000	-阳模	1. 用途；2. 适用材料	3. 品牌（中文或外文名称）；4. 型号；5. 模具材质		
	-金属、硬质合金用型模：	1. 用途；2. 适用材料	3. 品牌（中文或外文名称）；4. 型号；5. 模具材质；6. 原理		
	--注模或压模：				
8480.4110	---压铸模				
8480.4120	---粉末冶金用压模				
8480.4190	---其他				
8480.4900	--其他				
8480.5000	-玻璃用型模	1. 用途；2. 适用材料	3. 品牌（中文或外文名称）；4. 型号；5. 模具材质		

税则号列	商品名称	申报要素 归类要素	申报要素 价格要素	申报要素 其他要素	说明
8480.6000	-矿物材料用型模	1.用途；2.适用材料	3.品牌（中文或外文名称）；4.型号；5.模具材质		
	-塑料或橡胶用型模：	1.用途；2.适用材料	3.品牌（中文或外文名称）；4.型号；5.模具材质；6.原理		
	--注模或压模：				
8480.7110	---硫化轮胎用囊式型模				
8480.7190	---其他				
8480.7900	--其他				
84.81	**用于管道、锅炉、罐、桶或类似品的龙头、旋塞、阀门及类似装置，包括减压阀及恒温控制阀：**				
8481.1000	-减压阀	1.用途	2.品牌（中文或外文名称）；3.型号		
	-油压或气压传动阀：	1.用途	2.品牌（中文或外文名称）；3.型号		
8481.2010	---油压的				
8481.2020	---气压的				
8481.3000	-止回阀	1.用途	2.品牌（中文或外文名称）；3.型号		
8481.4000	-安全阀或溢流阀	1.用途	2.品牌（中文或外文名称）；3.型号		
	-其他器具：				
	---换向阀：	1.用途；2.是否电磁式	3.品牌（中文或外文名称）；4.型号		
8481.8021	----电磁式				
8481.8029	----其他				
	---流量阀：	1.用途	2.品牌（中文或外文名称）；3.型号		
8481.8031	----电子膨胀阀				
8481.8039	----其他				
8481.8040	---其他阀门	1.用途	2.品牌（中文或外文名称）；3.型号		

税则号列	商品名称	申报要素			说明
		归类要素	价格要素	其他要素	
8481.8090	---其他	1. 用途	2. 品牌（中文或外文名称）；3. 型号		
	-零件：				
8481.9010	---阀门用	1. 用途（适用于××品牌××机或通用于××机等）	2. 品牌（中文或外文名称）；3. 型号		
8481.9090	---其他	1. 用途（适用于××品牌××机或通用于××机等）	2. 品牌（中文或外文名称）；3. 型号		
84.82	滚动轴承：				
	-滚珠轴承：	1. 结构类型	2. 品牌（中文或外文名称）；3. 型号		
8482.1010	---调心球轴承				
8482.1020	---深沟球轴承				
8482.1030	---角接触球轴承				
8482.1040	---推力球轴承				
8482.1090	---其他				
8482.2000	-锥形滚子轴承，包括锥形滚子组件	1. 结构类型	2. 品牌（中文或外文名称）；3. 型号		
8482.3000	-鼓形滚子轴承	1. 结构类型	2. 品牌（中文或外文名称）；3. 型号		
8482.4000	-滚针轴承，包括保持架和滚针组件	1. 结构类型；2. 滚柱直径、长度	3. 品牌（中文或外文名称）；4. 型号		
8482.5000	-其他圆柱形滚子轴承，包括保持架和滚子组件	1. 结构类型	2. 品牌（中文或外文名称）；3. 型号		
8482.8000	-其他，包括球、柱混合轴承	1. 结构类型	2. 品牌（中文或外文名称）；3. 型号		
	-零件：				
8482.9100	--滚珠、滚针及滚柱	1. 用途（适用于××品牌××机或通用于××机等）；2. 如是滚珠请申报最大、最小及标称直径	3. 品牌（中文或外文名称）；4. 型号		
8482.9900	--其他	1. 用途（适用于××品牌××机或通用于××机等）	2. 品牌（中文或外文名称）；3. 型号		

税则号列	商品名称	申报要素			说明
		归类要素	价格要素	其他要素	
84.83	传动轴（包括凸轮轴及曲柄轴）及曲柄；轴承座及滑动轴承；齿轮及齿轮传动装置；滚珠或滚子螺杆传动装置；齿轮箱及其他变速装置，包括扭矩变换器；飞轮及滑轮，包括滑轮组；离合器及联轴器（包括万向节）： -传动轴（包括凸轮轴及曲柄轴）及曲柄： ---船舶用传动轴：	1. 用途	2. 品牌（中文或外文名称）；3. 型号		
8483.1011	----柴油机曲轴				
8483.1019	----其他				
8483.1090	---其他				
8483.2000	-装有滚珠或滚子轴承的轴承座	1. 注明是否装有滚珠或滚子轴承；2. 用途	3. 品牌（中文或外文名称）；4. 型号		
8483.3000	-未装有滚珠或滚子轴承的轴承座；滑动轴承	1. 如为轴承座需注明是否带有滚珠或滚子轴承；2. 用途	3. 品牌（中文或外文名称）；4. 型号		
	-齿轮及齿轮传动装置，但单独报验的带齿的轮、链轮及其他传动元件除外；滚珠或滚子螺杆传动装置；齿轮箱及其他变速装置，包括扭矩变换器：	1. 原理；2. 用途	3. 品牌（中文或外文名称）；4. 型号		
8483.4010	---滚子螺杆传动装置				
8483.4020	---行星齿轮减速器				
8483.4090	---其他				
8483.5000	-飞轮及滑轮，包括滑轮组	1. 用途	2. 品牌（中文或外文名称）；3. 型号		
8483.6000	-离合器及联轴器（包括万向节）	1. 用途	2. 品牌（中文或外文名称）；3. 型号		
8483.9000	-单独报验的带齿的轮、链轮及其他传动元件；零件	1. 用途	2. 品牌（中文或外文名称）；3. 型号		
84.84	密封垫或类似接合衬垫，用金属片与其他材料制成或用双层或多层金属片制成；成套或各种不同材料的密封垫或类似接合衬垫，装于袋、套或类似包装内；机械密封件：				
8484.1000	-密封垫或类似接合衬垫，用金属片与其他材料制成或用双层或多层金属片制成	1. 组成材料（金属片与其他材料制、双层金属片制、多层金属片制）	2. 品牌（中文或外文名称）；3. 型号		

税则号列	商品名称	申报要素 归类要素	申报要素 价格要素	申报要素 其他要素	说明
8484.2000	-机械密封件	1. 结构	2. 品牌（中文或外文名称）；3. 型号		
8484.9000	-其他	1. 各自构成材料；2. 是否成套包装	3. 品牌（中文或外文名称）；4. 型号		
84.85	增材制造设备：				
8485.1000	-用金属材料的	1. 用途；2. 增材材质	3. 品牌（中文或外文名称）；4. 型号		
8485.2000	-用塑料或橡胶材料的	1. 用途；2. 增材材质	3. 品牌（中文或外文名称）；4. 型号		
	-用石膏、水泥、陶瓷或玻璃材料的：	1. 用途；2. 增材材质	3. 品牌（中文或外文名称）；4. 型号		
8485.3010	---用玻璃材料的				
8485.3020	---用石膏、水泥、陶瓷材料的				
	-其他：				
8485.8010	---用纸或纸浆的	1. 用途；2. 增材材质	3. 品牌（中文或外文名称）；4. 型号		
8485.8020	---用木材、软木的	1. 用途；2. 增材材质	3. 品牌（中文或外文名称）；4. 型号		
8485.8090	---其他	1. 用途；2. 增材材质	3. 品牌（中文或外文名称）；4. 型号		
	-零件：	1. 用途（适用于××品牌××机或通用于××机等）	2. 品牌（中文或外文名称）；3. 型号		
8485.9010	---用金属材料的				
8485.9020	---用玻璃材料的				
8485.9030	---用橡胶或塑料材料的				
8485.9040	---用石膏、水泥、陶瓷材料的				
8485.9050	---用纸或纸浆的				
8485.9060	---用木材、软木的				
8485.9090	---其他				
84.86	专用于或主要用于制造半导体单晶柱或晶圆、半导体器件、集成电路或平板显示器的机器及装置；本章注释十一（三）规定的机器及装置；零件及附件：				
	-制造单晶柱或圆片用的机器及装置：	1. 用途；2. 功能	3. 品牌（中文或外文名称）；4. 型号		

税则号列	商品名称	申报要素			说明
		归类要素	价格要素	其他要素	
8486.1010	---利用温度变化处理单晶硅的机器及装置				
8486.1020	---研磨设备				
8486.1030	---切割设备				
8486.1040	---化学机械抛光设备（CMP）				
8486.1090	---其他				
	-制造半导体器件或集成电路用的机器及装置：	1.用途；2.功能	3.品牌（中文或外文名称）；4.型号		
8486.2010	---氧化、扩散、退火及其他热处理设备				
	---薄膜沉积设备：				
8486.2021	----化学气相沉积装置（CVD）				
8486.2022	----物理气相沉积装置（PVD）				
8486.2029	----其他				
	---将电路图投影或绘制到感光半导体材料上的装置				
8486.2031	----分步重复光刻机（步进光刻机）				
8486.2039	----其他				
	---刻蚀及剥离设备：				
8486.2041	----等离子体干法刻蚀机				
8486.2049	----其他				
8486.2050	---离子注入机				
8486.2090	---其他				
	-制造平板显示器用的机器及装置：	1.用途；2.功能	3.品牌（中文或外文名称）；4.型号		
8486.3010	---扩散、氧化、退火及其他热处理设备				
	---薄膜沉积设备：				
8486.3021	----化学气相沉积设备（CVD）				
8486.3022	----物理气相沉积设备（PVD）				
8486.3029	----其他				
	---将电路图投影或绘制到感光半导体材料上的装置：				
8486.3031	----分步重复光刻机				
8486.3039	----其他				
	---湿法蚀刻、显影、剥离、清洗装置：				
8486.3041	----超声波清洗装置				
8486.3049	----其他				
8486.3090	---其他				
	-本章注释十一（三）规定的机器及装置：	1.用途；2.功能	3.品牌（中文或外文名称）；4.型号		
8486.4010	---主要用于或专用于制作和修复掩膜版或投影掩膜版的装置				

税则号列	商品名称	申报要素			说明
		归类要素	价格要素	其他要素	
	---主要用于或专用于装配与封装半导体器件或集成电路的设备：				
8486.4021	----塑封机				
8486.4022	----引线键合装置				
8486.4029	----其他				
	---主要用于或专用于升降、装卸、搬运单晶柱、晶圆、半导体器件、集成电路或平板显示器的装置：				
8486.4031	----集成电路工厂专用的自动搬运机器人				
8486.4039	----其他				
	-零件及附件：	1. 用途（适用于××品牌××机或通用于××机等）	2. 品牌（中文或外文名称）；3. 型号		
8486.9010	---升降、搬运、装卸机器用（自动搬运设备用除外）				
8486.9020	---引线键合装置用				
	---其他：				
8486.9091	----带背板的溅射靶材组件				
8486.9099	----其他				
84.87	**本章其他税号未列名的机器零件，不具有电气接插件、绝缘体、线圈、触点或其他电气器材特征的：**	1. 用途（适用于××品牌××机或通用于××机等）	2. 品牌（中文或外文名称）；3. 型号		
8487.1000	-船用推进器及桨叶				
8487.9000	-其他				

第八十五章 电机、电气设备及其零件；录音机及放声机、电视图像、声音的录制和重放设备及其零件、附件

注释：

一、本章不包括：

(一) 电暖的毯子、褥子、足套及类似品，电暖的衣服、靴、鞋、耳套或其他供人穿戴的电暖物品；

(二) 税目70.11的玻璃制品；

(三) 税目84.86的机器及装置；

(四) 用于医疗、外科、牙科或兽医的真空设备（税目90.18）；或

(五) 第九十四章的电热家具。

二、税目85.01至85.04不适用于税目85.11、85.12、85.40、85.41或85.42的货品。

但金属槽汞弧整流器仍归入税目85.04。

三、税目85.07所称"蓄电池"，包括与其一同报验的辅助元件，这些辅助元件具有储电、供电功能，或保护蓄电池免遭损坏，例如，电路连接器、温控装置（例如，热敏电阻）及电路保护装置，也可包括蓄电池的部分保护外壳。

四、税目85.09仅包括通常供家用的下列电动器具：

(一) 任何重量的地板打蜡机、食品研磨机及食品搅拌器、水果或蔬菜的榨汁器；

(二) 重量不超过20千克的其他机器。

但该税目不适用于风机、风扇或装有风扇的通风罩及循环气罩（不论是否装有过滤器）（税目84.14）、离心干衣机（税目84.21）、洗碟机（税目84.22）、家用洗衣机（税目84.50）、滚筒式或其他形式的熨烫机器（税目84.20或84.51）、缝纫机（税目84.52）、电剪子（税目84.67）或电热器具（税目85.16）。

五、税目85.17所称"智能手机"是指使用蜂窝网络的电话机，其安装有移动操作系统，设计用于实现自动数据处理设备功能，例如，可下载并同时执行多个应用程序（包括第三方应用程序），并且不论是否集成了如数字照相机、辅助导航系统等其他特征。

六、税目85.23所称：

(一) "固态、非易失性存储器件"（例如，"闪存卡"或"电子闪存卡"），是指带有接口的存储器件，其在同一壳体内包含一个或多个闪存（FLASH E^2PROM），以集成电路的形式装配在一块印刷电路板上。它们可以包括一个集成电路形式的控制器及多个分立无源元件，例如，电容器及电阻器；

(二) 所称"智能卡"，是指装有一个或多个集成电路［微处理器、随机存取存储器（RAM）或只读存储器（ROM）］芯片的卡。这些卡可带有触点、磁条或嵌入式天线，但不包含任何其他有源或无源电路元件。

七、税目85.24所称"平板显示模组"，是指用于显示信息的装置或器具，至少有一个显示屏，设计为在使用前安装于其他税目所列货品中。平板显示模组的显示屏包括但不限于平面、曲面、柔性、可折叠或可拉伸等类型。平板显示模组可装有附加元件，包括接收视频信号所需并将这些信号分配给显示器像素的元件。但是，税目85.24不包括装有转换视频信号的组件（例如，图像缩放集成电路，解码集成电路或程序处理器）的显示模组，或具有其他税目所列货品特征的显示模组。

本注释所述平板显示模组在归类时，税目85.24优先于其他税目。

八、税目85.34所称"印刷电路"，是指采用各种印制方法（例如，压印、覆镀、腐蚀）或采用"膜电路"工艺，将导线、接点或其他印制元件（例如，电感器、电阻器、电容器）按预定的图形单独或互相连接地印制在绝缘基片上的电路，但能够产生、整流、调制或放大电信号的元件（例如，半导体元件）除外。

所称"印刷电路"，不包括装有非印制元件的电路，也不包括单个的分立式电阻器、电容器及电感器。但印刷电路可配有非经印刷的连接元件。

用同样工艺制得的无源元件及有源元件组成的薄膜电路或厚膜电路应归入税目85.42。

九、税目85.36所称"光导纤维、光导纤维束或光缆用连接器"，是指在有线数字通讯设备中，简单机械地把光纤端部相连成一线的连接器。它们不具备诸如对信号进行放大、再生或修正等其他功能。

十、税目85.37不包括电视接收机或其他电气设备用的无绳红外遥控器（税目85.43）。

十一、税目85.39所称"发光二极管（LED）光源"包括：

(一) "发光二极管（LED）模块"，是基于发光二极管的电路构成的电光源，模块中包含电气、机械、热力或者光学等其他元件。模块还装有分立的有源或无源元件，或用于提供或控制电源的税目85.36、85.42的物品。发光二极管（LED）模块没有便于在灯具中安装或更换并确保机械和电气连接的灯头设计。

(二)"发光二极管(LED)灯泡(管)",是由一个或多个带有电气、机械、热力或者光学元件的LED模块组成的电光源。发光二极管(LED)模块与发光二极管(LED)灯泡(管)的区别在于后者有便于在灯具中安装或更换并确保机械和电气连接的灯头设计。

十二、税目85.41及85.42所称:

(一) 1. "半导体器件"是指那些依靠外加电场引起电阻率的变化而进行工作的半导体器件,或半导体基换能器。

半导体器件也可以包括由多个元件组装在一起的组件,无论是否有起辅助功能的有源和无源元件。

本定义所称"半导体基换能器"是指半导体基传感器、半导体基执行器、半导体基谐振器和半导体基振荡器。这些是不同类型的半导体基分立器件,能实现固有的功能,即可以将任何物理、化学现象或活动转换为电信号,或者将电信号转换为任何物理现象或活动。

半导体基换能器内的所有元件都不可分割地组合在一起,它们也包括为实现其结构或功能而不可分割地连接在一起的必要材料。

下列名词的含义是:

(1) "半导体基"是指用半导体技术,在半导体基片上构建、制造或由半导体材料制造。半导体基片或材料在换能器的作用和性能中起到不可替代的关键作用,其工作是基于半导体的物理、电气、化学和光学等特性。

(2) "物理或化学现象"是指诸如压力、声波、加速度、振动、运动、方向、张力、磁场强度、电场强度、光、放射性、湿度、流量和化学浓度等。

(3) 半导体基传感器是一种半导体器件,其由在半导体材料内部或表面制作的微电子或机械结构组成,具有探测物理量和化学量并将其转换成电信号(因电特性变化或机械结构位移而产生)的功能。

(4) 半导体基执行器是一种半导体器件,其由在半导体材料内部或表面制作的微电子或机械结构组成,具有将电信号转换成物理运动的功能。

(5) 半导体基谐振器是一种半导体器件,其由在半导体材料内部或表面制作的微电子或机械结构组成,具有按预先设定的频率产生机械或电振荡的功能,频率取决于响应外部输入的结构的物理参数。

(6) 半导体基振荡器是一种半导体器件,其由在半导体材料内部或表面制作的微电子或机械结构组成,具有按预先设定的频率产生机械或电振荡的功能,频率取决于这些结构的物理参数。

2. "发光二极管(LED)"是半导体器件,基于可将电能变成可见光、红外线或紫外线的半导体材料,不论这些器件之间是否通过电路连接以及不论是否带有保护二极管。税目85.41的发光二极管(LED)不装有以提供或控制电源为目的的元件。

(二)"集成电路",是指:

1. 单片集成电路,即电路元件(二极管、晶体管、电阻器、电容器、电感器等)主要整体制作在一片半导体材料或化合物半导体材料(例如,掺杂硅、砷化镓、硅锗或磷化铟)基片的表面,并不可分割地连接在一起的电路;

2. 混合集成电路,即通过薄膜或厚膜工艺制得的无源元件(电阻器、电容器、电感器等)和通过半导体工艺制得的有源元件(二极管、晶体管、单片集成电路等)用互连或连接线实际上不可分割地组合在同一绝缘基片(玻璃、陶瓷等)上的电路。这种电路也可包括分立元件;

3. 多芯片集成电路是由两个或多个单片集成电路实际上不可分割地组合在一片或多片绝缘基片上构成的电路,不论是否带有引线框架,但不带有其他有源或无源的电路元件。

4. 多元件集成电路(MCOs):由一个或多个单片、混合或多芯片集成电路以及下列至少一个元件组成:硅基传感器、执行器、振荡器、谐振器或其组件所构成的组合体,或者具有税目85.32、85.33、85.41所列货品功能的元件,或税目85.04的电感器。其像集成电路一样实际上不可分割地组合成一体,作为一种元件,通过引脚、引线、焊球、底面触点、凸点或导电压点进行连接,组装到印刷电路板(PCB)或其他载体上。

在本定义中:

(1) 元件可以是分立的,独立制造后组装到多元件(MCO)的其余部分上,或者集成到其他元件内。

(2) "硅基"是指在硅基片上制造,或由硅材料制造而成,或者制造在集成电路裸片上。

(3) ①硅基传感器是由在半导体材料内部或表面制作的微电子或机械结构组成,具有探测物理或化学现象并将其转换成电信号(因电特性变化或机械结构位移而产生)的功能。"物理或化学现象"是指诸如压力、声波、加速度、振动、运动、方向、张力、磁场强度、电场强度、光、放射性、湿度、流量和化学浓度等现象。

②硅基执行器是由在半导体材料内部或表面制作的微电子或机械结构组成,具有将电信号转换成物理运动的

功能。

③硅基谐振器是由在半导体材料内部或表面制作的微电子或机械结构组成，具有按预先设定的频率产生机械或电振荡的功能，频率取决于响应外部输入的结构的物理参数。

④硅基振荡器是由在半导体材料内部或表面制作的微电子或机械结构组成，具有按预先设定的频率产生机械或电振荡的功能，频率取决于这些结构的物理参数。

本注释所述物品在归类时，即使本协调制度其他税目涉及上述物品，尤其是物品的功能，仍应优先考虑归入税目85.41及85.42，但涉及税目85.23的情况除外。

子目注释：

一、子目8525.81仅包括具有以下一项或多项特征的高速电视摄像机、数字照相机及视频摄录一体机：

——写入速度超过0.5毫米/微秒；

——时间分辨率50纳秒或更短；

——帧速率超过225000帧/秒。

二、子目8525.82所称抗辐射或耐辐射电视摄像机、数字照相机及视频摄录一体机，是指经设计或防护以能在高辐射环境中工作。这些设备可承受至少$50×10^3$ Gy（Si）［$5×10^6$ RAD（Si）］的总辐射剂量而不会使其操作性能退化。

三、子目8525.83包括夜视电视摄像机、数字照相机及视频摄录一体机，这些设备通过光阴极将捕获的光转换为电子，再将其放大和转换以形成可见图像。本子目不包括热成像的摄像机或照相机（通常归入子目8525.89）。

四、子目8527.12仅包括有内置放大器但无内置扬声器的盒式磁带放声机，它不需外接电源即能工作，且外形尺寸不超过170毫米×100毫米×45毫米。

五、子目8549.11至8549.19所称"废原电池、废原电池组及废蓄电池"是指因破损、拆解、耗尽或其他原因而不能再使用或不能再充电的电池。

【要素释义】

一、归类要素

1. 用途：指商品的应用方面、范围。例如，税则号列8523.5120项下已录制的存储卡，可填报"用于存储计算机数据"。

2. 用途（特别标注）：对于括号中有特别标注的用途，请按括号内标注内容填报。（1）最小化用途（适用于××品牌××机或通用于××机等）：指申报的零件具体用于何种电气设备，需说明适用的最小化场合及其具体作用。例如，税目85.42项下商品填报"适用于ALPSALPINE品牌的汽车中控台的控制开关"。（2）限定范围用途：用途（使用原电池或原电池组类型）、用途（如核磁共振成像装置用等）、用途（工业用、实验室用）等，应按具体要求填报。

3. 功能：指商品所发挥的作用或所具有的本有属性。例如，税目85.42项下单元集成块，可填报"信号处理及控制"。

4. 输出功率：一般指机器（电器）在正常工作（不失真）的前提下，能够长时间工作输出功率的最大值。常用功率单位有瓦、千瓦、兆瓦、马力等。例如，输出功率100瓦。

5. 机座尺寸：该要素为税目85.01项下商品专有要素，指电动机机座较长一边的长度。例如，机座尺寸20毫米。

6. 是否为交直流两用：该要素为税目85.01项下商品专有要素，指电动机是否既可以使用交流电，又可以使用直流电。

7. 是否为直流：该要素为税目85.01项下商品专有要素，指电动机是否使用直流电以及发电机是否生产直流电。

8. 是否为单相交流：该要素为税目85.01项下商品专有要素，指电动机是否使用单相交流电。

9. 是否为交流：该要素为税目85.01项下商品专有要素，指发电机是否生产交流电。

10. 组成原动机类型：该要素为税目85.02项下商品专有要素，指发电机组原动机部分的具体类型，如柴油机、风力机、水轮机等。"发电机组"是指由发电机与除电动机以外的任何原动机所组成的机器。

11. 额定容量：又称额定视在功率。该要素为税目85.04项下商品专有要素，指变压器连续输出这一视在功率时，由各种损耗转变成的热不致于升温到使绝缘受损或缩短寿命的极限值。一般刻于变压器的铭牌上，是"铭牌值"的一部分。

12. 是否为液体介质：该要素为税目85.04项下商品专有要素，指变压器中的介质是否为液体。变压器按其中介质种类主要分为油浸式变压器、充气式变压器、干式变压器、串激式变压器、绝缘筒式变压器等。

13. 类型（交流稳压电源或直流稳压电源）：该要素为税目85.04项下商品专有要素，指稳压电源的具体类型是直流稳压电源还是交流稳压电源。

14. 功率：指物体在单位时间内所做的功，即功率是描述做功快慢的物理量。功的数量一定，时间越短，功率值就越大。求功率的公式为功率=功/时间。例如，稳压电源功率1000瓦。

15. 精度：该要素为税目85.04项下商品专有要素，指稳压电源输出电压高低变化范围的大小。

16. 材质：意为组成某种商品的材料种类。若为复合材质（一种以上材料构成），应一一申报出所有材质。

17. 原理：指商品具有的普遍、基本的规律，通常又称工作原理。

18. 形状：该要素为税目85.06项下商品专有要素，指电池的外型特征，如纽扣电池、圆柱形电池等。

19. 电极材质：该要素为税目85.06、85.07项下商品专有要素，指电池的正负极材料类型，税目85.06项下电池种类主要包括二氧化锰、氧化汞、氧化银、锂、锌空气等；税目85.07项下电池种类主要包括铅酸、镍镉、镍铁、镍氢、锂离子等。

20. 比能量：该要素为税目85.07项下商品专有要素，是指单位质量（体积）的电池可提供的能量，单位是Wh/kg。

21. 驱动方式：该要素为税目85.08项下商品专有要素，是指动力方式。例如，电动、液压、气压等。

22. 集尘器容积：该要素为税目85.08项下商品专有要素，指真空吸尘器本身带有的集尘袋或其他集尘容器的容积。

23. 适用吸尘器功率：应填制该零件适用吸尘器具体功率，例如，适用吸尘器功率100W或100瓦；若适用多个吸尘器可填制功率范围，例如，适用吸尘器功率范围100~200W或100~200瓦。

24. 适用吸尘器集尘袋容积：是指该零件适用真空吸尘器本身带有的集尘袋或其他集尘容器的容积，例如，适用吸尘器集尘袋容积10L或10升；若适用多个吸尘器可填制容积范围，例如，适用吸尘器集尘袋容积范围10~20L或10~20升。

25. 机身重量：该要素为税目85.09项下商品专有要素，指机器设备自身的重量。例如，机重20千克。

26. 适用发动机的输出功率：指启动电机及两用启动发电机所适用的发动机的输出功率。

27. 适用车型：指机动车辆的车身、底盘及其他零件所适用的具体车型，需要申报具体适用车辆的品牌、型号。例如，日产天籁小轿车用或宝马X5越野车用，而不能简单填报为"日产小轿车用"或"日产天籁小汽车用"；如为多种车型通用，则应填报为"通用于日产天籁等小轿车"。

28. 是否手提式：该要素为税目85.13项下商品专有要素，指自供能源电灯是否为手提式。

29. 加热原理：该要素为税目85.14项下商品和税目85.16项下商品专有要素，指产生热量的原理。如电阻加热、感应加热、电阻损耗加热等。

30. 是否为全自动或半自动：该要素为税目85.15项下商品专有要素，指电焊机的自动化程度，如全自动、半自动等。

31. 若为印刷电路组件制造用需注明：指税目85.15项下焊接设备等用于制造印刷电路组件时填写"印刷电路组件制造用"。

32. 适用网络种类（蜂窝网络、无线网络、有线网络、以太网等）：该要素为税目85.17项下商品专有要素，指电话机适用何种网络，如蜂窝网络、无线网络、有线网络、以太网等。

33. 控制方式：该要素为税目85.17项下商品专有要素，指电话或电报交换机是否为程控式。"程控"是程序控制的简称，即通过事先编制的固定程序实现的自动控制。

34. 处理信号的类型：该要素为税目85.17项下商品专有要素，指程控电话或电报交换机处理何种信号。例如，数字信号、模拟信号。

35. 通讯方式：该要素为税目85.17项下商品专有要素，指电讯设备传送消息或音讯的方法和形式。例如，光通讯以及其他有线通信。

36. 显示屏或显示模块需申报尺寸（英寸）：指手机屏幕大小。例如，用于苹果手机的显示屏可填写"5.8英寸"。

37. 显示屏或显示模块请申报是否需要二次加工：指显示屏或显示模块直接用于组装手机还是需要根据所配手机的尺寸和形状进行切割或打孔等加工。

38. 结构类型：指税目85.18项下扬声器填写"是否装于箱体"（用于区分音箱和其他扬声器）；税目85.32项下商品填写"单层、多层等和片式、非片式"；税目85.33项下电阻器填写"合成式或薄膜式"；税目85.44项下电线、电缆填报"同轴、有接头"等。

39. 组成部件：该要素为税目85.18项下商品专有要素，指申报商品在报验状态时的所有组成部件。申报时应将所有具体部件一一列出。

40. 支付方式：该要素为税目85.19项下商品专有要素，指需要支付的声音录制或重放设备的具体支付手段，如用硬币、钞票、银行卡等。

41. 使用媒介：指使用记录或重放媒体的类型。例如，税目85.21的商品，指磁带、激光视盘等；在税目85.27项下商品中，指使用记录或重放媒体的类型是否为盒式磁带。

42. 类型：意为商品的种类。例如，税目85.21项下商品类型指DVD、VCD；税目85.40项下商品类型指热电子管、冷阴极管或光阴极管等。

43. 是否录制：该要素为税目85.23项下商品专有要素，指磁性媒体、光学媒体、半导体媒体及其他各种媒体在报验状态时是否已有录制的内容。

44. 录制内容类型：该要素为税目85.23项下商品专有要素，指磁性媒体、光学媒体、半导体媒体及其他各种媒体中录制内容的种类，如声音信息、图像信息等。

45. 是否仅含GOA或类似栅极电路（如GIP、GDM等）：液晶显示模组中的控制电路通常指时序控制芯片、Boost转换器、储存电容器和像素电容器等；驱动器通常指驱动芯片，包括源极驱动芯片和栅极驱动芯片。GOA（Gate Driven on Array）技术通过在阵列基板上集成栅极电路，代替了栅极驱动芯片的像素扫描功能，还需协同驱动芯片（集成栅极驱动芯片的电平转换功能和源极驱动芯片功能）等共同实现液晶显示模组的驱动。因此GOA电路不属于控制电路，也不能实现完整的驱动器功能，不应认定为驱动器"。因此该商品不属于含驱动器或控制电路的液晶面板。行业内也有把GOA或类似技术称为GIP、GDM等的情况，但本质上仍然"执行逐行扫描功能"的栅极电路。

46. 接口类型（包括接口电路）：该要素为税目85.24项下商品专有要素，指两个不同系统的交接部分的形式。如RS-232C接口、HDMI接口、DP接口、DIN接头。

47. 构成（是否带标记板、解码板或高频头板等信号处理板）：指平板显示模组的构成是否带有标记板、解码板或高频头板等信号处理板。

48. 结构组成：指商品的结构特点和构成完整商品的部件种类。例如，税目85.25项下商品指是否为装有接收装置的发送设备；税目85.27项下商品指是否为收录（放）音组合机。

49. 是否可装内置储存装置：装有内置储存装置可实现边摄边录功能，即摄录一体。该要素为税目85.25项下商品专有要素。

50. 是否需外接电源：该要素为税目85.27项下商品专有要素，指无线电收音机在工作时是否需要外接电源。

51. 具备接收和转换数字广播数据系统信号功能的需注明：按实际情况填写。该要素为税目85.27项下商品专有要素。

52. 显示原理：指显示装置的具体原理，如阴极射线管、液晶、等离子等。

53. 显示屏幕尺寸：该要素为税目85.28项下商品专有要素，指监视器和带有显示屏的电视接收装置的屏幕尺寸，一般以对角线长度"英寸"表示。例如，显示屏幕尺寸22英寸。

54. 接口类型（包括接口电路）：该要素为税目85.28项下商品专有要素，指两个不同系统的交接部分的形式。如RS-232C接口、DIN接头等。

55. 构成（是否带标记板、解码板或高频头板等信号处理板）：该要素为税目85.28项下商品专有要素，指监视器的构成是否带有标记板、解码板或高频头板等信号处理板。

56. 是否带显示屏：该要素为税目85.28项下商品专有要素，指电视接收装置在报验时是否带有显示屏。

57. 是否带有数字信号处理电路：该要素为税目85.29项下商品专有要素，指取像模块是否带有数字信号处理电路。

58. 额定无功功率：该要素为税目85.32项下商品专有要素，功率从能量源传递到负载并能反映功率交换情况的功率就是无功功率。它是由感性负载、容性负载、以及电压和电流的失真产生的。这种功率可导致额外的电能损失。

59. 适用频率：该要素为税目85.32项下商品专有要素，指固定电容器适用电路的频率。例如，适用频率50赫兹。

60. 介质类型：该要素为税目85.32项下商品专有要素，指固定电容器所用介质的具体种类，如空气、纸、云母、油、树脂、橡胶及塑料、陶瓷或玻璃等。

61. 是否可变、可调：该要素为税目85.32项下商品专有要素，指电容器的电容值是否可变、可调。

62. 介质：该要素为税目85.33项下商品专有要素，指电阻器的制成材料。

63. 额定功率：在正常运行工作状况下，机器、电气设备的输出功率。常以"瓦"为单位。

64. 结构类型：意为商品内各组成要素之间的相互联系、相互作用的方式。在税目85.33项下商品中，指电阻器的类型，如合成式或薄膜式等；在税目85.44项下商品中，指电缆的具体结构和种类，如同轴电缆、有接头电缆等。

65. 电路层数：该要素为税目85.34项下商品专有要素，指印刷电路的具体层数，如4层印刷电路、6层印刷电路等。

66. 是否装有机械元件或电气元件：如果在印刷电路板上装有机械元件或电气元件并违背了本章注释六的规定，则不能归入税目85.34项下，故需按实际情况填写是否装有机械元件或电气元件。

67. 电压：指电路中两点间的电位差，代表电场力对单位正电荷由场中一点移动到另一点所做的功，用单位"伏特"表示。例如，电路连接装置，适用于220伏电压的线路。

68. 是否彩色：该要素为税目85.40项下商品专有要素，指数据/图形显示管是否是彩色的。

69. 荧光点距：该要素为税目85.40项下商品专有要素，指数据/图形显示管上相邻两个同色像素单元之间的距离，即两个红色（或绿、蓝）像素单元之间的距离。

70. 是否单色：该要素为税目85.40项下商品专有要素，指数据/图形显示管是否是单色的。

71. 耗散功率：有功输入总功率与有功输出总功率的差值。

72. 是否由多个半导体元件构成：该要素为税目85.41项下商品专有要素，指半导体器件是否由多个半导体元件（如二极管、晶体管、半导体开关元件、场效应器件、冈恩效应器件等）构成。

73. 是否已装配：该要素为税目85.41项下商品专有要素，指压电晶体在报验状态时是否已装配。

74. 输出信号频率范围：该要素为税目85.43项下商品专有要素，指信号发生器对外输出信号的频率范围，单位常用"兆赫"表示。例如，输出频率1000~1300兆赫。

75. 是否每根光纤被覆：该要素为税目85.44项下商品专有要素，指光缆的具体结构是否为每根光纤被覆。

76. 应用场景：该要素为税目85.42项下商品专有要素，应从如下选择中选取一项申报（消费电子、计算机系统、手机终端、通信、汽车、医疗健康、其他工业、通用款）。

77. 外观：该要素为子目8545.19项下商品专有要素，指商品本身实际的外观状态。例如，成卷、片状等。

二、价格要素

1. 品牌（中文或外文名称）：指制造商或经销商加在商品上的品牌标志，实际需要申报中文或外文品牌名称。例如，子目8525.8项下单反数码相机"品牌"要素填报"PENTAX（宾得）"等。

2. 型号：是指商品的性能、功能、用途等指标的代码。例如，子目8525.8项下"PENTAX（宾得）"牌单反数码相机的型号可填报"K10D/BODY"。

3. 容量：税目85.06、85.07项下电池的容量表示在一定条件下电池放出的电量，通常以"Ah"或"mAh"（即"安培·小时"或"毫安·小时"）为计量单位，例如，可填报"容量700mAh"。税目85.16项下电热水器的容量指电热水器储存水的容量，通常以"升"为单位。税目85.23项下智能卡、闪存器的容量指能够储存信息的容量，通常以"G"或"M"表示。

4. 是否含汞：只需申报"含汞"或者"不含汞"即可。

5. 额定电压：该要素是税目85.07项下蓄电池的专有价格要素。指电池正负极材料因化学反应而造成的电位差，由此产生的电压值。不同电池由于正负极材料不同，产生的电压是不一样的，电池电压会随着充电的过程而不断上升至某一值，会随着放电的过程而不断下降至某一值。子目8507.6项下锂离子蓄电池的额定电压申报为"3.7V"。

6. 功率：指真空吸尘器的额定功率，单位为"瓦"或"千瓦"。

7. 零部件编号：是指汽车零部件实物的完整编号。一般是由生产企业根据汽车零部件编号规则（QC/T 265—2004）编写的零部件编号表达式。例如，自动变速箱，零部件编号09G 300 055 R。

8. 是否加密：该要素是税目85.17项下通讯设备的专有价格要素。指厂家的集成电路生产过程多了"密码"的工序，用户使用时需要输入密码才能使用。只需申报"加密"或者"不加密"即可。

9. 喇叭数量和尺寸：该要素是子目8518.22项下多喇叭音箱的专有价格要素。行业中有双喇叭、三喇叭等多喇叭音箱，其中，喇叭数量需申报单个音箱中喇叭的个数，如"3个喇叭"（或者申报"三路分音"）。喇叭的尺寸表示喇叭的直径。用"英寸"来表示，音箱的喇叭尺寸=纸盆尺寸+音圈尺寸，如三喇叭音箱可申报"包括2.5英寸喇叭1个、3英寸喇叭1个、4英寸喇叭1个"。

10. 录制内容类型：该要素是税目85.23项下录制声音或其他信息用的储存器的价格要素。录制内容类型需申报"数据"或"程序"或者"××电影"或者"图像"等。

11. 存储容量：该要素是税目85.23项下光学媒体的储存器的价格要素。需申报实际储存容量如"500G"等。

12. 读取速度：该要素是子目8523.4项下光学媒体的专有价格要素。不同光学媒体的读取速度不同，快慢依次是内存储器—硬盘（5400~7200转/分钟）—软盘（150kb/秒）—磁带（70kb/秒）；需根据不同媒体申报不同的读取速度。

13. 控制距离：该要素是子目8526.92项下无线电遥控设备的专有价格要素。需申报设备的最大控制距离，一般以"米"为单位,如"800米",大型的以"千米"为单位。

14. 外形尺寸：该要素是税目85.27项下无线电收音机的专有价格要素。如税则号列8527.1300项下松下牌型号RQ-SX97F的超薄收录放三用磁带机的"外形尺寸"申报"108.8mm×79.4mm×23mm"。

15. 最高分辨率：该要素是子目8528.591项下彩色监视和投影设备的价格要素。如目前彩色投影机的最高分辨率达到1600×1200（UXGA），松下牌型号PT-UX10的彩色投影机的最高分辨率应申报"1024×768"。

16. 亮度：该要素是税目85.28项下投影机的专有价格要素。投影机的"亮度"也指"光通度（light out）"，是投影机技术指标，通常以"光通量"来表示，描述单位时间内光源辐射产生视觉响应强弱的能力，以"ANSI流明"为国际标准单位，以数字申报，目前的"亮度"为"500～3000ANSI流明"。如阶梯教室用的投影机的亮度申报"3000ANSI流明"。

17. 工作原理：该要素为子目8531.1项下防盗或防火报警器及类似装置的价格要素之一。该要素可申报具体的工作原理，例如，"红外线""可燃气体""火灾"或"汽车"等。

18. 转换效率：该要素是子目8541.4项下太阳能电池的价格要素，指的是将太阳光转换为电能的效率，用"%"表示。如菲律宾产"SUNPOWER牌"型号C50BB135UM D3的光电池的转换效率为15%～16%。

19. 额定电压：该要素是子目8544.4项下商品的价格要素。额定电压是指商品在工作时所允许的最高工作电压。在此电压以上长期连续工作是不安全的。

20. 是否量产：量产，即批量生产，是指某种物品在经过一系列的测试后，通过必要的规格审定，同时大批量生产该物品。按实际情况填写"量产"或"非量产"。

三、其他要素

稀土元素的重量百分比，以"［A］"表示：该要素为税目85.05项下商品专有要素，是海关总署公告2011年第37号要求填报的要素，即商品总的稀土元素的重量百分比含量。填报时以"［A］"表示，A代表所含的稀土元素，若含有多种稀土元素，应填报重量之和的百分比。例如，可填报"［铽、镝］：10%"。

税则号列	商品名称	申报要素			说明
		归类要素	价格要素	其他要素	
85.01	电动机及发电机（不包括发电机组）：				
	-输出功率不超过37.5瓦的电动机：				
8501.1010	---玩具用	1. 用途；2. 输出功率	3. 品牌（中文或外文名称）；4. 型号		
	---其他：	1. 用途；2. 输出功率；3. 机座尺寸	4. 品牌（中文或外文名称）；5. 型号		
8501.1091	----微电机，机座尺寸在20毫米及以上，但不超过39毫米				
8501.1099	----其他				
8501.2000	-交直流两用电动机，输出功率超过37.5瓦	1. 用途；2. 是否为交直流两用；3. 输出功率	4. 品牌（中文或外文名称）；5. 型号		
	-其他直流电动机；直流发电机，不包括光伏发电机：				
8501.3100	--输出功率不超过750瓦	1. 是否为直流；2. 输出功率	3. 品牌（中文或外文名称）；4. 型号		
8501.3200	--输出功率超过750瓦，但不超过75千瓦	1. 是否为直流；2. 输出功率	3. 品牌（中文或外文名称）；4. 型号		

税则号列	商品名称	申报要素			说明
		归类要素	价格要素	其他要素	
8501.3300	--输出功率超过75千瓦，但不超过375千瓦	1.是否为直流；2.输出功率	3.品牌（中文或外文名称）；4.型号		
8501.3400	--输出功率超过375千瓦	1.是否为直流；2.输出功率	3.品牌（中文或外文名称）；4.型号		
8501.4000	-其他单相交流电动机	1.是否为单相交流；2.输出功率	3.品牌（中文或外文名称）；4.型号		
	-其他多相交流电动机：				
8501.5100	--输出功率不超过750瓦	1.输出功率；2.是否为多相交流	3.品牌（中文或外文名称）；4.型号		
8501.5200	--输出功率超过750瓦，但不超过75千瓦	1.输出功率；2.是否为多相交流	3.品牌（中文或外文名称）；4.型号		
8501.5300	--输出功率超过75千瓦	1.输出功率；2.是否为多相交流	3.品牌（中文或外文名称）；4.型号		
	-交流发电机，不包括光伏发电机：	1.用途；2.是否为交流；3.输出功率	4.品牌（中文或外文名称）；5.型号		
8501.6100	--输出功率不超过75千伏安				
8501.6200	--输出功率超过75千伏安，但不超过375千伏安				
8501.6300	--输出功率超过375千伏安，但不超过750千伏安				
	--输出功率超过750千伏安：				
8501.6410	---输出功率超过750千伏安，但不超过350兆伏安				
8501.6420	---输出功率超过350兆伏安，但不超过665兆伏安				
8501.6430	---输出功率超过665兆伏安				
	-光伏直流发电机：				
8501.7100	--输出功率不超过50瓦	1.是否为直流；2.输出功率；3.是否为光伏发电机	4.品牌（中文或外文名称）；5.型号		
	--输出功率超过50瓦：				
8501.7210	---输出功率超过50瓦，但不超过750瓦	1.是否为直流；2.输出功率；3.是否为光伏发电机	4.品牌（中文或外文名称）；5.型号		
8501.7220	---输出功率超过750瓦，但不超过75千瓦	1.是否为直流；2.输出功率；3.是否为光伏发电机	4.品牌（中文或外文名称）；5.型号		

税则号列	商品名称	申报要素			说明
		归类要素	价格要素	其他要素	
8501.7230	---输出功率超过75千瓦，但不超过375千瓦	1.是否为直流；2.输出功率；3.是否为光伏发电机	4.品牌（中文或外文名称）；5.型号		
8501.7240	---输出功率超过375千瓦	1.是否为直流；2.输出功率；3.是否为光伏发电机	4.品牌（中文或外文名称）；5.型号		
	-光伏交流发电机：	1.是否为交流；2.输出功率；3.是否为光伏发电机	4.品牌（中文或外文名称）；5.型号		
8501.8010	---输出功率不超过75千伏安				
8501.8020	---输出功率超过75千伏安，但不超过375千伏安				
8501.8030	---输出功率超过375千伏安，但不超过750千伏安				
	---输出功率超过750千伏安：				
8501.8041	----输出功率超过750千伏安，但不超过350兆伏安				
8501.8042	----输出功率超过350兆伏安，但不超过665兆伏安				
8501.8043	----输出功率超过665兆伏安				
85.02	**发电机组及旋转式变流机：**	1.组成原动机类型；2.输出功率	3.品牌（中文或外文名称）；4.型号		
	-装有压燃式活塞内燃发动机（柴油或半柴油发动机）的发电机组：				
8502.1100	--输出功率不超过75千伏安				
8502.1200	--输出功率超过75千伏安，但不超过375千伏安				
	--输出功率超过375千伏安：				
8502.1310	---输出功率超过375千伏安，但不超过2兆伏安				
8502.1320	---输出功率超过2兆伏安				
8502.2000	-装有点燃式活塞内燃发动机的发电机组				
	-其他发电机组：				
8502.3100	--风力驱动的				
8502.3900	--其他				
8502.4000	-旋转式变流机				
85.03	**专用于或主要用于税目85.01或85.02所列机器的零件：**				
8503.0010	---税号8501.1010及8501.1091所列电动机用	1.用途（适用于××品牌××机或通用于××机等）	2.品牌（中文或外文名称）；3.型号		
8503.0020	---税号8501.6420及8501.6430所列发电机用	1.用途（所适用整机的类型及输出功率）	2.品牌（中文或外文名称）；3.型号		

税则号列	商品名称	申报要素			说明
		归类要素	价格要素	其他要素	
8503.0030	---税号8502.3100所列发电机组用	1. 用途（适用于××品牌××机或通用于××机等）	2. 品牌（中文或外文名称）；3. 型号		
8503.0090	---其他	1. 用途（所适用整机的类型及输出功率）	2. 品牌（中文或外文名称）；3. 型号		
85.04	变压器、静止式变流器（例如，整流器）及电感器：				
	-放电灯或放电管用镇流器：	1. 用途	2. 品牌（中文或外文名称）；3. 型号		
8504.1010	---电子镇流器				
8504.1090	---其他				
	-液体介质变压器：	1. 额定容量；2. 是否为液体介质	3. 品牌（中文或外文名称）；4. 型号		
8504.2100	--额定容量不超过650千伏安				
8504.2200	--额定容量超过650千伏安，但不超过10兆伏安				
	--额定容量超过10兆伏安：				
	---额定容量超过10兆伏安，但小于400兆伏安：				
8504.2311	----额定容量超过10兆伏安，但小于220兆伏安				
8504.2312	----额定容量大于等于220兆伏安，但小于330兆伏安				
8504.2313	----额定容量大于等于330兆伏安，但小于400兆伏安				
	---额定容量在400兆伏安及以上：				
8504.2321	----额定容量在400兆伏安及以上，但小于500兆伏安				
8504.2329	----其他				
	-其他变压器：	1. 额定容量；2. 是否为液体介质	3. 品牌（中文或外文名称）；4. 型号		
	--额定容量不超过1千伏安：				
8504.3110	---互感器				
8504.3190	---其他				
	--额定容量超过1千伏安，但不超过16千伏安：				
8504.3210	---互感器				
8504.3290	---其他				
	--额定容量超过16千伏安，但不超过500千伏安：				
8504.3310	---互感器				
8504.3390	---其他				

税则号列	商 品 名 称	申 报 要 素			说 明
		归类要素	价格要素	其他要素	
	--额定容量超过500千伏安：				
8504.3410	---互感器				
8504.3490	---其他				
	-静止式变流器：				
	---稳压电源：				
8504.4013	----税目84.71所列机器用	1.用途；2.类型（交流稳压电源或直流稳压电源）；3.额定输出功率；4.精度	5.品牌（中文或外文名称）；6.型号		
8504.4014	----其他直流稳压电源，功率小于1千瓦，精度低于万分之一	1.用途；2.类型（交流稳压电源或直流稳压电源）；3.额定输出功率；4.精度	5.品牌（中文或外文名称）；6.型号		
8504.4015	----其他交流稳压电源，功率小于10千瓦，精度低于千分之一	1.用途；2.类型（交流稳压电源或直流稳压电源）；3.额定输出功率；4.精度	5.品牌（中文或外文名称）；6.型号		
8504.4019	----其他	1.用途；2.类型（交流稳压电源或直流稳压电源）；3.额定输出功率；4.精度	5.品牌（中文或外文名称）；6.型号		
8504.4020	---不间断供电电源		1.品牌（中文或外文名称）；2.型号		
8504.4030	---逆变器	1.功率	2.品牌（中文或外文名称）；3.型号		
	---其他：				
8504.4091	----具有变流功能的半导体模块	1.用途；2.是否封装	3.品牌（中文或外文名称）；4.型号		
8504.4099	----其他	1.用途；2.功率	3.品牌（中文或外文名称）；4.型号		
8504.5000	-其他电感器	1.用途	2.品牌（中文或外文名称）；3.型号		
	-零件：	1.用途（适用于××品牌××机或通用于××机等）	2.品牌（中文或外文名称）；3.型号		
	---变压器用：				
8504.9011	----税号8504.2321，8504.2329所列变压器用				
8504.9019	----其他				
8504.9020	---稳压电源及不间断供电电源用				
8504.9090	---其他				

税则号列	商品名称	申报要素			说明
		归类要素	价格要素	其他要素	
85.05	电磁铁；永磁铁及磁化后准备制永磁铁的物品；电磁铁或永磁铁卡盘、夹具及类似的工件夹具；电磁联轴节、离合器及制动器；电磁起重吸盘： -永磁铁及磁化后准备制永磁铁的物品： --金属的：				
8505.1110	---稀土永磁体	1. 材质	2. 品牌（中文或外文名称）；3. 型号	4. 稀土元素的重量百分比，以[A]表示	
8505.1190	---其他	1. 材质	2. 品牌（中文或外文名称）；3. 型号		
8505.1900	--其他	1. 材质	2. 品牌（中文或外文名称）；3. 型号		
8505.2000	-电磁联轴节、离合器及制动器	1. 用途	2. 品牌（中文或外文名称）；3. 型号		
	-其他，包括零件：				
8505.9010	---电磁起重吸盘	1. 用途；2. 原理	3. 品牌（中文或外文名称）；4. 型号		
8505.9090	---其他	1. 用途（如核磁共振成像装置用等）；2. 如不为零件需申报原理	3. 品牌（中文或外文名称）；4. 型号		
85.06	原电池及原电池组： -二氧化锰的： ---碱性锌锰的：				
8506.1011	----扣式	1. 用途；2. 电极材质（二氧化锰、氧化汞、氧化银、锂、锌空气等）；3. 形状	4. 品牌（中文或外文名称）；5. 型号；6. 容量；7. 是否含汞		
8506.1012	----圆柱形	1. 用途；2. 电极材质（二氧化锰、氧化汞、氧化银、锂、锌空气等）；3. 形状	4. 品牌（中文或外文名称）；5. 型号；6. 容量；7. 是否含汞		
8506.1019	----其他	1. 用途；2. 电极材质（二氧化锰、氧化汞、氧化银、锂、锌空气等）	3. 品牌（中文或外文名称）；4. 型号；5. 容量；6. 是否含汞		

税则号列	商品名称	申报要素			说明
		归类要素	价格要素	其他要素	
8506.1090	---其他	1. 用途；2. 电极材质（二氧化锰、氧化汞、氧化银、锂、锌空气等）	3. 品牌（中文或外文名称）；4. 型号；5. 容量；6. 是否含汞		
8506.3000	-氧化汞的	1. 用途；2. 电极材质（二氧化锰、氧化汞、氧化银、锂、锌空气等）	3. 品牌（中文或外文名称）；4. 型号；5. 容量；6. 是否含汞		
8506.4000	-氧化银的	1. 用途；2. 电极材质（二氧化锰、氧化汞、氧化银、锂、锌空气等）	3. 品牌（中文或外文名称）；4. 型号；5. 容量；6. 是否含汞		
8506.5000	-锂的	1. 用途；2. 电极材质（二氧化锰、氧化汞、氧化银、锂、锌空气等）	3. 品牌（中文或外文名称）；4. 型号；5. 容量；6. 是否含汞		
8506.6000	-锌空气的	1. 用途；2. 电极材质（二氧化锰、氧化汞、氧化银、锂、锌空气等）	3. 品牌（中文或外文名称）；4. 型号；5. 容量；6. 是否含汞		
8506.8000	-其他原电池及原电池组	1. 用途；2. 电极材质（二氧化锰、氧化汞、氧化银、锂、锌空气等）	3. 品牌（中文或外文名称）；4. 型号；5. 容量；6. 是否含汞		
	-零件：	1. 用途（适用原电池或原电池组类型）	2. 品牌（中文或外文名称）；3. 型号		
8506.9010	---税号8506.1000所列电池用				
8506.9090	---其他				
85.07	**蓄电池，包括隔板，不论是否矩形（包括正方形）：**				
8507.1000	-铅酸蓄电池，用于启动活塞式发动机	1. 用途；2. 电极材质（铅酸、镍镉、镍铁、镍氢、锂离子等）	3. 品牌（中文或外文名称）；4. 型号；5. 容量；6. 是否含汞；7. 额定电压		

税则号列	商品名称	申报要素			说明
		归类要素	价格要素	其他要素	
8507.2000	-其他铅酸蓄电池	1. 用途；2. 电极材质（铅酸、镍镉、镍铁、镍氢、锂离子等）	3. 品牌（中文或外文名称）；4. 型号；5. 容量；6. 是否含汞；7. 额定电压		
8507.3000	-镍镉蓄电池	1. 用途；2. 电极材质（铅酸、镍镉、镍铁、镍氢、锂离子等）	3. 品牌（中文或外文名称）；4. 型号；5. 容量；6. 是否含汞；7. 额定电压		
8507.5000	-镍氢蓄电池	1. 用途；2. 电极材质（铅酸、镍镉、镍铁、镍氢、锂离子等）	3. 品牌（中文或外文名称）；4. 型号；5. 容量；6. 是否含汞；7. 额定电压		
8507.6000	-锂离子蓄电池	1. 用途；2. 电极材质（铅酸、镍镉、镍铁、镍氢、锂离子等）；3. 比能量	4. 品牌（中文或外文名称）；5. 型号；6. 容量；7. 是否含汞；8. 额定电压		
	-其他蓄电池：	1. 用途；2. 电极材质（铅酸、镍镉、镍铁、镍氢、锂离子等）	3. 品牌（中文或外文名称）；4. 型号；5. 容量；6. 是否含汞；7. 额定电压		
8507.8030	---全钒液流电池				
8507.8090	---其他				
	-零件：	1. 用途（适用于××品牌××机或通用于××机等）	2. 品牌（中文或外文名称）；3. 型号		
8507.9010	---铅酸蓄电池用				
8507.9090	---其他				
85.08	**真空吸尘器：**				
	-电动的：	1. 驱动方式；2. 集尘器容积	3. 品牌（中文或外文名称）；4. 型号；5. 功率		
8508.1100	--功率不超过1500瓦，且带有容积不超过20升的集尘袋或其他集尘容器				
8508.1900	--其他				

税则号列	商品名称	申报要素			说明
		归类要素	价格要素	其他要素	
8508.6000	-其他真空吸尘器	1. 驱动方式	2. 品牌（中文或外文名称）；3. 型号		
	-零件：				
8508.7010	---税号8508.1100所列吸尘器用	1. 用途（适用于××品牌××机或通用于××机等）；2. 适用吸尘器功率；3. 适用吸尘器集尘袋容积	4. 品牌（中文或外文名称）；5. 型号		
8508.7090	---其他	1. 用途（适用于××品牌××机或通用于××机等）	2. 品牌（中文或外文名称）；3. 型号		
85.09	家用电动器具，税目85.08的真空吸尘器除外：				
	-食品研磨机及搅拌器；水果或蔬菜的榨汁机：	1. 用途（是否家用）；2. 机身重量；3. 功率	4. 品牌（中文或外文名称）；5. 型号		
8509.4010	---水果或蔬菜的榨汁机				
8509.4090	---其他				
	-其他器具：				
8509.8010	---地板打蜡机	1. 用途；2. 机身重量；3. 功率	4. 品牌（中文或外文名称）；5. 型号		
8509.8020	---厨房废物处理器	1. 用途；2. 机身重量；3. 功率	4. 品牌（中文或外文名称）；5. 型号		
8509.8090	---其他	1. 用途；2. 机身重量；3. 功率	4. 品牌（中文或外文名称）；5. 型号		
8509.9000	-零件	1. 用途（适用于××品牌××机或通用于××机等）	2. 品牌（中文或外文名称）；3. 型号		
85.10	电动剃须刀、电动毛发推剪及电动脱毛器：				
8510.1000	-剃须刀		1. 品牌（中文或外文名称）；2. 型号		
8510.2000	-毛发推剪		1. 品牌（中文或外文名称）；2. 型号		
8510.3000	-脱毛器		1. 品牌（中文或外文名称）；2. 型号		
8510.9000	-零件	1. 用途（适用于××品牌××机或通用于××机等）	2. 品牌（中文或外文名称）；3. 型号		

税则号列	商品名称	申报要素 归类要素	申报要素 价格要素	申报要素 其他要素	说明
85.11	点燃式或压燃式内燃发动机用的电点火及电启动装置（例如，点火磁电机、永磁直流发电机、点火线圈、火花塞、电热塞及启动电机）；附属于上述内燃发动机的发电机（例如，直流发电机、交流发电机）及断流器：				
8511.1000	-火花塞	1. 用途；2. 功能		3. 品牌（中文或外文名称）；4. 零部件编号	
	-点火磁电机；永磁直流发电机；磁飞轮：	1. 用途；2. 功能		3. 品牌（中文或外文名称）；4. 型号	
8511.2010	---机车、航空器及船舶用				
8511.2090	---其他				
	-分电器；点火线圈：	1. 用途；2. 功能		3. 品牌（中文或外文名称）；4. 型号	
8511.3010	---机车、航空器及船舶用				
8511.3090	---其他				
	-启动电机及两用启动发电机：				
8511.4010	---机车、航空器及船舶用	1. 用途；2. 功能		3. 品牌（中文或外文名称）；4. 型号	
	---其他：	1. 用途；2. 功能；3. 适用发动机的输出功率		4. 品牌（中文或外文名称）；5. 型号	
8511.4091	----输出功率在132.39千瓦（180马力）及以上的发动机用启动电机				
8511.4099	----其他				
	-其他发电机：	1. 用途；2. 功能		3. 品牌（中文或外文名称）；4. 型号	
8511.5010	---机车、航空器及船舶用				
8511.5090	---其他				
8511.8000	-其他装置	1. 用途；2. 功能		3. 品牌（中文或外文名称）；4. 型号	
	-零件：	1. 用途（适用于××品牌××机或通用于××机等）		2. 品牌（中文或外文名称）；3. 型号	
8511.9010	---本税目所列供机车、航空器及船舶用的各种装置的零件				
8511.9090	---其他				

税则号列	商品名称	申报要素			说明
		归类要素	价格要素	其他要素	
85.12	自行车或机动车辆用的电气照明或信号装置（税目85.39的物品除外）、风挡刮水器、除霜器及去雾器：				
8512.1000	-自行车用照明或视觉信号装置	1. 用途；2. 功能	3. 品牌（中文或外文名称）；4. 型号		
	-其他照明或视觉信号装置：				
8512.2010	---机动车辆用照明装置	1. 用途；2. 功能；3. 适用车型（适用于××品牌××车型）；	4. 品牌（中文或外文名称）；5. 零部件编号		
8512.2090	---其他	1. 用途；2. 功能；3. 适用车型（适用于××品牌××车型）；	4. 品牌（中文或外文名称）；5. 零部件编号		
	-音响信号装置：				
	---机动车辆用：				
8512.3011	----喇叭、蜂鸣器	1. 用途；2. 功能；3. 适用车型（适用于××品牌××车型）；	4. 品牌（中文或外文名称）；5. 零部件编号		
8512.3012	----防盗报警器	1. 用途；2. 功能；3. 适用车型（适用于××品牌××车型）；	4. 品牌（中文或外文名称）；5. 零部件编号		
8512.3019	----其他	1. 用途；2. 功能；3. 适用车型（适用于××品牌××车型）；	4. 品牌（中文或外文名称）；5. 零部件编号		
8512.3090	---其他	1. 用途；2. 功能；3. 适用车型（适用于××品牌××车型）	4. 品牌（中文或外文名称）；5. 零部件编号		
8512.4000	-风挡刮水器、除霜器及去雾器	1. 用途；2. 功能；3. 适用车型（适用于××品牌××车型）；	4. 品牌（中文或外文名称）；5. 零部件编号		
8512.9000	-零件	1. 用途（适用于××品牌××机或通用于××机等）；2. 功能；	3. 品牌（中文或外文名称）；4. 零部件编号		
85.13	自供能源（例如，使用干电池、蓄电池、永磁发电机）的手提式电灯，但税目85.12的照明装置除外：				

税则号列	商品名称	申报要素			说明
		归类要素	价格要素	其他要素	
	-灯:	1. 是否手提式	2. 品牌（中文或外文名称）；3. 型号		
8513.1010	---手电筒				
8513.1090	---其他				
	-零件:	1. 用途（适用于××品牌××机或通用于××机等）	2. 品牌（中文或外文名称）；3. 型号		
8513.9010	---手电筒用				
8513.9090	---其他				
85.14	工业或实验室用电炉及电烘箱（包括通过感应或介质损耗工作的）；工业或实验室用其他通过感应或介质损耗对材料进行热处理的设备:				
	-电阻加热的炉及烘箱:	1. 用途（工业用，实验室用）；2. 加热原理	3. 品牌（中文或外文名称）；4. 型号		
8514.1100	--热等静压机				
	--其他:				
8514.1910	---可控气氛热处理炉				
8514.1990	---其他				
8514.2000	-通过感应或介质损耗工作的炉及烘箱	1. 用途（工业用，实验室用）；2. 加热原理	3. 品牌（中文或外文名称）；4. 型号		
	-其他炉及烘箱	1. 用途（工业用，实验室用）；2. 加热原理	3. 品牌（中文或外文名称）；4. 型号		
8514.3100	--电子束炉				
8514.3200	--等离子及真空电弧炉				
8514.3900	--其他				
8514.4000	-其他通过感应或介质损耗对材料进行热处理的设备	1. 用途（工业用，实验室用）；2. 加热原理	3. 品牌（中文或外文名称）；4. 型号		
	-零件:	1. 用途（适用于××品牌××机或通用于××机等）	2. 品牌（中文或外文名称）；3. 型号		
8514.9010	---炼钢电炉用				
8514.9090	---其他				
85.15	电气（包括电热气体）、激光、其他光、光子束、超声波、电子束、磁脉冲或等离子弧焊接机器及装置，不论是否兼有切割功能；用于热喷金属或金属陶瓷的电气机器及装置:				
	-钎焊机器及装置:				

税则号列	商品名称	申报要素 归类要素	申报要素 价格要素	申报要素 其他要素	说明
8515.1100	--烙铁及焊枪	1. 原理；2. 焊接过程中是否使用钎料	3. 品牌（中文或外文名称）；4. 型号		
8515.1900	--其他	1. 原理；2. 若为印刷电路组件制造用需注明；3. 焊接过程中是否使用钎料	4. 品牌（中文或外文名称）；5. 型号		
	-电阻焊接机器及装置： --全自动或半自动的：				
8515.2120	---机器人	1. 原理；2. 是否为全自动或半自动	3. 品牌（中文或外文名称）；4. 型号		
	---其他：				
8515.2191	----直缝焊管机	1. 原理；2. 是否为全自动或半自动	3. 品牌（中文或外文名称）；4. 型号		
8515.2199	----其他	1. 原理；2. 是否为全自动或半自动	3. 品牌（中文或外文名称）；4. 型号		
8515.2900	--其他	1. 原理；2. 是否为全自动或半自动	3. 品牌（中文或外文名称）；4. 型号		
	-用于金属加工的电弧（包括等离子弧）焊接机器及装置： --全自动或半自动的：				
8515.3120	---机器人	1. 原理；2. 是否为全自动或半自动	3. 品牌（中文或外文名称）；4. 型号		
	---其他：				
8515.3191	----螺旋焊管机	1. 原理；2. 是否为全自动或半自动	3. 品牌（中文或外文名称）；4. 型号		
8515.3199	----其他	1. 原理；2. 是否为全自动或半自动	3. 品牌（中文或外文名称）；4. 型号		
8515.3900	--其他	1. 原理；2. 是否为全自动或半自动	3. 品牌（中文或外文名称）；4. 型号		
	-其他机器及装置：				
8515.8010	---激光焊接机器人	1. 原理	2. 品牌（中文或外文名称）；3. 型号		
8515.8090	---其他	1. 原理	2. 品牌（中文或外文名称）；3. 型号		

税则号列	商品名称	申报要素			说明
		归类要素	价格要素	其他要素	
8515.9000	-零件	1. 用途（适用于××品牌××机或通用于××机等）；2. 若为印刷电路组件制造用需注明	3. 品牌（中文或外文名称）；4. 型号		
85.16	电热的快速热水器、储存式热水器、浸入式液体加热器；电气空间加热器及土壤加热器；电热的理发器具（例如，电吹风机、电卷发器、电热发钳）及干手器；电熨斗；其他家用电热器具；加热电阻器，但税目85.45的货品除外：				
	-电热的快速热水器、储存式热水器、浸入式液体加热器：				
8516.1010	---储存式电热水器	1. 工作方式（储存式、即热式、浸入式等）；2. 加热原理	3. 品牌（中文或外文名称）；4. 型号；5. 容量		
8516.1020	---即热式电热水器	1. 工作方式（储存式、即热式、浸入式等）；2. 加热原理	3. 品牌（中文或外文名称）；4. 型号		
8516.1090	---其他	1. 工作方式（储存式、即热式、浸入式等）；2. 加热原理	3. 品牌（中文或外文名称）；4. 型号		
	-电气空间加热器及土壤加热器：				
8516.2100	--储存式散热器	1. 用途；2. 工作方式（储存式、辐射式、对流式等）	3. 品牌（中文或外文名称）；4. 型号		
	--其他：				
8516.2910	---土壤加热器	1. 用途；2. 工作方式（储存式、辐射式、对流式等）	3. 品牌（中文或外文名称）；4. 型号		
8516.2920	---辐射式空间加热器	1. 用途；2. 工作方式（储存式、辐射式、对流式等）	3. 品牌（中文或外文名称）；4. 型号		
	---对流式空间加热器：	1. 用途；2. 工作方式（储存式、辐射式、对流式等）	3. 品牌（中文或外文名称）；4. 型号		
8516.2931	----风扇式				
8516.2932	----充液式				
8516.2939	----其他				
8516.2990	---其他	1. 用途；2. 工作方式（储存式、辐射式、对流式等）	3. 品牌（中文或外文名称）；4. 型号		
	-电热的理发器具及干手器：	1. 用途；2. 加热原理	3. 品牌（中文或外文名称）；4. 型号		

税则号列	商品名称	申报要素			说明
		归类要素	价格要素	其他要素	
8516.3100	--吹风机				
8516.3200	--其他理发器具				
8516.3300	--干手器				
8516.4000	-电熨斗	1.用途；2.加热原理	3.品牌（中文或外文名称）；4.型号		
8516.5000	-微波炉	1.用途；2.加热原理	3.品牌（中文或外文名称）；4.型号		
	-其他炉；电锅、电热板、加热环、烧烤炉及烘烤器：	1.用途；2.加热原理	3.品牌（中文或外文名称）；4.型号		
8516.6010	---电磁炉				
8516.6030	---电饭锅				
8516.6040	---电炒锅				
8516.6050	---电烤箱				
8516.6090	---其他				
	-其他电热器具：	1.用途；2.加热原理	3.品牌（中文或外文名称）；4.型号		
	--咖啡壶或茶壶：				
8516.7110	---滴液式咖啡机				
8516.7120	---蒸馏渗滤式咖啡机				
8516.7130	---泵压式咖啡机				
8516.7190	---其他				
	--烤面包器：				
8516.7210	---家用自动面包机				
8516.7220	---片式烤面包机（多士炉）				
8516.7290	---其他				
	--其他：				
8516.7910	---电热饮水机				
8516.7990	---其他				
8516.8000	-加热电阻器	1.用途	2.品牌（中文或外文名称）；3.型号		
	-零件：	1.用途（适用于××品牌××机或通用于××机等）	2.品牌（中文或外文名称）；3.型号		
8516.9010	---土壤加热器及加热电阻器用				
8516.9090	---其他				

税则号列	商品名称	申报要素			说明
		归类要素	价格要素	其他要素	
85.17	电话机，包括用于蜂窝网络或其他无线网络的智能手机及其他电话机；其他发送或接收声音、图像或其他数据用的设备，包括有线或无线网络（例如，局域网或广域网）的通信设备，但税目84.43、85.25、85.27或85.28的发送或接收设备除外： -电话机，包括蜂窝网络或其他无线网络用智能手机及其他电话机：				
8517.1100	--无绳电话机	1.用途；2.适用网络种类（蜂窝网络、无线网络、有线网络、以太网等）	3.品牌（中文或外文名称）；4.型号；5.是否加密		
8517.1300	--智能手机	1.用途；2.适用网络种类（蜂窝网络、无线网络、有线网络、以太网等）	3.品牌（中文或外文名称）；4.型号；5.是否加密		
	--其他用于蜂窝网络或其他无线网络的电话机：				
8517.1410	---手持（包括车载）式无线电话机	1.用途；2.适用网络种类（蜂窝网络、无线网络）	3.品牌（中文或外文名称）；4.型号；5.是否加密		
8517.1420	---对讲机	1.用途；2.适用网络种类（蜂窝网络、无线网络）	3.品牌（中文或外文名称）；4.型号；5.是否加密		
8517.1490	---其他	1.用途；2.适用网络种类（蜂窝网络、无线网络）	3.品牌（中文或外文名称）；4.型号；5.是否加密		
8517.1800	--其他	1.用途；2.适用网络种类（蜂窝网络、无线网络、有线网络、以太网等）	3.品牌（中文或外文名称）；4.型号；5.是否加密		
	-其他发送或接收声音、图像或其他数据用的设备，包括有线或无线网络（例如，局域网或广域网）的通信设备：				

税则号列	商品名称	申报要素			说明
		归类要素	价格要素	其他要素	
	--基站：	1. 用途	2. 品牌（中文或外文名称）；3. 型号；4. 是否加密		
8517.6110	---移动通信基站				
8517.6190	---其他				
	--接收、转换并且发送或再生声音、图像或其他数据用的设备，包括交换及路由设备：				
	---数字式程控电话或电报交换机：				
8517.6211	----局用电话交换机；长途电话交换机；电报交换机	1. 用途；2. 控制方式；3. 处理信号的类型	4. 型号		
8517.6212	----移动通信交换机	1. 用途；2. 控制方式；3. 处理信号的类型	4. 型号		
8517.6219	----其他电话交换机	1. 用途；2. 控制方式；3. 处理信号的类型	4. 型号		
	---光通讯设备：	1. 用途；2. 通讯方式	3. 品牌（中文或外文名称）；4. 型号；5. 是否加密		
8517.6221	----光端机及脉冲编码调制设备（PCM）				
8517.6222	----波分复用光传输设备				
8517.6229	----其他				
	---其他有线数字通信设备：	1. 用途；2. 通讯方式；3. 适用网络种类（蜂窝网络、有线网络、以太网等）	4. 品牌（中文或外文名称）；5. 型号		
8517.6231	----通信网络时钟同步设备				
8517.6232	----以太网络交换机				
8517.6233	----IP电话信号转换设备				
8517.6234	----调制解调器				
8517.6235	----集线器				
8517.6236	----路由器				
8517.6237	----有线网络接口卡				
8517.6239	----其他				
	---其他：				
8517.6292	----无线网络接口卡	1. 用途；2. 功能；3. 适用网络种类（蜂窝网络、有线网络、以太网等）	4. 品牌（中文或外文名称）；5. 型号		

税则号列	商品名称	申报要素			说明
		归类要素	价格要素	其他要素	
8517.6293	----无限接入固定台	1. 用途；2. 功能；3. 适用网络种类（蜂窝网络、有线网络、以太网等）	4. 品牌（中文或外文名称）；5. 型号		
8517.6294	----无线耳机	1. 用途；2. 功能	3. 品牌（中文或外文名称）；4. 型号		
8517.6299	----其他	1. 用途；2. 功能；3. 适用网络种类（蜂窝网络、有线网络、以太网等）	4. 品牌（中文或外文名称）；5. 型号		
	--其他：	1. 用途	2. 品牌（中文或外文名称）；3. 型号		
8517.6910	---其他无线设备				
8517.6990	---其他有线设备				
	-零件：				
8517.7100	--各种天线和天线反射器及其零件	1. 用途（适用于××品牌××机或通用于××机等）	2. 品牌（中文或外文名称）；3. 型号		
	--其他：				
8517.7910	---数字式程控电话或电报交换机用	1. 用途（适用于××品牌××机或通用于××机等）	2. 品牌（中文或外文名称）；3. 型号		
8517.7920	---光端机及脉冲编码调制设备（PCM）用	1. 用途（适用于××品牌××机或通用于××机等）	2. 品牌（中文或外文名称）；3. 型号		
8517.7930	---智能手机及其他手（包括车载）式无线电话机用（天线除外）	1. 用途（适用于××品牌××机或通用于××机等）；2. 显示屏或显示模块请申报尺寸（英寸）；3. 显示屏或显示模块请申报种类（如LED、OLED等）；4. 显示屏或显示模块请申报是否需要二次加工	5. 品牌（中文或外文名称）；6. 型号		
8517.7940	---对讲机用（天线除外）	1. 用途（适用于××品牌××机或通用于××机等）	2. 品牌（中文或外文名称）；3. 型号		
8517.7950	---光通信设备的激光收发模块	1. 用途（适用于××品牌××机或通用于××机等）	2. 品牌（中文或外文名称）；3. 型号		
8517.7990	---其他	1. 用途（适用于××品牌××机或通用于××机等）	2. 品牌（中文或外文名称）；3. 型号		

税则号列	商品名称	申报要素			说明
		归类要素	价格要素	其他要素	
85.18	传声器（麦克风）及其座架；扬声器，不论是否装成音箱；耳机及耳塞机，不论是否装有传声器，以及由传声器及一个或多个扬声器组成的组合机；音频扩大器；电气扩音机组：				
8518.1000	-传声器（麦克风）及其座架		1.品牌（中文或外文名称）；2.型号		
	-扬声器，不论是否装成音箱：				
8518.2100	--单喇叭音箱	1.结构类型（是否有箱体）；2.用途	3.品牌（中文或外文名称）；4.型号		
8518.2200	--多喇叭音箱	1.结构类型（是否有箱体）；2.用途	3.品牌（中文或外文名称）；4.型号；5.喇叭数量和尺寸		
8518.2900	--其他	1.结构类型（是否有箱体）；2.用途	3.品牌（中文或外文名称）；4.型号；5.喇叭尺寸		
8518.3000	-耳机及耳塞机，不论是否装有传声器，以及由传声器及一个或多个扬声器组成的组合机		1.品牌（中文或外文名称）；2.型号		
8518.4000	-音频扩大器		1.品牌（中文或外文名称）；2.型号		
8518.5000	-电气扩音机组	1.组成部件	2.品牌（中文或外文名称）；3.型号		
8518.9000	-零件	1.用途（适用于××品牌××机或通用于××机等）	2.品牌（中文或外文名称）；3.型号		
85.19	声音录制或重放设备：				
8519.2000	-用硬币、钞票、银行卡、代币或其他支付方式使其工作的设备	1.支付方式	2.品牌（中文或外文名称）；3.型号		
8519.3000	-唱机转盘（唱机唱盘）		1.品牌（中文或外文名称）；2.型号		
	-其他设备：	1.使用媒介	2.品牌（中文或外文名称）；3.型号		
	--使用磁性、光学或半导体媒体的： ---使用磁性媒体的：				

税则号列	商品名称	申报要素			说明
		归类要素	价格要素	其他要素	
8519.8111	----未装有声音录制装置的盒式磁带型声音重放装置，编辑节目用放声机除外				
8519.8112	----装有声音重放装置的盒式磁带型录音机				
8519.8119	----其他				
	---使用光学媒体的：				
8519.8121	----激光唱机，未装有声音录制装置				
8519.8129	----其他				
	---使用半导体媒体的：				
8519.8131	----装有声音重放装置的闪速存储器型声音录制设备				
8519.8139	----其他				
	--其他：				
8519.8910	---不带录制装置的其他唱机，不论是否带有扬声器				
8519.8990	---其他声音录制或重放设备				
85.21	视频信号录制或重放设备，不论是否装有高频调谐器：				
	-磁带型：	1. 用途；2. 使用媒介		3. 品牌（中文或外文名称）；4. 型号	
	---录像机：				
8521.1011	----广播级				
8521.1019	----其他				
8521.1020	---放像机				
	-其他：	1. 使用媒介；2. 类型		3. 品牌（中文或外文名称）；4. 型号	
	---激光视盘机：				
8521.9011	----视频高密光盘（VCD）播放机				
8521.9012	----数字化视频光盘（DVD）播放机				
8521.9019	----其他				
8521.9090	---其他				
85.22	专用于或主要用于税目85.19或85.21所列设备的零件、附件：	1. 用途（适用于××品牌××机或通用于××机等）		2. 品牌（中文或外文名称）；3. 型号	
8522.1000	-拾音头				
	-其他：				
8522.9010	---转盘或唱机用				
	---盒式磁带录音机或放声机用：				
8522.9021	----走带机构（机芯），不论是否装有磁头				
8522.9022	----磁头				
8522.9023	----磁头零件				
8522.9029	----其他				

税则号列	商品名称	申报要素			说明
		归类要素	价格要素	其他要素	
	---视频信号录制或重放设备用：				
8522.9031	----激光视盘机的机芯				
8522.9039	----其他				
	---其他：				
8522.9091	----车载音频转播器或发射器				
8522.9099	----其他				
85.23	录制声音或其他信息用的圆盘、磁带、固态非易失性数据存储器件、"智能卡"及其他媒体，不论是否已录制，包括供复制圆盘用的母片及母带，但不包括第三十七章的产品：				
	-磁性媒体：				
	--磁条卡：	1. 用途；2. 是否录制	3. 品牌（中文或外文名称）；4. 型号；5. 录制内容类型		
8523.2110	---未录制				
8523.2120	---已录制				
	--其他：				
	---磁盘：	1. 用途；2. 是否录制	3. 品牌（中文或外文名称）；4. 型号；5. 录制内容类型		
8523.2911	----未录制				
8523.2919	----其他				
	---磁带：	1. 用途；2. 是否录制；3. 磁带宽度	4. 品牌（中文或外文名称）；5. 型号；6. 录制内容类型		
8523.2921	----未录制的宽度不超过4毫米的磁带				
8523.2922	----未录制的宽度超过4毫米，但不超过6.5毫米的磁带				
8523.2923	----未录制的宽度超过6.5毫米的磁带				
8523.2928	----重放声音或图像信息的磁带				
8523.2929	----已录制的其他磁带				
8523.2990	---其他	1. 用途；2. 是否录制	3. 品牌（中文或外文名称）；4. 型号；5. 录制内容类型		

税则号列	商品名称	申报要素			说明
		归类要素	价格要素	其他要素	
	-光学媒体：	1. 用途；2. 是否录制；3. 录制内容类型	4. 品牌（中文或外文名称）；5. 型号；6. 存储容量；7. 读取速度		
8523.4100	--未录制				
	--其他：				
8523.4910	---仅用于重放声音信息的				
8523.4920	---用于重放声音、图像以外信息的，税目84.71所列机器用				
8523.4990	---其他				
	-半导体媒体：				
	--固态非易失性存储器件（闪速存储器）：	1. 用途；2. 是否录制	3. 品牌（中文或外文名称）；4. 型号；5. 容量		
8523.5110	---未录制				
8523.5120	---已录制				
	--"智能卡"：	1. 用途；2. 是否录制	3. 品牌（中文或外文名称）；4. 型号；5. 是否加密；6. 存储容量		
8523.5210	---未录制				
8523.5290	---其他				
	--其他：	1. 用途；2. 是否录制	3. 品牌（中文或外文名称）；4. 型号		
8523.5910	---未录制				
8523.5920	---已录制				
	-其他：	1. 用途；2. 是否录制	3. 品牌（中文或外文名称）；4. 型号		
	---唱片：				
8523.8011	----已录制唱片				
8523.8019	----其他				
	---税目84.71所列机器用：				
8523.8021	----未录制				
8523.8029	----其他				
	---其他：				
8523.8091	----未录制				
8523.8099	----其他				
85.24	平板显示模组，不论是否装有触摸屏：				
	-不含驱动器或控制电路				

税则号列	商品名称	申报要素			说明
		归类要素	价格要素	其他要素	
8524.1100	--液晶的	1. 用途；2. 平面显示模组类型（液晶）；3. 是否含驱动器或控制电路；4. 是否仅含GOA或类似栅极电路（如GIP、GDM等）	5. 尺寸；6. 品牌（中文或外文名称）；7. 型号；8. 配置（请注明配置显示驱动板、HDMI接口、标记板、解码板、高频头、视频接口、触摸功能等）；9. 单片重量；10. 是否已切割		
8524.1200	--有机发光二极管的（OLED）	1. 用途；2. 平面显示模组类型（有机发光二极管）；3. 是否含驱动器或控制电路	4. 尺寸；5. 品牌（中文或外文名称）；6. 型号		
	--其他：	1. 用途；2. 平面显示模组类型（等离子、发光二极管等）；3. 是否含驱动器或控制电路	4. 尺寸；5. 品牌（中文或外文名称）；6. 型号		
8524.1910	---电视机用等离子显像组件				
	---发光二极管的：				
8524.1921	----电视机用				
8524.1929	----其他				
8524.1990	---其他				
	-其他：				
	--液晶的：				
8524.9110	---专用于或主要用于税目85.17所列装置用	1. 用途；2. 平面显示模组类型（液晶）；3. 是否含驱动器或控制电路；4. 是否需要二次加工；5. 是否仅含GOA或类似栅极电路（如GIP、GDM等）	6. 尺寸；7. 品牌（中文或外文名称）；8. 型号		
8524.9120	---专用于或主要用于税目85.19、85.21、85.25、85.26或85.27所列设备用	1. 用途；2. 平面显示模组类型（液晶）；3. 是否含驱动器或控制电路；4. 是否仅含GOA或类似栅极电路（如GIP、GDM等）	5. 尺寸；6. 品牌（中文或外文名称）；7. 型号		

税则号列	商品名称	申报要素			说明
		归类要素	价格要素	其他要素	
8524.9130	---专用于或主要用于税目85.35、85.36或85.37所列装置	1.用途；2.平面显示模组类型（液晶）；3.是否含驱动器或控制电路；4.是否仅含GOA或类似栅极电路（如GIP、GDM等）	5.尺寸；6.品牌（中文或外文名称）；7.型号		
8524.9140	---专用于或主要用于税目87.01至87.05所列车辆用	1.用途；2.平面显示模组类型（液晶）；3.是否含驱动器或控制电路；4.是否仅含GOA或类似栅极电路（如GIP、GDM等）；5.接口类型（包括接口电路）；6.构成（是否带标记板、解码板或高频头板等信号处理板）	7.尺寸；8.品牌（中文或外文名称）；9.型号		
8524.9190	---其他	1.用途；2.平面显示模组类型（液晶）；3.是否含驱动器或控制电路；4.是否仅含GOA或类似栅极电路（如GIP、GDM等）；5.接口类型（包括接口电路）；6.构成（是否带标记板、解码板或高频头板等信号处理板）	7.尺寸；8.品牌（中文或外文名称）；9.型号		
	--有机发光二极管的（OLED）：				
8524.9210	---专用于或主要用于税目85.17所列装置用	1.用途；2.平面显示模组类型（有机发光二极管）；3.是否含驱动器或控制电路；4.是否需要二次加工	5.尺寸；6.品牌（中文或外文名称）；7.型号		
8524.9220	---专用于或主要用于税目85.19、85.21、85.25、85.26或85.27所列设备用	1.用途；2.平面显示模组类型（有机发光二极管）；3.是否含驱动器或控制电路	4.尺寸；5.品牌（中文或外文名称）；6.型号		
8524.9230	---专用于或主要用于税目85.35、85.36或85.37所列装置	1.用途；2.平面显示模组类型（有机发光二极管）；3.是否含驱动器或控制电路	4.尺寸；5.品牌（中文或外文名称）；6.型号		
8524.9240	---专用于或主要用于税目87.01至87.05所列车辆用	1.用途；2.平面显示模组类型（有机发光二极管）；3.是否含驱动器或控制电路	4.尺寸；5.品牌（中文或外文名称）；6.型号		

税则号列	商品名称	申报要素 归类要素	申报要素 价格要素	申报要素 其他要素	说明
8524.9250	---电视接收机用（8529.9083）	1.用途；2.平面显示模组类型（有机发光二极管）；3.是否含驱动器或控制电路	4.尺寸；5.品牌（中文或外文名称）；6.型号		
8524.9260	---专用于或主要用于税目85.28所列其他监视器用	1.用途；2.平面显示模组类型（有机发光二极管）；3.是否含驱动器或控制电路	4.尺寸；5.品牌（中文或外文名称）；6.型号		
8524.9290	---其他	1.用途；2.平面显示模组类型（有机发光二极管）；3.是否含驱动器或控制电路	4.尺寸；5.品牌（中文或外文名称）；6.型号		
	--其他：	1.用途；2.平面显示模组类型（等离子、发光二极管等）；3.是否含驱动器或控制电路	4.尺寸；5.品牌（中文或外文名称）；6.型号		
8524.9910	---电视机用等离子显像组件				
	---发光二极管的：				
8524.9921	----电视机用				
8524.9929	----其他				
8524.9990	---其他				
85.25	无线电广播、电视发送设备，不论是否装有接收装置或声音的录制、重放装置；电视摄像机、数字照相机及视频摄录一体机：				
8525.5000	-发送设备	1.用途	2.品牌（中文或外文名称）；3.型号		
	-装有接收装置的发送设备：	1.用途；2.结构组成	3.品牌（中文或外文名称）；4.型号		
8525.6010	---卫星地面站设备				
8525.6090	---其他				
	-电视摄像机、数字照相机及视频摄录一体机：				
	--本章子目注释一所列高速设备：				
8525.8110	---电视摄像机	1.用途；2.是否可装内置存储装置	3.品牌（中文或外文名称）；4.型号		
8525.8120	---数字照相机	1.用途；2.是否可装内置存储装置	3.品牌（中文或外文名称）；4.型号		
8525.8130	---视频摄录一体机	1.用途；2.是否可装内置存储装置	3.品牌（中文或外文名称）；4.型号		

税则号列	商品名称	申报要素			说明
		归类要素	价格要素	其他要素	
	--其他，本章子目注释二所列抗辐射或耐辐射设备：				
8525.8210	---电视摄像机	1.用途；2.是否可装内置存储装置	3.品牌（中文或外文名称）；4.型号		
8525.8220	---数字照相机	1.用途；2.是否可装内置存储装置	3.品牌（中文或外文名称）；4.型号		
8525.8230	---视频摄录一体机	1.用途；2.是否可装内置存储装置	3.品牌（中文或外文名称）；4.型号		
	--其他，本章子目注释三所列夜视设备：				
8525.8310	---电视摄像机	1.用途；2.是否可装内置存储装置	3.品牌（中文或外文名称）；4.型号		
8525.8320	---数字照相机	1.用途；2.是否可装内置存储装置	3.品牌（中文或外文名称）；4.型号		
8525.8330	---视频摄录一体机	1.用途；2.是否可装内置存储装置	3.品牌（中文或外文名称）；4.型号		
	--其他：				
	---电视摄像机				
8525.8911	----其他，特种用途的	1.用途；2.是否可装内置存储装置	3.品牌（中文或外文名称）；4.型号		
8525.8912	----非特种用途的广播级	1.用途；2.是否可装内置存储装置	3.品牌（中文或外文名称）；4.型号		
8525.8919	----非特种用途的的其他类型	1.用途；2.是否可装内置存储装置	3.品牌（中文或外文名称）；4.型号		
	---数字照相机：	1.用途；2.是否可装内置存储装置	3.品牌（中文或外文名称）；4.型号		
8525.8921	----其他，特种用途的				
8525.8922	----非特种用途的单镜头反光型				
8525.8923	----非特种用途的，其他可换镜头的				
8525.8929	----非特种用途的其他类型				
	---视频摄录一体机：	1.用途；2.是否可装内置存储装置	3.品牌（中文或外文名称）；4.型号		
8525.8931	----其他，特种用途的				
8525.8932	----非特种用途的广播级				
8525.8933	----非特种用途的家用型				

税则号列	商品名称	申报要素			说明
		归类要素	价格要素	其他要素	
8525.8939	----非特种用途的其他类型				
85.26	**雷达设备、无线电导航设备及无线电遥控设备：**				
	-雷达设备：	1. 用途	2. 品牌（中文或外文名称）；3. 型号		
8526.1010	---导航用				
8526.1090	---其他				
	-其他：				
	--无线电导航设备：	1. 用途	2. 品牌（中文或外文名称）；3. 型号		
8526.9110	---机动车辆用				
8526.9190	---其他				
8526.9200	--无线电遥控设备	1. 用途	2. 品牌（中文或外文名称）；3. 型号；4. 控制距离		
85.27	**无线电广播接收设备，不论是否与声音的录制、重放装置或时钟组合在同一机壳内：**				
	-不需外接电源的无线电收音机：	1. 使用媒介（是否为盒式磁带）；2. 是否需外接电源	3. 品牌（中文或外文名称）；4. 型号；5. 外形尺寸		
8527.1200	--袖珍盒式磁带收放机				
8527.1300	--其他收录（放）音组合机				
8527.1900	--其他				
	-需外接电源的汽车用无线电收音机：				
8527.2100	--收录（放）音组合机	1. 用途；2. 结构组成；3. 具备接收和转换数字广播数据系统信号功能的需注明	4. 品牌（中文或外文名称）；5. 型号		
8527.2900	--其他	1. 用途；2. 结构组成	3. 品牌（中文或外文名称）；4. 型号		
	-其他：				
8527.9100	--收录（放）音组合机	1. 用途	2. 品牌（中文或外文名称）；3. 型号		
8527.9200	--带时钟的收音机	1. 用途	2. 品牌（中文或外文名称）；3. 型号		

税则号列	商品名称	申报要素			说明
		归类要素	价格要素	其他要素	
8527.9900	--其他	1. 用途	2. 品牌（中文或外文名称）；3. 型号		
85.28	监视器及投影机，未装电视接收装置；电视接收装置，不论是否装有无线电收音装置或声音、图像的录制或重放装置： -阴极射线管监视器：				
8528.4200	--可直接连接且设计用于税目84.71的自动数据处理设备的	1. 用途；2. 显示原理；3. 显示屏幕尺寸；4. 接口类型（包括接口电路）	5. 品牌（中文或外文名称）；6. 型号		
	--其他：	1. 用途；2. 显示原理；3. 显示屏幕尺寸	4. 品牌（中文或外文名称）；5. 型号		
8528.4910	---彩色的				
8528.4990	---单色的 -其他监视器： --可直接连接且设计用于税目84.71的自动数据处理设备的： ---液晶的：				
8528.5211	----专用于或主要用于税目84.71的自动数据处理设备的	1. 用途；2. 显示原理；3. 显示屏幕尺寸；4. 接口类型（包括接口电路）；5. 构成（是否带标记板、解码板或高频头板等信号处理板）	6. 品牌（中文或外文名称）；7. 型号		
8528.5212	----其他，彩色的	1. 用途；2. 显示原理；3. 显示屏幕尺寸；4. 接口类型（包括接口电路）；5. 构成（是否带标记板、解码板或高频头板等信号处理板）	6. 品牌（中文或外文名称）；7. 型号		
8528.5219	----其他，单色的 ---其他：	1. 用途；2. 显示原理；3. 显示屏幕尺寸；4. 接口类型（包括接口电路）；5. 构成（是否带标记板、解码板或高频头板等信号处理板）	6. 品牌（中文或外文名称）；7. 型号		

税则号列	商品名称	申报要素			说明
		归类要素	价格要素	其他要素	
8528.5291	----专用于或主要用于税目84.71的自动数据处理设备的，彩色的	1. 用途；2. 显示原理；3. 显示屏幕尺寸；4. 接口类型（包括接口电路）	5. 品牌（中文或外文名称）；6. 型号		
8528.5292	----其他，彩色的	1. 用途；2. 显示原理；3. 显示屏幕尺寸；4. 接口类型（包括接口电路）	5. 品牌（中文或外文名称）；6. 型号		
8528.5299	----其他，单色的	1. 用途；2. 显示原理；3. 显示屏幕尺寸；4. 接口类型（包括接口电路）	5. 品牌（中文或外文名称）；6. 型号		
	--其他：				
8528.5910	---彩色的	1. 用途；2. 显示原理；3. 显示屏幕尺寸	4. 品牌（中文或外文名称）；5. 型号；6. 最高分辨率		
8528.5990	---单色的	1. 用途；2. 显示原理；3. 显示屏幕尺寸	4. 品牌（中文或外文名称）；5. 型号		
	-投影机： --可直接连接且设计用于税目84.71的自动数据处理设备的：				
8528.6210	---专用于或主要用于税目84.71的自动数据处理设备的	1. 用途；2. 显示原理；3. 接口类型（包括接口电路）	4. 品牌（中文或外文名称）；5. 型号；6. 亮度		
8528.6220	---其他，彩色的	1. 用途；2. 显示原理；3. 接口类型（包括接口电路）	4. 品牌（中文或外文名称）；5. 型号；6. 亮度		
8528.6290	---其他，单色的	1. 用途；2. 显示原理；3. 接口类型（包括接口电路）	4. 品牌（中文或外文名称）；5. 型号；6. 亮度		
	--其他：	1. 用途；2. 显示原理；3. 接口类型（包括接口电路）	4. 品牌（中文或外文名称）；5. 型号；6. 亮度		
8528.6910	---彩色的				
8528.6990	---单色的				
	-电视接收装置，不论是否装有无线电收音装置或声音、图像的录制或重放装置：				

税则号列	商品名称	申报要素			说明
		归类要素	价格要素	其他要素	
	--在设计上不带有视频显示器或屏幕的：	1.用途；2.是否带显示屏	3.品牌（中文或外文名称）；4.型号		
8528.7110	---彩色卫星电视接收机				
8528.7180	---其他彩色的				
8528.7190	---单色的				
	--其他，彩色的：	1.用途；2.显示原理；3.显示屏幕尺寸	4.品牌（中文或外文名称）；5.型号		
	---阴极射线显像管的：				
8528.7211	----模拟电视接收机				
8528.7212	----数字电视接收机				
8528.7219	----其他				
	---液晶显示器的：				
8528.7221	----模拟电视接收机				
8528.7222	----数字电视接收机				
8528.7229	----其他				
	---等离子显示器的：				
8528.7231	----模拟电视接收机				
8528.7232	----数字电视接收机				
8528.7239	----其他				
	---其他：				
8528.7291	----模拟电视接收机				
8528.7292	----数字电视接收机				
8528.7299	----其他				
8528.7300	--其他，单色的	1.用途；2.显示原理；3.显示屏幕尺寸	4.品牌（中文或外文名称）；5.型号		
85.29	专用于或主要用于税目85.24至85.28所列装置或设备的零件：				
	-各种天线或天线反射器及其零件：				
8529.1010	---雷达设备及无线电导航设备用	1.用途（适用于××品牌××机或通用于××机等）	2.品牌（中文或外文名称）；3.型号		
8529.1020	---无线电收音机及其组合机、电视接收机用	1.用途（适用于××品牌××机或通用于××机等）	2.品牌（中文或外文名称）；3.型号		
8529.1090	---其他	1.用途（适用于××品牌××机或通用于××机等）	2.品牌（中文或外文名称）；3.型号		
	-其他：				
8529.9010	---电视发送、差转设备及卫星电视地面接收转播设备用	1.用途（适用于××品牌××机或通用于××机等）	2.品牌（中文或外文名称）；3.型号		

税则号列	商品名称	申报要素 归类要素	申报要素 价格要素	申报要素 其他要素	说明
8529.9020	---税目85.24所列设备用	1.用途（适用于××品牌××机或通用于××机等）	2.品牌（中文或外文名称）；3.型号		
	---电视摄像机、视频摄录一体机及数字照相机用：				
8529.9041	----特种用途的	1.用途（适用于××品牌××机或通用于××机等）	2.品牌（中文或外文名称）；3.型号		
8529.9042	----非特种用途的取像模块	1.用途（适用于××品牌××机或通用于××机等）；2.是否带有数字信号处理电路	3.品牌（中文或外文名称）；4.型号		
8529.9049	----其他	1.用途（适用于××品牌××机或通用于××机等）	2.品牌（中文或外文名称）；3.型号		
8529.9050	---雷达设备及无线电导航设备用	1.用途（适用于××品牌××机或通用于××机等）	2.品牌（中文或外文名称）；3.型号		
8529.9060	---无线电收音机及其组合机用	1.用途（适用于××品牌××机或通用于××机等）	2.品牌（中文或外文名称）；3.型号		
	---电视接收机用（高频调谐器除外）：	1.用途（适用于××品牌××机或通用于××机等）	2.品牌（中文或外文名称）；3.型号		
8529.9081	----彩色电视接收机用				
8529.9089	----其他				
8529.9090	---其他	1.用途（适用于××品牌××机或通用于××机等）	2.品牌（中文或外文名称）；3.型号		
85.30	铁道、电车道、道路或内河航道、停车场、港口或机场用的电气信号、安全或交通管理设备（税目86.08的货品除外）：				
8530.1000	-铁道或电车道用的设备	1.用途	2.品牌（中文或外文名称）；3.型号		
8530.8000	-其他设备	1.用途	2.品牌（中文或外文名称）；3.型号		
8530.9000	-零件	1.用途（适用于××品牌××机或通用于××机等）	2.品牌（中文或外文名称）；3.型号		
85.31	电气音响或视觉信号装置（例如，电铃、电笛、显示板、防盗或防火报警器），但税目85.12或85.30的货品除外：				

税则号列	商品名称	申报要素			说明
		归类要素	价格要素	其他要素	
8531.1000	-防盗或防火报警器及类似装置	1. 用途	2. 品牌（中文或外文名称）；3. 型号；4. 工作原理		
8531.2000	-装有液晶装置（LCD）或发光二极管（LED）的显示板	1. 用途；2. 显示原理	3. 品牌（中文或外文名称）；4. 型号；5. 规格尺寸		
	-其他装置：				
8531.8010	---蜂鸣器	1. 用途；2. 音量	3. 品牌（中文或外文名称）；4. 型号		
8531.8090	---其他	1. 用途	2. 品牌（中文或外文名称）；3. 型号		
	-零件：	1. 用途（适用于××品牌××机或通用于××机等）	2. 品牌（中文或外文名称）；3. 型号		
8531.9010	---防盗或防火报警器及类似装置用				
8531.9090	---其他				
85.32	**固定、可变或可调（微调）电容器：**				
8532.1000	-固定电容器，用于50/60赫兹电路，其额定无功功率不低于0.5千瓦（电力电容器）	1. 用途；2. 额定无功功率；3. 适用频率	4. 品牌（中文或外文名称）；5. 型号		
	-其他固定电容器：	1. 结构类型（单层、多层等和片式、非片式）；2. 介质类型	3. 品牌（中文或外文名称）；4. 型号		
	--钽电容器：				
8532.2110	---片式				
8532.2190	---其他				
	--铝电解电容器：				
8532.2210	---片式				
8532.2290	---其他				
8532.2300	--单层瓷介电容器				
	--多层瓷介电容器：				
8532.2410	---片式				
8532.2490	---其他				
	--纸介质或塑料介质电容器：				
8532.2510	---片式				
8532.2590	---其他				
8532.2900	--其他				
8532.3000	-可变或可调（微调）电容器	1. 是否可变、可调	2. 品牌（中文或外文名称）；3. 型号		

税则号列	商品名称	申报要素			说明
		归类要素	价格要素	其他要素	
	-零件：	1. 用途（适用于××品牌××机或通用于××机等）	2. 品牌（中文或外文名称）；3. 型号		
8532.9010	---子目8532.1000所列电容器用				
8532.9090	---其他				
85.33	电阻器（包括变阻器及电位器），但加热电阻器除外：				
8533.1000	-固定碳质电阻器，合成或薄膜式	1. 结构类型（合成式或薄膜式）；2. 介质	3. 品牌（中文或外文名称）；4. 型号		
	-其他固定电阻器：	1. 额定功率；2. 结构类型（片式、线绕式等）	3. 品牌（中文或外文名称）；4. 型号		
	--额定功率不超过20瓦：				
8533.2110	---片式				
8533.2190	---其他				
8533.2900	--其他				
	-线绕可变电阻器，包括变阻器及电位器：	1. 额定功率；2. 结构类型（片式、线绕式等）	3. 品牌（中文或外文名称）；4. 型号		
8533.3100	--额定功率不超过20瓦				
8533.3900	--其他				
8533.4000	-其他可变电阻器，包括变阻器及电位器		1. 品牌（中文或外文名称）；2. 型号		
8533.9000	-零件	1. 用途（适用于××品牌××机或通用于××机等）	2. 品牌（中文或外文名称）；3. 型号		
85.34	印刷电路：	1. 电路层数；2. 是否不带有机械元件；3. 是否不带有有源电气元件	4. 品牌（中文或外文名称）；5. 型号		
8534.0010	---4层以上的				
8534.0090	---其他				
85.35	电路的开关、保护或连接用的电气装置（例如，开关、熔断器、避雷器、电压限幅器、电涌抑制器、插头及其他连接器、接线盒），用于电压超过**1000伏的线路**：				
8535.1000	-熔断器	1. 用途；2. 电压	3. 品牌（中文或外文名称）；4. 型号		
	-自动断路器：				
8535.2100	--用于电压低于72.5千伏的线路	1. 用途；2. 电压	3. 品牌（中文或外文名称）；4. 型号		

税则号列	商品名称	申报要素			说明
		归类要素	价格要素	其他要素	
	--其他：	1. 用途；2. 电压	3. 品牌（中文或外文名称）；4. 型号		
8535.2910	---用于电压在72.5千伏及以上，但不高于220千伏的线路				
8535.2920	---用于电压高于220千伏，但不高于750千伏的线路				
8535.2990	---其他				
	-隔离开关及断续开关：				
8535.3010	---用于电压在72.5千伏及以上，但不高于220千伏的线路	1. 用途；2. 电压	3. 品牌（中文或外文名称）；4. 型号		
8535.3020	---用于电压高于220千伏，但不高于750千伏的线路	1. 用途；2. 电压	3. 品牌（中文或外文名称）；4. 型号		
8535.3090	---其他	1. 用途；2. 电压	3. 品牌（中文或外文名称）；4. 型号		
8535.4000	-避雷器、电压限幅器及电涌抑制器	1. 用途；2. 电压	3. 品牌（中文或外文名称）；4. 型号		
8535.9000	-其他	1. 用途；2. 电压	3. 品牌（中文或外文名称）；4. 型号		
85.36	电路的开关、保护或连接用的电气装置（例如，开关、继电器、熔断器、电涌抑制器、插头、插座、灯座及其他连接器、接线盒），用于电压不超过1000伏的线路；光导纤维、光导纤维束或光缆用连接器：				
8536.1000	-熔断器	1. 用途；2. 电压	3. 品牌（中文或外文名称）；4. 型号		
8536.2000	-自动断路器	1. 用途；2. 电压	3. 品牌（中文或外文名称）；4. 型号		
8536.3000	-其他电路保护装置	1. 用途；2. 电压	3. 品牌（中文或外文名称）；4. 型号		
	-继电器：				
	--用于电压不超过60伏的线路：				
8536.4110	---用于电压不超过36伏的线路	1. 用途；2. 电压	3. 品牌（中文或外文名称）；4. 型号		

税则号列	商品名称	申报要素			说明
		归类要素	价格要素	其他要素	
8536.4190	---其他	1.用途；2.电压	3.品牌（中文或外文名称）；4.型号		
8536.4900	--其他	1.用途；2.电压	3.品牌（中文或外文名称）；4.型号		
8536.5000	-其他开关	1.用途；2.电压	3.品牌（中文或外文名称）；4.型号		
	-灯座、插头及插座：				
8536.6100	--灯座	1.用途；2.电压	3.品牌（中文或外文名称）；4.型号		
8536.6900	--其他	1.用途；2.电压	3.品牌（中文或外文名称）；4.型号		
8536.7000	-光导纤维、光导纤维束或光缆用连接器	1.用途	2.品牌（中文或外文名称）；3.型号		
	-其他装置：				
	---接插件：				
8536.9011	----工作电压不超过36伏的	1.用途；2.电压	3.品牌（中文或外文名称）；4.型号		
8536.9019	----其他	1.用途；2.电压	3.品牌（中文或外文名称）；4.型号		
8536.9090	---其他	1.用途；2.电压	3.品牌（中文或及外文名称）；4.型号		
85.37	用于电气控制或电力分配的盘、板、台、柜及其他基座，装有两个或多个税目85.35或85.36所列的装置，包括装有第九十章所列的仪器或装置，以及数控装置，但税目85.17的交换机除外： -用于电压不超过1000伏的线路： ---数控装置：				
8537.1011	----可编程序控制器	1.用途；2.原理；3.电压	4.品牌（中文或外文名称）；5.型号		
8537.1019	----其他	1.用途；2.原理；3.电压	4.品牌（中文或外文名称）；5.型号		

税则号列	商品名称	申报要素			说明
		归类要素	价格要素	其他要素	
8537.1090	---其他	1. 用途；2. 原理；3. 电压	4. 品牌（中文或外文名称）；5. 型号		
	-用于电压超过1000伏的线路：	1. 用途；2. 原理；3. 电压	4. 品牌（中文或外文名称）；5. 型号		
8537.2010	---全封闭组合式高压开关装置，用于电压在500千伏及以上的线路				
8537.2090	---其他				
85.38	**专用于或主要用于税目85.35、85.36或85.37所列装置的零件：**	1. 用途（适用于××品牌××机或通用于××机等）；2. 是否装有税目85.35或85.36所列装置	3. 品牌（中文或外文名称）；4. 型号		
	-税目85.37所列货品用的盘、板、台、柜及其他基座，但未装有关装置：				
8538.1010	---税号8537.2010所列货品用				
8538.1090	---其他				
8538.9000	-其他				
85.39	**白炽灯泡、放电灯管，包括封闭式聚光灯及紫外线灯管或红外线灯泡；弧光灯；发光二极管（LED）光源：**				
8539.1000	-封闭式聚光灯	1. 用途；2. 类型	3. 品牌（中文或外文名称）；4. 型号		
	-其他白炽灯泡，但不包括紫外线灯管或红外线灯泡：				
	--卤钨灯：	1. 用途；2. 类型	3. 品牌（中文或外文名称）；4. 型号		
8539.2110	---科研、医疗专用				
8539.2120	---火车、航空器及船舶用				
8539.2130	---机动车辆用				
8539.2190	---其他				
	--其他灯，功率不超过200瓦，但额定电压超过100伏：	1. 用途；2. 类型；3. 功率；4. 额定电压	5. 品牌（中文或外文名称）；6. 型号		
8539.2210	---科研、医疗专用				
8539.2290	---其他				
	--其他：	1. 用途；2. 类型；3. 功率；4. 额定电压	5. 品牌（中文或外文名称）；6. 型号		
8539.2910	---科研、医疗专用				
8539.2920	---火车、航空器及船舶用				
8539.2930	---机动车辆用				
	---其他：				

税则号列	商品名称	申报要素			说明
		归类要素	价格要素	其他要素	
8539.2991	----12伏及以下的				
8539.2999	----其他				
	-放电灯管，但紫外线灯管除外：				
	--热阴极荧光灯：	1. 类型	2. 品牌（中文或外文名称）；3. 型号		
8539.3110	---科研、医疗专用				
8539.3120	---火车、航空器及船舶用				
	---其他：				
8539.3191	----紧凑型				
8539.3199	----其他				
	--汞或钠蒸汽灯；金属卤化物灯：	1. 类型	2. 品牌（中文或外文名称）；3. 型号		
8539.3230	---钠蒸汽灯				
8539.3240	---汞蒸汽灯				
8539.3290	---其他				
	--其他：				
8539.3910	---科研、医疗专用	1. 类型	2. 品牌（中文或外文名称）；3. 型号		
8539.3920	---火车、航空器及船舶用	1. 类型	2. 品牌（中文或外文名称）；3. 型号		
8539.3990	---其他	1. 类型	2. 品牌（中文或外文名称）；3. 型号		
	-紫外线灯管或红外线灯泡；弧光灯：	1. 类型	2. 品牌（中文或外文名称）；3. 型号		
8539.4100	--弧光灯				
8539.4900	--其他				
	-发光二极管（LED）光源：				
8539.5100	--发光二极管（LED）模块	1. 用途	2. 品牌（中文或外文名称）；3. 型号		
	-发光二极管（LED）灯泡（管）：	1. 类型	2. 品牌（中文或外文名称）；3. 型号		
8539.5210	---发光二极管（LED）灯泡				
8539.5220	---发光二极管（LED）灯管				
	-零件	1. 用途（适用于××品牌××机或通用于××机等）	2. 品牌（中文或外文名称）；3. 型号		
8539.9010	---发光二极管（LED）模块的				
8539.9090	---其他				

税则号列	商品名称	申报要素			说明
		归类要素	价格要素	其他要素	
85.40	热电子管、冷阴极管或光阴极管（例如，真空管或充气管、汞弧整流管、阴极射线管、电视摄像管）：				
	-阴极射线电视显像管，包括视频监视器用阴极射线管：	1. 原理	2. 品牌（中文或外文名称）；3. 型号		
8540.1100	--彩色的				
8540.1200	--单色的				
	-电视摄像管；变像管及图像增强管；其他光阴极管：	1. 用途	2. 品牌（中文或外文名称）；3. 型号		
8540.2010	---电视摄像管				
8540.2090	---其他				
	-单色的数据/图形显示管；彩色的数据/图形显示管，屏幕荧光点间距小于0.4毫米：				
8540.4010	---彩色的数据/图形显示管，屏幕荧光点间距小于0.4毫米	1. 是否彩色；2. 荧光点距	3. 品牌（中文或外文名称）；4. 型号		
8540.4020	---单色的数据/图形显示管	1. 是否单色；2. 荧光点距	3. 品牌（中文或外文名称）；4. 型号		
	-其他阴极射线管：				
8540.6010	---雷达显示管	1. 用途；2. 类型	3. 品牌（中文或外文名称）；4. 型号		
8540.6090	---其他	1. 用途；2. 类型	3. 品牌（中文或外文名称）；4. 型号		
	-微波管（例如，磁控管、速调管、行波管、返波管），但不包括栅控管：	1. 用途；2. 类型	3. 品牌（中文或外文名称）；4. 型号		
8540.7100	--磁控管				
	--其他：				
8540.7910	---速调管				
8540.7990	---其他				
	-其他管：	1. 用途；2. 类型	3. 品牌（中文或外文名称）；4. 型号		
8540.8100	--接收管或放大管				
8540.8900	--其他				
	-零件：	1. 用途（适用于××品牌××机或通用于××机等）	2. 品牌（中文或外文名称）；3. 型号		
	--阴极射线管用：				
8540.9110	---电视显像管用				

税则号列	商品名称	申报要素			说明
		归类要素	价格要素	其他要素	
8540.9120	---雷达显示管用				
8540.9190	---其他				
	--其他：				
8540.9910	---电视摄像管用				
8540.9990	---其他				
85.41	半导体器件（例如，二极管、晶体管、半导体基换能器）；光敏半导体器件，包括不论是否装在组件内或组装成块的光电池；发光二极管（LED），不论是否与其他发光二极管（LED）组装；已装配的压电晶体：				
8541.1000	-二极管，但光敏二极管或发光二极管除外		1. 品牌（中文或外文名称）；2. 型号		
	-晶体管，但光敏晶体管除外：	1. 耗散功率	2. 品牌（中文或外文名称）；3. 型号		
8541.2100	--耗散功率小于1瓦的				
8541.2900	--其他				
8541.3000	-半导体开关元件、两端交流开关元件及三端双向可控硅开关元件，但光敏器件除外	1. 是否由多个半导体元件构成	2. 品牌（中文或外文名称）；3. 型号		
	-光敏半导体器件，包括不论是否装在组件内或组装成块的光电池；发光二极管：				
8541.4100	--发光二极管（LED）		1. 品牌（中文或外文名称）；2. 型号		
8541.4200	--未装在组件内或组装成块的光电池	1. 额定功率	2. 品牌（中文或外文名称）；3. 型号；4. 转换效率		
8541.4300	--已装在组件内或组装成块的光电池	1. 额定功率	2. 品牌（中文或外文名称）；3. 型号；4. 转换效率		
8541.4900	--其他		1. 品牌（中文或外文名称）；2. 型号		
	-其他半导体器件：				
	--半导体基换能器：				
	---传感器：	1. 用途；2. 功能	3. 品牌（中文或外文名称）；4. 型号		

税则号列	商品名称	申报要素			说明
		归类要素	价格要素	其他要素	
8541.5111	----检测湿度、气压及其组合指标的				
8541.5112	----用于检测温度、电量、理化指标的；利用光学检测其他指标的				
8541.5113	----液体或气体的流量、液位、压力或其他变化量的				
8541.5119	----其他				
	---执行器：				
8541.5121	----电动机	1.用途；2.功能	3.品牌（中文或外文名称）；4.型号		
8541.5129	----其他	1.用途；2.功能	3.品牌（中文或外文名称）；4.型号		
8541.5130	---振荡器	1.用途；2.功能	3.品牌（中文或外文名称）；4.型号		
8541.5140	---谐振器	1.用途；2.功能	3.品牌（中文或外文名称）；4.型号		
8541.5900	--其他	1.用途；2.功能；3.是否由多个半导体元件构成	4.品牌（中文或外文名称）；5.型号		
8541.6000	-已装配的压电晶体	1.是否已装配	2.品牌（中文或外文名称）；3.型号		
8541.9000	-零件	1.用途（适用于××品牌××机或通用于××机等）	2.品牌（中文或外文名称）；3.型号		
85.42	集成电路：				
	-集成电路：				
	--处理器及控制器，不论是否带有存储器、转换器、逻辑电路、放大器、时钟及时序电路或其他电路：	1.应用场景；2.功能；3.是否封装；4.是否切割	5.品牌（中文或外文名称）；6.型号；7.是否量产（量产或非量产）		
	---多元件集成电路：				
8542.3111	----具有变流功能的半导体模块				
8542.3119	----其他				
8542.3190	---其他				

税则号列	商品名称	申报要素 归类要素	申报要素 价格要素	申报要素 其他要素	说明
	--存储器：	1.应用场景；2.功能；3.是否封装；4.是否切割	5.品牌（中文或外文名称）；6.型号；7.是否量产（量产或非量产）；8.容量		
8542.3210	---多元件集成电路				
8542.3290	---其他				
	--放大器：	1.应用场景；2.功能；3.是否封装；4.是否切割	5.品牌（中文或外文名称）；6.型号；7.是否量产（量产或非量产）		
8542.3310	---多元件集成电路				
8542.3390	---其他				
	--其他：	1.应用场景；2.功能；3.是否封装；4.是否切割	5.品牌（中文或外文名称）；6.型号；7.是否量产（量产或非量产）		
8542.3910	---多元件集成电路				
8542.3990	---其他				
8542.9000	-零件	1.用途（适用于××品牌××机或通用于××机等）	2.品牌（中文或外文名称）；3.型号		
85.43	**本章其他税目未列名的具有独立功能的电气设备及装置：**				
8543.1000	-粒子加速器	1.用途；2.功能	3.品牌（中文或外文名称）；4.型号		
	-信号发生器：	1.用途；2.功能；3.输出信号频率范围	4.品牌（中文或外文名称）；5.型号		
8543.2010	---输出信号频率在1500兆赫兹以下的通用信号发生器				
8543.2090	---其他				
8543.3000	-电镀、电解或电泳设备及装置	1.用途；2.功能	3.品牌（中文或外文名称）；4.型号		
8543.4000	-电子烟及类似的个人电子雾化设备	1.功能	2.品牌（中文或外文名称）；3.型号		
	-其他设备及装置：				

税则号列	商品名称	申报要素			说明
		归类要素	价格要素	其他要素	
8543.7091	----金属、矿藏探测器	1. 用途；2. 功能	3. 品牌（中文或外文名称）；4. 型号		
8543.7092	----高、中频放大器	1. 用途；2. 功能	3. 品牌（中文或外文名称）；4. 型号		
8543.7093	----电篱网激发器	1. 用途；2. 功能	3. 品牌（中文或外文名称）；4. 型号		
8543.7099	----其他	1. 用途；2. 功能	3. 品牌（中文或外文名称）；4. 型号		
	-零件：	1. 用途（适用于××品牌××机或通用于××机等）	2. 品牌（中文或外文名称）；3. 型号		
8543.9010	---粒子加速器用				
	---信号发生器用：				
8543.9021	----输出信号频率在1500兆赫兹以下的通用信号发生器用				
8543.9029	----其他				
8543.9030	---金属、矿藏探测器用				
8543.9040	---高、中频放大器用				
8543.9090	---其他				
85.44	**绝缘（包括漆包或阳极化处理）电线、电缆（包括同轴电缆）及其他绝缘电导体，不论是否有接头；由每根被覆光纤组成的光缆，不论是否与电导体装配或装有接头：**				
	-绕组电线：	1. 用途；2. 材质	3. 品牌（中文或外文名称）；4. 型号		
8544.1100	--铜制				
8544.1900	--其他				
8544.2000	-同轴电缆及其他同轴电导体	1. 用途；2. 结构类型（同轴和是否有接头）	3. 品牌（中文或外文名称）；4. 型号		
	-车辆、航空器、船舶用点火布线组及其他布线组：				
8544.3020	---机动车辆用	1. 用途	2. 品牌（中文或外文名称）；3. 型号；4. 额定电压		

税则号列	商品名称	申报要素 归类要素	申报要素 价格要素	申报要素 其他要素	说明
8544.3090	---其他	1. 用途；2. 结构类型（有接头等）	3. 品牌（中文或外文名称）；4. 型号；5. 额定电压		
	-其他电导体，额定电压不超过1000伏： --有接头： ---额定电压不超过80伏：				
8544.4211	----电缆	1. 用途；2. 结构类型（是否有接头；是否同轴电缆）	3. 品牌（中文或外文名称）；4. 型号；5. 额定电压		
8544.4219	----其他	1. 用途；2. 结构类型（是否有接头；是否同轴电导体）	3. 品牌（中文或外文名称）；4. 型号；5. 额定电压		
	---额定电压超过80伏，但不超过1000伏：				
8544.4221	----电缆	1. 用途；2. 结构类型（是否有接头；是否同轴电缆）	3. 品牌（中文或外文名称）；4. 型号；5. 额定电压		
8544.4229	----其他	1. 用途；2. 结构类型（是否有接头；是否同轴电导体）	3. 品牌（中文或外文名称）；4. 型号；5. 额定电压		
	--其他： ---额定电压不超过80伏：				
8544.4911	----电缆	1. 用途；2. 结构类型（是否有接头；是否同轴电缆）	3. 品牌（中文或外文名称）；4. 型号；5. 额定电压		
8544.4919	----其他	1. 用途；2. 结构类型（是否有接头；是否同轴电导体）	3. 品牌（中文或外文名称）；4. 型号；5. 额定电压		
	---额定电压超过80伏，但不超过1000伏：				

税则号列	商品名称	申报要素			说明
		归类要素	价格要素	其他要素	
8544.4921	----电缆	1. 用途；2. 结构类型（是否有接头；是否同轴电缆）	3. 品牌（中文或外文名称）；4. 型号；5. 额定电压		
8544.4929	----其他	1. 用途；2. 结构类型（是否有接头；是否同轴电导体）	3. 品牌（中文或外文名称）；4. 型号；5. 额定电压		
	-其他电导体，额定电压超过1000伏： ---电缆：				
8544.6012	----额定电压不超过35千伏	1. 用途；2. 结构类型（有接头等）	3. 品牌（中文或外文名称）；4. 型号；5. 额定电压		
8544.6013	----额定电压超过35千伏，但不超过110千伏	1. 用途；2. 结构类型（有接头等）	3. 品牌（中文或外文名称）；4. 型号；5. 额定电压		
8544.6014	----额定电压超过110千伏，但不超过220千伏	1. 用途；2. 结构类型（有接头等）	3. 品牌（中文或外文名称）；4. 型号；5. 额定电压		
8544.6019	----其他	1. 用途；2. 结构类型（有接头等）	3. 品牌（中文或外文名称）；4. 型号；5. 额定电压		
8544.6090	---其他	1. 用途；2. 结构类型（有接头等）	3. 品牌（中文或外文名称）；4. 型号；5. 额定电压		
8544.7000	-光缆	1. 是否每根光纤被覆	2. 品牌（中文或外文名称）；3. 型号		
85.45	碳电极、碳刷、灯碳棒、电池碳棒及电气设备用的其他石墨或碳精制品，不论是否带金属： -碳电极：				

税则号列	商品名称	申报要素			说明
		归类要素	价格要素	其他要素	
8545.1100	--炉用	1. 用途；2. 材质	3. 品牌（中文或外文名称）；4. 型号		
8545.1900	--其他	1. 用途；2. 材质；3. 外观	4. 品牌（中文或外文名称）；5. 型号		
8545.2000	-碳刷	1. 用途；2. 材质	3. 品牌（中文或外文名称）；4. 型号		
8545.9000	-其他	1. 用途；2. 材质	3. 品牌（中文或外文名称）；4. 型号		
85.46	各种材料制的绝缘子：	1. 用途；2. 材质	3. 品牌（中文或外文名称）；4. 型号		
8546.1000	-玻璃制 -陶瓷制：				
8546.2010	---输变电线路绝缘瓷套管				
8546.2090	---其他				
8546.9000	-其他				
85.47	电气机器、器具或设备用的绝缘零件，除了为装配需要而在模制时装入的小金属零件（例如，螺纹孔）以外，全部用绝缘材料制成，但税目85.46的绝缘子除外；内衬绝缘材料的贱金属制线路导管及其接头：	1. 用途；2. 材质	3. 品牌（中文或外文名称）；4. 型号		
8547.1000	-陶瓷制绝缘零件				
8547.2000	-塑料制绝缘零件 -其他：				
8547.9010	---内衬绝缘材料的贱金属制线路导管及其接头				
8547.9090	---其他				
85.48	机器或设备的本章其他税目未列名的电气零件：				
8548.0000	机器或设备的本章其他税目未列名的电气零件	1. 用途	2. 品牌（中文或外文名称）；3. 型号		
85.49	电子电气废弃物及碎料： -原电池、原电池组及蓄电池的废物、废料；废原电池、废原电池组及废蓄电池：	1. 来源			
8549.1100	--铅酸蓄电池的废物、废料；废铅酸蓄电池				
8549.1200	--其他，含铅、镉或汞的				
8549.1300	--按化学类型分拣且不含铅、镉或汞的				
8549.1400	--未分拣且不含铅、镉或汞的				

税则号列	商品名称	申报要素			说明
		归类要素	价格要素	其他要素	
8549.1900	--其他				
	-主要用于回收贵金属的：	1. 来源			
8549.2100	--含有原电池、原电池组、蓄电池、汞开关、源于阴极射线管的玻璃或其他活化玻璃，或含有镉、汞、铅或多氯联苯（PCBs）的电气或电子元件				
8549.2900	--其他				
	-其他电气、电子组件及印刷电路板：	1. 来源			
8549.3100	--含有原电池、原电池组、蓄电池、汞开关、源于阴极射线管的玻璃或其他活化玻璃，或含有镉、汞、铅或多氯联苯（PCBs）的电气或电子元件				
8549.3900	--其他				
	-其他：	1. 来源			
8549.9100	--含有原电池、原电池组、蓄电池、汞开关、源于阴极射线管的玻璃或其他活化玻璃，或含有镉、汞、铅或多氯联苯（PCBs）的电气或电子元件				
8549.9900	--其他				

第十七类　车辆、航空器、船舶及有关运输设备

注释：

一、本类不包括税目95.03或95.08的物品以及税目95.06的长雪橇、平底雪橇及类似品。

二、本类所称"零件"及"零件、附件"，不适用于下列货品，不论其是否确定为供本类货品使用：

（一）各种材料制的接头、垫圈或类似品（按其构成材料归类或归入税目84.84）或硫化橡胶（硬质橡胶除外）的其他制品（税目40.16）；

（二）第十五类注释二所规定的贱金属制通用零件（第十五类）或塑料制的类似品（第三十九章）；

（三）第八十二章的物品（工具）；

（四）税目83.06的物品；

（五）税目84.01至84.79的机器或装置及其零件，但供本类所列货品使用的散热器除外；税目84.81或84.82的物品及税目84.83的物品（这些物品是构成发动机或其他动力装置所必需的）；

（六）电机或电气设备（第八十五章）；

（七）第九十章的物品；

（八）第九十一章的物品；

（九）武器（第九十三章）；

（十）税目94.05的灯具、照明装置及其零件；或

（十一）作为车辆零件的刷子（税目96.03）。

三、第八十六章至第八十八章所称"零件"或"附件"，不适用于那些非专用于或非主要用于这几章所列物品的零件、附件。同时符合这几章内两个或两个以上税目规定的零件、附件，应按其主要用途归入相应的税目。

四、在本类中：

（一）既可在道路上，又可在轨道上行驶的特殊构造的车辆，应归入第八十七章的相应税目；

（二）水陆两用的机动车辆，应归入第八十七章的相应税目；

（三）可兼作地面车辆使用的特殊构造的航空器，应归入第八十八章的相应税目。

五、气垫运输工具应按本类最相似的运输工具归类，其规定如下：

（一）在导轨上运行的（气垫火车），归入第八十六章；

（二）在陆地行驶或水陆两用的，归入第八十七章；

（三）在水上航行的，不论能否在海滩或浮码头登陆及能否在冰上行驶，一律归入第八十九章。

气垫运输工具的零件、附件，应按照上述规定，与最相类似的运输工具的零件、附件一并归类。

气垫火车的导轨固定装置及附件应与铁道轨道固定装置及附件一并归类。气垫火车运行系统的信号、安全或交通管理设备应与铁路的信号、安全或交通管理设备一并归类。

第八十六章　铁道及电车道机车、车辆及其零件；铁道及电车道轨道固定装置及其零件、附件；各种机械（包括电动机械）交通信号设备

注释：

一、本章不包括：

（一）木制或混凝土制的铁道或电车道轨枕及气垫火车用的混凝土导轨（税目44.06或68.10）；

（二）税目73.02的铁道及电车道铺轨用钢铁材料；或

（三）税目85.30的电气信号、安全或交通管理设备。

二、税目86.07主要适用于：

（一）轴、轮、行走机构、金属轮箍、轮圈、毂及轮子的其他零件；

（二）车架、底架、转向架；

（三）轴箱；制动装置；

（四）车辆缓冲器；钩或其他联结器及车厢走廊联结装置；

（五）车身。

三、除上述注释一另有规定的以外，税目86.08包括：

（一）已装配的轨道、转车台、站台缓冲器、量载规；

(二)铁道、电车道、道路、内河航道、停车设施、港口装置或机场用的臂板信号机、机械信号盘、平交道口控制器、信号及道岔控制器,及其他机械(包括电动机械)信号、安全或交通管理设备,不论其是否装有电力照明装置。

【要素释义】

一、归类要素

1. 用途:指该税目商品应用的方面、范围,如铁道车辆用、煤水车、邮车等。

2. 驱动装置类型:指用于驱动车辆的装置的类型。例如,外部电力驱动的、蓄电池驱动的、柴油机驱动的、蒸汽机驱动的等。

3. 控制装置类型:该要素为税目86.01和税目86.02项下商品专有要素,指铁道机车是否由微型机控制的。

4. 类型:指铁道车辆的具体类型,如检验车、维修车、客车、货车等。

5. 结构:该要素为税目86.06项下商品专有要素,指铁道车辆本身的结构特点,如封闭、带篷、无篷等。

6. 用途(适用于××品牌××车或通用于××机等):该要素为税目86.07项下商品归类要素,指铁道车辆的零件的用途,即适用于什么车型。

7. 类型(公路等):该要素为税目86.09项下商品归类要素,指集装箱所适用的运输方式,如公路、铁路、海运等。

8. 规格尺寸:该要素为税目86.09项下商品专有要素,指集装箱的具体规格和尺寸,如20英尺、25英尺、40英尺等。

二、价格要素

1. 品牌(中文或外文名称):指制造商或经销商加在商品上的品牌标志,实际需要申报中文或外文品牌名称。

2. 型号:指铁道及电车道机车、车辆及其零件的款式、用途等指标的代码。如商品是零件,型号即为零件编号。

税则号列	商品名称	申报要素			说明
		归类要素	价格要素	其他要素	
86.01	铁道电力机车,由外部电力或蓄电池驱动:	1. 用途;2. 驱动装置类型;3. 控制装置类型	4. 品牌(中文或外文名称);5. 型号		
	-由外部电力驱动:				
	---直流电机驱动的:				
8601.1011	----微型机控制的				
8601.1019	----其他				
8601.1020	---交流电机驱动的				
8601.1090	---其他				
8601.2000	-由蓄电池驱动				
86.02	其他铁道机车;机车煤水车:				
	-柴油电力机车:	1. 用途;2. 驱动装置类型;3. 控制装置类型	4. 品牌(中文或外文名称);5. 型号		
8602.1010	---微型机控制的				
8602.1090	---其他				
8602.9000	-其他	1. 用途;2. 驱动装置类型	3. 品牌(中文或外文名称);4. 型号		
86.03	铁道或电车道用的机动客车、货车、敞车,但税目86.04的货品除外:	1. 用途;2. 驱动装置类型	3. 品牌(中文或外文名称);4. 型号		
8603.1000	-由外部电力驱动				
8603.9000	-其他				

税则号列	商品名称	申报要素			说明
		归类要素	价格要素	其他要素	
86.04	铁道或电车道用的维修或服务车，不论是否机动（例如，工场车、起重机车、道碴捣固车、轨道校正车、检验车及查道车）：	1. 用途；2. 类型	3. 品牌（中文或外文名称）；4. 型号		
	---检验车及查道车：				
8604.0011	----隧道限界检查车				
8604.0012	----钢轨在线打磨列车				
8604.0019	----其他				
	---其他：				
8604.0091	----电气化接触网架线机（轨行式）				
8604.0099	----其他				
86.05	铁道或电车道用的非机动客车；行李车、邮政车和其他铁道及或电车道用的非机动特殊用途车辆（税目86.04的货品除外）：	1. 用途；2. 类型	3. 品牌（中文或外文名称）；4. 型号		
8605.0010	---铁道客车				
8605.0090	---其他				
86.06	铁道或电车道用的非机动有篷及无篷货车：	1. 用途；2. 类型；3. 结构	4. 品牌（中文或外文名称）；5. 型号		
8606.1000	-油罐货车及类似车				
8606.3000	-自卸货车，但税号8606.1000的货品除外				
	-其他：				
8606.9100	--带篷及封闭的				
8606.9200	--敞篷的，厢壁固定且高度超过60厘米				
8606.9900	--其他				
86.07	铁道或电车道机车或其他车辆的零件：	1. 用途（适用于××品牌××车或通用于××机等）	2. 品牌（中文或外文名称）；3. 型号		
	-转向架、轴、轮及其零件：				
8607.1100	--驾驶转向架				
8607.1200	--其他转向架				
	--其他，包括零件：				
8607.1910	---轴				
8607.1990	---其他				
	-制动装置及其零件：				
8607.2100	--空气制动器及其零件				
8607.2900	--其他				
8607.3000	-钩、其他联结器、缓冲器及其零件				
	-其他：				
8607.9100	--机车用				
	--其他				
8607.9910	---铁道或电车道车辆用车体及端墙、侧墙、底架、车顶、脚蹬、翻板				

税则号列	商品名称	申报要素			说明
		归类要素	价格要素	其他要素	
8607.9990	---其他				
86.08	**铁道或电车道轨道固定装置及附件；供铁道、电车道、道路、内河航道、停车设施、港口装置或机场用的机械（包括电动机械）信号、安全或交通管理设备；上述货品的零件：**	1. 用途	2. 品牌（中文或外文名称）；3. 型号		
8608.0010	---轨道自动计轴设备				
8608.0090	---其他				
86.09	**集装箱（包括运输液体的集装箱），经特殊设计、装备适用于各种运输方式：**	1. 类型（公路等）；2. 规格尺寸	3. 品牌（中文或外文名称）		
	---20英尺的：				
8609.0011	----保温式				
8609.0012	----罐式				
8609.0019	----其他				
	---40英尺的：				
8609.0021	----保温式				
8609.0022	----罐式				
8609.0029	----其他				
8609.0030	---45、48、53英尺的				
8609.0090	---其他				

第八十七章 车辆及其零件、附件,但铁道及电车道车辆除外

注释:
一、本章不包括仅可在钢轨上运行的铁道及电车道车辆。
二、本章所称"牵引车、拖拉机",是指主要为牵引或推动其他车辆、器具或重物的车辆。除了上述主要用途以外,不论其是否还具有装运工具、种子、肥料或其他货品的辅助装置。
用于安装在税目 87.01 的牵引车或拖拉机上,作为可替换设备的机器或作业工具,即使与牵引车或拖拉机一同报验,不论其是否已安装在车(机)上,仍应归入其各自相应的税目。
三、装有驾驶室的机动车辆底盘,应归入税目 87.02 至 87.04,而不归入税目 87.06。
四、税目 87.12 包括所有儿童两轮车。其他儿童脚踏车归入税目 95.03。

子目注释:
一、子目 8708.22 包括:
(一)带框的前挡风玻璃、后窗及其他窗;以及
(二)装有加热器件或者其他电气或电子装置的前挡风玻璃、后窗及其他窗,不论是否带框。上述货品专用于或主要用于税目 87.01 至 87.05 的机动车辆。

【要素释义】
一、归类要素
1. 用途:指该税目商品应用的方面、范围。税目 87.01 项下商品填报"牵引用"等;子目 8704.1 项下商品填报"公路用""非公路用"等;子目 8705.9 项下商品填报"无线通信用""放射线检查用""环境监测用"等;税目 87.12 项下商品填报"竞赛用"等;税目 87.13 项下商品填报"残疾人用"等;税目 87.16 项下商品填报"农用""野营用"等。
2. 结构类型:商品内各组成要素之间的相互联系、相互作用的方式。该要素为税目 87.01 项下商品专有要素,指牵引车为轮式、履带式等。
3. 功率:指物体在单位时间内所做的功,即功率是描述做功快慢的物理量。功的数量一定,时间越短,功率值就越大。求功率的公式为功率=功/时间。该要素为税目 87.01 项下商品专有要素,指牵引车的功率大小。
4. 发动机类型:指机动车辆所使用的发动机的具体类型,如柴油、半柴油、汽油、电动机等。
5. 成套散件请注明:指机动车辆在报验状态时是否由成套散件构成,而且未组装成成品。
6. 座位数:指机动车辆的座位总数(即可乘载人员的总数,包括驾驶员)。例如,9 座小客车。
7. 是否可通过接插外部电源进行充电:目前税目 87.03 项下机动车辆主要有两种类型,即传统的使用汽油或柴油的内燃发动机汽车和新能源汽车。新能源汽车又分为全电动汽车和油电混合汽车。油电混合汽车又有两种类型:一种是外插电源充电的,另一种是不能外插电源充电的。
8. 驾驶室座位排数:指驾驶室共有几排座位。按实际情况填写。
9. 驾驶室座位数:按实际情况填写。
10. 载货重量:一般汽车厂家会标明额定载货重量。
11. 排气量(毫升):在发动机的某一循环运作中,能将全部空气及混合气送入所有气缸的能力,即该发动机所有气缸工作容积之和,单位经常用"毫升"表示。例如,排气量 2000 毫升。
12. 是否为电动轮:该要素为税目 87.04 项下商品专有要素,指非公路用自卸车是否由电动轮驱动。
13. 车辆总重量:指由生产厂家规定作为车辆最大设计载重量能力的车辆使用重量。该重量为车辆自重、最大设计载荷、驾驶员及装满燃油的油箱重量的总和。
14. 作业范围(全路面等):该要素为税目 87.05 项下商品专有要素,指起重车的作业范围是否可用于全路面。
15. 最大起重重量:该要素为税目 87.05 项下商品专有要素,指允许吊起的最大物料质量和吊具质量的总和。对于全路面起重车,额定起重重量包括固定在起重机上的吊具和从臂架头部到吊钩滑轮组的起重钢丝绳的质量。对于变幅起重机械,最小幅度时的额定起重重量最大,称为最大额定起重重量。
16. 固定安装配置:该要素为税目 87.05 项下商品专有要素,指特种车在报验状态时在车辆上配有的各种装置,申报时应将所有装置一一列出。
17. 适用车型:指机动车辆的车身、底盘及其他零件所适用的具体车型,需要申报具体适用车辆的品牌、型号。例如,日产天籁小轿车用或宝马 X5 越野车用,而不能简单填报为"日产小轿车用"或"日产天籁小汽车用";如为多种车型通用,则应填报为"通用于日产天籁等小轿车"。
18. 是否带驾驶室:该要素为税目 87.06 项下商品专有要素,指机动车辆底盘在报验状态时是否带有驾驶室。

19. 驱动位置：该要素为税目87.08项下商品专有要素，指装有差速器的驱动桥及其零件驱动的具体位置。
20. 适用场所：该要素为税目87.09项下商品专有要素，指机动车辆的适用场所，如码头、工厂、仓库等。
21. 用途：指机动车辆的零件的用途。应符合归类需求。
22. 轮径：该要素为税目87.12项下商品专有要素，指自行车轮的直径。
23. 驱动方式：该要素为税目87.13项下商品专有要素，指残疾人用车是机械驱动的还是非机械驱动的。
24. 类型：该要素为税目87.16项下商品专有要素，指非机械驱动的车辆是挂车、半挂车或其他类型。
25. 材质：该要素为子目8708.8项下商品专有要素，指组成某种商品的材料种类。若为复合材质（一种以上材料构成），应一一申报出所有材质。

二、价格要素

1. 品牌（中文或外文名称）：指制造商或经销商加在商品上的品牌标志，实际需要申报中文或外文品牌名称。
2. 型号：指商品用途、功能、款式等指标的代码。例如，子目8701.3项下型号为"BR350型"的牵引车。
3. 结构类型：该要素为子目8701.3项下履带式牵引车、拖拉机的价格要素。例如，子目8701.3 "PRINOTH牌"型号"BR350型"的履带式牵引车。
4. 用途：是指设备的实际用途。例如，税则号列8701.9011项下轮式拖拉机的用途为"农用"。
5. 车辆的厂家品牌：指车辆的厂家品牌名称，如与车辆厂家备案的品牌或具体款式的名称相同可省略。例如，"MercedesBenz（梅赛德斯-奔驰）牌"。
6. 车辆厂家备案的品牌或具体款式的名称：例如，税则号列8703.3212项下商品"大众"品牌项下的"途威"越野车。
7. 排气量（毫升）：指车辆的动力指标。用"CC"或者"毫升"表示。
8. 规格型号：指车辆具体性能、款式、功能和用途等指标的代码。例如，税则号列8703.3212项下商品"大众"品牌项下规格型号"TIGUAN 2.0 TDI"的"途威"（签注名称）越野车。
9. 零部件编号：是指汽车零部件实物的完整编号。一般是由生产企业根据汽车零部件编号规则（QC/T 265—2004）编写的零部件编号表达式，例如：自动变速箱，零部件编号09G 300 055 R。
10. 扭矩：该要素是子目8708.403、8708.404、8708.405、8708.406、8708.409项下所列车辆用的零部件的价格要素。单位用"NM"表示。例如，子目8708.403适用车型载重91吨"TEREX牌""TR100型"非公路矿用车的"变速箱缓行控制杆"的扭矩为"650NM"。
11. 技术参数（最高时速、转弯半径等）：该要素是税目87.09项下短距离运输货物的机动车辆，未装有提升或搬运设备，用于工厂、仓库、码头或机场、火车站台上用的牵引车的价格要素。指上述车辆或者设备的最高时速和转弯半径等技术指标。
12. 是否中规车请注明：一些国外大型汽车生产厂家，为了适合不同地区，生产不同规格的车型。在中国销售和使用的汽车就称为"中规车"，在美国和欧洲销售和使用的则分别称为"美规车"和"欧规车"。中规车是专为中国地区设计的，更适合中国的油品、道路、气候等。
13. 非中规车请注明原销售目的国车版、型；例如，可填报"美规车"或"欧规车"。
14. 功率：指物体在单位时间内所做的功。功率单位有瓦、千瓦、兆瓦、马力。
15. 电池容量：表示在一定条件下电池放出的电量，通常以千瓦时、安培时等为计量单位。例如，可填报"电池容量60千瓦时（或安培时）"。

税则号列	商品名称	申报要素			说明
		归类要素	价格要素	其他要素	
87.01	**牵引车、拖拉机（税目87.09的牵引车除外）：**				
8701.1000	-单轴拖拉机		1. 品牌（中文或外文名称）；2. 型号		
	-半挂车用的公路牵引车	1. 用途	2. 品牌（中文或外文名称）；3. 型号		

税则号列	商品名称	申报要素			说明
		归类要素	价格要素	其他要素	
8701.2100	--仅装有压燃式活塞内燃发动机（柴油或半柴油发动机）的车辆				
8701.2200	--同时装有压燃式活塞内燃发动机（柴油或半柴油发动机）及驱动电动机的车辆				
8701.2300	--同时装有点燃式活塞内燃发动机及驱动电动机的车辆				
8701.2400	--仅装有驱动电动机的车辆				
8701.2900	--其他				
8701.3000	-履带式牵引车、拖拉机	1. 结构类型	2. 品牌（中文或外文名称）；3. 型号		
	-其他，其发动机功率：	1. 结构类型；2. 功率	3. 用途；4. 品牌（中文或外文名称）；5. 型号		
	--不超过18千瓦：				
8701.9110	---拖拉机				
8701.9190	---其他				
	--超过18千瓦，但不超过37千瓦：				
8701.9210	---拖拉机				
8701.9290	---其他				
	--超过37千瓦，但不超过75千瓦：				
8701.9310	---拖拉机				
8701.9390	---其他				
	--超过75千瓦，但不超过130千瓦：				
8701.9410	---拖拉机				
8701.9490	---其他				
	--超过130千瓦：				
8701.9510	---拖拉机				
8701.9590	---其他				
87.02	**客运机动车辆，10座及以上（包括驾驶座）：**				
	-仅装有压燃式活塞内燃发动机（柴油或半柴油式）的车辆：				
8702.1020	---机坪客车	1. 发动机类型（柴油、半柴油、汽油等）；2. 成套散件请注明	3. 车辆的厂家品牌（中文或外文名称）；4. 车辆厂家备案的品牌或具体款式的名称；5. 排气量；6. 规格型号		

税则号列	商品名称	申报要素			说明
		归类要素	价格要素	其他要素	
	---其他：	1. 发动机类型（柴油、半柴油、汽油等）；2. 成套散件请注明；3. 座位数	4. 车辆的厂家品牌（中文或外文名称）；5. 车辆厂家备案的品牌或具体款式的名称；6. 排气量；7. 规格型号		
8702.1091	----30座及以上（大型客车）				
8702.1092	----20座及以上，但不超过29座				
8702.1093	----10座及以上，但不超过19座				
	-同时装有压燃式活塞内燃发动机（柴油或半柴油发动机）及驱动电动机的车辆：				
8702.2010	---机坪客车	1. 发动机类型（柴油及驱动电动机等）；2. 成套散件请注明	3. 车辆的厂家品牌（中文或外文名称）；4. 车辆厂家备案的品牌或具体款式的名称；5. 排气量；6. 规格型号		
	---其他：	1. 发动机类型（柴油及驱动电动机等）；2. 成套散件请注明；3. 座位数	4. 车辆的厂家品牌（中文或外文名称）；5. 车辆厂家备案的品牌或具体款式的名称；6. 排气量；7. 规格型号		
8702.2091	----30座及以上（大型客车）				
8702.2092	----20座及以上，但不超过29座				
8702.2093	----10座及以上，但不超过19座				
	-同时装有点燃式活塞内燃发动机及驱动电动机的车辆：	1. 发动机类型（汽油及驱动电动机等）；2. 成套散件请注明；3. 座位数	4. 车辆的厂家品牌（中文或外文名称）；5. 车辆厂家备案的品牌或具体款式的名称；6. 排气量；7. 规格型号		
8702.3010	---30座及以上（大型客车）				

税则号列	商品名称	申报要素 归类要素	申报要素 价格要素	申报要素 其他要素	说明
8702.3020	---20座及以上，但不超过29座				
8702.3030	---10座及以上，但不超过19座				
	-仅装有驱动电动机的车辆：	1.发动机类型（电动等）；2.成套散件请注明；3.座位数	4.车辆的厂家品牌（中文或外文名称）；5.车辆厂家备案的品牌或具体款式的名称；6.功率（千瓦）；7.规格型号		
8702.4010	---30座及以上（大型客车）				
8702.4020	---20座及以上，但不超过29座				
8702.4030	---10座及以上，但不超过19座				
	-其他：	1.发动机类型（柴油、半柴油、汽油等）；2.成套散件请注明；3.座位数	4.车辆的厂家品牌（中文或外文名称）；5.车辆厂家备案的品牌或具体款式的名称；6.排气量；7.规格型号		
8702.9010	---30座及以上（大型客车）				
8702.9020	---20座及以上，但不超过29座				
8702.9030	---10座及以上，但不超过19座				
87.03	**主要用于载人的机动车辆（税目87.02的货品除外），包括旅行小客车及赛车：**				
	-雪地行走专用车；高尔夫球车及类似车辆：				
	---高尔夫球车及类似车辆：				
8703.1011	----全地形车	1.发动机类型（柴油、半柴油、汽油等）；2.成套散件请注明；3.座位数	4.车辆的厂家品牌（中文或外文名称）；5.车辆厂家备案的品牌或具体款式的名称；6.排气量；7.型号		

税则号列	商品名称	申报要素			说明
		归类要素	价格要素	其他要素	
8703.1019	----其他	1. 发动机类型（柴油、半柴油、汽油等）；2. 成套散件请注明；3. 排气量	4. 车辆的厂家品牌（中文或外文名称）；5. 车辆厂家备案的品牌或具体款式的名称；6. 型号		
8703.1090	---其他	1. 发动机类型（柴油、半柴油、汽油等）；2. 成套散件请注明；3. 排气量	4. 车辆的厂家品牌（中文或外文名称）；5. 车辆厂家备案的品牌或具体款式的名称；6. 型号		
	-仅装有点燃式活塞内燃发动机的其他车辆：	1. 发动机类型（柴油、半柴油、汽油等）；2. 成套散件请注明；3. 座位数	4. 车辆的厂家品牌（中文或外文名称）；5. 车辆厂家备案的品牌或具体款式的名称；6. 排气量；7. 型号；8. 是否中规车请注明（中规车、非中规车）；9. 非中规车请注明原销售目的国车版、型（美规、欧规、加规、中东规等）		
	--气缸容量（排气量）不超过1000毫升：				
8703.2130	---小轿车				
8703.2140	---越野车（4轮驱动）				
8703.2150	---9座及以下的小客车				
8703.2190	---其他				
	--气缸容量（排气量）超过1000毫升，但不超过1500毫升：				
8703.2230	---小轿车				
8703.2240	---越野车（4轮驱动）				

税则号列	商品名称	申报要素			说明
		归类要素	价格要素	其他要素	
8703.2250	---9座及以下的小客车				
8703.2290	---其他				
	--气缸容量（排气量）超过1500毫升，但不超过3000毫升：				
	---气缸容量（排气量）超过1500毫升，但不超过2000毫升：				
8703.2341	----小轿车				
8703.2342	----越野车（4轮驱动）				
8703.2343	----9座及以下的小客车				
8703.2349	----其他				
	---气缸容量（排气量）超过2000毫升，但不超过2500毫升：				
8703.2351	----小轿车				
8703.2352	----越野车（4轮驱动）				
8703.2353	----9座及以下的小客车				
8703.2359	----其他				
	---气缸容量（排气量）超过2500毫升，但不超过3000毫升：				
8703.2361	----小轿车				
8703.2362	----越野车（4轮驱动）				
8703.2363	----9座及以下的小客车				
8703.2369	----其他				
	--气缸容量（排气量）超过3000毫升：				
	---气缸容量（排气量）超过3000毫升，但不超过4000毫升：				
8703.2411	----小轿车				
8703.2412	----越野车（4轮驱动）				
8703.2413	----9座及以下的小客车				
8703.2419	----其他				
	---气缸容量（排气量）超过4000毫升：				
8703.2421	----小轿车				
8703.2422	----越野车（4轮驱动）				
8703.2423	----9座及以下的小客车				
8703.2429	----其他				

税则号列	商品名称	申报要素			说明
		归类要素	价格要素	其他要素	
	-仅装有压燃式活塞内燃发动机（柴油或半柴油发动机）的其他车辆：	1. 发动机类型（柴油、半柴油、汽油等）；2. 成套散件请注明；3. 座位数	4. 车辆的厂家品牌（中文或外文名称）；5. 车辆厂家备案的品牌或具体款式的名称；6. 排气量；7. 型号；8. 是否中规车请注明（中规车、非中规车）；9. 非中规车请注明原销售目的国车版、型（美规、欧规、加规、中东规等）		
	--气缸容量（排气量）不超过1500毫升：				
	---气缸容量（排气量）不超过1000毫升：				
8703.3111	----小轿车				
8703.3119	----其他				
	---气缸容量（排气量）超过1000毫升，但不超过1500毫升：				
8703.3121	----小轿车				
8703.3122	----越野车（4轮驱动）				
8703.3123	----9座及以下的小客车				
8703.3129	----其他				
	--气缸容量（排气量）超过1500毫升，但不超过2500毫升：				
	---气缸容量（排气量）超过1500毫升，但不超过2000毫升：				
8703.3211	----小轿车				
8703.3212	----越野车（4轮驱动）				
8703.3213	----9座及以下的小客车				
8703.3219	----其他				
	---气缸容量（排气量）超过2000毫升，但不超过2500毫升：				
8703.3221	----小轿车				
8703.3222	----越野车（4轮驱动）				
8703.3223	----9座及以下的小客车				
8703.3229	----其他				

税则号列	商品名称	申报要素			说明
		归类要素	价格要素	其他要素	
	--气缸容量（排气量）超过2500毫升：				
	---气缸容量（排气量）超过2500毫升，但不超过3000毫升：				
8703.3311	----小轿车				
8703.3312	----越野车（4轮驱动）				
8703.3313	----9座及以下的小客车				
8703.3319	----其他				
	---气缸容量（排气量）超过3000毫升，但不超过4000毫升：				
8703.3321	----小轿车				
8703.3322	----越野车（4轮驱动）				
8703.3323	----9座及以下的小客车				
8703.3329	----其他				
	---气缸容量（排气量）超过4000毫升：				
8703.3361	----小轿车				
8703.3362	----越野车（4轮驱动）				
8703.3363	----9座及以下的小客车				
8703.3369	----其他				
	-同时装有点燃式活塞内燃发动机及驱动电动机的其他车辆，可通过接插外部电源进行充电的除外：	1.发动机类型（汽油及驱动电动机等）；2.成套散件请注明；3.座位数；4.是否可通过接插外部电源进行充电	5.车辆的厂家品牌（中文或外文名称）；6.车辆厂家备案的品牌或具体款式的名称；7.排气量；8.型号；9.是否中规车请注明（中规车、非中规车）；10.非中规车请注明原销售目的国车版、型（美规、欧规、加规、中东规等）		
	---气缸容量（排气量）不超过1000毫升：				
8703.4011	----小轿车				
8703.4012	----越野车（4轮驱动）				
8703.4013	----9座及以下的小客车				
8703.4019	----其他				
	---气缸容量（排气量）超过1000毫升，但不超过1500毫升：				

税则号列	商品名称	申报要素			说明
		归类要素	价格要素	其他要素	
8703.4021	----小轿车				
8703.4022	----越野车（4轮驱动）				
8703.4023	----9座及以下的小客车				
8703.4029	----其他				
	---气缸容量（排气量）超过1500毫升，但不超过2000毫升：				
8703.4031	----小轿车				
8703.4032	----越野车（4轮驱动）				
8703.4033	----9座及以下的小客车				
8703.4039	----其他				
	---气缸容量（排气量）超过2000毫升，但不超过2500毫升：				
8703.4041	----小轿车				
8703.4042	----越野车（4轮驱动）				
8703.4043	----9座及以下的小客车				
	---气缸容量（排气量）超过2500毫升，但不超过3000毫升：				
8703.4051	----小轿车				
8703.4052	----越野车（4轮驱动）				
8703.4053	----9座及以下的小客车				
8703.4059	----其他				
	---气缸容量（排气量）超过3000毫升，但不超过4000毫升：				
8703.4061	----小轿车				
8703.4062	----越野车（4轮驱动）				
8703.4063	----9座及以下的小客车				
8703.4069	----其他				
	---气缸容量（排气量）超过4000毫升：				
8703.4071	----小轿车				
8703.4072	----越野车（4轮驱动）				
8703.4073	----9座及以下的小客车				
8703.4079	----其他				
8703.4090	---其他				

税则号列	商品名称	申报要素			说明
		归类要素	价格要素	其他要素	
	-同时装有压燃式活塞内燃发动机（柴油或半柴油发动机）及驱动电动机的其他车辆，可通过接插外部电源进行充电的除外：	1. 发动机类型（柴油及驱动电动机等）；2. 成套散件请注明；3. 座位数；4. 是否可通过接插外部电源进行充电	5. 车辆的厂家品牌（中文或外文名称）；6. 车辆厂家备案的品牌或具体款式的名称；7. 排气量；8. 型号；9. 是否中规车请注明（中规车、非中规车）；10. 非中规车请注明原销售目的国车版、型（美规、欧规、加规、中东规等）		
	---气缸容量（排气量）不超过1000毫升：				
8703.5011	----小轿车				
8703.5019	----其他				
	---气缸容量（排气量）超过1000毫升，但不超过1500毫升：				
8703.5021	----小轿车				
8703.5022	----越野车（4轮驱动）				
8703.5023	----9座及以下的小客车				
8703.5029	----其他				
	---气缸容量（排气量）超过1500毫升，但不超过2000毫升：				
8703.5031	----小轿车				
8703.5032	----越野车（4轮驱动）				
8703.5033	----9座及以下的小客车				
8703.5039	----其他				
	---气缸容量（排气量）超过2000毫升，但不超过2500毫升：				
8703.5041	----小轿车				
8703.5042	----越野车（4轮驱动）				
8703.5043	----9座及以下的小客车				
8703.5049	----其他				
	---气缸容量（排气量）超过2500毫升，但不超过3000毫升：				

税则号列	商品名称	申报要素			说明
		归类要素	价格要素	其他要素	
8703.5051	----小轿车				
8703.5052	----越野车（4轮驱动）				
8703.5053	----9座及以下的小客车				
8703.5059	----其他				
	---气缸容量（排气量）超过3000毫升，但不超过4000毫升：				
8703.5061	----小轿车				
8703.5062	----越野车（4轮驱动）				
8703.5063	----9座及以下的小客车				
8703.5069	----其他				
	---气缸容量（排气量）超过4000毫升：				
8703.5071	----小轿车				
8703.5072	----越野车（4轮驱动）				
8703.5073	----9座及以下的小客车				
8703.5079	----其他				
	-同时装有点燃式活塞内燃发动机及驱动电动机、可通过接插外部电源进行充电的其他车辆	1. 发动机类型（汽油及驱动电动机等）；2. 成套散件请注明；3. 座位数；4. 是否可通过接插外部电源进行充电	5. 车辆的厂家品牌（中文或外文名称）；6. 车辆厂家备案的品牌或具体款式的名称；7. 排气量；8. 型号；9. 是否中规车请注明（中规车、非中规车）；10. 非中规车请注明原销售目的国车版、型（美规、欧规、加规、中东规等）；11. 电池容量		
	---气缸容量（排气量）不超过1000毫升：				
8703.6011	----小轿车				
8703.6012	----越野车（4轮驱动）				
8703.6013	----9座及以下的小客车				
8703.6019	----其他				

税则号列	商品名称	申报要素			说明
		归类要素	价格要素	其他要素	
	---气缸容量（排气量）超过1000毫升，但不超过1500毫升：				
8703.6021	----小轿车				
8703.6022	----越野车（4轮驱动）				
8703.6023	----9座及以下的小客车				
8703.6029	----其他				
	---气缸容量（排气量）超过1500毫升，但不超过2000毫升：				
8703.6031	----小轿车				
8703.6032	----越野车（4轮驱动）				
8703.6033	----9座及以下的小客车				
8703.6039	----其他				
	---气缸容量（排气量）超过2000毫升，但不超过2500毫升：				
8703.6041	----小轿车				
8703.6042	----越野车（4轮驱动）				
8703.6043	----9座及以下的小客车				
8703.6049	----其他				
	---气缸容量（排气量）超过2500毫升，但不超过3000毫升：				
8703.6051	----小轿车				
8703.6052	----越野车（4轮驱动）				
8703.6053	----9座及以下的小客车				
8703.6059	----其他				
	---气缸容量（排气量）超过3000毫升，但不超过4000毫升：				
8703.6061	----小轿车				
8703.6062	----越野车（4轮驱动）				
8703.6063	----9座及以下的小客车				
8703.6069	----其他				
	---气缸容量（排气量）超过4000毫升：				
8703.6071	----小轿车				
8703.6072	----越野车（4轮驱动）				
8703.6073	----9座及以下的小客车				
8703.6079	----其他				

税则号列	商品名称	申报要素 归类要素	申报要素 价格要素	申报要素 其他要素	说明
	-同时装有压燃活塞内燃发动机（柴油或半柴油发动机）及驱动电动机、可通过接插外部电源进行充电的其他车辆：	1. 发动机类型（柴油及驱动电动机等）；2. 成套散件请注明；3. 座位数；4. 是否可通过接插外部电源进行充电	5. 车辆的厂家品牌（中文或外文名称）；6. 车辆厂家备案的品牌或具体款式的名称；7. 排气量；8. 型号；9. 是否中规车请注明（中规车、非中规车）；10. 非中规车请注明原销售目的国车版、型（美规、欧规、加规、中东规等）；11. 电池容量		
	---气缸容量（排气量）不超过1000毫升：				
8703.7011	----小轿车				
8703.7012	----越野车（4轮驱动）				
8703.7013	----9座及以下的小客车				
8703.7019	----其他				
	---气缸容量（排气量）超过1000毫升，但不超过1500毫升：				
8703.7021	----小轿车				
8703.7022	----越野车（4轮驱动）				
8703.7023	----9座及以下的小客车				
8703.7029	----其他				
8703.7030	---气缸容量（排气量）超过1500毫升，但不超过2000毫升：				
8703.7031	----小轿车				
8703.7032	----越野车（4轮驱动）				
8703.7033	----9座及以下的小客车				
8703.7039	----其他				
	---气缸容量（排气量）超过2000毫升，但不超过2500毫升：				
8703.7041	----小轿车				
8703.7042	----越野车（4轮驱动）				
8703.7043	----9座及以下的小客车				
8703.7049	----其他				
	---气缸容量（排气量）超过2500毫升，但不超过3000毫升：				

税则号列	商品名称	申报要素			说明
		归类要素	价格要素	其他要素	
8703.7051	----小轿车				
8703.7052	----越野车（4轮驱动）				
8703.7053	----9座及以下的小客车				
8703.7059	----其他				
	---气缸容量（排气量）超过3000毫升，但不超过4000毫升：				
8703.7061	----小轿车				
8703.7062	----越野车（4轮驱动）				
8703.7063	----9座及以下的小客车				
8703.7069	----其他				
	---气缸容量（排气量）超过4000毫升：				
8703.7071	----小轿车				
8703.7072	----越野车（4轮驱动）				
8703.7073	----9座及以下的小客车				
8703.7079	----其他				
	-仅装有驱动电动机的其他车辆：	1.发动机类型（电动等）；2.成套散件请注明；3.座位数	4.车辆的厂家品牌（中文或外文名称）；5.车辆厂家备案的品牌或具体款式的名称；6.功率（千瓦）；7.型号；8.是否中规车请注明（中规车、非中规车）；9.非中规车请注明原销售目的国车版、型（美规、欧规、加规、中东规等）；10.电池容量		
8703.8010	---具有车辆识别代号（VIN码）				
8703.8090	---其他				

税则号列	商品名称	申报要素 归类要素	申报要素 价格要素	申报要素 其他要素	说明
8703.9000	-其他	1. 发动机类型（柴油、半柴油、汽油等）；2. 成套散件请注明；3. 座位数	4. 车辆的厂家品牌（中文或外文名称）；5. 车辆厂家备案的品牌或具体款式的名称；6. 排气量；7. 型号；8. 是否中规车请注明（中规车、非中规车）；9. 非中规车请注明原销售目的国车版、型（美规、欧规、加规、中东规等）		
87.04	货运机动车辆： -非公路用自卸车：				
8704.1030	---电动轮货运自卸车	1. 用途；2. 是否为电动轮	3. 车辆的厂家品牌（中文或外文名称）；4. 型号		
8704.1090	---其他	1. 用途；2. 是否为电动轮；3. 发动机类型（柴油、半柴油、汽油等）；4. 车体长、宽、高（空载状态）；5. 车辆总重量	6. 车辆的厂家品牌（中文或外文名称）；7. 型号		
	-仅装有压燃式活塞内燃发动机（柴油或半柴油发动机）的其他货车：				

税则号列	商品名称	申报要素			说明
		归类要素	价格要素	其他要素	
8704.2100	--车辆总重量不超过5吨	1. 发动机类型（柴油、半柴油、汽油等）；2. 车辆总重量；3. 整备质量；4. 驾驶室座位排数；5. 驾驶室座位数；6. 载货重量	7. 车辆的厂家品牌（中文或外文名称）；8. 型号；9. 是否中规车请注明（中规车、非中规车）；10. 非中规车请注明原销售目的国车版、型（美规、欧规、加规、中东规等）		
	--车辆总重量超过5吨，但不超过20吨：	1. 发动机类型（柴油、半柴油、汽油等）；2. 车辆总重量	3. 车辆的厂家品牌（中文或外文名称）；4. 型号；5. 是否中规车请注明（中规车、非中规车）；6. 非中规车请注明原销售目的国车版、型（美规、欧规、加规、中东规等）		
8704.2230	---车辆总重量超过5吨，但小于14吨				
8704.2240	---车辆总重量在14吨及以上，但不超过20吨				
8704.2300	--车辆总重量超过20吨	1. 发动机类型（柴油、半柴油、汽油等）；2. 车辆总重量	3. 车辆的厂家品牌（中文或外文名称）；4. 型号		
	-仅装有点燃式活塞内燃发动机的其他货车：				

税则号列	商品名称	申报要素			说明
		归类要素	价格要素	其他要素	
8704.3100	--车辆总重量不超过5吨	1. 发动机类型（柴油、半柴油、汽油等）；2. 车辆总重量；3. 整备质量；4. 驾驶室座位排数；5. 驾驶室座位数；6. 载货重量	7. 车辆的厂家品牌（中文或外文名称）；8. 型号；9. 是否中规车请注明（中规车、非中规车）；10. 非中规车请注明原销售目的国车版、型（美规、欧规、加规、中东规等）		
	--车辆总重量超过5吨：	1. 发动机类型（柴油、半柴油、汽油等）；2. 车辆总重量	3. 车辆的厂家品牌（中文或外文名称）；4. 型号；5. 是否中规车请注明（中规车、非中规车）；6. 非中规车请注明原销售目的国车版、型（美规、欧规、加规、中东规等）		
8704.3230	---车辆总重量超过5吨，但不超过8吨				
8704.3240	---车辆总重量超过8吨				
	-同时装有压燃式活塞内燃发动机（柴油或半柴油发动机）及驱动电动机的其他货车：	1. 发动机类型（柴油及驱动电动机等）；2. 车辆总重量	3. 车辆的厂家品牌（中文或外文名称）；4. 型号		
8704.4100	-车辆总重量不超过5吨				
	--车辆总重量超过5吨，但不超过20吨：				
8704.4210	---车辆总重量超过5吨，但小于14吨				
8704.4220	---车辆总重量在14吨及以上，但不超过20吨				
8704.4300	--车辆总重量超过20吨				

税则号列	商品名称	申报要素			说明
		归类要素	价格要素	其他要素	
	-同时装有点燃式活塞内燃发动机及驱动电动机的其他货车:	1. 发动机类型（汽油及驱动电动机等）；2. 车辆总重量	3. 车辆的厂家品牌（中文或外文名称）；4. 型号；5. 是否中规车请注明（中规车、非中规车）；6. 非中规车请注明原销售目的国车版、型（美规、欧规、加规、中东规等）		
8704.5100	--车辆总重量不超过5吨				
	-车辆总重量超过5吨:				
8704.5210	---车辆总重量超过5吨，但不超过8吨				
8704.5220	---车辆总重量超过8吨				
8704.6000	-仅装有驱动电动机的其他货车	1. 发动机类型（电动等）；2. 车辆总重量	3. 车辆的厂家品牌（中文或外文名称）；4. 型号；5. 是否中规车请注明（中规车、非中规车）；6. 非中规车请注明原销售目的国车版、型（美规、欧规、加规、中东规等）		
8704.9000	-其他	1. 发动机类型（柴油、半柴油、汽油等）；2. 车辆总重量	3. 车辆的厂家品牌（中文或外文名称）；4. 型号；5. 是否中规车请注明（中规车、非中规车）；6. 非中规车请注明原销售目的国车版、型（美规、欧规、加规、中东规等）		

税则号列	商品名称	申报要素			说明
		归类要素	价格要素	其他要素	
87.05	特殊用途的机动车辆（例如，抢修车、起重车、救火车、混凝土搅拌车、道路清洁车、喷洒车、流动工场车及流动放射线检查车），但主要用于载人或运货的车辆除外：				
	-起重车：	1. 作业范围（全路面等）；2. 最大起重重量		3. 车辆的厂家品牌（中文或外文名称）；4. 型号	
	---全路面起重车：				
8705.1021	----最大起重重量不超过50吨				
8705.1022	----最大起重重量超过50吨，但不超过100吨				
8705.1023	----最大起重重量超过100吨				
	---其他：				
8705.1091	----最大起重重量不超过50吨				
8705.1092	----最大起重重量超过50吨，但不超过100吨				
8705.1093	----最大起重重量超过100吨				
8705.2000	-钻探车		1. 用途；2. 品牌（中文或外文名称）；3. 型号		
	-救火车：	1. 固定安装配置	2. 品牌（中文或外文名称）；3. 型号		
8705.3010	---装有云梯的救火车				
8705.3090	---其他				
8705.4000	-混凝土搅拌车	1. 固定安装配置	2. 品牌（中文或外文名称）；3. 型号		
	-其他：				
8705.9010	---无线电通信车	1. 用途；2. 固定安装配置		3. 车辆的厂家品牌（中文或外文名称）；4. 型号	
8705.9020	---放射线检查车	1. 用途；2. 固定安装配置		3. 车辆的厂家品牌（中文或外文名称）；4. 型号	
8705.9030	---环境监测车	1. 用途；2. 固定安装配置		3. 车辆的厂家品牌（中文或外文名称）；4. 型号	

税则号列	商品名称	申报要素			说明
		归类要素	价格要素	其他要素	
8705.9040	---医疗车	1. 用途；2. 固定安装配置	3. 车辆的厂家品牌（中文或外文名称）；4. 型号		
	---电源车：				
8705.9051	----航空电源车（频率为400赫兹）	1. 用途；2. 固定安装配置	3. 车辆的厂家品牌（中文或外文名称）；4. 型号		
8705.9059	----其他	1. 用途；2. 固定安装配置	3. 车辆的厂家品牌（中文或外文名称）；4. 型号		
8705.9060	---飞机加油车、调温车、除冰车	1. 用途；2. 固定安装配置	3. 车辆的厂家品牌（中文或外文名称）；4. 型号		
8705.9070	---道路（包括跑道）扫雪车	1. 用途；2. 固定安装配置	3. 车辆的厂家品牌（中文或外文名称）；4. 型号		
8705.9080	---石油测井车、压裂车、混砂车	1. 用途；2. 固定安装配置	3. 车辆的厂家品牌（中文或外文名称）；4. 型号		
	---其他：	1. 用途；2. 固定安装配置	3. 车辆的厂家品牌（中文或外文名称）；4. 型号		
8705.9091	----混凝土泵车				
8705.9099	----其他				
87.06	**装有发动机的机动车辆底盘，税目87.01至87.05所列车辆用：**				
8706.0010	---非公路用自卸车底盘	1. 适用车型（适用于××品牌××车型）	2. 品牌（中文或外文名称）；3. 型号		
	---货车底盘：	1. 适用车型（适用于××品牌××车型）；2. 车辆总重量；3. 是否带驾驶室	4. 品牌（中文或外文名称）；5. 型号		
8706.0021	----车辆总重量在14吨及以上的				
8706.0022	----车辆总重量在14吨以下的				
8706.0030	---大型客车底盘	1. 适用车型（适用于××品牌××车型）；2. 是否带驾驶室	3. 品牌（中文或外文名称）；4. 型号		

税则号列	商品名称	申报要素			说明
		归类要素	价格要素	其他要素	
8706.0040	---汽车起重机底盘	1.适用车型（适用于××品牌××车型）；2.是否带驾驶室	3.品牌（中文或外文名称）；4.型号		
8706.0090	---其他	1.适用车型（适用于××品牌××车型）	2.品牌（中文或外文名称）；3.型号		
87.07	**机动车辆的车身（包括驾驶室），税目87.01至87.05所列车辆用：**	1.适用车型（适用于××品牌××车型）	2.品牌（中文或外文名称）；3.型号		
8707.1000	-税目87.03所列车辆用				
	-其他：				
8707.9010	---税号8702.1092、8702.1093、8702.9020及8702.9030所列车辆用				
8707.9090	---其他				
87.08	**机动车辆的零件、附件，税目87.01至87.05所列车辆用：**				
8708.1000	-缓冲器（保险杠）及其零件	1.适用车型（适用于××品牌××车型）	2.品牌（中文或外文名称）；3.零部件编号		
	-车身（包括驾驶室）的其他零件、附件：				
8708.2100	--座椅安全带	1.适用车型（适用于××品牌××车型）	2.品牌（中文或外文名称）；3.零部件编号		
	--本章子目注释一所列的前挡风玻璃、后窗及其他车窗：				
	---天窗				
8708.2211	----电动的	1.适用车型（适用于××品牌××车型）	2.品牌（中文或外文名称）；3.零部件编号		
8708.2212	----手动的	1.适用车型（适用于××品牌××车型）	2.品牌（中文或外文名称）；3.零部件编号		
8708.2290	----其他	1.适用车型（适用于××品牌××车型）	2.品牌（中文或外文名称）；3.零部件编号		
	--其他：				
8708.2930	---车窗玻璃升降器	1.适用车型（适用于××品牌××车型）	2.品牌（中文或外文名称）；3.零部件编号		

税则号列	商品名称	申报要素 归类要素	申报要素 价格要素	申报要素 其他要素	说明
	---其他车身覆盖件：	1. 适用车型（适用于××品牌××车型）	2. 品牌（中文或外文名称）；3. 零部件编号		
8708.2951	----侧围				
8708.2952	----车门				
8708.2953	----发动机罩盖				
8708.2954	----前围				
8708.2955	----行李箱盖（或背门）				
8708.2956	----后围				
8708.2957	----翼子板（或叶子板）				
8708.2959	----其他				
8708.2990	---其他	1. 适用车型（适用于××品牌××车型）	2. 品牌（中文或外文名称）；3. 零部件编号		
	-制动器、助力制动器及其零件：				
8708.3010	---装在蹄片上的制动摩擦片	1. 适用车型（适用于××品牌××车型）	2. 品牌（中文或外文名称）；3. 零部件编号		
	---防抱死制动系统（ABS）：	1. 适用车型（适用于××品牌××车型）	2. 品牌（中文或外文名称）；3. 零部件编号		
8708.3021	----税目87.01、税号8704.1030及8704.1090所列车辆用				
8708.3029	----其他				
	---其他：				
8708.3091	----税目87.01所列车辆用	1. 适用车型（适用于××品牌××车型）	2. 品牌（中文或外文名称）；3. 零部件编号		
8708.3092	----税号8702.1091及8702.9010所列车辆用	1. 适用车型（适用于××品牌××车型）	2. 品牌（中文或外文名称）；3. 零部件编号		
8708.3093	----税号8704.1030及8704.1090所列车辆用	1. 适用车型（适用于××品牌××车型）	2. 品牌（中文或外文名称）；3. 零部件编号		
8708.3094	----税号8704.2100、8704.2230、8704.3100及8704.3230所列车辆用	1. 适用车型（适用于××品牌××车型）	2. 品牌（中文或外文名称）；3. 零部件编号		

税则号列	商品名称	申报要素			说明
		归类要素	价格要素	其他要素	
8708.3095	----税号 8704.2240、8704.2300 及 8704.3240 所列车辆用	1. 适用车型（适用于××品牌××车型)	2. 品牌（中文或外文名称）；3. 零部件编号		
8708.3096	----税目 87.05 所列车辆用	1. 适用车型（适用于××品牌××车型)	2. 品牌（中文或外文名称）；3. 零部件编号		
8708.3099	----其他	1. 适用车型（适用于××品牌××车型)	2. 品牌（中文或外文名称）；3. 零部件编号		
	-变速箱及其零件：				
8708.4010	---税目 87.01 所列车辆用	1. 适用车型（适用于××品牌××车型）；2. 是否为拖拉机用变速箱；3. 拖拉机发动机的功率；4. 是否动力换档式	5. 品牌（中文或外文名称）；6. 零部件编号		
8708.4020	---税号 8702.1091 及 8702.9010 所列车辆用	1. 适用车型（适用于××品牌××车型）；2. 座位数	3. 品牌（中文或外文名称）；4. 零部件编号		
8708.4030	---税号 8704.1030 及 8704.1090 所列车辆用	1. 适用车型（适用于××品牌××车型）；2. 扭矩（NM）	3. 品牌（中文或外文名称）；4. 零部件编号		
8708.4040	---税号 8704.2100、8704.2230、8704.3100 及 8704.3230 所列车辆用	1. 适用车型（适用于××品牌××车型）；2. 扭矩（NM）	3. 品牌（中文或外文名称）；4. 零部件编号		
8708.4050	---税号 8704.2240、8704.2300 及 8704.3240 所列车辆用	1. 适用车型（适用于××品牌××车型）；2. 扭矩（NM）	3. 品牌（中文或外文名称）；4. 零部件编号		
8708.4060	---税目 87.05 所列车辆用	1. 适用车型（适用于××品牌××车型）；2. 扭矩（NM）	3. 品牌（中文或外文名称）；4. 零部件编号		
	---其他：	1. 适用车型（适用于××品牌××车型）；2. 变速箱类型（手动挡/自动挡/手自一体）；3. 扭矩（NM）	4. 品牌（中文或外文名称）；5. 零部件编号		
8708.4091	----税目 87.03 所列车辆用自动换挡变速箱及其零件				

税则号列	商品名称	申报要素			说明
		归类要素	价格要素	其他要素	
8708.4099	----其他				
	-装有差速器的驱动桥及其零件，不论是否装有其他传动部件；非驱动桥及其零件：				
	---装有差速器的驱动桥及其零件，不论是否装有其他传动部件：				
8708.5071	----税目87.01所列车辆用	1.适用车型（适用于××品牌××车型）；2.驱动位置；3.是否为拖拉机用变速箱；4.拖拉机发动机的功率；5.是否动力换档式	6.品牌（中文或外文名称）；7.零部件编号		
8708.5072	----税号8702.1091及8702.9010所列车辆用	1.适用车型（适用于××品牌××车型）；2.驱动位置	3.品牌（中文或外文名称）；4.零部件编号		
8708.5073	----税号8704.1030及8704.1090所列车辆用	1.适用车型（适用于××品牌××车型）；2.驱动位置	3.品牌（中文或外文名称）；4.零部件编号		
8708.5074	----税号8704.2100、8704.2230、8704.3100及8704.3230所列车辆用	1.适用车型（适用于××品牌××车型）；2.驱动位置	3.品牌（中文或外文名称）；4.零部件编号		
8708.5075	----税号8704.2240、8704.2300及8704.3240所列车辆用	1.适用车型（适用于××品牌××车型）；2.驱动位置	3.品牌（中文或外文名称）；4.零部件编号		
8708.5076	----税目87.05所列车辆用	1.适用车型（适用于××品牌××车型）；2.驱动位置	3.品牌（中文或外文名称）；4.零部件编号		
8708.5079	----其他	1.适用车型（适用于××品牌××车型）	2.品牌（中文或外文名称）；3.零部件编号		
	---非驱动桥及其零件：	1.适用车型（适用于××品牌××车型）	2.品牌（中文或外文名称）；3.零部件编号		
8708.5081	----税目87.01所列车辆用				
8708.5082	----税号8702.1091及8702.9010所列车辆用				
8708.5083	----税号8704.1030及8704.1090所列车辆用				

税则号列	商品名称	申报要素			说明
		归类要素	价格要素	其他要素	
8708.5084	----税号 8704.2100、8704.2230、8704.3100及8704.3230所列车辆用				
8708.5085	----税号 8704.2240、8704.2300及8704.3240所列车辆用				
8708.5086	----税目87.05所列车辆用				
8708.5089	----其他				
	-车轮及其零件、附件:				
8708.7010	---税目87.01所列车辆用	1.适用车型(适用于××品牌××车型)	2.品牌(中文或外文名称);3.零部件编号;4.材质;5.车轮尺寸(英寸)		
8708.7020	---税号8702.1091及8702.9010所列车辆用	1.适用车型(适用于××品牌××车型)	2.品牌(中文或外文名称);3.零部件编号;4.材质;5.车轮尺寸(英寸)		
8708.7030	---税号8704.1030及8704.1090所列车辆用	1.适用车型(适用于××品牌××车型)	2.品牌(中文或外文名称);3.零部件编号;4.材质;5.车轮尺寸(英寸)		
8708.7040	---税号 8704.2100、8704.2230、8704.3100及8704.3230所列车辆用	1.适用车型(适用于××品牌××车型)	2.品牌(中文或外文名称);3.零部件编号;4.材质;5.车轮尺寸(英寸)		
8708.7050	---税号 8704.2240、8704.2300及8704.3240所列车辆用	1.适用车型(适用于××品牌××车型)	2.品牌(中文或外文名称);3.零部件编号;4.材质;5.车轮尺寸(英寸)		

税则号列	商品名称	申报要素			说明
		归类要素	价格要素	其他要素	
8708.7060	---税目87.05所列车辆用	1.适用车型（适用于××品牌××车型）	2.品牌（中文或外文名称）；3.零部件编号；4.材质；5.车轮尺寸（英寸）		
8708.7091	---其他： ----铝合金制的	1.适用车型（适用于××品牌××车型）	2.品牌（中文或外文名称）；3.零部件编号；4.材质；5.车轮尺寸（英寸）		
8708.7099	----其他	1.适用车型（适用于××品牌××车型）	2.品牌（中文或外文名称）；3.零部件编号；4.材质；5.车轮尺寸（英寸）		
	-悬挂系统及其零件（包括减震器）：	1.适用车型（适用于××品牌××车型）；2.材质	3.品牌（中文或外文名称）；4.零部件编号		
8708.8010	---税目87.03所列车辆用				
8708.8090	---其他				
	-其他零件、附件： --散热器及其零件：	1.适用车型（适用于××品牌××车型）	2.品牌（中文或外文名称）；3.零部件编号		
8708.9110	---水箱散热器				
8708.9120	---机油冷却器				
8708.9190	---其他				
8708.9200	--消声器（消音器）、排气管及其零件	1.适用车型（适用于××品牌××车型）	2.品牌（中文或外文名称）；3.零部件编号		
	--离合器及其零件：	1.适用车型（适用于××品牌××车型）	2.品牌（中文或外文名称）；3.零部件编号		
8708.9310	---税目87.01所列车辆用				

税则号列	商品名称	申报要素			说明
		归类要素	价格要素	其他要素	
8708.9320	---税号8702.1091及8702.9010所列车辆用				
8708.9330	---税号8704.1030及8704.1090所列车辆用				
8708.9340	---税号8704.2100、8704.2230、8704.3100及8704.3230所列车辆用				
8708.9350	---税号8704.2240、8704.2300及8704.3240所列车辆用				
8708.9360	---税目87.05所列车辆用				
8708.9390	---其他				
	--转向盘、转向柱、转向器及其零件：				
8708.9410	---税目87.01所列车辆用	1.适用车型（适用于××品牌××车型)	2.品牌（中文或外文名称）；3.零部件编号		
8708.9420	---税号8702.1091及8702.9010所列车辆用	1.适用车型（适用于××品牌××车型)	2.品牌（中文或外文名称）；3.零部件编号		
8708.9430	---税号8704.1030及8704.1090所列车辆用	1.适用车型（适用于××品牌××车型)	2.品牌（中文或外文名称）；3.零部件编号		
8708.9440	---税号8704.2100、8704.2230、8704.3100及8704.3230所列车辆用	1.适用车型（适用于××品牌××车型)	2.品牌（中文或外文名称）；3.零部件编号		
8708.9450	---税号8704.2240、8704.2300及8704.3240所列车辆用	1.适用车型（适用于××品牌××车型)	2.品牌（中文或外文名称）；3.零部件编号		
8708.9460	---税目87.05所列车辆用转向器	1.适用车型（适用于××品牌××车型)	2.品牌（中文或外文名称）；3.零部件编号		
8708.9490	---其他	1.适用车型（适用于××品牌××车型)	2.品牌（中文或外文名称）；3.零部件编号		
8708.9500	--带充气系统的安全气囊及其零件	1.适用车型（适用于××品牌××车型)	2.品牌（中文或外文名称）；3.零部件编号		
	--其他：				

税则号列	商品名称	申报要素 归类要素	申报要素 价格要素	申报要素 其他要素	说明
8708.9910	---税目87.01所列车辆用	1.适用车型（适用于××品牌××车型）	2.品牌（中文或外文名称）；3.零部件编号		
	---税号8702.1091及8702.9010所列车辆用：				
8708.9921	----车架	1.适用车型（适用于××品牌××车型）	2.品牌（中文或外文名称）；3.零部件编号		
8708.9929	----其他	1.适用车型（适用于××品牌××车型）	2.品牌（中文或外文名称）；3.零部件编号		
	---税号8704.1030及8704.1090所列车辆用：				
8708.9931	----车架	1.适用车型（适用于××品牌××车型）	2.品牌（中文或外文名称）；3.零部件编号		
8708.9939	----其他	1.适用车型（适用于××品牌××车型）	2.品牌（中文或外文名称）；3.零部件编号		
	---税号8704.2100、8704.2230、8704.3100及8704.3230所列车辆用：				
8708.9941	----车架	1.适用车型（适用于××品牌××车型）	2.品牌（中文或外文名称）；3.零部件编号		
8708.9949	----其他	1.适用车型（适用于××品牌××车型）	2.品牌（中文或外文名称）；3.零部件编号		
	---税号8704.2240、8704.2300及8704.3240所列车辆用：				
8708.9951	----车架	1.适用车型（适用于××品牌××车型）	2.品牌（中文或外文名称）；3.零部件编号		
8708.9959	----其他	1.适用车型（适用于××品牌××车型）	2.品牌（中文或外文名称）；3.零部件编号		

税则号列	商品名称	申报要素 归类要素	申报要素 价格要素	申报要素 其他要素	说明
8708.9960	---税目87.05所列车辆用	1.适用车型（适用于××品牌××车型）	2.品牌（中文或外文名称）；3.零部件编号		
	---其他：				
8708.9991	----车架	1.适用车型（适用于××品牌××车型）	2.品牌（中文或外文名称）；3.零部件编号		
8708.9992	----传动轴	1.适用车型（适用于××品牌××车型）	2.品牌（中文或外文名称）；3.零部件编号		
8708.9999	----其他	1.适用车型（适用于××品牌××车型）	2.品牌（中文或外文名称）；3.零部件编号		
87.09	短距离运输货物的机动车辆，未装有提升或搬运设备，用于工厂、仓库、码头或机场；火车站台上用的牵引车；上述车辆的零件：				
	-车辆：	1.发动机类型；2.适用场所	3.品牌（中文或外文名称）；4.型号；5.技术参数（最高时速、转弯半径等）		
	--电动的：				
8709.1110	---牵引车				
8709.1190	---其他				
	--其他：				
8709.1910	---牵引车				
8709.1990	---其他				
8709.9000	-零件	1.用途（适用于××品牌××车或通用于××机等）	2.品牌（中文或外文名称）；3.型号		
87.10	坦克及其他机动装甲战斗车辆，不论是否装有武器；上述车辆的零件：		1.品牌（中文或外文名称）；2.型号		
8710.0010	---整车				
8710.0090	---零件				
87.11	摩托车（包括机器脚踏两用车）及装有辅助发动机的脚踏车，不论有无边车；边车：				

税则号列	商品名称	申报要素			说明
		归类要素	价格要素	其他要素	
8711.1000	-装有活塞内燃发动机，气缸容量（排气量）不超过50毫升	1. 发动机类型；2. 排气量	3. 品牌（中文或外文名称）；4. 型号		
	-装有活塞内燃发动机，气缸容量（排气量）超过50毫升，但不超过250毫升：	1. 发动机类型；2. 排气量	3. 品牌（中文或外文名称）；4. 型号		
8711.2010	---气缸容量（排气量）超过50毫升，但不超过100毫升				
8711.2020	---气缸容量（排气量）超过100毫升，但不超过125毫升				
8711.2030	---气缸容量（排气量）超过125毫升，但不超过150毫升				
8711.2040	---气缸容量（排气量）超过150毫升，但不超过200毫升				
8711.2050	---气缸容量（排气量）超过200毫升，但不超过250毫升				
	-装有活塞内燃发动机，气缸容量（排气量）超过250毫升，但不超过500毫升：	1. 发动机类型；2. 排气量	3. 品牌（中文或外文名称）；4. 型号		
8711.3010	---气缸容量超过250毫升，但不超过400毫升				
8711.3020	---气缸容量超过400毫升，但不超过500毫升				
8711.4000	-装有活塞内燃发动机，气缸容量（排气量）超过500毫升，但不超过800毫升	1. 发动机类型；2. 排气量	3. 品牌（中文或外文名称）；4. 型号		
8711.5000	-装有活塞内燃发动机，气缸容量（排气量）超过800毫升	1. 发动机类型；2. 排气量	3. 品牌（中文或外文名称）；4. 型号		
8711.6000	-装有驱动电动机的	1. 发动机类型	2. 品牌（中文或外文名称）；3. 型号		
8711.9000	-其他	1. 发动机类型；2. 排气量	3. 品牌（中文或外文名称）；4. 型号		
87.12	自行车及其他非机动脚踏车（包括运货三轮脚踏车）：				
8712.0020	---竞赛型自行车	1. 用途（竞赛型、山地型、越野型等）；2. 轮径	3. 品牌（中文或外文名称）；4. 型号		
8712.0030	---山地自行车	1. 用途（竞赛型、山地型、越野型等）；2. 轮径	3. 品牌（中文或外文名称）；4. 型号		
	---越野自行车：	1. 用途（竞赛型、山地型、越野型等）；2. 轮径	3. 品牌（中文或外文名称）；4. 型号		

税则号列	商品名称	申报要素			说明
		归类要素	价格要素	其他要素	
8712.0041	----16、18及20英寸				
8712.0049	----其他				
	---其他自行车：	1.用途（竞赛型、山地型、越野型等）；2.轮径	3.品牌（中文或外文名称）；4.型号		
8712.0081	----16英寸及以下				
8712.0089	----其他				
8712.0090	---其他	1.用途（竞赛型、山地型、越野型等）；2.轮径	3.品牌（中文或外文名称）；4.型号		
87.13	残疾人用车，不论是否机动或其他机械驱动：	1.用途；2.驱动方式	3.品牌（中文或外文名称）；4.型号		
8713.1000	-非机械驱动				
8713.9000	-其他				
87.14	零件、附件，税目87.11至87.13所列车辆用：	1.用途（适用于××品牌××车或通用于××机等）	2.品牌（中文或外文名称）；3.型号		
8714.1000	-摩托车（包括机器脚踏两用车）用				
8714.2000	-残疾人车辆用				
	-其他				
8714.9100	--车架、轮叉及其零件				
	--轮圈及辐条：				
8714.9210	---轮圈				
8714.9290	---辐条				
	--轮毂（倒轮制动毂及毂闸除外）；飞轮、链轮：				
8714.9310	---轮毂				
8714.9320	---飞轮				
8714.9390	---其他				
8714.9400	--制动器（包括倒轮制动毂及毂闸）及其零件				
8714.9500	--鞍座				
	--脚蹬、曲柄链轮及其零件：				
8714.9610	---脚蹬及其零件				
8714.9620	---曲柄链轮及其零件				
8714.9900	--其他				
87.15	婴孩车及其零件：	1.若为零件请注明适用车型	2.品牌（中文或外文名称）；3.型号		
8715.0000	婴孩车及其零件				
87.16	挂车及半挂车或其他非机械驱动车辆及其零件：				
8716.1000	-供居住或野营用厢式挂车及半挂车	1.用途；2.类型	3.品牌（中文或外文名称）；4.型号		

税则号列	商品名称	申报要素			说明
		归类要素	价格要素	其他要素	
8716.2000	-农用自装或自卸式挂车及半挂车	1.用途；2.类型	3.品牌（中文或外文名称）；4.型号		
	-其他货运挂车及半挂车：	1.用途；2.类型	3.品牌（中文或外文名称）；4.型号		
	--罐式挂车及半挂车：				
8716.3110	---油罐挂车及半挂车				
8716.3190	---其他				
	--其他：				
8716.3910	---货柜挂车及半挂车				
8716.3990	---其他				
8716.4000	-其他挂车及半挂车		1.品牌（中文或外文名称）；2.型号		
8716.8000	-其他车辆		1.品牌（中文或外文名称）；2.型号		
8716.9000	-零件	1.用途（适用于××品牌××车或通用于××机等）	2.品牌（中文或外文名称）；3.型号		

第八十八章 航空器、航天器及其零件

注释：
 一、本章所称"无人驾驶航空器"是指除税目88.01的航空器以外，没有飞行员驾驶的任何航空器，它们可设计用于载物或安装永久性集成的数码相机或其他能在飞行中发挥实用功能的设备。
  但"无人驾驶航空器"不包括专供娱乐用的飞行玩具（税目95.03）。

子目注释：
 一、子目8802.11至8802.40所称"空载重量"，是指航空器在正常飞行状态下，除去机组人员、燃料及非永久性安装设备后的重量。
 二、子目8806.21至8806.24及子目8806.91至8806.94所称"最大起飞重量"，是指航空器在正常飞行状态下起飞时的最大重量，包括有效载荷、设备和燃料的重量。

【要素释义】
 一、归类要素
  1. 用途：税目88.01、88.02、88.06的用途是指商品应用的方面、范围；税目88.04、88.05、88.07的用途指零件所适用的航空器、航天器及其他设备的具体机型。
  2. 类型：指航空器和航天器的具体类型，如飞机、直升机、航天飞机、卫星等。
  3. 空载重量：指航空器在正常飞行状态下，除去机组人员、燃料及非永久性安装设备的重量。
 二、价格要素
  1. 品牌（中文或外文名称）：指制造商或经销商加在商品上的品牌标志，实际需要申报中文或外文品牌名称。
  2. 型号：指航空器、航天器及其零件性能、用途、功能等指标，如子目8802.3项下固定翼通用飞机"CESSNA牌"的农林业用飞机的型号为"208B-1189"。
  3. 民航局注册号、飞机出厂序列号：按实际情况填报。
  4. 旧飞机请注明并申报飞机原生产日期：按实际情况填报。
  5. 公务机请注明：公务机是在行政事务和商务活动中用作交通工具的飞机，亦称行政机或商务飞机。

税则号列	商品名称	申报要素 归类要素	申报要素 价格要素	申报要素 其他要素	说明
88.01	气球及飞艇；滑翔机、悬挂滑翔机及其他无动力航空器：	1. 用途	2. 品牌（中文或外文名称）；3. 型号		
8801.0010	---滑翔机及悬挂滑翔机				
8801.0090	---其他				
88.02	其他航空器（例如，直升机、飞机），税目88.06的无人驾驶航空器除外；航天器（包括卫星）及其运载工具、亚轨道运载工具：				
	-直升机：	1. 用途；2. 类型；3. 空载重量	4. 品牌（中文或外文名称）；5. 型号		
8802.1100	--空载重量不超过2000千克				
	--空载重量超过2000千克：				
8802.1210	---空载重量超过2000千克，但不超过7000千克				
8802.1220	---空载重量超过7000千克				

税则号列	商品名称	申报要素			说明
		归类要素	价格要素	其他要素	
8802.2000	-飞机及其他航空器,空载重量不超过2000千克	1.用途；2.类型；3.空载重量	4.品牌（中文或外文名称）；5.型号；6.公务机请注明；7.民航局注册号；8.飞机出厂序列号（S/N,即SERIAL NUMBER）；9.旧飞机请注明并申报飞机原生产日期		
8802.3000	-飞机及其他航空器,空载重量超过2000千克,但不超过15000千克	1.用途；2.类型；3.空载重量	4.品牌（中文或外文名称）；5.型号；6.公务机请注明；7.民航局注册号；8.飞机出厂序列号（S/N,即SERIAL NUMBER）；9.旧飞机请注明并申报飞机原生产日期		
	-飞机及其他航空器,空载重量超过15000千克:	1.用途；2.类型；3.空载重量	4.品牌（中文或外文名称）；5.型号；6.公务机请注明；7.民航局注册号；8.飞机出厂序列号（S/N,即SERIAL NUMBER）；9.旧飞机请注明并申报飞机原生产日期		

税则号列	商品名称	申报要素			说明
		归类要素	价格要素	其他要素	
8802.4010	---空载重量超过15000千克，但不超过45000千克				
8802.4020	---空载重量超过45000千克				
8802.6000	-航天器（包括卫星）及其运载工具、亚轨道运载工具	1. 若为通信用需注明	2. 品牌（中文或外文名称）；3. 型号		
88.04	降落伞（包括可操纵降落伞及滑翔伞）、旋翼降落伞及其零件、附件：	1. 用途（适用于××品牌××机或通用于××机等）	2. 品牌（中文或外文名称）；3. 型号		
8804.0000	降落伞（包括可操纵降落伞及滑翔伞）、旋翼降落伞及其零件、附件				
88.05	航空器的发射装置、甲板停机装置或类似装置和地面飞行训练器及其零件：	1. 用途（适用于××品牌××机或通用于××机等）	2. 品牌（中文或外文名称）；3. 型号		
8805.1000	-航空器的发射装置及其零件；甲板停机装置或类似装置及其零件				
	-地面飞行训练器及其零件：				
8805.2100	--空战模拟器及其零件				
8805.2900	--其他				
88.06	无人驾驶航空器：				
8806.1000	-设计用于旅客运输的：	1. 用途；2. 类型；3. 空载重量	4. 品牌（中文或外文名称）；5. 型号		
	-其他，仅使用遥控飞行的：	1. 用途；2. 类型；3. 最大起飞重量	4. 品牌（中文或外文名称）；5. 型号		
	--最大起飞重量不超过250克：				
8806.2110	---航拍无人机				
8806.2190	---其他				
	--最大起飞重量超过250克，但不超过7千克：				
8806.2210	---航拍无人机				
8806.2290	---其他				
	--最大起飞重量超过7千克，但不超过25千克：				
8806.2310	---航拍无人机				
8806.2390	---其他				
	--最大起飞重量超过25千克，但不超过150千克：				
8806.2410	---航拍无人机				
8806.2490	---其他				
	--其他：				
8806.2910	---航拍无人机				
8806.2990	---其他				

税则号列	商品名称	申报要素			说明
		归类要素	价格要素	其他要素	
	-其他：	1. 用途；2. 类型；3. 最大起飞重量	4. 品牌（中文或外文名称）；5. 型号		
	--最大起飞重量不超过250克：				
8806.9110	---航拍无人机				
8806.9190	---其他				
	--最大起飞重量超过250克，但不超过7千克：				
8806.9210	---航拍无人机				
8806.9290	---其他				
	--最大起飞重量超过7千克，但不超过25千克：				
8806.9310	---航拍无人机				
8806.9390	---其他				
	--最大起飞重量超过25千克，但不超过150千克：				
8806.9410	---航拍无人机				
8806.9490	---其他				
8806.9900	--其他				
88.07	**税目88.01、88.02或88.06所列货品的零件：**	1. 用途（适用于××品牌××机或通用于××机等）	2. 品牌（中文或外文名称）；3. 型号		
8807.1000	-推进器、水平旋翼及其零件				
8807.2000	-起落架及其零件				
8807.3000	-飞机、直升机及无人驾驶航空器的其他零件				
8807.9000	-其他				

第八十九章 船舶及浮动结构体

注释：
已装配、未装配或已拆卸的船体、未完工或不完整的船舶以及未装配或已拆卸的完整船舶，如果不具有某种船舶的基本特征，应归入税目89.06。

【要素释义】

一、归类要素

1. 驱动方式：进行动力推动、发动、带动时所采取的方法和形式。本章的驱动方式指船舶为机动的还是非机动的。
2. 用途：指该税目商品应用的方面、范围，如娱乐用、捕渔用、挖泥用等。
3. 载重量：运输工具在一定运行条件下所允许装载的最大重量。船舶的载重量是指船员、旅客、货物、燃料、淡水和消耗性供应品等的总重量，载重量中货物、旅客及其行李的重量称为净载重量，货船的净载重量即是载货量。
4. 容积：指液化石油气船和液化天然气船可装载液化气体的总体积。
5. 可载标准集装箱数：该要素为税目89.01项下商品专有要素，指机动集装箱船可装载标准尺寸（20英尺）集装箱的最大数量。
6. 类型：该要素为税目89.03项下商品专有要素，指娱乐或运动用船的具体类型，如脚踏船、汽艇、帆船、划艇、橡皮艇等。
7. 发动机安装方式：该要素为税目89.03项下商品专有要素，指船舶发动机的具体安装位置，如舷内和舷外、是否装有辅助发动机等。
8. 船体长度：该要素为税目89.03项下商品专有要素，指船舶船体的总长度，单位通常用"米"表示。
9. 固定安装配置：该要素为税目89.03项下商品专有要素，指船舶在报验状态时固定安装在船上装置的具体配置。
10. 功能：商品本身所具有的作用、能力和功效。该要素为税目89.04项下商品专有要素，指船舶是否为"拖轮"或"顶船"。
11. 材质：该要素为税目89.07项下商品专有要素，指组成浮动结构体的材料的种类。
12. 轻吨数：指不包括非金属固定压载在内的空船（或结构体）的重量。
13. 船型（如油轮、客船、驳船、集装箱船等）：该要素为税目89.08项下商品专有要素，指供拆卸的船舶及其他浮动结构体的具体类型，如油轮、集装箱船、驳船等。

二、价格要素

1. 品牌（中文或外文名称）：指制造商或经销商加在商品上的品牌标志，实际需要申报中文或外文品牌名称即可，如子目8901.101项下观光游览船的品牌为"Modern Brand（现代）牌"。
2. 型号：该要素是指船舶及浮动结构体的性能和功能的指标的代码。如子目8901.101项下"TREK牌"的地效翼船的型号"PAK-11"，为12座、水面航行、最高时速≤50千米/小时。
3. 最高时速：该要素是指船舶及浮动结构体的航行的最高速度，单位用"千米/小时"表示。如气垫船最高时速为100千米/小时。
4. 发动机功率：按实际情况填报。
5. 发动机品牌（中文或外文名称）、型号：按实际情况填报。

税则号列	商品名称	申报要素			说明
		归类要素	价格要素	其他要素	
89.01	巡航船、游览船、渡船、货船、驳船及类似的客运或货运船舶： -巡航船、游览船及主要用于客运的类似船舶；各式渡船：	1.驱动方式	2.品牌（中文或外文名称）；3.型号；4.最高时速		

税则号列	商品名称	申报要素			说明
		归类要素	价格要素	其他要素	
8901.1010	---机动船舶				
8901.1090	---非机动船舶				
	-液货船：				
	---成品油船：	1. 用途；2. 载重量	3. 品牌（中文或外文名称）；4. 型号		
8901.2011	----载重量不超过10万吨				
8901.2012	----载重量超过10万吨，但不超过30万吨				
8901.2013	----载重量超过30万吨				
	---原油船：	1. 用途；2. 载重量	3. 品牌（中文或外文名称）；4. 型号		
8901.2021	----载重量不超过15万吨				
8901.2022	----载重量超过15万吨，但不超过30万吨				
8901.2023	----载重量超过30万吨				
	---液化石油气船：	1. 用途；2. 容积	3. 品牌（中文或外文名称）；4. 型号		
8901.2031	----容积在20000立方米及以下				
8901.2032	----容积在20000立方米以上				
	---液化天然气船：	1. 用途；2. 容积	3. 品牌（中文或外文名称）；4. 型号		
8901.2041	----容积在20000立方米及以下				
8901.2042	----容积在20000立方米以上				
8901.2090	---其他	1. 用途；2. 载重量	3. 品牌（中文或外文名称）；4. 型号		
8901.3000	-冷藏船，但子目8901.20的船舶除外		1. 品牌（中文或外文名称）；2. 型号		
	-其他货运船舶及其他客货兼运船舶：				
	---机动集装箱船：	1. 用途；2. 可载标准集装箱数	3. 品牌（中文或外文名称）；4. 型号		
8901.9021	----可载标准集装箱在6000箱及以下				
8901.9022	----可载标准集装箱在6000箱以上				
	---机动滚装船：	1. 用途；2. 载重量	3. 品牌（中文或外文名称）；4. 型号		
8901.9031	----载重量在2万吨及以下				
8901.9032	----载重量在2万吨以上				

税则号列	商品名称	申报要素			说明
		归类要素	价格要素	其他要素	
	---机动散货船:	1. 用途; 2. 载重量	3. 品牌（中文或外文名称）; 4. 型号		
8901.9041	----载重量不超过15万吨				
8901.9042	----载重量超过15万吨，但不超过30万吨				
8901.9043	----载重量超过30万吨				
8901.9050	---机动多用途船	1. 用途	2. 品牌（中文或外文名称）; 3. 型号		
8901.9080	---其他机动船舶	1. 用途	2. 品牌（中文或外文名称）; 3. 型号		
8901.9090	---其他非机动船舶	1. 用途	2. 品牌（中文或外文名称）; 3. 型号		
89.02	**捕鱼船；加工船及其他加工保藏鱼类产品的船舶:**	1. 用途; 2. 驱动方式	3. 品牌（中文或外文名称）; 4. 型号		
8902.0010	---机动船舶				
8902.0090	---非机动船舶				
89.03	**娱乐或运动用快艇及其他船舶；划艇及轻舟:**				
	-充气船（包括刚性外壳的）:	1. 用途; 2. 类型; 3. 发动机安装方式; 4. 船体长度; 5. 固定安装配置	6. 品牌（中文或外文名称）; 7. 型号		
8903.1100	--装有或设计装有发动机，空载（净）重量（不包括发动机）不超过100千克				
8903.1200	--未设计装有发动机且空载（净）重量不超过100千克				
8903.1900	--其他				
	-帆船，充气船除外，不论是否装有辅助发动机:	1. 用途; 2. 类型; 3. 发动机安装方式; 4. 船体长度	5. 品牌（中文或外文名称）; 6. 型号; 7. 发动机品牌（中文或外文名称）、型号; 8. 发动机功率		
8903.2100	--长度不超过7.5米				
8903.2200	--长度超过7.5米但不超过24米				
8903.2300	--长度超过24米				

税则号列	商品名称	申报要素			说明
		归类要素	价格要素	其他要素	
	-汽艇,非充气的,但装有舷外发动机的除外:	1. 用途; 2. 类型; 3. 发动机安装方式; 4. 船体长度	5. 品牌(中文或外文名称); 6. 型号; 7. 发动机品牌(中文或外文名称)、型号; 8. 发动机功率		
8903.3100	--长度不超过7.5米				
8903.3200	--长度超过7.5米但不超过24米				
8903.3300	--长度超过24米				
	-其他:	1. 用途; 2. 类型; 3. 船体长度; 4. 固定安装配置	5. 品牌(中文或外文名称); 6. 型号; 7. 发动机品牌(中文或外文名称)、型号; 8. 发动机功率		
8903.9300	--长度不超过7.5米				
8903.9900	--其他				
89.04	**拖轮及顶推船:**	1. 功能	2. 品牌(中文或外文名称); 3. 型号		
8904.0000	拖轮及顶推船				
89.05	**灯船、消防船、挖泥船、起重船及其他不以航行为主要功能的船舶;浮船坞;浮动或潜水式钻探或生产平台:**	1. 用途	2. 品牌(中文或外文名称); 3. 型号		
8905.1000	-挖泥船				
8905.2000	-浮动或潜水式钻探或生产平台				
	-其他:				
8905.9010	---浮船坞				
8905.9090	---其他				
89.06	**其他船舶,包括军舰及救生船,但划艇除外:**	1. 用途; 2. 驱动方式	3. 品牌(中文或外文名称); 4. 型号		
8906.1000	-军舰				
	-其他:				
8906.9010	---机动船舶				
8906.9020	---非机动船舶				
8906.9030	---未制成或不完整的船舶,包括船舶分段				

税则号列	商品名称	申报要素			说明
		归类要素	价格要素	其他要素	
89.07	其他浮动结构体（例如，筏、柜、潜水箱、浮码头、浮筒及航标）：	1. 材质	2. 品牌（中文或外文名称）；3. 型号		
8907.1000	-充气筏				
8907.9000	-其他				
89.08	**供拆卸的船舶及其他浮动结构体：**	1. 轻吨数（不包括非金属固定压载在内的空船重量）；2. 船型（如油轮、客船、驳船、集装箱船等）			
8908.0000	供拆卸的船舶及其他浮动结构体				

第十八类　光学、照相、电影、计量、检验、医疗或外科用仪器及设备、精密仪器及设备；钟表；乐器；上述物品的零件、附件

第九十章　光学、照相、电影、计量、检验、医疗或外科用仪器及设备、精密仪器及设备；上述物品的零件、附件

注释：

一、本章不包括：

（一）机器、设备或其他专门技术用途的硫化橡胶（硬质橡胶除外）制品（税目40.16）、皮革或再生皮革制品（税目42.05）或纺织材料制品（税目59.11）；

（二）纺织材料制的承托带及其他承托物品，其承托器官的作用仅依靠自身的弹性（例如，孕妇用的承托带，用于胸部、腹部、关节或肌肉的承托绷带）（第十一类）；

（三）税目69.03的耐火材料制品；税目69.09的实验室、化学或其他专门技术用途的陶瓷器；

（四）税目70.09的未经光学加工的玻璃镜及税目83.06或第七十一章的非光学元件的贱金属或贵金属制的镜子；

（五）税目70.07、70.08、70.11、70.14、70.15或70.17的货品；

（六）第十五类注释二所规定的贱金属制通用零件（第十五类）或塑料制的类似品（第三十九章）；但专用于医疗、外科、牙科或兽医的植入物应归入税目90.21；

（七）税目84.13的装有计量装置的泵；计数和检验用的衡器或单独报验的天平砝码（税目84.23）；升降、起重及搬运机械（税目84.25至84.28）；纸张或纸板的各种切割机器（税目84.41）；税目84.66的用于机床或水射流切割机上调整工件或工具的附件，包括具有读度用的光学装置的附件（例如"光学"分度头），但其本身主要是光学仪器的除外（例如，校直望远镜）；计算机器（税目84.70）；税目84.81的阀门及其他装置；税目84.86的机器及装置（包括将电路图投影或绘制到感光半导体材料上的装置）；

（八）自行车或机动车辆用探照灯或聚光灯（税目85.12）；税目85.13的手提式电灯；电影录音机、还音机及转录机（税目85.19）；拾音器或录音头（税目85.22）；电视摄像机、数字照相机及视频摄录一体机（税目85.25）；雷达设备、无线电导航设备或无线电遥控设备（税目85.26）；光导纤维、光导纤维束或光缆用连接器（税目85.36）；税目85.37的数字控制装置；税目85.39的封闭式聚光灯；税目85.44的光缆；

（九）税目94.05的探照灯及聚光灯；

（十）第九十五章的物品；

（十一）税目96.20的独脚架、双脚架、三脚架及类似品；

（十二）容量的计量器具（按其构成的材料归类）；或

（十三）卷轴、线轴及类似芯子（按其构成材料归类，例如，归入税目39.23或第十五类）。

二、除上述注释一另有规定的以外，本章各税目所列机器、设备、仪器或器具的零件、附件，应按下列规定归类：

（一）凡零件、附件本身已构成本章或第八十四章、第八十五章或第九十一章各税目（税目84.87、85.48或90.33除外）所包括的货品，应一律归入其相应的税目；

（二）其他零件、附件，如果专用于或主要用于某种或同一税目项下的多种机器、仪器或器具（包括税目90.10、90.13或90.31的机器、仪器或器具），应归入相应机器、仪器或器具的税目；

（三）所有其他零件、附件均应归入税目90.33。

三、第十六类注释三及四的规定也适用于本章。

四、税目90.05不包括武器用望远镜瞄准具、潜艇或坦克上的潜望镜式望远镜及本章或第十六类的机器、设备、仪器或器具用的望远镜；这类望远镜瞄准具及望远镜应归入税目90.13。

五、计量或检验用的光学仪器、器具或机器，如果既可归入税目90.13，又可归入税目90.31，则应归入税目90.31。

六、税目90.21所称"矫形器具"，是指下列用途的器具：

预防或矫正躯体畸变；或

生病、手术或受伤后人体部位的支撑或固定。

矫形器具包括用于矫正畸形的鞋及特种鞋垫，但需符合下列任一条件：（一）定制的；（二）成批生产的，单独报验，且不成双的，设计为左右两脚同样适用。

七、税目90.32仅适用于：

（一）液体或气体的流量、液位、压力或其他变化量的自动控制仪器及装置或温度自动控制装置，不论其是否依靠要被自控的因素所发生的电现象来进行工作，这些仪器或装置将被自控因素调到并保持在一设定值上，通过持续或定期测量实际值来保持稳定，修正偏差；

（二）电量自动调节器及自动控制非电量的仪器或装置，依靠要被控制的因素所发生的电现象来进行工作，这些仪器或装置将被控制的因素调到并保持在一设定值上，通过持续或定期测量实际值来保持稳定，修正偏差。

【要素释义】

一、归类要素

1. 结构：该要素为税目90.01项下商品专有要素，指光导纤维、光导纤维束及光缆的结构特点，如单根、多根未被覆等。

2. 规格尺寸：指税则号列9001.2000项下偏振片及板的规格尺寸，填报"长×宽×厚"，用米表示。

3. 如为薄膜滤光片请申报波长：指滤光片能够滤光的波长范围。

4. 用途：意为该税目商品应用的方面、范围。例如，税则号列9001.9010项下彩色滤光片填报"适用于××品牌××机或通用于××机等"；税目90.04项下商品填报"矫正视力用"等；税目90.06项下商品填报"水下照相用""制版用"等；税目90.14项下商品填报"导航用"等；税目90.18项下商品填报"诊断用"等。

5. 材质：意为组成某种商品的材料种类。若为复合材质（一种以上材料构成），应一一填报出所有材质。

6. 类型（变色等）：指税目90.01、90.04项下眼镜片的具体类型，如太阳镜、变色镜、偏光镜等。

7. 是否已装配：该要素为税目90.02项下商品专有要素，"已装配"是指光学元件已装在底座、框架等托架上。

8. 是否双筒：该要素为税目90.05项下商品专有要素，指望远镜是单筒还是双筒。

9. 原理：指商品具有的普遍、基本的规律，通常又称工作原理。

10. 胶片宽度：指照相机或摄影机所用胶片的宽度，如35毫米等。

11. 摄影速度：该要素为税目90.07项下商品专有要素，指摄影机在拍摄时的最大速度，单位通常用"帧/秒"（即每秒钟可拍摄的帧数）表示。

12. 感量：该要素为税目90.16项下商品专有要素，指天平指针从平衡位置偏转到标尺1分度所需的最大质量。感量与灵敏度成反比，感量越小，灵敏度越高。

13. 功能：指商品本身所具有的作用、能力和功效。

14. 是否手用：该要素为税目90.17项下商品专有要素，指测量长度的器具是否具有一些特征（大小、重量等）以便在进行测量时可将其握在手中。

15. 如为整机，请填报原理：指填写子目9018.1项下诊断医学设备（不包括零部件）的工作原理。

16. 构成：该要素为税目90.20项下商品专有要素，指呼吸器具及防毒面具的组成部分，例如，由面罩、过滤单位、软管组成的防毒面具等。

17. 有无机械零件或可互换过滤装置：该要素为税目90.20项下商品专有要素，指呼吸器具及防毒面具是否带有机械零件或可互换过滤装置。

18. 人造关节部位：该要素为税目90.21项下商品专有要素，指人造关节具体应用于人体的部位，如髋关节、膝关节等。

19. 试验材料类型：该要素为税目90.24项下商品专有要素，指各种材料测试机器具体可以试验的材料种类，如金属、木材、纺织材料、纸张、塑料等，若能试验多种材料，应将所有材料种类一一列出。

20. 是否可直接读数：该要素为税目90.25项下商品专有要素，指温度计和高温计在测量时是否可直接读出温度数值。

21. 检测对象：意为检测设备可以检测对象的种类和类型，如液体、气体、烟雾等。

22. 频率：该要素为税目90.30项下商品专有要素，指示波器可测试的频率范围，单位常用"兆赫兹"表示，如50~100兆赫兹。

23. 量程：该要素为税目90.30项下商品专有要素，指万用表可测量的数值范围。对于数字显示万用表，其首位数字通常只能表示"1"或"0"，因此称为"半位"。例如，量程为五位指量程由00000到99999，量程为五位半指量程由00000到199999；量程为六位指量程由000000到999999，量程为六位半指量程由000000到1999999。

24. 是否带记录装置：该要素为税目90.30项下商品专有要素，指电量检验仪器是否可将检测结果记录并保存下来。

25. 测试频率：该要素为税目90.30项下商品专有要素，指通讯专用的仪器及装置可测试的频率范围，单位常用"兆赫兹"表示。

26. 加工程度（是否已经裁切成型）：指商品是否经裁切成型，根据商品实际填报。

27. 组成或构成：指商品由哪些部件组成，根据商品实际填报。

二、价格要素

1. 品牌（中文或外文名称）：指制造商或经销商加在商品上的品牌标志，实际需要申报中文或外文品牌名称。例如，税则号列9001.3000项下隐形眼镜片的品牌如"JOHNSON（强生）""Bauschlomb（博士伦）"等。

2. 型号：该要素是本章的主要价格要素，指商品的款式或者用途的代码，有的用货号表示。如子目9003.11项下商品"D&G"牌塑料制眼镜架型号为"DD1103B/615"。

3. 倍数：该要素是税目90.11项下复式光学显微镜的价格要素，是指复式光学显微镜的最佳效果的表示方式。用"××倍"表示。但是填报"倍数"的同时必须申报"目镜"和"物镜"的倍数。例如：子目9011.1项下立体显微镜的倍数为"60倍"时效果最佳。子目9011.8项下普通显微镜的倍数为"20倍"时效果最佳。

4. 材质：该要素是子目9021.1项下矫形或骨折用器具的价格要素，是指制造矫形或骨折用器具的主要材质的名称，如骨骼内固定的材质有钛和不锈钢。

5. 技术参数：该要素是子目9021.1项下矫形或骨折用器具的价格要素。是指矫形或骨折用器具的硬度指标。

6. 排数：指税则号列9022.1200项下X射线断层检查仪设备的性能和功能的指标。例如，"GE牌"型号"OPTIMA CT660"全身X射线计算机断层扫描系统64排。

7. 使用周期：指税则号列9001.3000项下隐形眼镜片可使用的时间。可填报"日抛""月抛"等。

8. 度数：指税则号列9001.3000项下隐形眼镜片的度数，包括近视、远视、散光的度数。

9. 种类：指根据事物本身的性质或特点而分成的类别。例如，税则号列9001.3000项下隐形眼镜片填报"软片"或"硬片"。

10. 颜色：指税则号列9001.3000项下隐形眼镜片的颜色。例如，可填报"无色""蓝色"等。

11. 直径：指税则号列9001.3000项下隐形眼镜片的直径大小，按实际情况填报。

税则号列	商品名称	申报要素			说明
		归类要素	价格要素	其他要素	
90.01	光导纤维及光导纤维束；光缆，但税目85.44的货品除外；偏振材料制的片及板；未装配的各种材料制透镜（包括隐形眼镜片）、棱镜、反射镜及其他光学元件，但未经光学加工的玻璃制上述元件除外：				
9001.1000	-光导纤维、光导纤维束及光缆	1. 结构；2. 用途	3. 品牌（中文或外文名称）；4. 型号		
9001.2000	-偏振材料制的片及板	1. 用途；2. 材质；3. 规格尺寸；4. 加工程度（是否已经裁切成型）	5. 品牌（中文或外文名称）；6. 型号		

税则号列	商品名称	申报要素			说明
		归类要素	价格要素	其他要素	
9001.3000	-隐形眼镜片		1.品牌（中文或外文名称）；2.型号；3.材质；4.种类（软片或硬片）；5.颜色；6.直径；7.使用周期（日抛、月抛等）；8.度数（近视或远视度数，是否带散光度数）		
	-玻璃制眼镜片：	1.材质；2.类型（变色等）	3.品牌（中文或外文名称）；4.型号		
9001.4010	---变色镜片				
	---其他				
9001.4091	----太阳镜片				
9001.4099	----其他				
	-其他材料制眼镜片：	1.材质；2.类型（变色等）	3.品牌（中文或外文名称）；4.型号		
9001.5010	---变色镜片				
	---其他				
9001.5091	----太阳镜片				
9001.5099	----其他				
	-其他：				
9001.9010	---彩色滤光片	1.用途（适用于××品牌××机或通用于××机等）；2.材质	3.品牌（中文或外文名称）；4.型号		
9001.9090	---其他	1.用途（适用于××品牌××机或通用于××机等）；2.材质；3.如为薄膜滤光片请申报波长	4.品牌（中文或外文名称）；5.型号		
90.02	已装配的各种材料制透镜、棱镜、反射镜及其他光学元件，作为仪器或装置的零件、配件，但未经光学加工的玻璃制上述元件除外：	1.用途（适用于××品牌××机或通用于××机等）；2.是否已装配	3.品牌（中文或外文名称）；4.型号		
	-物镜：				
	--照相机、投影仪、照片放大机及缩片机用：				
9002.1110	---子目9006.3000、9006.5921、9006.5929所列照相机用				

税则号列	商品名称	申报要素			说明
		归类要素	价格要素	其他要素	
9002.1120	---缩微阅读机用				
	---其他照相机用：				
9002.1131	----单反相机镜头				
9002.1139	----其他				
9002.1190	---其他				
	--其他：				
9002.1910	---摄影机或放映机用				
9002.1990	---其他				
	-滤光镜：				
9002.2010	---照相机用				
9002.2090	---其他				
	-其他：				
9002.9010	---照相机用				
9002.9090	---其他				
90.03	眼镜架及其零件：	1. 材质	2. 品牌（中文或外文名称）；3. 型号		
	-眼镜架：				
9003.1100	--塑料制				
	--其他材料制：				
9003.1910	---金属材料制				
9003.1920	---天然材料制				
9003.1990	---其他				
9003.9000	-零件				
90.04	矫正视力、保护眼睛或其他用途的眼镜、挡风镜及类似品：	1. 用途；2. 类型（变色等）	3. 品牌（中文或外文名称）；4. 型号		
9004.1000	-太阳镜				
	-其他：				
9004.9010	---变色镜				
9004.9090	---其他				
90.05	双筒望远镜、单筒望远镜、其他光学望远镜及其座架；其他天文仪器及其座架，但不包括射电天文仪器：				
9005.1000	-双筒望远镜	1. 用途；2. 是否双筒	3. 品牌（中文或外文名称）；4. 型号		
	-其他仪器：	1. 用途	2. 品牌（中文或外文名称）；3. 型号		
9005.8010	---天文望远镜及其他天文仪器				
9005.8090	---其他				
	-零件、附件（包括座架）：	1. 用途（适用于××品牌××机或通用于××机等）	2. 品牌（中文或外文名称）；3. 型号		
9005.9010	---天文望远镜及其他天文仪器用				

税则号列	商品名称	申报要素 归类要素	申报要素 价格要素	申报要素 其他要素	说明
9005.9090	---其他				
90.06	照相机（电影摄影机除外）；照相闪光灯装置及闪光灯泡，但税目85.39的放电灯泡除外：				
9006.3000	-水下、航空测量或体内器官检查用的特种照相机；法庭或犯罪学用的比较照相机	1.用途；2.原理	3.品牌（中文或外文名称）；4.型号		
9006.4000	-一次成像照相机	1.用途；2.原理	3.品牌（中文或外文名称）；4.型号		
	-其他照相机：				
	--使用胶片宽度为35毫米：	1.用途；2.原理；3.胶片宽度	4.品牌（中文或外文名称）；5.型号		
9006.5310	---通过镜头取景[单镜头反光式（SLR）]				
9006.5390	---其他				
	--其他：				
9006.5910	---激光照相排版设备	1.用途；2.原理	3.品牌（中文或外文名称）；4.型号		
	---制版照相机：	1.用途；2.原理	3.品牌（中文或外文名称）；4.型号		
9006.5921	----电子分色机				
9006.5929	----其他				
9006.5930	---通过镜头取景[单镜头反光式（SLR）]，使用胶片宽度小于35毫米	1.用途；2.原理；3.胶片宽度	4.品牌（中文或外文名称）；5.型号		
	---其他，使用胶片宽度小于35毫米：	1.用途；2.原理；3.胶片宽度	4.品牌（中文或外文名称）；5.型号		
9006.5941	----缩微照相机，使用缩微胶卷、胶片或其他缩微品的				
9006.5949	----其他				
9006.5990	---其他	1.用途；2.原理	3.品牌（中文或外文名称）；4.型号		
	-照相闪光灯装置及闪光灯泡：	1.用途；2.原理	3.品牌（中文或外文名称）；4.型号		
9006.6100	--放电式（电子式）闪光灯装置				
	--其他：				
9006.6910	---闪光灯泡				
9006.6990	---其他				

税则号列	商品名称	申报要素			说明
		归类要素	价格要素	其他要素	
	-零件、附件：	1. 用途（适用于××品牌××机或通用于××机等）	2. 品牌（中文或外文名称）；3. 型号		
	--照相机用：				
9006.9110	---税号9006.3000、9006.5921、9006.5929所列照相机用				
9006.9120	---一次成像照相机用				
	---其他：				
9006.9191	----自动调焦组件				
9006.9192	----快门组件				
9006.9199	----其他				
9006.9900	--其他				
90.07	**电影摄影机、放映机，不论是否带有声音的录制或重放装置：**				
	-摄影机：	1. 用途；2. 原理；3. 胶片宽度；4. 摄影速度	5. 品牌（中文或外文名称）；6. 型号		
9007.1010	---高速摄影机				
9007.1090	---其他				
	-放映机：	1. 用途；2. 原理	3. 品牌（中文或外文名称）；4. 型号		
9007.2010	---数字式				
9007.2090	---其他				
	-零件、附件：	1. 用途（适用于××品牌××机或通用于××机等）	2. 品牌（中文或外文名称）；3. 型号		
9007.9100	--摄影机用				
9007.9200	--放映机用				
90.08	**影像投影仪，但电影用除外；照片（电影片除外）放大机及缩片机：**				
	-投影仪、放大机及缩片机：				
9008.5010	---幻灯机	1. 用途	2. 品牌（中文或外文名称）；3. 型号		
9008.5020	---缩微胶卷、缩微胶片或其他缩微品的阅读机，不论是否可以进行复制	1. 用途	2. 品牌（中文或外文名称）；3. 型号		
	---其他影像投影仪：	1. 用途；2. 原理	3. 品牌（中文或外文名称）；4. 型号		
9008.5031	----正射投影仪				
9008.5039	----其他				
9008.5040	---照片（电影片除外）放大机及缩片机	1. 用途	2. 品牌（中文或外文名称）；3. 型号		

税则号列	商 品 名 称	申 报 要 素			说 明
		归类要素	价格要素	其他要素	
	-零件、附件：	1. 用途（适用于××品牌××机或通用于××机等）	2. 品牌（中文或外文名称）；3. 型号		
9008.9010	---缩微阅读机用				
9008.9020	---照片放大机及缩片机用				
9008.9090	---其他				
90.10	**本章其他税目未列名的照相（包括电影）洗印用装置及设备；负片显示器；银幕及其他投影屏幕：**				
	-照相（包括电影）胶卷或成卷感光纸的自动显影装置及设备或将已冲洗胶卷自动曝光到成卷感光纸上的装置及设备：	1. 用途；2. 原理	3. 品牌（中文或外文名称）；4. 型号		
9010.1010	---电影用				
9010.1020	---特种照相用				
	---其他：				
9010.1091	----彩色胶卷用				
9010.1099	----其他				
	-照相（包括电影）洗印用其他装置及设备；负片显示器：	1. 用途；2. 原理	3. 品牌（中文或外文名称）；4. 型号		
9010.5010	---负片显示器				
	---其他：				
9010.5021	----电影用				
9010.5022	----特种照相用				
9010.5029	----其他				
9010.6000	-银幕及其他投影屏幕	1. 用途	2. 品牌（中文或外文名称）；3. 型号		
	-零件、附件：	1. 用途（适用于××品牌××机或通用于××机等）	2. 品牌（中文或外文名称）；3. 型号		
9010.9010	---电影用				
9010.9020	---特种照相用				
9010.9090	---其他				
90.11	**复式光学显微镜，包括用于缩微照相、显微电影摄影及显微投影的：**				
9011.1000	-立体显微镜	1. 用途；2. 原理	3. 品牌（中文或外文名称）；4. 型号；5. 倍数		
9011.2000	-显微照相、显微电影摄影及显微投影用的其他显微镜	1. 用途；2. 原理	3. 品牌（中文或外文名称）；4. 型号；5. 倍数		

税则号列	商品名称	申报要素 归类要素	申报要素 价格要素	申报要素 其他要素	说明
9011.8000	-其他显微镜	1. 用途；2. 原理	3. 品牌（中文或外文名称）；4. 型号；5. 倍数		
9011.9000	-零件、附件	1. 用途（适用于××品牌××机或通用于××机等）	2. 品牌（中文或外文名称）；3. 型号		
90.12	显微镜，但光学显微镜除外；衍射设备：				
9012.1000	-显微镜，但光学显微镜除外；衍射设备	1. 用途；2. 原理	3. 品牌（中文或外文名称）；4. 型号		
9012.9000	-零件、附件	1. 用途（适用于××品牌××机或通用于××机等）	2. 品牌（中文或外文名称）；3. 型号		
90.13	激光器，但激光二极管除外；本章其他税号未列名的光学仪器及器具：				
9013.1000	-武器用望远镜瞄准具；潜望镜式望远镜；作为本章或第十六类的机器、设备、仪器或器具部件的望远镜	1. 用途	2. 品牌（中文或外文名称）；3. 型号		
9013.2000	-激光器，但激光二极管除外	1. 用途；2. 原理	3. 品牌（中文或外文名称）；4. 型号		
	-其他装置、仪器及器具：				
9013.8010	---放大镜	1. 原理	2. 品牌（中文或外文名称）；3. 型号		
9013.8020	---光学门眼	1. 原理	2. 品牌（中文或外文名称）；3. 型号		
9013.8090	---其他	1. 用途；2. 原理	3. 品牌（中文或外文名称）；4. 型号		
	-零件、附件：	1. 用途（适用于××品牌××机或通用于××机等）	2. 品牌（中文或外文名称）；3. 型号		
9013.9010	---税号9013.1000及9013.2000所列货品用				
9013.9090	---其他				
90.14	定向罗盘；其他导航仪器及装置：				
9014.1000	-定向罗盘	1. 用途；2. 原理	3. 品牌（中文或外文名称）；4. 型号		
	-航空或航天导航仪器及装置（罗盘除外）：	1. 用途	2. 品牌（中文或外文名称）；3. 型号		

税则号列	商品名称	申报要素			说明
		归类要素	价格要素	其他要素	
9014.2010	---自动驾驶仪				
9014.2090	---其他				
9014.8000	-其他仪器及装置	1.用途；2.原理	3.品牌（中文或外文名称）；4.型号		
	-零件、附件：	1.用途（适用于××品牌××机或通用于××机等）	2.品牌（中文或外文名称）；3.型号		
9014.9010	---自动驾驶仪用				
9014.9090	---其他				
90.15	大地测量（包括摄影测量）、水道测量、海洋、水文、气象或地球物理用仪器及装置，不包括罗盘；测距仪：				
	-测距仪：	1.用途；2.原理	3.品牌（中文或外文名称）；4.型号		
9015.1010	--激光雷达				
9015.1090	--其他				
9015.2000	-经纬仪及视距仪	1.用途；2.原理	3.品牌（中文或外文名称）；4.型号		
9015.3000	-水平仪	1.用途；2.原理	3.品牌（中文或外文名称）；4.型号		
9015.4000	-摄影测量用仪器及装置	1.用途；2.原理	3.品牌（中文或外文名称）；4.型号		
9015.8000	-其他仪器及装置	1.用途；2.原理	3.品牌（中文或外文名称）；4.型号		
9015.9000	-零件、附件	1.用途（适用于××品牌××机或通用于××机等）	2.品牌（中文或外文名称）；3.型号		
90.16	感量为50毫克或更精密的天平，不论是否带有砝码：	1.感量	2.品牌（中文或外文名称）；3.型号		
9016.0010	---感量为0.1毫克或更精密的天平				
9016.0090	---其他				
90.17	绘图、划线或数学计算仪器及器具（例如，绘图机、比例缩放仪、分度规、绘图工具、计算尺及盘式计算器）；本章其他税目未列名的手用测量长度的器具（例如，量尺、量带、千分尺及卡尺）：				

税则号列	商品名称	申报要素 归类要素	申报要素 价格要素	申报要素 其他要素	说明
9017.1000	-绘图台及绘图机，不论是否自动	1. 用途；2. 功能	3. 品牌（中文或外文名称）；4. 型号		
9017.2000	-其他绘图、划线或数学计算器具	1. 用途；2. 功能；3. 是否手用	4. 品牌（中文或外文名称）；5. 型号		
9017.3000	-千分尺、卡尺及量规	1. 用途；2. 功能；3. 是否手用	4. 品牌（中文或外文名称）；5. 型号		
9017.8000	-其他仪器及器具	1. 用途；2. 功能	3. 品牌（中文或外文名称）；4. 型号		
9017.9000	-零件、附件	1. 用途（适用于××品牌××机或通用于××机等）	2. 品牌（中文或外文名称）；3. 型号		
90.18	医疗、外科、牙科或兽医用仪器及器具，包括闪烁扫描装置、其他电气医疗装置及视力检查仪器： -电气诊断装置（包括功能检查或生理参数检查用装置）：				
9018.1100	--心电图记录仪	1. 用途；2. 如为整机，请申报原理	3. 品牌（中文或外文名称）；4. 型号；5. 探头数量；6. 如有医疗器械注册编号请申报注册编号		
	--超声波扫描装置：	1. 用途；2. 如为整机，请申报原理	3. 品牌（中文或外文名称）；4. 型号；5. 探头数量；6. 如有医疗器械注册编号请申报注册编号		
9018.1210	---B型超声波诊断仪 ---其他：				
9018.1291	----彩色超声波诊断仪				
9018.1299	----其他 --核磁共振成像装置：				

税则号列	商品名称	申报要素			说明
		归类要素	价格要素	其他要素	
9018.1310	---成套装置	1. 用途；2. 如为整机，请申报原理	3. 品牌（中文或外文名称）；4. 型号；5. 探头数量；6. 如有医疗器械注册编号请申报注册编号		
9018.1390	---零件	1. 用途；2. 如为整机，请申报原理	3. 品牌（中文或外文名称）；4. 型号；5. 探头数量；6. 如有医疗器械注册编号请申报注册编号		
9018.1400	--闪烁摄影装置	1. 用途；2. 如为整机，请申报原理	3. 品牌（中文或外文名称）；4. 型号；5. 探头数量；6. 如有医疗器械注册编号请申报注册编号		
	--其他：	1. 用途；2. 如为整机，请申报原理	3. 品牌（中文或外文名称）；4. 型号；5. 探头数量；6. 如有医疗器械注册编号请申报注册编号		
9018.1930	---病员监护仪				
	---听力诊断装置：				
9018.1941	----听力计				
9018.1949	----其他				
9018.1990	---其他				

税则号列	商品名称	申报要素			说明
		归类要素	价格要素	其他要素	
9018.2000	-紫外线及红外线装置	1.用途；2.原理	3.品牌（中文或外文名称）；4.型号；5.如有医疗器械注册编号请申报注册编号		
9018.3100	-注射器、针、导管、插管及类似品： --注射器，不论是否装有针头	1.用途	2.品牌（中文或外文名称）；3.型号；4.如有医疗器械注册编号请申报注册编号		
	--管状金属针头及缝合用针：	1.用途	2.品牌（中文或外文名称）；3.型号；4.如有医疗器械注册编号请申报注册编号		
9018.3210	---管状金属针头				
9018.3220	---缝合用针				
9018.3900	--其他	1.用途；2.组成或构成	3.品牌（中文或外文名称）；4.型号；5.如有医疗器械注册编号请申报注册编号		
9018.4100	-牙科用其他仪器及器具： --牙钻机，不论是否与其他牙科设备组装在同一底座上	1.用途	2.品牌（中文或外文名称）；3.型号；4.如有医疗器械注册编号请申报注册编号		
	--其他：				

税则号列	商品名称	申报要素			说明
		归类要素	价格要素	其他要素	
9018.4910	---装有牙科设备的牙科用椅	1.用途	2.品牌（中文或外文名称）；3.型号；4.如有医疗器械注册编号请申报注册编号		
9018.4990	---其他	1.用途；2.原理	3.品牌（中文或外文名称）；4.型号；5.如有医疗器械注册编号请申报注册编号		
9018.5000	-眼科用其他仪器及器具	1.用途；2.原理	3.品牌（中文或外文名称）；4.型号；5.如有医疗器械注册编号请申报注册编号		
	-其他仪器及器具：				
9018.9010	---听诊器	1.用途	2.品牌（中文或外文名称）；3.型号；4.如有医疗器械注册编号请申报注册编号		
9018.9020	---血压测量仪器及器具	1.用途；2.原理	3.品牌（中文或外文名称）；4.型号；5.如有医疗器械注册编号请申报注册编号		

税则号列	商品名称	申报要素			说明
		归类要素	价格要素	其他要素	
9018.9030	---内窥镜	1.用途	2.品牌（中文或外文名称）；3.型号；4.配置（如含三晶片摄像系统、监视器、冷光源等）；5.如有医疗器械注册编号请申报注册编号		
9018.9040	---肾脏透析设备（人工肾）	1.用途；2.原理	3.品牌（中文或外文名称）；4.如有医疗器械注册编号请申报注册编号		
9018.9050	---透热疗法设备	1.用途；2.原理	3.品牌（中文或外文名称）；4.如有医疗器械注册编号请申报注册编号		
9018.9060	---输血设备	1.用途	2.品牌（中文或外文名称）；3.型号；4.如有医疗器械注册编号请申报注册编号		
9018.9070	---麻醉设备	1.用途；2.原理	3.品牌（中文或外文名称）；4.型号；5.如有医疗器械注册编号请申报注册编号		
9018.9080	---手术机器人	1.用途；2.原理	3.品牌（中文或外文名称）；4.型号；5.如有医疗器械注册编号请申报注册编号		

税则号列	商品名称	申报要素			说明
		归类要素	价格要素	其他要素	
	---其他:	1.用途; 2.原理	3.品牌（中文或外文名称）; 4.型号; 5.如有医疗器械注册编号请申报注册编号		
9018.9091	----宫内节育器				
9018.9099	----其他				
90.19	**机械疗法器具; 按摩器具; 心理功能测验装置; 臭氧治疗器; 氧气治疗器、喷雾治疗器、人工呼吸器及其他治疗用呼吸器具:**				
	-机械疗法器具; 按摩器具; 心理功能测验装置:				
9019.1010	---按摩器具	1.用途; 2.功能	3.品牌（中文或外文名称）; 4.型号; 5.如有医疗器械注册编号请申报注册编号		
9019.1090	---其他	1.用途; 2.功能; 3.原理	4.品牌（中文或外文名称）; 5.型号; 6.如有医疗器械注册编号请申报注册编号		
	-臭氧治疗器、氧气治疗器、喷雾治疗器、人工呼吸器及其他治疗用呼吸器具:	1.用途; 2.功能	3.品牌（中文或外文名称）; 4.型号; 5.如有医疗器械注册编号请申报注册编号		
9019.2010	---有创呼吸机				
9019.2020	---无创呼吸机				
9019.2090	---其他				
90.20	**其他呼吸器具及防毒面具, 但不包括既无机械零件又无可互换过滤器的防护面具:**	1.用途; 2.构成; 3.有无机械零件或可互换过滤装置	4.品牌（中文或外文名称）; 5.型号; 6.如有医疗器械注册编号请申报注册编号		

税则号列	商品名称	申报要素 归类要素	申报要素 价格要素	申报要素 其他要素	说明
9020.0000	其他呼吸器具及防毒面具，但不包括既无机械零件又无可互换过滤器的防护面具				
90.21	矫形器具，包括支具、外科手术带、疝气带、夹板及其他骨折用具；人造的人体部分；助听器及为弥补生理缺陷或残疾而穿戴、携带或植入人体内的其他器具：				
9021.1000	-矫形或骨折用器具	1.用途	2.品牌（中文或外文名称）；3.材质；4.型号；5.技术参数；6.如有医疗器械注册编号请申报注册编号		
	-假牙及牙齿固定件：		1.品牌（中文或外文名称）；2.材质；3.型号；4.如有医疗器械注册编号请申报注册编号		
9021.2100	--假牙				
9021.2900	--其他				
	-其他人造的人体部分：				
9021.3100	--人造关节	1.用途；2.人造关节部位	3.品牌（中文或外文名称）；4.材质；5.型号；6.如有医疗器械注册编号请申报注册编号		
9021.3900	--其他	1.用途	2.品牌（中文或外文名称）；3.材质；4.型号；5.如有医疗器械注册编号请申报注册编号		

税则号列	商品名称	申报要素			说明
		归类要素	价格要素	其他要素	
9021.4000	-助听器，不包括零件、附件		1. 如有医疗器械注册编号请申报注册编号		
9021.5000	-心脏起搏器，不包括零件、附件	1. 材质	2. 如有医疗器械注册编号请申报注册编号		
	-其他：	1. 用途；2. 原理	3. 品牌（中文或外文名称）；4. 型号；5. 如有医疗器械注册编号请申报注册编号		
	---支架：				
9021.9011	----血管支架				
9021.9019	----其他				
9021.9090	---其他				
90.22	X射线或α射线、β射线、γ射线或其他离子射线的应用设备，不论是否用于医疗、外科、牙科或兽医，包括射线照相及射线治疗设备，X射线管及其他X射线发生器、高压发生器、控制板及控制台、荧光屏、检查或治疗用的桌、椅及类似品：				
	-X射线的应用设备，不论是否用于医疗、外科、牙科或兽医，包括射线照相或射线治疗设备：				
9022.1200	--X射线断层检查仪	1. 用途；2. 原理	3. 品牌（中文或外文名称）；4. 型号；5. 排数		
9022.1300	--其他，牙科用	1. 用途；2. 原理	3. 品牌（中文或外文名称）；4. 型号		
9022.1400	--其他，医疗、外科或兽医用	1. 用途；2. 原理	3. 品牌（中文或外文名称）；4. 型号		
	--其他：	1. 用途；2. 原理	3. 品牌（中文或外文名称）；4. 型号		
9022.1910	---低剂量X射线安全检查设备				
9022.1920	---X射线无损探伤检测仪				
9022.1990	---其他				

税则号列	商品名称	申报要素 归类要素	申报要素 价格要素	申报要素 其他要素	说明
	-α射线、β射线、γ射线或其他离子射线的应用设备，不论是否用于医疗、外科、牙科或兽医，包括射线照相或射线治疗设备：	1.用途；2.原理	3.品牌（中文或外文名称）；4.型号		
	--医疗、外科、牙科或兽医用：				
9022.2110	---应用α射线、β射线、γ射线的				
9022.2190	---其他				
	--其他：				
9022.2910	---γ射线无损探伤检测仪				
9022.2990	---其他				
9022.3000	-X射线管	1.用途；2.原理	3.品牌（中文或外文名称）；4.型号		
	-其他，包括零件、附件：				
9022.9010	---X射线影像增强器	1.用途；2.原理	3.品牌（中文或外文名称）；4.型号		
9022.9090	---其他	1.用途；2.原理	3.品牌（中文或外文名称）；4.型号		
90.23	专供示范（例如，教学或展览）而无其他用途的仪器、装置及模型：	1.用途	2.品牌（中文或外文名称）；3.型号		
9023.0010	---教习头				
9023.0090	---其他				
90.24	各种材料（例如，金属、木材、纺织材料、纸张、塑料）的硬度、强度、压缩性、弹性或其他机械性能的试验机器及器具：				
	-金属材料的试验用机器及器具：	1.功能；2.试验材料类型	3.品牌（中文或外文名称）；4.型号		
9024.1010	---电子万能试验机				
9024.1020	---硬度计				
9024.1090	---其他				
9024.8000	-其他机器及器具	1.功能；2.试验材料类型	3.品牌（中文或外文名称）；4.型号		
9024.9000	-零件、附件	1.用途（适用于××品牌××机或通用于××机等）	2.品牌（中文或外文名称）；3.型号		
90.25	记录式或非记录式的液体比重计及类似的浮子式仪器、温度计、高温计、气压计、湿度计、干湿球湿度计及其组合装置：				

税则号列	商品名称	申报要素			说明
		归类要素	价格要素	其他要素	
	-温度计及高温计，未与其他仪器组合：	1. 原理；2. 是否可直接读数	3. 品牌（中文或外文名称）；4. 型号		
9025.1100	--液体温度计，可直接读数				
	--其他：				
9025.1910	---工业用				
9025.1990	---其他				
9025.8000	-其他仪器	1. 原理	2. 品牌（中文或外文名称）；3. 型号		
9025.9000	-零件、附件	1. 用途（适用于××品牌××机或通用于××机等）	2. 品牌（中文或外文名称）；3. 型号		
90.26	液体或气体的流量、液位、压力或其他变化量的测量或检验仪器及装置（例如，流量计、液位计、压力表、热量计），但不包括税目90.14、90.15、90.28或90.32的仪器及装置：				
9026.1000	-测量、检验液体流量或液位的仪器及装置	1. 功能；2. 检测对象	3. 品牌（中文或外文名称）；4. 型号		
	-测量、检验压力的仪器及装置：	1. 功能；2. 检测对象	3. 品牌（中文或外文名称）；4. 型号		
9026.2010	---压力/差压变送器				
9026.2090	---其他				
	-其他仪器及装置：	1. 功能；2. 检测对象	3. 品牌（中文或外文名称）；4. 型号		
9026.8010	---测量气体流量的仪器及装置				
9026.8090	---其他				
9026.9000	-零件、附件	1. 用途（适用于××品牌××机或通用于××机等）	2. 品牌（中文或外文名称）；3. 型号		
90.27	理化分析仪器及装置（例如，偏振计、折光仪、分光仪、气体或烟雾分析仪）；测量或检验黏性、多孔性、膨胀性、表面张力及类似性能的仪器及装置；测量或检验热量、声量或光量的仪器及装置（包括曝光表）；检镜切片机：				
9027.1000	-气体或烟雾分析仪	1. 原理；2. 功能；3. 检测对象	4. 品牌（中文或外文名称）；5. 型号		

税则号列	商 品 名 称	申 报 要 素			说 明
		归类要素	价格要素	其他要素	
	-色谱仪及电泳仪：	1. 原理；2. 功能；3. 检测对象	4. 品牌（中文或外文名称）；5. 型号		
	---色谱仪：				
9027.2011	----气相色谱仪				
9027.2012	----液相色谱仪				
9027.2019	----其他				
9027.2020	---电泳仪				
9027.3000	-使用光学射线（紫外线、可见光、红外线）的分光仪、分光光度计及摄谱仪	1. 原理；2. 功能；3. 检测对象	4. 品牌（中文或外文名称）；5. 型号		
	-使用光学射线（紫外线、可见光、红外线）的其他仪器及装置：	1. 原理；2. 功能；3. 检测对象	4. 品牌（中文或外文名称）；5. 型号		
9027.5010	---基因测序仪				
9027.5090	---其他				
	-其他仪器及装置：	1. 原理；2. 功能；3. 检测对象	4. 品牌（中文或外文名称）；5. 型号		
	--质谱仪：				
9027.8110	---集成电路生产用氦质谱检漏台				
9027.8120	---质谱联用仪				
9027.8190	---其他				
	--其他：				
9027.8910	---曝光表				
9027.8990	---其他				
9027.9000	-检镜切片机；零件、附件	1. 用途（适用于××品牌××机或通用于××机等）	2. 品牌（中文或外文名称）；3. 型号		
90.28	生产或供应气体、液体及电力用的计量仪表，包括它们的校准仪表：				
	-气量计：	1. 用途	2. 品牌（中文或外文名称）；3. 型号		
9028.1010	---煤气表				
9028.1090	---其他				
	-液量计：	1. 用途	2. 品牌（中文或外文名称）；3. 型号		
9028.2010	---水表				
9028.2090	---其他				
	-电量计：	1. 用途；2. 原理	3. 品牌（中文或外文名称）；4. 型号		
	---电度表：				
9028.3011	----单相感应式				

税则号列	商品名称	申报要素			说明
		归类要素	价格要素	其他要素	
9028.3012	----三相感应式				
9028.3013	----单相电子式（静止式）				
9028.3014	----三相电子式（静止式）				
9028.3019	----其他				
9028.3090	---其他				
	-零件、附件：	1.用途（适用于××品牌××机或通用于××机等）	2.品牌（中文或外文名称）；3.型号		
9028.9010	---工业用				
9028.9090	---其他				
90.29	转数计、产量计数器、车费计、里程计、步数计及类似仪表；速度计及转速表，税目90.14及90.15的仪表除外；频闪观测仪：				
	-转数计、产量计数器、车费计、里程计、步数计及类似仪表：	1.用途	2.品牌（中文或外文名称）；3.型号		
9029.1010	---转数计				
9029.1020	---车费计、里程计				
9029.1090	---其他				
	-速度计及转速表，频闪观测仪：	1.用途	2.品牌（中文或外文名称）；3.型号		
9029.2010	---车辆用速度计				
9029.2090	---其他				
9029.9000	-零件、附件	1.用途（适用于××品牌××机或通用于××机等）	2.品牌（中文或外文名称）；3.型号		
90.30	示波器、频谱分析仪及其他用于电量测量或检验的仪器和装置，不包括税目90.28的各种仪表；α射线、β射线、γ射线、X射线、宇宙射线或其他离子射线的测量或检验仪器及装置：				
9030.1000	-离子射线的测量或检验仪器及装置	1.用途；2.功能	3.品牌（中文或外文名称）；4.型号		
	-示波器：	1.用途；2.功能；3.频率	4.品牌（中文或外文名称）；5.型号		
9030.2010	---测试频率在300兆赫兹以下的通用示波器				
9030.2090	---其他				
	-检测电压、电流、电阻或功率（用于测试或检验半导体晶圆或器件用的除外）的其他仪器及装置：				

税则号列	商品名称	申报要素			说明
		归类要素	价格要素	其他要素	
	--万用表，不带记录装置：	1. 用途；2. 功能；3. 量程；4. 是否带记录装置	5. 品牌（中文或外文名称）；6. 型号		
9030.3110	---量程在五位半及以下的数字万用表				
9030.3190	---其他				
9030.3200	--万用表，带记录装置	1. 用途；2. 功能；3. 量程；4. 是否带记录装置	5. 品牌（中文或外文名称）；6. 型号		
	--其他，不带记录装置：				
9030.3310	---量程在五位半及以下的数字电流表、电压表	1. 用途；2. 功能；3. 量程；4. 是否带记录装置	5. 品牌（中文或外文名称）；6. 型号		
9030.3320	---电阻测试仪	1. 用途；2. 功能；3. 是否带记录装置	4. 品牌（中文或外文名称）；5. 型号		
9030.3390	---其他	1. 用途；2. 功能；3. 是否带记录装置	4. 品牌（中文或外文名称）；5. 型号		
9030.3900	--其他，带记录装置	1. 用途；2. 功能；3. 是否带记录装置	4. 品牌（中文或外文名称）；5. 型号		
	-通讯专用的其他仪器及装置（例如，串音测试器、增益测量仪、失真度表、噪声计）：	1. 用途；2. 功能；3. 测试频率	4. 品牌（中文或外文名称）；5. 型号		
9030.4010	---测试频率在12.4千兆赫兹以下的数字式频率计				
9030.4090	---其他				
	-其他仪器及装置：				
9030.8200	--测试或检验半导体晶圆或器件（包括集成电路）用	1. 用途；2. 功能；3. 是否带记录装置	4. 品牌（中文或外文名称）；5. 型号；6. 测试结果显示内容（例如，电压值、电流值等）		
	--其他，带记录装置：	1. 用途；2. 功能；3. 是否带记录装置	4. 品牌（中文或外文名称）；5. 型号		
9030.8410	---电感及电容测试仪				
9030.8490	---其他				
	--其他：	1. 用途；2. 功能；3. 是否带记录装置	4. 品牌（中文或外文名称）；5. 型号		
9030.8910	---电感及电容测试仪				
9030.8990	---其他				

税则号列	商品名称	申报要素			说明
		归类要素	价格要素	其他要素	
9030.9000	-零件、附件	1. 用途（适用于××品牌××机或通用于××机等）	2. 品牌（中文或外文名称）；3. 型号		
90.31	**本章其他税目未列名的测量或检验仪器、器具及机器；轮廓投影仪：**				
9031.1000	-机械零件平衡试验机	1. 用途；2. 功能	3. 品牌（中文或外文名称）；4. 型号		
9031.2000	-试验台	1. 用途；2. 功能	3. 品牌（中文或外文名称）；4. 型号		
	-其他光学仪器及器具：	1. 用途；2. 功能	3. 品牌（中文或外文名称）；4. 型号		
9031.4100	--制造半导体器件（包括集成电路）时检验半导体晶圆、器件（包括集成电路）或检测光掩模或光栅用				
	--其他：				
9031.4910	---轮廓投影仪				
9031.4920	---光栅测量装置				
9031.4990	---其他				
	-其他仪器、器具及机器：	1. 用途；2. 原理；3. 功能	4. 品牌（中文或外文名称）；5. 型号		
9031.8010	---光纤通信及光纤性能测试仪				
9031.8020	---坐标测量仪				
	---无损探伤检测仪器（射线探伤仪除外）：				
9031.8031	----超声波探伤检测仪				
9031.8032	----磁粉探伤检测仪				
9031.8033	----涡流探伤检测仪				
9031.8039	----其他				
9031.8090	---其他				
9031.9000	-零件、附件	1. 用途（适用于××品牌××机或通用于××机等）	2. 品牌（中文或外文名称）；3. 型号		
90.32	**自动调节或控制仪器及装置：**				
9032.1000	-恒温器	1. 用途；2. 原理；3. 功能	4. 品牌（中文或外文名称）；5. 型号		
9032.2000	-恒压器	1. 用途；2. 原理；3. 功能	4. 品牌（中文或外文名称）；5. 型号		
	-其他仪器及装置：	1. 用途；2. 原理；3. 功能	4. 品牌（中文或外文名称）；5. 型号		

税则号列	商品名称	申报要素			说明
		归类要素	价格要素	其他要素	
9032.8100	--液压或气压的				
	--其他：				
	---列车自动控制系统（ATC）车载设备：				
9032.8911	----列车自动防护系统（ATP）车载设备				
9032.8912	----列车自动运行系统（ATO）车载设备				
9032.8919	----其他				
9032.8990	---其他				
9032.9000	-零件、附件	1.用途（适用于××品牌××机或通用于××机等）	2.品牌（中文或外文名称）；3.型号		
90.33	第九十章所列机器、器具、仪器或装置用的本章其他税目未列名的零件、附件：	1.用途（适用于××品牌××机或通用于××机等）	2.品牌（中文或外文名称）；3.型号		
9033.0000	第九十章所列机器、器具、仪器或装置用的本章其他税目未列名的零件、附件				

第九十一章 钟表及其零件

注释：

一、本章不包括：

（一）钟表玻璃及钟锤（按其构成材料归类）；

（二）表链（根据不同情况，归入税目71.13或71.17）；

（三）第十五类注释二所规定的贱金属制通用零件（第十五类）、塑料制的类似品（第三十九章）及贵金属或包贵金属制的类似品（一般归入税目71.15），但钟、表发条则应作为钟、表的零件归类（税目91.14）；

（四）轴承滚珠（根据不同情况，归入税目73.26或84.82）；

（五）税目84.12的物品，不需擒纵器可以工作的；

（六）滚珠轴承（税目84.82）；或

（七）第八十五章的物品，本身未组装在或未与其他零件组装在钟、表机芯内，也未组装成专用于或主要用于钟、表机芯零件的（第八十五章）。

二、税目91.01仅包括表壳完全以贵金属或包贵金属制的表，以及用贵金属或包贵金属与税目71.01至71.04的天然、养殖珍珠或宝石、半宝石（天然、合成或再造）合制的表。用贱金属上镶嵌贵金属制成表壳的表应归入税目91.02。

三、本章所称"表芯"，是指由摆轮及游丝、石英晶体或其他能确定时间间隔的装置来进行调节的机构，并带有显示器或可装机械指示器的系统。表芯的厚度不超过12毫米，长、宽或直径不超过50毫米。

四、除注释一另有规定的以外，钟、表的机芯及其他零件，既适用于钟或表，又适用于其他物品（例如，精密仪器）的，均应归入本章。

【要素释义】

一、归类要素

1. 外壳材质（贵金属或包贵金属制）：该要素为税目91.01项下商品专有要素，指手表、怀表及其他表的表壳是否由贵金属或包贵金属制成。填报时需报出具体的金属材质名称，不能简单填报贵金属或者贱金属。

2. 驱动方式（电子、机械、自动、非自动）：指钟、表在驱动方式上的特点，例如，电子表、机械表、自动表等。

3. 指示方式：指钟表是用什么方式展示时间内容的。例如，指针式、光电式等。

4. 用途：指钟表的实际用途，例如，闹钟、天文钟、考勤钟、停车计时表等。

5. 表面尺寸：该要素为税目91.08项下商品专有要素，指表芯的长度、宽度或直径的最大值。

6. 材质：构成商品的材料和种类，在本章通常意为贵金属、贱金属或包贵金属等。

7. 贵金属含量：指包含贵金属的钟、表零件中，按重量计贵金属占总量的百分比。

8. 是否野生动物皮制：该要素为税目91.13项下商品专有要素，指表带及其零件是否由野生动物皮制成。

二、价格要素

1. 品牌（中文或外文名称）：指制造商或经销商加在商品上的品牌标志，实际需要申报中文或外文品牌名称。

2. 型号：该要素是本章项下主要价格要素，是商品款式的代码。例如，税目91.01项下型号"LQ-027"是指法国"LONGINES（浪琴）"金色表壳白色表盘罗马数字刻度男款手表。绝大部分需要加上货号。例如，此型号手表货号"NT000134"。

3. 材质（贵金属、贱金属等）：该要素是本章项下钟表零件的价格要素，指加工钟表零件的原材料。需填报具体的金属材质名称，不能简单填报贵金属或者贱金属。例如，税则号列9114.3000项下手表镜面材质"蓝宝石水晶玻璃"。

税则号列	商品名称	申报要素			说明
		归类要素	价格要素	其他要素	
91.01	手表、怀表及其他表，包括秒表，表壳用贵金属或包贵金属制成的：	1. 外壳材质（贵金属或包贵金属制）；2. 驱动方式（电子、机械自动上弦、机械非自动上弦）；3. 指示方式（指针、光电）	4. 品牌（中文或外文名称）；5. 型号		
	-电力驱动的手表，不论是否附有秒表装置：				
9101.1100	--仅有机械指示器的				
	--其他				
9101.1910	---仅有光电显示器的				
9101.1990	---其他				
	-其他手表，不论是否附有秒表装置：				
9101.2100	--自动上弦的				
9101.2900	--其他				
	-其他：				
9101.9100	--电力驱动的				
9101.9900	--其他				
91.02	手表、怀表及其他表，包括秒表，但税目91.01的货品除外：	1. 外壳材质（金属制等）；2. 驱动方式（电子、机械自动上弦、机械非自动上弦）；3. 指示方式（指针、光电）	4. 品牌（中文或外文名称）；5. 型号		
	-电力驱动的手表，不论是否附有秒表装置：				
9102.1100	--仅有机械指示器的				
9102.1200	--仅有光电显示器的				
9102.1900	--其他				
	-其他手表，不论是否装有秒表装置：				
9102.2100	--自动上弦的				
9102.2900	--其他				
	-其他：				
9102.9100	--电力驱动的				
9102.9900	--其他				
91.03	以表芯装成的钟，但不包括税目91.04的钟：	1. 驱动方式（电子、机械）	2. 品牌（中文或外文名称）；3. 型号		
9103.1000	-电力驱动的				
9103.9000	-其他				
91.04	仪表板钟及车辆、航空器、航天器或船舶用的类似钟：		1. 品牌（中文或外文名称）；2. 型号		
9104.0000	仪表板钟及车辆、航空器、航天器或船舶用的类似钟				
91.05	其他钟：				

税则号列	商品名称	申报要素			说明
		归类要素	价格要素	其他要素	
	-闹钟：	1. 驱动方式（电子、机械）	2. 品牌（中文或外文名称）；3. 型号		
9105.1100	--电力驱动的				
9105.1900	--其他				
	-挂钟：	1. 驱动方式（电子、机械）	2. 品牌（中文或外文名称）；3. 型号		
9105.2100	--电力驱动的				
9105.2900	--其他				
	-其他：				
	--电力驱动的：				
9105.9110	---天文钟	1. 用途（车辆、船舶等用）	2. 品牌（中文或外文名称）；3. 型号		
9105.9190	---其他	1. 用途（闹钟、天文钟等）；2. 驱动方式（电子、机械）	3. 品牌（中文或外文名称）；4. 型号		
9105.9900	--其他	1. 用途（闹钟、天文钟等）；2. 驱动方式（电子、机械）	3. 品牌（中文或外文名称）；4. 型号		
91.06	时间记录器以及测量、记录或指示时间间隔的装置，装有钟、表机芯或同步电动机的（例如，考勤钟、时刻记录器）：				
9106.1000	-考勤钟、时刻记录器	1. 用途（闹钟、天文钟等）；2. 驱动方式（电子、机械）	3. 品牌（中文或外文名称）；4. 型号		
9106.9000	-其他	1. 用途（闹钟、天文钟等）；2. 驱动方式（电子、机械）	3. 品牌（中文或外文名称）；4. 型号		
91.07	装有钟、表机芯或同步电动机的定时开关：	1. 用途（闹钟、天文钟等）；2. 驱动方式（电子、机械）	3. 品牌（中文或外文名称）；4. 型号		
9107.0000	装有钟、表机芯或同步电动机的定时开关				
91.08	已组装的完整表芯：				
	-电力驱动的：	1. 用途（闹钟、天文钟等）；2. 驱动方式（电子、机械自动上弦、机械非自动上弦）；3. 表面尺寸；4. 指示方式	5. 品牌（中文或外文名称）		
9108.1100	--仅有机械指示器或有可装机械指示器的装置的				
9108.1200	--仅有光电显示器的				

税则号列	商品名称	申报要素			说明
		归类要素	价格要素	其他要素	
9108.1900	--其他				
9108.2000	-自动上弦的	1. 用途（闹钟、天文钟等）；2. 驱动方式（电子、机械自动上弦、机械非自动上弦）；3. 表面尺寸；4. 指示方式	5. 品牌（中文或外文名称）		
	-其他：				
9108.9010	---表面尺寸在33.8毫米及以下	1. 用途（考勤钟、停车记时表等）；2. 驱动方式（电子、机械自动上弦、机械非自动上弦）；3. 表面尺寸	4. 品牌（中文或外文名称）		
9108.9090	---其他	1. 表面尺寸			
91.09	已组装的完整钟芯：	1. 驱动方式（电子、机械）			
9109.1000	-电力驱动的				
9109.9000	-其他				
91.10	未组装或部分组装的完整钟、表机芯（机芯套装件）；已组装的不完整钟、表机芯；未组装的不完整钟、表机芯：				
	-表的：	1. 驱动方式（电子、机械、自动、非自动）			
9110.1100	--未组装或部分组装的完整机芯（机芯套装件）				
9110.1200	--已组装的不完整机芯				
9110.1900	--未组装的不完整机芯				
	-其他：	1. 用途			
9110.9010	---未组装或部分组装的完整机芯				
9110.9090	---其他				
91.11	表壳及其零件：				
9111.1000	-贵金属表壳或包贵金属表壳	1. 材质；2. 贵金属含量	3. 品牌（中文或外文名称）；4. 型号		
9111.2000	-贱金属表壳，不论是否镀金或镀银	1. 材质	2. 品牌（中文或外文名称）；3. 型号		
9111.8000	-其他表壳	1. 材质	2. 品牌（中文或外文名称）；3. 型号		
9111.9000	-零件	1. 材质			
91.12	钟壳和本章所列其他货品的类似外壳及其零件：	1. 用途			
9112.2000	-壳				
9112.9000	-零件				
91.13	表带及其零件：				

税则号列	商品名称	申报要素			说明
		归类要素	价格要素	其他要素	
9113.1000	-贵金属或包贵金属制	1. 材质（贵金属、贱金属等）；2. 贵金属含量	3. 品牌（中文或外文名称）；4. 型号		
9113.2000	-贱金属制，不论是否镀金或镀银	1. 材质（贵金属、贱金属等）	2. 品牌（中文或外文名称）；3. 型号		
9113.9000	-其他	1. 材质（贵金属、贱金属等）；2. 是否野生动物皮制	3. 品牌（中文或外文名称）；4. 型号		
91.14	**钟、表的其他零件：**				
9114.3000	-钟面或表面		1. 材质（贵金属、贱金属等）		
9114.4000	-夹板及横担（过桥）		1. 材质（贵金属、贱金属等）		
	-其他：				
9114.9010	---宝石轴承	1. 用途	2. 材质		
9114.9020	-发条，包括游丝	1. 用途	2. 材质		
9114.9090	---其他		1. 材质（贵金属、贱金属等）		

第九十二章 乐器及其零件、附件

注释：
一、本章不包括：
（一）第十五类注释二所规定的贱金属制通用零件（第十五类）或塑料制的类似品（第三十九章）；
（二）第八十五章或第九十章的传声器、扩大器、扬声器、耳机、开关、频闪观测仪及其他附属仪器、器具或设备，虽用于本章物品但未与该物品组成一体或安装在同一机壳内；
（三）玩具乐器或器具（税目95.03）；
（四）清洁乐器用的刷子（税目96.03）、独脚架、双脚架、三脚架及类似品（税目96.20）；或
（五）收藏品或古物（税目97.05或97.06）。

二、用于演奏税目92.02、92.06所列乐器的弓、槌及类似品，如果与该乐器一同报验，数量合理，用途明确，应归入有关乐器的相应税目。

税目92.09的卡片、盘或卷，即使与乐器一同报验，也不视为该乐器的组成部分，而应作为单独报验的物品对待。

【要素释义】

一、归类要素
1. 是否为野生动物皮制：指本章所列各种乐器是否为野生动物皮制或带有野生动物皮部分。
2. 用途（适用乐器类型）：指商品的应用对象或应用领域。该要素为税目92.09项下商品专有要素，指乐器零件（弦）适用于何种乐器。

二、价格要素
1. 产品编码：该要素是税目92.01项下商品的价格要素，指这类商品的设计或者出厂编码。例如，税则号列9201.1000项下日本产"KAWAI牌"钢琴编码为"2657185"。
2. 材质（象牙琴键、贵金属、贱金属等）：该要素是税目92.01项下钢琴等弦乐器和税则号列9209.3000项下乐器用的弦的价格要素，指生产上述乐器和零件的主要原材料材质。例如，税则号列9201.2000项下日本产"YAMAHA牌"三角钢琴的材质为"贱金属和木制合制"；税则号列9209.3000项下吉他琴弦的材质"钢线"。
3. 种类：指乐器的类别（竖式、卧式）、新旧程度（旧乐器需填报生产年限）、是否数码等综合要素。例如，税则号列9201.1000项下的"YAMAHA牌"旧钢琴，填报"3成新，竖式，非数码"。
4. 品牌（中文或外文名称）：指制造商或经销商加在商品上的品牌标志，实际需要申报中文或外文品牌名称。例如，"STEINWAY & SONS（施坦威）牌"三角钢琴。
5. 型号：指商品的具体款式的代号。例如，税目92.01项下商品的型号可填报"RX-2"。
6. 用途：该要素是税目92.06项下打击乐器的价格要素，指该税目项下乐器的具体用处。不同用途的乐器的价格存在差异。例如，"表演演奏""练习""展览"或"收藏"等。
7. 旧钢琴请申报生产年份：按实际情况填报。
8. 竖琴请报琴弦数量：该要素为税目92.02项下商品的专有要素，按实际情况填报。

税则号列	商品名称	申报要素			说明
		归类要素	价格要素	其他要素	
92.01	钢琴，包括自动钢琴、拨弦古钢琴及其他键盘弦乐器：		1. 产品编码；2. 材质（象牙琴键、贵金属、贱金属等）；3. 种类（新旧、竖卧式、是否数码）；4. 品牌（中文或外文名称）；5. 型号；6. 旧钢琴请申报生产年份		
9201.1000	-竖式钢琴				
9201.2000	-大钢琴				
9201.9000	-其他				
92.02	其他弦乐器（例如，吉他、小提琴、竖琴）：				
9202.1000	-弓弦乐器	1. 是否为野生动物皮制	2. 用途；3. 品牌（中文或外文名称）；4. 型号		
9202.9000	-其他	1. 是否为野生动物皮制	2. 用途；3. 品牌（中文或外文名称）；4. 型号；5. 竖琴请报琴弦数量		
92.05	管乐器（例如，键盘管风琴、手风琴、单簧管、小号、风笛），但游艺场风琴及手摇风琴除外：		1. 种类；2. 品牌（中文或外文名称）；3. 型号		
9205.1000	-铜管乐器				
	-其他：				
9205.9010	---键盘管风琴；簧风琴及类似的游离金属簧片键盘乐器				
9205.9020	---手风琴及类似乐器				
9205.9030	---口琴				
9205.9090	---其他				
92.06	打击乐器（例如，鼓、木琴、铙、钹、响板、响葫芦）：	1. 是否为野生动物皮制	2. 用途；3. 品牌（中文或外文名称）；4. 型号		

税则号列	商品名称	申报要素			说明
		归类要素	价格要素	其他要素	
9206.0000	打击乐器（例如，鼓、木琴、铙、钹、响板、响葫芦）				
92.07	通过电产生或扩大声音的乐器（例如，电风琴、电吉他、电手风琴）：				
9207.1000	-键盘乐器，但手风琴除外		1. 种 类；2. 品牌（中文或外文名称）；3. 型号		
9207.9000	-其他		1. 种 类；2. 品牌（中文或外文名称）；3. 型号		
92.08	百音盒、游艺场风琴、手摇风琴、机械鸣禽、乐锯及本章其他税目未列名的其他乐器；各种媒诱音响器、哨子、号角、口吹音响信号器：				
9208.1000	-百音盒		1. 种 类；2. 品牌（中文或外文名称）		
9208.9000	-其他		1. 品牌（中文或外文名称）		
92.09	乐器的零件（例如，百音盒的机械装置）、附件（例如，机械乐器用的卡片、盘及带卷）；节拍器、音叉及各种定音管：				
9209.3000	-乐器用的弦	1. 用途（适用乐器类型）	2. 品牌（中文或外文名称）；3. 材质；4. 型号		
	-其他：	1. 用途			
9209.9100	--钢琴的零件、附件				
9209.9200	--税目92.02所列乐器的零件、附件				
9209.9400	--税目92.07所列乐器的零件、附件				
	--其他：				
9209.9910	---节拍器、音叉及定音管				
9209.9920	---百音盒的机械装置				
9209.9990	---其他				

第十九类　武器、弹药及其零件、附件

第九十三章　武器、弹药及其零件、附件

注释：

一、本章不包括：

(一) 第三十六章的货品（例如，火帽、雷管、信号弹）；

(二) 第十五类注释二所规定的贱金属制通用零件（第十五类）或塑料制的类似品（第三十九章）；

(三) 装甲战斗车辆（税目87.10）；

(四) 武器用的望远镜瞄准具及其他光学装置（第九十章），但安装在武器上或与武器一同报验以备安装在该武器上的除外；

(五) 弓、箭、钝头击剑或玩具（第九十五章）；或

(六) 收藏品或古物（税目97.05或97.06）。

二、税目93.06所称"零件"，不包括税目85.26的无线电设备及雷达设备。

【要素释义】

一、归类要素

1. 驱动方式：指某些大型武器装备驱动的方式，如自推进式、非自推进式等。

2. 用途：指商品应用的方面、范围。例如，税目93.07项下刀、剑等武器的具体用途可填写"舞台道具用""装饰用"等。

二、价格要素

型号：该要素是本章的主要价格要素。该章项下商品的型号与性能有直接关系，不同型号的商品表示性能不同。

税则号列	商品名称	申报要素			说明
		归类要素	价格要素	其他要素	
93.01	军用武器，但左轮手枪、其他手枪及税目93.07的兵器除外： -火炮武器（例如，大炮、榴弹炮及迫击炮）：	1. 驱动方式	2. 型号		
9301.1010	---自推进的				
9301.1090	---其他				
9301.2000	-火箭发射器；火焰喷射器；手榴弹发射器；鱼雷发射管及类似的发射装置				
9301.9000	-其他				
93.02	左轮手枪及其他手枪，但税目93.03或93.04的货品除外：		1. 型号		
9302.0000	左轮手枪及其他手枪，但税目93.03或93.04的货品除外				
93.03	靠爆炸药发射的其他火器及类似装置（例如，运动用猎枪及步枪、前装枪、维利式信号枪及其他专为发射信号弹的装置、发射空包弹的左轮手枪和其他手枪、弩枪式无痛捕杀器、抛缆枪）：		1. 型号		
9303.1000	-前装枪				

税则号列	商品名称	申报要素			说明
		归类要素	价格要素	其他要素	
9303.2000	-其他运动、狩猎或打靶用猎枪，包括组合式滑膛来复枪				
9303.3000	-其他运动、狩猎或打靶用步枪				
9303.9000	-其他				
93.04	其他武器（例如，弹簧枪、气枪、气手枪、警棍），但不包括税目93.07的货品：		1. 型号		
9304.0000	其他武器（例如，弹簧枪、气枪、气手枪、警棍），但不包括税目93.07的货品				
93.05	税目93.01至93.04所列物品的零件、附件：		1. 型号		
9305.1000	-左轮手枪或其他手枪用				
9305.2000	-税目93.03的猎枪或步枪用				
	-其他：				
9305.9100	--税目93.01的军用武器用				
9305.9900	--其他				
93.06	炸弹、手榴弹、鱼雷、地雷、水雷、导弹及类似军用弹药及其零件；子弹、其他弹药和射弹及其零件，包括弹丸及弹垫：		1. 型号		
	-猎枪子弹及其零件；气枪弹丸：				
9306.2100	--猎枪子弹				
9306.2900	--其他				
	-其他子弹及其零件：				
9306.3080	---铆接机或类似工具用或弩枪式无痛捕杀器用子弹及其零件				
9306.3090	---其他				
9306.9000	-其他				
93.07	剑、短弯刀、刺刀、长矛和类似的武器及其零件；刀鞘、剑鞘：	1. 用途			
9307.0010	---军用				
9307.0090	---其他				

第二十类　杂项制品

第九十四章　家具；寝具、褥垫、弹簧床垫、软坐垫及类似的填充制品；未列名灯具及照明装置；发光标志、发光铭牌及类似品；活动房屋

注释：

一、本章不包括：

(一) 第三十九章、第四十章或第六十三章的充气或充水的褥垫、枕头及坐垫；

(二) 落地镜〔例如，税目 70.09 的试衣镜（旋转镜）〕；

(三) 第七十一章的物品；

(四) 第十五类注释二所规定的贱金属制通用零件（第十五类）、塑料制的类似品（第三十九章）或税目 83.03 的保险箱；

(五) 冷藏或冷冻设备专用的特制家具（税目 84.18）；缝纫机专用的特制家具（税目 84.52）；

(六) 第八十五章的灯或光源及其零件；

(七) 税目 85.18、85.19、85.21 或税目 85.25 至 85.28 所列装置专用的特制家具（应分别归入税目 85.18、85.22 或 85.29）；

(八) 税目 87.14 的物品；

(九) 装有税目 90.18 所列牙科用器具或漱口盂的牙科用椅（税目 90.18）；

(十) 第九十一章的物品（例如，钟及钟壳）；

(十一) 玩具家具、玩具灯具或玩具照明装置（税目 95.03）、台球桌或其他供游戏用的特制家具（税目 95.04）、魔术用的特制家具或中国灯笼及类似的装饰品（灯串除外）（税目 95.05）；或

(十二) 独脚架、双脚架、三脚架及类似品（税目 96.20）。

二、税目 94.01 至 94.03 的物品（零件除外），只适用于落地式的物品。
对下列物品，即使是悬挂的、固定在墙壁上的或叠摞的，仍归入上述各税目：

(一) 碗橱、书柜、其他架式家具（包括与将其固定于墙上的支撑物一同报验的单层搁架）及组合家具；

(二) 坐具及床。

三、(一) 税目 94.01 至 94.03 所列货品的零件，不包括玻璃（包括镜子）、大理石或其他石料以及第六十八章及第六十九章所列任何其他材料的片、块（不论是否切割成形，但未与其他零件组装）。

(二) 税目 94.04 的货品，如果单独报验，不能作为税目 94.01、94.02 或 94.03 所列货品的零件归类。

四、税目 94.06 所称"活动房屋"，是指在工厂制成成品或制成部件并一同报验，供以后在有关地点上组装的房屋，例如，工地用房、办公室、学校、店铺、工作棚、车房或类似的建筑物。
活动房屋包括钢结构"模块建筑单元"，它们通常具有标准集装箱的形状和尺寸，其内部已部分或者全部进行了预装配。这种模块建筑单元通常设计用于组装为永久的建筑物。

【要素释义】

一、归类要素

1. 用途：指商品的应用对象或应用领域。例如，机动车辆用、办公室用等。

2. 材质：指构成商品的材料种类。若由多种材质构成，应将所有材质一一报出。子目 9401.06 项下商品的框架材质指木框架坐具的木材品种，该框架为单一木材的应填报出木材树种中文和拉丁文名，例如，大果紫檀制，*Pterocarpus macrocarpus* Kurz。税目 94.04 项下商品，指商品的包面材质及内部填充物材料，填报时要将其一一列出；子目 9403.3 至子目 9403.6 项下木制家具为单一实木材质的应填报木材树种中文和拉丁文名。

3. 是否可调节、可转动：该要素为税目 94.01 项下商品专有要素，指坐具是否可调节高度、角度等，是否可自由转动。

4. 是否可做床用：该要素为税目 94.01 项下商品专有要素，指坐具是否可兼做床使用（一般收拢即坐具，放倒或拉开即一张简易床）。

5. 是否装软垫：该要素为税目 94.01 项下商品专有要素，指填有一层柔软材料如填絮、泡沫塑料或海绵橡胶等的坐具。

6. 配置附属装置：该要素为税目94.02项下商品专有要素，指牙科、理发及类似用途的椅在报验状态时带有何种附属装置。例如，头靠、搁脚板、肘靠等。

7. 是否带医疗用具：该要素为税目94.02项下商品专有要素，指各种特殊用途的椅在报验状态时是否带有医疗用具。

8. 是否办公室用：该要素为税目94.03项下商品专有要素，指家具的具体适用场所是否为办公室。

9. 是否厨房用：该要素为税目94.03项下商品专有要素，指家具的具体适用场所是否为厨房。

10. 是否卧室用：该要素为税目94.03项下商品专有要素，指家具的具体适用场所是否为卧室。

11. 是否为真空灯泡请注明、是否为封闭式充气灯泡请注明：根据商品实际情况填报。

12. 内部配置：该要素为税目94.06项下商品专有要素，指活动房屋在报验状态时其内部带有的各种设备。例如，电气配件、暖气及空调设备、卫生设备、厨房设备等。

二、价格要素

1. 品牌（中文及或外文名称，无品牌请申报厂商）：品牌是指制造商或经销商加在商品上的品牌标志，实际需要申报中文或外文品牌名称；厂商是指商品的制造工厂，实际需填报出工厂名称。根据商品实际情况填报。

2. 规格：该要素是本章主要的价格要素，指家具的规格尺寸。用"cm"或者"m"表示。例如，税则号列9403.3000项下品牌"Boconcept（北欧风情）牌"的办公室木桌子规格"高74cm×宽140cm×深90cm"。

税则号列	商品名称	申报要素			说明
		归类要素	价格要素	其他要素	
94.01	坐具（包括能作床用的两用椅，但税目94.02的货品除外）及其零件：				
9401.1000	-飞机用坐具	1. 用途（适用机型）	2. 品牌（中文或外文名称）		
	-机动车辆用坐具：	1. 材质（骨架及覆面）	2. 用途（适用于××品牌××车型）；3. 品牌（中文或外文名称，无品牌请申报厂商）		
9401.2010	---皮革或再生皮革面的				
9401.2090	---其他				
	-可调高度的转动坐具：	1. 用途；2. 材质；3. 是否可调节、可转动	4. 品牌（中文或外文名称）		
9401.3100	--木制的				
9401.3900	--其他				
	-能做床用的两用椅，但庭园坐具或野营设备除外：	1. 用途；2. 材质；3. 是否可做床用	4. 品牌（中文或外文名称）		
	--木制的：				
9401.4110	---皮革或再生皮革面的				
9401.4190	---其他				
	--其他：				
9401.4910	---皮革或再生皮革面的				
9401.4990	---其他				

税则号列	商品名称	申报要素			说明
		归类要素	价格要素	其他要素	
	-藤、柳条、竹及类似材料制的坐具：	1. 用途；2. 材质	3. 品牌（中文或外文名称）		
9401.5200	--竹制的				
9401.5300	--藤制的				
9401.5900	--其他				
	-木框架的其他坐具：				
	--装软垫的：				
9401.6110	---皮革或再生皮革面的	1. 用途；2. 座面的表面材质；3. 框架材质（如为单一材质请申报木材中文及拉丁学名）；4. 是否装软垫	5. 品牌（中文或外文名称）		
9401.6190	---其他	1. 用途；2. 表面材质；3. 框架材质（如为单一材质请申报木材中文及拉丁学名）；4. 是否装软垫	5. 品牌（中文或外文名称）		
9401.6900	--其他	1. 用途；2. 座面的表面材质；3. 框架材质（如为单一材质请申报木材中文及拉丁学名）；4. 是否装软垫	5. 品牌（中文或外文名称）		
	-金属框架的其他坐具：	1. 用途；2. 座面的表面材质；3. 框架材质；4. 是否装软垫	5. 品牌（中文或外文名称）		
	--装软垫的：				
9401.7110	---皮革或再生皮革面的				
9401.7190	---其他				
9401.7900	--其他				
	-其他坐具：				
9401.8010	---石制的	1. 用途；2. 材质	3. 品牌（中文或外文名称）		
9401.8090	---其他	1. 用途；2. 材质	3. 品牌（中文或外文名称）		
	-零件：				
9401.9100	--木制的	1. 用途；2. 材质			
	--其他				
9401.9910	---机动车辆用座椅调角器	1. 用途（适用车型）；2. 材质			
9401.9990	---其他：	1. 用途；2. 材质			

税则号列	商品名称	申报要素			说明
		归类要素	价格要素	其他要素	
94.02	医疗、外科、牙科或兽医用家具（例如，手术台、检查台、带机械装置的病床、牙科用椅）；有旋转、倾斜、升降装置的理发用椅及类似椅；上述物品的零件：				
	-牙科、理发及类似用途的椅及其零件：				
9402.1010	---理发用椅及其零件	1. 用途；2. 材质	3. 品牌（中文或外文名称）		
9402.1090	---其他	1. 用途；2. 配置附属装置；3. 是否带医疗用具	4. 品牌（中文或外文名称）		
9402.9000	-其他	1. 用途；2. 配置附属装置；3. 是否带医疗用具	4. 品牌（中文或外文名称）		
94.03	其他家具及其零件：				
9403.1000	-办公室用金属家具	1. 材质；2. 是否办公室用	3. 品牌（中文或外文名称）；4. 规格		
9403.2000	-其他金属家具	1. 用途；2. 材质	3. 品牌（中文或外文名称）；4. 规格		
9403.3000	-办公室用木家具	1. 材质（如为单一实木材质请申报木材中文及拉丁学名）；2. 是否办公室用	3. 品牌（中文或外文名称）；4. 规格		
9403.4000	-厨房用木家具	1. 材质（如为单一实木材质请申报木材中文及拉丁学名）；2. 是否厨房用	3. 品牌（中文或外文名称）；4. 规格		
	-卧室用木家具：				
9403.5010	---红木制	1. 材质（如为单一实木材质请申报木材中文及拉丁学名）；2. 是否卧室用	3. 品牌（中文或外文名称）；4. 规格		
	---其他：	1. 材质（如为单一实木材质请申报木材中文及拉丁学名）；2. 是否卧室用	3. 品牌（中文或外文名称）；4. 规格		
9403.5091	----天然漆（大漆）漆木家具				
9403.5099	----其他				
	-其他木家具：				
9403.6010	---红木制	1. 用途；2. 材质（如为单一实木材质请申报木材中文及拉丁学名）	3. 品牌（中文或外文名称）；4. 规格		

税则号列	商品名称	申报要素			说明
		归类要素	价格要素	其他要素	
	---其他：				
9403.6091	----天然漆（大漆）漆木家具	1. 用途；2. 材质（如为单一实木材质请申报木材中文及拉丁学名）	3. 品牌（中文或外文名称）；4. 规格		
9403.6099	----其他	1. 用途；2. 材质（如为单一实木材质请申报木材中文及拉丁学名）	3. 品牌（中文或外文名称）；4. 规格		
9403.7000	-塑料家具	1. 用途；2. 材质	3. 品牌（中文或外文名称）；4. 规格		
	-其他材料制的家具，包括藤、柳条、竹或类似材料制的：	1. 用途；2. 材质	3. 品牌（中文或外文名称）；4. 规格		
9403.8200	--竹制的				
9403.8300	--藤制的				
	--其他				
9403.8910	---柳条及类似材料制的				
9403.8920	---石制的				
9403.8990	---其他				
	-零件：	1. 用途；2. 材质	3. 规格		
9403.9100	--木制的				
9403.9900	--其他				
94.04	弹簧床垫；寝具及类似用品，装有弹簧、内部用任何材料填充、衬垫或用海绵橡胶、泡沫塑料制成，不论是否包面（例如，褥垫、被子、羽绒被、靠垫、坐垫及枕头）：				
9404.1000	-弹簧床垫		1. 品牌（中文或外文名称）；2. 规格		
	-褥垫：	1. 材质	2. 品牌（中文或外文名称）；3. 规格		
9404.2100	--海绵橡胶或泡沫塑料制，不论是否包面				
9404.2900	--其他材料制				
	-睡袋：	1. 材质（填充物）	2. 品牌（中文或外文名称）；3. 规格		
9404.3010	---羽毛或羽绒填充的				
9404.3090	---其他				
	-被子（包括羽绒被）、床罩：	1. 材质（填充物）	2. 品牌（中文或外文名称）；3. 规格		

税则号列	商品名称	申报要素			说明
		归类要素	价格要素	其他要素	
9404.4010	---羽毛或羽绒填充的				
9404.4020	---兽毛填充的				
9404.4030	---丝棉填充的				
9404.4040	---化纤棉填充的				
9404.4090	---其他				
	-其他:	1.材质(填充物)	2.品牌(中文或外文名称);3.规格		
9404.9010	---羽毛或羽绒填充的				
9404.9020	---兽毛填充的				
9404.9030	---丝棉填充的				
9404.9040	---化纤棉填充的				
9404.9090	---其他				
94.05	其他税目未列名的灯具及照明装置,包括探照灯、聚光灯及其零件;装有固定光源的发光标志、发光铭牌及类似品,以及其他税目未列名的这些货品的零件:				
	-枝形吊灯及天花板或墙壁上的其他电气照明装置,但不包括公共露天场所或街道上的电气照明装置:	1.用途	2.品牌(中文或外文名称)		
9405.1100	--设计为仅使用发光二极管(LED)光源的				
9405.1900	--其他				
	-电气的台灯、床头灯或落地灯:	1.材质;2.用途	3.品牌(中文或外文名称)		
9405.2100	--设计为仅使用发光二极管(LED)光源的				
9405.2900	--其他				
	-圣诞树用的灯串:	1.材质;2.用途	3.品牌(中文或外文名称)		
9405.3100	--设计为仅使用发光二极管(LED)光源的				
9405.3900	--其他				
	-其他电灯及照明装置:				
9405.4100	--光伏的,且设计为仅使用发光二极管(LED)光源的	1.用途	2.品牌(中文或外文名称)		
	--其他,设计为仅使用发光二极管(LED)光源的:				
9405.4210	---探照灯和聚光灯	1.用途;2.是否为真空灯泡请注明;3.是否为封闭式充气灯泡请注明	4.品牌(中文或外文名称)		

税则号列	商品名称	申报要素			说明
		归类要素	价格要素	其他要素	
9405.4290	---其他	1.用途	2.品牌（中文或外文名称）		
	--其他：				
9405.4910	---探照灯和聚光灯	1.用途；2.是否为真空灯泡请注明；3.是否为封闭式充气灯泡请注明	4.品牌（中文或外文名称）		
9405.4990	---其他	1.用途	2.品牌（中文或外文名称）		
9405.5000	-非电气的灯具及照明装置	1.材质；2.用途	3.品牌（中文或外文名称）		
	-发光标志、发光铭牌及类似品：	1.材质；2.用途	3.品牌（中文或外文名称）		
9405.6100	--设计为仅使用发光二极管（LED）光源的				
9405.6900	--其他				
	-零件：	1.材质；2.用途			
9405.9100	--玻璃制				
9405.9200	--塑料制				
9405.9900	--其他				
94.06	**活动房屋：**	1.材质；2.内部配置	3.规格（尺寸）		
9406.1000	-木制的				
9406.2000	-钢结构模块建筑单元				
9406.9000	-其他				

第九十五章 玩具、游戏品、运动用品及其零件、附件

注释:

一、本章不包括:
(一) 蜡烛 (税目 34.06);
(二) 税目 36.04 的烟花、爆竹或其他烟火制品;
(三) 已切成一定长度但未制成钓鱼线的纱线、单丝、绳、肠线及类似品 (第三十九章、税目 42.06 或第十一类);
(四) 税目 42.02、43.03 或 43.04 的运动用袋或其他容器;
(五) 第六十一章或第六十二章的纺织品制的化装舞会服装;第六十一章或第六十二章的纺织品制的运动服装或特殊衣着 (例如,击剑服或足球守门员球衣),无论是否附带保护配件 (例如肘部、膝部或腹股沟部位的保护垫或填充物);
(六) 第六十三章的纺织品制的旗帜及帆板或滑行车用帆;
(七) 第六十四章的运动鞋靴 (装有冰刀或滑轮的溜冰鞋除外) 或第六十五章的运动用帽;
(八) 手杖、鞭子、马鞭或类似品 (税目 66.02) 及其零件 (税目 66.03);
(九) 税目 70.18 的未装配的玩偶或其他玩具用的玻璃假眼;
(十) 第十五类注释二所规定的贱金属制通用零件 (第十五类) 或塑料制的类似货品 (第三十九章);
(十一) 税目 83.06 的铃、钟、锣及类似品;
(十二) 液体泵 (税目 84.13)、液体或气体的过滤、净化机器及装置 (税目 84.21)、电动机 (税目 85.01)、变压器 (税目 85.04);录制声音或其他信息用的圆盘、磁带、固态非易失性数据存储器件、"智能卡"及其他媒体,不论是否已录制 (税目 85.23);无线电遥控设备 (税目 85.26) 或无绳红外线遥控器件 (税目 85.43);
(十三) 第十七类的运动用车辆 (长雪橇、平底雪橇及类似品除外);
(十四) 儿童两轮车 (税目 87.12);
(十五) 无人驾驶航空器 (税目 88.06);
(十六) 运动用船艇,例如,轻舟、赛艇 (第八十九章) 及其桨、橹和类似品 (木制的归入第四十四章);
(十七) 运动及户外游戏用的眼镜、护目镜及类似品 (税目 90.04);
(十八) 媒诱音响器及哨子 (税目 92.08);
(十九) 第九十三章的武器及其他物品;
(二十) 各种灯串 (税目 94.05);
(二十一) 独脚架、双脚架、三脚架及类似品 (税目 96.20);
(二十二) 球拍线、帐篷或类似的野营用品、分指手套、连指手套及露指手套 (按其构成材料归类);或
(二十三) 餐具、厨房用具、盥洗用品、地毯及纺织材料制的其他铺地制品、服装、床上及餐桌用织物制品、盥洗及厨房用织物制品及具有实用功能的类似货品 (按其构成材料归类)。

二、本章包括天然或养殖珍珠、宝石或半宝石 (天然、合成或再造)、贵金属或包贵金属只作为小零件的物品。

三、除上述注释一另有规定的以外,凡专用于或主要用于本章各税目所列物品的零件、附件,应与有关物品一并归类。

四、除上述注释一另有规定的以外,税目 95.03 主要适用于该税目所列的物品与一项或多项其他货品组合而成的物品,只要这些物品为零售包装,且组合后具有玩具的基本特征。这些组合物品不能视为归类总规则三 (二) 所指的成套货品,如果单独报验,应归入其他税目。

五、税目 95.03 不包括因其设计、形状或构成材料可确认为专供动物使用的物品,例如,"宠物玩具" (归入其适当税目)。

六、税目 95.08 中:
(一) "游乐场乘骑游乐设施"是指主要目的为游乐或娱乐的装置、组合装置或设备,用于运载、传送、导引一人或多人越过或穿行某一固定或限定的路径 (包括水道),或者特定区域,这些设施不包括通常安装在住宅区或操场内的设备;
(二) "水上乐园娱乐设备"是指特征为特定的涉水区域且无设定路径的装置、组合装置或设备。这些设备仅包括专为水上乐园设计的设备;及
(三) "游乐场娱乐设备"是指凭借运气、力量或技巧来玩的游戏设备,通常需要操作员或服务员,可安装在永久性建筑物或独立的摊位,这些设备不包括税目 95.04 的设备。

本税目不包括在本协调制度其他税目中列名更为具体的设备。

子目注释：

子目9504.50包括：

（一）在电视机、监视器或其他外部屏幕或表面上重放图像的视频游戏控制器；或

（二）自带显示屏的视频游戏设备，不论是否便携式。

本子目不包括用硬币、钞票、银行卡、代币或任何其他支付方式使其工作的视频游戏控制器或设备（子目9504.30）。

【要素释义】

一、归类要素

1. 用途：指商品的应用对象或应用领域。例如，娱乐用、体育活动用、体育竞赛用等。

2. 种类：指娱乐用品或体育用品的具体类型。例如，中国象棋、滑水板、乒乓球、溜冰鞋、跑步机、投币式游戏机等。

3. 是否带有动力装置：该要素为税目95.03项下商品专有要素，指玩具本身是否带有动力装置，例如，电动机、汽油机等。

4. 材质：指构成商品的材料种类。

5. 是否自带视频显示装置：该要素为税目95.04项下商品专有要素，指视频游戏设备本身是否带有视频显示装置。

二、价格要素

1. 品牌（中文或外文名称）：指制造商或经销商加在商品上的品牌标志，实际需要申报中文或外文品牌名称。

2. 型号：该要素是本章项下主要的价格要素。本章项下型号应该是填报款式的代号。例如，税则号列9506.3100项下美国产"TITLELIST牌"的高尔夫球杆型号"690MB"。

3. 货号：税目95.03项下商品的价格要素，指生产厂商对不同款、不同批次的商品所标记的唯一编号，每一款每一批次的商品都对应一个货号。

税则号列	商品名称	申报要素			说明
		归类要素	价格要素	其他要素	
95.03	三轮车、踏板车、踏板汽车和类似的带轮玩具；玩偶车；玩偶；其他玩具；缩小（按比例缩小）的模型及类似的娱乐用模型，不论是否活动；各种智力玩具：				
9503.0010	---供儿童乘骑的带轮玩具（例如，三轮车、踏板车、踏板汽车）；玩偶车	1. 种类	2. 品牌（中文或外文名称）		
	---玩偶，不论是否着装；玩具动物：				
9503.0021	----动物	1. 种类	2. 品牌（中文或外文名称）		
9503.0029	----其他	1. 种类	2. 品牌（中文或外文名称）；3. 货号		
9503.0060	---智力玩具	1. 种类	2. 品牌（中文或外文名称）；3. 货号		
	---其他玩具：				
9503.0083	----带动力装置的玩具及模型	1. 种类；2. 是否带有动力装置	3. 品牌（中文或外文名称）		

税则号列	商品名称	申报要素 归类要素	申报要素 价格要素	申报要素 其他要素	说明
9503.0089	----其他	1. 种类	2. 品牌（中文或外文名称）；3. 货号		
9503.0090	---零件、附件	1. 种类	2. 品牌（中文或外文名称）		
95.04	视频游戏控制器及设备，桌上或室内游戏，包括弹球机、台球、娱乐专用桌及保龄球自动球道设备，使用硬币、钞票、银行卡、代币或任何其他支付方式使其工作的游乐机器：				
9504.2000	-各种台球用品及附件	1. 用途	2. 品牌（中文或外文名称）		
	-用硬币、钞票、银行卡、代币或任何其他支付方式使其工作的其他游戏用品，但保龄球自动球道设备除外：				
9504.3010	---电子游戏机	1. 用途；2. 种类	3. 品牌（中文或外文名称）		
9504.3090	---其他	1. 用途	2. 品牌（中文或外文名称）		
9504.4000	-游戏纸牌	1. 用途	2. 品牌（中文或外文名称）		
	-视频游戏控制器及设备，但子目9504.30的货品除外：				
9504.5020	---自带视频显示装置的视频游戏控制器及设备	1. 用途；2. 种类；3. 是否自带视频显示装置	4. 品牌（中文或外文名称）		
9504.5030	---其他视频游戏控制器及设备	1. 用途；2. 种类	3. 品牌（中文或外文名称）		
9504.5080	---零件及附件	1. 用途；2. 种类	3. 品牌（中文或外文名称）		
	-其他：				
9504.9010	---其他电子游戏机	1. 种类	2. 品牌（中文或外文名称）		
	---保龄球自动球道设备及器具：	1. 种类	2. 品牌（中文或外文名称）		
9504.9021	----保龄球自动分瓶机				
9504.9022	----保龄球				

税则号列	商品名称	申报要素			说明
		归类要素	价格要素	其他要素	
9504.9023	----保龄球瓶				
9504.9029	----其他				
9504.9030	---中国象棋、国际象棋、跳棋等棋类用品	1. 种类	2. 品牌（中文或外文名称）		
9504.9040	---麻将及类似桌上游戏用品	1. 种类	2. 品牌（中文或外文名称）		
9504.9090	---其他	1. 材质	2. 品牌（中文或外文名称）		
95.05	节日（包括狂欢节）用品或其他娱乐用品，包括魔术道具及嬉戏品：				
9505.1000	-圣诞节用品	1. 用途	2. 品牌（中文或外文名称）		
9505.9000	-其他	1. 用途	2. 品牌（中文或外文名称）		
95.06	一般的体育活动、体操、竞技及其他运动（包括乒乓球运动）或户外游戏用的本章其他税目未列名用品及设备；游泳池或戏水池：				
	-滑雪屐及其他滑雪用具：	1. 种类	2. 品牌（中文或外文名称）；3. 型号		
9506.1100	--滑雪屐				
9506.1200	--滑雪屐扣件（滑雪屐带）				
9506.1900	--其他				
	-滑水板、冲浪板、帆板及其他水上运动用具：	1. 种类	2. 品牌（中文或外文名称）；3. 型号		
9506.2100	--帆板				
9506.2900	--其他				
	-高尔夫球棍及其他高尔夫球用具：		1. 品牌（中文或外文名称）；2. 型号		
9506.3100	--棍，全套				
9506.3200	--球				
9506.3900	--其他				
	-乒乓球运动用品及器械：		1. 品牌（中文或外文名称）；2. 型号		
9506.4010	----乒乓球				
9506.4090	---其他				

税则号列	商品名称	申报要素 归类要素	申报要素 价格要素	申报要素 其他要素	说明
	-网球拍、羽毛球拍或类似的球拍，不论是否装弦：	1. 种类	2. 品牌（中文或外文名称）；3. 型号		
9506.5100	--草地网球拍，不论是否装弦				
9506.5900	--其他				
	-球，但高尔夫球及乒乓球除外：	1. 种类	2. 品牌（中文或外文名称）；3. 型号		
9506.6100	--草地网球				
	--可充气的球：				
9506.6210	---篮球、足球、排球				
9506.6290	---其他				
9506.6900	--其他				
	-溜冰鞋及旱冰鞋，包括装有冰刀的溜冰靴：	1. 种类	2. 品牌（中文或外文名称）；3. 型号		
9506.7010	---溜冰鞋				
9506.7020	---旱冰鞋				
	-其他：				
	---一般的体育活动、体操或竞技用品及设备：	1. 用途；2. 种类	3. 品牌（中文或外文名称）；4. 型号		
	---健身及康复器械：				
9506.9111	----跑步机				
9506.9119	----其他				
9506.9190	---其他				
	--其他：				
9506.9910	---滑板	1. 材质	2. 品牌（中文或外文名称）；3. 型号		
9506.9990	---其他		1. 品牌（中文或外文名称）；2. 型号		
95.07	钓鱼竿、钓鱼钩及其他钓鱼用品；捞渔网、捕蝶网及类似网；囮子"鸟"（税目92.08或97.05的货品除外）以及类似的狩猎用品：				
9507.1000	-钓鱼竿	1. 材质	2. 品牌（中文或外文名称）；3. 型号		
9507.2000	-钓鱼钩，不论有无系钩丝		1. 品牌（中文或外文名称）；2. 型号		
9507.3000	-钓线轮		1. 品牌（中文或外文名称）；2. 型号		

税则号列	商品名称	申报要素			说明
		归类要素	价格要素	其他要素	
9507.9000	-其他	1. 用途	2. 品牌(中文或外文名称);3. 型号		
95.08	流动马戏团及流动动物园;游乐场乘骑游乐设施和水上乐园娱乐设备;游乐场娱乐设备,包括射击用靶;流动剧团:				
9508.1000	-流动马戏团及流动动物园				
	-游乐场乘骑游乐设施和水上乐园娱乐设备:				
9508.2100	--过山车				
9508.2200	--旋转木马,秋千和旋转平台				
9508.2300	--碰碰车				
9508.2400	--运动模拟器和移动剧场				
9508.2500	--水上乘骑游乐设施				
9508.2600	--水上乐园娱乐设备				
9508.2900	--其他				
9508.3000	-游乐场娱乐设备				
9508.4000	-流动剧团				

第九十六章　杂项制品

注释：

一、本章不包括：

(一) 化妆盥洗用笔（第三十三章）；

(二) 第六十六章的制品（例如，伞或手杖的零件）；

(三) 仿首饰（税目71.17）；

(四) 第十五类注释二所规定的贱金属制通用零件（第十五类）或塑料制的类似品（第三十九章）；

(五) 第八十二章的利器及其他物品，其柄或其他零件是雕刻或模塑材料制的，但税目96.01或96.02适用于单独报验的上述物品的柄或其他零件；

(六) 第九十章的物品，例如，眼镜架（税目90.03）、数学绘图笔（税目90.17）、各种牙科、医疗、外科或兽医专用刷子（税目90.18）；

(七) 第九十一章的物品（例如，钟壳或表壳）；

(八) 乐器及其零件、附件（第九十二章）；

(九) 第九十三章的物品（武器及其零件）；

(十) 第九十四章的物品（例如，家具、灯具及照明装置）；

(十一) 第九十五章的物品（玩具、游戏品、运动用品）；或

(十二) 艺术品、收藏品及古物（第九十七章）。

二、税目96.02所称"植物质或矿物质雕刻材料"，是指：

(一) 用于雕刻的硬种子、硬果核、硬果壳、坚果及类似植物材料（例如，象牙果及棕榈子）；

(二) 琥珀、海泡石、黏聚琥珀、黏聚海泡石、黑玉及其矿物代用品。

三、税目96.03所称"制帚、制刷用成束、成簇的材料"，仅指未装配的成束、成簇的兽毛、植物纤维或其他材料。这些成束、成簇的材料无需分开即可安装在帚、刷之上，或只需经过简单加工（例如，将顶端修剪成形）即可安装的。

四、除税目96.01至96.06或96.15的货品以外，本章的物品还包括全部或部分用贵金属、包贵金属、天然或养殖珍珠、宝石或半宝石（天然、合成或再造）制成的物品。而且，税目96.01至96.06及96.15包括天然或养殖珍珠、宝石或半宝石（天然、合成或再造）、贵金属或包贵金属只作为小零件的物品。

【要素释义】

一、归类要素

1. 材质：指构成商品的材料种类。若由多种材质构成，应将所有材质一一报出。

2. 是否野生动物产品：该要素为税目96.01项下商品专有要素，指已加工的兽牙及其制品是否为野生动物制。

3. 加工工艺：指填报商品加工到报验状态时经过的工艺及步骤。

4. 用途：指商品的应用对象或应用领域。例如，机器用、香水喷雾器用等。

5. 组成（内装商品）：该要素为税目96.05项下商品专有要素，指成套商品中所包含商品的具体品名，填报时应将所有商品一一报出。

6. 种类：指商品的具体类型。例如，子目9606.1项下商品填报"揿扣"；税目96.08项下商品填报"圆珠笔""自来水笔"或"活动铅笔"等；税目96.13项下商品填报"一次性打火机"或"可充气打火机"。

7. 是否用纺织材料包裹：该要素为税目96.06项下商品专有要素，指扣子及其零件在报验状态时是否外部用纺织材料包裹。

8. 用于何种机器仪器：指申报的商品具体用于何种机器或设备，需说明适用的最小化场合及其具体作用。

9. 工作原理：指商品具有的普遍、基本的规律。在工作中如何操作以及如何实现其功能的过程。

二、价格要素

1. 品牌（中文或外文名称）：指制造商或经销商加在商品上的品牌标志，实际需要申报中文或外文品牌名称。例如，税目96.19项下婴儿纸尿片中"Flowers（花王）""MamyPoko（妈咪宝贝）""Pampers（帮宝适）"等品牌。

2. 型号：该章项下不同产品的型号有不同的含义和表示方式。该章项下的型号主要指商品的款式，款式不同，型号不同。

3. 包装规格：指税目96.19项下卫生巾、尿布等的包装中所含片数。例如，可填报"12片/包"。

4. 码数：指尿布或尿裤的大小尺寸。

5. 每包重量：指卫生巾、尿布等每包的重量。
6. 如为拉链应申报是否装有贱金属制咪牙齿：按实际情况填写。
7. 内胆材质：指税目96.17项下保温瓶所用内胆由什么材料构成。例如，可填写"玻璃""不锈钢"等。
8. 系列：按实际情况填写。

税则号列	商品名称	申报要素			说明
		归类要素	价格要素	其他要素	
96.01	已加工的兽牙、骨、龟壳、角、鹿角、珊瑚、珍珠母及其他动物质雕刻材料及其制品（包括模塑制品）：				
9601.1000	-已加工的兽牙及其制品	1. 是否野生动物产品			
9601.9000	-其他	1. 材质；2. 加工工艺			
96.02	已加工的植物质或矿物质雕刻材料及其制品；蜡、硬脂、天然树胶、天然树脂或塑型膏制成的模塑或雕刻制品以及其他税目未列名的模塑或雕刻制品；已加工的未硬化明胶（税目35.03的明胶除外）及未硬化明胶制品：				
9602.0010	---装药用胶囊				
9602.0090	---其他	1. 材质；2. 加工工艺			
96.03	帚、刷（包括作为机器、器具、车辆零件的刷）、非机动的手工操作地板清扫器、拖把及毛掸；供制帚、刷用的成束或成簇的材料；油漆块垫及滚筒；橡皮扫帚（橡皮辊除外）：				
9603.1000	-用枝条或其他植物材料捆扎而成的帚及刷，不论是否有把	1. 用途；2. 材质			
	-牙刷、剃须刷、发刷、指甲刷、睫毛刷及其他人体化妆用刷，包括作为器具零件的上述刷：				
9603.2100	--牙刷，包括齿板刷	1. 用途；2. 材质			
9603.2900	--其他	1. 用途；2. 材质			
	-画笔、毛笔及化妆用的类似笔：	1. 用途；2. 材质			
9603.3010	---画笔				
9603.3020	---毛笔				
9603.3090	---其他				
	-油漆刷、涂料刷、清漆刷及类似的刷（子目9603.30的货品除外）；油漆块垫及滚筒：	1. 用途；2. 材质			
	---漆刷及类似刷：				
9603.4011	----猪鬃制				
9603.4019	----其他				
9603.4020	---油漆块垫及滚筒				
	-其他作为机器、器具、车辆零件的刷：	1. 用途（具体作为何种机器、器具零件，作用）；2. 材质			
	---金属丝刷：				
9603.5011	----作为机器、器具零件的刷				

税则号列	商品名称	申报要素			说明
		归类要素	价格要素	其他要素	
9603.5019	----其他				
	---其他:				
9603.5091	----作为机器、器具零件的刷				
9603.5099	----其他	1. 用途；2. 材质			
	-其他:				
9603.9010	---羽毛掸				
9603.9090	---其他				
96.04	手用粗筛、细筛:				
9604.0000	手用粗筛、细筛				
96.05	个人梳妆、缝纫或清洁鞋靴、衣服用的成套旅行用具:	1. 组成（内装货品）			
9605.0000	个人梳妆、缝纫或清洁鞋靴、衣服用的成套旅行用具				
96.06	纽扣、揿扣、纽扣芯及纽扣和揿扣的其他零件；纽扣坯:				
9606.1000	-揿扣及其零件	1. 材质；2. 种类；3. 是否用纺织材料包裹			
	-纽扣:	1. 材质；2. 是否用纺织材料包裹			
9606.2100	--塑料制，未用纺织材料包裹				
9606.2200	--贱金属制，未用纺织材料包裹				
9606.2900	--其他				
9606.3000	-纽扣芯及纽扣的其他零件；纽扣坯	1. 种类			
96.07	拉链及其零件:	1. 材质		2. 品牌（中文或外文名称）；3. 如为拉链应申报是否装有贱金属制咪牙齿	
	-拉链:				
9607.1100	--装有贱金属制齿的				
9607.1900	--其他				
9607.2000	-零件				
96.08	圆珠笔；毡尖和其他渗水式笔尖笔及唛头笔；自来水笔、铁笔型自来水笔及其他钢笔；蜡纸铁笔；活动铅笔；钢笔杆、铅笔套及类似的笔套；上述物品的零件（包括帽、夹），但税目96.09的货品除外:				
9608.1000	-圆珠笔	1. 种类		2. 品牌（中文或外文名称）；3. 型号	

税则号列	商品名称	申报要素			说明
		归类要素	价格要素	其他要素	
9608.2000	-毡尖和其他渗水式笔尖笔及唛头笔	1. 种类	2. 品牌（中文或外文名称）；3. 型号		
	-自来水笔、铁笔型自来水笔及其他钢笔：	1. 种类	2. 品牌（中文或外文名称）；3. 型号		
9608.3010	---墨汁画笔				
9608.3020	---自来水笔				
9608.3090	---其他				
9608.4000	-活动铅笔	1. 种类	2. 品牌（中文或外文名称）；3. 型号		
9608.5000	-由上述两个或多个子目所列物品组成的成套货品	1. 种类	2. 品牌（中文或外文名称）；3. 型号		
9608.6000	-圆珠笔芯，由圆珠笔头和墨芯构成	1. 种类	2. 品牌（中文或外文名称）；3. 型号		
	-其他：				
9608.9100	--钢笔头及笔尖粒	1. 种类	2. 品牌（中文或外文名称）；3. 型号		
	--其他：				
9608.9910	---机器、仪器用笔	1. 种类；2. 用于何种机器仪器；3. 工作原理	4. 品牌（中文或外文名称）；5. 型号		
9608.9920	---蜡纸铁笔；钢笔杆、铅笔杆及类似的笔杆	1. 种类	2. 品牌（中文或外文名称）；3. 型号		
9608.9990	---其他	1. 种类	2. 品牌（中文或外文名称）；3. 型号		
96.09	铅笔（税目96.08的铅笔除外）、颜色铅笔、铅笔芯、蜡笔、图画碳笔、书写或绘画用粉笔及裁缝划粉：	1. 种类	2. 品牌（中文或外文名称）；3. 型号		
	-铅笔及颜色铅笔，笔芯包裹在外壳中：				
9609.1010	---铅笔				
9609.1020	---颜色铅笔				
9609.2000	-铅笔芯，黑的或其他颜色的				
9609.9000	-其他				
96.10	具有书写或绘画面的石板、黑板及类似板，不论是否镶框：	1. 种类	2. 品牌（中文或外文名称）		
9610.0000	具有书写或绘画面的石板、黑板及类似板，不论是否镶框				

税则号列	商品名称	申报要素			说明
		归类要素	价格要素	其他要素	
96.11	手用日期戳、封缄戳、编号戳及类似印戳（包括标签压印器）；手工操作的排字盘及带有排字盘的手印器：	1. 用途			
9611.0000	手用日期戳、封缄戳、编号戳及类似印戳（包括标签压印器）；手工操作的排字盘及带有排字盘的手印器				
96.12	打字机色带或类似色带，已上油或经其他方法处理能着色的，不论是否装轴或装盒；印台，不论是否已加印油或带盒子：	1. 材质	2. 品牌（中文或外文名称）；3. 型号		
9612.1000	-色带				
9612.2000	-印台				
96.13	香烟打火机和其他打火器（不论是机械的，还是电气的）及其零件，但打火石及打火机芯除外：	1. 种类	2. 型号；3. 品牌（中文或外文名称）		
9613.1000	-袖珍气体打火机，一次性的				
9613.2000	-袖珍气体打火机，可充气的				
9613.8000	-其他打火器				
9613.9000	-零件				
96.14	烟斗（包括烟斗头）和烟嘴及其零件：				
9614.0010	---烟斗及烟斗头	1. 材质	2. 品牌（中文或外文名称）；3. 型号		
9614.0090	---其他	1. 材质	2. 品牌（中文或外文名称）		
96.15	梳子、发夹及类似品；发卡、卷发夹、卷发器或类似品及其零件，但税目85.16的货品除外：	1. 材质	2. 品牌（中文或外文名称）		
	-梳子、发夹及类似品：				
9615.1100	--硬质橡胶或塑料制				
9615.1900	--其他				
9615.9000	-其他				
96.16	香水喷雾器或类似的化妆用喷雾器及其座架、喷头；粉扑及粉拍，施敷脂粉或化妆品用：				
9616.1000	-香水喷雾器或类似的化妆用喷雾器及其座架、喷头	1. 用途			
9616.2000	-粉扑及粉拍，施敷脂粉或化妆品用	1. 用途	2. 材质		
96.17	保温瓶和其他真空容器及其零件，但玻璃瓶胆除外：		1. 内胆材质；2. 品牌（中文或外文名称）；3. 型号		
	---保温瓶：				
9617.0011	----玻璃内胆制				

税则号列	商品名称	申报要素			说明
		归类要素	价格要素	其他要素	
9617.0019	----其他				
9617.0090	---其他				
96.18	裁缝用人体模型及其他人体活动模型；橱窗装饰用的自动模型及其他活动陈列品：	1.用途；2.材质			
9618.0000	裁缝用人体模型及其他人体活动模型；橱窗装饰用的自动模型及其他活动陈列品				
96.19	任何材料制的卫生巾（护垫）及卫生棉条、尿布及尿布衬里和类似品：				
	---尿裤及尿布：				
9619.0011	----供婴儿使用的	1.用途（婴儿用、成人用等）	2.品牌（中文或外文名称）；3.系列；4.码数（型号）；5.包装规格（每包所含片数）；6.每包重量（kg）		
9619.0019	----其他	1.用途（婴儿用、成人用等）	2.品牌（中文或外文名称）；3.码数（型号）；4.包装规格（每包所含片数）；5.每包重量（kg）		
9619.0020	---卫生巾（护垫）及卫生棉条		1.品牌（中文或外文名称）；2.系列；3.包装规格（每包所含片数）；4.每包重量（kg）		
9619.0090	---其他		1.品牌（中文或外文名称）；2.系列；3.包装规格（每包所含片数）；4.每包重量（kg）		

税则号列	商品名称	申报要素			说明
		归类要素	价格要素	其他要素	
96.20	独脚架、双脚架、三脚架及类似品	1.用途	2.品牌（中文或外文名称）		
9620.0010	---专用于税目85.19、85.21，子目8525.8、9006.3、9006.5、9007.1或9007.2所列设备的独脚架、双脚架、三脚架及类似品				
9620.0090	---其他				

第二十一类 艺术品、收藏品及古物

第九十七章 艺术品、收藏品及古物

注释：

一、本章不包括：

(一) 税目49.07的未经使用的邮票、印花税票、邮政信笺（印有邮票的纸品）及类似的票证；

(二) 作舞台、摄影的布景及类似用途的已绘制画布（税目59.07），但可归入税目97.06的除外；或

(三) 天然或养殖珍珠、宝石或半宝石（税目71.01至71.03）。

二、税目97.01不适用于成批生产的镶嵌画复制品、铸造品及具有商业性质的传统工艺品，即使这些物品是由艺术家设计或创造的。

三、税目97.02所称"雕版画、印制画、石印画的原本"，是指以艺术家完全用手工制作的单块或数块印版直接印制出来的黑白或彩色原本，不论艺术家使用何种方法或材料，但不包括使用机器或照相制版方法制作的。

四、税目97.03不适用于成批生产的复制品及具有商业性质的传统手工艺品，即使这些物品是艺术家设计或创造的。

五、(一) 除上述注释一至四另有规定的以外，可归入本章各税目的物品，均应归入本章的相应税目而不归入本协调制度的其他税目；

(二) 税目97.06不适用于可以归入本章其他各税目的物品。

六、已装框的油画、粉画及其他绘画、版画、拼贴画及类似装饰板，如果框架的种类及价值与作品相称，应与作品一并归类。如果框架的种类及价值与作品不相称，应分别归类。

【要素释义】

一、归类要素

1. 是否野生动物产品：指商品是否由野生动物制成或部分制成。
2. 种类：指商品的具体类型。例如，古钱币、矿石标本等。
3. 年代：指商品的生产年代。例如，1800年产。
4. 创作年份：指税目97.01、97.02、97.03项下商品原本创作的具体年份。

二、价格要素

1. 尺寸大小：该要素是税目97.01至税目97.03项下画的专有价格要素。尺寸大小指"长×宽"，计量单位用"米"或者"厘米"或者"英寸"表示。
2. 原作者姓名：指手绘画、雕版画、印制画、石印画、雕塑品的原件的作者姓名，例如"梵高"。
3. 指运国（地区）：该要素是税目97.04项下使用过或未使用过的邮票、印花税票、邮戳印记、首日封、邮政信笺（印有邮票的纸品）及类似品的专用价格要素，是指上述商品使用或者发行的国家（地区）。例如，"未使用过的新加坡邮票"。
4. 作品名称：指税目97.01至税目97.03项下艺术品的名称。

税则号列	商品名称	申报要素			说明
		归类要素	价格要素	其他要素	
97.01	油画、粉画及其他手绘画，但带有手工绘制及手工描饰的制品或税目49.06的图纸除外；拼贴画、镶嵌画及类似装饰板： -超过100年的：				
9701.2100	--油画、粉画及其他手绘画	1. 创作年份	2. 尺寸大小；3. 原作者姓名；4. 作品名称		
9701.2200	--镶嵌画	1. 创作年份	2. 尺寸大小		
9701.2900	--其他	1. 创作年份	2. 尺寸大小		

税则号列	商品名称	申报要素 归类要素	申报要素 价格要素	申报要素 其他要素	说明
	-其他：				
	--油画、粉画及其他手绘画：				
	---原件：				
9701.9111	----唐卡	1. 创作年份	2. 尺寸大小		
9701.9119	----其他	1. 创作年份	2. 尺寸大小；3. 原作者姓名；4. 作品名称		
9701.9120	---复制品	1. 创作年份	2. 尺寸大小		
9701.9200	--镶嵌画	1. 创作年份	2. 尺寸大小		
9701.9900	--其他	1. 创作年份	2. 尺寸大小		
97.02	雕版画、印制画、石印画的原本：	1. 创作年份	2. 尺寸大小；3. 原作者姓名；4. 作品名称		
9702.1000	-超过100年的				
9702.9000	-其他				
97.03	各种材料制的雕塑品原件：	1. 创作年份	2. 尺寸大小；3. 原作者姓名；4. 作品名称		
9703.1000	-超过100年的				
9703.9000	-其他				
97.04	使用过或未使用过的邮票、印花税票、邮戳印记、首日封、邮政信笺（印有邮票的纸品）及类似品，但税目49.07的货品除外：	1. 种类	2. 指运国（地区）		
9704.0010	---邮票				
9704.0090	---其他				
97.05	具有考古学、人种学、历史学、动物学、植物学、矿物学、解剖学、古生物学或钱币学意义的收集品及珍藏品：	1. 种类；2. 年代；3. 是否野生动物产品			
9705.1000	-具有考古学、人种学或历史学意义的收集品及珍藏品				
	-具有动物学、植物学、矿物学、解剖学或古生物学意义的收集品及珍藏品：				
9705.2100	--人类标本及其部分				
9705.2200	--灭绝或濒危物种及其部分				
9705.2900	--其他				
	-具有钱币学意义的收集品或珍藏品：				
9705.3100	--超过100年的				
9705.3900	--其他				
97.06	超过100年的古物：	1. 年代；2. 是否野生动物产品			
9706.1000	-超过250年的				
9706.9000	-其他				